UN HÉRITAGE DE PAIX ET DE PIÉTÉ

ORIENTALIA LOVANIENSIA
ANALECTA
——— 142 ———

UN HÉRITAGE DE PAIX ET DE PIÉTÉ

ÉTUDE SUR LES HISTOIRES ECCLÉSIASTIQUES DE SOCRATE ET DE SOZOMÈNE

PAR

PETER VAN NUFFELEN

UITGEVERIJ PEETERS and DEPARTEMENT OOSTERSE STUDIES
LEUVEN — PARIS — DUDLEY, MA
2004

Library of Congress Cataloging-in-Publication Data

Van Nuffelen, Peter.
    Un héritage de paix et de piété : étude sur les histoires ecclésiastiques de Socrate et
de Sozomène / Peter Van Nuffelen.
        p. cm. -- (Orientalia Lovaniensia analecta ; 142)
    Includes bibliographical references.
    ISBN 90-429-1541-2 (Peeters Leuven : alk. paper) -- ISBN 2-87723-830-X (Peeters
France : alk. paper)
        1. Church history--Primitive and early church, ca. 30-600. 2. Socrates, Scholasticus,
ca. 379-ca. 440. Ecclesiastical history. 3. Sozomen, ca. 400-ca. 450. Ekklåsiastikå historia. 4. Church history. I. Title II. Series

BR160.A2V36 2004
270.2'072--dc22   2004053473

D. 2004/0602/143
ISBN 90-429-1541-2 (Peeters, Leuven)
ISBN 2-87723-830-X (Peeters, France)

AVANT-PROPOS

Ce livre est la version retravaillée d'une thèse de doctorat en histoire ancienne défendue le 22 mai 2003 à la K.U.Leuven. J'ai pu effectuer cette recherche grâce à un mandat d'aspirant, octroyé par le Fonds voor Wetenschappelijk Onderzoek — Vlaanderen (Belgique) (1999-2003). Cette institution a aussi financé un séjour d'études à l'université de Bonn (2001-2002). Le travail a été finalisé pendant une année financée par l'Onderzoeksraad du K.U.Leuven. J'ai également bénéficié des facilités offertes par l'Instituut voor Vroegchristelijke en Byzantijnse Studies et par la section d'Histoire ancienne de l'Université de Leuven, présidée par le Professeur L. Mooren.

Des versions préliminaires de quelques chapitres ont été lues par les Professeurs D. Mendels (Jérusalem) et H. Verreth (Bruxelles — Leuven) que je remercie vivement pour leurs remarques. D'autres ont fait l'objet de discussions pendant deux séminaires dirigés par le Professeur W. Kinzig à la Fakultät für Evangelische Theologie de l'Université de Bonn. Ces discussions avec les participants m'ont beaucoup apporté. Certaines idées de cette thèse ont déjà été présentées à Bruxelles, lors d'une session de la Koninklijke Zuid-Nederlandse Maatschappij voor Taal-, Letterkunde en Geschiedenis (mars 2003), au *XIVth International Conference on Patristic Studies* (Oxford, août 2003), à l'Institut de Papyrologie de l'Université de Varsovie (novembre 2003) et à Melbourne, à l'occasion de la *XIVth Conference of the Australian Association of Byzantine Studies* (août 2004). Je remercie les participants de ces différents événements pour la richesse de leur commentaire. L'ensemble du travail a été lu par les Professeurs G. Schepens, P. Van Deun (Leuven), W. Kinzig (Bonn) et P. Maraval (Paris) en tant que membres du jury. Je les remercie pour leurs questions et remarques.

D'autres personnes m'ont diversement aidé à réaliser cet ouvrage. Que soient pour cela remerciés les Professeurs G.C. Hansen (Berlin), P. van Minnen (Cincinnati), K. Rosen (Bonn), M. Wallraff (Jena), et J. Urbanik (Varsovie), M. Stachura (Cracovie), A. Chavez Reino (Séville), de même que Messieurs A. Baralis (Aix-en-Provence), J. Van Reeth, ainsi que mes collègues de la section d'Histoire ancienne à Leuven le Professeur W. Clarysse, et J. Bollansée, G. Dietze et K. Haegemans. Le Professeur P. Van Deun a bien voulu accepter cet ouvrage dans la collection *Orientalia Lovaniensia Analecta*, ce dont je lui suis très reconnaissant. P. Falek, S. Avrillaud, R. Matsas et P. Malvaux ont relu une première version du texte. Je remercie également M. Cozic (Poitiers) pour avoir voulu corriger le texte français final.

Ma reconnaissance la plus grande va vers le Professeur H. Hauben, qui a accompagné ce travail de sa conception à sa fin et à qui je dois de nombreuses améliorations.

Les éventuelles erreurs restant dans ce livre ne sont évidemment en aucun cas attribuables aux personnes nommées.

Je dédie ce livre à mes parents et à Lieve.

TABLE DES MATIÈRES

APPENDICES

INTRODUCTION

Durant la deuxième moitié du règne de Théodose II (408-450) deux continuateurs d'Eusèbe de Césarée, dit «le père de l'histoire ecclésiastique», étaient actifs à Constantinople. Socrate, dit le Scholastique, écrivait vers 439-440 une *Histoire ecclésiastique* en sept livres qui allait de 324, où Eusèbe s'était arrêté, jusqu'en 439. Quelques années plus tard, un avocat du nom de Sozomène s'attelait à la même tâche. Dépendant grandement de Socrate, il relatait en neuf livres les événements ayant eu lieu au sein de l'Église universelle pendant la même période. Les deux ouvrages ont plus en commun que d'appartenir au même genre de l'*Histoire ecclésiastique*, de couvrir les mêmes événements et d'être écrits au même endroit et vers la même époque; ils nous offrent également une image remarquablement positive du règne de Théodose II.

Les deux historiens comprennent son règne comme la fin définitive des troubles qui ont menacé l'Église pendant plus d'un siècle à partir de 324. Ils saluent en particulier l'extirpation de l'arianisme, l'hérésie qui avait marqué le quatrième siècle. Ils se réjouissent également de la fin de la crise chrysostomienne, débutée en 403 avec la déposition de l'évêque de Constantinople. En 438, l'empereur et l'évêque Proclos (434-446) font rentrer les cendres de Jean Chrysostome, mort en Arménie en 407, un acte qui met définitivement un terme au schisme entre les johannites et l'Église orthodoxe[1]. Plus remarquable est le fait que Socrate et Sozomène réduisent l'affaire nestorienne (428-431), qui a eu un tel retentissement à l'époque, à un léger accroc dans la vie de l'Église. Ils la considèrent comme définitivement close avec le concile d'Éphèse (431) et avec la paix conclue entre les deux factions hostiles en 433, ignorant ainsi les tensions persistantes des années suivantes[2].

La représentation positive du règne de Théodose se reflète aussi dans l'avis qu'ont Socrate et Sozomène sur l'empereur lui-même. Les deux auteurs insistent sur ses succès militaires, auxquels l'aide divine manque rarement, et sur la stabilité et la paix qui se sont établies au sein de l'Empire et de l'Église. Le train de vie de l'empereur et de son entourage est cité en exemple pour tous. Socrate attribue à Théodose II les qualités du

---

[1] Socr. 7.45.2-4.
[2] Socr. 7.32-34; Soz. 9.1.9.

philosophe et du moine, et il loue le dévouement de sa sœur Pulchérie
(*Augusta* de 414 à 453) et de sa femme Eudocie (*Augusta* de 423 à 460)
pour les choses divines[3]. Sozomène, quant à lui, met Pulchérie sur le
devant de la scène, en insistant sur sa sollicitude pour son frère quand
celui-ci était trop jeune pour régner lui-même et sur son souci de la foi
nicéenne. Sa piété, partagée par son frère, met l'Empire à l'abri de tout
assaut des usurpateurs et des barbares[4]. Tous les deux attribuent à Théodose II un règne «pur de sang et de meurtre», un topos panégyrique
impliquant que l'empereur n'a jamais fait exécuter personne[5].

Cette interprétation positive se poursuit dans une partie de la tradition
postérieure, en particulier dans les ouvrages d'auteurs monophysites qui
commémorent le soutien apporté à leur cause par Théodose vers la fin de
sa vie[6]. Pourtant, cette perception n'est pas universelle. En dehors de l'inimitié compréhensible des nestoriens envers l'empereur qui a fait condamner Nestorius[7], une attitude hostile naît à Constantinople même après la
mort de Théodose II. On en trouve un reflet dans les écrits de Priscus, un
historien classique[8] écrivant sans doute sous le règne de Zénon (474-
491)[9], qui sont particulièrement accablants pour Théodose. L'empereur y
est présenté comme un lâche soumis à ses eunuques et fuyant la guerre.
De plus, à l'instar de leur empereur qui achète la paix des Huns, ses sujets
s'achètent les fonctions publiques. Le caractère faible de Théodose II a
causé, selon lui, toutes les difficultés auxquelles l'Empire a dû faire face
pendant le demi-siècle suivant[10]. Sa cour se caractérise par des tensions
entre les grands de l'empire, dont certains désirent même le trône[11]. C'est
peut-être aussi Priscus qui a mis en circulation, le premier, pour autant

---

[3] Socr. 7.22.4, 7.42-43, 7.47.2-3.

[4] Soz. 9.1-3.

[5] Soz. Déd. 16; Socr. 7.22.9-12.

[6] Cf. Timothée Aelure, *HE* apud Jean Rufus, *Plérophories* p. 83; Théopiste, *Vie de
Dioscore* 2-3 p. 242-244; Jean de Nikiu, *Chronique* 84.25-87.34; Michel le Syrien, *Chronique* 8.8 trad. Vol. 2, p. 35. Voir aussi le fragment publié par F. Nau dans PO 8.173. Cf.
P. MOUTERDE, *Le concile*, p. 585-590; R.W. BURGESS, *The Accession of Marcian*, p. 50-
55.

[7] Nestorius, *Livre d'Héraclide* p. 466-470 trad. p. 298-300; Nestorius, *Lettre à Cosme*
p. 275-286.

[8] Sur le terme «histoire classique» utilisé dans cet ouvrage, voir ci-dessous p. 165.

[9] R. BLOCKLEY, *The Fragmentary Classicising Historians*, Vol. 1, p. 49 émet l'hypothèse que les quatre premiers livres, couvrant la fin du règne de Théodose, auraient pu être
publiés sous Marcien (450-457).

[10] Priscus fr. 3 = Jean d'Antioche fr. 194. B. BALDWIN, *Priscus*, p. 31-33, 58-59 doute
que Priscus soit très critique envers Théodose II, mais ses arguments ne convainquent pas.

[11] Priscus fr. 14-16.

que nous puissions juger, les historiettes qui donnent une coloration anecdotique au règne de Théodose II. Le chroniqueur du sixième siècle, Jean
Malalas, nous offre un récit circonstancié des relations de l'empereur avec
sa femme Eudocie. Il raconte ainsi comment Théodose chercha une
épouse pour la trouver finalement en la personne de la païenne Athénaïs,
qu'il baptisa ensuite Eudocie (423), et comment il exila plus tard sa
femme pour une supposée affaire avec Paulin, son ami de jeunesse
(441)[12]. Le fait que Paulin surgit dans chacun des épisodes, déjà celui du
choix d'une épouse, suggère que ce récit découle d'une source qui voulait souligner la tournure dramatique que prirent les relations entre Théodose II, sa femme et son ami Paulin, et ce à cause de l'esprit soupçonneux de l'empereur. Nous savons que Priscus a inclus des récits pareils
dans son ouvrage. Selon lui, Théodose tomba même amoureux de l'eunuque Chrysaphius. L'empereur, enfin, soupçonneux de complots, chassa
du palais son précepteur Antiochus et son préfet Cyrus (441)[13]. Il est donc
bien possible que le récit à propos de Paulin provienne aussi de Priscus,
d'autant plus que nous savons que Jean Malalas connaissait son histoire
à travers l'intermédiaire d'Eustathe d'Épiphanéia (début du sixième
siècle)[14]. Chez Priscus, il ne reste donc plus grand-chose de la paix et de
la piété qui caractérisent, selon Socrate et Sozomène, le règne de Théodose II. Un débauché qui ne sait pas maîtriser les invasions des barbares
et qui a du mal à se défendre contre les pirates dans la Propontide et
l'Hellespont[15], voilà le dernier rejeton de la dynastie théodosienne[16].

Pour la reconstruction du règne de Théodose II, les savants sont plutôt attirés par les données plus abondantes et plus critiques fournies par
Priscus que par l'image très favorable de Socrate et Sozomène, l'attitude
de ces derniers étant présentée comme le fruit de la propagande impériale
et de leurs intérêts personnels. Socrate et Sozomène sont souvent considérés comme des historiens de cour, faisant preuve d'allégeance envers
leurs mécènes, respectivement Eudocie et Pulchérie, et mettant leur plume
au service du panégyrique impérial et de l'imagerie officielle[17].

---

[12] Jean Malalas 14.3-6, 14.8.

[13] Chrysaphius: Priscus fr. 3, cf. Jean Malalas 14.19; Antiochus: Priscus fr. 7; Cyrus:
Priscus fr. 8.

[14] R. BLOCKLEY, *The Fragmentary Classicising Historians*, Vol. 1, p. 116.

[15] Priscus fr. 4. Pour une explication de l'attitude de Priscus, voir E.A. THOMPSON, *The
Huns*, p. 211-221; B. BALDWIN, *Priscus*, p. 31-33; R. BLOCKLEY, *The Fragmentary Classicising Historians*, Vol. 1, p. 63-65.

[16] Sur l'image de Théodose II, voir en général G. ZECCHINI, *L'immagine*.

[17] Cf. A. CAMERON, *The Empress and the Poet*, p. 265-266; K. HOLUM, *Theodosian
Empresses*, p. 95-96; R. SCHARF, *Die «Apfel-Affäre»*, p. 435-436; W. LIEBESCHUETZ,

Cette explication de l'attitude positive de Socrate et de Sozomène nous semble insuffisante. Sans vouloir nier tout élément d'éloge impérial dans leurs *Histoires ecclésiastiques*, leur représentation favorable s'étend à l'ensemble de leur époque et ne se limite pas aux actes de l'empereur. En plus, elle est partagée par de nombreux écrits contemporains[18]. Cela suggère que l'optimisme des deux historiens est plus qu'un simple panégyrique et qu'il s'enracine dans une tendance plus générale de l'époque. La thèse développée par le présent ouvrage est plutôt que leur optimisme reflète le climat qui règne pendant les années 430-440 au sein de l'Empire et de l'Église ou, du moins, dans la capitale, où les deux historiens travaillent. Ce sont les catastrophes militaires et ecclésiastiques des années 446-451 qui ont causé le changement d'opinion dont Priscus se fait l'écho. Les invasions des Huns de 441/2 et 447 montrent la faiblesse de l'Empire. La dispute sur la nature du Christ, quant à elle, pour laquelle les conciles d'Éphèse 449 et Chalcédoine 451 ne trouvent pas de solution universellement acceptable, cause une division profonde dans l'Église, à l'instar de ce que l'arianisme a fait au quatrième siècle.

Cette thèse ne peut être immédiatement démontrée et spécifiée sans un travail préalable. Il serait naïf de prétendre que tout ce que Socrate et Sozomène écrivent est partagé par l'ensemble de leurs contemporains et que les deux historiens reflètent tel quel le climat intellectuel de l'époque. Qui plus est, en tant qu'historiens, ils portent un regard spécifique sur leur propre temps, qui est compris comme l'aboutissement d'une évolution historique débutant en 324. Leur interprétation du règne de Théodose II ne peut par conséquent être séparée de leur représentation de l'ensemble de l'histoire de 324 à 439.

Voici le double but de cette étude. Nous nous proposons, d'une part, de reconstruire les traits de l'image optimiste qu'on avait dans les années 430-440 du règne de Théodose II, et de déterminer la spécificité de Socrate et de Sozomène par rapport à leurs contemporains. Afin de pouvoir réaliser ce dessein, il nous faut, d'autre part, étudier leurs ouvrages à travers le prisme de leur représentation du passé. Cinq éléments déterminent à notre avis la représentation des événements dans les *Histoires ecclésiastiques* de Socrate et de Sozomène: leur milieu social conditionnait leurs sympathies et antipathies envers leurs contemporains; leur théologie de l'histoire leur permettait d'interpréter

---

Ecclesiastical Historians, p. 158; Theresa URBAINCZYK, *Socrates*, p. 20, 67; D. ROHRBACHER, *The Historians*, p. 125.

[18] Par exemple ACO 1.1.7 (Coll. Ath. 120) *Relatio ad imperatorem* p. 158; ACO 1.1.7 (Coll. Min. E 8) *Sermo Cyrilli* p. 173. Ces textes sont discutés dans la conclusion.

leur propre temps comme l'apogée de l'histoire; le genre littéraire que constitue l'*Histoire ecclésiastique* imposait un certain canon de sujets dont Socrate et Sozomène devaient traiter; l'étude de leur méthode historique nous offrira la possibilité de spécifier de quelles techniques ils se servaient afin de rendre crédible auprès des lecteurs leur version des faits; enfin, la tradition attribuait à certains événements une importance symbolique, que les historiens devaient par conséquent discuter. Ce n'est donc qu'au terme d'une étude proprement historiographique que nous pourrons retourner à la question initiale, à savoir pourquoi Socrate et Sozomène ont une image si positive du règne de Théodose II.

La structure de notre étude reflète ce double but. Nous consacrons un chapitre à chacun des cinq éléments précités. À travers ces cinq chapitres, qui peuvent être lus séparément comme autant d'études historiques et historiographiques, nous dégagerons les concepts qui nous permettront dans la conclusion de décrire précisément la spécificité du climat intellectuel à l'époque de Théodose II et de confronter ces notions à d'autres textes contemporains.

Le chapitre premier étudiera la vie et le milieu social des deux historiens. Nous décrirons leur origine et leur carrière, les milieux qu'ils fréquentaient et leur position dans les débats ecclésiastiques de l'époque. Des contrastes intéressants vont ainsi apparaître entre un Socrate antichrysostomien et novatien, qui favorise une interprétation large de l'orthodoxie, et un Sozomène chrysostomien qui a des idées plus rigides sur la foi catholique. Même à travers l'image positive que dressent du passé et de leur propre temps les deux historiens, des tensions restent donc perceptibles.

Le deuxième chapitre sera consacré aux développements que voient Socrate et Sozomène dans l'histoire, et aux conceptions théologiques qui en constituent la base théorique. Ils considèrent leur propre temps comme le point culminant d'une évolution historique, justifiant ainsi philosophiquement leurs idées optimistes concernant leur propre temps.

L'analyse du genre littéraire que constitue l'histoire ecclésiastique est le sujet du troisième chapitre. Le but est, en premier lieu, d'analyser les relations qu'elle entretient avec deux autres sortes d'historiographie, l'«historiographie classique» et l'«historiographie chrétienne», afin d'en saisir les traits particuliers. Nous traiterons aussi de la diversification interne de l'*Histoire ecclésiastique* après Eusèbe, et principalement au début du cinquième siècle. Ainsi, nous serons à même de proposer une définition du genre. Ces résultats nous permettront de mieux situer les

histoires de Socrate et Sozomène dans l'ensemble du genre et de spécifier en quoi ils dévient de la pratique habituelle.

Dans le quatrième chapitre, nous analyserons la méthode historique de
Socrate et de Sozomène sous trois aspects: la critique des sources, la
composition littéraire de l'histoire et la causalité. C'est une analyse habituelle pour des historiens classiques, qui n'est pas ou guère appliquée à
des auteurs chrétiens. Elle n'est pourtant pas sans intérêt, car elle oblige
à corriger l'image trop positive de Socrate et de Sozomène, souvent considérés comme des auteurs copiant assez fidèlement leurs sources mais sans
leur intervention personnelle. Nous verrons qu'ils adaptent consciemment
les faits afin de soutenir leur interprétation du passé.

Le dernier chapitre approfondira une notion centrale pour l'historiographie, la tradition historique. Un historien classique ne reconstruisait pas l'histoire à partir des fondements, mais était censé reprendre les grands événements que la tradition lui transmettait. Ce principe valait également pour les
historiens de l'Église. Nous avons choisi cinq thèmes pour examiner l'attitude de Socrate et de Sozomène envers la tradition: l'origine de l'arianisme,
la figure d'Athanase d'Alexandrie et celle de Julien l'Apostat, les conciles
de Constantinople de 381 et 383 et, enfin, les juifs. À travers ces cinq thèmes,
nous pourrons mesurer l'importance de la tradition pour les historiens chrétiens et, en particulier, pour Socrate et Sozomène. Ainsi, nous serons à même
de voir que la représentation du passé des deux auteurs n'est pas uniquement
le fruit de leur personnalité, mais s'enracine dans les idées de l'époque.

Chacune de ces études invite à une lecture diachronique et synchronique. Diachronique, dans le sens où nous situons Socrate et Sozomène
dans l'évolution historique et dans le développement des idées théologiques
et littéraires. La lecture synchronique, quant à elle, fait de ces éléments le
contexte général sur le fond duquel se détache le caractère particulier de
Socrate et Sozomène, avec, à travers eux, la spécificité de leur temps.

À partir des éléments dégagés dans les cinq chapitres précédents, nous
décrirons dans la conclusion le climat intellectuel des années 430-440.
Il se caractérise par un double sentiment de soulagement et de crainte.
D'une part, Socrate et Sozomène se réjouissent d'être entrés dans une
époque de paix et de piété, qui met fin aux troubles du passé. D'autre
part, ils ont conscience que cette situation est fragile et que rien ne garantit qu'elle durera longtemps. Ils vivent dans la peur de ne pas pouvoir
transmettre à la postérité l'héritage de paix et de piété. Comme nous
venons de voir, cette incertitude était justifiée, car la fin du règne de
Théodose II fut marquée par des catastrophes au sein de l'Eglise et de
l'Empire.

L'intérêt pour les historiens de l'Église du quatrième et de la première moitié du cinquième siècle va s'accroissant. Alors que longtemps
l'étude de G. Chesnut sur les historiens ecclésiastiques d'Eusèbe à
Évagre (seconde édition de 1986) et celle de Françoise Thelamon sur
Rufin (1981) furent les seules monographies à la disposition de la communauté savante, on a assisté à un renouveau important pendant la
décennie précédente. En particulier, de nombreuses éditions et traductions sont annoncées ou ont déjà vu le jour[19]. Quatre tendances
majeures sont à distinguer dans cette nouvelle vague: l'étude d'un
auteur ou d'un thème, l'attention pour les historiens ecclésiastiques
dont les œuvres sont conservées à l'état fragmentaire, et, enfin, la
publication de synthèses concernant l'ensemble de l'historiographie
ecclésiastique.

Il y a d'abord des ouvrages consacrés à un seul auteur. C'est Socrate
qui se taille la part du lion, avec les monographies de M. Wallraff (1997)
et de Theresa Urbainczyk (1997), la nouvelle édition par G.C. Hansen
(1995) et le receuil sous la direction de Balbina Bäbler et H.-G. Nesselrath (2001). Parmi ceux-ci, le livre de M. Wallraff occupe une place
d'honneur, clarifiant de nombreuses questions concernant la vie et le
milieu social de Socrate, la structure de l'ouvrage et ses idées théologiques[20]. Ainsi, ce travail offre une base excellente pour débuter nos
recherches. Le livre de Theresa Urbainczyk s'intéresse surtout à la relation entre l'Empire et l'Eglise chez Socrate et a aussi le mérite d'attirer
l'attention sur la particularité de la conception historiographique de
Socrate[21]. Les contributions rassemblées dans le recueil de Balbina Bäbler
et H.-G. Nesselrath offrent de nouvelles perspectives sur les idées politiques, historiographiques et théologiques de Socrate. On y remarquera en
particulier les contributions de J. Szidat, qui voit en la paix dans l'Empire et l'Église l'idéal politique de Socrate, et T. Hidber, qui essaie de
situer Socrate dans la tradition de la «Zeitgeschichtsschreibung»[22]. Enfin,
l'attitude de Socrate envers la culture classique a été amplement discutée

---

[19] On notera en particulier les publications suivantes. Les éditions de la série *Die Griechischen christlichen Schriftsteller der ersten Jahrhunderte* sont mises à jour. La troisième
série des *Fontes Christiani* publiera des traductions de tous les historiens de l'Église. Celle
de Sozomène, par G.C. Hansen, vient de paraître (2004). Dans les *Sources chrétiennes*, le
premier volume de Socrate, par P. Maraval, a paru. L'édition de Sozomène continue et celle
de Théodoret est annoncée. Signalons aussi la traduction anglaise de Rufin par P.R. Ami-
don (1997).

[20] M. WALLRAFF, *Der Kirchenhistoriker*.

[21] Theresa URBAINCZYK, *Socrates*.

[22] J. SZIDAT, *Friede*; T. HIDBER, *Eine Geschichte*.

dans plusieurs contributions[23] et sa place dans la tradition origéniste est mieux cernée[24]. On trouve une bonne synthèse de ces travaux dans l'introduction de P. Maraval à son édition du premier livre de Socrate (2004)[25]. Récemment, l'image de Socrate qui ressort de ces études a été retouchée, comme, par exemple, en ce qui concerne l'attitude de l'historien envers Julien l'Apostat, qui est plus négative qu'on ne la croyait[26].

Sozomène est moins populaire. Bien que nous disposions de deux introductions très valables de B. Grillet et G. Sabbah à leur édition, publiée par les *Sources chrétiennes* (1981 et 1996)[27], et de celle de G.C. Hansen à sa traduction (2004)[28], aucune monographie n'est consacrée à son *Histoire ecclésiastique*. C'est un manque qui se fait sentir, car de nombreuses questions ne peuvent être clarifiées sans une vue d'ensemble sur son ouvrage. Il faut signaler pourtant que plusieurs articles apportent quelques éléments partiels, comme, par exemple, à propos de l'origine de Sozomène[29], de la date de son histoire[30], de quelques-unes des sources utilisées[31], de sa relation avec Socrate[32], et de sa place dans l'historiographie byzantine[33]. Offrant des points de départ valables, on verra qu'il faudra y corriger bon nombre d'éléments, vu les résultats de notre étude.

Une monographie consacrée à Sozomène est donc demandée, afin de pouvoir le comparer avec Socrate, qui est beaucoup mieux étudié. Notre image de l'histoire ecclésiastique du cinquième siècle sera encore plus complète quand une étude approfondie de l'histoire ecclésiastique de Théodoret aura apparue[34].

[23] P. SPECK, *Sokrates*; H.-G. NESSELRATH, *Die Christen*; P. MARAVAL, *Socrate et la culture grecque*.
[24] B. NEUSCHÄFER, *Zur Bewertung*; P. VAN NUFFELEN, *Two Fragments*.
[25] P. MARAVAL, *Socrate de Constantinople*. Voir aussi I. KRIVUSHIN, *Socrates Scholasticus' Church History*; Susan WESSEL, *Socrates' Narrative*.
[26] D. F. BUCK, *Socrates*; P. VAN NUFFELEN, *Dürre Wahrheiten*. Pour l'opinion traditionnelle, voir aussi R. PENELLA, *Julian the Persecutor*; I. KRIVUSHIN, *L'empereur Julien*; H.-G. NESSELRATH, *Kaiserlicher Held*.
[27] B. GRILLET — G. SABBAH, *Sozomène*; G. SABBAH, *Sozomène*.
[28] G.C. HANSEN, *Sozomenos*.
[29] R.W. DANIEL, *From Work*. Voir aussi J.R. AJA SÁNCHEZ, *Gaza, Sozomeno*.
[30] Charlotte ROUECHÉ, *Theodosius II*.
[31] Jill HARRIES, *Sozomen*; D.F. BUCK, *Did Sozomen use Eunapius' Histories?*; P. VAN NUFFELEN, *Deux fausses lettres*; ID., *Some Remarks*.
[32] Theresa URBAINCZYK, *Observations*.
[33] W. STEVENSON, *Sozomen, Barbarians*. Voir aussi ID., *Sozomen on Victor*.
[34] Théodoret est relativement peu étudié: cf. J. BOUFFARTIGUE, *Le texte de Théodoret*; Annick MARTIN, *L'origine de l'arianisme*; P. VAN NUFFELEN, *La tête*. Sur l'*Historia religiosa*, voir maintenant Theresa URBAINCZYK, *Theodoret of Cyrrhus*. J.-N. Guinot a étudié l'exégèse de Théodoret et la place que l'histoire y occupe (*L'exégèse*; *La place*).

La seconde tendance dans la recherche est l'étude d'un thème spécifique. Le thème préféré, c'est l'image que donnent les historiens ecclésiastiques de la figure de l'empereur. H. Leppin y a consacré un ouvrage
analytique, qui reste un point de référence (1996), et à la fois M. Wallraff et Theresa Urbainczyk y consacrent des chapitres de leurs monographies. La question a été également le sujet d'un colloque (2002), dont les
actes sont publiés dans la revue *Mediterraneo antico*[35]. Un autre thème
qui s'attire l'attention des savants, est celui du monachisme, étudié par
M. George pour Socrate et par G.C. Hansen pour l'ensemble des historiens du quatrième et cinquième siècle[36]. D'autres études thématiques
sont plus rares[37].

En troisième lieu, la recherche récente porte relativement beaucoup
d'attention aux auteurs fragmentaires. Trois études sur Philostorge ont
vu le jour, d'Alanna E. Nobbs, H. Leppin et E.I. Argov, mais il nous
manque encore une monographie[38]. Un acquis important est que l'«historien anonyme arien», reconstruit par J. Bidez à partir de plusieurs
sources chronographiques, n'a probablement jamais existé, ou au moins
pas dans la forme étendue que J. Bidez supposait[39].

Encore une autre histoire de l'Église se trouve sous le feu de la critique. Photius fait état d'une histoire ecclésiastique de Gélase de Césarée, dont nous trouvons quelques fragments dans des sources éparses.
Après de nombreuses études du début du vingtième siècle, un consen-
sus s'était établi avec le travail de F. Winkelmann: Gélase de Césarée
en Palestine (mort avant septembre 400), neveu de Cyrille de Jérusalem
(348-387), aurait écrit une histoire ecclésiastique en continuation de celle
d'Eusèbe[40]. Allant jusqu'en 378 ou 395[41], son ouvrage aurait constitué
la source des historiens de l'Église postérieurs, Rufin, Socrate, Sozomène et Théodoret. Or, bien qu'elle soit encore défendue par M. Wallraff, Theresa Urbainczyk et G.C. Hansen dans leur livres respectifs, cette

---

[35] Voir en particulier les articles suivants: Lellia CRACCO RUGGINI, *Le Auguste*;
A. GOLTZ, *Das Bild*; Gabriele MARASCO, *L'imperatore Valente*; G. ZECCHINI, *L'immagine*. Une partie des actes n'était pas encore publiée quand nous avons terminé ce livre.

[36] M. GEORGE, *Sokrates*; G.C. HANSEN, *Le monachisme*.

[37] Mais notons celles-ci: la croix: M. WALLRAFF, *La croce*; le miraculeux: Lellia
CRACCO RUGGINI, *The Ecclesiastical Histories*.

[38] Alanna E. NOBBS, *Philostorgius' View of the Past*; H. LEPPIN, *Heretical Historiography*; E. I. ARGOV, *Giving the Heretic a Voice*.

[39] Cf. R.W. BURGESS, *Studies*; F. WINKELMANN, *Zur nacheusebianischen christlichen
Historiographie*, p. 414; P. VAN NUFFELEN, *Socrate de Constantinople*, p. 67 n. 47.

[40] F. WINKELMANN, *Untersuchungen*; ID., *Charakter*.

[41] Un aperçu des différentes reconstructions est donné par P. VAN NUFFELEN, *Gélase*,
p. 621; P. VAN DEUN, *The Church Historians*, p. 152-160.

thèse est selon nous intenable. Les travaux d' Y.-M. Duval ont récemment montré que Rufin (écrivant vers 402-403) n'a pas connu cet ouvrage, invalidant ainsi une des hypothèses de base de cette théorie. Nous avons prouvé ailleurs que «Pseudo-Gélase de Césarée» copiait Socrate et qu'il faut le donc situer dans la seconde moitié du cinquième siècle[42]. P. Maraval a également apporté quelques arguments contre une dépendance de Gélase dans son édition du premier livre de Socrate[43]. Même s'il reste encore difficile de reconstruire avec exactitude l'ouvrage de Pseudo-Gélase, il est clair que ni Socrate ni Sozomène ne l'ont connu. Il n'y a donc plus aucune raison de faire place à cette question dans ce livre.

À cet égard, il faut souligner qu'il nous manque une collection des fragments des auteurs fragmentaires, à l'instar de celle de F. Jacoby pour l'historiographie grecque. Nous avons essayé de les inclure autant que possible dans cet ouvrage, mais en absence d'une telle collection, l'essai doit rester imparfait. L'inclusion des auteurs fragmentaires est nécessaire afin de pouvoir avancer une interprétation correcte du genre «histoire ecclésiastique». En effet, on a parfois tendance à attribuer des caractéristiques essentielles à l'ensemble du genre sur la base de la lignée Eusèbe (début du quatrième siècle) — Socrate/Sozomène/Théodoret (milieu du cinquième siècle) — Évagre (fin du sixième siècle)[44]. Cette image nous semble tronquée et ne rend pas justice à la diversité du genre, qu'on retrouve en particulier dans les histoires fragmentaires.

Enfin, plusieurs synthèses ont vu récemment le jour. Deux manuels consacrés à l'historiographie de l'Antiquité tardive ont été publiés. Celui de I. Karpozilos (1997) offre un aperçu relativement complet des historiens et chroniqueurs du quatrième au septième siècle, mais consiste surtout en une sélection de passages commentés avec une introduction substantielle[45]. L'ouvrage de D. Rohrbacher (2002), ayant le titre trop général «The Historians of Late Antiquity», discute douze historiens du quatrième et cinquième siècle[46]. Les critères d'inclusion ne sont pas clairs; on regrettera en particulier l'absence d'Eusèbe de Césarée[47]. Le recueil de G. Marasco, «Greek and Roman Historiography in Late Antiquity»

---

[42] Y.-M. DUVAL, *Sur quelques sources*; ID., *La place*; P. VAN NUFFELEN, *Gélase*.

[43] P. MARAVAL, *Socrate de Constantinople*, p. 25-28, 94 n. 1, 95 n. 4, 178 n. 1.

[44] Par exemple G. DOWNEY, *The Perspective*.

[45] A. ΚΑΡΠΟΖΙΛΟΣ, *Βυζαντινοὶ ἱστορικοί*.

[46] D. ROHRBACHER, *The Historians*.

[47] Signalons aussi les actes du colloque tenu à Tours en 2000, publiés en 2001 par B. POUDERON — Y.-M. DUVAL (ed.), *L'historiographie de l'église des premiers siècles*.

(2003) offre un état de la question[48]. Du point de vue de l'histoire ecclésiastique, on regrettera la limitation aux ouvrages écrits en grec et latin
dans cet ouvrage et le manque d'une discussion approfondie de, par
exemple, Jean d'Éphèse. Malgré l'utilité manifeste des ouvrages mentionnés, c'est ici que le manque de monographies préalables se fait sentir le plus. Afin de pouvoir écrire une véritable histoire de l'historiographie ecclésiastique, il nous faut d'abord des études approfondies
consacrées à chaque auteur individuel, et un aperçu complet des auteurs
conservés en état fragmentaire. Aucune des deux conditions n'est remplie
pour l'instant. Cette critique ne vaut pas pour la synthèse de D. Timpe,
Römische Geschichte und Heilsgeschichte (2001), petite de taille mais
riche en idées, qui suit le développement de l'histoire profane et de l'histoire du salut des évangiles à Eusèbe, avec un bref aperçu sur les auteurs
postérieurs.

À notre avis, il reste quelques carences dans l'étude de Socrate et Sozomène, auxquelles nous essaierons de rémédier dans cet ouvrage.

En premier lieu, il est encore possible d'avancer plus loin dans la
reconstruction du milieu social et politique où les deux historiens évo-
luaient. Jusqu'à présent, on a surtout prêté attention à l'éducation littéraire
des auteurs et à leurs relations avec la cour impériale. Pourtant, aussi
importante nous semble avoir été la crise johannite des années 402-404
dont les séquelles se firent longtemps sentir au sein de l'église constantinopolitaine. On en trouve les reflets dans les ouvrages de Socrate et de
Sozomène. C'est une dimension qui manque dans les ouvrages récents,
comme celui de M. Wallraff et H. Leppin, tout comme dans l'étude de
N.P. Constas sur l'évêque de Constantinople Proclos (434-446)[49]. Socrate
et Sozomène, nos sources principales pour l'histoire de l'église de
Constantinople durant la première moitié du cinquième siècle, n'ont pas
encore été suffisamment exploités dans ce but.

Également absente est une discussion de la théologie de l'histoire sous-
jacente aux histoires ecclésiastiques de Socrate et Sozomène; c'est un
fait d'autant plus étonnant que l'histoire ecclésiastique d'Eusèbe de Césarée est principalement étudiée sous cet angle[50]. En défendant qu'une théologie de l'histoire, si rudimentaire qu'elle soit, est bel et bien sous-jacente

---

[48] Signalons en particulier les articles suivants: H. Leppin, *The Church Historians*;
G. Marasco, *The Church Historians*; P. Van Deun, *The Church Historians*; M. Whitby,
The Church Historians; F. Winkelmann, *Historiography*.

[49] N.P. Constas, *Proclus*, p. 22-25, 41-47.

[50] Cf. J. Sirinelli, *Les vues historiques*; Monika Gödecke, *Geschichte*; M. Wacht,
ΕΠΙΜΙΞΙΑ; W. Kinzig, *Novitas*; J. Ulrich, *Euseb*.

à leurs ouvrages, nous nous démarquerons de l'idée répandue selon laquelle les successeurs d'Eusèbe prenaient leurs distances avec toute théologie de l'histoire au profit d'un récit factuel, à cause de la faillite des idées du fondateur du genre[51]. Le deuxième chapitre apportera une argumentation en faveur de la présence d'une théologie de l'histoire chez Socrate et Sozomène et montrera que cette théologie a influencé la composition de leurs ouvrages respectifs[52].

Une question traditionnelle qui se pose aux étudiants de l'histoire ecclésiastique est celle de sa définition. La plupart des savants adoptent une définition eusébienne, c'est-à-dire qu'ils étudient l'*Histoire ecclésiastique* d'Eusèbe afin d'en extraire les principes qui gouvernent l'histoire ecclésiastique en général. En tant que correction de cette approche, une autre est possible et nécessaire. En effet, Socrate et, dans une moindre mesure, Sozomène, s'expriment de façon assez explicite sur le genre qu'ils pratiquent et sur la relation entre l'histoire classique et ecclésiastique. Les énoncés des historiens eux-mêmes à propos de l'historiographie n'ont pas encore suffisamment retenu l'attention. Leur étude nous permettra de mieux saisir comment Socrate et Sozomène définissent leur propre entreprise.

Des études sur Socrate et Sozomène, seule celle de M. Wallraff discute amplement la méthode historique, qu'il entend comme la structuration de l'ouvrage, les sources et le style. Theresa Urbainczyk traite des différentes types de sources que Socrate a utilisés[53]. M. Mazza, de son côté, a étudié les énoncés méthodologiques des historiens pour en construire leur théorie historiographique[54]. Jusqu'à présent, on n'a pourtant pas vraiment étudié comment Socrate et Sozomène adaptent la méthode historique des historiens classiques, de même qu'on n'a pas confronté leur théorie à leur pratique réelle. C'est ce qui sera entrepris dans le quatrième chapitre. Une telle étude a son importance afin de pouvoir situer les historiens de l'Église dans l'ensemble de l'historiographie antique.

---

[51] F. WINKELMANN, *Die Kirchengeschichtswerke*, p. 173; D. TIMPE, *Römische Geschichte*, p. 135.

[52] M. WALLRAFF, *Der Kirchenhistoriker*, p. 271-281 offre quelques éléments, mais ne croit pas qu'on trouve chez Socrate une théorie sur le développement de l'histoire. Les idées de G.F. Chesnut sur le rôle du *kairos* chez Socrate (*Kairos*; *The First Christian Histories*, p. 190-197, voir aussi p. 208 à propos de Sozomène; il est suivi par M. MAZZA, *Lo storico*, p. 285-287) reposent sur une interprétation erronée de ce terme (cf. M. WALLRAFF, *Der Kirchenhistoriker*, p. 271 n. 286).

[53] Theresa URBAINCZYK, *Socrates*, p. 48-64.

[54] M. MAZZA, *Sulla teoria*; ID., *Lo storico*.

Notre recherche représente, enfin, en quelque sorte, un retour à la tradition par l'attention portée aux sources de Socrate et Sozomène. Si limitée que soit la *Quellenforschung* si elle est pratiquée pour elle-même, elle
ne constitue pas moins la base nécessaire pour toute étude historiographique. Il nous semble que la question des sources a été un peu négligée
dans les travaux récents. Les savants se contentent souvent de renvoyer
au travail de F. Geppert (1898) pour Socrate et celui de G. Schoo (1911)
pour Sozomène. G.C. Hansen est encore revenu sur les sources des deux
auteurs dans les éditions qu'il a préparées[55]. Bien que ces savants-là aient
déterminé la plupart des sources, il y a encore des découvertes à faire.
Nous avons par ailleurs traité de quelques sources de Socrate et de Sozomène dans divers articles[56] ainsi que dans les appendices II, III et IV du
présent ouvrage. Il s'agit non seulement de déceler de nouvelles sources
dans lesquelles les deux historiens ont puisé, mais, par la discussion des
sources, de permettre également d'éclaircir mainte question concernant
leur méthode historique. Surtout le quatrième et le dernier chapitre s'ap-
pesantiront dès lors sur les sources de Socrate et de Sozomène. Les résultats de ces recherches sont rassemblés dans l'appendice V, où nous
offrons un aperçu complet des sources de Socrate et de Sozomène, aperçu
qui vise à remplacer les travaux de F. Geppert et G. Schoo.

Ajoutons une remarque à propos du vocabulaire utilisé dans cet
ouvrage pour désigner les différentes factions ecclésiastiques. Nous assu-
mons le point de vue de l'Église officielle à l'époque de Socrate et de
Sozomène. Nous désignons ainsi avec le terme «orthodoxe» en principe
l'Église officielle. Bien que les novatiens soient orthodoxes dans la doctrine, ils étaient en général perçus comme une communauté à part; nous
ne les incluons donc pas parmi les orthodoxes. Pour les autres «hérésies», nous utilisons les désignations habituelles. En particulier, le terme
«arianisme» désigne l'ensemble des «hérésies» perçues au cinquième
siècle comme étant inspirées par les doctrines d'Arius.

---

[55] J. Bidez — G.C. Hansen, *Sozomenos*, p. xliv-lxiv; G.C. Hansen, *Sokrates*, p. xliii-
lv; Id., *Sozomenos*, p. 52-60.
[56] P. Van Nuffelen, *Deux fausses lettres*; Id., *La tête*; Id., *Gélase*, p. 638-639; Id.,
Dürre Wahrheiten; Id., *Socrate de Constantinople*; Id., *Two Fragments*.

ABRÉVIATIONS ET SIGLES

Les sigles utilisés pour les fonctions dans l'administration romaine sont ceux de la *PLRE*. Pour ceux des journaux, on peut se référer à J. MAROUZEAU e.a (ed.), *L'année philologique. Bibliographie critique et analytique de l'antiquité gréco-latine*, Paris, 1927-. Les sigles dont nous nous servons pour les livres bibliques, sont ceux de la *Bible de Jérusalem*. Pour les autres abréviations et sigles, le lecteur est prié de consulter la liste suivante.

ANRW	Hildegard TEMPORINI (ed.), *Aufstieg und Niedergang der römischen Welt*, Berlin — New York, 1972-
ASS	*Acta Sanctorum*, Bruxelles, 1863-1940
BHG	F. HALKIN, *Bibliotheca hagiographica graeca* (Subsidia Hagiographica 8a), 3 Vol., Bruxelles, 1957; ID., *Novum auctarium bibliothecae hagiographicae graecae* (Subsidia Hagiographica 65), Bruxelles, 1984
BHO	P. PEETERS, *Bibliotheca hagiographica orientalis* (Subsidia Hagiographica 10), Bruxelles, 1910
CCG	Corpus Christianorum. Series Graeca
CCL	Corpus Christianorum. Series Latina
CFHB	Corpus Fontium Historiae Byzantinae
CSHB	Corpus Scriptorum Historiae Byzantinae
Coll. Ath.	Collectio Atheniensis
Coll. Min.	Collectio Minor
Coll. Vat.	Collectio Vaticana
CPG	M. GEERARD e.a. (ed.), *Clavis patrum graecorum* (Corpus Christianorum. Series Graeca), 6 Vol., Turnhout, 1974-1998
CPL	E. DEKKERS — A. GAAR (ed.), *Clavis patrum latinorum* (Corpus Christianorum. Series Latina), Turnhout, 1995[3]
CSCO	Corpus Scriptorum Christianorum Orientalium
CSEL	Corpus Scriptorum Ecclesiasticorum Latinorum
CUF	Collection des universités de France
EOMIA	C.H. TURNER, *Ecclesiae occidentalis monumenta iuris antiquissima canonum et conciliorum graecorum interpretationes latinae. Opus posthumum*, Oxford, 1939
FGrHist	F. JACOBY e.a. (ed. comm.), *Die Fragmente der griechischen Historiker*, Leipzig — Leyde, 1922-
GCS	Die Griechischen christlichen Schriftsteller der ersten Jahrhunderte
HE	Histoire ecclésiastique
Lampe	G.W.H. LAMPE, *A Patristic Greek Lexicon*, Oxford, 1961
LSJ	H.G. LIDELL — R. SCOTT e.a., *A Greek-English Lexicon*, Oxford, 1996[9]
Mansi	G.D. MANSI e.a., *Sacrorum conciliorum nova et amplissima collectio*, Paris, 1901-1927 (= 1759-1798)
MGH	Monumenta Germaniae Historica

Pack²	R.A. PACK, *The Greek and Latin Literary Texts from Greco-Roman Egypt*, Ann Arbor (Mich.), 1967²
PG	Patrologia Graeca
PL	Patrologia Latina
PLRE	A.H.M. JONES e.a., *The Prosopography of the Later Roman Empire*, 4 Vol., Londres, 1971-1992
PO	Patrologia Orientalis
Preisigke	F. PREISIGKE e.a., *Wörterbuch der griechischen Papyrusurkunden mit Einschluss der griechischen Inschriften, Aufschriften, Ostraka, Mumienschilder usw. aus Ägypten*, 7 Vol., Berlin, 1922-2000
SC	Sources chrétiennes
Socr.	Socrate
Soz.	Sozomène

BIBLIOGRAPHIE

I — Sources

Pour les papyrus, nous utilisons les sigles de J.F. OATES e.a. (ed.), *Checklist of Editions of Greek, Latin, Demotic and Coptic Papyri, Ostraca and Tablets* (Bulletin of the American Society of Papyrologists. Supplements 9), Atlanta, 2001[5]; pour les inscriptions, ceux de G.H.R. HORSLEY — J.A.L. LEE, *A Preliminary Checklist of Abbreviations of Epigraphic Volumes*, in *Epigraphica* 56 (1994), p. 129-169. Nous utilisons en principe la traduction française indiquée ci-dessus.

ACO 1: E. SCHWARTZ (ed.), *Concilium universale Ephesenum* (Acta Conciliorum Oecumenicorum 1), 5 Vol., Berlin, 1922-1930

ACO 2: E. SCHWARTZ (ed.), *Concilium universale Chalcedonense* (Acta Conciliorum Oecumenicorum 2), 6 Vol., Berlin, 1932-1938

ACO 3: E. SCHWARTZ (ed.), *Collectio Sabbaitica* (Acta Conciliorum Oecumenicorum 3), Berlin, 1940

Acta Archelai (CPG 3570): C.H. BEESON (ed.), *Acta Archelai* (GCS 16), Leipzig, 1906

Actes des martyrs perses (*Actes syriaques d'Acepsimas* [BHO 22], *d'Azad* [BHO 124], *de Milès* [BHO 772], *de S. Syméon bar Sabba'e* [BHO 1117], *de Tarbo* [BHO 1149]): O. BRAUN (trad.), *Ausgewählte Akten Persischer Märtyrer* (Bibliothek der Kirchenväter), Kempten — Munich, 1915

Adamantius, *Physiognomica*: R. FOERSTER (ed.), *Scriptores physiognomici graeci et latini*, Leipzig, 1893

Agapios: A. VASILIEV (ed. trad.), *Kitab al-'Unvan (Histoire universelle, écrite par Agapius de Menbidj). Seconde partie* (PO 7-8), 2 Vol., Paris, 1911-1912

Agathias, *Historiae*: R. KEYDELL (ed.), *Agathiae Myrinaei historiarum libri quinque* (CFHB. Series Berolinensis 2), Berlin, 1967

Pseudo-Alexandre, *Panegyricus Petri*: H. HYVERNAT (ed. trad.), *Les actes des martyrs de l'Égypte*, Paris, 1886 (= Hildesheim — New York, 1977)

Ambroise, *De interpretatione Job et David* (CPL 134): K. SCHENKL (ed.), *Sancti Ambrosii de Iacob, de Ioseph, de Patriarchis, de fuga saeculi, de interpretatione Iob et David, de apologia David, apologia David altera, de Helia et ieiunio, de Nabuthae, de Tobia* (CSEL 32), Vienne, 1897

ID., *Expositio evangelii secundum Lucam* (CPL 143): M. ADRIAEN (ed.), *Ambrosius. Expositio evangelii secundum Lucam. Fragmenta in Esaiam* (CCL 14), Turnhout, 1957

ID., *Epistulae, Epistulae extra coll.* (CPL 160): Michaela ZELZER — O. FALLER (ed.), *Sancti Ambrosi opera 10: Epistulae et acta* (CSEL 82), 3 Vol., Vienne, 1968-1990

Ammien Marcellin: W. SEYFARTH (ed.), *Ammiani Marcellini rerum gestarum libri qui supersunt* (Bibliotheca Scriptorum Graecorum et Romanorum Teubneriana), 2 Vol., Leipzig, 1978

Anastase le Sinaïte, *Diegemata steriktika*: B. Flusin (ed. trad.), *Démons et Sar-rasins. L'auteur et le propos des Dìègèmata steriktika d'Anastase le Sinaïte*, in *T&MByz* 11 (1991), p. 381-409

Anonyma Valesiana II: I. König (ed. trad.), *Aus der Zeit Theoderichs des Gros-sen. Theodericiana primum ab Henrico Valesio edita* (Texte zur Forschung 69), Darmstadt, 1997

Anthologia Palatina: P. Waltz — G. Soury — R. Aubreton — F. Buffière e.a. (ed. trad.), *Anthologie grecque: première partie: Anthologie palatine* (CUF), Paris, 14 Vol., 1960-1994

Apollinaire: H. Lietzmann, *Apollinaris von Laodicea und sein Schule*, Tübin-gen, 1904

Aréthas de Césarée, *Scripta minora*: L. G. Westerink (ed.), *Arethae archiepi-scopi Caesariensis scripta minora* (Bibliotheca Scriptorum Graecorum et Romanorum Teubneriana), 2 Vol., Leipzig, 1968-1972

Aristide, *Apologie* (CPG 1062): B. Pouderon — Marie-Joseph Pierre (ed. trad.), *Aristide. Apologie. Introduction, textes critiques, traductions et commen-taire* (SC 470), Paris, 2003

Aristote, *Politica*: H. Rackham (ed. trad.), *Aristotle: Politics* (The Loeb Classi-cal Library), Cambridge (Mass.) — Londres, 1932

Id., *Poetica*: W. Hamilton Fyfe (ed. trad.) *Aristotle: Poetics* (The Loeb Clas-sical Library), Cambridge (Mass.) — Londres, 1927

Arnobe (CPL 93): C. Marchesi (ed.), *Arnobii Adversus nationes libri VII* (Cor-pus Scriptorum Latinorum Paravianum), Turin, 1957[2]

Arrien, *Anabasis*: P. Brunt (ed. trad.), *Arrian. The Anabasis of Alexander. Indica* (The Loeb Classical Library), 2 Vol., Cambridge (Mass.) — Londres, 1976-1983

Astérius, *Sermo* (CPG 2815): M. Richard (ed.), *Asterii Sophistae commentariorum in psalmos quae supersunt accidunt aliquot homiliae anonymae*, Oslo, 1956

Athanase, *De incarnatione* (CPG 2091): R.W. Thomson (ed. trad.), *Athanasius Alexandrinus. Contra gentes and De incarnatione* (Oxford Early Christian Texts), Oxford, 1971

Id., *Epistula ad episcopos Aegypti et Libyae* (CPG 2092): K. Metzler — D.U. Hansen — M. Tetz (ed.), *Athanasius Werke. 1.1: Die dogmatischen Schriften. 1: Epistula ad episcopos Aegypti et Libyae*, Berlin, 1996

Id., *Epistulae IV ad Serapionem* (CPG 2094): PG 26.529-648

Id., *Vita Antonii* (CPG 2101): G.J.M. Bartelink (ed. trad.), *Athanase d'Alexan-drie. Vie d'Antoine* (SC 400), Paris, 1994

Id., *Epistulae festales* (CPG 2102): PG 26.1351-1432

Id., *Apologia de fuga sua* (CPG 2122): J.M. Szymusiak (ed. trad.), *Athanase d'Alexandrie. Deux apologies* (SC 56bis), Paris, 1987[2]

Id., *De decretis* (CPG 2120), *De sententia Dionysii* (CPG 2121), *Apologia secunda* (CPG 2123), *Epistula encyclica* (CPG 2124), *De morte Arii* (CPG 2125), *Historia Arianorum* (CPG 2127), *De synodis* (CPG 2128): H.G. Opitz (ed.), *Athanasius Werke. II, 1*, Berlin, 1935-1941

Id., *Apologia contra Constantium* (CPG 2129): J.M. Szymusiak (ed. trad.), *Atha-nase d'Alexandrie. Deux apologies* (SC 56bis), Paris, 1987[2]

Id., *Epistula ad Jovianum* (CPG 2135): PG 26.813-820

Pseudo-Athanase, *Oratio contra Arianos* (CPG 2230): PG 26.468-525

Id., *Contra Sabellianos* (CPG 2243): PG 28.96-121

Atticus, *Homilia in nativitatem* (CPG 5650): M. Brière (ed. trad.), *Une homilie inédite d'Atticus (Patriarche de Constantinople 406-425)*, in *ROC* 29 (1934), p. 160-186

Augustin, *Confessiones* (CPL 251): M. Skutella (ed.), *Sancti Aurelii Augustini Confessionum libri XIII* (Bibliotheca Scriptorum Graecorum et Romanorum Teubneriana), Stuttgart, 1969[2]

Id., *De doctrina christiana* (CPL 263): J. Martin (ed.), *Sancti Aurelii Augustini de doctrina christiana libri IV* (CCL 32), Turnhout, 1962

Id., *Sermones* (CPL 284): PL 38-39.23-1638

Id., *De civitate Dei* (CPL 313): B. Dombard — A. Kalb (ed.), *Sancti Aurelii Augustini episcopi De civitate Dei libri XXII* (Bibliotheca Scriptorum Graecorum et Romanorum Teubneriana), Stuttgart, 1981[5]

Pseudo-Augustin, *Quaestiones Veteris et Novi Testamenti* (CPL 185): A. Souter (ed.), *Pseudo-Augustini quaestiones Veteris et Novi Testamenti* (CSEL 50), Vienne, 1908

Aurélius Victor: F. Pichlmayr — F. Gruendel (ed.), *Sexti Aurelii Victoris Liber de Caesaribus praecedunt Origo gentis romanae et Liber de viris illustribus urbis Romae subsequitur Epitome de Caesaribus* (Bibliotheca Scriptorum Graecorum et Romanorum Teubneriana), Leipzig, 1961[2]

Baléus, *Encomion d'Acacius*: P.S. Landersdorfer (trad.), *Ausgewählte Schriften der Syrischen Dichter Cyrillonas, Baläus, Isaak von Antiochien und Jakub von Sarug* (Bibliothek der Kirchenväter 6), Kempten — Munich, 1913

Bar Hadbešabba, *Histoire des saints pères persécutés à cause de la vérité*: F. Nau (ed. trad.), *Documents pour servir à l'historie de l'Église nestorienne* (PO 9, 23), 2 Vol., Paris, 1913-1932

Basile de Césarée, *Hexaemeron* (CPG 2835): S. Giet (ed. trad.), *Basile de Césarée. Homilies sur l'Hexaéméron* (SC 26bis), Paris, 1968[2]

Id., *De Spiritu Sancto* (CPG 2839): B. Pruche (ed. trad.), *Basile de Césarée. Sur le Saint-Esprit* (SC 17bis), Paris, 1968[2]

Id., *Asceticon magnum* (CPG 2875): PG 31.901-1035

Id., *Epistulae* (CPG 2900): R.J. Deferrari (ed. trad.), *Saint Basil. The Lettres* (The Loeb Classical Library), 4 Vol., Cambridge (Mass.) — Londres, 1926-1934

Bède le Vénérable, *Historia ecclesiastica gentis Anglorum*: G. Spitzbart (ed. trad.), *Venerabilis Bedae historia ecclesiastica gentis Anglorum*, Darmstadt, 1997[2]

Boniface, *Epistulae* (CPL 1648): PL 20.750-784

Callinicos, *Vita Hypatii* (CPG 6042): G.J.M. Bartelink (ed. trad.), *Callinicos. Vie d'Hypatios* (SC 177), Paris, 1971

Cassiodore, *Historia tripartita* (CPG 7502): W. Jacob (ed.), *Cassiodorus. Historia ecclesiastica tripartita* (CSEL 71), Vienne, 1952

Id., *Institutiones* (CPG 906): W. Bürsgens (ed. trad.), *Cassiodorus. Institutiones divinarum et saecularum litterarum* (Fontes Christiani 39), 2 Vol., Freiburg, 2003

Catenae in epistulam ad Hebraeos (CPG C163): I.A. Cramer (ed.), *Catenae Graecorum patrum in N.T.*, Vol. 7, Oxford, 1842

Cédrénos: I. Bekker (ed.), *Georgius Cedrenus* (CSHB 24-25), 2 Vol., Bonn, 1838-1939

Choricius de Gaza, *Oratio funebris in Procopium* (CPG 7518): R. Foerster (ed.), *Choricii Gazaei opera* (Bibliotheca Scriptorum Graecorum et Romanorum Teubneriana), Leipzig, 1929

Christodore de Coptos: *FGrHist* 283 =1084

Chromace, *Sermones* (CPL 217): J. LEMARIÉ — H. TARDIF (ed. trad.), *Chromatius d'Aquilée. Sermons* (SC 154-164), 2 Vol., Paris, 1970-1971

Chronicon edessenum: I. GUIDI (trad.), *Chronica minora. Pars prior* (CSCO 4), Paris, 1903

Chronicon ad 754: E. LÓPEZ PEREIRA (ed. trad.), *Chrónica mozárabe de 754: edición critica y traducción*, Saragosse, 1980

Chronicon ad 1234: J.-B. CHABOT (trad.), *Anonymi auctoris chronicon ad annum Christi 1234 pertinens I. Praemissum est chronicon anonymum ad AD 819 pertinens* (CSCO 109), Louvain, 1937 (=1952)

Chronique pascale: L. DINDORF (ed.), *Chronicon paschale* (CSHB 10-11), 2 Vol., Bonn, 1832

Cicéron, *De divinatione*: W.A. FALCONER (ed. trad.), *Cicero. De senectute, De amicitia, De divinatione* (The Loeb Classical Library), Cambridge (Mass.) — Londres, 1923

ID., *Ad familiares*: D.R. SHACKLETON BAILEY (ed. trad.), *Cicero. Letters to Friends* (The Loeb Classical Library), 3 Vol., Cambridge (Mass.) — Londres, 2001

ID., *De oratore*: H. BORNECQUE — E. COURBAUD (ed. trad.), *De l'orateur* (CUF), 3 Vol., Paris, 1961-1967

Claudien, *Stelicho*: M. PLATNAUER (ed. trad.), *Claudian* (The Loeb Classical Library), 2 Vol., Cambridge (Mass.) — Londres, 1922

Clément d'Alexandrie, *Le pédagogue* (CPG 1376): C. MONDÉSERT — H.-I. MARROU — C. MATRAY — Marguerite HARL (ed. trad.), *Clément d'Alexandrie. Le pédagogue* (SC 70, 108, 158), 3 Vol., Paris, 1960-1970

ID., *Stromata* (CPG 1377): O. STÄHLIN — L. FRÜCHTEL — Ursula TREU (ed.), *Clemens Alexandrinus. Stromata. Buch I-VI* (GCS 15), Berlin, 1985[4]; ID., *Stromata: Buch VII und VIII; Excerpta ex Theodoto; Eclogae propheticae; Quis dives salvetur; Fragmente* (GCS 17), Berlin, 1970[2]

Codex Justinianus: P. KRÜGER (ed.), *Corpus iuris civilis*, Berlin, 1877 (= 1967)

Codex Theodosianus: T. MOMMSEN — P. MEYER — P. KRÜGER (ed.), *Theodosiani libri XVI cum constitutionibus Sirmondianis*, Berlin, 1905 (= 1962)

Concile de Nicée II (787), Canons: P.-P. JOANNOU, *Discipline générale antique (IV-IX s.)* (Pontificia commissio ad redigendum codicem iuris canonici orientalis. Fontes. Series I.9), 4 Vol., Rome, 1962-1964 (= Leipzig, 1973)

Constitutiones apostolicae: B. METZGER (ed. trad.), *Les constitutions apostoliques* (SC 320, 329, 336), 3 Vol., Paris, 1985-1987

Constitutiones Sirmondianae: T. MOMMSEN — P. MEYER — P. KRÜGER (ed.), *Theodosiani libri XVI cum constitutionibus Sirmondianis*, Berlin, 1905 (= 1962)

Consularia Constantinopolitana: R.W. BURGESS (ed.), *The Chronicle of Hydatius and the Consularia Constantinopolitana: Two Contemporary Accounts of the Final Years of the Roman Empire*, Oxford, 1993

Continuatio Antiochiensis: R.W. BURGESS (ed. trad.), *Studies in Eusebian and Post-Eusebian Chronography* (Historia Einzelschriften 135), Stuttgart, 1999

Corippus, *Laudes Iustini*: Averil CAMERON (ed. trad. comm.), *Corippus: In laudem Iustini Augusti minoris libri IV*, Londres, 1976

Corpus hermeticum: A.D. NOCK — J. FESTUGIÈRE (ed. trad.), *Corpus Hermeticum* (CUF), 4 Vol., Paris, 1945-1954

Cratérus le Macédonien: *FGrHist* 342

Cyrille d'Alexandrie, *In Isaiam* (CPG 5203): PG 70.9-1449

ID., *Homilia 15 de incarnatione* (CPG 5259): PG 77.1089-1096

ID., *Oratio in ascensionem* (CPG 5281): C. DATEMA (ed.), *Une homélie inédite sur l'Ascension*, in *Byzantion* 44 (1974), p. 121-137

ID., *Epistulae* 75 (CPG 5375): PG 77.348-352

ID., *Epistulae* 76 (CPG 5376): PG 77.352-360

Cyrille de Jérusalem, *Catecheses ad illuminandos* (CPG 3585): A. PIÉDAGNEL — P. PARIS (ed. trad.), *Cyrille de Jérusalem. Catéchèses mystagogiques* (SC 126bis), Paris, 1988²

ID., *Epistula ad Constantium* (BHG 413 = CPG 3587): E. BIHAIN, *L'épître de Cyrille de Jérusalem à Constance sur la vision de la croix (BHG 413)*, in *Byzantion* 43 (1973), p. 264-276

Cyrille de Scythopolis, *Vita Euthymii* (BHG 647-648b = CPG 7535), *Vita Cyriaci* (BHG 463 = CPG 7538): E. SCHWARTZ, *Kyrillos von Skythopolis* (Texte und Untersuchungen 49.2), Leipzig, 1939

Damascius, *Historia philosophica*: Polymnia ATHANASSIADI (ed. trad.), *Damascius. The Philosophical History*, Athènes, 1999

Damase, *Epistulae* (CPL 1632): PL 13.347-373

Démocrite: H. DIELS — W. KRANZ (ed.), *Fragmente der Vorsokratiker*, 3 Vol., Zürich, 1951-1952⁶

Demosthène, *Discours* 18: G. MATHIEU (ed. trad.), *Démosthène. Plaidoyers politiques. Tome 4: Sur la couronne. Contre Aristogiton I et II* (CUF), Paris, 1966

Denys d'Halicarnasse, *Ad Pompeium, Demosthenes*: Germaine AUJAC (ed. trad.), *Opuscules rhétoriques. Tomes 2-3* (CUF), 2 Vol., Paris, 1988-1992

Pseudo-Denys, *Chronique*: J.-B. CHABOT (ed. trad.), *Incerti auctoris chronicon pseudo-Dionysianum vulgo dictum* (CSCO 91-104), 2 Vol., Paris, 1927-1933

Diodore de Sicile: C.M. OLDFATHER (ed. trad.), *Diodorus of Sicily. Books I and II 1-35* (The Loeb Classical Library), Cambridge (Mass.) — Londres, 1933

Dion Cassius: E. CARY (ed. trad.), *Dio's Roman History* (The Loeb Classical Library), 9 Vol., Cambridge (Mass.) — Londres, 1914-1927

Dion de Pruse: J.W. COHOON (ed. trad.), *Dio Chrysostom: Vol. 2* (The Loeb Classical Library), Cambridge (Mass.) — Londres, 1939

Documentum nestorianum: I.-B. CHABOT (trad.), *Chronica minora. Pars tertia. Documentum nestorianum* (CSCO 6), Paris, 1904

Énée de Gaza, *Theophrastus* (CPG 7450): M.E. COLONNA (ed.), *Theophrastus sive de immortalitate animarum*, Naples, 1958

Éphore: *FGrHist* 70

Éphrem, *Memre sur Nicomédie*: C. RENOUX (ed. trad.), *Éphrem de Nisibe. Memre sur Nicomédie* (PO 37), Paris, 1975

ID., *Contra Julianum*: E. BECK (ed. trad.), *Des heiligen Ephraem des Syrers Hymnen de paradiso und contra Julianum* (CSCO 174-175), Louvain, 1957

Éphrem Graecus, *De Iuliano asceta* (BHG 968 = CPG 4627): J. ASSEMANI (ed.), *Sancti Patris Nostri Ephraem Syri opera omnia. Tomus graecus III*, Rome, 1746

Épictète: J. SOULHÉ (ed. trad.), *Épictète. Entretiens* (CUF), 4 Vol., Paris, 1962-1965

Epiphane, *Ancoratus* (CPG 3744): K. HOLL (ed.), *Epiphanius. Ancoratus — Panarion* (GCS 25), Leipzig, 1915

ID., *Panarion* (CPG 3745): K. HOLL (ed.), *Epiphanius. Ancoratus — Panarion* (GCS 25, 31, 37), 3 Vol., Leipzig, 1915-1933

Epistula Symeonis Stylitae (CPG 7366): PG 86.2.3216-3220

Epitome: G.C. HANSEN (ed.), *Theodoros Anagnostes. Kirchengeschichte* (GCS N.F. 3), Berlin, 1995[2]

Epitome de Caesaribus: F. PICHLMAYR — F. GRUENDEL (ed.), *Sexti Aurelii Victoris Liber de Caesaribus praecedunt Origo gentis romanae et Liber de viris illustribus urbis Romae subsequitur Epitome de Caesaribus* (Bibliotheca Scriptorum Graecorum et Romanorum Teubneriana), Leipzig, 1961[2]

Eugippius, *Vita Severini* (CPL 676): H. SAUPPE (ed.), *Eugippii Vita Sancti Severini* (MGH Auct. Ant. 1, 2), Berlin, 1877 (= Munich, 1985)

Eunape, *Historiae*: R. C. BLOCKLEY (ed. trad.), *The Fragmentary Classicising Historians of the Later Roman Empire: Eunapius, Olympiodorus, Priscus and Malchus* (ARCA. Classical and Medieval Texts, Papers, and Monographs 6, 10), 2 Vol., Liverpool, 1983-1985

ID., *Vitae sophistarum*: J. GIANGRANDE (ed.), *Eunapii Vitae sophistarum* (Scriptores graeci et latini consilio academiae Lynceorum editi), Rome, 1956

Eunome, *Commentaire sur l'épître aux Romains*: R.P. VAGGIONE (ed. trad.), *Eunomius. The Extant Works*, Oxford, 1987

Eusèbe, *Commentarium in Isaiam* (CPG 3468): J. ZIEGLER (ed.), *Eusebius Werke 10: Der Jesajakommentar* (GCS), Berlin, 1975

ID., *Contra Marcellum* (CPG 3477), *De ecclesiastica theologia* (CPG 3478): E. KLOSTERMANN — G.C. HANSEN (ed.), *Eusebius Werke 4: Gegen Marcell. Über die kirchliche Theologie. Die Fragmente Marcells* (GCS), Berlin, 1989[3]

ID., *Contra Hieroclem* (CPG 3485): Marguerite FORRAT — E. DES PLACES (ed. trad.), *Eusèbe de Césarée. Contre Hiéroclès* (SC 333), Paris, 1986

ID., *Praeparatio evangelica* (CPG 3486): K. MRAS — E. DES PLACES (ed.), *Eusebius Werke 8: Die Praeparatio evangelica* (GCS 43), 2 Vol, Berlin, 1982-1983[2]

ID., *Demonstratio evangelica* (CPG 3487): I.A. HEIKEL (ed.), *Eusebius Werke 6: Die Demonstratio evangelica* (GCS 23), Leipzig, 1913

ID., *Theophania* (CPG 3488): H. GRESSMANN — A. LAMINSKI (ed.), *Eusebius Werke 3.2: Die Theophanie: Die griechischen Bruchstücke und Übersetzung der syrischen Überlieferung* (GCS 63), Berlin, 1992[2]

ID., *De martyribus Palestinae* (CPG 3490): E. SCHWARTZ — T. MOMMSEN (ed.), *Eusebius Werke 2: Die Kirchengeschichte* (GCS N.F. 6), 3 Vol., Berlin, 1999 (= Leipzig, 1909), Vol. 2, p. 907-950

ID., *Chronique* (CPG 3494): R.W. BURGESS (ed. trad.), *Studies in Eusebian and Post-Eusebian Chronography* (Historia Einzelschriften 135), Stuttgart, 1999

ID., *HE* (CPG 3495): E. SCHWARTZ — T. MOMMSEN (ed.), *Eusebius Werke 2: Die Kirchengeschichte* (GCS N.F. 6), 3 Vol., Berlin, 1999 (= Leipzig, 1909); G. BARDY (ed. trad.), *Eusèbe de Césarée. Histoire ecclésiastique* (SC 31, 41, 55, 73bis), 4 Vol., Paris, 1952-1971

ID., *Vita Constantini* (CPG 3496): F. WINKELMANN (ed.), *Eusebius Werke 1.1. Über das Leben des Kaisers Konstantin* (GCS), Berlin, 1975[2]

ID., *De laudibus Constantini* (CPG 3498): I.A. HEIKEL (ed.), *Eusebius Werke 1: Über das Leben Constantins; Constantins Rede an die heilige Versammlung; Tricennatsrede an Constantin* (GCS 1), Leipzig, 1902; P. MARAVAL (trad.), *Eusèbe de Césarée. La théologie politique de l'Empire chrétien. Louanges de Constantin (Triakontaétérikos)*, Paris, 2001

Pseudo-Eusèbe d'Alexandrie, *De Domini ascensione* (CPG 5528): PG 64.45-48

Eutrope: F.L. MÜLLER (ed. trad.), *Eutropii breviarium ab urbe condita* (Palingenesia 56), Stuttgart, 1995

Évagre le Pontique, *Le gnostique* (CPG 2431): A. et Claire GUILLAUMONT (ed. trad.), *Évagre le Pontique. Le gnostique ou à celui qui est devenu digne de la science* (SC 356), Paris, 1989

ID., *Traité pratique* (CPG 2430): A. et Claire GUILLAUMONT (ed. trad.), *Évagre le Pontique. Traité pratique ou le moine* (SC 170-171), 2 Vol., Paris, 1971

Évagre le Scholastique, *HE* (CPG 7500): J. BIDEZ — L. PARMENTIER (ed.), *The Ecclesiastical History of Evagrius with Scholia*, Londres, 1898

Firmus, *Epistulae* (CPG 6120): PG 77.1481-1514

Flavius Josèphe, *Bellum judaicum, Contra Apionem, Antiquitates judaicae*: H.S.J. THACKERAY — R. MARCUS — L. H. FELDMAN (ed. trad.), *Josephus* (The Loeb Classical Library), 9 Vol., Cambridge (Mass.) — Londres, 1926-1965

Fortunatianus: C. HALM (ed.), *Rhetores latini minores*, Leipzig, 1863

Pseudo-Gélase de Césarée (CPG 3521): inventaire des fragments dans P. VAN NUFFELEN, *Gélase de Césarée, un compilateur du cinquième siècle*, in *ByzZ* 95 (2002), p. 621-640, 636-638

Pseudo-Gélase de Cyzique (CPG 6034): G.C. HANSEN (ed.), *Anonyme Kirchengeschichte (Gelasius Cyzicenus CPG 6034)* (GCS N.F. 9), Berlin — New York, 2002

Georges d'Alexandrie, *Vita Johannis Chrysostomi* (BHG 873 = CPG 7979): F. HALKIN (ed.), *Douze récits byzantins sur Saint Jean Chrysostome* (Subsidia Hagiographica 60), Bruxelles, 1977

Georges Syncellos, *Chronique*: W. DINDORF (ed.), *Georgius Syncellus et Nicephorus Constantinopolitanus* (CSHB 14-15), 2 Vol., Bonn, 1829

Grégoire de Nazianze, *Discours* (CPG 3010): J. BERNARDI (ed. trad.), *Grégoire de Nazianze. Discours 4-5. Contre Julien* (SC 309), Paris, 1983; PG 35.986-1043 (*Discours* 18); J. MOSSAY (ed. trad.), *Grégoire de Nazianze. Discours 20-23* (SC 270), Paris, 1980; J. MOSSAY — G. LAFONTAINE (ed. trad.), *Grégoire de Nazianze. Discours 24-26* (SC 284), Paris, 1981; P. GALLAY — M. JOURJON (ed. trad.), *Grégoire de Nazianze. Discours 27-31 (Discours théologiques)* (SC 250), Paris, 1979; J. BERNARDI (ed. trad.), *Grégoire de Nazianze. Discours 42-43* (SC 384), Paris, 1992

ID., *Epistulae* (CPG 3032): P. GALLAY (ed.), *Gregor von Nazianze. Briefe* (GCS), Berlin, 1969

ID., *De vita sua* (CPG 3036): C. JUNGCK (ed. trad. comm.), *Gregor von Nazianz. De vita sua. Einleitung, Text, Übersetzung, Kommentar* (Wissenschaftliche Kommentare zu griechischen und lateinischen Schriftstellern), Heidelberg, 1974

Grégoire de Nicée: G. DAGRON (ed. trad.), *Le traité de Grégoire de Nicée sur le baptême des juifs*, in *T&MByz* 11 (1991), p. 313-357

Grégoire de Nysse, *De iis qui baptismum deferunt* (CPG 3147): H. POLACK (ed.), *Gregorii Nysseni opera X.2: Sermones III*, Leyde, 1996

ID., *Contra fatum* (CPG 3152): J.A. MCDONOUGH (ed.), *Gregorii Nysseni opera III.2: Opera dogmatica minora*, Leyde, 1987

ID., *In canticum canticorum* (CPG 3158): H. LANGERBECK (ed.), *Gregorii Nysseni opera VI: In canticum canticorum*, Leyde, 1960

ID., *Vita Moysis* (CPG 3159): J. DANIÉLOU (ed. trad.), *Grégoire de Nysse. La vie de Moïse* (SC 1ter), Paris, 1968³

ID., *De beatitudinibus* (CPG 3161): J.F. CALLAHAN (ed.), *Gregorii Nysseni opera VII.2: De oratione dominica. De beatitudinis*, Leyde, 1992

ID., *Epistulae* (CPG 3167): P. MARAVAL (ed. trad.), *Grégoire de Nysse. Lettres* (SC 363), Paris, 1990

ID., *Oratio funebris in Meletium episcopum* (CPG 3180): A. SPIRA (ed.), *Gregorii Nysseni opera IX: Sermones*, Leyde, 1967

ID., *Vita Gregorii Thaumaturgi* (CPG 3184): G. HEIL e.a. (ed.), *Gregorii Nysseni opera X.1: Sermones II*, Leyde, 1990

ID., *In Basilium fratrem* (BHG 244 = CPG 3185): O. LENDLE e.a. (ed.), *Gregorii Nysseni Opera X.1: Sermones II*, Leyde, 1990

ID., *In XL martyres* (CPG 3188): O. LENDLE e.a. (ed.), *Gregorii Nysseni Opera X.1: Sermones II*, Leyde, 1990

ID., *Vie d'Ephrem* (BHG 583 = CPG 3193): PG 45.820-849

Grégoire de Tours, *Historiae* (CPL 1023): B. KRUSCH (ed.), *Gregori episcopi Turonensis historiarum libri X* (MGH Script. Rer. Mer. 1.1), Hanovre, 1937-1942²

ID., *In gloria martyrum* (CPL 1024): B. KRUSCH (ed.), *Gregori episcopi Turonensis miracula et opera minora* (MGH Script. Rer. Mer. 1.2), Hanovre, 1885

Héliodore, *Aethiopika*: R.M. RATTENBURY — T.W. LUMB — J. MAILLON (ed. trad.), *Héliodore. Les éthiopiques* (CUF), 3 Vol., Paris, 1960

Hermogène, *Peri staseon*: H. RABE (ed.), *Hermogenis opera* (Bibliotheca Scriptorum Graecorum et Romanorum Teubneriana), Leipzig, 1913

Hérodien: C.R. WHITTAKER (ed. trad.), *Herodian. History of the Empire* (The Loeb Classical Library), 2 Vol., Cambridge (Mass.) — Londres, 1969-1970; D. ROQUES (trad.), *Hérodien. Histoire des empereurs de Marc-Aurèle à Gordien III* (La roue à livres), Paris, 1990

Hérodote: P.-E. LEGRAND (ed. trad.), *Hérodote. Histoires* (CUF), 9 Vol., Paris, 1964-1968

Hésychius de Jérusalem, *Homiliae* (CPG 6565-6583): M. AUBINEAU (ed. trad.), *Les homilies festales d'Hésychius de Jérusalem. Vol. 1* (Subsidia Hagiographica 59), Bruxelles, 1978

ID., *Epitome de prophetis* (CPG 6556 = BHG 1591c): PG 93.1340-1344

Hiéroclès: E. HONIGMANN (ed.), *Le Synekdèmos d'Hiéroklès et l'Opuscule géographique de Georges de Chypre*, Bruxelles, 1939

Hilaire de Poitiers, *De synodis* (CPL 434): PL 10.479-546

ID., *Liber ad Constantium imperatorem* (CPL 460): A. FEDER (ed.), S. *Hilarii episcopi Pictaviensis opera. Pars quarta* (CSEL 65), Vienne, 1916

Hippolyte, *In Danielem* (CPG 1873): M. BONWETSCH — M. RICHARD (ed.), *Hippolyt Werke. 1.1: Kommentar zu Daniel* (GCS N.F. 7), Berlin, 2000²

Histoire acéphale: Annick MARTIN — Micheline ALBERT (ed. trad.), *Histoire «acéphale» et index syriaque des lettres festales* (SC 317), Paris, 1985

Historia Augusta: D. MAGIE (ed. trad.), *Historia Augusta* (The Loeb Classical Library), 3 Vol., Cambridge (Mass.) — Londres, 1921-1932

Histoire des patriarches: B. EVETTS (ed. trad.), *History of the Patriarchs of the Coptic Church of Alexandria* (PO 1, 5, 10), 3 Vol., Paris, 1904-1915

Historia ecclesiastica Alexandrina: T. ORLANDI (ed. trad. comm.), *Storia della chiesa di Alessandria* (Testi e documenti per lo studio dell' antichità 17, 31), 2 Vol., Milan, 1968-1970; ID., *Nuovi frammenti della Historia ecclesiastica copta*, in S.F. BONDI e.a. (ed.), *Studi in onore di Edda Bresciani*, Pise, 1985, p. 363-383

Historia monachorum: A.J. FESTUGIÈRE (ed. trad.), *Historia monachorum in Aegypto. Édition critique du texte grec et traduction annotée* (Subsidia Hagiographica 53), Bruxelles, 1971

Historia Sancti Ephremi: T.J. LAMY (ed. trad.), *Sancti Ephraem Syri hymni et sermones*, Vol. 2, Malines, 1886

Homère, *Ilias:* A.T. MURRAY — W. F. WYATT (ed. trad.), *Homer. The Iliad* (The Loeb Classical Library), 2 Vol., Cambridge (Mass.) — Londres, 1999²

ID., *Odyssée:* A.T. MURRAY — G.E. DIMOCK (ed. trad.), *Homer. The Odyssey* (The Loeb Classical Library), 2 Vol., Cambridge (Mass.) — Londres, 1995²

Ignace de Sélybria, *Vita Constantini* (BHG 362): T. JOANNOU, Μνημεῖα ἁγιολογικά, Venise, 1884.

Innocent, *Epistulae* (CPL 1641): PL 20.463-608

Irénée de Lyon, *Contre les hérésies* (CPG 1306): A. ROUSSEAU — L. DOUTRELEAU e.a. (ed. trad.), *Irénée de Lyon. Contre les hérésies* (SC 100, 152, 153, 210, 211, 263, 264, 293, 294), 9 Vol., Paris, 1969-1982

Isidore de Péluse, *Epistulae* (CPG 5557): PG 78.177-1645

Isocrate, *Panegyricus:* G. NORLIN (ed. trad.), *Isocrates: Vol. 1* (The Loeb Classical Library), Cambridge (Mass.) — Londres, 1928

Jean Cassien, *De institutis coenobiorum* (CPL 513): J-C. GUY (ed. trad.), *Jean Cassien. Institutions cénobitiques* (SC 109), Paris, 1965

Jean Chrysostome, *Ad Stagirium* (CPG 4310): PG 47.423-494

ID., *Contra eos qui subintroductas habent virgines* (CPG 4311): J. DUMORTIER (ed. trad.), *S. Jean Chrysostome. Les cohabitations suspectes*, Paris, 1955

ID., *De sacerdotio* (CPG 4316): J.A. NAIRN (ed.), *De Sacerdotio of S. John Chrysostom*, Cambridge, 1906

ID., *Adversus Judaeos* (CPG 4327): PG 48.843-942

ID., *Homiliae de statuis* (CPG 4330): PG 49.15-222

ID., *Panegyricus in Paulum* (CPG 4344): A. PIÉDAGNEL (ed. trad.), *Jean Chrysostome. Panégyriques de S. Paul* (SC 300), Paris, 1982

ID., *De S. Babyla contra Julianum et gentiles* (BHG 208 = CPG 4348): Margaret A. SCHATKIN — B. GRILLET (ed. trad.), *Jean Chrysostome. Discours sur Babylas, suivi de Homélie sur Babylas* (SC 362), Paris, 1990

ID., *Homilia in Iuventinum et Maximum martyres* (BHG 975 = CPG 4349): PG 50.571-578

ID., *In S.Eustathium* (CPG 4352): PG 50.597-606

ID., *De terrae motu* (CPG 4366): PG 50.713-716

ID., *In Eutropium* (CPG 4392): PG 52.391-396

ID., *Homilia II post reditum* (CPG 4399): PG 52.443-448

ID., *De providentia* (CPG 4401): Anne-Marie MALINGREY (ed. trad.), *Jean Chrysostome. Sur la providence de Dieu* (SC 79), Paris, 1979

ID., *Epistula ad Innocentium* (CPG 4402): Anne-Marie MALINGREY (ed. trad.), *Palladios. Dialogue sur la vie de Jean Chrysostome* (SC 342), Vol. 2, Paris, 1988, p. 47-95

ID., *Epistulae ad Olympiadem* (CPG 4405): Anne-Marie MALINGREY (ed. trad.),
   Lettres à Olympias (SC 13bis), Paris, 1968²
ID., *Epistulae* (CPG 4405): PG 52.529-748
ID., *Expositiones in psalmos* (CPG 4413): PG 55.39-154
ID., *Homiliae in Isaiam* (CPG 4416): PG 56.11-94
ID., *Homiliae in Matthaeum* (CPG 4424): PG 57
ID., *De incomprehensibili Dei natura* (CPG 4425): PG 48.23-482
ID., *In acta apostolorum* (CPG 4426): PG 60.13-384
ID., *Homiliae in epistulam ad Romanos* (CPG 4427): PG 60.391-682
ID., *De Sancto Meletio* (BHG 1244 = CPG 4345): PG 50.515-520
ID., *Adversus catharos* (CPG 4441): PG 63.491-494
Pseudo-Jean Chrysostome, *Homilia in Ps 71* (CPG 5074), *De sacrificio Caini*
   (CPG 4208), *Adversus Judaeos* (absent dans la CPG), *De vigilantia*
   (CPG 4972): K.-H. UTHEMANN e.a (ed.), *Homiliae pseudo-chrysostomicae:
   instrumentum studiorum*, Turnhout, 1994
ID., *In decollationem Iohannis* (CPG 4570): PG 59.485-490
ID., *In proditionem Judae* (CPG 4635): PG 61.687-690
Jean d'Antioche: K. MÜLLER (ed.), *Fragmenta historicorum graecorum*, Vol. 4,
   Paris, 1851, p. 535-622
Jean de Beith-Aphthonia, *Vita Severi*: M.-A. KUGENER (ed. trad.), *Vie de Sévère*
   (PO 2), Paris, 1904
Jean de Biclaro, *Chronique*: Carmen CARDELLE DE HARTMANN — R. COLLINS
   (ed.), *Victoris Tunnunensis chronicon cum reliquiis ex consularibus caesar-
   augustanis et Iohannis Biclarensis chronicon* (CCL 173A), Turnhout, 2001
Jean de Damas, *Sermones de dormitione* (CPG 8061-8063): B. KOTTER (ed.),
   Johannes Damascenus. Opera homiletica et hagiographica (Patristische
   Texte und Studien 29), Berlin, 1988
Jean d'Éphèse, *HE*: E.W. BROOKS (ed. trad.), *Iohannis Ephesini Historiae eccle-
   siasticae pars tertia* (CSCO 105-106), 2 Vol., Louvain, 1936
ID., *Vitae*: E.W. BROOKS (ed. trad.), *Lives of the Eastern Saints* (PO 17, 18),
   2 Vol., Paris, 1974
Jean d'Épiphanéia: K. MÜLLER (ed.), *Fragmenta historicorum graecorum*, Vol. 4,
   Paris, 1851, p. 272-276
Jean de Nikiu, *Chronique*: R.-H. CHARLES (ed. trad.), *The Chronicle of John,
   Coptic Bishop of Nikiu*, Londres, 1916
Jean Diacrinomène (CPG 7509): G.C. HANSEN (ed.), *Theodoros Anagnostes. Kir-
   chengeschichte* (GCS N.F. 3), Berlin, 1995², p. 152-157
Jean Doxopatris, *Prolegomena*: H. RABE (ed.), *Prolegomenon sylloge* (Rhetores
   graeci 14), Leipzig, 1931
Jean Malalas: J. THURN (ed.), *Ioannis Malalae chronographia* (CFHB), Berlin, 2000
Jean Moschus, *Pratum* (CPG 7376): PG 87.3.2852-3112; M.-J. ROUËT DE JOUR-
   NEL (trad.), *Jean Moschus. Le pré spirituel* (SC 12), Paris, 1946
Jean Philopon, *In Aristotelis De generatione et corruptione*: H. VITELLI (ed.),
   *Ioannis Philoponi in Aristotelis libros De generatione et corruptione com-
   mentaria* (Commentaria in Aristotelem graeca 14.2), Berlin, 1897
Jean Rufus, *Plérophories*: F. NAU (ed. trad.), *Jean Rufus, Évêque de Maïouma.
   Plérophories* (PO 8), Paris, 1912
Jérôme, *Dialogus adversus Luciferianos* (CPL 608): PL 23.3.154-182

ID., *Apologia adversus libros Rufini* (CPL 613): P. LARDET (ed. trad.), *Saint Jérôme. Apologie contre Rufin* (SC 303), Paris, 1983

ID., *De viris illustribus* (CPL 616): PL 23.3.602-720

ID., *Vita Hilarionis* (CPL 618): A.A.R. BASTIAENSEN (ed.) — C. MORESCHINI (trad.), *Vita di Martino. Vita di Ilarione. In memoria di Paola* (Vite dei santi 4), Vérone, 1977

ID., *Vita Malchi* (BHL 5190 = CPL 619): PL 23.55

ID., *Epistulae* (CPL 620): J. LABOURET (ed. trad.), *Saint Jérôme. Lettres* (CUF), 8 Vol., Paris, 1949-1963

ID., *Chronique*: R. HELM (ed.), *Eusebius Werke 7: Die Chronik des Hieronymos* (GCS), Berlin, 1984³

Joshua le Stylite, *Chronique*: W. WRIGHT (ed. trad.), *The Chronicle of Joshua the Stylite*, Cambridge, 1882

Judas Cyriacus (en latin) (BHL 4169): S. BORGEHAMMAR, *How the Holy Cross was Found. From Event to Medieval Legend* (Bibliotheca Theologiae Practicae 47), Stockholm, 1991

Judas Cyriacus (en syriaque) (BHO 233): H.J.W. DRIJVERS — J.W. DRIJVERS (ed. trad.), *The Finding of the True Cross. The Judas Cyriacus Legend in Syriac* (CSCO 565), Louvain, 1997

Julien, *Discours, Lettres*: J. BIDEZ (ed. trad.), *L'empereur Julien. Oeuvres complètes* (CUF), 4 Vol. Paris, 1924-1972

Justin Martyr, *Apologie* (CPG 1073): A. WARTELLE (ed. comm.), *Saint Justin. Apologies. Introduction, texte critique, commentaire et index* (Études augustiniennes), Paris, 1987

ID., *Dialogue* (CPG 1076): M. MARCOVICH (ed.), *Iustini Martyri dialogus cum Tryphone* (Patristische Texte und Studien 47), Berlin, 1997

Kiracos, *Patmut'iwn Hayoc'*: M. BROSSET (trad.), *Deux historiens arméniens: Kiracos de Gantzac, XIIIe s., Histoire d'Arménie; Oukhtanès d'Ourha, Xe s., Histoire en trois parties*, St.-Petersbourg, 1870

Lactance, *Institutiones* (CPL 85): P. MONAT (ed. trad.), *Lactance. Institutions divines* (SC 204-205, 326, 337, 377), 5 Vol., Paris, 1973-1992

ID., *De mortibus persecutorum* (CPL 91): A. STÄDELE (ed. trad.), *Laktanz. De Mortibus Persecutorum. Die Todesarten der Vervolger* (Fontes Christiani 43), Turnhout, 2003

Leo Papa, *Epistulae* (CPL 1656): PL 54.593-1218

Léonce de Byzance, *Homélies pascales*: M. AUBINEAU (ed. trad.), *Hésychius de Jérusalem, Basile de Séleucie, Jean de Béryte, Pseudo-Chrysostome, Léonce de Byzance: Homélies pascales* (SC 187), Paris, 1987

Lettre d'Aristée: A. PELLETIER (ed. trad.), *Lettre d'Aristée à Philocrate* (SC 89), Paris, 1962

Libanius, *Discours, Epistulae*: R. FOERSTER (ed.), *Libanii opera* (Bibliotheca Scriptorum Graecorum et Romanorum Teubneriana), 10 Vol., Leipzig, 1903-1963

Libérat de Carthage, *Breviarium*: ACO 2.5 p. 98-141

Lucien, *Quomodo historia conscribenda sit*: K. KILBURN (ed. trad.), *Lucian: Vol. 6* (The Loeb Classical Library), Cambridge (Mass.) — Londres, 1959

Lucifer de Cagliari, *De Athanasio* (CPL 114): G.F. DIERCKS (ed.), *Luciferi calaritani opera quae supersunt* (CCL 8), Turnhout, 1978

Macarios Magnes, *Apocriticus* (CPG 6115): R. GOULET (ed. trad.), *Macarios de Magnésie. Le monogénès*, 2 Vol., Paris, 2004

Malchus: R. C. BLOCKLEY, *The Fragmentary Classicising Historians of the Later Roman Empire: Eunapius, Olympiodorus, Priscus and Malchus* (ARCA. Classical and Medieval Texts, Papers, and Monographs 6, 10), 2 Vol., Liverpool, 1983-1985

Marc le Diacre, *Vita Porphyrii* (BHG 1570 = CPG 6722): H. GRÉGOIRE — M.-A. KUGENER (ed. trad.), *Marc le diacre. Vie de Poprhyre, évêque de Gaza*, Paris, 1931

Marcellinus Comes: T. MOMMSEN (ed.), *Chronica minora. Vol. 2* (MGH Auct. Ant. XI.2), Berlin, 1961

Marinos, *Vita Procli*: Rita MASULLO (ed. trad.), *Vita di Proclo*, Naples, 1985

Martianus Capella: C. HALM (ed.), *Rhetores latini minores*, Leipzig, 1863

Martyrium Polycarpi (BHG 1557): R. KNOPF — G. KRÜGER (ed.), *Ausgewählte Märtyrerakten*, Tübingen, 1929[3]

Pseudo-Martyrius, *Vita Johannis Chrysostomi* (BHG 871): F. VAN OMMESLAEGHE (ed.), *De lijkrede voor Johannes Chrysostomos, toegeschreven aan Martyrius van Antiochië*, Diss. Louvain, 1974

Ménandre: R.C. BLOCKLEY, *The History of Menander the Guardsman. Introductory Essay, Text, Translation, and Historiographical Notes* (ARCA 17), Liverpool, 1985

Ménandre le Rhéteur: D.A. RUSSELL — N.G. WILSON (ed. trad.), *Menander Rhetor*, Oxford, 1981

Michel le Syrien, *Chronique*: J.-B. CHABOT (ed. trad.), *Chronique de Michel le Syrien, patriarche jacobite d'Antioche (1166-1199)*, 5 Vol., Paris, 1904-1924

Minucius Felix, *Octavius* (CPL 37): B. KYTZLER (ed. trad.), *Minucius Felix. Octavius*, Munich, 1965

Moïse de Khorène: A. et J.-P. MAHÉ (trad.), *Histoire de l'Arménie par Moïse de Khorène*, Paris, 1993

Narratio de imperatoribus: T. MOMMSEN (ed), *Chronica Minora: Vol. 1* (MGH Auct. Ant. 9), Berlin, 1961, p. 629-630

Nestorius, *Livre d'Héraclide* (CPG 5751): F. NAU (trad.), *Nestorius. Le livre d'Héraclide de Damas*, Paris, 1910

ID., *Lettre à Cosme* (CPG 5766): F. NAU (ed. trad.), *Documents pour servir à l'histoire de l'Église nestorienne* (PO 13), Paris, 1917

Nicéphore Calliste Xanthopoulos, *HE*: PG 145-146

Nicolaos, *Progymnasmata*: J. FELSEN (ed.), *Nicolai progymnasmata* (Rhetores graeci. Vol. 11), Leipzig, 1913

Nicolas de Damas: *FGrHist* 90

Nil d'Ancyre, *Epistulae* (CPG 6043): PG 79.81-581

Novellae Theodosii, Maioriani, Valentiniani: P. MEYER — T. MOMMSEN (ed.), *Leges novellae ad Theodosianum pertinentes*, Berlin, 1905

Novellae Justiniani: R. SCHOELL — G. KROLL (ed.), *Corpus iuris civilis. Vol. 3: Novellae*, Berlin, 1895

Olympiodore: R. C. BLOCKLEY, *The Fragmentary Classicising Historians of the Later Roman Empire: Eunapius, Olympiodorus, Priscus and Malchus* (ARCA. Classical and Medieval Texts, Papers, and Monographs 6, 10), 2 Vol., Liverpool, 1983-1985

Oracula Sibyllina (CPG 1352): A. KURFESS — J.-D. GAUGER (ed. trad.), *Sibyllinische Weissagungen* (Sammlung Tusculum), Düsseldorf — Zürich, 2002²

Origène, *In psalmos* (CPG 1426): PG 12.1085-1320, 1409-1686

ID., *Commentarii in Matthaeum* (CPG 1450): E. KLOSTERMANN — E. BENZ (ed.), *Origenes Werke X: Origenes Matthaeuserklärung* (GCS 38, 40, 41), 3 Vol., Berlin, 1933-1941

ID., *Contre Celse* (CPG 1476): M. BORRET (ed. trad.), *Origène. Contre Celse* (SC 132, 136, 147, 150, 227), 5 Vol., Paris, 1967-1976

ID., *De principiis* (CPG 1482): H. GÖRGEMANNS (ed. trad.), *Origenes. Vier Bücher von den Prinzipien* (Texte zur Forschung 24), 2 Vol., Darmstadt, 1976

ID., *Epistula ad Theodorum Thaumaturgum* (CPG 1490): H. CROUZEL (ed. trad.), *Grégoire le Thaumaturge. Remerciement à Origène, suivi de la lettre d'Origène à Grégoire* (SC 148), Paris, 1969

Orose: Marie-Pierre ARNAUD-LINTET (ed. trad.), *Orose. Histoires* (CUF), 3 Vol., Paris, 1990-1991

Paeanius: H. DROYSEN (ed.), *Eutropii breviarium ab urbe condita cum versionibus graecis et Pauli Landolfique additamenti* (MGH Auct. Ant. 2), Berlin, 1879

Palladios, *Historia Lausiaca* (CPG 6036): C. BUTLER (ed. trad.), *The Lausiac History of Palladius* (Texts and Studies 6), 2 Vol., Cambridge, 1898

ID., *Dialogue* (CPG 6037): Anne-Marie MALINGREY (ed. trad.), *Palladios. Dialogue sur la vie de Jean Chrysostome* (SC 341-342), 2 Vol., Paris, 1988

Panegyrici latini: R.A.B. MYNORS (ed.), *XII Panegyrici Latini* (Oxford Classical Texts), Oxford, 1964

Passio Artemii (BHG 169y): J. BIDEZ — F. WINKELMANN (ed.), *Philostorgius. Kirchengeschichte* (GCS), Berlin, 1981³

Passio Notarium (BHG 1028y): F. DE' CAVALIERI (ed.), *Il martirio dei santi notari*, in *AB* 64 (1946), p. 133-175.

Passio Perpetuae (BHL 6633): R. KNOPF — G. KRÜGER (ed.), *Ausgewählte Märtyrerakten*, Tübingen, 1929³

Passio Petri (BHL 6692-6693): PG 18.453-466

Paul le Diacre, *Historia Langobardorum*: L. BETHMANN — G. WAITZ (ed.), *Pauli historia Langobardorum* (MGH Scrip. rer. Langob. et Italic. saec. VI-IX), Hanovre, 1878

Paulin, *Vita Ambrosii* (CPL 169 = BHL 377): A.A.R. BASTIAENSEN (ed. trad.), *Vita di Cipriano. Vita di Ambrogio. Vita di Agostino* (Vite dei santi), Milan, 1975

Paulin de Nole, *Epistulae* (CPL 202): W. DE HARTEL — Margit KAMPTNER (ed.), *Sancti Pontii Meropii Paulini Nolani epistulae* (CSEL 29), Vienne, 1999²

Pélage, *Pro defensione trium capitulorum* (CPL 1703): R. DEVREESE (ed.), *Pelagii Diaconi ecclesiae romanae In defensione trium capitulorum* (Studi e testi 57), Rome, 1932

Persica: A. VASILIEV (ed.), *Anecdota graeco-byzantina*, Moscou, 1893

Philostorge, *HE* (CPG 6032): J. BIDEZ — F. WINKELMANN (ed.), *Philostorgius. Kirchengeschichte* (GCS), Berlin, 1981³

Photius, *Bibliothèque*: R. HENRY — J. SCHAMP (ed. trad.), *Photius. Bibliothèque* (CUF), 9 Vol., Paris, 1959-1991

Pierre d'Alexandrie, *Epistula encyclica* (CPG 2515): Théodoret, *HE* 4.22

Platon, *Apologie pour Socrate*: M. CROISET (ed. trad.), *Platon. Oeuvres complètes. Tome 1* (CUF), Paris, 1966

ID., *Epistulae*: J. SOUILHÉ (ed. trad.), *Platon. Oeuvres complètes. Tome 13, première partie* (CUF), Paris, 1960

Pline le Jeune, *Epistulae*: Anne-Marie GUILLEMIN — M. DURY (ed. trad.), *Pline le Jeune. Lettres. Panégyrique de Trajan* (CUF), 4 Vol., Paris, 1961-1967

Plotin, *Ennéades*: A.H. ARMSTRONG (ed. trad.), *Plotinus. Enneads* (The Loeb Classical Library), 6 Vol., Cambridge (Mass.) — Londres, 1966-1988

Plutarque, *Vie d'Alexandre*: R. FLACELIÈRE — E. CHAMBRY (ed. trad.), *Plutarque. Vies: Tome 9: Alexandre — César* (CUF), 1975

Polybe: W.R. PATON (ed. trad.), *Polybios* (The Loeb Classical Library), 6 Vol., Cambridge (Mass.) — Londres, 1922-1927

Polybe, *Vie d'Épiphane* (BHG 597): PG 41.73-114

Porphyre, *Philosophos historia*: FGrHist 260; A. SMITH (ed.), *Porphyrii philosophi fragmenta* (Bibliotheca Scriptorum Graecorum et Romanorum Teubneriana), Stuttgart, 1993

Priscien, *Laudes Anastasii*: A. CHAUVOT (ed. trad. comm.), *Procope de Gaza, Priscien de Césarée. Panégyriques de l'empereur Anastase Ier* (Antiquitas 1), Bonn, 1986

Priscus: R.C. Blockley, *The Fragmentary Classicising Historians of the Later Roman Empire: Eunapius, Olympiodorus, Priscus and Malchus* (ARCA. Classical and Medieval Texts, Papers, and Monographs 6, 10), 2 Vol., Liverpool, 1983-1985

Proclos, *Homilia* 1 (BHG 1129 = CPG 5800): PG 65.680-692

ID., *Homilia* 2 (CPG 5801): PG 65.692-704

ID., *Homilia* 3 (CPG 5802): PG 65.704-708

ID., *Homilia* 4 (BHG 1900 = CPG 5803): PG 65.708-716

ID., *Homilia* 6 (CPG 5805): F.-J. LEROY (ed.), *L'homilétique de Proclus de Constantinople: tradition manuscrite, inédits, études connexes* (Studi e testi 247), Le Vatican, 1967

ID., *Homilia* 17 (CPG 5816): PG 65.809-817

ID., *Homilia* 18 (CPG 5817): PG 65.817-821

ID., *Homilia* 19 (CPG 5818): PG 65.821-828

ID., *Homilia* 20 (BHG 1900 = CPG 5803): PG 65.827-834

ID., *Homilia* 31 (CPG 5830): F.-J. LEROY (ed.), *L'homilétique de Proclus de Constantinople: tradition manuscrite, inédits, études connexes* (Studi e testi 247), Le Vatican, 1967

ID., *Epistulae* (CPG 5896-5914): PG 65.851-886

Proclos Philosophus, *In Timaeum*: E. DIEHL (ed.), *Procli diadochi in Platonis Timaeum commentarii* (Bibliotheca Scriptorum Graecorum et Romanorum Teubneriana), 3 Vol., Leipzig, 1903-1906

ID., *In rempublicam*: W. KROLL (ed.), *Procli Diadochi in Platonis rem publicam commentarii* (Bibliotheca Scriptorum Graecorum et Romanorum Teubneriana), 2 Vol., Leipzig, 1899-1901

Procope, *Bella, Ktismata, Anekdota*: H.B. DEWING (ed. trad.), *Procopius* (The Loeb Classical Library), 7 Vol., Cambridge (Mass.) — Londres, 1914-1940

Prudence, *Apotheosis* (CPL 1439), *Peristephanon* (CPL 1443): M. LAVARENNE (ed. trad.), *Prudence* (CUF), 4 Vol., Paris, 1955-1963

Quintilien, *Institutiones*: D.A. RUSSELL (ed. trad.), *Quintilian. The Orator's Education* (The Loeb Classical Library), 4 Vol., Cambridge (Mass.) — Londres, 2001

Regestes de Constantinople: V. GRUMEL, *Les regestes des actes du patriarcat de Constantinople. Vol. 1: Les actes des patriarches. Fasc. 1: Les regestes de 381 à 715*, Paris, 1972²

Roman de Julien: H. GOLLANCZ (trad.), *Julian the Apostate, Now Translated for the First Time from the Syriac Original*, Londres, 1928

Rufin, *HE*: E. SCHWARTZ — T. MOMMSEN (ed.), *Eusebius Werke 2: Die Kirchengeschichte: Vol. 2* (GCS N.F. 6), Berlin, 1999 (= Leipzig, 1909)

ID., *Historia monachorum* (BHL 6524): Eva SCHULZ-FLÜGEL (ed.), *Tyrannius Rufinus. Historia monachorum sive de vita sanctorum patrum* (Patristische Texte und Studien 34), Berlin, 1990

ID., *Apologia ad Anastasium* (CPL 198): M. SIMONETTI (ed.), *Tyrani Rufini opera* (CCL 20), Turnhout, 1961

Salluste, *De coniuratione Catilinae*: A. ERNOUT (ed. trad.), *Salluste. Catilina. Jugurtha. Fragments des histoires* (CUF), Paris, 1968

Pseudo-Sébéos: R.W. THOMSON — J. HOWARD-JOHNSTON (trad. comm.), *The Armenian History Attributed to Sebeos* (Translated Texts for Historians 31), 2 Vol., Liverpool, 1999

Sénèque, *Epistulae*: F. PRÉCHAC — H. NOBLOT (ed. trad.), *Sénèque. Lettres à Lucilius* (CUF), 5 Vol., Paris, 1945-1979

ID., *De beneficiis*: F. PRÉCHAC (ed. trad.), *Sénèque. Des bienfaits* (CUF), 2 Vol., Paris, 1961

Sénèque le Rhéteur, *Controversiae*: W. WINTERBOTTOM (ed. trad.), *The Elder Seneca. Declamations* (The Loeb Classical Library), 2 Vol., Cambridge (Mass.) — Londres, 1974

Servius, *In Aeneidem*: G. THILO (ed.), *Servii grammatici qui feruntur in Vergilii carmina commentarii*, 2 Vol., Leipzig 1881-1884 (= Hildesheim, 1961)

Sévérien de Gabala, *De incarnatione* (BHG 1910k = CPG 4204): PG 59.687-700

ID., *De pace* (CPG 4214): A PAPADOPOULOS-KERAMEUS, Ἀνάλεκτα ἱεροσολυμιτικῆς σταχυολογίας, 5 Vol., Bruxelles, 1963 (= 1891-1898), Vol. 1, p. 15-26

Pseudo-Sévérien de Gabala, *Sur l'Épiphanie* (CPG 4882): A. WENGER (ed.), *Une homélie inédite (de Sévérien de Gabala?) sur l'Épiphanie*, in *AB* 95 (1973), p. 73-90. Ce discours est attribué à Nestorius par T.D. BARNES, *The Baptism of Theodosius II*, in *Studia Patristica* 19 (1987), p. 8-12.

Sidoine Apollinaire, *Epistulae, Carmina*: W.B. ANDERSON (ed. trad.), *Sidonius Apollinarius. Poems and Letters* (The Loeb Classical Library), 2 Vol., Cambridge (Mass.) — Londres, 1936-1965

Socrate, *HE* (CPG 6028): G.C. HANSEN (ed.), *Sokrates. Kirchengeschichte* (GCS N.F. 1), Berlin, 1995; P. MARAVAL (ed. trad.), *Socrate de Constantinople. Histoire ecclésiastique. Livre I* (SC 477), Paris, 2004

Socrate, traduction arménienne: M. TER-MOVSESEAN (ed.), *Sokratay sk'olastikosi Ekełec'akan Patmut'iwn ew Pamut'iwn varuc' srboyn Siłbestrosi episkoposin*, Etchmiadzin, 1897; R.W. THOMSON, *The Armenian Adaptation of the Ecclesiastical History of Socrates Scholasticus* (Hebrew University Armenian Studies 3), Louvain, 2001

Sosylos: *FGrHist* 176

Sozomène (CPG 6030): J. BIDEZ — G.C. HANSEN (ed.), *Sozomenos. Kirchengeschichte* (GCS N.F. 4), Berlin, 1995²; G. SABBAH — B. GRILLET (ed.

trad.), *Sozomène. Histoire ecclésiastique. Livre I-II* (SC 306), Paris, 1983; G. SABBAH (ed. trad.), *Sozomène. Histoire ecclésiastique. Livres III-IV* (SC 418), Paris, 1996; G.C. HANSEN (ed. trad.), *Sozomenos. Kirchengeschichte* (Fontes Christiani 73), 4 Vol., Turnhout, 2004

Stobée, *Anthologie*: O. HENSE (ed.), *Ioannis Stobaei anthologii libri duo posteriores*, 3 Vol., Berlin, 1894-1909

Strabon: H.L. JONES (ed. trad.), *The Geography of Strabo* (The Loeb Classical Library), 8 Vol., Cambridge (Mass.) — Londres, 1917-1932

Suda: A. ADLER (ed.), *Suidae Lexicon*, 5 Vol., Stuttgart, 1971 (= 1928-1938)

Sulpice Sévère, *Chronique* (CPL 474): Ghislaine de SENNEVILLE-GRAVE (ed. trad.), *Sulpice Sévère. Chroniques* (SC 441), Paris, 1999

ID., *Vita Martini* (CPL 475): J. FONTAINE (ed. trad. comm.), *Sulpice Sévère. Vie de Saint Martin* (SC 133-135), 3 Vol., Paris, 1967

Symmaque, *Discours*: Angela PABST (ed. trad.), *Symmachus. Reden* (Texte zur Forschung 53), Darmstadt, 1989

Synaxaire de Constantinople: H. DELEHAYE (ed.), *Propylaeum ad acta sanctorum Novembris. Synaxarium Ecclesiae Constantinopolitanae e codice Sirmondiano*, Bruxelles, 1902

Synésius, *Epistulae* (CPG 5640): D. ROQUES — A. GARZYA (ed. trad.), *Synésius de Cyrène. Correspondance* (CUF), 2 Vol, Paris, 2000

ID., *De providentia* (CPG 5631): N. TERZAGHI (ed.), *Synesii Cyrenensis opuscula*, Rome, 1944

Tacite, *Historiae*: P. WUILLEUMIER — H. LE BONNIEC — J. HELLEGOUARC'H (ed. trad.), *Tacite. Histoires* (CUF), 3 Vol., Paris, 1987-1992

Tertullien, *Apologeticum* (CPL 3): E. DEKKERS (ed.), *Tertulliani opera. Pars I: Opera catholica. Adversus Marcionem* (CCL 1), Turnhout, 1954

ID., *De corona* (CPL 21), *Ad Scapulam* (CPL 24), *Adversus Judaeos* (CPL 33): E. DEKKERS (ed.), *Tertulliani opera. Pars II: Opera montantistica* (CCL 2), Turnhout, 1954

Thémistius, *Discours*: G. DOWNEY (ed.), *Themistii Orationes* (Bibliotheca Scriptorum Graecorum et Romanorum Teubneriana), 3 Vol., Leipzig, 1965-1974

Théodore le Lecteur (CPG 7503): G.C. HANSEN (ed.), *Theodoros Anagnostes. Kirchengeschichte* (GCS N.F. 3), Berlin, 1995[2]

Théodore de Mopsueste, *Contra Julianum* (CPG 3865): A. GUIDA (ed.), *Teodoro di Mopsuestia. Replica a Giuliano imperatore. Adversus criminationes in christianos Iuliani imperatoris* (Bibliotheca patristica 24), Florence, 1994

Théodore de Paphos, *Vita Spyridonis* (BHG 1647b = CPG 7987): P. VAN DEN VEN (ed. trad.), *La légende de S. Spyridon, évêque de Trimithonte* (Bibliothèque du Muséon 33), Louvain, 1953

Théodoret, *Curatio* (CPG 6210): J. RAEDER (ed.), *Theodoreti Graecarum affectionum curatio* (Bibliotheca Scriptorum Graecorum et Romanorum Teubneriana), Leipzig, 1904

ID., *De providentia* (CPG 6211): PG 83.556-773

ID., *Historia religiosa* (CPG 6221): P. CANIVET — Alice LEROY-MOLINGHEN (ed. trad.), *Théodoret de Cyr. Histoire des moines de Syrie* (SC 234, 257), 2 Vol., Paris, 1977-1979

ID., *HE* (CPG 6222): L. PARMENTIER — G.C. HANSEN (ed.), *Theodoret Kirchengeschichte* (GCS N.F. 5), Berlin, 1998³

ID., *Haereticarum fabularum compendium* (CPG 6223): PG 83.336-556

ID., *Epistulae* (CPG 6239-6240): Y. AZÉMA (ed. trad.), *Théodoret de Cyr. Correspondance* (SC 40, 98, 111, 429), 4 Vol., Paris, 1955-1998

Théophane, *Chronique*: J. CLASSEN (ed.), *Theophanis chronographia* (CSHB), Bonn, 1839

Théophile, *Ad Autolycum* (CPG 1107): R.M. GRANT (ed.), *Theophilus of Antioch. Ad Autolycum* (Oxford Early Christian Texts), Oxford, 1970

Théophylacte Simocatta, *Historiae:* C. DE BOOR (ed.), *Theophylacti Simocattae historiae* (Bibliotheca Scriptorum Graecorum et Romanorum Teubneriana), Leipzig, 1887

Théopiste, *Vie de Dioscore*: F. NAU (ed. trad.), *Histoire de Dioscore, patriarche d'Alexandrie, écrite par son disciple Théopiste*, in *Journal asiatique* 10 (1903) p. 5-108, 241-310.

Thucydide: Jaqueline DE ROMILLY — R. WEIL (ed. trad.), *Thucydide. La guerre du Péloponnèse* (CUF), 6 Vol, Paris, 1964-1972

Timothée de Constantinople, *De receptione haereticorum* (CPG 7016): PG 86.1.12-74

Tite-Live: R.M. OGILVIE (ed.), *Titi Livi ab urbe condita libri I-V* (Oxford Classical Texts), Oxford, 1974; C.F. WALTER (ed.), *Titi Livi ab urbe condita libri XXI-XXV* (Oxford Classical Texts), Oxford, 1929; R.S. CONWAY — S.V. JOHNSON (ed.), *Titi Livi ab urbe condita libri XXVI-XXX* (Oxford Classical Texts), Oxford, 1948; A.H. MCDONALD (ed.), *Titi Livi ab urbe condita libri XXXI-XXXV* (Oxford Classical Texts), Oxford, 1965

Traité des transferts: J. DARROUZÈS (ed. trad.), *Le traité des transferts. Édition critique et commentaire*, in *REB* 42 (1984), p. 147-214

Troïlos, *Prolegomena*: H. RABE (ed.), *Prolegomenon sylloge* (Rhetores Graeci 14), Leipzig, 1931

Urkunden: H.-G. OPITZ (ed.), *Athanasius Werke. Vol. 3: Urkunden zur Geschichte des arianischen Streites 318-328*, Berlin, 1934

Vénance Fortunat, *Poemata*: F. LEO (ed.), *Venanti Honori Clemetiani Fortunati opera poetica* (MGH Auct. Ant. 4.1), Berlin, 1881

ID., *Vita Germani*: B. Krusch (ed.), *Venanti Honori Clemetiani Fortunati opera pedestria* (MGH Auct. Ant. 4.2), Berlin, 1961

Victor Tonnenensis, *Chronique*: Carmen CARDELLE DE HARTMANN — R. COLLINS (ed.), *Victoris Tunnunensis chronicon cum reliquiis ex consularibus Caesaraugustanis et Iohannis Biclarensis chronicon* (CCL 173A), Turnhout, 2001

Virgile, *Ecloga*: H. RUSHTON FAIRCLOUGH — G.P. GOOLD (ed. trad.), *Virgil. Eclogues, Georgics, Aeneid I-VI* (The Loeb Classical Library), Cambridge (Mass.) — Londres, 1999²

Vita Alexandri Acoemeti (BHG 47): E. DE STOOP (ed. trad.), *La vie d'Alexandre l'Acémète* (PO 6), Paris, 1911

Vita Auxentii (BHG 199): PG 114.1377-1436

Vita Dalmati (BHG 483): ASS Aug. 1, p. 216-226

Vita Danielis Stylitae (BHG 489): H. DELEHAYE (ed. trad.), *Les saints stylites* (Subsidia Hagiographica 14), Bruxelles, 1923

Vita Hilarionis (BHG 752): A PAPADOPOULOS-KERAMEUS, Ἀνάλεκτα ἱεροσολυμι-
τικῆς σταχυολογίας, 5 Vol., Bruxelles, 1963 (= 1891-1898), Vol. 5, p. 82-136
Vita Isaaci (BHG 956): ASS Maii 7, p. 244-253
Vita Marcelli Acoemeti (BHG 1027z): G. DAGRON (ed. trad.), *La vie ancienne
de Saint Marcel l'Acémète*, in *AB* 86 (1985), p. 271-321
Vita Marciani (BHG 1034): PG 114.429-456
Vita Melaniae Iunioris (BHG 1241): D. GORCE (ed. trad.), *Vie de Sainte Méla-
nie* (SC 90), Paris, 1962
Vita Metrophani et Alexandri (BHG 1279): F. WINKELMANN (ed.), *Vita Metro-
phanis et Alexandri*, in *AB* 100 (1982), p. 147-183
Vita Olympiadis (BHG 1374): Anne-Marie MALINGREY (ed. trad.), *Lettres à
Olympias* (SC 13bis), Paris, 1968
Vita Petri Iberi (BHO 955): R. RAABE (ed. trad.), *Petrus der Iberer: Ein Cha-
rakterbild zur Kirchen- und Sittengeschichte des fünften Jahrhunderts*, Leip-
zig, 1895
Vita Symeonis Iunioris (BHG 1689): P. VAN DEN VEN (ed. trad.), *La vie ancienne
de S. Syméon stylite le Jeune (521-592)* (Subsidia Hagiographica 32),
Bruxelles, 1962
Vita Theodori Monachi Chorensis (BHG 1743): J. BIDEZ — F. WINKELMANN
(ed.), *Philostorgius. Kirchengeschichte* (GCS), Berlin, 1981[3], p. 177
Vita Xenophontis (BHG 1878): PG 114.1014-1043
Xénophon, *Anabasis*: J. DILLERY (ed. trad.), *Xenophon. Anabasis* (The Loeb Clas-
sical Library), Cambridge (Mass.) — Londres, 1998[2]
ID., *Hellenica*: C.L. BROWNSON (ed. trad.), *Xenophon. Hellenica* (The Loeb Clas-
sical Library), 2 Vol., Cambridge (Mass.) — Londres, 1918-1921
ID., *Symposion*: O.J. TODD (ed. trad.), *Xenophon. Symposium and Apology* (The
Loeb Classical Library), Cambridge (Mass.) — Londres, 1923
ID., *Cyropédie*: W. MILLER (ed. trad.), *Xenophon. Cyropaedia* (The Loeb Clas-
sical Library), 2 Vol., Cambridge (Mass.) — Londres, 1914
ID., *Poroi*: E.C. MARCHANT (ed. trad.), *Xenophon. Scripta minora* (The Loeb
Classical Library), Cambridge (Mass.) — Londres, 1925
Zacharie le Rhéteur, *Vita Severi*: M.-A. KUGENER (ed. trad), *Vie de Sévère par
Zacharie le Scholastique* (PO 2), Paris, 1904
Pseudo-Zacharie le Rhéteur, *HE*: E.W. BROOKS (trad.), *Historia ecclesiastica
Zachariae Rhetori vulgo adscripta* (CSCO 87-88), 2 Vol., Louvain, 1924
Zosime: F. PASCHOUD (ed. trad. comm.), *Zosime. Histoire nouvelle* (CUF), 5
Vol., Paris, 1979-2000

II — Ouvrages et articles consultés

Dans les notes, nous citons les ouvrages avec le nom de l'auteur et un titre abrégé.

V. AIELLO, *Costantino 'eretico'. Difesa della 'ortodossia' e anticonstantiniane-
simo in età teodosiana*, in *Atti dell'Accademia romanistica costantiniana.
X convegno internazionale in onore di A. Biscardi*, Naples, 1995, p. 55-83
J.R. AJA SÁNCHEZ, *Gaza, Sozomeno y los mártires cristianos de la época del
emperador Julianos*, in *Polis* 11 (1999), p. 7-32 (n.v.)

ID., *Obispos y mártires palestinos: el caso de Gaza (s. IV)*, in *Gerión* 19 (2001), p. 569-591

G. ALBERT, *Goten in Konstantinopel. Untersuchungen zur oströmischen Geschichte um das Jahr 400 n. Chr.* (Studien sur Geschichte und Kultur des Altertums N.F. 1), Paderborn, 1984

Pauline ALLEN, *Evagrius Scholasticus the Church Historian* (Spicilegium sacrum Lovaniense. Études et Documents 41), Louvain, 1981

EAD., *Aspects of Hellenism in the Early Greek Church Historians*, in *Traditio* 43 (1987), p. 368-381

EAD., *War and the Early Greek Church Historians*, in *Studia Patristica* 19 (1989), p. 3-7

EAD., *The Use of Heretics and Heresies in the Greek Church Historians. Studies in Socrates and Theodoret*, in Gillian CLARKE e.a. (ed.), *Reading the Past in Late Antiquity*, Sydney, 1990, p. 265-289

D. AMBAGLIO, Ἐπιχώριος: *un termino tecnico storiografico?*, in Cinzia BEARZOT e.a. (ed.), *Storiografia locale e storiografia universale. Atti del congresso Bologna 16-18 dicembre 1999*, Como, 2001, p. 7-21

C. ANDRESEN, *«Siegreiche Kirche» im Aufstieg des Christentums*, in *ANRW* II 23.1 (1979), p. 387-459

T. ARAND, *Das schmähliche Ende: Der Tod des schlechten Kaisers und seine literarische Gestaltung in der römischen Historiographie* (Prismata 13), Francfort-sur-le-Main, 2002

J. ARCE, *La rebelión de los Judíos durante el gobierno de Constancio Galo Cesar: 353 d.C.*, in *Athenaeum* 65 (1987), p. 109-125

E. I. ARGOV, *Giving the Heretic a Voice: Philostorgius of Borissus and Greek Ecclesiastical Historiography*, in *Athenaeum* 89 (2001), p. 497-524

D.W.H. ARNOLD, *The Early Episcopal Career of Athanasius of Alexandria* (Christianity and Judaism in Antiquity 6), Londres, 1991

Polymnia ATHANASSIADI, *Julian and Hellenism. An Intellectual Biography*, Oxford, 1981

EAD., *Damascius. The Philosophical History*, Athènes, 1999

E. AUERBACH, *Literary Language and its Public in Late Latin Antiquity and in the Middle Ages* (Bollingen Series 74), Princeton, 1965

N. AUJOULAT, *Le De providentia d'Hiéroclès d'Alexandrie et la Théophraste d'Enée de Gaza*, in *VChr* 41 (1987), p. 55-85

P. AUSKI, *Christian Plain Style. The Evolution of a Spiritual Ideal*, Montréal — Kingston, 1995

G. AVENARIUS, *Lukians Schrift zur Geschichtsschreibung*, Meisenheim am Glan, 1956

M. AVI-YONAH, *The Jews of Palestine. A Political History from the Bar Kokhba War to the Arab Conquest*, Oxford, 1976

Balbina BÄBLER, *Der Blick über die Reichsgrenzen: Sokrates und die Bekehrung Georgiens*, in Balbina BÄBLER — H.-G. NESSELRATH (ed.), *Die Welt des Sokrates von Konstantinopel. Studien zu Politik, Religion und Kultur im späten 4. und frühen 5. Jh. n. Chr.*, Munich — Leipzig, 2001, p. 159-181

Balbina BÄBLER — H.-G. NESSELRATH (ed.), *Die Welt des Sokrates von Konstantinopel. Studien zu Politik, Religion und Kultur im späten 4. und frühen 5. Jh. n. Chr.*, Munich — Leipzig, 2001

H. BACHT, *Ein Wort zur Ehrenrettung der ältesten Mönchsregel*, in *ZKTh* 72 (1950), p. 350-359

Barbara BAERT, *Een erfenis van heilig hout: de neerslag van het teruggevonden kruis in tekst en beeld tijdens de Middeleeuwen* (Symbolae facultatis litterarum Lovaniensis. Series B 22), Louvain, 2001

R. BAGNALL e.a., *Consuls of the Later Roman Empire* (Philological Monographs of the American Philological Association 36), Atlanta, 1987

R. BAGNALL — Jennifer A. SHERIDAN, *Greek and Latin Documents from 'Abu Sha'ar*, in *JARCE* 31 (1994), p. 159-168

B. BALDWIN, *Olympiodorus of Thebes*, in *AC* 49 (1980), p. 212-231 (= ID., *Studies on Late Roman and Byzantine History, Literature and Language* [London Studies in Classical Philology 12], Amsterdam, 1984, p. 217-236)

ID., *Priscus of Panium*, in *Byzantion* 50 (1980), p. 18-61 (= ID., *Studies on Late Roman and Byzantine History, Literature and Language* [London Studies in Classical Philology 12], Amsterdam, 1984, p. 255-298)

Caroline P. BAMMEL, *Problems of the Historia Monachorum*, in *JThS* 47 (1996), p. 92-104

Rosemarie BARGHEER, *Die Gottesvorstellung Heliodors in den Aithiopika* (Europäische Hochschulschriften. Reihe XV: Klassische Sprachen und Literaturen 77), Francfort-sur-le-Main, 1999

L.W. BARNARD, *Athanase et les Empereurs Constantin et Constance*, in C. KANNENGIESER (ed.), *Politique et théologie chez Athanase d'Alexandrie* (Théologie historique 27), Paris, 1974, p. 127-143

ID., *Studies in Athanasius' Apologia Secunda* (European University Studies. Series 23: Theology: 467), Berne, 1992

ID., *Did Athanasius know Antony?*, in *AncSoc* 24 (1993), p. 139-149

T.D. BARNES, *Emperors and Bishops, AD 324-344. Some Problems*, in *AJAH* 3 (1978), p. 53-75

ID., *The Editions of Eusebius'* Ecclesiastical History, in *GRBS* 21 (1980), p. 291-301

ID., *Constantine and Eusebius*, Cambridge (Mass.), 1981

ID., *The New Empire of Diocletian and Constantine*, Cambridge (Mass.), 1982

ID., *Synesius in Constantinople*, in *GRBS* 27 (1986), p. 93-112

ID., *Athanasius and Constantius. Theology and Politics in the Constantinian Empire*, Cambridge (Mass.), 1993

ID., *Ammianus Marcellinus and the Representation of Historical Reality* (Cornell Studies in Classical Philology 66), Ithaca — Londres, 1998

ID., *Constantine's Speech to the Assembly of the Saints: Place and Date of Delivery*, in *JThS* 52 (2000), p. 26-36

ID., *The Funerary Speech for John Chrysostom (BHG 871 = CPG 6517)*, in *Studia Patristica* 37 (2002), p. 328-345

G.J.M. BARTELINK, *Callinicos. Vie d'Hypatios* (SC 177), Paris, 1971

P. BATTIFOL, *Sozomène et Sabinos*, in *ByZ* 7 (1898), p. 265-284

ID., *Un épisode du concile d'Éphèse (juillet 431) d'après les actes coptes de Bouriant*, in *Mélanges offerts à M. G. Schlumberger. Vol. 1: Histoire du Bas-Empire, de l'Empire Byzantin et de l'Orient Latin — Philologie byzantine*, Paris, 1924, p. 28-39

F.X. BAUER, *Proklos von Konstantinopel. Ein Beitrag zur Kirchen- und Dog- mengeschichte des 5. Jahrhunderts* (Veröffentlichungen aus dem Kirchen- historischen Seminar München IV. Reihe Nr. 8), Munich, 1919

P.C. BAUR, *Der heilige Johannes Chrysostomus und seine Zeit*, 2 Vol., Munich, 1930

N.H. BAYNES, *The Death of Julian in a Christian Legend*, in *JRS* 27 (1937), p. 22-29

ID., *Sozomen, Ecclesiastical History 1.15*, in *JThS* 49 (1948), p. 165-168

Cinzia BEARZOT, *L'uso dei documenti in Tucidide*, in Anna Maria BIRASCHI e.a. (ed.), *L'uso dei documenti nella storiografia antica* (Incontri perugini di storia della storiografia 12), Perugia, 2003, p. 267-314

Silke-Petra BERGJAN, *Der fürsorgende Gott: der Begriff der Pronoia Gottes in der apologetischen Literatur der Alten Kirche* (Arbeiten zur Kirchenge- schichte 81) Berlin, 2002

E. BICKERMAN, *The Altars of Gentiles. A Note on the Jewish «ius sacrum»*, in ID., *Studies in Jewish and Christian History* (Arbeiten zur Geschichte des antiken Judentums und des Urchristentums 9), Vol. 2, Leyde, 1980, p. 324- 346 (= in *RIDA* 5 [1958] p. 137-164)

J. BIDEZ, *La tradition manuscrite de Sozomène et la tripartite de Théodore Lec- teur* (Texte und Untersuchungen 32, 2b), Leipzig, 1908

J. BIDEZ — F. CUMONT, *Recherches sur la tradition manuscrite des lettres de l'empereur Julien* (Mémoires couronnés publiés par l'Académie royale des sciences, lettres et des beaux-arts de Belgique 57), Bruxelles, 1898

J. BIDEZ — G.C. HANSEN (ed.), *Sozomenos. Kirchengeschichte* (GCS N.F. 4), Ber- lin, 1995[2]

J. BIDEZ — F. WINKELMANN (ed.), *Philostorgius. Kirchengeschichte* (GCS), Ber- lin, 1981[3]

E. BIHAIN, *La source d' un texte de Socrate (HE II, 38, 2) relatif à Cyrille de Jérusalem*, in *Byzantion* 32 (1962), p. 81-91

ID., *Le contre Eunome de Théodore de Mopsueste source d'un passage de Sozo- mène et d'un passage de Théodoret concernant Cyrille de Jérusalem*, in *Le Muséon* 75 (1962), p. 331-355

ID., *L'épître de Cyrille de Jérusalem à Constance sur la vision de la croix (BHG 413)*, in *Byzantion* 43 (1973), p. 264-276

Anna Maria BIRASCHI e.a. (ed.), *L'uso dei documenti nella storiografia antica* (Incontri perugini di storia della storiografia 12), Perugia, 2003

H.W. BIRD, *Sextus Aurelius Victor. A Historiographical Study* (ARCA. Classi- cal and Medieval Texts, Papers, and Monographs 14), Liverpool, 1984

F. BLANCHETIÈRE, *La législation anti-juive de Théodose II. C.Th. 16.8.18*, in *Ktema* 5 (1980), p. 125-128

P. BLAUDEAU, *Socrate de Constantinople redécouvert*, in *MedAnt* 2 (1999), p. 429-445

B. BLECKMANN, *Ein Kaiser als Prediger: Zur Datierung der konstantinischen «Rede an die Versammlung der Heiligen»*, in *Hermes* 125 (1997), p. 183-202

ID., *Decentius, Bruder oder Cousin des Magnentius?*, in *Göttinger Forum für Altertumswissenschaft* 2 (1999), p. 85-87

R.C. BLOCKLEY, *Ammianus Marcellinus. A Study of his Historiography and Political Thought* (Collection Latomus 141), Bruxelles, 1975

ID., *The Fragmentary Classicising Historians of the Later Roman Empire: Eunapius, Olympiodorus, Priscus and Malchus* (ARCA. Classical and Medieval Texts, Papers, and Monographs 6, 10), 2 Vol., Liverpool, 1983-1985

D. BLUMENKRANZ, *Juden und Jüdisches in christlicher Wundererzählungen. Ein unbekanntes Gebiet religiöser Polemik*, in *ThZ* 10 (1954), p. 417-446

G. BONAMENTE, *Giuliano l'Apostata e il 'Breviario' di Eutropio* (Università degli studi di Macerata. Pubblicazioni della Facoltà di lettere e filosofia 33), Rome, 1986

S. BORGEHAMMAR, *How the Holy Cross was Found. From Event to Medieval Legend* (Bibliotheca Theologiae Practicae 47), Stockholm, 1991

M. BORRET, *Origène. Contre Celse. Tome IV* (SC 150), Paris, 1969

J. BOUFFARTIGUE, *Le texte de Théodoret et le texte de ses documents*, in B. POUDERON — Y.-M. DUVAL (ed.), *L'historiographie de l'église des premiers siècles* (Théologie historique 114), Paris, 2001, p. 315-327

G.W. BOWERSOCK, *Julian The Apostate*, Londres — Cambridge, 1978

ID., *Fiction as History. Nero to Julian* (Sather Classical Lectures 58), Berkeley, 1994

H. BRAKMANN, *Eine oder zwei koptische Kirchengeschichten?*, in *Le Muséon* 87 (1974), p. 128-142

O. BRAUN, *Ausgewählte Akten Persischer Märtyrer* (Bibliothek der Kirchenväter), Kempten — Munich, 1915

R. BRAUN — J. RICHER (ed.), *L'empereur Julien de l'histoire à la légende 331-1715*, 2 Vol., Paris, 1978

H.C. BRENNECKE, *Studien zur Geschichte der Homöer: Der Osten bis zum Ende der homöischen Reichskirche* (Beiträge zur historischen Theologie 73), Tübingen, 1988

Laurence BROTTIER, *Jean Chrysostome. Sermons sur la génèse* (SC 433), Paris, 1998

P. BROWN, *Power and Persuasion in Late Antiquity. Towards a Christian Empire*, Madison, 1992

ID., *Authority and the Sacred. Aspects of the Christianisation of the Roman World*, Cambridge, 1995

ID., *Christianization and Religious Conflict*, in Averil CAMERON e.a. (ed.), *The Cambridge Ancient History. Vol. 13: The Late Empire. A.D. 337-425*, Cambridge, 1998, p. 632-664

R. BROWNING, *The Emperor Julian*, Londres, 1975

D.F. BUCK, *The Reign of Arcadius in Eunapius' Histories*, in *Byzantion* 68 (1998), p. 15-46

ID., *Did Sozomen use Eunapius' Histories?*, in *MH* 56 (1999), p. 15-25

ID., *Socrates Scholasticus on Julian the Apostate*, in *Byzantion* 73 (2003), p. 301-318

E.A.W. BUDGE, *Miscellaneous Coptic Texts in the Dialect of Upper Egypt*, Oxford, 1915

R. BULTMANN, *Geschichte und Eschatologie*, Tübingen, 1964[2]

G. BUNGE, *Palladiana I. Introduction aux fragments coptes de l'Histoire lausiaque*, in *StMon* 32 (1990), p. 79-129

J. BURCKHARDT, *Die Zeit Konstantins des Großen*, Darmstadt, 1955 (= 1880).

R.W. BURGESS, *The Accession of Marcian in the Light of Chalcedonian Apologetic and Monophysite Polemic*, in *ByZ* 86-87 (1993-1994), p. 47-68

ID., *The Dates and Editions of Eusebius' chronici canones and historia ecclesiastica*, in *JThS* 48 (1997), p. 471-504

ID., *The Dates of the Martyrdom of Simeon Bar Sabba'e and the «Great Massacre»*, in *AB* 117 (1999), p. 9-66

ID., *Studies in Eusebian and Post-Eusebian Chronography* (Historia Einzelschriften 135), Stuttgart, 1999

ID., *The Date of the Deposition of Eustathius of Antioch*, in *JThS* 51 (2000), p. 150-160

Julia BURMAN, *The Athenian Empress Eudocia*, in P. CASTRIN (ed.), *Post-Herulian Athens. Aspects of Life and Culture in Athens A.D. 267-529*, Helsinki, 1994, p. 63-87

T.S. BURNS, *Barbarians within the Gate of Rome*, Bloomington — Indianapolis, 1994

J.B. BURY, *History of the Later Roman Empire*, 2 Vol., Londres, 1958 (= 1923)

C. BUTLER, *The Lausiac History of Palladius* (Texts and Studies 6), 2 Vol., Cambridge, 1898

Bernadette CABOURET, *Julien et Delphes. La politique religieuse de l'empereur Julien et le «dernier oracle»*, in *REAnc* 99 (1997), p. 141-158

Valérie A. CAIRES, *Evagrius Scholasticus: A Literary Analysis*, in *ByzF* 8 (1982), p. 29-50

Rita CALDERINI, *Ricerche sul doppio nome personale nell'Egitto greco-romano*, in *Aegyptus* 21 (1941), p. 221-260, 22 (1942), p. 3-45

S. CALDERONE, *Teologia politica, successione dinastica e consecratio in età constantiniana*, in W. DEN BOER (ed.), *Le culte des souverains* (Entretiens Hardt 19), Genève, 1973, p. 215-269

J.-P. CALLU, *Écrire l'histoire à la fin de l'Empire*, in *Histoire et Historiographie de l'Antiquité* (Cahiers de la villa Kérylos 11), Paris, 2001, p. 205-221

Averil CAMERON, *Agathias*, Oxford, 1970

EAD., *Eusebius of Caesarea and the Rethinking of History*, in E. GABBA (ed.), *Tria Corda. Scritti in onore di Arnaldo Momigliano*, Como, 1983, p. 71-88

EAD., *Procopius and the Sixth Century*, Londres — New York, 1985

EAD., *Christianity and the Rhetoric of Empire* (Sather Classical Lectures 55), Berkeley — Los Angeles, 1991

EAD., *Education and Literary Culture*, in Averil CAMERON — P. GARNSEY (ed.), *The Cambridge Ancient History. Vol. 13: The Late Empire. A.D. 337-425*, Cambridge 1998, p. 665-707

Averil CAMERON — A. CAMERON, *Christianity and Tradition in the Historiography of the Later Roman Empire*, in *CQ* 14 (1964), p. 316-328

Averil CAMERON — S. HALL, *Eusebius. Life of Constantine* (Clarendon Ancient History Series), Oxford, 1998

A. CAMERON, *The Empress and the Poet: Paganism and Politics at the Court of Theodosius II*, in *YCLS* 27 (1982), p. 217-290

A. CAMERON — Jacqueline LONG, *Barbarians and Politics at the Court of Arcadius* (The Transformation of the Classical Heritage 19), Berkeley, 1993

H. VON CAMPENHAUSEN, *Die Entstehung der Heilsgeschichte. Der Aufbau des christlichen Geschichtsbildes in der Theologie des ersten und zweiten Jahrhunderts*, in J.M. ALONSO-NUNEZ (ed.), *Geschichtsbild und Geschichtdenken im Altertum* (Wege der Forschung 631), Darmstadt, 1991, p. 168-309 (= in *Saeculum* 21 [1970], p. 189-212)

A. CAMPLANI, *Did Athanasius know Antony? A Response to Leslie B. Barnard*, in *Kristianskii Vostok* 1 (1999), p. 296-301

D. CANER, *Wandering, Begging Monks. Spiritual Authority and the Promotion of Monasticism in Late Antiquity* (The Transformation of the Classical Heritage 33), Berkeley, 2002

J.-Y. CARREZ-MARATRAY, *Péluse et l'angle oriental du delta Egyptien aux époques grecque, romaine et byzantine* (Bibliothèque d'étude de l'Institut français d'archéologie oriéntale 124), Le Caire, 1999

H. CHADWICK, *The Church in Ancient Society*, Londres, 2001

A. CHANIOTIS, *The Jews of Aphrodisias: New Evidence and Old Problems*, in *SCI* 21 (2002), p. 209-242

G.F. CHESNUT, *Kairos and Cosmic Sympathy in the Church Historian Socrates Scholasticus*, in *Church History* 44 (1975), p. 161-166

ID., *The First Christian Histories*, Macon (Ga.), 1986[2]

D.J. CHITTY, *The Desert a City. An Introduction to the Study of Egyptian and Palestinian Monasticism under the Christian Empire*, Oxford, 1977[2] (n.v.)

E. CHRYSOS, *Die Akten des Konzils von Konstantinopel*, in G. WIRTH (ed.), *Romanitas-Christianitas: Untersuchungen zur Geschichte und Literatur der römischen Kaiserzeit: Johannes Straub zum 70. Geburtstag am 18. Oktober 1982 gewidmet*, Berlin, 1982, p. 426-435

ID., *Konzilsakten und Konzilsprotokolle von 4.-7. Jarhundert*, in *AHC* 15 (1983), p. 30-40

Elizabeth A. CLARK, *The Origenist Controversy. The Cultural Construction of an Early Christian Debate*, Princeton, 1992

W. CLARYSSE, *Jews in Trikomia*, in A. BÜLOW-JACOBSEN (ed.), *Proceedings of the 20th Int.Congr.Papyr.*, Copenhague, 1994, p. 193-203

A. CLAUS, *Ο ΣΧΟΛΑΣΤΙΚΟΣ*, diss. Cologne, 1965 (n.v.)

F.M. CLOVER, *Count Gaïnas and Count Sebastian*, in *AJAH* 4 (1979), p. 65-76

R. COLLINGWOOD, *The Idea of History*, Oxford, 1962 (= 1946)

P. COLLOMP, *Der Platz des Josephus in der Technik der hellenistischen Geschichtsschreibung*, in A. SCHALIT (ed.), *Zur Josephus-Forschung* (Wege der Forschung 84), Darmstadt, 1973, p. 278-293 (= in *Études historiques de la Faculté des Lettres de Strabourg 106: Mélanges 1945*, Paris, 1947, p. 81-92)

N.P. CONSTAS, *Four Christological Homilies of Proclus of Constantinople: Introduction, Critical Edition, Translation, and Commentary*, diss. Washington, 1994

ID., *Proclus of Constantinopel and the Cult of the Virgin in Late Antiquity* (Supplements to Vigiliae Christianae 66), Leyde, 2003

B. COOK, *Plutarch's Use of Λέγεται: Narrative Design and Source in Alexander*, in *GRBS* 42 (2001), p. 329-360

Lellia CRACCO RUGGINI, *The Ecclesiastical Histories and Pagan Historiography: Providence and Miracles*, in *Athenaeum* 55 (1977), p. 107-126

EAD., *Universalità e campanilismo, centro e periferia, città e deserto nelle «Storie Ecclesiastiche»*, in S. CALDERONE (ed.), *La storiografia ecclesiastica nella tarda antichità*, Messina, 1980, p. 159-194

EAD., *Le Auguste nelle 'Storie Ecclesiastiche'*, in *MedAnt* 5 (2002), p. 477-501

L.R. CRESCI, *Echi di Temistio e di Sinesio in un encomio del X secolo*, in *Koinonia* 21 (1997), p. 117-124

B. CROKE, *Dating Theodoret's Church History and Commentary on the Psalms*, in *Byzantion* 54 (1984), p. 59-73

B. CROKE — Alana M. EMMETT, *Historiography in Late Antiquity: An Overview*, in ID. (ed.), *History and Historians in Late Antiquity*, Sydney, 1983, p. 1-12

H. CROUZEL, *Origène* (Le sycomore. Chrétiens aujourd'hui 15), Paris, 1985

C. CURTI, *Lo scisma di Novaziano nell'interpretazione dello storico Socrate*, in S. CALDERONE (ed.), *La storiografia ecclesiastica nella tarda antichità*, Messina, 1980, p. 313-333

G. DAGRON, *Les moines et la ville. Le monachisme à Constantinople jusqu'au concile de Chalcédoine (451)*, in *T&MByz* 4 (1970), p. 229-276

ID., *Naissance d'une capitale. Constantinople et ses institutions de 330 à 451* (Bibliothèque byzantine — Études 7), Paris, 1974

ID., *Constantinople imaginaire. Études sur le receuil des Patria* (Bibliothèque byzantine — Études 8), Paris, 1984

ID., *Empereur et prêtre. Étude sur le «césaropapisme» byzantin* (Bibliothèque des histoires), Paris, 1996

G. DAGRON — V. DÉROCHE, *Juifs et chrétiens dans l'Orient du VIIe siècle*, in *T&MByz* 11 (1991), p. 17-273

B. DALEY, *The Origenism of Leontius of Byzantium*, in *JThS* 27 (1976), p. 333-369

ID., *What Did «Origenism» Mean in the Sixth Century?*, in G. DORIVAL — A. LE BOULLUEC (ed.), *Origeniana sexta. Origène et la Bible* (Bibliotheca Ephemeridum Theologicarum Lovaniensium 118), Louvain, 1995, p. 627-638

R.W. DANIEL, *From Work on the Petra Papyri. Arabic on a Greek Ostracon from Roman Egypt and the Name of the Church Father Sozomen*, in ZPE 131 (2000), p. 173-176

J. DANIÉLOU, *Essai sur le mystère de l'histoire*, Paris, 1982 (= 1953)

Claudine DAUPHIN, *La Palestine byzantine: peuplement et populations* (BAR International Series 726), 3 Vol., Oxford, 1998

H. DECLECRQ, art. *Paix*, in F. CABROL e.a. (ed.), *Dictionnaire d'archéologie chrétienne et de liturgie* 13.1 (1937), p. 465-483

D. DE DECKER — Ginette DUPUIS-MASAY, *L'«épiscopat» de l'empereur Constantin*, in *Byzantion* 50 (1980), p. 118-157

B. DE GAIFFIER, *«Sub Iuliano Apostata» dans le martyrologe romain*, in *AB* 74 (1956), p. 5-49

H. DELEHAYE, *La vie grecque de Saint Martin de Tours*, in ID., *Mélanges d'hagiographie grecque et latine* (Subsidia hagiographica 42), Bruxelles, 1966, p. 403-407 (= *Studi bizantini e neoellenici* 5 [1939], p. 428-431)

G. DELLING, art. *Frieden IV: Neues Testament*, in G. KRAUSE e.a. (ed.), *Theologische Realenzyklopädie* 11 (1983), p. 613-618

R. DELMAIRE, *Les «Lettres d'exil» de Jean Chrysostome. Étude de chronologie et de prosopographie*, in *RecAug* 25 (1991), p. 71-180

A. DEMANDT, *Die Spätantike: Römische Geschichte von Diocletian bis Justinian, 284-565 n. Chr.* (Handbuch der Altertumswissenschaft 3.6), Munich, 1989

ID., *Spätrömisches Hochschulwesen*, in *Atti dell'Accademia romanistica costantiniana. X convegno internazionale in onore di A. Biscardi*, Naples, 1995, p. 651-686

W. DEN BOER, *Some Remarks on the Beginning of Christian Historiography*, in ID., *Sungrammata. Studies in Graeco-Roman History*, Leyde, 1979, p. 23-37 (= in *Studia Patristica* 4 [1961], p. 348-362)

D. DEN HENGST, *The Prefaces in the Historia Augusta*, Amsterdam, 1981

P. DEVOS, *Notes d'hagiographie perse*, in *AB* 84 (1966), p. 229-248

ID., *Sozomène et les actes syriaques de S. Syméon bar Sabba'e*, in *AB* 84 (1966), p. 443-456

R. DEVREESSE, *Le patriarcat d'Antioche depuis la paix de l'église jusqu'à la conquête arabe* (Études palestiniennes et orientales), Paris, 1945

A. DIHLE, art. *Ethik*, in T. KLAUSER e.a. (ed.), *Reallexikon für Antike und Christentum* 6 (1966), p. 646-796

M. DI MAIO — W.H. ARNOLD, *Per vim, per caedem, per bellum: A Study of Murder and Ecclesiastical Politics in the Year 337 A.D.*, in *Byzantion* 62 (1992), p. 158-210

E. DINKLER — Erika DINKLER-VON SCHUBERT, art. *Friede*, in T. KLAUSER e.a. (ed.), *Reallexikon für Antike und Christentum* 8 (1972), p. 438-505

F. DÖLGER, *Der Kampf mit dem Ägypter in der Vision Perpetuae*, in *Antike und Christentum* 3 (1932), p. 177-188

Růžena DOSTÁLOVÁ, *Zur frühbyzantinischen Historiographie (von Eunapios zu Theophylaktos Simokattes)*, in *Klio* 69 (1987), p. 163-180

EAD., *Der Einfluss der Rhetorik auf die Objektivität der historischen Information in den Werken byzantinischer Historiker*, in *ByzSlav* 56 (1993), p. 291-303

E. DOVERE, *Stabilizzazione giuridica e acquisizione culturale del Teodosiano: spunti in Socrate 'Scholastikos'*, in *Atti dell'accademia romanistica costantiniana. XI convegno internazionale in onore di Felix B.J. Wubbe*, Naples, 1996, p. 593-613

G. DOWNEY, *The Perspective of the Early Church Historians*, in *GRBS* 6 (1965), p. 57-70

R. DRAGUET, *Une nouvelle source copte de Pallade: le ch. VIII (Amoun)*, in *Le Muséon* 60 (1947) p. 227-255

ID., *Les formes syriaques de la matière de l'Histoire lausiaque* (CSCO 399), Louvain, 1972

H.A. DRAKE, *Athanasius' First Exile*, in *GRBS* 27 (1986), p. 193-204

ID., *Constantine and his Bishops. The Politics of Intolerance*, Baltimore — Londres, 2000

H.J.W. DRIJVERS — J.W. DRIJVERS, *The Finding of the True Cross. The Judas Cyriacus Legend in Syriac* (CSCO 565), Louvain, 1997

Y.-M. DUVAL, *Sur quelques sources latines de l'histoire de l'Eglise de Rufin d'Aquilée*, in *Cassiodorus* 3 (1997), p. 131-151

ID., *Jérôme et l'histoire de l'Église du IVe siècle*, in B. POUDERON — Y.-M. DUVAL (ed.), *L'historiographie de l'église des premiers siècles* (Théologie historique 114), Paris, 2001, p. 381-408

ID., *La place et l'importance du Concile d'Alexandrie ou de 362 dans l'Histoire de l'Église de Rufin d'Aquilée*, in *REAug* 47 (2001), p. 283-302

F. DVORNIK, *Early Christian and Byzantine Political Philosophy. Origins and Background* (Dumbarton Oaks Studies 9), 2 Vol., Washington, 1966

E. EARLE ELLIS, *Die Funktion der Eschatologie im Lukasevangelium*, in G. BRAU-MANN (ed.), *Das Lukas-Evangelium. Die Redaktions- und Kompositions-geschichtliche Forschung* (Wege der Forschung 280), Darmstadt, 1970, p. 378-397 (= *Zeitschrift für Theologie und Kirche* 66 [1969], p. 387-402)

G. EBELING, *Studium der Theologie. Eine enzyklopädische Orientierung*, Tübingen, 1975

H. EGER, *Kaiser und Kirche in der Geschichtstheologie Eusebs von Cäsarea*, in *ZNW* 38 (1939), p. 97-115

C.T.H.R. EHRHARDT, *Eusebius and Celsus*, in *JbAC* 22 (1979), p. 40-49

ID., *Constantinian Documents in Gelasius of Cyzicus' Ecclesiastical History*, in *JbAC* 23 (1980), p. 48-57

M.A. ELFERINK, *TYXH et Dieu chez Procope de Césarée*, in *AClass* 10 (1967), p. 111-134

W. ELTESTER, art. *Sokrates Scholasticus*, in G. WISSOWA e.a (ed.), *Paulys Real-Encyclopädie der classischen Altertumswissenschaft* II, 3 (1927), col. 893-901

ID., art. *Sozomenos*, in G. WISSOWA e.a. (ed.), *Paulys Real-Encyclopädie der classischen Altertumswissenschaft* II, 3 (1927), col. 1240-1248

W. ENSSLIN, art. *Troilus (3)*, in G. WISSOWA e.a. (ed.), *Paulys Real-Encyclopädie der classischen Altertumswissenschaft* II, 7 (1939), col. 615-616

R.M. ERRINGTON, *Church and State in the First Years of Theodosius I*, in *Chiron* 27 (1997), p. 21-72

ID., *Christian Accounts of the Religious Legislation of Theodosius I*, in *Klio* 79 (1997), p. 398-443

C. EUCKEN, *Philosophie und Dialektik in der Kirchengeschichte des Sokrates*, in Balbina BÄBLER — H.-G. NESSELRATH (ed.), *Die Welt des Sokrates von Konstantinopel. Studien zu Politik, Religion und Kultur im späten 4. und frühen 5. Jh. n. Chr.*, Munich — Leipzig, 2001, p. 96-110

R. FARINA, *L'impero et l'imperatore cristiano in Eusebio di Cesarea. La prima teologia politica del cristianesimo* (Bibliotheca theologica salesiana. Series I: Fontes. Vol. 2), Zurich, 1966

G. FATOUROS, *ΕΙΠΑΤΕ ΤΩΙ ΒΑΣΙΛΕΙ*, in *Hermes* 124 (1996), p. 367-374

ID., *Bessarion und Libanius. Ein typischer Fall byzantinischer Mimesis*, in *JöByz* 49 (1999), p. 191-204

G. FEDALTO, *Hierarchia Ecclesiastica Orientalis. Series Episcoporum Ecclesiarum Christianarum Orientalium*, 2 Vol., Padoue, 1988

P.J. FEDIUK, *Bibliotheca Basiliana Universalis. A Study of the Manuscript Tradition, Translations and Editions of the Works of Basil of Caesarea. 2: The Homiliae morales, Hexaemeron, De litteris, With Additional Coverage of the Letters* (CCG), 2 Vol., Turnhout, 1996

M. FÉDOU, *L'historien Socrate et la controverse origéniste du IVe siècle*, in B. POUDERON — Y.-M. DUVAL (ed.), *L'historiographie de l'église des premiers siècles* (Théologie historique 114), Paris, 2001, p. 271-280

D. FEISSEL, *Notes d'épigraphie chrétienne (VII)*, in *BCH* 108 (1984), p. 545-579

A. FERRARINI, *Tradizioni orali nella storia ecclesiastica di Socrate Scolastico*, in
    Studia Patavina 28 (1981), p. 29-54

S. FERRI, *De Hypatii Gangrensis in draconem miraculo*, in *RIPC* 44 (1916),
    p. 255-256

K. FITSCHEN, *Der Praefectus Praetorio Flavius Rufinus — ein hoher Reichs-
    beamter als Gestalt der Kirchengeschichte zur Zeit der «theodosianischen
    Wende»*, in *ZAC* 5 (2001), p. 86-103

C.W. FORNARA, *The Nature of History in Ancient Greece and Rome*, Berkeley, 1983

G. FOWDEN, *The Last Days of Constantine*, in *JRS* 84 (1994), p. 146-170

Christiane FRAISSE-COUÉ, *D'Ephèse à Chalcédoine: «La paix trompeuse» (433-
    451)*, in Luce PIETRI e.a. (ed.), *Histoire du christianisme. Tome III: Les
    Églises d'Orient et d'Occident*, Paris, 1998, p. 9-77

Françoise FRAZIER, *L'inattendu et l'extraordinaire. Les emplois de παράδοξος
    dans les histoires de Polybe*, in *Ktema* 27 (2002), p. 79-86

H. FROMEN, *Athanasii historia acephala*, diss. Münster, 1914

H. FUCHS, *Augustin und der antike Friedensgedanke. Untersuchungen zum neun-
    zehnten Buch der civitas Dei*, Berlin, 1965 (= 1926)

Theresa FUHRER, *Rufins* Historia ecclesiastica*: 'Geschichte' und Geschichten von
    Kämpfen und Siegen der Orthodoxie*, in Balbina BÄBLER — H.-G. NESSEL-
    RATH (ed.), *Die Welt des Sokrates von Konstantinopel. Studien zu Politik,
    Religion und Kultur im späten 4. und frühen 5. Jh. n. Chr.*, Munich —
    Leipzig, 2001, p. 60-70

E. GABBA, *True History and False History in Classical Antiquity*, in *JRS* 71
    (1981), p. 50-62

P. GALLAY, *Gregor von Nazianz. Briefe* (GCS), Berlin, 1969

J. GAUDEMET, *L'Église dans l'Empire romain (4-5 s.)*, Paris, 1958

T. GELZER, *Das Gebet des Kaisers Theodosius in der Schlacht am Frigidus (Socr.
    h.e. 5.25)*, in E. CAMPI — L. GRANE — A.M. RITTER (ed.), *Oratio. Das
    Gebet in patristischer und reformatorischer Sicht. Festschrift zum 65.
    Geburtstag von Alfred Schindler* (Forschungen zur Kirchen- und Dogmen-
    geschichte 76), Göttingen, 1999, p. 53-72

ID., *Zum Hintergrund der hohen Schätzung der paganen Bildung bei Sokrates von
    Konstantinopel*, in Balbina BÄBLER — H.-G. NESSELRATH (ed.), *Die Welt des
    Sokrates von Konstantinopel. Studien zu Politik, Religion und Kultur im
    späten 4. und frühen 5. Jh. n. Chr.*, Munich — Leipzig, 2001, p. 111-124

M. GEORGE, *Sokrates und die Mönche in der Wüste*, in Balbina BÄBLER — H.-
    G. NESSELRATH (ed.), *Die Welt des Sokrates von Konstantinopel. Studien zu
    Politik, Religion und Kultur im späten 4. und frühen 5. Jh. n. Chr.*, Munich
    — Leipzig, 2001, p. 182-197

F. GEPPERT, *Die Quellen des Kirchenhistorikers Socrates Scholasticus* (Studien
    zur Geschichte der Theologie und der Kirche 4), Leipzig, 1898

K.M. GIRARDET, *Kaiser Konstantius II. als «Episcopus Episcoporum» und das
    Herrscherbild des kirchlichen Widerstandes (Ossius von Corduba und Luci-
    fer von Calaris)*, in *Historia* 26 (1977), p. 95-128

ID., *Das christliche Priestertum Konstantins d. Gr. Ein Aspekt der Herrscheri-
    dee des Eusebius von Caesarea*, in *Chiron* 10 (1980), p. 569-592

ID., *Die Konstantinische Wende und ihre Bedeutung für das Reich*, in E. MÜH-
    LENBERG (ed.), *Die Konstantinische Wende*, Gütersloh, 1998, p. 9-122

Carol A. GLUCKER, *The City of Gaza in the Roman and Byzantine Period* (BAR International Series 325), Oxford, 1987

Monika GÖDECKE, *Geschichte als Mythos. Eusebs «Kirchengeschichte»* (Europäische Hochschulschriften. Reihe XXIII: Theologie 307), Francfort-sur-le-Main, 1987

H.W. GOETZ, *Die Geschichtstheologie des Orosius* (Impulse der Forschung 32), Darmstadt, 1980

A. GOLTZ, *Das Bild der barbarischen 'Kaisermacher' in der Kirchengeschichts-schreibung des 5. Jahrhunderts*, in *MedAnt* 5 (2002), p. 547-572

Dominique GONNET, *L'acte de citer dans l'Histoire ecclésiastique d'Eusèbe*, in B. POUDERON — Y.-M. DUVAL (ed.), *L'historiographie de l'église des premiers siècles* (Théologie historique 114), Paris, 2001, p. 181-193

R.M. GRANT, *The Case Against Eusebius, or Did the Father of Church History Write History?*, in *Studia Patristica* 12 (1975), p. 413-421

ID., *Eusebius as Church Historian*, Oxford, 1980

G.B. GREATREX, *Laywers and Historians in Late Antiquity*, in R.W. MATHISEN (ed.), *Law, Society and Authority in Late Antiquity*, Oxford, 2001, p. 148-161

G.B. GREATREX — J. BARDILL, *Antiochos the* Praepositus: *A Persian Eunuch at the Court of Theodosius II*, in *DOP* 50 (1996), p. 171-197

S. GRÉBAUT, *Histoire de l'apostasie du diacre Léonce et de la mort du Juif Isaac*, in *ROC* 18 (1913), p. 101-104

I. GRIGORADIS, *A Study of the prooimion of Zonaras' Chronicle in Relation to other 12th-century Historical Prooimia*, in *ByzZ* 91 (1998), p. 327-344

R. GRIVEAU, *Histoire de la conversion des Juifs habitant la ville de Tomei en Égypte*, in *ROC* 13 (1908), p. 198-313

Emanuela GUIDOBONI, *Catalogue of Ancient Earthquakes in the Mediterranean Area up to the 10th Century*, Rome, 1994

J.-N. GUINOT, *L'exégèse de Théodoret de Cyr* (Théologie historique 100), Paris, 1995

ID., *La place et le rôle de l'histoire événementielle dans l'exégèse de Théodoret de Cyr*, in B. POUDERON — Y.-M. DUVAL (ed.), *L'historiographie de l'église des premiers siècles* (Théologie historique 114), Paris, 2001, p. 329-348

A. GÜLDENPENNIG, *Die Kirchengeschichte des Theodoret von Kyrrhos. Eine Untersuchung ihrer Quellen*, Halle, 1889

B. GUSTAFSSON, *Eusebius' Principles in Handling his Sources as Found in his Church History Books I-VII*, in *Studia Patristica* 4 (1961), p. 429-441

H.M. GWATKIN, *Studies of Arianism, Chiefly Referring to the Character and Chronology of the Reaction which Followed the Council of Nicaea*, Cambridge, 1900²

C.J. HAAS, *Alexandria in Late Antiquity. Topography and Social Conflict* (Ancient Society and History), Baltimore — Londres, 1997

M. HAFFNER, *Die Kaiserin Eudokia als Repräsentantin des Kulturchristentums*, in *Gymnasium* 103 (1996), p. 216-228

T. HÄGG — P. ROUSSEAU — C. HOGEL (ed.), *Greek Biography and Panegyric in Late Antiquity* (The Transformation of the Classical Heritage 31), Berkeley, 2001

W. HAGL, *Arcadius Apis Imperator. Synesios von Kyrene und sein Beitrag zum Herrscherideal der Spätantike* (Frankfurter althistorische Beiträge 1), Stuttgart, 1997

D.E. HAHM, *Posidonius' Theory of Historical Causation*, in *ANRW* II.26.3 (1989), p. 1325-1363

P. HAMBLENNE, *La légende d'Oppien*, in *AC* 37 (1968), p. 589-619

J. HAMMERSTAEDT, *Die Vergöttlichung unwürdiger Menschen bei den Heiden als apologetisches Argument in den Schriften des Sokrates, Theodoret, Cyrill von Alexandrien und Johannes Chrysostomos*, in *JbAC* 39 (1996), p. 76-101

G.C. HANSEN, *Prosarythmus bei den Kirchenhistoriker Sozomenos und Sokrates*, in *ByzSlav* 26 (1965), p. 82-93

ID., *Germanos, der findige Leser*, in *ByzZ* 84 (1991), p. 24-25

ID., *Ein Zeugnis für das jüdische Purimfest in Syrien im 5. Jahrhundert*, in Cornelia WUNSCH (ed.), *XXV. Deutscher Orientalistentag vom 8. bis 13.4.1991 in München. Vorträge* (Zeitschrift der Deutschen morgenländischen Gesellschaft. Suppl. 10), Stuttgart, 1994, p. 83-87

ID., *Sokrates. Kirchengeschichte* (GCS N.F. 1), Berlin, 1995

ID., *Theodoros Anagnostes. Kirchengeschichte* (GCS N.F. 3), Berlin, 1995[2]

ID., *Eine fingierte Ansprache Konstantins auf dem Konzil von Nikaia*, in *ZAC* 2 (1998), p. 173-198

ID., *Corrigenda zur Ausgabe des Sokrates*, in *ZAC* 2 (1998), p. 295-298

ID., *Mutmassungen über die Kirchengeschichte des Sokrates*, in *ZAC* 3 (1999), p. 278-285

ID., rec. *M.Wallraff, Der Kirchenhistoriker Sokrates*, in *ByzZ* 92 (1999), p. 173-174

ID., *Le monachisme dans l'historiographie de l'Église ancienne*, in B. POUDERON — Y.-M. DUVAL (ed.), *L'historiographie de l'église des premiers siècles* (Théologie historique 114), Paris, 2001, p. 139-147

ID., *Anonyme Kirchengeschichte (Gelasius Cyzicenus CPG 6034)* (GCS N.F. 9), Berlin — New York, 2002

ID., *Sozomenos. Kirchengeschichte* (Fontes Christiani 73), 4 Vol., Turnhout, 2004

R.P.C. HANSON, *The Search for the Christian Doctrine of God. The Arian Controversy 318-381*, Edinburgh, 1988

A. VON HARNACK, *Die Mission und Ausbreitung des Christentums in den ersten drei Jahrhunderten*, 2 Vol., Leipzig, 1924[4]

Jill HARRIES, *Sozomen and Eusebius: The Lawyer as Church Historian in the Fifth Century*, in C. HOLDSWORTH — T.P. WISEMAN (ed.), *The Inheritance of Historiography 350-900* (Exeter Studies in History 12), Exeter, 1986, p. 45-52

EAD., *Pius Princeps. Theodosius II and Fifth-Century Constantinople*, in P. MAGDALINO (ed.), *New Constantines. The Rhythm of Imperial Renewal in Byzantium. 4th-13th Centuries*, Aldershot, 1994, p. 35-44

EAD., *Law and Empire in Late Antiquity*, Cambridge, 1999

Jill HARRIES — I. WOOD (ed.), *The Theodosian Code: Studies in the Imperial Law of Late Antiquity*, Londres, 1993

C.D. HARTRAUFT, *Socrates. Church History* (A Select Library of Nicene and Post-Nicene Fathers of the Christian Church. Second Series, 2), Grand Rapids (Mich.), 1983

H. HAUBEN, *Le catalogue mélitien réexaminé*, in *Sacris Erudiri* 31 (1989-1990), p. 155-167

ID., *Les nauclères «phéniciens» de Memphis (63 av. J.-C.)*, in T. HACKENS — Ghislaine MOUCHARTE (ed.), *Numismatique et histoire économique phéniciennes et puniques* (Studia Phoenica 9), Louvain-la-Neuve, 1992, p. 321-331

ID., *Jean Arkhaph, évêque de Memphis, dans le catalogue mélitien*, in A. SCHOORS — P. VAN DEUN (ed.), *Philohistôr. Miscellanea in honorem Caroli Laga septuagenarii* (Orientalia Lovaniensia Analecta 60), Louvain, 1994, p. 23-33

ID., *The Melitian «Church of the Martyrs». Christian Dissenters in Ancient Egypt*, in T.W. HILLARD e.a. (ed.), *Ancient History in a Modern University. Vol. 2: Early Christianity, Late Antiquity and Beyond*, Grand Rapids (Mich.), 1998, p. 329-349

ID., *John Arkhaph and «the Bishop» (Athan., Apol. Sec. 71.6). A Reassessment*, in *AncSoc* 30 (2000), p. 271-275

W.-D. HAUSCHILD, *Die antinizänische Synodalsammlung des Sabinus von Heraklea*, in *VChr* 24 (1970), p. 105-126

Kathleen M. HAY, *Evolution of Resistance: Peter the Iberian, Itinerant Bishop*, in Pauline ALLEN — L. CROSS (ed.), *Prayer and Spirituality in the Early Church*, 2 Vol., Brisbane, 1997, Vol. 1, p. 159-168

P. HEATHER, *The Crossing of the Danube and the Gothic Conversion*, in *GRBS* 27 (1986), p. 289-318

ID., *Goths and Huns c. 320-425*, in Averil CAMERON e.a. (ed.), *The Cambridge Ancient History. Vol. 13: The Late Empire. A.D. 337-425*, Cambridge, 1998, p. 487-537

J. HEFELE — H. LECLERCQ, *Histoire des conciles d'après les documents originaux*, 21 Vol., Paris, 1907-1952

S. HEID, *Zur frühen Protonike- und Kyriakos Legende*, in *AB* 109 (1991), p. 73-108

J. HELLEGOUARC'H, *Eutrope. Abrégé d'histoire romaine* (CUF), Paris, 1999

Elisabeth HERRMANN, *Ecclesia in re publica. Die Entwicklung der Kirche von pseudostaatlicher zu staatlich inkorporierter Existenz* (Europäisches Forum 2), Francfort-sur-le-Main, 1980

T.M. HICKEY, *A Fragment of a Letter from a Bishop to a Scholasticus*, in *ZPE* 110 (1996), p. 127-131

T. HIDBER, *Eine Geschichte von Aufruhr und Streit: Sokrates' Kirchengeschichte und die Tradition der Zeitgeschichtsschreibung*, in Balbina BÄBLER — H.-G. NESSELRATH (ed.), *Die Welt des Sokrates von Konstantinopel. Studien zu Politik, Religion und Kultur im späten 4. und frühen 5. Jh. n. Chr.*, Munich — Leipzig, 2001, p. 44-59

A. HILHORST, *Was Philo read by pagans. The Statement on Heliodorus in Socrates Hist. Eccl. 5.22* in *Studia Philonica Annual 4* (1992), p. 75-77

K. HOHEISEL, art. *Birkat ham-minim*, in T. KLAUSER e.a. (ed.), *Reallexikon für Antike und Christentum. Suppl. 2* (2002), p. 1-4

M.J. HOLLERICH, *The Comparison of Moses and Constantine in Eusebius of Caesarea's Life of Constantine*, in *Studia Patristica* 19 (1989), p. 80-95

ID., *Eusebius of Caesarea's Commentary on Isaiah*, Oxford, 1999

K. HOLUM, *Pulcheria's Crusade A.D. 421-422 and the Ideology of Imperial Victory*, in *GRBS* 18 (1977), p. 153-172

ID., *Theodosian Empresses. Women and Imperial Dominion in Late Antiquity* (The Transformation of the Classical Heritage 3), Berkeley, 1982

D. HOMBERGER, *The Second Origenist Controversy. A New Perspective on Cyril of Scythopolis Monastic Biographies as Historical Sources for Sixth-Century Origenism* (Studia Anselmiana 132), Rome, 2001

E. HONIGMANN, *La liste originale des pères de Nicée*, in *Byzantion* 14 (1939), p. 17-76

ID., *The Original Lists of the Members of the Council of Nicaea, the Robber-Council and the Council of Chalcedon*, in *Byzantion* 16 (1942-1943), p. 20-80

ID., *Philippus of Side and his Christian History*, in ID., *Patristic Studies* (Studi e testi 173), Le Vatican, 1953, p. 88-91

ID., *Heracleidas of Nyssa (About 440 A.D.)*, in ID., *Patristic Studies* (Studi e testi 173), Le Vatican, 1953, p. 104-122

W. HUBER, art. *Frieden V: Kirchengeschichtlich und ethisch*, in G. KRAUSE e.a. (ed.), *Theologische Realenzyklopädie* 11 (1983), p. 619-646

H. HUNGER, *Die hochsprachliche profane Literatur der Byzantiner* (Handbuch der Altertumswissenschaft 12.5.1), Munich, 1978

E.D. HUNT, *Holy Land Pilgrimage in the Later Roman Empire AD 312-460*, Oxford, 1982

H. INGLEBERT, *Les romains chrétiens face à l'histoire de Rome. Histoire, christianisme et romanitas en Occident dans l'Antiquité tardive IIIe-Ve siècles* (Collection des Études Augustiniennes. Série Antiquité 145), Paris, 1996

ID., *L'histoire des hérésies chez les hérésiologues*, in B. POUDERON — Y.-M. DUVAL (ed.), *L'historiographie de l'église des premiers siècles* (Théologie historique 114), Paris, 2001, p. 105-125

ID., *Interpretatio christiana. Les mutations des savoirs (cosmographie, géographie, ethnographie, histoire) dans l'Antiquité chrétienne (30-630 après J.-C.)* (Collection des Études augustiniennes. Série Antiquité 166), Paris, 2001

O. IRSHAI, *Cyril of Jerusalem. The Apparition of the Cross and the Jews*, in Ora LIMOR — G.G. STROUSMA (ed.), *Contra Iudaeos. Ancient and Medieval Polemics between Christians and Jews* (Texts and Studies in Medieval and Early Modern Judaism 10), Tübingen, 1996, p. 85-104

B. ISAAC, *The Eastern Frontier*, in Averil CAMERON e.a. (ed.), *The Cambridge Ancient History. Vol. 13: The Late Empire. A.D. 337-425*, Cambridge, 1998, p. 437-460

R. JANIN, *Constantinople byzantine: développement urbain et répertoire topographique* (Archives de l'Orient chrétien 4A), Paris, 1964[2]

ID., *La géographie ecclésiastique de l'empire byzantin. Le siège de Constantinople et le patriarcat oecuménique. Tome III: Les églises et les monastères*, Paris, 1975[2]

ID., *Les églises et les monastères des grands centres byzantins: (Bithynie, Hellespont, Latros, Galèsios, Trébizonde, Athènes, Thessalonique)* (Géographie ecclésiastique de l'Empire byzantin), Paris, 1975

T. JANSON, *Latin Prose Prefaces. Studies in Literary Conventions* (Acta Universitatis Stockholmiensis. Studia latina Stockholmiensia 13), Stockholm, 1964

L. JEEP, *Quellenuntersuchungen zu den griechischen Kirchenhistorikern*, in *Jahrbücher für classische Philologie* 14 (1884), p. 53-178

P.-P. JOANNOU, *Discipline générale antique (IV-IX s.)* (Pontificia commissio ad redigendum codicem iuris canonici orientalis. Fontes. Series I.9), 4 Vol., Rome, 1962-1964 (= Leipzig, 1973)

C. JUNGCK, *Gregor von Nazianz. De vita sua. Einleitung, Text, Übersetzung, Kommentar* (Wissenschaftliche Kommentare zu griechischen und lateinischen Schriftstellern), Heidelberg, 1974

W. Justus, *Die frühe Entwicklung des säkularen Friedenbegriffs in der mittelalterlichen Chronistik* (Kollektive Einstellungen und sozialer Wandel im Mittelalter 4), Cologne, 1975

W.E. Kaegi, *Byzantium and the Decline of Rome*, Princeton, 1968

Dimitra Karamboula, *Ta koina. Das «Gemeinwesen» der Römer in spätantiker und frühbyzantinischer Zeit*, in *Tyche* 8 (1993), p. 41-62

A. Καρποζιλος, *Βυζαντινοὶ ἱστορικοὶ καὶ χρονογράφοι. Vol. 1: 4ος-7ος αἰ.*, Athènes, 1997

Id., *Socrates Scholastikos: A Novatianist or an orthodox Historian?*, in *ΜΟΣΧΟΒΙΑ. Αφιέρωμα στα 60 χρόνια του Boris Fonkič*, Moscou, 2001, p. 195-208 (en russe)

F.H. Kettler, *Der meletianische Streit in Ägypten*, in *ZNW* 35 (1936), p. 156-193

N.Q. King, *The 150 Holy Fathers of the Council of Constantinople 381 A.D. Some Notes on the Bishop Lists*, in *Studia Patristica* 1 (1955), p. 635-642

W. Kinzig, *«Trample upon me …»: The Sophists Asterius and Hecebolius: Turncoats in the Fourth Century A.D.*, in L. Wickham e.a. (ed.), *Christian Faith and Greek Philosophy in Late Antiquity: Essays in Tribute to George Christopher Stead, Ely Professor of Divinity, University of Cambridge (1971-1980)* (Supplements to Vigiliae Christianae 19), Leyde, 1993, p. 92-111

Id., *Novitas christiana. Die Idee des Fortschitts in der Alten Kirche bis Eusebius* (Forschungen zur Kirchen- und Dogmengeschichte 59), Göttingen, 1994

Id., *The Greek Christian Writers*, in S.E. Porter (ed.), *Handbook of Classical Rhetoric in the Hellenistic Period 330 B.C.-A.D. 400*, Leyde, 1997 (=2001)

Id., *War der Neuplatoniker Porphyrius ursprünglich Christ?*, in M. Baumbach — H. Köhler — A.M. Ritter (ed.), *Mousopolos Stephanos. Festschrift für Herwig Görgemanns*, Heidelberg, 1998, p. 320-332

J. Knight, *Luke's Gospel* (New Testament Readings), Londres, 1998

W. Koch, *Comment l'empereur Julien tâcha de fonder une église païenne*, in *RBPH* 6 (1927), p. 123-146, 7 (1928), p. 49-82, p. 511-550, p. 1363-1385

J. Köhler, art. *Vorsehung*, in J. Ritter (ed.), *Historisches Wörterbuch der Philosophie* 11 (2001), p. 1206-1218

M. Kranz — P. Probst, art. *Sympathie*, in J. Ritter (ed.), *Historisches Wörterbuch der Philosophie* 10 (1998), col. 750-752

I. Krivushin (ou I. Krivouschine), *Socrates Scholasticus' Church History: Themes, Ideas, Heroes*, in *ByzF* 23 (1996), p. 95-107

Id., *L'époque préchrétienne dans l'histoire ecclésiastique d'Eusèbe de Césarée*, in *Traditio* 51 (1996), p. 287-295

Id., *L'empereur Julien vu par l'historien ecclésiastique: Julien l'Apostat de Socrate*, in *JöByz* 47 (1997), p. 13-24

H. Kuch, *Φιλόλογος in der ἐκκλησιαστικὴ ἱστορία des Sozomenos*, in *Klio* 43-45 (1965), p. 337-343

A. Külzer, *Disputationes graecae contra iudaeos: Untersuchungen zur byzantinischen antijüdischen Dialogliteratur und ihrem Judenbild* (Byzantinisches Archiv 18), Stuttgart, 1999

R.J. Lane Fox, *The Itinerary of Alexander: Constantine to Julian*, in *CQ* 47 (1997), p. 239-252

V. LANGLOIS, *Collection des historiens anciens et modernes de l'Arménie*, 2 Vol., Paris, 1869

B. LAYTON, *Social Structure and Food Consumption in an Early Christian Monastery: The Evidence of Shenoute's Canons and the White Monastery Federation A.D. 385-465*, in *Le Muséon* 115 (2002) p. 25-55

J. LEHNEN, *Zwischen Abkehr und Hinwendung. Äußerungen christlichen Autoren des 2. und 3. Jarhunderts zu Staat und Herrscher*, in R. VON HAEHLING (ed.), *Rom und das himmlische Jerusalem: Die frühen Christen zwischen Anpassung und Ablehnung*, Darmstadt, 2000, p. 1-28

N.P. LEMCHE, *Good and Bad in History: The Greek Connection*, in S.L. MCKENZIE — T. RÖMER (ed.), *Rethinking the Foundations. Historiography in the Ancient World and in the Bible. Essays in Honour of John Van Seters* (Beihefte zur Zeitschrift für die alttestamentliche Wissenschaft 294), Berlin, 2000, p. 127-140

N. LENSKI, *The Date of the Gothic Civil War and the Date of the Gothic Conversion*, in *GRBS* 36 (1995), p. 51-87

ID., *Were Valentinian, Valens and Jovian Confessors before Julian the Apostate?*, in *ZAC* 6 (2002), p. 253-276

Βασιλική Α. ΛΕΟΝΤΑΡΙΤΟΥ, *Ἐκκλησιαστικά ἀξιώματα καὶ ὑπηρεσίες στην πρώιμη καὶ μέση βυζαντινή περίοδο* (Forschungen zur byzantinischen Rechtsgeschichte. Athener Reihe 8), Athènes — Komotini, 1996

H. LEPPIN, *Von Constantin dem Grossen zu Theodosius II. Das christliche Kaisertum bei den Kirchenhistorikern Socrates, Sozomenus und Theodoret* (Hypomnemata 110), Göttingen, 1996

ID., rec. *G.C. Hansen (ed.), Sokrates. Kirchengeschichte*, in *ZAC* 3 (1999), p. 297-301

ID., *Heretical Historiography: Philostorgius*, in *Studia Patristica* 34 (2001), p. 111-124

ID., *The Church Historians (I): Socrates, Sozomenus, and Theodoretus*, in G. MARASCO (ed.), *Greek and Roman Historiography in Late Antiquity*, Leyde, 2003, p. 219-254

M. LE QUIEN, *Oriens christianus, in quattuor patriarchatus digestus quo exhibentur ecclesiae, patriarchae, caeterique praesules totius Orientis*, 3 Vol., Paris, 1740

J.-M. LEROUX, *Athanase et la seconde phase de la crise arienne (345 à 373)*, in C. KANNENGIESER (ed.), *Politique et théologie chez Athanase d'Alexandrie* (Théologie historique 27), Paris, 1974, p. 145-156

H. LIEBERICH, *Studien zu den Proömien in der griechischen und byzantinischen Geschichtschreibung*, 2 Vol., Munich, 1900

W. LIEBESCHUETZ, *Friends and Ennemies of John Chrysostom*, in Ann MOFFAT (ed.), *Maistor. Classical, Byzantine and Renaissance Studies for Robert Browning* (Byzantina australiensia 5), Canberra, 1984, p. 85-111

ID., *Ecclesiastical Historians on Their Own Times*, in *Studia Patristica* 34 (1993), p. 151-163

ID., *Barbarians and Bishops: Army, Church and State in the Age of Arcadius and Chrysostom*, Oxford, 1990

D. LIEBS, *Unverhohlene Brutalität in den Gesetzen der ersten christlichen Kaiser*, in O. BEHRENDS e.a. (ed.), *Römisches Recht in der europäischen Tradition*, Edelsbach, 1985, p. 89-116

ID., *Roman Law*, in Averil CAMERON e.a. (ed.), *The Cambridge Ancient History. Vol. 14: Late Antiquity: Empire and Successors. A.D. 425-600*, Cambridge, 2000, p. 238-259

H. LIETZMANN, *Apollinaris von Laodicea und seine Schule*, Tübingen, 1904

R. LIM, *Public Disputation, Power, and Social Order in Late Antiquity* (The Transformation of the Classical Heritage 23), Berkeley, 1995

A. LINDER, *The Jews in Roman Imperial Legislation*, Detroit — Jérusalem, 1987

ID., *The Jews in the Legal Sources of the Early Middle Ages*, Detroit — Jérusalem, 1997

A. LIPPOLD, art. *Theodosius I*, in G. WISSOWA e.a. (ed.) *Paulys Real-Encyclopädie der classischen Altertumswissenschaft*, Suppl. 13 (1973), col. 837-961.

W.A. LÖHR, *Beobachtungen zu Sabinos von Herakleia*, in *ZKG* 98 (1987), p. 386-391

ID., *A Sense of Tradition: The Homoiousian Church Party*, in M.R. BARNES — D.H. WILLIAMS (ed.), *Arianism after Arius*, Edinburgh, 1993, p. 81-100

F. LOOFS, *Das Bekenntnis Lucians des Märtyrers*, in ID., *Patristica. Ausgewählte Aufsätze zur alten Kirche* (Arbeiten zur Kirchengeschichte 71), Berlin — New York, 1999, p. 143-171 (= *SPAW* [1915], p. 576-603)

Uta LOOSE, *Zur Chronologie des arianischen Streites*, in *ZKG* 101 (1990), p. 88-92

R. LORENZ, *Das Problem der Nachsynode von Nicäa (327)*, in *ZKG* 90 (1979), p. 22-40

ID., *Das vierte Jahrhundert: Der Osten* (Die Kirche in ihrer Geschichte 1, C, 2), Göttingen, 1992

F. LOTTER, *Die Zwangbekehrung der Juden von Menorca um 418*, in *HZ* 242 (1986), p. 291-326

A. LOUTH, *The Date of Eusebius'* Historia Ecclesiastica, in *JThS* 41 (1990), p. 111-123

T.J. LUCE, *Ancient Views on the Causes of Bias in Historical Writing*, in *CPh* 84 (1989), p. 16-31

L. LUGARESI, *Gregorio di Nazianzo. Contro Giuliano L'Apostata. Oratio IV* (Bibliotheca Patristica 23), Fiesole, 1993

C. LUIBHÉID, *The Alleged Second Session of the Council of Nicaea*, in *JEH* 34 (1983), p. 165-174

A. LUMPE, art. *Exemplum*, in T. KLAUSER e.a. (ed.), *Reallexikon für Antike und Christentum* 6 (1966), col. 1229-1257

A. LUNEAU, *L'histoire du salut chez les Pères de l'Église* (Théologie historique 2), Paris, 1964

Caroline MACÉ, *La tradition indirecte grecque ancienne de Grégoire de Nazianze. Deux citations chez les historiens Socrate et Sozomène*, in B. JANSSENS — B. ROOSEN — P. VAN DEUN (ed.), *Philomathestatos. Studies in Greek Patristic and Byzantine Texts Presented to Jacques Noret for his Sixty-Fifth Birthday* (Orientalia Lovaniensia Analecta 137), Louvain, 2004, p. 377-388

O. J. MAENCHEN-HELFEN, *The World of the Huns. Studies in their History and Culture*, Berkeley — Los Angeles — Londres, 1973

Anne-Marie MALINGREY — P. LECLERCQ, *Palladios. Dialogue sur la vie de Jean Chrysostome* (SC 341-342), 2 Vol., Paris, 1988

E. MALTESE, *La storiografia*, in G. CAMBIANO e.a. (ed.), *La spazio letterario della Grecia antica. Vol. 2: La ricezione e l'attualizzazione del testo*, Rome, 1995, p. 355-388

G. MARASCO, *L'imperatore Valente nella storiografia ecclesiastica*, in *MedAnt* 5 (2002), p. 503-528

ID. (ed.), *Greek and Roman Historiography in Late Antiquity*, Leyde, 2003

ID., *The Church Historians (II): Philostorgius and Gelasius of Cyzicus*, in ID. (ed.), *Greek and Roman Historiography in Late Antiquity*, Leyde, 2003, p. 257-288

P. MARAVAL, *Socrate et la culture grecque*, in B. POUDERON — Y.-M. DUVAL (ed.), *L'historiographie de l'église des premiers siècles* (Théologie historique 114), Paris, 2001, p. 281-291

ID., *Eusèbe de Césarée. La théologie politique de l'Empire chrétien. Louanges de Constantin (Triakontaétérikos)*, Paris, 2001

ID., *Socrate de Constantinople. Histoire ecclésiastique. Livre I* (SC 477), Paris, 2004

R. MARCUS, *The Armenian Life of Marutha of Maipherkat*, in *HTR* 25 (1932), p. 47-71

J. MARINCOLA, *Authority and Tradition in Ancient Historiography*, Cambridge, 1997

ID., *Genre, Convention and Innovation in Greco-Roman Historiography*, in C.S. KRAUS (ed.), *The Limits of Historiography*, Leiden, 1999, p. 281-324

C. MARKSCHIES, *Nachwort*, in H. GELZER — H. HILGENFELD — O. CUNZ, *Patrum Nicaenorum Nomina Latine Graece Coptice Syriace Arabice Armeniace*, Stuttgart — Leipzig, 1998²

R.A. MARKUS, *Church History and the Early Church Historian*, in D. BAKER (ed.), *The Materials, Sources and Methods of Ecclesiastical History* (Studies in Church History 11), Oxford, 1975, p. 1-17

ID., *Saeculum. History and Society in the Theology of St Augustine*, Cambridge, 1988²

ID., *The End of Ancient Christianity*, Cambridge, 1998 (= 1990)

H.-I. MARROU, *Histoire de l'éducation dans l'Antiquité*, Paris, 1965⁷

ID., art. *Geschichtsphilosophie*, in T. KLAUSER e.a. (ed.), *Reallexikon für Antike und Christentum* 10 (1978), col. 753-779

Annik MARTIN, *Le fil d'Arius: 325-335*, in *RHE* 84 (1989), p. 297-333

EAD., *Athanase d'Alexandrie et l'église d'Égypte au IVe siècle (328-373)* (Collection de l'École française de Rome 216), Rome, 1996

EAD., *L'origine de l'arianisme vue par Théodoret*, in B. POUDERON — Y.-M. DUVAL (ed.), *L'historiographie de l'église des premiers siècles* (Théologie historique 114), Paris, 2001, p. 349-359

Annik MARTIN — Micheline ALBERT, *Histoire « acéphale » et index syriaque des lettres festales d'Athanase d'Alexandrie* (SC 317), Paris, 1985

H.J. MASON, *Greek Terms for Roman Institutions: A Lexicon and Analysis* (American Studies in Papyrology 13), Toronto, 1974

J. MATTHEWS, *Olympiodorus of Thebes and the History of the West (A.D. 407-425)*, in *JRS* 60 (1970), p. 79-97

ID., *The Roman Empire of Ammianus*, Londres, 1989

M. MAZZA, *Sulla teoria della storiografia cristiana: osservazioni sui proemi degli storici ecclesiastici*, in S. CALDERONE (ed.), *La storiografia ecclesiastica nella tarda antichità*, Messina, 1980, p. 335-389

ID., *Lo storico, la fede ed il principe. Sulla teoria della storiografia ecclesiastica in Socrate e Sozomeno*, in M. MAZZA (ed.), *Le maschere del potere: cultura e politica nella tarda Antichità*, Naples, 1986, p. 255-318

ID., *Cataclismi e calamità naturali nella documentazione letteraria*, in *Kokolas* 36-37 (1990), p. 307-330

ID., *Constantino nella storiografia ecclesiastica*, in G. BONAMENTE — F. FUSCO (ed.), *Costantino il Grande dall'antichità all' umanesimo*, 2 Vol., Macerata, 1992, Vol. 1, p. 659-692

ID., *Costanza II, i constantinidi e gli storici ecclesiastici. Una «Constantinopolitan Connection»?*, in *Atti dell'Accademia romanistica costantiniana. X convegno internazionale in onore di A. Biscardi*, Naples, 1995, p. 85-104

ID., *Giuliano o dell'utopia religiosa: il tentativo di fondare una chiese pagana?*, in *Giuliano imperatore. Le sue idee, i suoi amici, i suoi avversari. Atti conv. intern. di studi Lecce 10-12 dic. 1998* (Rudiae. Ricerche sul mondo classico 10), Lecce, 1998, p. 19-42

M. MCCORMICK, *Eternal Victory. Triumphal Rulership in Late Antiquity, Byzantium and the Early Medieval West*, Paris — Cambridge, 1986

D.R. MCDONALD, *The Acts of Andrew and the Acts of Andrew and Matthias in the City of the Cannibals* (Society of Biblical Literature. Texts and Translations 33. Christian Apocrypha Series 1), Atlanta, 1990

A.C. MCGIFFERT, *Eusebius: Church History* (A Select Library of Nicene and Post-Nicene Fathers of the Christian Church. Second Series, 2), Grand Rapids (Mich.), 1982

N.B. MCLYNN, *The Voice of Conscience. Gregory Nazianzen in Retirement*, in *Vescovi e pastori in epoca teodosiana* (Studia Ephemeridis Augustinianum 58), 2 Vol., Rome, 1997, Vol. 1, p. 294-308

P. MEINHOLD, *Geschichte der kirchlichen Historiographie*, 2 Vol., Munich, 1967

D. MENDELS, *The Media Revolution of Early Christianity: An Essay on Eusebius's Ecclesiastical History*, Grand Rapids (Mich.), 1999

R.L. MILBURN, *Early Christian Interpretations of History*, Londres, 1954

F. MILLAR, *Christian Emperors, Christian Church and the Jews of the Diaspora in the Greek East, CE 379-450*, in *JJS* 55 (2004), p. 1-24

S. MITCHELL, *Anatolia: Land, Men, and Gods in Asia Minor. Vol. 2: The Rise of the Church*, Oxford, 1999

A. MOMIGLIANO, *Popular Religious Beliefs and the Late Roman Historians*, in ID., *Quinto contributo alla storia degli studi classici e del mondo antico*, Rome, 1975, p. 73-92

ID., *Pagan and Christian Historiography in the Fourth Century A.D.*, in ID., *Essays in Ancient and Modern Historiography*, Oxford, 1977, p. 107-127 (= in ID. [ed.], *The Conflict Between Paganism and Christianity in the Fourth Century*, Oxford, 1963, p. 79-94)

ID., *The Classical Foundation of Modern Historiography* (Sather Classical Lectures 54), Berkeley, 1990

P. MOUTERDE, *Le concile de Chalcédoine d'après les historiens monophysites de langue syriaque*, in A. GRILLMEIER — H. BACHT (ed.), *Das Konzil von Chalkedon. Geschichte und Gegenwart. Vol. 1: Der Glaube von Chalkedon*, Würzburg, 1951, p. 581-602

A.V. MURIEV, *Three Martyrs of Chalcedon and the Persian Campaign of the Emperor Julian*, in *Studia Patristica* 29 (1997), p. 94-100

F. NAU, *Nestorius. Le livre d'Héraclide de Damas*, Paris, 1910

ID., *Deux épisodes de l'histoire juive sous Théodose II (423 et 438) d'après la vie de Barsauma le syrien*, in *REJ* 83 (1927), p. 184-206

V. NERI, *Usurpatore come tiranno nel lessico politico della tarda antichità*, in F. PASCHOUD — J. SZIDAT (ed.), *Usurpationen in der Spätantike* (Historia Einzelschriften 111), Stuttgart, 1997, p. 71-86

H.-G. NESSELRATH, *Die Christen und die heidnische Bildung: Das Beispiel des Sokrates Scholastikos (Hist. Eccl. 3, 16)*, in J. DUMMER — M. VIELBERG (ed.), *Leitbilder der Spätantike. Eliten und Leitbilder*, Stuttgart, 1999, p. 79-100

ID., *Kaiserlicher Held und Christenfeind: Julian Apostata im Urteil des späteren 4. und des 5. Jahrhunderts n. Chr.*, in Balbina BÄBLER — H.-G. NESSELRATH (ed.), *Die Welt des Sokrates von Konstantinopel. Studien zu Politik, Religion und Kultur im späten 4. und frühen 5. Jh. n. Chr.*, Munich — Leipzig, 2001, p. 15-43

ID., *Zur Verwendung des Begriffes ΜΥΘΟΣ bei Sokrates von Konstantinopel und anderen christlichen Autoren der Spätantike*, in W. BLÜMER e.a. (ed.), *Alvarium. Festschrift für C. Gnilka* (Jahrbuch für Antike und Christentum. Ergänzungsband 33), Münster, 2002, p. 293-301

B. NEUSCHÄFER, *Zur Bewertung des Origenes bei Sokrates*, in Balbina BÄBLER — H.-G. NESSELRATH (ed.), *Die Welt des Sokrates von Konstantinopel. Studien zu Politik, Religion und Kultur im späten 4. und frühen 5. Jh. n. Chr.*, Munich — Leipzig, 2001, p. 71-95

K. NICKAU, *Eine Historia Lausiaca ohne Lausos. Überlegungen zur Hypothese von René Draguet über den Ursprung der Historia Lausiaca*, in *ZAC* 5 (2001), p. 131-139

R. NICOLAI, *La storiografia nell'educazione antica* (Bibliotheca di materiali e discussioni per l'analisi dei testi classici 10), Pise, 1992

W. NIGG, *Die Kirchengeschichtsschreibung*, Munich, 1934

M.P. ΝΙΚΟΛΟΠΟΥΛΟΣ, *Αἱ εἰς τὸν Ἰωάννην τὸν Χρυσόστομον ἐσφαλμένως ἀποδιδόμεναι ἐπιστολαί*, Athènes, 1973

Alanna E. NOBBS, *Digressions in the Ecclesiastical Histories of Socrates, Sozomen and Theodoret*, in *JRH* 14 (1986), p. 1-11

EAD., *Philostorgius' View of the Past*, in G. CLARKE e.a. (ed.), *Reading the Past in Late Antiquity*, Syndey, 1990, p. 250-264

K.-L. NOETHLICHS, *Die Gesetzgeberischen Maßnahmen der christlichen Kaiser des vierten Jahrhunderts gegen Häretiker, Heiden und Juden*, diss. Cologne, 1971

ID., *Das Judentum und der römische Staat. Minderheitspolitik im alten Rom*, Darmstadt, 1996

J. NORET, *La vie grecque ancienne de S. Maruta de Mayferqat*, in *AB* 91 (1973), p. 77-103

A. OHME, *Kanon ekklesiastikos. Die Bedeutung des altkirchlichen Kanonbegriffs* (Arbeiten zur Kirchengeschichte 67), Berlin — New York, 1998

S. OLSZANIEC, *Julian Apostata und seine Reform der heidnischen Priesterschaft*, in *Eos* 86 (1999), p. 217-241

H.-G. OPITZ, *Die Zeitfolge des arianischen Streites von den Anfängen bis zum Jahre 328*, in *ZNW* 33 (1934), p. 131-159

T. ORLANDI, *Storia della chiesa di Alessandria* (Testi e documenti per lo studio dell' antichità 17, 31), 2 Vol., Milan, 1968-1970

ID., *Ricerche su una storia ecclesiastica alessandrina del IV sec.*, in *VetChr* 11 (1974), p. 269-312

ID., *Nuovi frammenti della Historia ecclesiastica copta*, in S.F. BONDI e.a. (ed.), *Studi in onore di Edda Bresciani*, Pise, 1985, p. 363-383

F. OVERBECK, *Über die Anfänge der Kirchengeschichtsschreibung*, Bâle, 1892 (= Darmstadt, 1965)

J.-R. PALANQUE, *Le témoignage de Socrate le Scholastique sur S. Ambroise*, in *REA* 26 (1924), p. 216-226

ID., *Saint Ambroise et l'Empire romain. Contribution à l'histoire des rapports de l'Église et de l'État à la fin du quatrième siècle*, Paris, 1933

H.W. PARKE, *Sibyls and Sibylline Prophecy in Classical Antiquity*, Londres, 1986

L. PARMENTIER — G.C. HANSEN, *Theodoret. Kirchengeschichte* (GCS N.F. 5), Berlin, 1998³

F. PASCHOUD, *Cinq études sur Zosime*, Paris, 1975

ID., *Zosime. Histoire nouvelle* (CUF), 5 Vol. Paris, 1979-2000

ID., *Se non è vero, è ben trovato: tradition littéraire et vérité chez Ammien Marcellin*, in *Chiron* 19 (1989), p. 37-54

ID., *Zosime et Constantin. Nouvelles controverses*, in *MH* 54 (1997), p. 9-28

ID., *Une réponse païenne au providentialisme chrétien*, in *CRAI* (2001), p. 335-346

R. PENELLA, *Julian the Persecutor in Fifth Century Church Historians*, in *AncW* 24 (1993), p. 31-43

P. PÉRICHON, *Eutrope ou Paeanius? L'historien Socrate se référait-il à une source latine ou grecque?*, in *REG* 81 (1968), p. 378-384

L. PERRONE, *La chiesa di Palestina e le controversie cristologiche* (Testi i ricerche di scienze religiose 18), Brescia, 1980

ID., *Eusebius of Caesarea as a Christian Writer*, in A. RABAN — K. G. HOLUM (ed.), *Caesarea Maritima*, Leyde, 1996, p. 515-530

E. PETERSON, *Der Monotheismus als politisches Problem. Ein Beitrag zur Geschichte der politischen Theologie im Imperium Romanum*, Leipzig, 1935

C. PIETRI, *Roma Christiana. Recherches sur l'Église de Rome, son organisation, sa politique, son idéologie, de Miltiade à Sixte III (311-440)* (Bibliothèque des Écoles françaises d'Athènes et de Rome 224), 2 Vol., Paris, 1976

ID., *La question d'Athanase vue de Rome (338-360)*, in C. KANNENGIESER (ed.), *Politique et théologie chez Athanase d'Alexandrie* (Théologie historique 27), Paris, 1974, p. 93-126

ID., *L'épanouissement du débat théologique et les difficultés sous Constantin: Arius et le concile de Nicée*, in J.-M. MAYEUR e.a. (ed.), *Histoire du christianisme. Tome II: Naissance d'une chrétienté*, Paris, 1997, p. 249-336

ID., *Les dernières résistances du subordinatianisme et le triomphe de l'orthodoxie nicéenne*, in J.-M. MAYEUR e.a. (ed.), *Histoire du christianisme. Tome II: Naissance d'une chrétienté*, Paris, 1997, p. 357-398

Luce PIETRI, *Constantin et/ou Hélène, promoteurs des travaux entrepris sur le Golgotha: les comptes rendus des historiens ecclésiastiques grecs du Ve siècle*, in B. POUDERON — Y.-M. DUVAL (ed.), *L'historiographie de l'église des premiers siècles* (Théologie historique 114), Paris, 2001, p. 371-380

H.A. POHLSANDER, *Constantia*, in *AncSoc* 24 (1993), p. 151-167

B. POUDERON, *Le témoignage du Codex Baroccianus 142 sur Athénagore et les origines du* Didaskaleion *d'Alexandrie*, in G. ARGOUD (ed.), *Science et vie intellectuelle à Alexandrie* (Centre Jean-Palerne. Mémoires 14), Saint-Étienne, 1994, p. 163-224

B. POUDERON — Y.-M. DUVAL (ed.), *L'historiographie de l'église des premiers siècles* (Théologie historique 114), Paris, 2001

J.-M. PRIEUR, *Acta Andreae* (Corpus Christianorum. Series Apocryphorum 5), Turnhout, 1989

A. PRIMMER, rec. *J.Bidez — G.C.Hansen, Sozomenos*, in *Gnomon* 39 (1967), p. 350-358

Emanuela PRINZIVALLI, *L'attesa della fine. Origene e la tradizione origeniana tra il IV e il V secolo*, in R. UGLIONE (ed.), *Millenium. L'attesa della fine nei primi secoli cristiani*, Rome, 2002, p. 243-265

J. QUAEGEBEUR, *Greco-Egyptian Double Names or a Feature of a Bi-cultural Society. The Case of Ψοσνευς ὁ καὶ Τριάδελφος*, in Janet H. JOHNSON (ed.), *Life in a Multicultural Society: Egypt from Cambyses to Constantine and Beyond*, Chicago, 1992, p. 265-272

H. RABE, *Prolegomenon sylloge* (Rhetores graeci 14), Leipzig, 1931

A.M. RABELLO, *La première loi de Théodose II, CTh 16.8.18 et la fête de Pourim*, in *RHDFE* 55 (1977), p. 545-558 (= in ID., *The Jews in the Roman Empire. Legal Problems from Herod to Justinian* [Variorum reprints], Aldershot, 2000)

ID., *L'observance des fêtes juives dans l'Empire romain*, in *ANRW* II.21.2 (1984), p. 1288-1312 (= in ID., *The Jews in the Roman Empire. Legal Problems from Herod to Justinian* [Variorum reprints], Aldershot, 2000)

W. RADL, *Das Lukas-Evangelium* (Erträge der Forschung 261), Darmstadt, 1988

Claudia RAPP, *Imperial Ideology in the Making: Eusebius of Caesarea on Constantine as «Bishop»*, in *JThS* 49 (1998), p. 685-695

S. RATTI, *Les Romana de Jordanes et le Bréviaire d'Eutrope*, in *AC* 65 (1996), p. 155-187

ID., *La lecture chrétienne du Bréviaire d'Eutrope (9.2-5) par Jérôme et Orose*, in *Latomus* 56 (1997), p. 264-278

S. REBENICH, *Historical Prose*, in S.E. POTTER (ed.), *Handbook of Classical Rhetoric in the Hellenistic Period (330 B.C.-A.D. 400)*, Leyde, 1997, p. 265-337

P. RICŒUR, *La mémoire, l'histoire, l'oubli*, Paris, 2000

J. RIST, *Ut episcopus non transeat: Die Problematik der Translation von Bischöfen in der Spätantike dargestellt am Beispiel des Proklos von Konstantinopel*, in *Studia Patristica* 29 (1997), p. 119-126

A.M. RITTER, *Das Konzil von Konstantinopel und sein Symbol* (Forschungen zur Kirchen- und Dogmengeschichte 15), Göttingen, 1965

D. ROHRBACHER, *The Historians of Late Antiquity*, Londres, 2002

D. ROQUES, *Études sur la correspondance de Synésios de Cyrène* (Collection Latomus 205), Bruxelles, 1989

D. ROQUES — A. GARZYA, *Synésius de Cyrène. Correspondance* (CUF), 2 Vol, Paris, 2000

K. ROSEN, *Studien zur Darstellungskunst und Glaubwürdigkeit des Ammianus Marcellinus*, Bonn, 1970

ID., *Von der Torheit für die Heiden zur wahren Philosophie. Soziale und geistige Voraussetzungen der christlichen Apologetik des 2. Jahrhunderts*, in R. von HAEHLING (ed.), *Rom und das himmlische Jerusalem. Die frühen Christen zwischen Anpassung und Ablehung*, Darmstadt, 2000, p. 124-151

J. ROSENSTEIN, *Kritische Untersuchungen über das Verhältniß zwischen Olympiodor, Zosimus und Sozomenus*, in *Forschungen zur Deutschen Geschichte* 1 (1862), p. 165-204

L.E. ROSSI, *I generi litterari e le loro leggi scritte e non scritte nelle letterature classiche*, in *BICS* 18 (1971), p. 69-94

Charlotte ROUECHÉ, *Theodosius II, the Cities and the Date of the «Church History» of Sozomen*, in *JThS* 37 (1986), p. 130-132

Charlotte ROUECHÉ — Joyce M. REYNOLDS, *Aphrodisias in Late Antiquity: the Late Roman and Byzantine Inscriptions Including Texts from the Excavations at Aphrodisias Conducted by Kenan T. Erim* (Journal of Roman Studies Monographs 5), Londres, 1989

J. ROUGÉ, *Les débuts de l'épiscopat de Cyrille d'Alexandrie et le Code théodosien*, in *Alexandrina. Hellénisme, judaisme et christianisme à Alexandrie. Mélanges offerts au P. C. Mondésert*, Paris, 1987, p. 339-349

ID., *La politica di Cirillo d'Alessandria e l'uccisione di Ipazia*, in P.F. BEATRICE (ed.), *L'intolleranza cristiana nei confronti dei pagani*, Bologna, 1990, p. 57-78

D.T. RUNIA, *Another Wandering Poet*, in *Historia* 27 (1979), p. 245-246

W.G. RUSCH, *À la recherche de l'Athanase historique*, in C. KANNENGIESER (ed.), *Politique et théologie chez Athanase d'Alexandrie* (Théologie historique 27), Paris, 1974, p. 161-177

L. RYDÉN, *Gaza, Emesa and Constantinople: Late Ancient Cities in the Light of Hagiography*, in L. RYDÉN — J.O. ROSENQUIST (ed.), *Aspects of Late Antiquity and Early Byzantium* (Swedisch Research Institute in Instanbul. Transactions 4), Stockholm, 1993, p. 133-144

G. SABBAH, *La méthode d'Ammien Marcellin. Recherches sur la construction du discours historique dans les* res gestae (Collection d'Études anciennes), Paris, 1978

ID., *Sozomène. Histoire ecclésiastique. Livres III-IV* (SC 418), Paris, 1996

G. SABBAH — B. GRILLET, *Sozomène. Histoire ecclésiastique. Livre I-II* (SC 306), Paris, 1983

C. SALIOU, *Gaza dans l'Antiquité tardive: nouveaux documents épigraphiques*, in *RBi* 107 (2000), p. 390-411

J.-M. SANSTERRE, *Eusèbe de Césarée et la naissance de la théorie «césaropapiste»*, in *Byzantion* 42 (1972), p. 131-195, 532-594

M. SARTRE, *Bostra. Des origines à l'islam* (Bibliothèque archéologique et historique de l'Institut français d'archéologie du Proche-Orient 117), Paris, 1985

P. SCHÄFER, *Der Aufstand gegen Gallus Caesar*, in J.W. VAN HENTEN (ed.), *Tradition and Re-Interpretation in Jewish and Early-Christian Literature. Essays in Honour of J.C.H. Lebram* (Studia Postbiblica 36), Leyde, 1986, p. 184-201

J. SCHAMP, *Photius. Historien des lettres. La* bibliothèque *et ses notices biographiques* (Bibliothèque de la Faculté de Philosophie et Lettres de l'Université de Liège 248), Paris, 1987

R. SCHARF, *Die «Apfel-Affäre» oder gab es einen Kaiser Arcadius II?*, in *ByzZ* 83 (1990), p. 435-450

F. SCHEIDWEILER, *Die Kirchengeschichte des Gelasius von Kaisareia*, in *ByzZ* 46 (1953), p. 277-301

G. SCHEPENS, *Éphore sur la valeur de l'autopsie (FGrHist 70 F 110 = Polybe XII 27.7)*, in *AncSoc* 1 (1970), p. 163-182

ID., *Some Aspects of Source Theory in Greek Historiography*, in *AncSoc* 6 (1975), p. 257-274

ID., *L''autopsie' dans la méthode des historiens grecs du Ve siècle avant J.-C.* (Verhandelingen van de Koninklijke academie voor wetenschappen, letteren en schone kunsten van België. Klasse der letteren 93), Bruxelles, 1980

ID., *Oorlog en beschaving. Beschouwingen bij het antieke geschiedenisbegrip*, in *RBPh* 69 (1991), p. 7-32

ID., *L'apport des documents dans la méthode historique d'Éphore*, in Anna Maria BIRASCHI e.a. (ed.), *L'uso dei documenti nella storiografia antica* (Incontri perugini di storia della storiografia 12), Perugia, 2003, p. 333-365

H. SCHLANGE-SCHÖNIGEN, *Kaisertum und Bildungswesen im spätantiken Konstantinopel* (Historia Einzelschriften 94), Stuttgart, 1995

G. SCHLICHTING, *Ein jüdisches Leben Jesu. Die verschollene Toledot-Jeschu-Fassung Tam u-mu'ad: Einleitung, Text, Übersetzung, Kommentar, Motivsynopse, Bibliographie* (Wissenschaftliche Untersuchungen zum Neuen Testament 24), Tübingen, 1982

K.H. SCHMID, art. *Frieden II: Altes Testament*, in G. KRAUSE e.a. (ed.), *Theologische Realenzyklopädie* 11 (1983), p. 605-610

W. SCHMID — O. STÄHLIN, *Geschichte der griechischen Literatur. Zweiter Teil: die nachklassische Periode der griechischen Literatur. Zweiter Hälfte: von 100 bis 530 nach Christus* (Handbuch der Altertumwissenschaft 7.2.2), Munich, 1961[6]

W. SCHMID, *Eutropspuren in der Historia Augusta*, in J. STRAUB (ed.), *Historia-Augusta-Colloquium Bonn 1963* (Antiquitas 4), Bonn, 1964, p. 123-134

T. SCHMITT, *Die Bekehrung des Synesios von Kyrene. Politik und Philosophie, Hof und Provinz als Handlungsräume eines Aristokraten bis zu seiner Wahl zum Metropoliten von Ptolemaïs* (Beiträge zur Altertumskunde 146), Leipzig, 2001

W. SCHNEELMELCHER, *Die Kirchweihsynode von Antiochien 341*, in A. LIPPOLD — N. HIMMELMANN (ed.), *Bonner Festgabe Johannes Straub*, Bonn, 1977, p. 319-346

R. SCHOLL, *Beiträge zu den julianischen Reden des Libanios* (Palingenesia 48), Stuttgart, 1994

Helga SCHOLTEN, *Der Eunuch in Kaisernähe. Zur politischen und sozialen Bedeutung des praepositus sacri cubiculi im 4. und 5. Jahrhundert n. Chr.* (Prismata. Beiträge zur Altertumswissenschaft 5), Francfort-sur-le-Main, 1995

G. SCHOO, *Die Quellen des Kirchenhistorikers Sozomenos* (Neue Studien zur Geschichte der Theologie und der Kirche 11), Berlin, 1911

H. SCHRECKENBERG, *Die christlichen Adversus-Judaeos-Texte und ihr literarisches und historisches Umfeld 1.-11. Jh.* (Europäische Hochschulschriften. Theologie 172), Francfort-sur-le-Main, 1999[4]

Eva SCHULZ-FLÜGEL, *Tyrannius Rufinus. Historia monachorum sive de vita sanctorum patrum* (Patristische Texte und Studien 34), Berlin, 1990

E. Schwartz, art. *Eusebios*, in G. Wissowa e.a. (ed.), *Paulys Real-Encyclopä-die der classischen Altertumswissenschaft* I, 6 (1907), col. 1370-1439

Id., *Über Kirchengeschichte*, in Id., *Vergangene Gegenwärtigkeiten* (Gesammelte Schriften 1), Berlin, 1938, p. 110-130

Id., *Zur Geschichte des Athanasius* (Gesammelte Schriften 3), Berlin, 1959

Id., *Zur Geschichte der alten Kirche und ihres Rechts* (Gesammelte Schriften 4), Berlin, 1960

E. Schwartz — T. Mommsen, *Eusebius Werke 2.3: Die Kirchengeschichte* (GCS N.F. 6.3), Berlin, 1999 (= Leipzig, 1909)

J. Schwartz, *Gallus, Julian and Anti-Christian Polemic in Pesikta Rabbati*, in *ThZ* 46 (1990), p. 1-19

Stefania Scicolone, *Aspetti della persecuzione giulianea*, in *RSCI* 33 (1979), p. 420-434

F. Scorza Barcellona, *Martiri e confessori dell'età di Giuliano l'Apostata: dalla storia alla leggenda*, in Franca E. Consolino (ed.), *Pagani e cristiani da Giuliano l'Apostata al sacco di Roma. Convegno internazionale di studi 12-13.11.1993*, Rubbettino, 1995, p. 53-83

O. Seeck, *Untersuchungen zur Geschichte des Nicänischen Konzils*, in *ZKG* 17 (1897), p. 1-71, 319-362

D. Serruys, *Autour d'un fragment de Philippe de Side*, in *Mélanges d'Archéologie et d'histoire* 26 (1906), p. 335-349

K.M. Setton, *Christian Attitudes towards the Emperor in the Fourth Century*, New York, 1967 (= 1941)

I. Ševčenko, *Levels of Style in Byzantine Prose*, in *JöByz* 31 (1981), p. 289-312

I. Shahîd, *Byzantium and the Arabs. Vol. 1: The Fourth Century. Vol. 2: The Fifth Century*, 2 Vol., Washington, 1984-1989

Teresa M. Shaw, *Wolves in Sheeps' Clothing: The Appearance of True and False Piety*, in *Studia Patristica* 29 (1997), p. 127-132

Manea Shirinian, *Notes on Some Syntactic, Lexicological and Morphological Particularities of the Armenian Translation of Socrates Scholasticus' Ecclesiastical History (The Longer Socrates)*, in *Le Muséon* 108 (1995), p. 79-84

P.J. Sijpestijn, ὁ σοφώτατος σχολαστικὸς Ὀριγένης τῆς μεγίστης ἀγορᾶς, in *ZPE* 70 (1987), p. 143-146

M. Simon, *Verus Israel. Étude sur les relations entre chrétiens et Juifs dans l'Empire romain (135-425)*, Paris, 1964²

M. Simonetti, *La crisi ariana nel IV secolo* (Studia Ephemeridis Augustinianum 11), Rome, 1975

M. Simonetti — Emanuela Prinzivalli, *Storia della letteratura cristiana antica*, Monferrato, 1999

J. Sirinelli, *Les vues historiques d'Eusèbe de Césarée durant la période prénicéenne*, Paris, 1961

H. Sivan, *Ulfila's Own Conversion*, in *HTR* 89 (1996), p. 373-386

R. Smith, *Julian's Gods. Religion and Philosophy in the Thought and Action of Julian the Apostate*, Londres, 1995

Rochelle Snee, *Valens' Recall of the Nicene Exiles and Anti-Arian Propaganda*, in *GRBS* 26 (1985), p. 395-419

Ead., *Gregory Nazianzen's Anastasia Church: Arianism, the Goths, and Hagiography*, in *DOP* 52 (1998), p. 155-186

P. Speck, *Sokrates Scholastikos über die beiden Apollinarioi*, in *Philologus* 141 (1997), p. 362-369

W. Speyer — Ilona Opelt, art. *Barbar I*, in T. Klauser e.a. (ed.), *Reallexikon für Antike und Christentum*. Suppl. 1 (2001), col. 811-895 (= *JbAC* 10 [1967], p. 251-290)

M. Stachura, *Historyk Kosciola Sokrates na nowo odczytany*, in *Eos* 86 (1999), p. 178-184

Id., *Heretycy, schizmatycy i manicheiczycy wobec cesarstwa rzymskiego*, Cracovie, 2000

P. Stadter, *Arrian's Extended Preface*, in *ICS* 6 (1981), p. 157-171

J. Starr, *Le mouvement messianique au début du VIIIe siècle*, in *Revue des Études juives* 102 (1937), p. 81-92

W. Stevenson, *Sozomen on Victor and the Easter Controversy*, in P. Grech e.a. (ed.), *Pietro e Paolo: il loro rapporto con Roma nelle testimonianze antiche* (Studia Ephemeridis Augustinianum 74), Rome, 2001, p. 567-575

Id., *Sozomen, Barbarians and Early Byzantine Historiography*, in *GRBS* 43 (2002-2003), p. 51-75

D. et L. Stiernon, art. *Gaza*, in R. Aubert e.a. (ed.), *Dictionnaire d'histoire et de géographie ecclésiastiques* 20 (1981), p. 154-176

Id., art. *Gerara*, in R. Aubert e.a. (ed.), *Dictionnaire d'histoire et de géographie ecclésiastiques* 20 (1981), p. 709-713

E. Stöve, art. *Kirchengeschichtsschreibung*, in G. Krause e.a. (ed.), *Theologische Realenzyklopädie* 18 (1989), p. 535-560

H. Strasburger, *Die Wesensbestimmung der Geschichte durch die antike Geschichtschreibung*, in Id., *Studien zur Alten Geschichte* (Collectanea 42.2), Vol. 2, Hildesheim, 1982, p. 963-1016

J. Straub, *Vom Herrscherideal in der Spätantike*, Darmstadt, 1939 (= 1964)

Id., *Kaiser Konstantin als ΕΠΙΣΚΟΠΟΣ ΤΩΝ ΕΚΤΟΣ*, in Id., *Regeneratio imperii. Aufsätze über Roms Kaisertum und Reich im Spiegel der heidnischen und christlichen Publizistik*, 2 Vol., Darmstadt, 1972-1986, Vol. 1, 1972, p. 119-133 (= in *Studia patristica* 1 [1957], p. 678-695)

Id., *Divus Alexander — Divus Christus*, in Id., *Regeneratio imperii. Aufsätze über Roms Kaisertum und Reich im Spiegel der heidnischen und christlichen Publizistik*, 2 Vol., Darmstadt, 1972-1986, Vol. 1, 1972, p. 178-194 (= in P. Granfeld — J.A. Jungmann [ed.], *Kyriakon. Festschrift Johannes Quasten*, 2 Vol., Münster, 1970, Vol. 1, p. 461-473)

Id., *Christliche Geschichtsapologetik in der Krisis des römischen Reiches*, in Id., *Regeneratio imperii. Aufsätze über Roms Kaisertum und Reich im Spiegel der heidnischen und christlichen Publizistik*, 2 Vol., Darmstadt, 1972-1986, Vol. 1, 1972, p. 240-270 (= in *Historia* 1 [1950], p. 52-81)

Id., *Die geschichtliche Stunde des hl. Augustinus*, in Id., *Regeneratio imperii. Aufsätze über Roms Kaisertum und Reich im Spiegel der heidnischen und christlichen Publizistik*, 2 Vol., Darmstadt, 1972-1986, Vol. 2, 1986, p. 80-93 (= in *Estudios sobre la «Ciudad de Dios». Número extraordinario de homenaje a San Augustín en el XVI centenario de su nacimiento 354*, s.l., 1956, Vol. 1, p. 571-587)

J. Szidat, *Alexandrum imitatus (Amm. 24.4.27). Die Beziehung Iulians zu Alexander in der Sicht Ammians*, in W.Will (ed.), *Zu Alexander dem Grossen. Festschrift G. Wirth (...)*, Amsterdam, 1986, p. 1023-1035

ID., *Friede in Kirche und Staat: Zum politischen Ideal des Kirchenhistorikers Sokrates*, in Balbina BÄBLER — H.-G. NESSELRATH (ed.), *Die Welt des Sokrates von Konstantinopel. Studien zu Politik, Religion und Kultur im späten 4. und frühen 5. Jh. n. Chr.*, Munich — Leipzig, 2001, p. 1-14

Anna Maria TARAGNA, *Logoi historias. Discorsi e lettere nella prima storiografia retorica bizantina* (Hellenica 7), Alessandria, 2000

W. TELFER, *The Codex Verona LX(58)*, in *HTR* 36 (1943), p. 169-246

ID., *Sozomen 1.15, A Reply*, in *JThS* 50 (1949), p. 187-191

ID., *St. Peter of Alexandria and Arius*, in *AB* 67 (1949), p. 117-130

ID., *Paul of Constantinople*, in *HTR* 43 (1950), p. 28-92

ID., *Meletius of Lycopolis and Episcopal Succession in Egypt*, in *HTR* 48 (1955), p. 227-237

Françoise THELAMON, *Païens et chrétiens au IVe siècle. L'apport de l'«histoire ecclésiastique» de Rufin d'Aquilée* (Études Augustiniennes. Série Antiquité 86), Paris, 1981

EAD., *Écrire l'histoire de l'Église: d'Eusèbe de Césarée à Rufin d'Aquilée*, in B. POUDERON — Y.-M. DUVAL (ed.), *L'historiographie de l'église des premiers siècles* (Théologie historique 114), Paris, 2001, p. 207-235

F.S. THIELMAN, *Another Look at the Eschatology of Eusebius of Caesarea*, in *VChr* 41 (1987), p. 226-237

W. THIESSEN, art. *Frieden III: Judentum*, in G. KRAUSE e.a. (ed.), *Theologische Realenzyklopädie* 11 (1983), p. 610-613

E.A. THOMPSON, *The Huns*, Oxford, 1996[2]

R.W. THOMSON, *The Armenian Adaptation of the Ecclesiastical History of Socrates Scholasticus* (Hebrew University Armenian Studies 3), Louvain, 2001

Claudia TIERSCH, *Johannes Chrysostomos in Konstantinopel 398-404* (Studien und Texten zu Antike und Christentum 6), Tübingen, 2000

D. TIMPE, *Was ist Kirchengeschichte? Zum Gattungscharakter der Historia Ecclesiastica des Eusebius*, in W. DAHLHEIM e.a. (ed.), *Festschrift Robert Werner* (Xenia 22), Konstanz, 1989, p. 171-204

ID., *Römische Geschichte und Heilsgeschichte*, Berlin, 2001

F. TRISOGLIO, *Sant'Ambrogio negli storici e nei cronisti bizantini*, in G. LAZZATI (ed.), *Ambrosius episcopus. Atti del congresso internazionale di studi ambrosiani nel XVI centenario della elevazione di sant'Ambrogio alla cattedra episcopale*, 2 Vol., Milan, 1976, Vol. 2, p. 345-377

ID., *Eusebio di Cesarea e l'escatologia*, in *Augustinianum* 18 (1978), p. 172-182

F. R. TROMBLEY, *Hellenic Religion and Christianization c. 370-529* (Religions in the Graeco-Roman World 115), 2 Vol., Leyde, 1994

G.W. TROMPF, *Early Christian Historiography: Narratives of Retributive Justice*, Londres — New York, 2000

R. TURCAN, *Mithra et le mithriacisme*, Paris, 1994

Z. TWOMEY, *Apostolikos thronos* (Münsterische Beiträge zur Theologie 49), Münster, 1981

W. ULLMANN, *The Constitutional Significance of Constantine the Great's Settlement*, in *JEH* 27 (1976), p. 1-16

J. ULRICH, art. *Sokrates*, in S. DÖPP — W. GEERLINGS (ed.), *Lexikon der antiken christlichen Literatur*, Fribourg — Bâle — Vienne, 1998, p. 562-563

ID., *Euseb von Caesarea und die Juden. Studien zur Rolle der Juden in der Theologie des Eusebius von Caesarea* (Patristische Texte und Untersuchungen 49), Berlin — New York, 1999

Theresa URBAINCZYK, *Socrates of Constantinople. Historian of Church and State*, Ann Arbor (Mich.), 1997

EAD., *Observations on the Differences between the Church Histories of Socrates and Sozomen*, in *Historia* 46 (1997), p. 355-373

EAD., rec. *G.C. Hansen, Sokrates. Kirchengeschichte*, in *JHS* 111 (1998), p. 220

EAD., *Vice and Advice in Socrates and Sozomen*, in Mary WHITBY (ed.), *The Propaganda of Power. The Role of Panegyric in Late Antiquity* (Mnemosyne Supplementum 183), Leyde, 1998, p. 299-319

EAD., *Theodoret of Cyrrhus. The Bishop and the Holy Man*, Ann Arbor (Mich.), 2002

H. VALOIS, *Praefatio*, in R. HUSSEY, *Socratis Scholastici ecclesiastica historia*, 2 Vol., Oxford, 1853, Vol. 1, p. i-xvii

Liliana VANA, *La Birkat Ha-Minim est-elle une prière contre les judéo-chrétiens?*, in Nicole BELAYCHE — S.C. MIMOUNI (ed.), *Les communautés religieuses dans le monde gréco-romain. Essais de définition*, Turnhout, 2003, p. 201-241

W.J. VAN BEKKUM, *Anti-Christian Polemics in Hebrew Liturgical Poetry (PIYYUT) of the Sixth and Seventh Century*, in J. DEN BOEFT — A HILHORST (ed.), *Early Christian Poetry. A Collection of Essays* (Supplements to Vigiliae Christianae 22), Leyde, 1992, p. 297-308

ID., *Jewish Messianic Expectations in the Age of Heraclius*, in G.J. REINIKE — B.H. STOLTE (ed.), *The Reign of Heraclius (610-641): Crisis and Confrontation* (Groningen Studies in Cultural Change 2), Louvain, 2002, p. 95-112

R. VAN DAM, *Kingdom of Snow. Roman Rule and Greek Culture in Cappadocia*, Philadelphia, 2002

P. VAN DEN VEN, *La légende de S. Spyridon, évêque de Trimithonte* (Bibliothèque du Muséon 33), Louvain, 1953

P. VAN DEUN, *The Church Historians after Eusebius*, in G. MARASCO (ed.), *Greek and Roman Historiography in Late Antiquity*, Leyde, 2003, p. 151-176

P.W. VAN DER HORST, *The Birkat ha-minim in recent research*, in ID., *Hellenism-Judaism-Christianity*, Louvain, 1998², p. 99-111

J. VANDERSPOEL, *Themistius and the Imperial Court. Oratory, Civic Duty, and Paideia from Constantius to Theodosius*, Ann Arbor (Mich.), 1995

M. VAN ESBROECK, *L'histoire de l'Église de Lydda dans deux textes géorgiens*, in *BK* 35 (1977), p. 109-131

J.J. VAN GINKEL, *John of Ephesus. A Monophysite Historian in Sixth-Century Byzantium*, diss. Groningen, 1995

P. VAN NUFFELEN, *Les lettres festales d'Athanase d'Alexandrie: les «erreurs» chronologiques de l'index syriaque*, in *REAug* 47 (2001), p. 85-95

ID., *Deux fausses lettres de Julien l'Apostat (La lettre aux Juifs, Ep. 51 [Wright], et la lettre à Arsacius, Ep. 84 [Bidez])*, in *VChr* 56 (2002), p. 131-150

ID., *La tête de l'«histoire acéphale»*, in *Klio* 84 (2002), p. 125-140

ID., *Zur Rezeption des Kaiserkultes in der Spätantike*, in *AncSoc* 32 (2002), p. 263-282

ID., *Gélase de Césarée, un compilateur du cinquième siècle*, in *ByzZ* 95 (2002), p. 621-640

ID., *Dürre Wahrheiten. Zwei Quellen des Berichts von Socrates Scholasticus über die Versorgungskrise in Antiochien 362/3*, in *Philologus* 147 (2003), p. 352-356

ID., *Socrate de Constantinople et les chroniques*, in *JöByz* 54 (2004), p. 53-75

ID., *The Unstained Rule of Theodosius II: A Late Antique Panegyrical Topic and Moral Concern*, dans T. VAN HOUDT e.a. (ed.), *Imago virtutis* (Collection des Études classiques), Louvain, 2005, p. 229-256

ID., *Two Fragments from the Apology for Origen in the Church History of Socrates Scholasticus*, in *JThS* 56 (2005), p. 103-114

ID., *Sozomenus und Olympiodorus von Thebe, oder wie man Profangeschichte lesen soll*, à paraître dans *JbAC* 47 (2004)

ID., *Earthquakes in A.D. 363-368 and the Date of Libanius, Oratio 18*, à paraître dans *CQ* 55 (2005)

ID., *Three Historical Problems in the Apologia Secunda of Athanasius*, à paraître dans *Sacris Erudiri*

ID., *Sozomen's Chapter on the Finding of the True Cross (HE 2.1) and his Historical Method*, à paraître dans *Studia Patristica* (2003)

F. VAN OMMESLAEGHE, *De lijkrede voor Johannes Chrysostomos toegeschreven aan Martyrius van Antiochië*, diss. Louvain, 1974

ID., *Que vaut le témoignage de Pallade sur le procès de Saint Jean Chrysostome?*, in *AB* 95 (1977), p. 389-413

ID., *Jean Chrysostome en conflit avec l'impératrice Eudoxie. Le dossier et l'origine d'une légende*, in *AB* 97 (1979), p. 131-159

ID., *Jean Chrysostome et le peuple de Constantinople*, in *AB* 99 (1981), p. 329-349

L. VAN ROMPAY, *A Letter of the Jews to the Emperor Marcian Concerning the Council of Chalcedon*, in *OLP* 12 (1981), p. 215-224

W.C. VAN UNNIK, *«Tiefer Friede» (1. Klemens 2,2)*, in *VChr* 24 (1970), p. 261-279

M. VAN UYTFANGHE, art. *Heiligenverehrung II*, in T. KLAUSER e.a. (ed.), *Reallexikon für Antike und Christentum* 14 (1988), p. 150-183

ID., *L'hagiographie. Un «genre» chrétien ou antique tardif*, in *AB* 111 (1993), p. 135-188.

ID., art. *Biographie II (spirituelle)*, in T. KLAUSER e.a. (ed.), *Reallexikon für Antike und Christentum* Suppl. 1 (2000), p. 1088-1363

A. VASILIEV, *Anecdota graeco-byzantina*, Moscou, 1893

H. VERDIN, *Notes sur l'attitude des historiens grecs à l'égard de la tradition locale*, in *AncSoc* 1 (1970), p. 183-200

ID., *De historisch-kritische methode van Herodotus* (Verhandelingen van de Koninklijke academie voor wetenschappen, letteren en schone kunsten van België. Klasse der letteren 69), Bruxelles, 1971

H. VERRETH, *Historical Topography of the Northern Sinai from the 7th Century BC till the 7th Century AD. A Guide to the Sources*, 2 Vol., diss. Louvain, 1998

P. VEYNE, *Comment on écrit l'histoire*, Paris, 1971 (= 1996)

ID., *La providence stoïcienne intervient-elle dans l'histoire?*, in *Latomus* 49 (1990), p. 553-574

F. VITTINGHOFF, *Zum geschichtlichen Selbstverständnis der Spätantike*, in *HZ* 198 (1964), p. 529-574

W. VÖLKER, *Von welchen Tendenzen liess sich Eusebius bei Abfassung seiner «Kirchengeschichte» leiten?*, in *VChr* 4 (1950), p. 157-180

M. WACHT, *ΕΠΙΜΙΞΙΑ/Commercium — Weltweiter Verkehr und christliche Geschichtstheologie. Zum Geschichtsbild des Eusebios von Kaisareia*, in *JbAC* 36 (1993), p. 110-128

D.S. WALLACE-HADRILL, *Eusebius of Caesarea*, Londres, 1960

M. WALLRAFF, *Der Kirchenhistoriker Sokrates. Untersuchungen zu Geschichtsdarstellung, Methode und Person* (Forschungen zur Kirchen- und Dogmengeschichte 68), Göttingen, 1997

ID., *Socrates Scholasticus on the History of Novatianism*, in *Studia Patristica* 29 (1997), p. 170-177

ID., *Il 'Sinodo di tutte le eresie' a Constantinopoli (383)*, in *Vescovi e pastori in epoca teodosiana* (Studia Ephemeridis Augustinianum 58), Rome, 1997, p. 271-279

ID., *Geschichte des Novatianismus seit dem vierten Jahrhundert im Osten*, in *ZAC* 1 (1997), p. 251-279

ID., *Markianos — ein prominenter Konvertit vom Novatianismus zur Orthodoxie*, in *VChr* 52 (1998), p. 1-29

ID., *La croce negli storici ecclesiastici. Simbolo cristiano e propaganda imperiale*, in *MedAnt* 5 (2002), p. 461-475

B.H. WARMINGTON, *Did Athanasius write History?*, in C. HOLDSWORTH — T.P. WISEMAN (ed.), *The Inheritance of Historiography 350-900* (Exeter Studies in History 12), Exeter, 1986, p. 7-15

Susan WESSEL, *Socrates' Narrative of Cyril of Alexandria's Episcopal Election*, in *JThS* 52 (2001), p. 98-104

EAD., *The Ecclesiastical Policy of Theodosius II*, in *AHC* 33 (2001), p. 285-308

M. WHITBY, *The Emperor Maurice and his Historian: Theophylact Simocatta on Persian and Balkan Warfare* (Oxford Historical Monographs), Oxford, 1988

ID., *The Ecclesiastical History of Evagrius Scholasticus* (Translated Texts for Historians 33), Liverpool, 2000

ID., *The Church Historians and Chalcedon*, in G. MARASCO (ed.), *Greek and Roman Historiography in Late Antiquity*, Leyde, 2003, p. 449-496

L.R. WICKHAM, *Pelagianism in the East*, in R. WILLIAMS (ed.), *The Making of Orthodoxy. Essays in Honor of H. Chadwick*, Cambridge, 1989, p. 200-213.

H.-U. WIEMER, *Libanios und Julian. Studien zum Verhältnis von Rhetorik und Politik im vierten Jahrhundert n. Chr.* (Vestigia. Beiträge zur alten Geschichte 46), Munich, 1995

M. WILES, *Attitudes to Arius in the Arian Controversy*, in M.R. BARNES — D.H. WILLIAMS (ed.), *Arianism after Arius*, Edinburgh, 1993, p. 31-43

R. WILLIAMS, *Arius and the Meletian Schism*, in *JThS* 37 (1986), p. 35-52

ID., *Arius. Heresy and Tradition*, Londres, 1987

F. WINKELMANN, *Die Beurteilung des Eusebius von Cäsarea und seiner Vita Constantini: Ein Beitrag zur Untersuchung der griechischen hagiographischen Vitae Constantini*, in J. IRMSCHER (ed.), *Byzantinische Beiträge*, Berlin, 1964, p. 91-119

ID., *Untersuchungen zur Kirchengeschichte des Gelasios von Kaisareia* (Sitzungsberichte der Deutschen Akademie der Wissenschaften zu Berlin. Klasse für Sprachen, Literatur und Kunst, 1965 Nr. 3), Berlin, 1966

ID., *Charakter und Bedeutung der Kirchengeschichte des Gelasios von Kaisareia*, in *BF* 1 (1966), p. 346-385

ID., *Zur Geschichtstheorie der griechischen Kirchenhistoriker*, in K. KUMANIECKI (ed.), *Acta Conventus XI «Eirene»*, Varsovie, 1971, p. 413-420

ID., *Die Kirchengeschichtswerke im oströmischen Reich*, in *ByzSlav* 37 (1976), p. 1-10, 172-190

ID., *Rolle und Problematik der Behandlung der Kirchengeschichte in der byzantinischen Historiographie*, in *Klio* 66 (1984), p. 257-269

ID., *Die Problematik der Entstehung der Paphnutioslegende*, in J. HERRMANN e.a. (ed.), *Griechenland-Byzanz-Europe: ein Studienband* (Berliner Byzantinische Arbeiten 52), Berlin, 1985, p. 32-42

ID., *Die Bewertung der Barbaren in den Werken der oströmischen Kirchenhistorikern*, in E. CHRYSOS — A. SCHWARCZ (ed.), *Das Reich und die Barbaren* (Veröffentlichungen des Instituts für österreichischen Geschichtsforschung 29), Wien — Köln, 1989, p. 221-235

ID., *Kirchengeschichtswerke*, in W. BRANDES — F. WINKELMANN (ed.), *Quellen zur Geschichte des frühen Byzanz (4.-9. Jahrhundert): Bestand und Probleme* (Berliner Byzantinische Arbeiten 55), Berlin, 1990, p. 202-212

ID., art. *Historiographie*, in T. KLAUSER e.a. (ed.), *Reallexikon für Antike und Christentum* 15 (1991), col. 724-765

ID., *Euseb von Kaisarea. Der Vater der Kirchengeschichte*, Berlin, 1991

ID., *Grundprobleme christlicher Historiographie in ihrer Frühphase (Eusebios von Kaisareia und Orosius)*, in *JöByz* 42 (1992), p. 13-28

ID., *Zur nacheusebianischen christlichen Historiographie des 4. Jahrhunderts*, in Cordula SCHOLZ — G. MAKRIS (ed.), *Polypleuros nous. Miscellanea für Peter Schreiner* (Byzantinisches Archiv 19), Leipzig, 2000, p. 405-414

ID., *Historiography in the Age of Constantine*, in G. MARASCO (ed.), *Greek and Roman Historiography in Late Antiquity*, Leyde, 2003, p. 3-42

Ewa WIPSZYCKA, *Les documents papyrologiques contre les textes littéraires? La question de la présence de clercs dans les monastères égyptiens*, in *Tell-Edfou. Soixant ans après. Actes du colloque franco-polonais* (Institut français d'archéologie orientale du Caire. Fouilles franco-polonaises 4), Le Caire, 1999, p. 95-108

G. WIRTH, *Alexander und Rom*, in D. VAN BERCHEM (ed.), *Alexandre le Grand. Image et réalité* (Entretiens Hardt 22), Genève, 1976, p. 181-210

ID., *Die Mission des Katholikos. Zum Problem armenisch-römischer Beziehungen im 4. Jh.*, in *JbAC* 34 (1991), p. 21-75

W. WITAKOWSKI, *The Syriac Chronicle of Pseudo-Dionysios of Tel-Mahre: A Study in the History of Historiography* (Studia semitica uppsaliensia 9), Uppsala, 1987

D. WOODS, *The Martyrdom of the Priest Basil of Ancyra*, in *VChr* 46 (1992), p. 31-34

ID., *A Historical Source of the Passio Typasii*, in *VChr* 47 (1993), p. 78-88

ID., *Ammianus Marcellinus and the Deaths of Bonosus and Maximilianus*, in *Hagiographica* 2 (1995), p. 1-30

ID., *Julian, Arbogastes, and the signa of the Ioviani and Herculiani*, in *JRMES* 6 (1995), p 61-68

ID., *The Saracen Defenders of Constantinople in 378*, in *GRBS* 37 (1996), p. 259-279

ID., *The Emperor Julian and the Passion of Sergius and Bacchus*, in *JECS* 5 (1997), p. 335-367

ID., *The Final Commission of Artemius the Former dux Aegypti*, in *BMGS* 23 (1999), p. 2-24

K.A. WORP, *Remarks on Weekdays in Late Antiquity Occuring in Documentary Sources*, in *Tyche* 6 (1991), p. 221-230

ID., *A Checklist of Bishops in Byzantine Egypte (AD 325-c. 750)*, in *ZPE* 100 (1994), p. 283-318

J. ZACHHUBER, *The Antiochene Synod of AD 363 and the Beginnings of Neo-Nicenism*, in *ZAC* 4 (2000), p. 83-101

G. ZECCHINI, *S. Ambrogio e le origini del motivo della vittoria incruenta*, in *RSCI* 38 (1984), p. 391-404

ID., *Filostorgio*, in A. GARZYA (ed.), *Metodologie della ricerca sulla tarda antichità*, Naples, 1989, p. 574-598

ID., *L'immagine di Teodosio II nella storiografia ecclesiastica*, in *MedAnt* 5 (2002), p. 529-546

A.C. ZENOS, *Sozomenus. Church History* (A Select Library of Nicene and Post-Nicene Fathers of the Christian Church. Second Series, 2), Grand Rapids (Mich.), 1983

H. ZIMMERMANN, *Ecclesia als Objekt der Historiographie* (Österreichische Akademie der Wissenschaften. Philosophisch-historische Klasse. Sitzungsberichte 235, 4), Vienne, 1960

M. ZIMMERMANN, *Kaiser und Ereignis. Studien zum Geschichtswerk Herodians* (Vestigia. Beiträge zur alten Geschichte 52), Munich, 1999

C. ZUCKERMAN, *L'empire d'Orient et les Huns. Notes sur Priscus*, in *T&MByz* 12 (1994), p. 159-182

CHAPITRE I

LA CARRIÈRE ET LE MILIEU SOCIAL

INTRODUCTION

Reconstruire la vie d'auteurs qui sont uniquement connus à travers leurs ouvrages, est une tâche périlleuse. Dans le cas de Socrate et Sozomène, l'entreprise semble condamnée à laisser des vides importants. Néanmoins les écrits de ces deux historiens de l'Église sont assez loquaces et témoignent assez clairement de leurs convictions pour pouvoir les situer dans les débats de leur époque. À cette fin, nous étudierons ici leur origine, leur carrière, l'enseignement scolaire qu'ils ont reçu et les milieux qu'ils ont fréquentés, et nous terminerons en examinant leurs idées théologiques.

1. SOCRATE

Socrate semble avoir été un homme sédentaire. Né entre 380 et 390 à Constantinople[1], il y résida toute sa vie. À l'exception d'un voyage en Paphlagonie, il n'a jamais délaissé la capitale[2]. Une carrière dans l'administration n'est pas attestée, bien que nous puissions suivre approximativement son parcours scolaire de la grammaire à la rhétorique. Dans son ouvrage, il fait également montre de plusieurs sympathies, qui permettent de reconstruire l'environnement social où il a circulé. Nous commencerons par l'étude de l'enseignement qu'il a reçu, avant de passer à ses relations avec le cercle de Troïlos, avec l'origénisme et avec les novatiens.

---

[1] Cf. M. WALLRAFF, *Der Kirchenhistoriker*, p. 210.
[2] Socr. 5.24.9. Dans la tradition secondaire, on l'appelle parfois «le Byzantin»: par exemple Photius, *Bibliothèque* 28; Ignace de Sélybria, *Vita Constantini* BHG 362 p. 214 (quinzième siècle).

1.1 LA CARRIÈRE DE SOCRATE

1.1.1 La grammaire

Socrate avait suivi la grammaire auprès d'Ammonios et Helladios[3]. Les deux prêtres païens avaient fui ensemble la violence entre païens et chrétiens à Alexandrie lors de la destruction du Sérapéion vers 391, événement dans lequel ils avaient été impliqués, car Helladios se vantait même, selon Socrate, d'avoir tué neuf hommes[4]. Pourtant, ni ce crime anti-chrétien ni sa vantardise ne l'empêchèrent de faire une belle carrière à Constantinople: le 15 mars 425 il reçut de l'empereur le rang de *comes primi ordinis*, l'équivalent en dignité d'un ex-*vicarius*, en reconnaissace de sa *laudabilem in se probis moribus vitam*[5]. Sans doute, il avait déjà été nommé parmi les dix grammairiens de grec à ladite université que Théodose II avait fondée le mois précédent[6]. De cet honneur, on peut conclure qu'Helladios figurait depuis longtemps parmi les professeurs les plus en vue de la capitale. Ceci nous apprend deux choses: d'une part que, en tant qu'élève d'Helladios, Socrate est probablement à situer dans les couches sociales supérieures de la cité; d'autre part, que la fuite des deux prêtres païens vers Constantinople fut non seulement une quête d'asile, mais fut aussi synonyme de promotion professionnelle: ils ne montèrent sans doute pas sur le premier bateau prêt à partir dans le port d'Alexandrie, mais ils avaient deliberément dirigé la proue vers la Corne d'Or.

À la fin du quatrième et au début du cinquième siècle, Constantinople s'érigeait en effet en centre d'études et de littérature. Pendant les règnes d'Arcadius (395-408) et de Théodose II (408-450), un afflux de grammairiens, rhéteurs et poètes se laisse entrevoir. La création de ladite université en 425 était en fait une mesure visant à séparer le bon grain de l'ivraie. Face à un tel flot arrivant dans la capitale, seul un nombre limité de trente et un professeurs, nommé par le sénat, reçut le droit d'enseigner

---

[3] Ammonios: *PLRE* I p. 55 (3). Helladios: *PLRE* I p. 412 (4) = II p. 534 (2); *FGrHist* 1092 T1-4.

[4] Socr. 5.16.9, 5.16.13-14.

[5] *Codex Theodosianus* 6.21.1.

[6] *Codex Theodosianus* 14.9.3, 15.1.53 (27/2/425). Les hypothèses que la carrière d'Helladios serait due à l'influence de l'impératrice Eudocie (K. HOLUM, *Theodosian Empresses*, p. 126-127) et que celle-ci aurait poussé son mari à fonder l'«université» (K. HOLUM, *Theodosian Empresses*, p. 115; Julia BURMAN, *The Athenian Empress*, p. 73; N.P. CONSTAS, *Proclus*, p. 14), sont gratuites.

dans le *capitolium*, alors que les moins fortunés durent se contenter de l'enseignement dans des établissements privés[7]. Pendant le règne de Théodose II, une école de médecine s'établit ainsi dans la capitale, attirant des spécialistes d'Alexandrie[8]. De nombreux transferts d'Alexandrins et d'Égyptiens à Constantinople illustrent comment la capitale reprenait le flambeau de la métropole égyptienne dans presque tous les domaines, à l'exception de la philosophie[9]. Alors que certains retournaient dans leur pays d'origine, d'autres restaient et faisaient de Constantinople la nouvelle capitale littéraire et scientifique. En peu de temps, la cité pouvait se flatter d'avoir dépassé Athènes, le symbole même de l'éducation classique[10].

Socrate, à l'école dans les années 390-400, appartenait à la première génération constantinopolitaine qui recueillit les fruits de cette affluence de professeurs apportant avec eux toute la tradition de l'hellénisme. Étudier chez des professeurs païens n'était pas inhabituel pour un chrétien de l'Antiquité tardive — Athènes avait déjà vu dans ses murs Grégoire de Nazianze et Basile de Césarée durant le quatrième siècle[11]. Évidemment, enseigner dans une ville entièrement chrétienne[12], et sous le patronage d'empereurs très catholiques, impliquait de s'abstenir d'attaques trop virulentes contre le christianisme. On mettait l'accent sur l'étude littéraire des classiques et non sur le développement théologique des doctrines qu'ils contenaient selon certains païens. Puisque le païen Helladios, fier d'avoir tué neuf chrétiens, était distingué pour sa vie louable et ses bonnes mœurs, il devait avoir affiché un respect, au moins formel, du christianisme[13].

---

[7] *Codex Theodosianus* 14.9.3, 15.1.53 (27/2/425). Cf. A. DEMANDT, *Spätrömisches Hochschulwesen,* p. 680 (avec bibliographie); H. SCHLANGE-SCHÖNIGEN, *Kaisertum,* p. 114-121.

[8] Trois professeurs sont attestés, tous provenant d'Alexandrie: Agapios (*PLRE* II p. 32 [2]), Hésychius de Damas (*PLRE* II p. 554 [8]) et Jacques (*PLRE* II p. 582-583 [1]).

[9] Citons le grammairien Horapollon (*PLRE* I p. 442, II p. 569 [2]), le philosophe Hiéroclès (*PLRE* II p. 559-560 [1]), le poète et historien Olympiodore de Thèbes (*PLRE* II p. 798-799 [1]), le poète Cyrus de Panopolis (*PLRE* II p. 336-339 [7]), le poète Pamprépios (Malchus fr. 23).

[10] Cf. l'épigramme du cinquième siècle citée par D. ROQUES — A. GARZYA, *Synésius,* Vol. 1, p. 164 n. 12. Pour des idées pareilles, voir déjà Grégoire de Nazianze, *Discours* 43.14; Libanius, *Discours* 1.279.

[11] Voir H.-I. MARROU, *Histoire de l'éducation,* p. 460-467; H. SCHLANGE-SCHÖNIGEN, *Kaisertum,* p. 1-9, 141-159.

[12] Soz. 2.3. Voir ci-dessous p. 71-73.

[13] L'idée de M. WALLRAFF, *Der Kirchenhistoriker,* p. 213 que «Sokrates von Ammonios und Helladios eine dem Christentum gegenüber feindliche oder allenfalls gleichgültige Ausbildung erhalten haben wird», ne nous semble alors pas correcte.

1.1.2 La rhétorique

Après la grammaire, Socrate passa à l'étude de la rhétorique auprès de Troïlos, un rhéteur originaire de Sidé et occupant une position éminente à Constantinople pendant le règne d'Arcadius (395-408) et sous la régence du préfet du prétoire Anthémius (408-414). Puisque Socrate fréquentait le cercle littéraire animé par Troïlos, comme nous le démontrerons ci-dessous[14], il est probable qu'il ait aussi étudié auprès de lui.

Les travaux de Troïlos qui nous sont parvenus manifestent un large intérêt pour la poésie, la rhétorique, la prose et la philosophie. Une épigramme de l'*Anthologie Palatine* pourrait être de sa main, alors qu'il existe encore un commentaire sur les *Staseis* d'Hermogène. Il avait aussi écrit des *Politikoi logoi* et sept livres de correspondance[15]. Une lettre de Synésius de Cyrène fait état de l'intérêt de Troïlos pour les ouvrages de Nicostrate, un philosophe platonisant du deuxième siècle, et pour ceux d'Alexandre d'Aphrodisias[16].

Troïlos transmit cet intérêt à ses élèves, et entre autres aussi à Socrate, qui avait une excellente connaissance des classiques. En tant qu'historien, il se réfère implicitement aux principaux auteurs du genre, Hérodote[17] et Thucydide[18], et il nomme Xénophon[19]. L'historien imite en plus deux fois une tournure du *Sur la couronne* de Démosthène, le modèle rhétorique par excellence[20]. Il avait lu divers écrits de Platon[21] et semble avoir eu une connaissance philosophique de base, mentionnant Empédocle, Pythagore[22],

---

[14] Cf. ci-dessous p. 15-16.

[15] *Anthologia Palatina* 16.55; Suda s.v. *Troïlos*.

[16] Synésius, *Epistulae* 129. Sur Troïlos, voir en général *PLRE* II p. 1128 (1).

[17] Hérodote 1.pr: Socr. 1.18.16. Des formules du genre «Que cela donc soit dit sur ces questions» à la fin d'un chapitre (par exemple Socr. 1.12.1) peuvent s'inspirer d'expressions semblables chez Hérodote (par exemple 1.92): voir P. MARAVAL, *Socrate de Constantinople*, p. 140 n. 2.

[18] Thucydide 1.1.2: Socr. 5.pr.7-8; Thucydide 1.22.2-3: Socr. 6.pr.9-10. Socr. 2.8.2 renvoie peut-être à Thucydide 6.33.2.

[19] Xénophon, *Anabasis* 6.3.16, 6.6.38, *Hellenica* 1.1.22: Socr. 7.25.13; Xénophon, *Symposion*: cf. Socr. 3.23.13. On notera également une certaine ressemblance entre Socr. 4.5.4 et Plutarque, *Vie d'Alexandre* 43.6.

[20] Démosthène, *Discours* 18.18: Socr. 1.8.1; Démosthène, *Discours* 18.169: Socr. 2.11.3. Cf. H.-G. NESSELRATH, *Die Christen*, p. 98.

[21] Platon, *Apologie pour Socrate* 24c: Socr. 3.16.20, cf. 3.23.13; Platon, *Epistulae* 2.312e: Socr. 7.6.8. Références générales: Socr. 2.35.8, 3.16.5, 3.21.7, 7.6.4-8, 7.15.1.

[22] Socr. 3.21.7. En 1.22.3, Socrate a ajouté Empédocle comme défenseur de la métempsycose, alors que sa source, les *Acta Archelai* (10.5), ne mentionne que Pythagore.

Aristote et Plotin[23]. Les auteurs tragiques ne lui étaient pas non plus inconnus, tout comme Strabon et Nicolas de Damas[24]. Il faut avouer qu'il n'est pas sûr que Socrate ait lu leurs ouvrages mêmes, puisqu'il renvoie aussi au lexique du grammairien Irénée (premier siècle)[25]. Il peut avoir puisé ces citations dans ce même lexique ou dans un autre[26].

Son excellente connaissance des classiques n'est en soi pas surprenante. Par contre, Socrate était aussi remarquablement au fait de la littérature récente, et cela à deux niveaux. Il avait lu les discours des «classiques contemporains» de la seconde moitié du quatrième siècle, Thémistius (ca. 317-388), Libanius (ca. 314-393) et l'empereur Julien (331-363), et connaissait aussi des ouvrages peu célèbres qui ne circulaient probablement guère en dehors de Constantinople.

Commençons par les «classiques contemporains». Socrate utilisait les panégyriques de Thémistius à travers son ouvrage[27] — résumant même un discours aujourd'hui perdu[28] —, citant également ceux de Libanius relatifs au règne de Julien[29], et les discours de Julien lui-même à propos de son propre règne, mais peut-être aussi à propos de celui de Constance II[30]. L'usage extensif de ces rhéteurs ne doit pas être perçu

---

[23] Aristote: Socr. 2.35.5-6, 7.6.4; Plotin: Socr. 2.35.8, 7.15.1. Voir aussi *Oracula Sibyllina* 6.26: Socr. 1.17.3.

[24] Tragiques: Socr. 3.7.19, 3.16.26, 7.33.4; Strabon (12.4.2) et Nicolas de Damas (*FGrHist* 90 F 89): Socr. 7.25.13.

[25] Socr. 3.7.16-19.

[26] Socr. 7.25.13, avec des renvois à Xénophon, Strabon et Nicolas de Damas, provient probablement d'un lexique. Le passage 3.1.16 est sans doute aussi puisé dans un lexique. Socrate veut y réfuter la confusion entre Maximus d'Éphèse (*PLRE* I p. 583 [21]) et son homonyme de Byzance (*PLRE* I p. 584 [22]). Or, c'est exactement ce qui s'est produit dans la notice de la Suda s.v. *Maximos*, ou les deux personnes sont identifiées. (Il se pourrait qu'une triple confusion se soit produite dans la notice, puisque le lexique cite parmi les ouvrages de Maximus un ouvrage rhétorique περὶ τῶν ἀλύτων ἀντιθέσεων, qu'on a tendance à attribuer à un troisième Maximus [*PLRE* I p. 585 {27}]). Puisque la notice provient sans doute du livre d'Hésychius de Milet sur les philosophes (sixième siècle), Socrate peut avoir connu la source de ce dernier, sans doute un lexique antérieur, et il l'a corrigée en puisant dans un autre lexique.

[27] Thémistius, *Discours* 2.37b-38b: cf. Socr. 2.28.15-20; Thémistius, *Discours* 5.67b-d: Socr. 3.25.20-21, 3.26.3.

[28] Socr. 4.32 (sur ce discours, voir J. VANDERSPOEL, *Themistius*, p. 179). Le paragraphe suivant (Socr. 4.33.1-5) peut aussi dépendre de ce discours.

[29] Libanius, *Discours* 15.21-24, 77: Socr. 3.17.2-3, 6-9 (cf. P. VAN NUFFELEN, *Dürre Wahrheiten*, p. 352-354); Libanius, *Discours* 16.31-37: Socr. 3.17.7; Libanius, *Discours* 18: cf. la liste chez G.C. HANSEN, *Sokrates*, p. 408; Libanius, *Discours* 64.41: Socr. 3.23.60 (cf. G.C. HANSEN, *Sokrates*, p. 501; J. HAMMERSTAEDT, *Die Vergöttlichung*, p. 80-81).

[30] Socrate renvoie aux écrits principaux de Julien, *Misopogon* (Socr. 3.17.9), *Caesares* (Socr. 3.23.14), *Contra Heracleum* (Socr. 3.23.34) et *Contra christianos* (Socr. 3.1.58,

comme relevant d'une préférence personnelle de Socrate, car ces trois
auteurs jouissaient à l'époque d'une excellente réputation dans les
milieux littéraires.

Libanius était parmi les auteurs les plus lus et loués par les amateurs
de littérature, ce dont témoignent quelques fragments sur papyrus de ses
ouvrages — un fait exceptionnel pour un auteur de l'Antiquité tardive[31].
Glorifié et imité à la fois par chrétiens et païens[32], il était le modèle stylistique par excellence pour le patriarche Photius (neuvième siècle)[33].

À en croire W. Schmid et O. Stählin, le *Nachleben* des écrits de Julien
serait inexistant[34] — une image très éloignée de la vérité. Socrate laisse
entendre que les ouvrages de Julien étaient fréquemment lus à son
époque, en particulier pour le style[35], ce que Libanius et Jérôme confirment[36]. Dans les décennies suivant la mort de Julien, Héliodore prenait
comme modèle pour sa description du siège de Syène le tableau que
brossa Julien du siège de Nisibis (350) dans ses panégyriques sur
Constance II[37]. L'évêque Némésios d'Émèse, pour son discours *Sur la
nature de l'homme*, peut s'être inspiré du sixième discours de l'Apostat[38].

3.22.11, 3.23.27). Contrairement à ce qu'on croit d'habitude, il les a aussi utilisés comme
source pour son histoire: Julien, *Discours* 1.23c-26d, 31d-32a: cf. Socr. 2.25, 2.28.15-20;
Julien, *Misopogon* 338c-339b, 355d, 371a: Socr. 3.17.4 (cf. P.VAN NUFFELEN, *Dürre Wahrheiten*, p. 354-356; D.F. BUCK, *Socrates Scholasticus*, p. 311); Julien, *Contra christianos*
94a: Socr. 3.23.27-32.
    Le fait que Socrate a lu et utilisé plusieurs discours de Julien rend vraisemblable qu'il
ait lu le *Contre les chrétiens* lui-même (M. WALLRAFF, *Der Kirchenhistoriker*, p. 91 n. 304;
J. HAMMERSTAEDT, *Die Vergöttlichung*, p. 97-98), et qu'il ne l'ait pas cité à travers la réfutation de Cyrille d'Alexandrie, comme le croit H.-G. NESSELRATH, *Kaiserlicher Held*, p. 40
n. 91.
    [31] Pack² 1284, 2261.
    [32] Isidore de Péluse, *Epistulae* 2.42; Zacharie le Rhéteur, *Vita Severi* p. 13; Choricius
de Gaza, *Oratio funebris in Procopium* 12.
    [33] Photius, *Bibliothèque* 90. Pour d'autres exemples de l'époque byzantine, voir V. LAN-
GLOIS, *Collection*, Vol. 2, p. 49; T. JOANNOU, Μνημεῖα ἁγιολογικά, p. 174; W. SCHMID —
O. STÄHLIN, *Geschichte*, p. 999; G. FATOUROS, *Bessarion*.
    [34] W. SCHMID — O. STÄHLIN, *Geschichte*, p. 1026.
    [35] Socr. 3.1.3: ἐπειδὴ δὲ περὶ Ἰουλιανοῦ τοῦ βασιλέως, ἐλλογίμου ἀνδρός, ὀλίγα
διεξελθεῖν πρόκειται, μηδεὶς τῶν αὐτῷ γνωρίμων ἐπιζητείτω κόμπον φράσεως, ὡς
δέον τὸν περὶ τοῦ τοιούτου λόγον μὴ ἀπολείπεσθαι <τοῦ> περὶ οὗ ὁ λόγος.
    [36] Libanius, *Discours* 18.178; Jérôme, *De viris illustribus* pr.
    [37] Héliodore, *Aethiopika* 9: cf. Julien, *Discours* 1.27b-30d, 3.62b-67b; Héliodore,
Aethiopika 9.15.35: cf. Julien, *Discours* 1.37b-38a. Il y a controverse pour savoir si l'ouvrage d'Héliodore date du troisième siècle — rendant Julien dépendant de lui — ou de la
fin du quatrième siècle, la date que nous acceptons. Socrate considère Héliodore comme
un évêque et les *Aethiopika* comme un ouvrage de jeunesse (Socr. 5.22.51). Voir en dernier lieu, G.W. BOWERSOCK, *Fiction as History*, p. 149-160; Rosemarie BARGHEER, *Die
Gottesvorstellung Heliodors*, p. 17-49; K. ROSEN, *Von der Torheit*, p. 125 n. 1.
    [38] H. HUNGER, *Die hochsprachliche Literatur*, p. 45.

Aussi à l'époque byzantine, les écrits de Julien jouissaient d'une certaine renommée[39].

Comparé à Libanius et Julien, Thémistius semble moins populaire. C'étaient surtout ses discours politiques qu'on lisait et imitait à l'époque byzantine[40]. Libanius lui-même se montrait intéressé par ses discours sur Julien[41], et Ammien les avait sans doute consultés[42]. Le fait que Socrate exploita amplement les discours de Thémistius suggère que, au moins dans les cercles littéraires de Constantinople, on le lisait encore.

À côté des trois grands, Socrate fait également un grand étalage de sa connaissance d'ouvrages de poètes et rhéteurs, populaires à son époque, mais aussitôt perdus pour la postérité. Il avait lu le poème héroïque d'Eusèbe le Scholastique, un élève de Troïlos, sur la révolte de Gaïnas (399-400), récité en 438[43]. Un poème de l'impératrice Eudocie sur la victoire contre les Perses en 422 lui était connu, avec de nombreux discours sur le même sujet[44]. Les chapitres traitant de la victoire sur les Perses, et ceux sur la défaite de l'usurpateur Jean qui y font suite, sont d'ailleurs si pleins de *topoi* rhétoriques qu'il est probable que Socrate ait utilisé un ou plusieurs de ces panégyriques comme source[45]. Un peu plus vieux était le poème héroïque de Calliste sur la guerre persique de Julien (363)[46]. Son excellente connaissance de la littérature contemporaine tend à faire croire que Socrate continuait à fréquenter Troïlos après la fin de ses études et faisait partie du salon littéraire du sophiste, qui s'occupait sans doute de la lecture et de la critique de nouveaux ouvrages.

Afin de compléter cet aperçu de l'éducation de Socrate, il nous faut encore ajouter deux éléments. D'abord, Socrate suit assez fidèlement les règles du prosarythme byzantin, ce qui trahit une conscience aigue des règles littéraires[47]. En second lieu, Socrate avait appris le latin, comme tout érudit. S'en portent témoin sa dépendance de l'*Histoire ecclésiastique*

[39] J. BIDEZ — F. CUMONT, *Recherches*, p. 25-27.
[40] Photius, *Bibliothèque* 74. Voir par exemple L.R. CRESCI, *Echi di Temistio*, à propos de l'encomion de Léon le Diacre sur l'empereur Basile II (976-1025).
[41] Libanius, *Epistulae* 241, 818.
[42] G. SABBAH, *La méthode*, p. 352-361.
[43] Socr. 6.6.36. Sur cet Eusèbe, inconnu par ailleurs, voir G. ALBERT, *Goten*, p. 14, 165; A. CAMERON — Jacqueline LONG, *Barbarians*, p. 200.
[44] Socr. 7.21.7-8.
[45] Socr. 7.18-23: voir T. GELZER, *Zum Hintergrund*, p. 117. Voir aussi l'allusion aux discours d'Ablabius (Socr. 7.12.10).
[46] Socr. 3.21.14.
[47] G.C. HANSEN, *Prosarythmus*.

de Rufin, écrite vers 402-403 dans cette langue, ainsi que celle du bréviaire d'Eutrope (rédigé en 364) et de deux discours perdus de Symmaque
(mort en 402)[48]. L'importance du latin à Constantinople apparaît dans le
fait que l'enseignement de cette langue était également réglé en 425,
quand trois rhéteurs et dix grammairiens de latin furent officiellement
nommés[49]. Socrate était donc nourri de la tradition littéraire et au fait des
Belles-Lettres contemporaines, de ses genres et de ses principes.

1.1.3 Socrate «le scholastique»

Socrate est qualifié de σχολαστικός par une partie de la tradition
secondaire et par l'un des manuscrits grecs. De ce titre, on avait d'abord
déduit qu'il fut avocat[50]. L'idée, déjà mise en doute auparavant[51], a été
refutée par M. Wallraff avec les arguments que Socrate ne fait montre
d'aucune expérience juridique dans son histoire et que le titre surgit relativement tard dans la tradition manuscrite grecque et la tradition secondaire[52]. Ce n'était que le *Laurentianus* 69, 5, un manuscrit du onzième
siècle, qui incluait σχολαστικός dans le titre de l'*Histoire ecclésiastique*.
Puisque la première édition moderne se basait sur un manuscrit dépendant du *Laurentianus*, nous avons pris l'habitude de parler de *Socrates
Scholasticus*. Bien que l'argumentation à propos de la tradition secondaire ne soit pas entièrement correcte, car, au milieu du septième siècle,
Théodore de Paphos désigne Socrate comme σχολαστικός et Aréthas
de Césarée fera de même au début du dixième siècle[53], il est sûr que cette
conclusion doit être acceptée.

---

[48] Rufin: cf. G.C. HANSEN, *Sokrates*, p. 409-410; Eutrope: voir Appendice II; Symmaque: Socr. 5.14.5-10. Quelques erreurs de compréhension peuvent néanmoins être signalées: Socr. 1.2.1 (cf. Eutrope 10.2.1, 10.4.4); Socr. 1.19.6 (cf. Rufin, *HE* 10.9 p. 972.17).
[49] *Codex Theodosianus* 14.9.3 (27/2/425). Cf. Socr. 7.17.2: Paul, l'évêque novatien de
Constantinople (419-438), était professeur de rhétorique latine.
[50] Cf. les références chez M. WALLRAFF, *Der Kirchenhistoriker*, p. 215 n. 29. Cette opinion ancienne continue à être professée, sans justification explicite, par E. DOVERE,
Stabilizzazione, p. 593; M. MAZZA, *Costanza II*, p. 103; M. SIMONETTI — Emanuela PRIN-
ZIVALLI, *Storia*, p. 386-387; E. I. ARGOV, *Giving the Heretic a Voice*, p. 514; H.-G. NES-
SELRATH, *Die Christen*, p. 92; G. GREATREX, *Laywers*, p. 149.
[51] F. WINKELMANN, *Kirchengeschichtswerke*, p. 212; G.C. HANSEN, *Sokrates*, p. lv;
H. LEPPIN, *Von Constantin*, p. 11; Theresa URBAINCZYK, *Socrates*, p. 13-14.
[52] M. WALLRAFF, *Der Kirchenhistoriker*, p. 215-217. Voir aussi P. MARAVAL, *Socrate
de Constantinople*, p. 10.
[53] Théodore de Paphos, *Vita Spyridonis* BHG 1647b p. 78.11; Aréthas de Césarée,
Scripta minora 5 p. 53.17.

Comment expliquer alors que les Byzantins ont affublé Socrate du terme de σχολαστικός? Le terme peut couvrir trois acceptions plus ou moins différentes à partir de l'Antiquité tardive. Le mot continuait à fonctionner dans les sources littéraires comme synonyme pour érudit, le sens classique du mot[54]. Parallèlement à cet usage, qui ne présuppose pas de lien réel avec des études accomplies, il désignait également une personne ayant achevé des études juridiques[55]. À partir du quatrième siècle, pourtant, il s'y ajoute un sens plus large: σχολαστικός peut désigner tout homme ayant eu une formation littéraire auprès d'un rhéteur[56]. C'est sous ces deux derniers sens que nous rencontrons le titre dans les inscriptions et les papyrus[57]. Sur la base de la première signification, on attribuait parfois à l'époque byzantine le titre de σχολαστικός à des auteurs d'une certaine renommée, sans qu'il semble y avoir une relation avec leurs études[58].

Socrate est, nous semble-t-il, un cas de cette attribution de *scholastikos* à une personne érudite. La qualification est absente dans le texte original de son histoire et ne surgit qu'après deux siècles dans la tradition secondaire. Il est désormais clair qu'il s'agit là d'un jugement des lecteurs byzantins sur Socrate et que la dénomination *scholastikos* ne nous apprend rien sur sa personne historique et ne signifie assurément pas qu'il fut avocat. Ce titre ne dit pas plus que la qualification comme *disertissimus vir* par Cassiodore, ou celle comme «un grand penseur» par l'historien arménien Kiracos de Gantzac du treizième siècle[59].

Les jugements antiques rejoignent le nôtre: Socrate avait reçu le meilleur enseignement à Constantinople et continuait à fréquenter les milieux littéraires, en particulier le cercle de Troïlos. Son histoire en porte les traces, car au lieu de se chercher les meilleures sources historiographiques, il tirait des informations de discours et panégyriques, comme ceux de Libanius et de Thémistius; il n'y a aucune indice sûr que Socrate

---

[54] LSJ s.v. *scholastikos*. Dans les sources du quatrième et cinquième siècle, voir par exemple Callinicos, *Vita Hypatii* 1.1, 29.3; Palladios, *Historia Lausiaca* 21.3, 21.10; Jérôme, *De viris illustribus* 99.

[55] Par exemple Callinicos, *Vita Hypatii* 34.2, 35.2, 38.1; Soz. Déd. 1; Jean d'Éphèse, *HE* 3.11 p. 101.12; Jean Rufus, *Plérophories* p. 134.

[56] A. CLAUS, *Ο ΣΧΟΛΑΣΤΙΚΟΣ*, p. 146; N.P. CONSTAS, *Four Christological Homilies*, p. 9-10. Cf. par exemple Socr. 6.6.36; Cyrille de Scythopolis, *Vita Euthymii* 3.

[57] Cf. P.J. SIJPESTIJN, Ὁ σοφώτατος σχολαστικός; Charlotte ROUECHÉ, *Aphrodisias*, p. 76-77; T.M. HICKEY, *A Fragment*.

[58] Par exemple Jean Philopon, *In Aristotelis De generatione et corruptione* intitulé. Cassiodore, *Historia tripartita* pr. 2; Kiracos, *Patmut'iwn Hayoc'* p. 2.

[59] Cassiodore, *Historia tripartita* pr. 2; Kiracos, *Patmut'iwn Hayoc'* p. 2.

connaissait les histoires d'Ammien Marcellin, d'Eunape et d'Olympiodore[60]. Quant à la culture classique, Socrate n'eut de cesse de la défendre face à certains milieux chrétiens rigoristes qui la considéraient comme païenne et donc exécrable, et face à ceux des païens qui, comme Julien, revendiquaient la possession de cet héritage pour eux seuls[61].

1.1.4 La publication de l'*Histoire ecclésiastique* de Socrate

Socrate écrivit son *Histoire ecclésiastique* à la demande de Théodore, sans doute un membre du clergé que l'historien appelle un «saint homme de Dieu». Cet homme, que nous ne pouvons pas identifier, lui demanda d'écrire une continuation d'Eusèbe jusqu'à leur propre temps[62].

Le résultat de cette requête, une *Histoire ecclésiastique* en sept livres, fut publiée entre 439 et 446. Ces *termini* sont faciles à fixer. La dernière année dont Socrate traite dans son ouvrage est le dix-septième consulat de Théodose II, c'est-à-dire en l'an 439. C'est le *terminus post quem*. Le *terminus ante quem* constitue la mort de Proclos de Constantinople en 446, qui était encore vivant quand l'histoire fut écrite[63].

Plusieurs indices permettent de ramener cette fourchette à 439-440. Avant de les discuter, il nous faut réfuter deux arguments souvent utilisés pour dater l'ouvrage de Socrate, mais qui n'ont aucun fondement solide.

D'abord, l'attention a été attirée sur la présentation favorable de l'impératrice Eudocie (*Augusta* de 423 à 460) développée par l'auteur, et sur le silence à propos de Pulchérie, la sœur de l'empereur (414-453). Son ouvrage serait alors à dater d'avant la disgrâce et l'exil de l'impératrice en 440/1, lorsqu'elle fut accusée d'adultère avec Paulin, un ami de jeunesse de l'empereur et *magister officiorum* en 430. Cet événement est en général interprété comme une manœuvre de Pulchérie, qui essayait de

---

[60] Des rapprochements entre Socrate et Ammien sont possibles (Socr. 3.17.2: Ammien Marcellin 22.14.2; Socr. 4.8: Ammien Marcellin 26.8.2, 31.1.4-5; Socr. 4.19: Ammien Marcellin 29.1; Socr. 4.31.1-5: Ammien Marcellin 30.6.1-3; Socr. 4.34.5: Ammien Marcellin 31.4.4; Socr. 4.38: Ammien Marcellin 31.13.12-14), mais les différences restent trop importantes pour permettre d'en conclure à une dépendance de Socrate.

[61] Socr. 3.16.8-27, 3.24. L'attitude de Socrate envers la culture grecque a été amplement étudiée: P. SPECK, *Sokrates*; M. WALLRAFF, *Der Kirchenhistoriker*, p. 89-91; H.-G. NESSELRATH, *Die Christen*; B. NEUSCHÄFER, *Zur Bewertung*; P. MARAVAL, *Socrate et la culture grecque*.

[62] Socr. 2.1.6 (ὦ ἱερὲ τοῦ θεοῦ ἄνθρωπε Θεόδωρε), 6.pr.1, 7.48.7. Cf. M. WALLRAFF, *Der Kirchenhistoriker*, p. 218-219.

[63] Socr. 7.41.

prendre le dessus à la cour en exilant sa rivale[64]. Il ne nous semble pas qu'il soit permis de situer sur ce fond ce que Socrate dit sur Eudocie et Pulchérie. L'historien place, comme tant de ses contemporains, l'empereur au centre de son attention. La sœur de Théodose II, Pulchérie, est implicitement louée, mais non pas nommée[65]. Eudocie est, quant à elle, trois fois brièvement nommée, à propos de son mariage (421), de son poème sur la guerre contre les Perses (422) et de son pèlerinage à Jérusalem (438)[66]. Comparées aux louanges adressées à Théodose[67], les deux dames restent ainsi relativement dans l'ombre. Il est alors difficile de voir en ces quelques mots le reflet du rapport des forces à la cour[68]. Par ailleurs, à part ses relations avec le préfet du prétoire Anthémius, qui mourut vers 414[69], Socrate ne semble pas avoir eu d'accointances parmi les gens du pouvoir. Aucune preuve n'existe, dès lors, pour faire de

[64] Cf. Jean Malalas 14.8. La date de l'exil d'Eudocie est disputée, car les sources nous donnent deux dates (cf. *PLRE* II p. 846-847 [8]). Marcellinus Comes place l'événement en 440/1. Cédrénos (Vol. 1, p. 601) le situe par contre en la quarante-deuxième année de Théodose II, c'est-à-dire en 443/4, et la *Chronique pascale* (p. 584.13) en 444.
On a tendance à privilégier cette dernière date (J.B. BURY, *History*, Vol. 1, p. 230 n. 5; K. HOLUM, *Theodosian Empresses*, p. 193 n. 81; R. SCHARF, *Die «Apfel-Affäre»*, p. 446; Theresa URBAINCZYK, *Socrates*, p. 19-20; M. WALLRAFF, *Der Kirchenhistoriker*, p. 210 n. 10). Pourtant, elle est la moins probable des deux.
Si l'on accepte que l'exécution de Paulin faisait partie d'une attaque contre les partisans d'Eudocie à la cour (une prémisse partagée par les ouvrages cités), il est logique de supposer que l'exécution de Paulin arrivait plus ou moins à la même époque que l'exil de Cyrus, le préfet de la ville, un fidèle d'Eudocie (cf. *PLRE* II p. 336-339 [7]). Or, celui-ci fut déposé et exilé dans la seconde moitié de 441. À partir d'août 441, il n'est plus attesté dans les lois (*Codex Justinianus* 1.55.10, 10.71.4 [18/8/441]) et son successeur était en fonction au début de 442 (*Codex Justinianus* 1.3.21, 10.32.60 [25/2/442]). Qui plus est, Cyrus, nommé consul pour l'année 441, est éliminé des listes consulaires en 441 (cf. *P.Mil.* I 64 [6/12/441]; R. BAGNALL e.a., *The Consuls*, p. 417). La fin de sa carrière se situe alors en 441.
Le cas de Cyrus peut fournir une explication pour la date de 443/4 que nous retrouvons dans certaines chroniques pour l'exil d'Eudocie. Les chroniques ont tendance à situer la déposition de Cyrus vers 443/4 (cf. les sources dans *PLRE* II p. 338-339). Un même déplacement peut expliquer pourquoi Cédrénos et la *Chronique pascale* situent l'exécution de Paulin aussi en 443/4 et non pas en 440/1. Dans ce cas, il faut plutôt se fier à notre première source, Marcellinus Comes, comme le font A. CAMERON, *The Empress*, p. 266 et E.D. HUNT, *Holy Land Pilgrimage*, p. 236.
[65] Socr. 7.22.4.
[66] Socr. 7.21.7-9, 7.47.2-3.
[67] Socr. 7.22-23, 7.42, 7.47.
[68] C'est l'opinion d'A. MOMIGLIANO, *Popular Religious Beliefs*, p. 88; A. CAMERON, *The Empress*, p. 265-266; K. HOLUM, *Theodosian Empresses*, p. 95-96; W. LIEBESCHUETZ, *Ecclesiastical Historians*, p. 158; Theresa URBAINCZYK, *Socrates*, p. 20, 67; W. STEVENSON, *Sozomen, Barbarians*, p. 61.
[69] Voir ci-dessous p. 14-18.

Socrate un historien officiel[70], ou un historien défendant l'un ou l'autre parti à la cour. Ces suppositions sans base factuelle ne permettent donc pas de dater son ouvrage d'avant 440/1.

Un autre élément est avancé par A. Cameron et M. Wallraff pour dater l'histoire de Socrate[71]: l'historien dit que l'empereur n'a jamais fait exécuter un criminel[72]. Pourtant, en 440/1 Théodose II faisait bel et bien supplicier Paulin, le supposé amant de sa femme Eudocie. Socrate aurait donc écrit son histoire avant cet événement. Cet argument n'est pas probant non plus. Sozomène, qui écrivait, quant à lui, assurément après l'exécution de Paulin, loua dans sa dédicace le règne de Théodose comme étant «pur de sang et de meurtre». Si Sozomène pouvait flatter l'empereur avec des mensonges, Socrate en était sans aucun doute aussi capable, d'autant plus que sa remarque fait partie d'un passage panégyrique sur Théodose II[73]. Qui plus est, le compliment d'un règne «pur de sang» est un *topos* panégyrique, très répandu dans l'Antiquité tardive[74]. Il ne nous fournit alors pas de *terminus ante quem*.

Quelques autres indices nous permettent de situer la publication de l'histoire de Socrate en 439-440[75].

D'abord, Théodore, à la demande duquel Socrate composait son histoire, avait exigé une histoire ecclésiastique de Constantin jusqu'à son propre temps[76]. Dans ce cas, il est probable que Socrate s'arrêta quand il était arrivé à son propre temps, ce qui fait pratiquement coïncider la rédaction de l'ouvrage avec sa fin (439).

En second lieu, M. Wallraff a fait valoir que dans le sixième livre, Socrate dit qu'«aujourd'hui» (νῦν), c'est-à-dire pendant le consulat de Théodose II et Faustus (438), le poète Ammonios avait du succès avec son poème sur Gaïnas. Si l'historien en était au sixième livre en 438, il

---

[70] Comme le font W.E. KAEGI, *Byzantium*, p. 176; G. ZECCHINI, *S. Ambrogio*, p. 402; Jill HARRIES, *Pius Princeps*, p. 37. Cf. la critique de H. LEPPIN, *Von Constantin*, p. 240-241.

[71] A. CAMERON, *The Empress*, p. 266; M. WALLRAFF, *Der Kirchenhistoriker*, p. 210-211.

[72] Socr. 7.22.9-11: «διὰ τί μηδένα τῶν ἀδικούντων θανάτῳ ποτὲ ἐζημίωσας;»

[73] Soz. Déd. 16: ἀναίμακτον δὲ καὶ καθαρὰν φόνου τῶν πώποτε γενομένων μόνην τὴν σὴν ἡγεμονίαν ὁ πᾶς αἰὼν αὐχεῖ.

[74] Nous en avons établi l'inventaire dans l'article *The Unstained Rule*.

[75] Cf. M. WALLRAFF, *Der Kirchenhistoriker*, p. 211 n. 14. Il réfute la datation entre 444-446 de H. LEPPIN, *Von Constantin*, p. 274-278, qui pensait que l'image défavorable que Socrate donne de Cyrille d'Alexandrie n'aurait pu avoir été décrite qu'après la mort de celui-ci (444).

[76] Socr. 1.1.1-3, 6.pr.1.

est probable que le septième et dernier livre suive de peu. Cela suggère de nouveau que la rédaction se situe peu après 439[77].

Ces indices ne nous fournissent pas de *termini* sûrs. Ils permettent pourtant de rétrécir la première fourchette 439-446 et ils rendent vraisemblable la datation de la publication peu après le dernier événement que décrit l'historien, c'est-à-dire en 439-440.

Cette datation présuppose que l'ouvrage de Socrate eût été publié une seule fois dans l'état que nous lui connaissons aujourd'hui. Plusieurs savants défendent l'idée que son *Histoire ecclésiastique* a connu deux publications. Ils disposent pour cela principalement de deux arguments. D'abord, dans le *prooimion* au second livre, Socrate dit avoir récrit les deux premiers livres, parce qu'il avait trouvé des écrits d'Athanase et des collections de documents qui prouvaient que Rufin, sa source presqu'exclusive jusqu'alors, s'était fortement trompé[78]. Les deux premiers livres ont alors assurément connu deux rédactions, ce que Theresa Urbainczyk et A. Karpozilos interprètent comme deux éditions[79]. Le second argument se base sur les préfaces du cinquième et du sixième livre, où Socrate répond aux critiques à son adresse. Elles auraient été ajoutées par l'historien à sa seconde édition afin de réfuter la critique sur la première[80]. De ces deux arguments, on déduit l'existence d'une première édition, dont l'ampleur n'est pas claire. Selon G.C. Hansen, elle aurait peut-être compris les cinq premiers livres, avec l'actuel *prooimion* du sixième livre comme une sorte d'épilogue[81].

Aucun de ces arguments n'est probant. Les remarques de Socrate sur une nouvelle rédaction dans la préface au second livre n'ont trait qu'aux deux premiers livres. Il utilise le mot ὑπαγόρευσις, et non pas l'usuel ἔκδοσις[82], ce qui semble refléter la distinction entre une nouvelle rédaction et une nouvelle édition[83]. Socrate a donc retravaillé les deux premiers livres, mais rien n'indique avec certitude qu'ils avaient été publiés

---

[77] Socr. 6.6.37. Cf. M. WALLRAFF, *Der Kirchenhistoriker*, p. 211.

[78] Socr. 2.1.2-3.

[79] Theresa URBAINCZYK, *Socrates*, p. 61-63; A. ΚΑΡΠΟΖΙΛΟΣ, *Βυζαντινοὶ ἱστορικοὶ*, p. 115, 126.

[80] F. WINKELMANN, *Die Kirchengeschichtswerke*, p. 173; Theresa URBAINCZYK, *Socrates*, p. 65.

[81] G.C. HANSEN, *Mutmassungen*, p. 281 n. 17.

[82] Socr. 2.1.4: διὸ ἠναγκάσθημεν τὸ πρῶτον καὶ τὸ δεύτερον βιβλίον ἄνωθεν ὑπαγορεῦσαι (...) «Nous devions alors récrire le premier et second livre dès le début»; Socr. 2.1.5: οὐ παρεθήκαμεν ἐν τῇ πρώτῃ ὑπαγορεύσει τὸ καθαιρετικὸν Ἀρείου (...) «Dans la première rédaction nous n'avions pas inclus l'excommunication d'Arius». Voir Socr. 4.25.6, où Socrate fait la différence entre ἔκδοσις, ὑπαγόρευσις et ἑρμηνεία.

[83] G.C. HANSEN, *Sokrates*, p. xliii n. 1; M. WALLRAFF, *Der Kirchenhistoriker*, p. 164.

auparavant. Des critiques que Socrate adresse dans les préfaces du cinquième et sixième livre, nous ne pouvons pas déduire qu'elles aient été véritablement énoncées. C'était en outre habituel qu'un historien réponde d'avance aux critiques possibles[84]. Il manque donc toute preuve solide pour une seconde édition de l'histoire de Socrate: le texte que nous possédons semble bien être le seul à avoir été publié[85].

Nous ne savons plus rien de Socrate après la publication de son *Histoire ecclésiastique*. Né vers 380-390, il avait déjà au moins cinquante ans quand il termina l'ouvrage. Sa vie ultérieure nous reste inconnue.

1.2 LES LOYAUTÉS DE SOCRATE: LE CERCLE DE TROÏLOS

L'histoire de Socrate contient peu de données explicites qui permettent de reconstruire sa vie. Les sympathies et antipathies exprimées dans son histoire nous autorisent cependant à mieux cerner le milieu qu'il fréquentait. Il convient tout particulièrement à ce titre de relever qu'il était lié de près au cercle de Troïlos.

Vingt années durant, de la fin du quatrième siècle jusqu'aux années 414, le sophiste Troïlos, originaire de Sidé, occupa une position importante dans la vie culturelle de Constantinople[86]. Son lien solide avec Anthémius, *magister officiorum* de 398 à 405 et *praefectus praetorio Orientis* de 405 à 414[87], lui permit de transformer une importance culturelle en une influence politique. Selon Socrate, Troïlos était le conseiller préféré du préfet, qui était le véritable dirigeant de l'Empire pendant les dernières années d'Arcadius et pendant la minorité d'âge de Théodose II, de 404 à 414[88]. Autour de ces deux personnes se rassemblait un cercle littéraire, composé d'anciens élèves de Troïlos et de ses protégés, auxquels le sophiste pouvait faire miroiter de belles perspectives d'ascension sociale.

Nous démontrerons d'abord que Socrate était très probablement membre de ce cercle, et qu'il y côtoyait des personnes influentes dans l'Empire et l'Église. Ensuite nous retracerons l'emprise du cercle sur la

---

[84] Voir l'usage du futur en 6.pr.7-10: καὶ οἱ μὲν τῶν ἐκκλησιῶν ζηλωταὶ καταγνώσονται (…). Cf. Eusèbe, *HE* 5.pr; Agathias, *Historiae* pr.16-18.

[85] Cf. M. WALLRAFF, *Der Kirchenhistoriker*, p. 163-175.

[86] Synésius, *Epistulae* 79; Socr. 6.6.36, 7.1.3, 7.27.1. Synésius appelle souvent Troïlos philosophe: Synésius, *Epistulae* 49, 119.

[87] *PLRE* II p. 94 (2), avec A. CAMERON — Jacqueline LONG, *Barbarians*, p. 109 n. 11.

[88] Socr. 7.1. Cf. Synésius, *Epistulae* 49, 73, 79.

politique ecclésiastique de l'époque. En troisième lieu, nous verrons comment le fait que Socrate en ait fait partie a orienté sa présentation des événements dans les deux derniers livres de son *Histoire ecclésiastique*.

1.2.1 Les membres du cercle de Troïlos

Malgré l'importance du cercle, due à sa relation avec l'homme le plus puissant de l'Empire, il ne nous est connu qu'à travers les écrits de Synésius, auteur et évêque de Ptolémaïs de 410 à 413, et à travers l'*Histoire ecclésiastique* de Socrate.

Synésius avait fait la connaissance de Troïlos pendant son ambassade à Constantinople en 397-400[89]. Il continuait à correspondre avec le sophiste après son retour dans son pays natal, soit pour avancer les intérêts de la Pentapole auprès d'Anthémius, soit afin de sauver son neveu Diogène de la prison, soit avec le but d'introduire le débutant Martyrius dans la capitale[90].

Socrate participait probablement aussi aux réunions du cercle[91]. Quoiqu'on ait prétendu le contraire[92], c'est l'hypothèse la plus économique pour expliquer les éléments suivants. Socrate nomme plusieurs élèves de Troïlos ou membres du cercle et mentionne souvent le sophiste même, toujours de façon positive[93]. Il commence en particulier son dernier livre par des louanges à l'adresse d'Anthémius, qui prend chez lui la place de tuteur de Théodose II qu'occupe Pulchérie chez Sozomène, et y ajoute immédiatement que Troïlos était le conseiller préféré du préfet[94]. Aucune

---

[89] T.D. BARNES, *Synesius*, p. 112; A. CAMERON — Jacqueline LONG, *Barbarians*, p. 91-102. Un séjour de 399 à 402 est proposé par D. ROQUES, *Études*, p. 103 et W. HAGL, *Arcadius*, p. 151 mais voir la critique de T. SCHMITT, *Die Bekehrung*, p. 243-250, qui propose 397-401.

[90] Synésius, *Epistulae* 26, 49, 91, 112, 119. Sur Synésius et Troïlos, voir A. CAMERON — Jaqueline LONG, *Barbarians*, p. 71-83; D. ROQUES, *Études*, p. 214-217; T. SCHMITT, *Die Bekehrung*, p. 261-294.

[91] W. ENSSLIN, art. *Troilus*, col. 615-616; K. HOLUM, *Theodosian Empresses*, p. 84; A. CAMERON — Jacqueline LONG, *Barbarians*, p. 83 n. 58; D. ROQUES — A. GARZYA, *Synésius,* Vol. 1 p. 120 n. 2.

[92] Certains savants qui ont étudié le cercle ne mentionnent pas Socrate (T. SCHMITT, *Die Bekehrung*, p. 261-294). Les spécialistes de Socrate ne discutent parfois pas le lien entre Troïlos et l'historien (H. LEPPIN, *Von Constantin*; T. GELZER, *Zum Hintergrund*, p. 122), ou le considèrent comme peu sûr (Theresa URBAINCZYK, *Socrates*, p. 15; M. WALLRAFF, *Der Kirchenhistoriker*, p. 97).

[93] Socr. 6.6.36, 7.1.3, 7.12.10, 7.27.1.

[94] Socr. 7.1; Soz. 9.1-3. Est aussi à noter le fait que Socrate raconte comment Procope, le beau-fils d'Anthémius (*PLRE* II p. 920 [2]), sauva l'armée romaine pendant la guerre contre les Perses en 421-422 (Socr. 7.20, à comparer avec Sidoine Apollinaire, *Carmina* 2.75-95).

de ces mentions n'est nécessitée par le sujet de son histoire, puisque la figure de Troïlos ne joue pas de rôle essentiel dans une *Histoire ecclésiastique*. Cela suggère que Socrate veut montrer sa reconnaissance ou son amitié envers lui et son cercle. Insistons à cet égard sur le fait que l'historien est le seul, à côté de Synésius, à nous renseigner sur le cercle de Troïlos. Il est difficile d'expliquer ses flatteries au sophiste et sa connaissance de tant de membres du cercle si l'on n'accepte pas que Socrate en était membre à l'instar de Synésius. Nous verrons tout de suite que ses opinions politiques s'accordent aussi avec celles que le cercle prônait.

Parmi les personnes qui circulaient autour de Troïlos et d'Anthémius dans les années 395-414, nous rencontrons des poètes comme Eusèbe le Scholastique, qui composa un poème héroïque en quatre livres sur la révolte de Gaïnas (399-400), ou comme l'Alexandrin Théotime, introduit dans le cercle par Synésius[95]. Le poète Nicandre connaissait Synésius et Anthémius, et par conséquent probablement aussi Troïlos[96]. Anastase, qui avait été introduit par Synésius chez Pylémène, un autre amateur des Belles Lettres dans la capitale, entretenait aussi des relations avec Troïlos. Il réussit même à devenir précepteur des enfants d'Arcadius et, ayant oublié les bienfaits de Synésius, il prit ses distances vis-à-vis de lui[97]. Par Socrate, nous savons que Silvanus, l'évêque orthodoxe de Philippoupolis et, plus tard, de la Troade[98], et son collègue novatien de Nicée, Ablabius, avaient étudié la rhétorique auprès de Troïlos[99]. L'historien suggère qu'un lien avec Troïlos constituait une marque de qualité: l'évêque novatien Chrysanthos de Constantinople (412-419) «avait tant de zèle pour l'avantage de son église qu'il mit la main sur Ablabius, l'excellent rhéteur de l'école du sophiste Troïlos, et qu'il l'ordonna presbytre»[100].

---

[95] Eusèbe: Socr. 6.6.36. Théotime: Synésius, *Epistulae* 49, cf. D.T. RUNIA, *Another Wandering Poet*. Le lien de Théotime avec le cercle est à tort nié par W. LIEBESCHUETZ, *Barbarians*, p. 139.

[96] Synésius, *Epistulae* 1, 75. Cf. K. HOLUM, *Theodosian Empresses*, p. 85-86; A. CAMERON — Jacqueline LONG, *Barbarians*, p. 83.

[97] Pylémène: Synésius, *Epistulae* 26, 100; précepteur: Synésius, *Epistulae* 22; distances: Synésius, *Epistulae* 48, 79. Cf. *PLRE* II p. 77 (2); D. ROQUES — A. GARZYA, *Synésius*, Vol. 1 p. 212-214.

[98] Socr. 7.37.1. Il succédait sans doute à l'évêque homonyme que nous retrouvons chez Palladios, *Dialogue* 20.82. Ce dernier est ignoré par G. FEDALTO, *Hierarchia*, Vol. 1, p. 149.

[99] Socr. 7.12.10-11.

[100] Socr. 7.12.10: οὕτω δὲ ἦν περὶ τὴν ἑαυτοῦ ἐκκλησίαν σπουδαῖος, ὡς καὶ Ἀβλάβιον τὸν {ἑαυτοῦ} γεννιότατον ῥήτορα τοῦ σοφιστοῦ Τρωίλου συλλαβεῖν καὶ πρὸς τὴν τοῦ πρεσβυτέρου τάξιν προχειρίσασθαι.

K. HOLUM, *Theodosian Empresses*, p. 159 et T. SCHMITT, *Die Bekehrung*, p. 352 considèrent Aurélien (*PPO Orientis* en 399 et 414-416, cos 400, cf. *PLRE* I p. 128-129) comme

Atticus, l'évêque de Constantinople (406-425), entretenait aussi une certaine proximité avec ce cercle, sans que nous puissions affirmer qu'il en était un membre assidu. D'abord, il connaissait et appréciait Silvanus, qu'il nomma évêque de Philippoupolis en Thrace. Quand celui-ci, ne supportant pas le froid, demanda son retour dans la capitale, Atticus lui accorda cette faveur, avant de le nommer évêque de la Troade[101]. Par ailleurs, Socrate a une attitude extrêmement positive envers Atticus. Il le loue en particulier pour son intérêt envers la littérature classique, car l'évêque aurait consacré ses nuits à sa lecture. Sa passion pour la littérature est d'ailleurs confirmée par une source indépendante. Firmus de Césarée croyait Atticus un bon protecteur de futurs talents et lui écrivit une lettre de recommandation pour le rhéteur Olympius[102]. Un autre trait du portrait d'Atticus que brosse Socrate est son attitude positive envers les novatiens, voire son amitié envers eux. L'évêque entretenait de bonnes relations avec l'évêque novatien de Constantinople, Sisinnios, célèbre pour ses connaissances littéraires[103]. À une époque encore inconnue, Atticus intervint également au sein de la communauté novatienne, en utilisant la force contre le schisme sabbatien, un mouvement traditionaliste qui refusait d'accepter la date nicéenne de Pâques, à l'encontre du reste des novatiens. Il mit fin à la vénération du corps de Sabbatios par ses partisans en le faisant enlever; l'évêque des novatiens, Sisinnios, lui en savait sans aucun doute gré[104]. Atticus reconnaissait aussi le droit de rassemblement des novatiens à l'intérieur de la ville[105]. Aucun de ces éléments ne légitime en soi une relation d'Atticus avec Anthémius et Troïlos. Pourtant, sa connaissance de Silvanus et les louanges de Socrate à son adresse la

---

un membre du cercle, ce qui n'est pas correct: voir A. CAMERON — Jacqueline LONG, *Barbarians*, p. 75, 83-84. T. SCHMITT, *Die Bekehrung*, p. 473, 723 propose un lien étroit entre Simplicius (*MUM praesentalis* en 405 selon *PLRE* II p. 1013-1014 [2]; *dux Libyae* selon T. SCHMITT, *ibidem*) et Anthémius, sur la base de Synésius, *Epistulae* 130, ce qui nous semble intenable: cf. A. CAMERON — Jacqueline LONG, *Barbarians*, p. 83-84; D. ROQUES — A. GARZYA, *Synésius*, Vol. 1 p. 119 n. 2.

[101] Socr. 7.37.1-10.

[102] Socr. 7.2.3, 7.25.11-14; Firmus, *Epistulae* 13, 27. Sozomène indique peut-être que Socrate connaissait Atticus. Il copie la caractérisation d'Atticus par Socrate (Soz. 8.27.5-7 = Socr. 7.2) et ajoute que «ceux qui ont connu l'homme disent qu'il était un tel homme» (καὶ τὸν μὲν τοιόνδε γενέσθαι φασὶν οἵ γε τὸν ἄνδρα ἔγνωσαν). Mais Sozomène a utilisé aussi d'autres témoins dans ce passage (cf. Appendice V); il n'est donc pas sûr que cette phrase renvoie à Socrate.

[103] Socr. 6.22.19-21.

[104] Socr. 7.25.9-10. Sur le schisme sabbatien, voir ci-dessous p. 43-44.

[105] Socr. 7.25.15-19.

rendent probable. Nous verrons immédiatement que les opinions politiques du cercle s'accordent également bien avec la politique ecclésiastique d'Atticus.

L'information que Synésius de Cyrène et Socrate nous offrent du cercle
reste fragmentaire et trahit leur perspective personnelle. Synésius, le philosophe et littérateur, nous renseigne avant tout sur les jeunes poètes de
sa région cherchant du succès dans la capitale. Par Socrate, nous appre-
nons que les élèves de Troïlos occupaient des positions importantes dans
l'Église, en particulier dans les environs de la capitale. Sur les liens avec
la politique séculière, il ne dit rien. À propos de la religion des membres
du cercle, l'image tronquée que donnent nos deux sources se manifeste
aussi. La foi chrétienne est sûre pour Silvanus et Ablabius, tout comme
pour Troïlos. Celui-ci commence ses *Prolegomena* à la rhétorique d'Hermogène avec les mots ἐπειδὴ σὺν θεῷ τῆς ῥητορικῆς ἀρχόμεθα
τέχνης, un signe clair de sa conviction chrétienne[106]. Quant aux opinions
des autres, rien n'est dit. Le cercle n'était en tout cas pas un bastion du
paganisme[107], ni de l'orthodoxie, vu la présence des novatiens[108].

Malgré les incertitudes, nous pouvons distinguer quatre groupes parmi
les gens qui fréquentaient Troïlos: les jeunes poètes de province cherchant du succès dans la capitale (par exemple Théotime et Anastase), le
représentant du pouvoir séculier (Anthémius), les chrétiens orthodoxes
(Silvanus et probablement Atticus), et des novatiens (Ablabius et aussi
Socrate lui-même[109]). Ces trois derniers groupes jouaient un rôle important dans la politique ecclésiastique de l'époque.

1.2.2 L'influence du cercle de Troïlos sur la politique ecclésiastique

Durant cette époque, le cercle de Troïlos n'était pas unique dans son
genre à Constantinople. À travers les lettres de Synésius, nous percevons,
par exemple, l'existence d'un salon de Marcien, appelé le *Panhellénion*
par l'évêque de Ptolemaïs, avec comme participants Pylémène et Tryphon,

[106] Troïlos, *Prolegomena* p. 44.4. Cette expression ne se retrouve que chez d'autres auteurs chrétiens (par exemple Jean Doxopatris, *Prolegomena* p. 360.9): voir H. RABE, *Prolegomenon sylloge*, p. xl.

[107] Comme le supposent K. HOLUM, *Theodosian Empresses*, p. 68; R. DELMAIRE, *Les «Lettres d'exil»*, p. 109; M. WALLRAFF, *Der Kirchenhistoriker*, p. 97-98.

[108] Cf. A. CAMERON, *The Empress*, p. 272; A. CAMERON — Jacqueline LONG, *Barbarians*, p. 82-83. Ces derniers excluent pourtant sans raison suffisante la participation de païens au cercle.

[109] Sur la confession novatienne de ce dernier, voir ci-dessous p. 42-46.

l'ancien gouverneur de la Pentapole[110]. Troïlos et ses pairs se distinguaient néanmoins par leur proximité avec le centre du pouvoir politique et un prestige à l'avenant. À propos de la politique ecclésiastique, l'influence d'Anthémius et Troïlos peut être retracée en deux domaines: leur attitude pro-novatienne, et leur hostilité envers les partisans de Jean Chrysostome, éléments qui se rejoignent mutuellement comme nous le verrons *infra*.

1.2.2.1 *L'attitude pro-novatienne du cercle de Troïlos*

Le premier trait du cercle est son attitude positive envers les novatiens, un schisme rigoriste qui naquit à Rome pendant la persécution de Dèce (249-251), et qui s'enracina profondément en Orient durant le siècle suivant. À travers Socrate, nous savons qu'Ablabius, le futur évêque novatien de Nicée, côtoyait Troïlos, tout comme l'historien, lui-même novatien. La présence de ces deux novatiens dans le cercle peut être liée avec la politique pro-novatienne des autorités civile et ecclésiastique, Anthémius et Atticus.

Un silence bienveillant règne en effet à l'égard des novatiens dans la législation anti-hérétique impériale de l'époque. Ce n'est qu'en 423 et 428, donc après la mort du préfet, qu'ils y furent nommément inclus[111]. Sans doute sur demande d'Anthémius, Théodose II intervint même en légiférant contre le mouvement schismatique des sabbatiens à l'intérieur du novatianisme: en 413 il interdit ainsi aux novatiens de fêter Pâques un autre jour que celui que les orthodoxes observent — ce qui rendait la pratique sabbatienne illégale mais ne touchait pas les autres novatiens qui acceptaient depuis longtemps la date nicéenne[112]. À travers le cercle de Troïlos, les novatiens continuaient donc d'exercer leur influence politique, qui les avait déjà mis à l'abri de la législation anti-hérétique pendant le règne de Théodose I[113]. Même s'ils avaient encore assez de support après la mort d'Anthémius afin qu'une intervention de «ceux au pouvoir» empêchât Nestorius (428-431) d'attaquer les novatiens[114],

---

[110] Synésius, *Epistulae* 79, 101, 119. A. CAMERON — Jacqueline LONG, *Barbarians*, p. 71-83 ne distinguent pas le cercle de Marcien de celui de Troïlos, à tort d'ailleurs.

[111] *Codex Theodosianus* 16.5.59 (9/4/423), 16.5.65 (30/5/428). Ces constitutions, qui imposaient une taxe pour chaque nouveau clerc hérétique et qui interdisaient l'*innovatio* aux novatiens, visaient la mort lente des hérésies et des schismes.

[112] *Codex Theodosianus* 16.6.6 (21/3/413), adressée à Anthémius.

[113] Socr. 4.9.4-7. Cf. M. WALLRAFF, *Geschichte*, p. 257-258.

[114] Socr. 7.29.11: καὶ γὰρ Ναυατιανοὺς σκύλλειν ἐπειρᾶτο, ὑποκνιζόμενος ἐφ' οἷς ὁ Ναυατιανῶν ἐπίσκοπος Παύλος ἐπ' εὐλαβείᾳ περιβόητος ἦν, ἀλλ' οἱ κρατοῦντες παραινέσει κατέστελλον αὐτοῦ τὴν ὁρμήν.

les lois de 423 et 428 montrent que son décès entraîna une certaine dégradation de leur position.

L'attitude d'Atticus envers ce petit schisme, que nous venons d'esquisser ci-dessus, était comparable à celle d'Anthémius. Il refusa de chasser les novatiens de la cité, bien que certains l'y incitassent, et les aida à opprimer les dissidents sabbatiens au sein de leur communauté[115]. Grâce au cercle de Troïlos, les novatiens purent vivre en paix pendant les deux premières décennies du cinquième siècle.

1.2.2.2 *L'attitude anti-chrysostomienne du cercle de Troïlos*

La seconde caractéristique du cercle fut son hostilité envers Jean Chrysostome, l'évêque de Constantinople, déposé et exilé brièvement en 403, avant d'être définitivement relégué en 404. Elle saute aux yeux pour les membres les plus importants du cercle.

Anthémius était tenu responsable de la persécution des johannites. Selon une source johannite, Palladios, il avait aggravé les conditions d'exil de Jean, en l'envoyant d'Arabissos à Pityonte, ce qui avait mené à la mort de l'évêque[116]. Jean Chrysostome savait d'ailleurs qui tirait les ficelles à Constantinople. En 405, il envoya de son exil une lettre pleine de belles tournures et de compliments à Anthémius pour le féliciter de son consulat. Il en espérait probablement une amélioration des conditions de l'exil ou même sa fin[117].

Atticus est décrié dans les lettres de Jean Chrysostome et dans les sources johannites comme le véritable instigateur du drame[118]. Bien que ce fût lui qui réinséra le nom de Jean dans les diptyques de l'Église vers

---

[115] Socr. 7.25.9-10, 7.25.15-19.

[116] Palladios, *Dialogue* 11.96-119.

[117] Jean Chrysostome, *Epistulae* 147. Sur le rôle d'Anthémius, voir W. LIEBESCHUETZ, *Friends*, p. 99; ID., *Barbarians*, p. 219; R. DELMAIRE, *Les «Lettres d'exil»*, p. 108-109; Claudia TIERSCH, *Johannes Chrysostomos*, p. 388.
Remarquons que Pseudo-Martyrius (*Vita Johannis Chrysostomi* BHG 871.532a) impute l'idée du transport à Pityonte à Atticus et son exécution à l'eunuque Antiochos. Celui-ci peut avoir poussé Anthémius à envoyer ses soldats. En tout cas, il nous semble exclu que l'exécutant soit le préfet de la ville Optatus, comme le dit T.D. Barnes (*The Funerary Speech*, p. 536). Le texte de Pseudo-Martyrius (532a) ne nécessite point cette interprétation et Palladios (*Dialogue* 11.101) atteste que ce furent les soldats d'Anthémius qui transportèrent Jean Chrysostome à Pityonte. Soz. 8.28.2 en reste à l'expression vague «ceux à Constantinople».

[118] Jean Chrysostome, *De providentia* 20.1; Pseudo-Martyrius, *Vita Johannis Chrysostomi* BHG 871.507a, 521a, 531ab; Palladios, *Dialogue* 4.41, 11.31-52; Soz. 8.24.4-7; Photius, *Bibliothèque* 59.

417, ce ne fut qu'après la mort d'Anthémius et sous pression populaire[119]. Socrate, quant à lui, rejoint cette attitude en brossant une image moins favorable de Jean que les autres sources, en imputant l'origine du drame en partie au caractère même de l'évêque[120].

L'animosité contre Jean Chrysostome que nous venons de constater se laisse aisément expliquer pour trois des quatre groupes ou personnes que nous avons distingués à l'intérieur du cercle : Anthémius, le clergé orthodoxe mené par Atticus, et les novatiens.

L'hostilité d'Anthémius envers Jean Chrysostome

D'abord, Anthémius avait des raisons personnelles pour haïr Jean. Son origine égyptienne peut finalement avoir contribué à se ranger du côté de Théophile d'Alexandrie, un des ennemis principaux de Jean[121], mais il ne faut pas oublier que ce fut Anthémius qui avait cité l'évêque égyptien devant Jean Chrysostome, quand le différend entre les deux hommes avait débuté en 402[122]. Dans un premier temps, Anthémius était donc plutôt favorable à Jean ; nous ignorons d'ailleurs son rôle précis dans les événements menant au synode du Chêne en septembre 403 et au premier exil de Jean qui y faisait suite.

Après le retour de ce dernier, l'attitude d'Anthémius semble avoir changé. Fl. Simplicius, le préfet de la ville et probablement un frère ou cousin d'Anthémius[123], érigea une statue d'argent de l'impératrice Eudoxie, tout près de l'église principale. Croyant son église profanée par le festival dédicatoire, selon Sozomène, ou par les fêtes fréquentes ayant lieu auprès de la statue, selon Socrate[124], Jean réagit avec des discours véhéments, dans lesquels il offensa ceux qui avaient organisé la dédicace. En riposte, l'impératrice voulut convier un synode pour déposer et exiler Jean. Refusant de céder, celui-ci répondit avec un discours dans

---

[119] Cyrille d'Alexandrie, *Epistulae* 75 PG 77.349c (= lettre d'Atticus), *Epistulae* 76 PG 77.357b. Cet événement eut lieu vers 418 selon V. Grumel dans *Regestes de Constantinople* p. 31.

[120] Socr. 6.3.13-6.4.9, 6.15.1-3, 6.18.3. Voir ci-dessous p. 27-28.

[121] Comme le suggère R. DELMAIRE, *Les «Lettres d'exil»*, p. 109.

[122] Palladios, *Dialogue* 8.19.

[123] *ILS* 822 ; Théophane, *Chronique* AM 5898 p. 123.3-15. Anthémius était le fils d'un Simplicius (*PLRE* I p. 843 [4]), et le petit-fils de Philippe, *PPO Orientis* 344-351 et cos 346 (*PLRE* I p. 696-697 [1]). Le nom de Simplicius, qui dressa la statue d'Eudoxie, suggère une parenté avec le père d'Anthémius : il était alors probablement son frère ou son cousin (cf. *PLRE* II p. 1014 [4]).

[124] Soz. 8.20.1-2 ; Socr. 6.18.1-2. Théophane, *Chronique* AM 5898 p. 123.6, utilisant une source indépendante, soutient Socrate.

lequel il injuria la reine en l'appelant Hérodias[125]. Même si l'historicité de ce sermon est très douteuse, il semble que Jean ne perçut pas directement l'ensemble des dégâts politiques causés par son action. Non seulement la reine ne fut pas amusée mais, en outre, le dédicataire de la statue, Simplicius, et son parent, Anthémius, se sentaient insultés. Anthémius établissant son pouvoir pendant et après la crise autour de Jean — il était *magister officiorum* et devint *praefectus praetorio Orientis* à partir de la seconde moitié de 405 —, l'évêque avait désormais un ennemi acharné à la tête de l'État. Les conséquences se firent assez rapidement sentir. Anthémius permit le recours à la force afin de disperser les johannites qui s'étaient rassemblés dans les thermes constantiniens pour célébrer la fête de Pâques 404[126]. L'exil définitif de Jean suivrait dans un bref délai, et nous connaissons déjà le rôle d'Anthémius dans la mort de l'évêque.

L'hostilité d'Atticus envers Jean Chrysostome

En second lieu, le futur évêque de Constantinople, Atticus (406-425), avait ses raisons pour désirer le départ de Jean Chrysostome. Selon Jean et ses partisans, il menait la fronde du clergé constantinopolitain contre l'évêque pour un motif simple: l'avidité du pouvoir[127]. Afin de nuancer cette accusation simpliste, nous devons nous rendre compte du fait que les ennemis de Jean dans l'Église de Constantinople se situaient à deux endroits: parmi le clergé et parmi les moines.

Le clergé orthodoxe constantinopolitain, qui s'était lentement rétabli après la longue dominance arienne de la cité (341-381), se croyait, en 397, capable de livrer lui-même le successeur de Nectaire. Avec le choix de Jean, un étranger d'Antioche, il se sentit dépassé[128]. Le nouveau-venu ne ménageait pas leurs sentiments; au contraire, plusieurs de ses innovations heurtèrent les susceptibilités du clergé constantinopolitain. Il semble que Jean voulut ainsi centraliser l'administration fiscale, au détriment des

---

[125] Socr. 6.18.1-5; Soz. 8.20.1-3; le discours: *In decollationem Johannis* (CPG 4570).

[126] Palladios, *Dialogue* 9.170-207, qui accuse l'eunuque Antiochos, Sévérien de Gabala et Acace de Bérée d'avoir convaincu Anthémius. Il se pourrait que Palladios essaie de ménager Anthémius, puisque le dialogue est probablement écrit vers 408, quand le préfet était encore au pouvoir.

[127] Jean Chrysostome, *De providentia* 20.1; Palladios, *Dialogue* 11.31-52; Pseudo-Martyrius, *Vita Johannis Chrysostomi* BHG 871.531ab; Soz. 8.27.4-7.

[128] Palladios, *Dialogue* 5.44-50; Pseudo-Martyrius, *Vita Johannis Chrysostomi* BHG 871.462b-463a. Cf. F. VAN OMMESLAEGHE, *Que vaut le témoignage*, p. 394; Claudia TIERSCH, *Johannes Chrysostomos*, p. 140-144.

églises locales[129], ce qui devait mener à une emprise plus forte de ses confidents sur l'Église, et à une diminution de l'influence du clergé local. Jean interdit aussi au clergé de cohabiter avec des vierges dédiées à l'Église, un héritage du monachisme établi par le macédonien Maratho-nius et calqué sur les pratiques d'Eustathe de Sébastéia[130]. Tandis que Palladios présente ces réformes, et d'autres encore, comme une correc-tion des mœurs[131], les constantinopolitains se voyaient menacés dans leurs habitudes et leur pouvoir.

Ils n'appréciaient pas non plus le favoritisme de Jean envers des diacres et prêtres non-originaires de Constantinople, en particulier envers Sara-pion, son bras droit, qu'il avait ordonné évêque, bien que celui-ci fût sous le coup d'une accusation[132]. S'y ajouta encore l'attitude de Jean, peu amène envers certaines personnes, allant même jusqu'à l'insulte et la vio-lence, dont, entre autres, le diacre Jean se plaignit au synode du Chêne[133]. Selon Pseudo-Martyrius et Sozomène, certains prêtres auraient même comploté en vue de tuer Jean[134].

Le caractère de Jean était aussi à l'origine de l'hostilité des moines de la cité. Il estimait que leur chef Isaac traînait trop dans les rues, ce qui ne convenait pas à un véritable moine, selon lui. Des insultes y auraient fait

---

[129] Cf. G. DAGRON, *La naissance*, p. 498-505; W. LIEBESCHUETZ, *Barbarians*, p. 213 (plus nuancé). Les dénonciateurs de Jean au synode du Chêne l'accusent d'un usage arbi-traire et illégitime des fonds ecclésiastiques (Photius, *Bibliothèque* 59: accusations du diacre Jean no. 16-18, 29, accusations d'Isaac no. 13).

[130] Palladios, *Dialogue* 5.100-145; Socr. 6.4; cf. Jérôme, *De viris illustribus* 80. Cf. P.C. BAUR, *Der heilige Johannes Chrysostomus*, Vol. 2, p. 57-62; G. DAGRON, *Les moines*, p. 23, 246; ID., *La naissance*, p. 514; W. LIEBESCHUETZ, *Barbarians*, p. 208-209.

[131] Palladios, *Dialogue* 5.100-165. Cf. P.C. BAUR, *Der heilige Johannes Chrysosto-mus*, Vol. 2, p. 202-221.

[132] Photius, *Bibliothèque* 59, accusation du diacre Jean no. 18, cf. aussi accusation no. 10. Le rôle de Sarapion est décrit par Socrate dans le chapitre 6.11, dont il existe une ver-sion longue et une autre plus brève. La version brève représente probablement celle de Socrate, alors que la longue était sa source (M. WALLRAFF, *Der Kirchenhistoriker*, p. 65-66. Il est peu probable que la version longue représente une première version de la main de Socrate, comme le dit H. LEPPIN, *The Church Historians*, p. 223). Dans son remanie-ment de la version longue, Socrate a changé la caractérisation assez neutre de Sarapion de sa source en une image assez négative. Il se pourrait que Socrate nous passe ainsi l'écho des opinions du clergé constantinopolitain. Selon M. Wallraff (*Der Kirchenhistoriker*, p. 58-59) il est possible que la version longue représente la tendance générale de la source de Socrate pour le sixième livre, une tendance qui était donc plutôt favorable à Jean Chry-sostome. Si c'est le cas, il est clair que l'historien a récrit cette source dans une perspec-tive anti-johannite.

[133] Photius, *Bibliothèque* 59 (accusations du diacre Jean no. 1-2, 5, 8, 22, 27, d'Isaac, no. 11-12).

[134] Pseudo-Martyrius, *Vita Johannis Chrysostomi* BHG 871.515b-517a; Soz. 8.21.6-8.

suite. Isaac s'était par conséquent impliqué dans le concile du Chêne contre Jean, où il présenta son propre catalogue d'accusations (403)[135]. Peu après, il dut s'enfuir avec Théophile, une fois Jean revenu de son premier exil en 403[136]. Sozomène dit explicitement que le clergé de Constantinople se montra solidaire avec les moines du fait du comportement outrageant de Jean[137].

Ses relations excellentes avec le clergé et les moines faisaient d'Atticus le chef naturel de la fronde contre le nouvel évêque. Avant d'arriver à Constantinople et d'y entrer dans le clergé, il avait pratiqué l'ascèse auprès de moines macédoniens d'Eustathe de Sébastéia du Pont. C'était précisément la tradition sur laquelle l'ascétisme constantinopolitain, fondé par le macédonien Marathonius, reposait, et contre laquelle Jean agissait[138]. Atticus était aussi assez proche des moines d'Isaac pour pouvoir choisir plus tard son successeur Dalmace[139]. Ce sont là des preuves indirectes, certes, mais elles suggèrent assez fortement qu'Atticus disposait des atouts nécessaires pour réunir autour de lui les différentes factions qui se sentaient agressées par Jean Chrysostome.

L'hostilité des novatiens envers Jean Chrysostome

Enfin, un troisième groupe présent dans le cercle de Troïlos, les novatiens, avait aussi une bonne raison pour désirer le départ de Jean Chrysostome. Selon Socrate, l'évêque envisageait en effet de chasser l'évêque novatien Sisinnios de la cité et il le menaçait d'une interdiction de prêcher, en l'appelant un hérétique[140]. L'avertissement de Jean d'expulser les novatiens touchait leur talon d'Achille, car ils accordaient beaucoup de poids à la conservation de leurs trois églises dans la cité même[141], comme il en ressort de nombreux passages chez Socrate[142].

---

[135] Palladios, *Dialogue* 6.16, 8.220; Photius, *Bibliothèque* 59 (accusations d'Isaac no. 17). Sur Jean et les moines «rôdants», voir G. DAGRON, *Les moines*, p. 262-266; Claudia TIERSCH, *Johannes Chrysostomos*, p. 170-182; D. CANER, *Wandering, Begging Monks*, p. 169-177.
[136] Soz. 8.19.3.
[137] Soz. 8.9.4-5.
[138] Soz. 4.27.4, 8.27.4.
[139] *Vita Dalmati* BHG 483.6: cf. G. DAGRON, *Les moines*, p. 265.
[140] Socr. 6.22.13-17: cf. M. WALLRAFF, *Der Kirchenhistoriker*, p. 73.
[141] Socr. 2.38.26.
[142] Sur le droit de rester dans la cité, voir Socr. 2.38.17-20, 4.9, 5.10.28, 5.20.6, 7.11.6, 7.29.11. Cf. M. WALLRAFF, *Markianos*, p. 25.

Le caractère anecdotique que Socrate accorde à cette histoire cache en effet la réalité de la menace: les lois contre les hérétiques pouvaient sans doute être appliquées aux novatiens. L'édit *Cunctos populos* de 380 définissait les hérétiques comme ceux qui refusaient la communion avec Damase de Rome et Pierre d'Alexandrie. Une constitution, spécifiant les décisions du concile de Constantinople de 381 pour le proconsul d'Asie, le confirme: elle ordonne que les églises soient livrées à ceux qui sont en communion avec Nectaire de Constantinople, Timothée d'Alexandrie et d'autres encore[143]. En 402 un décret ordonnait que le clergé des hérétiques devait rester en dehors de Constantinople et interdisait la possession d'églises à l'intérieur de la cité. Puisque la loi ne nomme pas explicitement les sectes visées, mais utilise le terme général «hérétiques», les novatiens, qui étaient bien nicéens dans la doctrine mais pas en communion avec l'Église orthodoxe, pouvaient en être affectés[144]. Un ennemi des novatiens pouvait en effet y voir l'annulation des privilèges octroyés en 326 par Constantin[145]. Une autre anecdote de Socrate confirme que cette interprétation défavorable aux novatiens était possible. Un orthodoxe plus fanatique qu'Atticus critiquait l'évêque de Constantinople de laisser les novatiens se rassembler dans la cité — un reproche qui laisse entendre que ce droit dépendait de la bonne volonté de l'évêque orthodoxe[146]. La position juridique des novatiens était donc assez imprécise et dépendait de l'interprétation des dirigeants. Cela est confirmé par les lois de 423 et 428. En 423, les novatiens furent inclus dans une liste d'hérétiques et la résidence dans les cités leur était interdite, tandis que cinq ans plus tard ils reçurent le droit de garder les églises qu'ils avaient à l'intérieur des villes[147]. La position des novatiens était donc précaire et pouvait sans aucun doute être affectée par l'hostilité de l'évêque orthodoxe.

L'attitude anti-novatienne de Jean Chrysostome s'étendait aussi aux provinces de Lydie et d'Asie, où il dérobait aux novatiens de «nombreuses églises», selon Socrate. L'historien ajoute que, selon certains — probablement les novatiens mêmes — son exil était une punition pour ces actes-là[148]. Il est sans doute abusif de faire des novatiens une cause importante de la déposition de Jean Chrysostome, mais il faut se

---

[143] *Codex Theodosianus* 16.1.2 (28/2/380), 16.1.3 (30/7/381).
[144] *Codex Theodosianus* 16.5.30 (3/3/402). Voir aussi *Codex Theodosianus* 16.5.6 (10/1/381).
[145] *Codex Theodosianus* 16.5.2 (25/9/326).
[146] Socr. 7.25.15-19.
[147] *Codex Theodosianus* 16.5.59 (9/4/423), 16.5.65 (30/5/428).
[148] Socr. 6.11.13, 6.19.7.

rendre compte que ceux-ci avaient traditionnellement de bonnes relations avec les dirigeants de l'Empire. En particulier leur évêque Sisinnios (395-412), en fonction pendant la crise johannite, était estimé par «des membres importants du sénat»[149] et avait osé critiquer Jean dans un sermon à propos de son attitude laxiste conernant la pénitence[150] — un sermon tenu peut-être en riposte à un autre de Jean contre les novatiens[151]. Atticus, de son côté, entretenait de bonnes relations avec Sisinnios[152]. L'hypothèse suivante est attractive mais indémontrable: Sisinnios aurait utilisé ses relations avec les autorités séculières, afin de faire déposer et exiler Jean et afin de promouvoir la cause d'Atticus, assurant ainsi la paix pour la communauté novatienne.

Les gens liés au cercle de Troïlos partageaient donc une attitude pronovatienne et anti-chrysostomienne. Bien qu'il soit impossible de prouver que le cercle discutait d'autres choses que de littérature, cette convergence d'opinions est significative et suggère que le cercle ait en effet influencé la politique impériale à travers Anthémius. Il semble que, jusqu'à la mort du préfet vers 414 il existait une entente politique entre les novatiens, Atticus et Anthémius. De plus, Atticus et les novatiens continuaient à entretenir de bonnes relations et, bien que leur position se dégradât lentement, les novatiens ne perdaient pas tout soutien des autorités politiques. Mais le climat avait changé et la réhabilitation de Jean pouvait se réaliser.

1.2.3 L'influence du cercle sur l'*Histoire ecclésiastique* de Socrate

Jusqu'à présent, nous avons soutenu, sur la base du jugement favorable d'Atticus, de Troïlos et d'Anthémius chez Socrate, que l'historien faisait partie du cercle du sophiste. Nous croyons pouvoir esquisser encore un pas de plus. L'image de Jean Chrysostome, dans le sixième livre de son *Histoire ecclésiastique*, et celle de la politique ecclésiastique sous Théodose II, dans le septième livre, sont empreintes du même sentiment anti-johannite que nous avons receuilli chez les autres membres du cercle. Socrate décrit clairement l'histoire contemporaine dans une perspective anti-johannite.

---

[149] Socr. 6.22.20: πάντες οἱ τῆς συγκλήτου περιφανεῖς ἔστεργόν αὐτὸν καὶ ἐθαύμαζον.
[150] Socr. 6.21.6.
[151] Il existe un sermon *Adversus catharos* de Jean Chrysostome.
[152] Socr. 6.22.23.

1.2.3.1 *Le sixième livre de l'*Histoire ecclésiastique

De tous les auteurs qui ont écrit sur la crise chrysostomienne, Socrate est le seul qui critique Jean et qui reprend à plusieurs reprises la version «officielle» — c'est-à-dire anti-chrysostomienne — des événements[153]. Puisque l'opinion publique était à son époque favorable à Jean Chrysostome, cette attitude doit s'enraciner dans ses expériences à l'époque des troubles.

Jusqu'au début du premier exil de Jean (automne 403), le récit de Socrate s'inscrit plutôt dans la perspective des sources en faveur de l'évêque. En particulier sa haine de Théophile, qui attaquait Origène, tempère son attitude négative envers Jean[154].

Certains éléments trahissent pourtant l'opinion qu'avait Socrate de Jean Chrysostome. L'esquisse du caractère de l'évêque, tout en laissant de la place aux aspects positifs, n'omet pas les traits négatifs: «Il était très sévère, et même plus, par son zèle ascétique, comme le disait quelqu'un qui le fréquentait dès sa jeunesse, plutôt enclin à l'irritation qu'à la modestie, et par la rectitude de sa vie, peu souple pour les événements à venir, mais ouvert par sa simplicité. Il utilisait sa liberté de parole sans mesure envers ceux qu'il rencontrait et, si son enseignement améliorait beaucoup les mœurs de ses auditeurs, dans les rencontres il semblait hautain à ceux qui ne le connaissaient pas»[155]. L'historien remarque aussi que le clergé était mal disposé envers lui à cause des mesures prises pour redresser leur moralité. Le discours arrogant de Jean contre le cubiculaire Eutrope, caché sous l'autel (399), ne faisait qu'augmenter le dégoût pour son caractère, y compris dans les couches aisées de la société[156]. Son refus de se réconcilier avec Sévérien de Gabala est aussi

---

[153] L'attitude assez froide de Socrate envers Jean est prouvée *e contrario* par l'adaptation arménienne de son *Histoire ecclésiastique* (*Socrates Minor*, septième siècle), qui a récrit le récit dans une teneur favorable à Jean Chrystostome (R.W. THOMSON, *The Armenian Adaptation*, p. 182-185). Voir aussi les remarques d'un copiste dans le *Laurentianus* 69, 5 (G.C. HANSEN, *Sokrates*, p. x).

[154] Socr. 6.5.10-11, 6.7, 6.9-10, 6.12.

[155] Socr. 6.3.13-14: ἦν δὲ ἄνθρωπος, ὥς φασι, διὰ ζῆλον σωφροσύνης πικρότερος καὶ πλέον, ὡς ἔφη τις τῶν οἰκειοτάτων αὐτῷ ἐκ νέας ἡλικίας, θυμῷ μᾶλλον ἢ αἰδοῖ ἐχαρίζετο, καὶ διὰ μὲν ὀρθότητα βίου οὐκ ἀσφαλὴς πρὸς τὰ μέλλοντα, δι' ἁπλότητα δὲ εὐχερής· ἐλευθεροστομίᾳ τε πρὸς τοὺς ἐντυγχάνοντας ἀμέτρως ἐκέχρητο, καὶ ἐν μὲν τῷ διδάσκειν πολὺς ἦν ὠφελῆσαι τὰ τῶν ἀκουόντων ἤθη, ἐν δὲ ταῖς συντυχίαις ἀλαζονικὸς τοῖς ἀγνοοῦσιν αὐτὸν ἐνομίζετο. Cf. Socr. 6.21.2.

[156] Socr. 6.4-5. Voir aussi Socr. 6.4.6, où Socrate souligne que ses partisans ne réussissaient pas à donner une explication au fait que Jean mangeait seul, ce qui contrevenait aux préceptes monacaux. Pour cette interdiction, voir par exemple Canon 9 de Shenoute (discuté par B. LAYTON, *Social Structure*, p. 36 n. 50) et Baléus, *Encomion d'Acacius* p. 86.

relevé[157]. Socrate n'omet pas non plus de rappeler que la déposition de Jean par le synode du Chêne et son premier exil causèrent des désordres dans la ville. D'autres personnalités seraient plus tard également les victimes de son discours. Les sources en faveur de Jean, Palladios et Pseudo-Martyrius, ignorent également les émeutes ou disputent la responsabilité des johannites[158]. Ces éléments marquent l'attitude anti-chrysostomienne de Socrate sans que sa présentation des faits diverge fondamentalement de celle des sources pro-johannites.

Avec le retour de Jean Chrysostome, peu après le début de son premier exil, à partir de 6.16, des divergences foncières entre Socrate et les sources pro-johannites font surface.

La cause de son rappel était, pour Socrate, l'émeute populaire incontrôlable que seul le retour de Jean pouvait apaiser, alors que pour Pseudo-Martyrius, un représentant du parti chrysostomien, la naissance d'un enfant mort-né à Eudoxie, comprise comme punition divine, en était l'origine[159].

Socrate décrit comment Jean agit contre la dédicace de la statue d'Eudoxie auprès de l'église principale, d'abord en insultant ceux qui avaient donné l'ordre de son érection, ensuite en comparant l'impératrice publiquement à Hérodias. Afin de soutenir sa version, Socrate cite l'*incipit* de ce dernier discours, qui existe encore, mais qui est considéré comme un faux[160]. Nous savons que les deux partis en conflit fabriquaient des textes et des documents pour incriminer l'autre[161]. Le discours que cite Socrate était sans doute un faux composé par les anti-johannites pour donner de la force à leur accusation. Les sources pro-johannites se taisent sur cet événement, mais elles essaient de disculper Jean de l'accusation de lèse-majesté. Selon Palladios, par exemple, l'accusation était une invention[162].

---

[157] Socr. 6.11.20. Dans la version pro-chrysostomienne de Sozomène, c'est Sévérien de Gabala, un ennemi de Jean, dont le caractère présente des défauts (Soz. 8.10.3).

[158] Socr. 6.15.18-20. Sur les émeutes, voir Soz. 8.18.1-2; Zosime 5.23.4-5. Elles sont escamotées par Jean Chrysostome, *Epistula ad Innocentium* 93-104; Palladios, *Dialogue* 9.1. Pseudo-Martyrius, *Vita Johannis Chrysostomi* BHG 871.489b-490a réfute la responsabilité des johannites. Pour un aperçu des sources, voir F. VAN OMMESLAEGHE, *Jean Chrysostome et le peuple de Constantinople*, p. 334.

[159] Socr. 6.16.5; Pseudo-Martyrius, *Vita Johannis Chrysostomi* BHG 871.496a; cf. Palladios, *Dialogue* 9.5.

[160] Socr. 6.18.5; le discours de Jean: *In decollationem Johannis* (CPG 4570).

[161] Voir la discussion des discours et lettres falsifiées chez M.P. ΝΙΚΟΛΟΠΟΥΛΟΣ, Αἱ εἰς τὸν Ἰωάννην τὸν Χρυσόστομον ἐσφαλμένως ἀποδιδόμεναι ἐπιστολαί, p. 100-156; F. VAN OMMESLAEGHE, *Jean Chrysostome en conflit*, p. 159.

[162] Palladios, *Dialogue* 8.247. Zosime 5.23.2 confirme que Jean tenait des discours contre la reine. Les autres sources, souvent tardives, sont discutées par F. VAN OMMES-LAEGHE, *Jean Chrysostome en conflit*, p. 132-148.

Cela indique qu'au moins l'accusation était réelle et qu'un fond de vérité peut se cacher derrière cette histoire de Socrate.

Dans le récit de Socrate, Jean se retire de sa propre volonté dans les bains publics quand l'accès à l'église principale lui est refusé, à Pâques 404. Chez Pseudo-Martyrius, ce n'est qu'après une intrusion de soldats, pendant le baptême dans l'église, qu'il s'enfuit avec les fidèles dans les bains[163]. Il est impossible de déterminer si la violence est inventée par les johannites ou omise par Socrate.

L'historien rapporte aussi la version anti-johannite de l'incendie de l'église de Sainte Sophie: les partisans de Jean se seraient vengés en mettant le feu à l'église et au sénat[164], une accusation dont les sources pro-johannites réfutent la véracité[165] et qu'une enquête judiciaire ne pouvait confirmer[166].

À la fin de son récit, Socrate prend ses distances avec les rumeurs johannites, selon lesquelles c'était «à cause de Jean que le grêle tomba et que l'impératrice mourut», deux catastrophes qui avaient lieu peu après l'exil de Jean en 404[167]. L'historien ne se prononce pas sur la question de savoir si ces deux événements sont à interpréter comme des punitions de Dieu exercées contre les ennemis de Jean.

Son adhésion aux versions officielles et l'utilisation d'un sermon faussé situent clairement Socrate dans le camp anti-johannite. Néanmoins, la première moitié de son récit est relativement neutre, ce qui montre que son attitude n'était pas farouchement hostile. Le temps écoulé entre les événements et la rédaction de son ouvrage semble avoir émoussé les passions. Nous verrons qu'après la mort de Jean Chrysostome (407) une lente réconciliation avait en effet lieu entre ses partisans et l'Église de Constantinople, une réconciliation couronnée en 438 par le retour triomphal des cendres de Jean de Comana à l'église des Apôtres dans la capitale[168].

[163] Socr. 6.18.12-16; Pseudo-Martyrius, *Vita Johannis Chrysostomi* BHG 871.510a-511b. De cette histoire de nombreuses versions existent, qui divergent dans les détails: cf. F. VAN OMMESLAEGHE, *Jean Chrysostome et le peuple de Constantinople*, p. 332; ID., *Chrysostomica*, p. 130.

[164] Socr. 6.18.17-18. Cette version est soutenue par la *Chronique pascale* a. 404 p. 568.13-19, Zosime 5.24.4-8 et Marcellinus Comes a. 404. Palladios, *Dialogue* 11.7 affirme que c'était l'accusation officielle.

[165] Pseudo-Martyrius, *Vita Johannis Chrysostomi* BHG 871.519a-520a; Palladios, *Dialogue* 10.83-121, 11.7.

[166] *Codex Theodosianus* 16.2.37 (11/9/404).

[167] Socr. 6.19.8: καὶ πότερον διὰ Ἰωάννην ἡ χάλαζα κατηνέχθη καὶ ἡ βασίλισσα ἐτελεύτησεν ἢ ταῦτα δι' ἑτέρους ἐγίνετο λόγους ἢ καὶ δι' ἀμφότερα, θεὸς ἂν εἰδείη ὁ τῶν κρυπτῶν γνώστης, ὁ καὶ αὐτῆς τῆς ἀληθείας κρίτης δίκαιος· ἐγὼ δὲ τὰ τότε θρυλούμενα ἔγραψα. Cf. Soz. 8.27.

[168] Socr. 7.45.2-4.

1.2.3.2 *Le septième livre de l'*Histoire ecclésiastique

L'attitude de Socrate ne se limite pas à son inimitié envers la personne de Jean Chrysostome; l'historien est aussi extrêmement positif envers Atticus (406-425) et Proclos (434-446), les évêques les plus importants de Constantinople à son époque. Dans l'analyse suivante du dernier livre de Socrate, nous verrons comment l'historien essaie sans cesse de diminuer l'importance du parti johannite à Constantinople et d'embellir les actes d'Atticus et Proclos, qui appartenaient à la faction anti-johannite.

Les trois factions au sein de l'Église constantinopolitaine

Avant d'entamer cette analyse, il nous faut décrire comment la crise johannite et le schisme consécutif continuaient à influencer l'Église constantinopolitaine entre la mort de Jean (407) et son retour posthume à Constantinople (438). Trois groupes s'étaient alors formés.

D'abord, il y avait les adversaires de Jean Chrysostome, qui contrôlaient l'église de Constantinople après la déposition de Jean. Atticus était leur représentant par excellence.

Le second groupe était constitué des partisans de Jean qui avaient réintégré l'église. En effet, après l'ordre impérial d'entrer en communion avec le nouvel évêque Arsacius, le 18 novembre 404[169], et l'exil de plusieurs membres du clergé proches de Jean[170], la majorité des johannites avaient abandonné leur résistance contre les ennemis de leur évêque[171].

Un dernier groupe de johannites obstinés refusaient cependant de se soumettre. Le discours de Pseudo-Martyrius, écrit vers 408 et qui leur est adressé, et les textes de Socrate et de Sozomène, qui mentionnent que vers 417 encore une communauté johannite schismatique se rassemblait en dehors de la cité de Constantinople, attestent ce refus[172]. Avec la petite communauté johannite en Bithynie, sur laquelle nous revenons ci-dessous[173], elle constituait le noyau dur des johannites. Dans les premières

---

[169] *Codex Theodosianus* 16.4.6; Palladios, *Dialogue* 3.65-68; Pseudo-Martyrius, *Vita Johannis Chrysostomi* BHG 871.523a. Sur la persécution des johannites, voir P.C. BAUR, *Der heilige Johannes Chrysostomus*, Vol. 2, p. 344-349.

[170] Par exemple Salluste (Jean Chrysostome, *Epistulae* 219), Sarapion (Jean Chrysostome, *Epistulae ad Olympiadem* 9; Palladios, *Dialogue* 20.44-47), Théophile (Jean Chrysostome, *Epistulae* 201, 203, 212; Palladios, *Dialogue* 20.70) et Tigrios (Soz. 8.24).

[171] Jean Chrysostome, *De providentia* 18, *Epistulae ad Olympiadem* 7.4a; Palladios, *Dialogue* 8.139-140, 20.65.

[172] Socr. 7.25.2; Soz. 8.21.4. Sur Pseudo-Martyrius, voir ci-dessous Appendice III.

[173] Voir ci-dessous p. 73-77.

années, cette communauté doit avoir été importante, mais elle se désin-
tégra lentement, en particulier après la réinsertion de Jean dans les diptyques, vers 417.

La réinsertion de Jean Chrysostome dans les diptyques de l'Église (vers 417)

Les tensions dues à l'opposition entre ces trois groupes surgissent pour
la première fois dans les sources, vers 417, quand Atticus informe Cyrille
d'Alexandrie du fait qu'il va réinsérer Jean Chrysostome en tant qu'évêque
dans les diptyques ecclésiastiques, c'est-à-dire que l'Église de Constantinople le mentionnerait désormais dans les prières. L'évêque y fait allusion
à la pression populaire à Constantinople[174]. Bien que Cyrille eût refusé de
faire la même chose, Atticus franchit le pas après consultation de Théodose
II et inclut Jean dans les diptyques, mettant ainsi formellement fin au
schisme. Nos sources ne donnent pas d'indications très concrètes sur les
causes exactes de cet acte. Un rôle a sans doute été joué par le fait que
d'autres Églises d'Orient, comme Antioche[175], avaient déjà inclus Jean dans
leur diptyques et que le pape Innocent exerçait une pression en ce sens[176].
La référence à la volonté populaire permet d'y voir aussi le résultat de
l'action entreprise par les johannites après qu'Anthémius et Aurélien, *prae-
fecti praetorio Orientis* respectivement de 405 à 414 et de 414 à 416, furent
décédés. Ces deux hommes étaient connus pour leur hostilité envers Jean[177],
et leur départ du pouvoir offrait de nouvelles possibilités. À la fois les johannites, qui avaient réintégré l'Église, et les schismatiques peuvent avoir saisi
le moment politique et poussé le peuple à exiger le rétablissement posthume
de Jean. Atticus concéda que son acte n'était pas juste, mais politiquement
utile, afin de rétablir la paix parmi le peuple[178]. La pression populaire sur
Atticus, qui avait été pleinement impliqué dans la fronde contre Jean, a dû
avoir été formidable pour que celui-ci admette la réhabilitation de Jean.

---

[174] Cyrille d'Alexandrie, *Epistulae* 75 PG 77.349c (= lettre d'Atticus). Voir aussi Nicéphore Calliste, *HE* 14.26 PG 146.1141c-1144a; *Regestes de Constantinople* no. 41.

[175] Théodoret, *HE* 5.35.5; Cyrille d'Alexandrie, *Epistulae* 75 PG 77.349c.

[176] Innocent, *Epistulae* 19-20, 22-23. Théodoret, *HE* 5.34.12 semble faire allusion aux
nombreuses tractations précédant l'acte d'Atticus. Sur la réhabilitation de Jean, voir P.C.
BAUR, *Der heilige Johannes Chrysostomus*, Vol. 2, p. 372-377; Claudia TIERSCH, *Johannes
Chrysostomos*, p. 416-418.

[177] Anthémius: cf. ci-dessus p. 20. Aurélien: cf. *PLRE* I p. 128-129 (3); F. VAN
OMMESLAEGHE, *Jean Chrysostome en conflit*, p. 152; W. LIEBESCHUETZ, *Friends*, p. 98;
ID., *Barbarians*, p. 213-214, 217.

[178] Cyrille d'Alexandrie, *Epistulae* 75 PG 77.349c (= lettre d'Atticus), 76 PG 77.357b.

La version de Socrate diffère radicalement de celle que donne Atticus lui-même dans sa lettre à Cyrille. L'historien présente cet acte comme témoignant, de la part de l'évêque, de son profond désir de réconciliation à l'intérieur de son Église, et il en attribue l'initiative exclusivement à Atticus lui-même. Bien que trop idyllique, cette version s'intègre bien dans le portrait quasi hagiographique que Socrate brosse d'Atticus; dans le paragraphe suivant, il raconte aussi l'aide que l'évêque apportait aux pauvres et aux sans-domicile[179].

L'élection de Sisinnios (425)

En 425, le parti johannite au sein de l'Église de Constantinople prend un visage pour nous. Après la mort d'Atticus, Philippe de Sidé, ancien diacre de Jean, se porta candidat au siège[180]. Il s'opposa à Proclos, un collaborateur étroit d'Atticus[181]. Pendant quatre mois chacun chercha un soutien suffisant, mais ils échouèrent. Socrate est assez discret sur cette élection, mais la période de quatre mois, et le fait que Sisinnios, un prêtre respecté d'une église située en dehors de la cité (à ne pas confondre avec l'évêque novatien), fut finalement élu, montre que les deux camps étaient quasiment égaux en influence. L'historien dit aussi que «ceux au pouvoir» (οἱ κρατοῦντες) acceptèrent cette élection. Il n'est pas à exclure que ce furent en effet les autorités séculières qui proposèrent le candidat de compromis qu'était Sisinnios[182]. L'élection disputée entre deux candidats avec un profil très net, l'un héritier de Jean Chrysostome, l'autre

---

[179] Socr. 7.25.1-8. G. DAGRON, *La naissance*, p. 492 et N.P. CONSTAS, *Proclus*, p. 38 suivent la version de Socrate. Claudia TIERSCH, *Johannes Chrysostomos*, p. 392-394 essaie de réconcilier les deux versions, sans vraiment tenir compte de la tendance de Socrate.

[180] Les *Persica*, un texte byzantin qui semble se baser sur l'*Histoire chrétienne* de Philippe de Sidé (A. VASSILIEV, *Anecdota graeco-byzantina*, p. 124), font de lui un presbytre et syncelle de Jean. La dernière fonction, qui n'est attestée une seconde fois qu'en 431 (ACO 1.1.5 [Coll. Vat. 164] *Irenaei epistula* p. 136.17), peut être anachronique: cf. Βασιλική Α. ΛΕΟΝΤΑΡΙΤΟΥ, Ἐκκλησιαστικά ἀξιώματα, p. 553-554.

[181] Selon Socr. 7.41.1 il était ὑπογραφεὺς αὐτοῦ [d'Atticus] τῶν λόγων. On interprète ceci souvent comme «ghost writer»: Proclos aurait écrit les discours d'Atticus (cf. N. CONSTAS, *Proclus*, p. 36). C'est possible, mais une interprétation plus traditionnelle, selon laquelle Proclos prit des notes des discours prononcés par Atticus, n'est pas à exclure. Socrate dit d'ailleurs explicitement qu'Atticus composait lui-même ses discours ou les improvisait (Socr. 7.2.5-7).

[182] Socr. 7.26. Il n'est pas précisé qui sont les κρατοῦντες. G.C. HANSEN, *Sokrates*, p. 441 pense en premier lieu à l'empereur, mais d'un autre passage il ressort que Socrate peut désigner avec ce terme toutes les personnes haut placées (Socr. 6.5.9): voir N.P. CONSTAS, *Proclus*, p. 74-75.

disciple d'Atticus, montre que l'Église de Constantinople restait divisée entre johannites et anti-johannites.

Philippe de Sidé croyait l'élection de Sisinnios injuste. Dans son *Histoire chrétienne*, il s'en prit violemment aux membres du synode qui avait ordonné Sisinnios ainsi qu'au nouvel évêque lui-même[183]. Quelle que soit la façon dont on juge les élucubrations de Philippe, elles témoignent du fait que le prêtre avait un support considérable qui lui permettait d'attaquer ouvertement l'évêque élu, et ensuite de se présenter à l'élection suivante, comme nous le verrons *infra*.

Socrate, pour sa part, ne cache pas son mépris pour Philippe. Il met en doute la parenté entre Troïlos et Philippe dont ce dernier se réclamait, et ne semble pas prêt à accepter qu'un johannite puisse être lié à son maître[184]. Il critique aussi amplement l'*Histoire chrétienne* de Philippe[185]. Nous sommes en droit de soupçonner que, derrière cette critique littéraire, se cache en vérité un antagonisme politique entre un Socrate anti-johannite et un Philippe johannite.

L'élection de Nestorius (428)

Le nouvel évêque Sisinnios semble avoir eu conscience de la division à l'intérieur de son Église et il essaya de se débarasser du problème Proclos, en l'ordonnant évêque de Cyzique. Les gens de cette ville, pourtant, avaient déjà choisi un nouvel évêque, Dalmace, et ils refusèrent d'accepter Proclos. Celui-ci demeura alors dans la capitale et resta un acteur du jeu politique[186]. En effet, en 427-428, après la mort de Sisinnios, le scénario de 425 se répète: Philippe s'oppose à Proclos. Cette fois-ci, Socrate dit explicitement que le choix en faveur de Nestorius était celui de «ceux au pouvoir»[187].

Avec cet évêque étranger, appelé d'Antioche, l'histoire semble se répéter. Il est en effet étonnant de voir comment, dans le cas de Nestorius, les mêmes fronts s'établirent, à l'instar de ce qui eut lieu pendant la crise

---

[183] Socr. 7.26.5.

[184] Socr. 7.27, cf. 7.27.1: Τρωίλος ὁ σοφιστής, οὗ καὶ συγγενῆ ἑαυτὸν εἶναι ἐσεμνύνετο.

[185] Cf. ci-dessous p. 209-210.

[186] Socr. 7.28. Selon N.P. CONSTAS, *Proclus*, p. 43 l'ordination de Proclos serait un signe de la confiance que Sisinnios avait en lui. C'est peu probable: selon les règles canoniques, l'ordination à Cyzique excluait Proclos en principe des candidats pour Constantinople. Sisinnios ne peut pas avoir ignoré cette conséquence.

[187] Socr. 7.29.1. Cf. le récit de Nestorius lui-même, qui confirme Socrate: Nestorius, *Livre d'Héraclide* p. 377-381 trad. p. 242-244.

chrysostomienne. Le nouvel évêque élabora une politique violemment
anti-hérétique, qui menaçait également les novatiens[188]. À en croire sa
Lettre à Cosme, Nestorius limitait le pouvoir du clergé constantinopolitain, et prenait des mesures contre les moines rôdant sur les places
publiques. L'hostilité de Cyrille d'Alexandrie envers lui aurait trouvé,
selon ses propres dires, sa cause dans l'aide de Nestorius pour des clercs
d'Alexandrie qui se plaignirent d'avoir été censurés illégalement par leur
évêque; Nestorius aurait dû juger leur différend avec Cyrille devant
Théodose II.

Faire le tri entre vérité et fiction dans ces histoires est une tâche ardue.
Le jugement de Cyrille par Nestorius semble bien historique, mais la réalité des autres faits est difficile à établir; ceux-là semblent plutôt des pro-
jections de l'image de Jean Chrysostome sur les actes de Nestorius[189].
En effet, la *Lettre à Cosme* a été interpolée après 458 et peut donc avoir
été récrite par un auteur qui avait le cas de Jean Chrysostome en tête[190].
Que les partisans de Nestorius assimilèrent leur héros à Jean est d'ailleurs
démontré par une autre pièce de la littérature pro-nestorienne qui attribue
incorrectement à Nestorius, et non pas à Proclos, le retour des ossements
de Jean Chrysostome et en fait la cause de l'hostilité de Cyrille d'Alexandrie[191]. En tout cas, les ennemis de Jean et de Nestorius dans l'Église
constantinopolitaine étaient les mêmes: le clergé constantinopolitain se
plaignait de l'étranger mis sur leur siège[192], et une opposition de moines,
menée par Dalmace, le successeur d'Isaac, s'établissait[193].

Le fait que les ennemis étaient les mêmes et que les partisans de Nestorius voyaient en lui un second Jean Chrysostome ne prouve pas que le
schisme chrysostomien a eu un impact réel sur l'origine de la crise nestorienne. Un élément suggère pourtant une certaine influence. Nestorius
semble avoir pris parti en faveur de Jean Chrysostome: le 26 septembre
428, il aurait fêté la première commémoration de Jean à Constantinople[194]. Cela a sans doute dû heurter les susceptibilités du parti d'Atticus et de Proclos et pourrait indiquer que Nestorius cherchait du soutien

[188] Socr. 7.25.9-10, 7.25.15-19.
[189] Sur les relations de Nestorius avec Cyrille, voir Nestorius, *Livre d'Héraclide* p. 152-
156 trad. p. 92-94. Sur Nestorius et les moines, voir Bar Hadbešabba p. 528-529.
[190] Nestorius, *Lettre à Cosme* p. 277-278.
[191] *Documentum Nestorianum* p. 303. Sur l'exemple de Jean Chrysostome pour les
nestoriens, voir les remarques de V. Grumel dans *Regestes de Constantinople* no. 51a;
D. CANER, *Wandering, Begging Monks*, p. 212-223.
[192] ACO 1.1.7 (Coll. Ath. 84) *Epistula episcoporum* p. 124.35-125.1.
[193] ACO 1.1.2 (Coll. Vat. 66) *Episcoporum commonitorium* p. 65.12-66.9.
[194] Marcellinus Comes a. 428.

chez les johannites. Quoi qu'il en soit, avec les thèses disputées de Nestorius sur la Vierge, des problèmes doctrinaux se substituaient aux disputes internes de l'Église de Constantinople. Socrate ne laisse pas non plus entendre que les johannites avaient une certaine influence dans la controverse nestorienne.

L'élection de Maximien (431)

Après la déposition de Nestorius en 431, l'opposition entre les deux partis reprit: Proclos et Philippe se disputèrent de nouveau le siège. Selon Socrate, l'élection de Proclos fut empêchée cette fois-ci par les dirigeants de l'Empire, sous prétexte que le dix-huitième canon d'Antioche (341) interdisait la translation d'un évêque à un autre siège. En effet, le candidat avait été consacré évêque de Cyzique, sans jamais pourtant exercer la fonction. Un nouveau candidat de compromis fut trouvé: le vieux presbytre Maximien, un ascète qui avait fait construire des tombeaux pour les pauvres[195].

Socrate s'efforce de défendre la validité du choix de Proclos, en traitant amplement du problème des translations. Il souligne par de nombreux exemples que les translations, bien qu'elles soient interdites par les canons, étaient parfois autorisées[196]. Cette longue digression en faveur de Proclos révèle une fois de plus sa partialité.

L'élection de Proclos (434)

Après la mort de Maximien en 434, Théodose II intervint personnellement pour installer Proclos. À ce qu'il semble, l'empereur voulut garantir la stabilité de l'Église de Constantinople en prévenant des élections qui se prolongeraient trop longtemps. Son choix en faveur de Proclos était, selon Socrate, déterminé par les qualités évidentes du candidat, dont il fait suivre un long catalogue[197].

En fait, les véritables causes du choix de Proclos par Théodose II ne peuvent pas être déterminées. Pourtant, en se rappelant les relations troublées entre la maison impériale, en particulier Eudoxie, et Jean Chrysostome, Théodose II peut avoir délibérément choisi un membre de la faction anti-johannite de la capitale. En tout cas, Proclos essaya de réaliser

[195] Socr. 7.35.
[196] Socr. 7.36. Le case de Proclos est discuté par J. RIST, *Ut episcopus non transeat*, p. 125-126.
[197] Socr. 7.40.4-41.7.

une réconciliation complète. En 438, il fit transporter, avec l'accord de l'empereur, les cendres de Jean dans la capitale, afin de convaincre aussi les derniers johannites schismatiques de réintégrer l'Église catholique. Nous pouvons interpréter ce geste d'une double façon: il peut s'agir d'une offensive de charme d'un évêque essayant de s'attirer les membres de l'autre parti, ou d'un essai de véritable réconciliation afin d'établir définitivement la paix au sein de l'Église constantinopolitaine. Le fait que Proclos avait déjà prononcé un sermon pendant une commémoration en l'honneur de Jean Chrysostome, et que Théodose II accompagnait personnellement le cercueil, rendent la seconde option la plus vraisemblable[198].

La manière dont Socrate décrit les péripéties de l'Église de Constantinople révèle des marques de sa sympathie pour Atticus et Proclos, c'est-à-dire pour le parti qui l'avait emporté sur Jean Chrysostome. Ses louanges d'Atticus et de Proclos impliquent nécessairement un désaveu envers les johannites, vu l'hostilité de ceux-là à l'égard de ces derniers. Tout en rapportant les candidatures de Philippe de Sidé, Socrate refuse d'identifier les forces d'opposition qui existaient au sein de l'Église, nourries par les johannites qui avaient réintégré l'Église. Deux fois, seulement, il mentionne leur existence[199]. La réinsertion de Jean dans les diptyques, vers 417, et la translation de ses cendres à Constantinople, en 438, sont entièrement mises au compte des évêques Atticus et Proclos. Dans le premier cas, Socrate ne mentionne même pas la pression populaire sur Atticus et attribue l'acte entièrement à l'esprit de paix et de réconciliation de l'évêque de Constantinople. Louanges pour Atticus et Proclos et silence ou blâme pour les johannites, voilà les sympathies de Socrate.

L'image que Socrate nous donne de la politique ecclésiastique à Constantinople sous Arcadius et Théodose II est donc beaucoup moins neutre et modéré que l'on ne la croyait[200]. Pourtant, son histoire n'est pas un pamphlet. Il ne diabolise pas Jean Chrysostome ni ne polémique amplement contre les johannites. C'est sans doute le désir de Socrate de voir l'unité rétablie dans l'Église qui le gardait de perdre le sens de la mesure. Il restait un partisan, mais un partisan modéré.

[198] Proclos, *Homilia* 20 (l'année de la commémoration n'est pas connue); Socr. 7.45; Théodoret, *HE* 5.36.1.
[199] Socr. 7.25.1-2, 7.45.2-4.
[200] M. WALLRAFF, *Der Kirchenhistoriker*, p. 77-78 et H.-G. NESSELRATH, *Zur Verwendung*, p. 301 surestiment à notre avis l'objectivité de Socrate à cet égard.

1.3 LA POSITION DOCTRINALE DE SOCRATE

Socrate était nicéen et écrivait son histoire ecclésiastique dans la perspective de l'orthodoxie doctrinale, définie par le concile de Nicée et affirmée à Constantinople (381) et à Éphèse (431). Pourtant, ses idées théologiques dévient sur deux points de ce qu'on pourrait appeler l'orthodoxie établie. D'une part, il était origéniste: l'origénisme ne serait condamné qu'en 553 par un concile général, mais son orthodoxie était vivement contestée déjà au quatrième et cinquième siècle. D'autre part, Socrate était novatien, c'est-à-dire un membre du petit schisme né à Rome pendant la persécution de Dèce (249-251), qui se distinguait surtout par sa position rigoriste concernant la pénitence.

1.3.1 Un historien origéniste

La tendance origéniste de Socrate a déjà été remarquée par ses lecteurs les plus anciens[201]. À plusieurs reprises, il défend Origène contre ses détracteurs. Pourtant, il est remarquable que l'historien ne discute jamais explicitement les thèses théologiques d'Origène, et même pas celles qui étaient mises en cause par les anti-origénistes. Il en reste à affirmer que la théologie d'Origène s'accorde avec celle de Nicée et que son exégèse conduit à une interprétation nicéenne de l'Écriture. Socrate prétend simplement qu'Origène acceptait la consubstantialité de la Trinité et qu'il n'adhérait pas au subordinationisme de type arien[202].

En ceci, son origénisme semble s'accorder avec celui du sixième siècle, qui était plutôt un style de pensée qu'un ensemble de doctrines précises, et qui était caractérisé par une ouverture d'esprit[203]. Léonce de Byzance, par exemple, défend la même doctrine sur la Trinité que les anti-origénistes du sixième siècle, bien qu'il soit accusé du contraire[204]. À la même époque, Cyrille de Scythopolis laisse entendre, dans sa *Vie de Cyriacus*, que les origénistes considéraient des idées typiquement origénistes aux yeux des anti-origénistes — telle que celle de la pre-existence des âmes — comme «indifférentes et indemnes» et non pas comme des

---

[201] Cf. Théodore le Lecteur p. 88.25-28.
[202] Socr. 6.13.
[203] Voir B. DALEY, *The Origenism of Leontius*, p. 368-369; ID., *What Did «Origenism» Mean*, p. 628, 637; D. HOMBERGER, *The Second Origenist Controversy*, p. 161.
[204] D. HOMBERGER, *The Second Origenist Controversy*, p. 272-274.

certitudes[205]. Il faut donc se garder d'identifier l'origénisme à la doctrine, telle qu'elle ressort des catalogues de thèses hérétiques dressés par les anti-origénistes. Pour les origénistes eux-mêmes, c'était en premier lieu un style de pensée qui n'était pas en contradiction avec l'orthodoxie établie.

Le fait que l'origénisme de Socrate se présente comme une sympathie pour et une défense d'un style exégétique et théologique, et non pas comme une défense d'une doctrine, fait que nous ne pouvons pas déterminer sa position théologique au sein du développement de l'origénisme. Sans s'appesantir sur des doctrines théologiques, Socrate prend la défense d'Origène, et cela sur trois niveaux.

L'influence continuelle d'Origène

D'abord, il démontre l'influence continuelle d'Origène, en soulignant que ses doctrines étaient étudiées par des théologiens importants comme Grégoire le Thaumaturge, Eusèbe de Césarée, Athanase d'Alexandrie, Basile de Césarée, Grégoire de Nazianze et Didyme l'Aveugle[206]. Le fait que Socrate cite amplement Évagre le Pontique montre aussi qu'il appréciait beaucoup la pensée de cet origéniste, bien qu'il ne le liât pas explicitement avec le maître lui-même[207].

Origène, un rempart de l'orthodoxie

En second lieu, la pensée d'Origène constitue, pour lui, un rempart de l'orthodoxie. Elle permet d'établir l'orthodoxie de thèses théologiques, comme l'affirmation du concile d'Alexandrie en 362 que le Christ était *empsychos*[208], et de réfuter des païens comme Julien et Porphyre ou des hérétiques comme Nestorius[209]. En particulier, des ariens comme Aèce et Georges d'Alexandrie sont critiqués pour avoir ignoré Origène[210], et Basile de Césarée et Grégoire de Nazianze sont complimentés pour avoir puisé dans les écrits du maître pour réfuter cette hérésie[211].

---

[205] Cyrille de Scythopolis, *Vita Cyriaci* 12: μέσα καί ἀκίνδυνα. Cf. D. HOMBERGER, *The Second Origenist Controversy*, p. 159-163.

[206] Grégoire le Thaumaturge: Socr. 4.27.1; Eusèbe: Socr. 2.21.23; Athanase: Socr. 6.13.10; Basile et Grégoire: Socr. 4.26.8; Didyme: Socr. 4.25.7.

[207] Socr. 3.7.22-24, 4.23.34-80, 7.17.3. Cf. G.F. CHESNUT, *The First Christian Histories*, p. 179-180.

[208] Socr. 3.7.4-10.

[209] Julien et Porphyre: Socr. 3.23.28; Nestorius: Socr. 7.32.17.

[210] Aèce: Socr. 2.35.10; Georges: Socr. 2.45.14.

[211] Socr. 4.26.8.

Pour Socrate, origénisme et arianisme sont inconciliables: il s'étonne que le prêtre homéen Timothée, dont il avait entendu des conférences exégétiques qui s'inspiraient de l'origénisme, ne se soit pas converti à l'orthodoxie. En tout cas, dit-il, au moins Timothée a changé l'arianisme vers le meilleur, en éliminant beaucoup de blasphèmes ariens par son enseignement[212]. En considérant Origène comme une source d'autorité, surtout à propos de son exégèse biblique[213], Socrate n'accepte pas qu'on prétende qu'il ne faut pas accepter tout ce qu'écrit le théologien, et refuser le reste qui serait hérétique: tout ce qu'Origène a écrit est orthodoxe, selon lui[214].

Vu le fait que les écrits d'Origène contiennent plusieurs parallèles avec l'arianisme, en particulier en ce qui concerne la relation du Fils au Père[215], l'identification absolue d'Origène avec l'orthodoxie présuppose au moins une lecture partielle de ses écrits. On en lira tout de suite une affirmation, car nous verrons que selon Socrate, Origène prônait la doctrine orthodoxe sur la Trinité.

La défense explicite d'Origène

Troisièmement, Socrate justifie explicitement Origène, en particulier dans le sixième livre. Cette défense trouve son origine dans l'attaque que lançait Théophile d'Alexandrie (385-412) contre les Longs Frères, des moines origénistes qui s'étaient brouillés avec lui pour des causes disciplinaires. Socrate y accorde beaucoup d'intérêt, et il dispose d'excellentes informations. Il décrit la cause des problèmes en Égypte, comment la fuite des Longs Frères exportait le conflit à Constantinople, et comment Épiphane de Salamine, chasseur infatigable de l'origénisme, s'y trouva mêlé[216]. Sa position est claire. Les moines anthropomorphites qui attaquent Origène sont «simplistes» (ἁπλοϊκοί), incapables de comprendre

---

[212] Socr. 7.6.3-9. Il est incorrect de dire que Timothée était le professeur d'exégèse de Socrate, comme le fait J. ULRICH, art. *Sokrates*, p. 562.

[213] Socr. 6.17.7-10, cf. Socr. 4.26-27. Cf. G.F. CHESNUT, *The First Christian Histories*, p. 177-178; B. NEUSCHÄFER, *Zur Bewertung*, p. 94-95, dont l'idée que Socrate veut, dans la lignée d'Origène, «die Schrift als auslegungsbedürftige und auslegungsfähige Grundlage für den Dialog mit gebildeten Heiden und von der Lehrnorm abweichenden Theologen zu sichern», ne nous semble pas défendable. Dans aucun passage Socrate ne propose l'origénisme comme base d'un dialogue. Au contraire, l'origénisme sert à réfuter les erreurs des païens et des hérétiques, souvent de façon assez dogmatique, comme nous l'avons montré.

[214] Socr. 6.17.10.

[215] Cf. R.P.C. HANSON, *In Search*, p. 61-70.

[216] Socr. 6.7, 6.10, 6.12.

Origène et la véritable doctrine chrétienne[217]. Socrate ne manque pas non plus de raconter comment Théotime de Scythie réfuta Épiphane, soulignant ainsi la vanité de l'attaque[218]. Le récit du rôle de l'origénisme dans la crise johannite est suivi par une réfutation de Socrate des quatre détracteurs d'Origène dans le quatrième siècle, Méthode d'Olympe, Eustathe d'Antioche, l'hérésiarque Apollinaire et Théophile d'Alexandrie. Seul l'ouvrage de Méthode, le *Xénon*, est explicitement mentionné et discuté. Socrate termine cette digression en remarquant que ces critiques augmentaient plutôt l'orthodoxie d'Origène, puisqu'ils ne pouvaient pas l'attaquer à propos de la Sainte Trinité. Ce constat est encore souligné par une référence à Athanase qui défend la position nicéenne sur la relation entre le Père et le Fils à l'aide d'une citation d'Origène[219].

Cette digression à propos des quatre ennemis d'Origène nous apprend trois choses.

D'abord, Socrate considérait l'attaque de Théophile comme la plus importante de toutes celles dirigées contre Origène. Ceci est sans doute à imputer au fait que Socrate vivait à Constantinople quand Théophile y exporta son conflit avec les Longs Frères. Une remarque amère de Socrate à la fin de son ouvrage montre comment il se sentait touché par l'hostilité de Théophile. À propos de la translation des cendres de Jean Chrysostome de Comana à Constantinople, l'historien dit que la jalousie épargnait celui-là après sa mort, mais touchait pleinement Origène. Car le premier rentrait dans la communion de l'Église trente-cinq ans après sa déposition, alors que le deuxième était excommunié par Théophile deux cents ans après son décès[220]. Notons la petite exagération rhétorique de Socrate: l'attaque de Théophile se situait cent cinquante ans après la mort d'Origène.

Second constat: nous voyons que Socrate rétrécit la doctrine catholique à l'idée de la consubstantialité de la Trinité. De cette façon, une défense d'Origène devient plus facile, puisque ses spéculations sur la fin des temps ou sur la préexistence des âmes ne sont plus pertinentes pour juger de son orthodoxie[221]. Cet élargissement du champ de l'orthodoxie doctrinale est un aspect capital de la pensée de Socrate, que nous retrouverons ci-dessous à propos des novatiens.

---

[217] Socr. 6.7.3, cf. 2.21.23. L'opposition que fait Socrate entre moines simplistes et intellectuels doit être nuancée (D. HOMBERGER, *The Second Origenist Controversy*, p. 232-233), mais montre clairement de quel côté l'historien se situe dans le conflit.

[218] Socr. 6.12.4-6.

[219] Socr. 6.13.

[220] Socr. 7.45.5-6. Cf. M. FÉDOU, *L'historien Socrate*, p. 280.

[221] Cf. Socr. 3.7.22-24 = Évagre le Pontique, *Le gnostique* 41.

Finalement, tout en étant renseigné sur ce qui se passait en Égypte, Socrate ignorait les discussions sur l'origénisme dans d'autres régions. Les accusations d'origénisme portées contre Jean de Jérusalem, ou la dispute entre Jérôme et Rufin ne lui semblent pas connues, ou ne l'intéressaient pas[222]. Sa perspective reste constantinopolitaine.

Il reste encore à établir d'où Socrate tirait ses renseignements sur Origène. L'historien fait quatre fois référence à l'exégèse d'Origène, et avant tout à son exégèse allégorique[223]. La majorité de ses informations sur la théologie et l'exégèse d'Origène ne provient pourtant pas des ouvrages du théologien. Socrate utilise deux fois l'*Apologie* de Pamphile et d'Eusèbe de Césarée, mais, semble-t-il, dans une version adaptée à la critique de la fin du quatrième siècle[224]. Il sait que le *Peri archon* a été commenté par Didyme l'Aveugle[225]. Une autre fois, il se base probablement sur Athanase[226]. Des écrits d'Origène, seul l'usage du *Commentaire sur l'épître aux Romains* est assuré[227]. La source d'une référence à un discours sur la fête de Pâques ne peut pas être déterminée et, ailleurs, Socrate se réfère aux écrits du théologien en général[228]. Socrate connaissait donc quelques écrits d'Origène de première main, mais moins que ce qu'on attendrait d'un partisan de ses idées. Il se basait surtout sur les ouvrages de la tradition origéniste. Les relations de Socrate avec les origéniens doivent rester obscures, car l'arien Timothée est le seul origénien dont Socrate admet qu'il le connaît personnellement[229].

---

[222] Voir Elizabeth A. Clark, *The Origenist Controversy*, passim.

[223] Socr. 3.23.28, 4.27.4, 5.7.8, 5.22.47 (θεωρία): cf. M. Wallraff, *Der Kirchenhistoriker*, p. 227 n. 83.

[224] Socr. 3.7.4-10, 4.27.3-6: cf. P. Van Nuffelen, *Two Fragments*.

[225] Socr. 4.25.7.

[226] Socr. 6.13.10; cf. Socr. 7.6.8. La dépendance de Socr. 6.13.10 d'Athanase, *De decretis* 27.1, nous semble probable (cf. G.C. Hansen, *Sokrates*, p. 335; P. Maraval, *Socrate de Constantinople*, p. 30 n. 2). Socrate: ὁ θαυμαστός καὶ φιλοπονώτατος Ὠριγένης τάδε περὶ τοῦ υἱοῦ τοῦ θεοῦ τῇ ἡμετέρᾳ δόξῃ μαρτυρεῖ, συναΐδιον αὐτὸν λέγων τῷ πατρί; Athanase: Περὶ δὲ τοῦ ἀϊδίως συνεῖναι τὸν Λόγον τῷ πατρὶ ... ἐξέστω πάλιν ὑμᾶς ἀκοῦσαι καὶ παρὰ τοῦ φιλοπόνου Ὠριγένους. Remarquons pourtant que l'épitheton φιλόπονος est plus souvent appliqué à Origène (Athanase, *Epistulae IV ad Serapionem* PG 26.649; *Catenae in epistulam ad Hebraeos* p. 361.31; Grégoire de Nysse, *In canticum canticorum* p. 13.3).

[227] Socr. 7.32.17: cf. B. Neuschäfer, *Zur Bewertung*, p. 87-90.

[228] Pâques: Socr. 5.22.47; en général: Socr. 7.6.8: cf. B. Neuschäfer, *Zur Bewertung*, p. 74-75.

[229] Socr. 7.6.5. N.P. Constas, *Proclus*, p. 15 n. 25 semble assumer que Socrate connaissait de nombreux origénistes.

1.3.2 Un historien novatien

La majorité des lecteurs anciens, parmi lesquels sans doute déjà Sozomène[230], considérait Socrate comme un novatien[231]. Plusieurs indices attestent du fait que Socrate était en effet un novatien[232].

L'historien fréquentait de nombreux novatiens, comme le vieux presbytre Auxanon[233]; chez Troïlos, il avait pu en rencontrer d'autres, comme Ablabius, le futur évêque de Nicée. Un seul voyage de Socrate en dehors de Constantinople est assuré[234]: il dit avoir entendu d'un paysan local le récit du massacre des novatiens à Mantinéion en Paphlagonie (vers 358?). Il y allait probablement visiter la communauté novatienne[235]. Cela indique que Socrate avait d'étroites relations avec les novatiens, et pas uniquement avec ceux de la capitale.

Socrate interprète aussi certains événements en faveur des novatiens. Il mentionne une constitution de Théodose I qui accordait aux novatiens le droit de posséder des églises à l'intérieur de Constantinople. Comme le passage parallèle de Sozomène le démontre, l'historien se réfère à *Codex Theodosianus* 16.5.12 (du 3 décembre 383), qui permet à ceux qui suivent la foi nicéenne de posséder des églises dans la ville[236]. La loi fait état de nombreuses hérésies exclues de ce privilège, mais omet les novatiens. Socrate a ainsi transformé le silence sur les novatiens en une affirmation positive. Le droit de rassemblement à l'intérieur de la cité était un point symbolique très important pour les novatiens, comme nous l'avons

---

[230] Voir ci-dessous p. 79-82.

[231] Voir l'aperçu des témoins chez M. WALLRAFF, *Der Kirchenhistoriker*, p. 237-240, où il faut ajouter S. FERRI, *De Hypatii*. Pourtant, on affirmait parfois aussi l'orthodoxie de Socrate: *Traité des transferts* 14 (b).

[232] La plupart des travaux modernes des dix dernières années considèrent Socrate comme un novatien ou au moins proche du novatianisme: R. LIM, *Public Disputation*, p. 204 n. 96; M. STACHURA, *Heretycy*, p. 174-193; M. MAZZA, *Costanza II*, p. 98; M. WALLRAFF, *Der Kirchenhistoriker*, p. 250; Susan WESSEL, *Socrates' Narrative*, p. 100; I. KARPOZILOS, *Socrates*, p. 208; P. MARAVAL, *Socrate de Constantinople*, p. 11.

[233] Socr. 1.13.2.

[234] Aucun élément dans Socr. 1.12.8 et 5.22.50-52 ne permet d'affirmer que Socrate ait visité Chypre ou la Thessalie, comme le fait Theresa URBAINCZYK, *Socrates*, p. 8, 17.

[235] Socr. 2.38.32. Signalons que la vie d'Hypatios de Gangra mentionne des novatiens dans la région (BHG 759a.11-14). L'épisode de cette vie qui a trait à eux, est copié dans une scolie à Socr. 7.17 dans le *Laurentianus* 69.5 (S. FERRI, *De Hypatii*). L'épisode est à ajouter chez S. MITCHELL, *Anatolia*, p. 96-100; M. WALLRAFF, *Geschichte*, p. 271.

[236] Socr. 5.10.27-28; Soz. 7.12.11. Socrate ne mentionne donc pas une loi inconnue et perdue, comme le pensent Pauline ALLEN, *The Use*, p. 267; M. WALLRAFF, *Geschichte*, p. 257 n. 21; R.M. ERRINGTON, *Christian Accounts*, p. 404 (qui admet aussi notre solution). Voir sur ce passage aussi ci-dessous p. 384-385.

exposé ci-dessus[237]. L'interprétation spécifique de *Codex Theodosianus* 16.5.12 par Socrate vise à y fournir un fondement juridique.

Son interprétation de la suppresion du prêtre pénitencier à Constantinople, sous le règne de Théodose I (379-395), est également très particulière, car il suggère que l'Église catholique rejoint ainsi la véritable orthodoxie novatienne. En effet, selon Socrate, ce presbytre, devant lequel le croyant confessait ses péchés, aurait été créé par l'Église après la persécution de Dèce (249-251), quand les novatiens s'étaient séparés d'elle[238]. Il constituait ainsi une innovation par rapport à la tradition selon Socrate, qui souligne que ce n'est que chez les hérétiques que la fonction existe encore. Il défend ainsi la position novatienne sur la pénitence, selon laquelle la remission des péchés était l'œuvre de Dieu et ne revenait pas aux hommes. Après avoir raconté cet épisode, Socrate critique le prêtre constantinopolitain Eudaimon, qui professait qu'il fallait laisser à la conscience de chacun le choix de prendre part aux sacrements — une attitude trop laxiste pour les rigoristes novatiens[239]. Plus tard, Socrate critique Jean Chrysostome pour avoir dit qu'on peut obtenir mille fois remission des péchés, et il y oppose l'opinion plus correcte de Sisinnios, l'évêque novatien de Constantinople[240].

Sozomène, par contre, bien enraciné dans la tradition orthodoxe, n'apprécie pas autant cette suppresion, et critique implicitement la version de Socrate: «Cette fonction est conservée dans les Églises occidentales et en particulier dans celle de Rome». La suppresion entraînait selon lui une dépravation des mœurs, de laquelle une conséquence était que Théodose I devait régler de nouveau l'accès des femmes à la diaconie. La honte de voir ses péchés rendus publics avait jusqu'alors poussé les gens à vivre une vie morale, tandis qu'ils pouvaient désormais pécher sans véritable souci et sans censure publique[241].

Socrate s'en prend aussi au schisme sabbatien, né à l'intérieur de l'Église novatienne au début du cinquième siècle à propos d'un conflit sur la date de Pâques. Les novatiens avaient suivi la tradition de l'Asie mineure d'avant le concile de Nicée et fêtaient le jour de Pâques le

---

[237] Cf. ci-dessus p. 25.

[238] Socr. 5.19.

[239] Socr. 5.19.10. Voir l'interprétation de M. WALLRAFF, *Der Kirchenhistoriker*, p. 243-245.

[240] Socr 6.21.3-5.

[241] Soz. 7.16.4 (ἐν δὲ ταῖς ἄλλαις αἰρέσεσι εἰσέτι νῦν τοῦτο κρατεῖ, ἐπιμελῶς δὲ καὶ ἐν ταῖς ἀνὰ τὴν δύσιν ἐκκλησίαις φυλάττεται καὶ μάλιστα ἐν τῇ Ῥωμαίων), 7.16.10-11 (cf. *Codex Theodosianus* 16.2.27-28 [21/6/390, 23/8/390]; voir aussi *Regestes de Constantinople* no. 9).

dimanche après le 14 nissan. Au cours du quatrième siècle, la communauté constantinopolitaine s'était alignée sur la pratique nicéenne. La communauté de Phrygie décida, au concile de Pazos, tenu sous le règne de Valens (364-378), de continuer d'adhérer au comput ancien. Socrate critique cette décision, puisqu'aucun évêque novatien de la capitale ou des villes environnantes n'y avait pris part[242]. Pendant le règne de Théodose I, Sabbatios, un presbytre novatien de Constantinople, voulut rendre cette pratique traditionnelle obligatoire pour les novatiens lors du concile de Sangaros. Le synode déclara la dispute être un *adiaphoron*, mais exigea de la part de Sabbatios le serment de ne jamais aspirer à la fonction d'évêque. On soupçonna, semble-t-il, qu'il espérait obtenir la fonction en attisant la controverse sur la date de Pâques. Après la mort de l'évêque novatien Sisinnios (412), Sabbatios se fit pourtant consacrer évêque de Constantinople par ses partisans, ce que le peuple novatien de la capitale refusa d'accepter, selon Socrate. Une petite communauté sabbatienne s'établit alors dans Constantinople et, malgré l'hostilité d'Atticus et d'Anthémius[243], elle y survécut assez longtemps[244]. Socrate dépeint ce schisme en couleurs noires et fustige son choix de suivre «la date juive», dont il réfute le bien-fondé dans une longue digression. Pour lui, Sabbatios défend «l'opinion d'un rustaud»[245]. Sa critique virulente et injuste des sabbatiens était sans aucun doute inspiré par leur choix de se distancier des nicéens, alors que la communauté constantinopolitaine cherchait à entretenir les meilleures relations avec l'Église orthodoxe. La polémique de Socrate à propos d'une controverse à l'intérieur du novatianisme montre qu'il était lié de près aux novatiens de Constantinople.

Nous touchons ici à un élément central de la pensée de Socrate. Nous avons vu qu'il souligne comment l'Église orthodoxe et les novatiens se sont rapprochés par l'abolition du prêtre pénitencier et qu'il s'en prend aux sabbatiens, qui rendent difficile ce rapprochement par leur défense de la date traditionnelle de la fête de Pâques. Socrate cherche donc à amoindrir la distance séparant les nicéens et les novatiens.

[242] Socr. 4.28.16-19.

[243] Atticus: Socr. 7.25.10; Anthémius: *Codex Theodosianus* 16.6.6 (21/3/413).

[244] Le schisme sabbatien est encore attesté au sixième siècle (Léonce de Byzance, *Homélies pascales* 2.2.1; Timothée de Constantinople, *De receptione haereticorum* PG 86.1.36-37; Photius, *Bibliothèque* 280). Une mort subite, supposée par M. WALLRAFF, *Der Kirchenhistoriker*, p. 236; ID., *Markianos*, p. 27, n'était alors pas son sort.

[245] Socr. 5.21.6-19, 7.5.9 (τῇ ἀγροικικῇ προλήψει), 7.12.5, 7.25.10. Voir M. WALLRAFF, *Geschichte*, p. 273-277.

Cela ne revient pas à abandonner les traditions et qualités novatiennes qu'il défend ouvertement[246]. La dimunition de la distance entre nicéens et novatiens mène chez lui plutôt à un élargissement du champ de l'orthodoxie doctrinale. Nous avons vu que Socrate réduit la dispute sur l'orthodoxie d'Origène à la question de la consubstantialité de la Trinité. Puisque Origène la défend, il est orthodoxe. Socrate fait de même à propos du novatianisme. Puisque les novatiens acceptent l'*homoousios*, les points de divergence avec les nicéens, en particulier l'attitude envers la pénitence, ne sont plus décisifs pour juger de leur orthodoxie. Ce sont des éléments sujets à la discussion, qui ne font pas le tri entre l'hérésie et la véritable foi[247].

Dans cette perspective, il est important d'observer que Socrate n'utilise guère les termes «Église catholique» et «Église orthodoxe» pour désigner les nicéens, et qu'il ne désigne les novatiens pas comme les «purs» (καθαροί), comme ceux-ci en avaient l'habitude[248]. Qui plus est, comme l'a relevé M. Wallraff, une «hérésie» désigne d'habitude chez Socrate simplement un courant dans l'Église. Les orthodoxes sont aussi une «hérésie»[249]. Pourtant, pour éviter des connotations éventuelles, Socrate n'appelle jamais les novatiens des «hérétiques». Uniquement deux fois, dans les paroles de Jean Chrysostome et Nestorius — des persécuteurs des novatiens —, ils sont inclus parmi les hérétiques[250].

En s'abstenant de tels termes imprégnés de jugements de valeur, Socrate réussit à s'ouvrir un large champ d'orthodoxie doctrinale, où la frontière entre hérésie et orthodoxie est établie par l'acceptation de l'*homoousios*. Un autre outil mis en œuvre par les novatiens pour diminuer la distance entre eux-mêmes et les nicéens, c'est de dissocier l'idée du *homoousios* du concile de Nicée. Par la bouche de leur évêque Agélios (début du quatrième siècle), les novatiens soulignent chez Socrate que l'idée du *homoousios* n'était pas une innovation du concile mais que la foi des Pères s'y exprime. Puisque les novatiens sont restés fidèles aux Pères, ils ne sont pas en désaccord avec le concile[251]. L'acceptation du concile de Nicée

---

[246] Socr. 1.13.1-10, 2.38.14-26, 4.28.11-13.

[247] Cf. Socr. 6.21.3-6, 7.25.17-19.

[248] Cf. M. WALLRAFF, *Der Kirchenhistoriker*, p. 252.

[249] M. WALLRAFF, *Der Kirchenhistoriker*, p. 36.

[250] Socr. 6.22.15, 7.29.5. En 6.19.7 G.C. Hansen écrit sur la base de la traduction latine et arménienne πολλὰς ἐκκλησίας τῶν Ναυατιανῶν καὶ Τεσσαρεσκαιδεκατιτῶν καὶ ἄλλων τινῶν <αἱρετικῶν>. Cette addition a été mise en doute avec raison par M. WALLRAFF, *Der Kirchenhistoriker*, p. 73 n. 215 (cf. Socr. 5.20.1 pour une expression pareille sans «hérétiques»).

[251] Socr. 1.10, 7.25.15.

ne décide donc pas de l'orthodoxie; il suffit d'être d'accord que la doctrine qui y est exposée représente la tradition apostolique. Ainsi, la difficulté pour les novatiens, qui refusaient de souscrire aux décisions de Nicée, est dépassée en mettant l'accent sur la tradition. Le long récit de Socrate sur le concile de Constantinople de 383, où seuls les novatiens et les nicéens acceptaient l'*homoousios*, démontre par ailleurs que leur unité dans la foi avait été sanctionnée par un synode officiel[252].

Fréquenter des communautés novatiennes, réinterpréter des lois en faveur des novatiens, être impliqué dans les controverses des novatiens, affaiblir l'orthodoxie pour faire place aux novatiens, ces éléments peuvent être considérés par une attitude hypercritique comme une preuve insuffisante de l'appartenance de Socrate à ce schisme[253]. La distinction entre un Socrate très philonovatien et un Socrate effectivement novatien devient pourtant très mince, et elle est en tout cas négligeable pour l'interprétation de l'ouvrage.

2. SOZOMÈNE

Sozomène était un personnage très différent de son prédécesseur. Né en Palestine, il semble avoir voyagé beaucoup dans la région, avant d'entamer une carrière d'avocat à Constantinople. À l'encontre de Socrate, aucun lien avec les dirigeants politiques n'est attesté. Sozomène exprime plutôt sa loyauté envers sa région natale, les ascètes et l'orthodoxie nicéenne.

2.1 LA CARRIÈRE DE SOZOMÈNE

2.1.1 Nom et origine

Les manuscrits de l'*Histoire ecclésiastique* de Sozomène nous font connaître comme nom complet de l'auteur, celui de Σαλαμήνιος

---

[252] Socr. 5.10 (voir ci-dessous p. 384-386). Dans la remarque de Sozomène sur l'apollinarisme (Socr. 2.46.12) et sa discussion de la date de Pâques (Socr. 5.22.12), on retrouve également cette idée d'un élargissement du champ doctrinal. Signalons aussi l'approbation avec laquelle il cite la lettre de Constantin à Arius et Alexandre, où l'empereur insiste sur le fait qu'il faut tolérer de minces différences d'opinions (Socr. 1.7) et ses remarques concernant les différentes coutumes ecclésiastiques (Socr. 5.22.11-12).

[253] C'est l'attitude de H. LEPPIN, *The Church Historians*, p. 221-222.

Ἑρμείας Σωζομενός. Ce triple nom est remarquable à une époque où l'on portait d'habitude un seul nom. Bien que ce fait reste difficile à expliquer, il nous semble possible de réduire les trois noms à deux.

Alors que le deuxième et troisième nom sont reconnaissables comme grecs, le premier nom de l'historien posait déjà un problème à ses lecteurs byzantins. Les scribes, s'étant perdus dans l'orthographie, créaient les leçons Σαλάμιος, Σαλαμίνιος et Σαλμάνος[254], alors que le patriarche Photius lut Σαλαμάνος et Cassiodore réduisit le nom par pur désespoir à *Salam*. L'auteur du *Traité des transferts* (douzième siècle) fit de Sozomène un habitant de Clazomènes[255]. Ce désarroi naquit de l'origine non-grecque du nom, qui est sémitique. R.W. Daniel a en effet montré que *Salamenios* est une des nombreuses variantes du nom *Salamanes* dérivé de la racine sémitique *slmn*, signifiant «sain» ou «sauvé»[256]. Voilà le nom original de l'historien dont le grec Σωζομενὸς est une belle traduction.

Bien que Sozomène soit le seul cas connu où *Salamanes* et *Sozomenos* sont portés en même temps par une seule et même personne, la correspondance entre *Salamanes* (et ses variantes) et *Sozomenos* se retrouve probablement aussi dans la région de Moab dans la province d'Arabie. Parmi les inscriptions de cette région, nous retrouvons huit occurrences du nom *Salamanes* et cinq de *Sozomenos*. Ces dernières, par hasard toutes des patronymes, proviennent en majorité d'un contexte clairement sémitique[257]. Le nom *Sozomenos* était donc usuel parmi eux. Nous constatons en plus que deux inscriptions, l'une mentionnant un *Salamanes* et l'autre un *Sozomenos*, ont un contexte onomastique identique, ce qui pourrait indiquer qu'il s'agit de membres de la même famille[258]. Cela pourrait signifier que *Sozomenos* était utilisé comme l'alternative grecque de *Salamanes* et de ses variantes.

---

[254] J. BIDEZ — G.C. HANSEN, *Sozomenos*, p. 1 l.1, 6 l.1, 390 l. 1. Voir aussi J. BIDEZ, *La tradition manuscrite*, p. 23.

[255] Photius, *Bibliothèque* 30; Cassiodore, *Historia Tripartita* 1.1.19; *Traité des transferts* 14 (b).

[256] R.W. DANIEL, *From Work*, p. 173. Sur le nom et ses apparentés, voir M. SARTRE, *Bostra*, p. 236; le commentaire à *IGLSyria* II 465, XXI.2 118. M. SARTRE, *Bostra*, p. 236 propose «prospère» comme traduction de *Salmos*, et Procopios comme son équivalent grec. G.C. HANSEN, *Sozomenos*, Vol. 1, p. 10-11, 16 semble ignorer l'article de R.W. Daniel.

[257] *Salamanos* et ses variantes: voir ci-dessous p. 49 note 265; Sozomenos: *IMoabChr* 71, 128, 149, 284, 368.

[258] *IMoabChr* 71: ἐνθάδε κῖτ(αι) Δουσαρίας Σωζομενοῦ; *IMoabChr* 147: ἐνθάδε κῖτ(αι) Σαλαμάνος Δ(ου)σαρίου ζήσας ἔτη …

Le phénomène du double nom grec et indigène, où le premier constitue souvent — mais non pas toujours — une traduction du second,
nous est bien connu des régions où la population indigène s'intégrait
dans la culture hellénique. L'exemple du philosophe Porphyre, provenant de Tyr, qui transposait en grec son nom sémitique Malkos, signifiant roi, est parmi les mieux connus. À Gaza, nous recontrons une
Iréné-Salaphtha[259].

Le double nom de Sozomène a disparu de la tradition manuscrite,
bien qu'il puisse en rester quelques traces. Dans le manuscrit V, les
livres 5-8 donnent uniquement Ἑρμείας Σωζομενός comme nom,
alors que le livre 9 reprend celui de Σαλμάνος Ἑρμείας. Ceci pourrait indiquer que, soit le manuscrit originel de l'histoire, soit le copiste
de l'archétype de ce manuscrit, comprenait les deux noms comme équi-
valents. À moins qu'il ne faille y voir une simple négligence du
copiste[260].

Le nom *Salamanes* confère une origine sémitique à Sozomène. On pourrait penser que Sozomène est d'origine syriaque. L'historien naquit dans le
village Béthéléa, près de Gaza, où la langue courante était le syriaque.
Sozomène la maîtrisait, comme le montre sa connaissance des écrits
syriaques d'Éphrem et d'actes de martyrs syriaques[261]. Pourtant, il est également possible que le nom soit arabe. L'historien signale ainsi que les
exploits de la reine arabe Mavia contre les Romains étaient encore chantés
parmi les Sarrasins, ce qui lui laisse accroire qu'il connaissait également
l'arabe [262].

Sans que ce soit un argument décisif, la distribution du nom *Salamanes*
en Orient suggère que celui-ci était particulièrement apprécié dans les
régions comprenant une présence arabe. Bien que il se soit répandu de

[259] Marc le Diacre, *Vita Porphyrii* 102. Pour des cas arabes d'un double nom, voir
M. SARTRE, *Bostra*, p. 200. Pour l'Égypte, voir Rita CALDERINI, *Ricerche*, I, p. 257-258,
II, p. 25-28, 37-38; J. QUAEGEBEUR, *Greco-Egyptian Double Names*. Pour les Phéniciens,
voir H. HAUBEN, *Les nauclères*, p. 326-328. Pour les juifs, voir W. CLARYSSE, *Jews*.
Cf. *TAM* III 514 (Termessos) Ἦλις ὁ καὶ Σωζομενός.

[260] Le supplément Σαλαμάνου Ἑρμείου <Σωζομενοῦ> de J. Bidez et G.C. Hansen
(*Sozomenos*, p. 390) dans le titre du neuvième livre n'est pas absolument nécessaire, s'il
s'agit d'un double nom.
Signalons que Nicéphore Calliste (vers 1320) semble aussi comprendre *Salaminios*
comme un second nom en appelant Sozomène ὁ καὶ Σαλαμίνιος, la formule habituelle
pour indiquer un double nom (Nicéphore Calliste, *HE* 1.1 PG 145.605d; sur la formule ὁ
καὶ, voir Rita CALDERINI, *Ricerche*, I, p. 221-250).

[261] Soz. 2.9-14, 3.16, 5.15.14, 7.29.2. Voir les remarques de P. DEVOS, *Notes*, p. 229-
237.

[262] Soz. 6.38.4.

l'Euphrate jusqu'en Égypte[263], et qu'il se retrouve aussi en Syrie[264], nous le rencontrons le plus souvent dans la province d'Arabie[265] et dans les régions de la *Palestina prima* et *secunda* touchant les déserts arabiques et l'Arabie, comme le Golan[266]. Dans le sud de la *Palestina prima*, il est attesté dans la région de Gaza[267], alors que dans la *Palestina salutaris*, il surgit dans de nombreux lieux et aussi dans la capitale Pétra[268]. La distribution des Arabes dans les provinces de la Palestine se recoupe assez bien avec les endroits où une présence manifeste du nom est attestée. Vivant dans la *Palestina prima* sans y constituer un très grand groupe[269], il y avait des arabes sédentaires dans la région de Gaza: Natiras, un évêque de la ville et un contemporain de Sozomène, était un arabe[270]. Les Arabes étaient manifestement représentés dans la *Palestina salutaris*. En particulier à Pétra, où l'arabe était parlé à l'époque d'Épiphane de Salamine[271], et, dans la région d'Élousa[272], ils abondaient. Cette dernière ville avait même des évêques arabes.

Sozomène était donc peut-être originaire d'une famille arabe. Cette origine permet de comprendre son intérêt pour les Sarrasins, qui se traduit dans ses travaux par des informations plus riches que celles de ses

---

[263] Théodoret, *Historia religiosa* 19.1; *P.Dura* 21 (deuxième siècle); *SB* VI 9610. À Abu Sha'ar, à la côte de la Mer rouge en Égypte, le nom se retrouve dans une inscription et un papyrus du quatrième-sixième siècle (R. BAGNALL — Jennifer A. SHERIDAN, *Greek and Latin Documents*, p. 163-165). Vu le fait que la majorité des attestations du nom à cette époque provient de régions avec une présence arabe, il ne nous semble pas justifié d'en faire «a particulary Syrian name» (ainsi *P.Nessana* p. 354; R. BAGNALL — Jennifer A. SHERIDAN, *Greek and Latin Documents*, p. 164).

[264] Par exemple *IGLSyria* II 465, IV 1935 (Apamène); *LBW* VI 2147, 2262, 2337, 2412.

[265] *SEG* 7 (1934) 1126 (sans lieu, 433/4); *SEG* 38 (1988) 1658-1659 (Mont Nébon, environ 500); *SEG* 42 (1992) 1490d (Kastron Mefaa, fin du sixième siècle); *IGLSyria* XXII.1 96b (Mont Nébon, sixième siècle); *IGLSyria* XXI.2 118, 142 (Madaba, sixième siècle); *IMoabChr* 123, 147, 150, 272, 299, 320, 325, 326.

[266] *SEG* 46 (1996) 1927, 1983, 1995.

[267] Soz. 6.32.5; C. SALIOU, *Gaza*, p. 407 (Σαλαηανου, où l' «Η» est une erreur pour une «Μ»). Voir aussi les noms Σαλαων et Σαλανος à Gaza (C. SALIOU, *Gaza*, p. 404).

[268] *P.Petra inv.* 10 (R.W. DANIEL, *From Work*, p. 173); *P.Nessana* 45 (602); *INessana* 82; *SEG* 31 (1981) 1428 (Sobata, 646), 1443 (Sobata, 679); *SEG* 36 (1986) 1334 (Beer-sheba, sixième siècle).

[269] I. SHAHÎD, *Byzantium*, Vol. 2, p. 47, 181-184.

[270] Il est attesté aux conciles de 431 (ACO 1.1.2 [Coll. Vat. 62] *Gesta ephesena* p. 59 no. 99) et 451 (ACO 2.1.2 *Actio VI* p. 144 no. 76): cf. I. SHAHÎD, *Byzantium*, Vol. 2, p. 225-226.

[271] Epiphane, *Panarion* 51.22.11: cf. I. SHAHÎD, *Byzantium*, Vol. 1, p. 274-278, Vol. 2, p. 134-144.

[272] Jérôme, *Vita Hilarionis* 25; *Vita Hilarionis* BHG 752.25 p. 114.10; R. DEVREESSE, *Le patriarcat*, p. 247-248.

prédécesseurs, Rufin et Socrate, sur Moïse, leur premier évêque[273], ainsi
que par une digression sur leur descendance d'Ismaël[274] et sur leurs habitudes judaïsantes, et également par le récit de la conversion du chef tri-
bal Zocomos peu avant le règne de Valens[275]. Néanmoins, le sédentaire
Sozomène ne s'identifie pas avec ces nomades, qu'il présente comme
des barbares partageant l'intérêt démesuré pour la procréation avec
d'autres non-Romains[276]. Le monde d'un sédentaire chrétien n'est pas, à
ses yeux, celui d'un nomade barbare, même s'ils peuvent avoir la langue
en commun.

Il nous reste encore une dernière question à éclairer. Le nom donné par
la majorité des manuscrits, Σαλαμήνιος, n'est nulle part attesté. La forme
légèrement différente Σαλαμάνιος, par contre, l'est bien, et celle donnée
par Photius Σαλαμάνος est la plus usuelle. Il est difficile de trancher
parmi ces diverses possibilités. Σαλαμήνιος pourrait être une forme jusqu'alors inconnue[277]. Il est aussi possible qu'une erreur se soit produite
assez tôt dans la tradition manuscrite, lorsque quelqu'un écrivit Σαλαμήνιος pour Σαλαμάνιος. Si nous gardons l'option d'une erreur de scribe,
la forme Σαλαμάνος, donnée par un des premiers témoins, Photius, n'est
pas non plus à exclure. Trois options pour le nom originel de cet historien de l'Église nous restent alors ouvertes: la forme Σαλαμήνιος, inconnue dans les inscriptions mais transmise par les manuscrits de Sozomène;
Σαλαμάνιος, une forme connue dans les sources documentaires, et qui

---

[273] Sozomène (6.38.6-9) dit clairement que Moïse était le premier évêque des Sarrasins, malgré ce que prétend I. SHAHÎD, *Byzantium*, Vol. 1, p. 330-335 (cf. Soz.
6.38.16: οἶα περὶ τοῦ πρώτου παρ' αὐτοῖς ἐπισκοπήσαντος παρειλήφαμεν «[je
raconte…] tout ce que j'ai entendu sur le premier évêque parmi eux»). I. Shahîd donne
les noms de deux évêques précédant Moïse, mais l'un n'est pas historique (Πάμφιλος
Ταηνῶν ne surgit que dans la liste byzantine tardive des 318 Pères de Nicée [cf.
E. HONIGMANN, *La liste originale*, p. 56]), et l'autre nom est né d'une corruption tex-
tuelle (dans la lettre du concile d'Antioche 363 [Socr. 3.25.18], il faut accepter la correction de G.C. Hansen [*Sokrates*, p. 227 l. 10] Θεότιμος Ἀράδου au lieu de Θεότιμος Ἀράβων).

[274] Soz. 6.38.10-14. Voir Philostorge, *HE* 3.4; Jean Diacrinomène = *Epitome* 559;
Pseudo-Sébéos 42 p. 134.

[275] Soz. 6.38.14-15. I. SHAHÎD, *Byzantium*, Vol. 2, p. 3-6 situe de manière erronée la
conversion de Zocomos sous Théodose II: voir Soz. 6.38.14.

[276] Soz. 6.38.15. C'est un cliché à propos des barbares dans l'Antiquité tardive: voir
Lactance, *De mortibus persecutorum* 38.3; Éphrem, *Memre sur Nicomédie* 12.1-15, 12.49-
51; Augustin, *De civitate Dei* 1.28. Pour un inventaire de tels clichés, voir W. SPEYER —
Ilona OPELT, art. *Barbar I*, col. 883-888.

[277] R.W. DANIEL, *From Work*, p. 174 n. 7, suggère que la forme *Salamenios* est le produit d'une prononciation typique des dialectes sudarabes, où un «a» peut devenir un «e»
ou un «i».

aurait été transformée par les scribes en Σαλαμήνιος; ou Σαλαμάνος, la forme de Photius, non attestée dans les manuscrits mais avec de nombreux parallèles dans les inscriptions.

2.1.2 Date de naissance

La famille de Sozomène appartenait à l'élite du village Béthéléa, près de Gaza[278]. En dehors du fait que Sozomène avait eu la possibilité de faire des études juridiques, deux indices tendent à lui conférer une origine plutôt aisée. D'abord, le grand-père de Sozomène était assez bien éduqué pour pouvoir expliquer l'Écriture et s'occupait de l'arithmétique[279]. Des connaissances pareilles n'étaient pas l'apanage d'un simple paysan. Ensuite, lorsque l'ascète Hilarion (291-371) libéra Alaphion, un habitant du même village, d'un démon, ce dernier et le grand-père de Sozomène se convertirent avec leur famille entière au christianisme. Alaphion faisait partie de l'élite du village, puisque ses quatre fils, Salamanès, Phouscon, Malachion et Crispion, étaient des «eupatrides»[280]. Le grand-père de Sozomène occupait probablement une position pareille, vu les relations qu'il entretenait avec lui.

La date de naissance de Sozomène ne se laisse pas déterminer avec exactitude, mais plusieurs éléments permettent d'arriver à une date approximative. Établissons d'abord le *terminus ante quem*. Sozomène dit avoir rencontré Zénon de Constantia-Maïouma quand celui-ci avait presque cent ans. Zénon avait été persécuté sous Julien (361-363) avant de devenir évêque sous Théodose I (379-395)[281]. Or, Paulinien, son successeur, est attesté en fonction en 431. Sozomène doit donc avoir vu le vieil évêque avant cette date.

Ce *terminus* peut encore être affiné. Sozomène arrive à Constantinople au plus tôt après la mort d'Atticus en 425, et au plus tard en 446, année de décès de Proclos[282]. Nous savons que Sozomène a étudié le droit, et ceci probablement à Beyrouth[283]. Puisque, à cette époque, on

---

[278] Soz. 5.15.14, 6.32.5.
[279] Soz. 5.15.16. Sozomène parle-t-il de la discipline de la *paideia* ou de la prédiction de l'avenir? Vu le fait que l'historien ne croit pas en la divination païenne et attribue la prédiction de l'avenir à l'inspiration divine (voir ci-dessous p. 374-377), la première option semble la bonne.
[280] Soz. 5.15.17, 6.32.5.
[281] Cent ans: Soz. 7.28.6; persécution: Soz. 5.9.7-9.
[282] Soz. 9.2.18. Il n'avait plus connu Atticus (Soz. 8.27.7).
[283] Cf. ci-dessous p. 54.

entamait des études au plus tôt à l'âge de quinze ans et qu'on les
terminait en quatre ou cinq ans[284], Sozomène naquit au plus tard en 427,
afin de pouvoir parvenir dans la capitale avec son diplôme fraîchement
obtenu.

Un *terminus post quem* approximatif est plus difficile à déterminer.
Plusieurs éléments concordent pour le définir au début du cinquième
siècle. Sozomène dit avoir connu «les survivants» des quatre fils d'Alaphion, Salamanès, Phouscon, Malachion et Crispion, comme des hommes
âgés dans sa jeunesse. «De bons hommes de cette famille survivaient
encore jusqu'à mon temps. Je faisais connaissance avec eux quand ils
étaient des hommes âgés et quand j'étais encore jeune»[285]. De ces quatre
frères, Malachion mourut sous Valens (364-378) quand il était jeune; sa
mort eut lieu en présence des autres frères et est alors à situer avant 367,
date à laquelle Crispion partit probablement pour Chypre avec Épiphane
afin de devenir son archidiacre[286]. Épiphane avait, en effet, fait connaissance avec Crispion en Palestine avant de devenir évêque de Salamine
en 367, et il semble l'avoir emmené alors à Chypre. Crispion, quant à lui,
décéda peu avant qu'Épiphane de Salamine n'arrive à Constantinople en
403. Si l'on prend Sozomène au pied de la lettre, les «survivants» qu'il
dit avoir rencontrés, seraient uniquement Phouscon et Salamanès. Dans
ce cas, sa date de naissance se situe après le décès de Crispion en 403,
ou un peu avant[287].

On peut bien-sûr voir dans ce passage seulement une référence à la
mort de Malachion mais, même dans ce cas, on ne peut pas faire reculer
de beaucoup la date de naissance de Sozomène. Quand Malachion mourut, entre 364 et 367, celui-ci était encore jeune, selon l'historien. Les
autres frères étaient donc également de jeunes hommes à l'époque. Ce
n'est que vers la fin du siècle qu'ils pourraient être qualifiés d'«hommes
âgés». Cela tend à situer la date de naissance de Sozomène vers cette
même époque, l'extrême fin du quatrième siècle ou le début du cinquième
siècle.

Ces éléments nous offrent non seulement un *terminus post quem*
approximatif, 403 ou un peu plus tôt, mais suggèrent également que Sozomène serait né vers le début du siècle. Il est en effet improbable que

---

[284] H.-I. MARROU, *Histoire de l'éducation*, p. 360, 421; D. LIEBS, *Roman Law*, p. 254.
[285] Soz. 5.15.17: ἐκ ταύτης δὲ τῆς γενεᾶς μέχρι καὶ εἰς ἡμᾶς περιῆσαν ἄνδρες
ἀγαθοί, οἷς ἤδη πρεσβύταις νέος ὢν συνεγενόμην.
[286] Soz. 6.32.5-6.
[287] Soz. 6.32.5-6, 8.15.2.

Phouscon et Salamanès, de jeunes hommes dans les années 360-370, aient vécu jusqu'en 420 ou 430, ayant alors 80 ou 90 ans.

Bien que les arguments avancés ne soient pas décisifs, d'autres données corroborent ce *terminus*. Le grand-père de Sozomène fuyait la persécution de Julien[288]. Son père n'est pas mentionné dans cette histoire et semble, dès lors, être probablement né après 363. Ceci s'intègre parfaitement dans l'hypothèse d'une date de naissance de Sozomène située au début du cinquième siècle. D'autre part, l'historien rencontrait des gens qui avaient entendu des récits de témoins oculaires au sujet des miracles opérés à Nicomédie par le moine Arsacius, mort en 358. S'il était né beaucoup plus tôt que 403, il aurait encore pu interroger lui-même ces témoins oculaires[289].

C'est donc entre 403 (ou un peu plus tôt) et 427, et, sans doute, vers le début de cette fourchette, qu'il nous faut situer la naissance de Sozomène.

2.1.3 Carrière et position sociale

Où Sozomène avait-il étudié la grammaire et la rhétorique? Nous l'ignorons[290]. Contrairement à Socrate, il ne démontre pas de connaissance étendue de la littérature classique. Elle se limite chez lui plutôt aux classiques enseignés à l'école. Plusieurs allusions et citations d'Homère[291], de Thucydide[292] et de Xénophon[293] sont détectables. Il donne aussi des détails sur la vie d'Homère et de l'historien Théopompe (un auteur populaire parmi les rhéteurs[294]); il recourt également à une vie du

---

[288] Soz. 5.15.14.

[289] Soz. 4.16.12-13. Ainsi est exclue la datation de B. Grillet dans G. SABBAH — B. GRILLET, *Sozomène*, p. 20 et de H. LEPPIN, *Von Constantin*, p. 13 qui situent la naissance de Sozomène vers 380. G.C. HANSEN, *Sozomenos*, Vol. 1, p. 17-18 propose une date après 390.

[290] L'hypothèse, émise par H. Valois (*Praefatio*, p. xiv) et souvent répétée dès lors (G. SCHOO, *Die Quellen*, p. 4; G. SABBAH — B. GRILLET, *Sozomène*, p. 13; D.F. BUCK, *Did Sozomen use Eunapius*, p. 16; G.C. HANSEN, *Le monachisme*, p. 145; ID., *Sozomenos*, Vol. 1, p. 14), que Sozomène avait été éduqué par des moines, ne peut être acceptée. Aucun texte ne vient appuyer cette idée.

[291] Homère, *Ilias* 5.870: cf. Soz. 6.2.10; Homère, *Ilias* 8.102-103: Soz. 1.7.3; Homère, *Ilias* 10.160, 392: cf. Soz. Déd. 15; Homère, *Ilias* 11.191-192: Soz. Déd. 1; Homère, *Odyssée* 8.116: cf. Soz. Déd. 12.

[292] Thucydide 2.65.13: cf. Soz. 5.10.8; Thucydide 6.33.2: cf. Soz. 5.19.18, 7.13.10.

[293] Xénophon, *Cyropédie* 1.1: Soz. 1.1.1 (Ἔννοιά μοί ποτε ἐγένετο). La tournure est pourtant courante, voir par exemple Procope, *Ktismata* 1.1.

[294] Cf. Dion de Pruse, *Discours* 18.10.

poète Oppien[295]. Ces éléments, et quelques autres détails, peuvent provenir d'une collection d'*exempla* à l'usage dans les écoles de rhétorique[296]. Des «classiques contemporains» que Socrate utilise abondamment, Sozomène se restreint à l'épitaphios de Libanius, au *Misopogon*[297] ainsi qu'à un recueil de lettres de Julien[298]. Pourtant, il montre, dans la dédicace, sa maîtrise de l'écriture d'un *encomion*, avec toutes les anecdotes et renvois aux classiques requis. Il a également lu l'histoire d'Eunape, couvrant la période de 270 à 404[299], et celle d'Olympiodore, allant de 407 (ou de 408, selon F. Paschoud[300]) à 425[301]. Il loue aussi les personnes versées dans la littérature païenne et chrétienne, comme Théodose II et le presbytre perse Auxence[302].

L'historien, qui portait le titre σχολαστικός et plaidait en tant qu'avocat à Constantinople[303], avait quitté son village pour étudier le droit, probablement à Beyrouth. Un séjour dans cette ville pour des études juridiques est en soi déjà probable, puisque c'était à l'époque l'école la plus prestigieuse et qu'elle se situait à proximité relative de Gaza[304]. Une allusion aux études juridiques de l'évêque Triphyllios de Lédraï (Chypre) dans cette ville, un détail qu'il est le seul à donner[305], renforce cette hypothèse. Sozomène peut l'avoir entendue pendant ses études à Beyrouth même. Nous verrons d'ailleurs ci-dessous que Sozomène possédait certaines connaissances de la Syrie, qu'il peut avoir recueillies pendant son séjour dans la région[306].

L'activité juridique de Sozomène est perceptible dans son *Histoire ecclésiastique*. Hormis sa connaissance évidente du latin, il justifie par

---

[295] Soz. Déd. 5-6: cf. *FGrHist* 115 T7b[Add]. Sur la place de Sozomène dans le développement de la vie d'Oppien, voir P. HAMBLENNE, *La légende*.

[296] Cf. Soz. 2.24.2-4 (les voyages des philosophes grecs). Voir aussi Soz. 1.18.7 (Julien le Chaldéen).

[297] Soz. 5.19.1 = Julien, *Misopogon* 368c.

[298] Pour Libanius et le recueil de lettres, voir J. BIDEZ — G.C. HANSEN, *Sozomenos*, p. lii.

[299] G. SCHOO, *Die Quellen*, p. 58-83; J. BIDEZ — G.C. HANSEN, *Sozomenos*, p. l-li; N. LENSKI, *Were Valentinian, Valens and Jovian Confessors*, p. 266; P.VAN NUFFELEN, *Zur Rezeption*, p. 271 n. 47 (une critique de D.F. BUCK, *Did Sozomen use Eunapius?*).

[300] F. PASCHOUD, *Zosime*, Vol. 3.1, p. 192-193, Vol. 3.2, p. 100.

[301] J. ROSENSTEIN, *Kritische Untersuchungen*; J. BIDEZ — G.C. HANSEN, *Sozomenos*, p. l-li; P. VAN NUFFELEN, *Sozomenus*.

[302] Soz. Déd. 7, 7.21.8. Cf. H. KUCH, *Φιλόλογος*.

[303] Cf. le titre de la dédicace; Soz. 2.3.10; Photius, *Bibliothèque* 30.

[304] Voir G. SABBAH — B. GRILLET, *Sozomène*, p. 18-20. À signaler, l'exemple de Zacharie le Rhéteur, originaire de Maïouma comme Sozomène, qui étudiait le droit à Beyrouth dans la seconde moitié du cinquième siècle (Jean Rufus, *Plérophories* p. 128).

[305] Soz. 1.11.8. Le détail manque chez Jérôme, *De viris illustribus* 92.

[306] Cf. ci-dessous p. 70.

exemple explicitement l'usage de la législation impériale sur la religion comme une des sources de son ouvrage[307]. Il cite assez souvent des lois, qui proviennent presque toutes du *Codex Theodosianus*[308]. Bien que nous constations parfois des divergences entre le texte existant des lois et la version qu'en donne Sozomène, celles-ci ne peuvent néanmoins induire l'hypothèse qu'il aurait utilisé d'autres textes juridiques que le *Codex*[309], comme l'a proposé Jill Harries[310]. Le recours fréquent à des textes juridiques démontre l'importance que Sozomène attachait à sa profession. Il ne faut pas y voir un essai de louer Théodose II, qui avait fait compiler le *Codex* (438), comme l'a suggéré G. Sabbah[311]: si c'était le cas, Sozomène aurait sans aucun doute fait grand cas du *Codex* dans la dédicace et la préface.

Plus d'une décennie d'activité juridique dans la capitale ne semble pas lui avoir apporté une rapide promotion sociale. Sozomène n'occupait aucune fonction publique[312], et rien n'indique qu'il fréquentait les

---

[307] Soz. 1.1.13, cf. 1.8.14.

[308] Avec ces exceptions-ci: Soz. 1.9.1-3a provient d'Eusèbe, *Vita Constantini* 4.26; Soz. 5.3.2 de la *Collection alexandrine* (*Histoire acéphale* 3.1); Soz. 7.25.7 de Rufin, *HE* 11.18 p. 1023.9-10 (cf. R.M. ERRINGTON, *Christian Accounts*, p. 432); Soz. 8.8.5 de Socr. 6.8.9. La source de Soz. 5.5.3b-4 reste inconnue.

[309] Par exemple Soz. 6.3.5-6 = *Codex Theodosianus* 9.25.2 (20/2/364): Sozomène omet la clause sur les veuves, mais celle-ci était déjà corrompue dans l'Antiquité et omise plus tard dans le *Codex Justinianus*; Soz. 7.4.4-6 = *Codex Theodosianus* 16.1.2 (28/2/380): Sozomène ajoute que Théodose menaçait de punitions les hérétiques, alors que la loi ne parle que de punition divine; Soz. 7.9.5-6 = *Codex Theodosianus* 16.1.3 (30/7/381): Sozomène omet Optime d'Antioche en Pisidie, une omission dont nous ignorons la cause. En 1.9.7, Sozomène renvoie à trois lois constantiniennes sur la *manumissio in ecclesia*, alors que le *Codex Theodosianus* n'en connaît qu'une seule (*Codex Theodosianus* 4.7.1 [18/4/321]). Une des deux autres est facilement identifiable (*Codex Justinianus* 1.13.1 [8/6/316]), et Elisabeth Herrmann a proposé avec une certaine plausibilité comme la troisième *Codex Theodosianus* 2.8.1 (3/7/321), permettant la *manumissio* aussi le dimanche (Elisabeth HERRMANN, *Ecclesia*, p. 232-233; pour une solution moins probable, voir Jill HARRIES, *Sozomen*, p. 48-49). Voir en général, Jill HARRIES, *Law and Empire*, p. 195-197. Sozomène renvoie aussi à un rescrit émis à l'occasion de la destruction du Sérapéion d'Alexandrie (Soz. 7.15.5-7), qu'il faut identifier avec *Codex Theodosianus* 16.10.11 (16/6/391). R.M. Errington a proposé que Sozomène connaissait également un rescrit postérieur à celui-ci (R.M. ERRINGTON, *Christian Accounts*, p. 424-427), mais le texte n'impose pas cette interprétation. Il nous semble plutôt que l'historien a combiné *Codex Theodosianus* 16.10.11 avec ses sources littéraires (Rufin, *HE* 11.22; Socr. 5.16.10) et en a déduit l'existence d'un autre rescrit, sans l'avoir consulté.

[310] Jill HARRIES, *Sozomen*, p. 52.

[311] G. SABBAH — B. GRILLET, *Sozomène*, p. 77-78.

[312] Cela se déduit *e contrario* de l'intitulé du septième livre, où le seul titre de σχολαστικός figure, alors que par exemple Évagre le Scholastique s'appelle aussi ἀπὸ ἐπάρχων dans l'intitulé. La fonction de Theophylacte Simocatta, *magister scriniorum*, apparaît aussi dans le titre de son ouvrage. L'identification de l'historien Sozomène avec

couches supérieures de la société. Son cercle de connaissances dans le
domaine public se restreignait au seul Aquilinus, un collègue dans l'avo-
cature, inconnu par ailleurs. Aucune relation directe avec la cour n'est
attestée. Sozomène connaissait par ouï-dire l'histoire de la guérison
de Probianus, un médecin du palais impérial, dans l'Eglise de
S.Michel[313]. Il avait vu Pulchérie, la sœur de Théodose II, pendant une
fête à l'occasion de la déposition des reliques des quarante martyres de
Sébaste — mais il n'était qu'un des nombreux habitants de la ville à y
assister[314]. Somme toute, son histoire ne permet pas de conclure à une
familiarité avec Pulchérie ni avec Théodose II[315]. Une sympathie latente
pour l'action de Jean Chrysostome contre les riches et contre ceux au
pouvoir illustre aussi la distance qui séparait Sozomène de ceux-ci. Il loue
ainsi l'évêque pour avoir critiqué les pécheurs au sein même de l'Église:
«Cela plaisait évidemment à la foule, alors que pour les riches et ceux
au pouvoir c'était désagréable, puisque c'est chez eux qu'on trouve la
plupart des péchés»[316].

Malgré sa sympathie pour la foule, Sozomène recherchait la promotion
sociale, et la littérature était, pour ce faire, une voie indiquée à l'époque.
La longue dédicace trahit ainsi son désir d'obtenir les faveurs de l'empereur. En signe de respect, il demande même que Théodose corrige son
ouvrage s'il le juge approprié. Ne faisons pourtant pas trop de cas d'une
telle offre; cela n'était pas vraiment exceptionnel et montre seulement
l'égard pour la personne à laquelle l'ouvrage est adressé[317]. On ne saurait
en déduire que Théodose II avait véritablement censuré l'ouvrage, ce qui,
vu le ton panégyrique de celui-ci, n'aurait d'ailleurs pas été nécessaire.

La famille de Théodose reçoit en effet sa part des louanges. Comme
l'a déjà indiqué H. Leppin[318], Sozomène essayait de modérer le rôle d'Eudoxie, impératrice de 395 à 404 et mère de Théodose II, dans le drame

---

l'homonyme *domesticus* auquel l'*Epistula* 1.300 d'Isidore de Péluse est adressée (suggestion de *PLRE* II p. 1023 [1]), est donc très improbable.

[313] Soz. 2.3.10-13.

[314] Soz. 9.2.17-18.

[315] Malgré les idées de B. GRILLET dans G. SABBAH — B. GRILLET, *Sozomène*, p. 22;
Jill HARRIES, *Pius Princeps*, p. 37; D. ROHRBACHER, *The Historians*, p. 121. H. LEPPIN, *Von
Constantin*, émet déjà des doutes à cet égard.

[316] Soz. 8.2.11: τοῦτο δὲ τοῖς μὲν πολλοῖς εἰκότως χάριεν ἐτύγχανεν, λυπηρὸν
δὲ τοῖς πλουσίοις καὶ δυναμένοις, παρ' οἷς τὰ πολλὰ τῶν ἁμαρτημάτων ἐστίν; cf.
Soz. 8.8.6.

[317] Soz. Déd. 18. Cf. par exemple *Epistula Eugippii* 5-6 apud Eugippius, *Vita Severini*;
Bède le Vénérable, *Historia ecclesiastica gentis Anglorum*, pr. Cf. aussi Polybe 16.20.8-
9; Orose 7.43.20; Socr. 2.1.6.

[318] H. LEPPIN, *Von Constantin*, p. 129-130.

chrysostomien. Les écrits du parti johannite, qu'il connaissait[319], s'en prenaient violemment à elle. Aucune de leurs attaques explicites sur l'impératrice ne se retrouve dans son œuvre[320]. En tant qu'historien et partisan de Jean Chrysostome[321], Sozomène ne pouvait ignorer la part d'Eudoxie dans le drame chrysostomien, mais son espoir de plaire au monarque lui imposait quelques retouches. Le discours de Jean contre les femmes, que l'évêque tenait peu après le départ de Constantinople d'Épiphane (403), était selon Socrate compris par le peuple comme étant dirigé contre l'impératrice[322]. Sozomène ne nie pas cette opinion, mais il la nuance. Il prétend ainsi ignorer si Jean avait choisi le thème du discours par hasard, ou, «comme certains le disent, parce qu'il soupçonnait que la reine avait dressé Épiphane contre lui»[323]. Il cite la mort d'Eudoxie parmi les punitions divines envers Constantinople à cause de l'exil de Jean, mais il ajoute que c'était une idée populaire[324]. En tant qu'historien, il se sentait obligé de raconter ces faits peu flatteurs pour Eudoxie, mais, en l'assimilant à des rumeurs, il réussissait à en limiter la portée.

La sœur de Théodose II, Pulchérie (399-453), est, quant à elle, portée aux nues. Sozomène amplifie le fait, bien connu à l'époque, que Pulchérie avait dirigé l'empire pour son frère mineur après la mort d'Anthémius (vers 414)[325] et souligne la bienveillance divine envers l'Augusta par la découverte des reliques des quarante martyrs de Sébaste. Les louanges à l'égard de Pulchérie reflètent sans doute son influence sur la vie à la cour de l'époque, et Sozomène peut y avoir vu une façon de s'attirer l'attention impériale[326]. Rien ne démontre qu'il ait réussi.

Il ne faut alors pas surinterpréter ce fait et en déduire que Sozomène était un partisan de Pulchérie — au point qu'il aurait fait disparaître Eudocie, la supposée rivale de Pulchérie et femme de Théodose II disgrâciée en 441, du dernier livre de son histoire[327]. En effet, Sozomène ne dit rien

[319] Cf. ci-dessous p. 73-77.
[320] Pseudo-Martyrius, *Vita Johannis Chrysostomi* BHG 871.524b; Palladios, *Dialogue* 6.5.
[321] Cf. ci-dessous p. 76-77.
[322] Socr. 6.15.3.
[323] Soz. 8.16.1-2: ἀλλὰ πότερον οὕτως ὡς ἔτυχεν ἐπὶ τοῦτον ὁ Ἰωάννης προήχθη τὸν λόγον ἤ, ὥς τινες λέγουσιν, ὑπονοήσας ὡς ἡ βασιλὶς ἀνέπεισεν Ἐπιφάνιον ἐπιβουλεύειν αὐτῷ, ἀκριβῶς οὐκ ἔχω λέγειν.
[324] Soz. 8.27.1.
[325] Eunape, *Historiae* fr. 72.4; Philostorge, *HE* 12.7.
[326] Soz. 9.1-3. Cf. A. CAMERON, *The Empress*, p. 265-266.
[327] C'est l'idée de K. HOLUM, *Pulcheria's Crusade*, p. 160-161; W. LIEBESCHUETZ, *Ecclesiastical Historians*, p. 158 (qui appelle Pulchérie la «protectress» de Sozomène); Rochelle SNEE, *Valens' Recall*, p. 409. Une idée semblable a été exprimée par Lellia

sur Eudocie, mais son silence peut avoir d'autres causes. Le neuvième
livre n'est ainsi que partiellement achevé: la partie existante est quasiment
entièrement consacrée aux événements de l'Occident et s'arrête en 421,
avec la mort de Constance III[328]. Sozomène annonce ensuite qu'il parlera
de la découverte des reliques de Zacharie et de S.Étienne, mais seul le premier événement est raconté[329]. Le mariage d'Eudocie avec Théodose II
en 421 aurait donc pu être raconté dans la partie non-exécutée du livre,
où l'historien aurait pu tout autant concentrer son attention sur les événements de l'Orient. Le fait que Sozomène annonce qu'il envisage de
rapporter la découverte des reliques de S. Étienne, rend la mention
d'Eudocie même probable, puisque ce fut elle qui commença la construction du martyrium en son honneur à Jérusalem en 438/9[330]. Qui plus est,
la partie existante du dernier livre suit assez fidèlement la trame offerte
par Olympiodore et celui-là ne mentionnait pas non plus Eudocie.
Le silence sur Eudocie peut donc également être imputé à la source
employée. Il n'existe alors aucune raison probante de supposer que Sozomène ait, à dessein, effacé Eudocie de son ouvrage.

Au moment où il écrivait son *Histoire ecclésiastique*, Sozomène espérait sûrement s'attirer les bienfaits de la cour. Un avocat simple et pieux,
guettant l'ascension sociale, voilà Sozomène. Il ne semble pas que l'historien eût jamais pu recueillir les fruits de son activité littéraire. Son
ouvrage se termine au milieu du neuvième livre, qui témoigne de son état
inachevé par l'existence de nombreuses négligences et répétitions présentes
dans le dernier livre et par les recoupements avec le livre précédent[331].
Ce dernier livre a donc été publié après son décès. Quelques négligences

CRACCO RUGGINI, *Universalità*, p. 174 n. 28. Pour une critique, voir déjà la remarque de
F. WINKELMANN, *Kirchengeschichtswerke*, p. 209.

[328] Soz. 9.16.2. En 9.15.3 Sozomène fait état de la mort des tyrans Jovin, Sarus et
Maximus. Alors que les deux premiers moururent en effet en 413 et 412, Maximus fut
déposé en 411 mais ne mourut qu'en 422. Au lieu de penser que Sozomène fait allusion
à la mort de Maximus en 422 (ainsi J. BIDEZ — G.C. HANSEN, *Sozomenus*, p. lxv), il nous
semble plutôt que Sozomène a délibérément situé la mort de Maximus peu après sa déposition pour mieux souligner la victoire définitive d'Honorius sur ses ennemis (cf. P. VAN
NUFFELEN, *Sozomenus*). Sozomène laisse en effet entendre que les trois tyrans moururent
vers la même époque.
Sozomène désigne Valentinien comme τὸν Ὀνωρίου διάδοχον après la mort de
Constance III, ce qui pourrait constituer une brève description de l'avènement de Valentinien III en 425. Il s'agit plus probablement d'une simple allusion à son avènement futur.

[329] Soz. 9.16.4.

[330] Évagre le Scholastique, *HE* 1.22.

[331] Cf. J. BIDEZ — G.C. HANSEN, *Sozomenos*, p. lxvi-lxvii. Ces éléments excluent le
fait que l'ouvrage aurait été censuré, comme l'écrivent G.F. CHESNUT, *The First Christian
Histories*, p. 203-204; M. WHITBY, *The Church Historians*, p. 452.

dans la copie de documents et un doublet en 2.8.1-2 suggèrent même que l'ensemble du texte n'a pas été revu, à moins qu'ils n'attestent d'un manque de soin de la part de Sozomène[332]. Puisque rien ne permet d'affirmer que l'*Histoire ecclésiastique* de Sozomène a été publiée en parties, elle a donc été éditée dans son état inachevé après la mort de son auteur.

Faute de témoin extérieur, les raisons de la mort de Sozomène restent obscures, mais l'explication la plus probable est que Sozomène mourut avant d'avoir pu terminer son histoire. Signalons qu'il avait déjà obtenu une fois une guérison miraculeuse dans l'Église de S.Michel à Constantinople, une église dressée à l'endroit où l'archange était apparu. Puisqu'on ne s'y rendait que dans les cas les plus graves, cela laisse entendre que sa santé peut avoir été ébranlée[333].

2.1.4 La publication de l'*Histoire ecclésiastique* de Sozomène

Il nous faut maintenant répondre à la question de la date de publication de son *Histoire ecclésiastique* en neuf livres. Puisque Sozomène est plus avare que Socrate en renseignements sur la composition de son ouvrage, la réponse se fondera sur les quelques énoncés explicites disponibles ainsi que sur des indices implicites, plus nombreux pour leur part.

La date de publication est à situer entre 439-440 et 450. Sozomène écrivait assurément après Socrate, ce qui place son ouvrage après 439-440[334]. Puisque l'histoire présuppose que Théodose II était encore vivant, elle était composée avant le 28 juillet 450. Plusieurs arguments ont été avancés afin de rétrécir cette fourchette, mais la plupart d'entre eux n'a que peu de valeur[335].

L'hypothèse d'Alan Cameron, selon laquelle la rédaction de l'ouvrage est à situer vers ou même après 450, parce que les louanges de Pulchérie reflèteraient sa dominance à la cour à cette époque[336], est

---

[332] Soz. 2.27.6, 2.28.6, 3.2.4. Voir aussi Soz. 7.18.6, où Sozomène annonce la suite du récit sur Sabbatios, sans réaliser cette promesse.

[333] Soz. 2.3.9. Sur l'Église de S.Michel et les guérisons qui y avaient lieu, voir *Anthologia Palatina* 1.32; R. JANIN, *La géographie ecclésiastique*, p. 338-340.

[334] Cf. Theresa URBAINCZYK, *Observations*, p. 355; EAD., *Vice*, p. 299 n. 2.

[335] Charlotte ROUECHÉ, *Theodosius II*, a déjà réfuté l'appel traditionnel à Soz. Déd. 13, qui mentionne un voyage de Théodose II à Héraclée du Pont. Elle montre qu'on ne peut pas lier ce passage à *Novellae Theodosii* 23 (12/9/443), car cette constitution-ci parle d'Héraclée Salbace. G. ZECCHINI, *L'immagine,* p. 540 ignore cette réfutation.

[336] A. CAMERON, *The Empress*, p. 265-266, suivi par T.D. BARNES, *Athanasius*, p. 8. Avec des arguments semblables, H. LEPPIN, *Von Constantin*, p. 281, situe la rédaction vers 450, tandis que G. ZECCHINI, *L'immagine*, p. 545 la place entre 446-448.

assez faible. Nous venons de voir que l'état inachevé du dernier livre
de Sozomène ne permet guère de tirer des conclusions à propos de son
attitude à l'égard de Pulchérie et d'Eudocie. En plus, R.W. Burgess a
contesté que Pulchérie dirigeait vraiment la politique à cette époque.
Selon lui, elle ne serait qu'un instrument dans les mains d'une faction
à la cour[337].

À la fin de la dédicace, Sozomène exprime son espoir de voir le règne
de Théodose II être transmis «aux fils de ses fils»[338]. B. Grillet a fait
valoir que ceci ne pouvait avoir été écrit qu'après 441 quand Théodose,
jusqu'alors resté sans fils, eut envoyé sa femme Eudocie en pèlerinage
permanent à Jérusalem[339]. Eudocie n'ayant pas mis au monde un fils,
Sozomène ferait ici allusion à un remariage possible de Théodose. Pourtant, Théodose n'a jamais publiquement répudié sa femme[340], et l'expression de Sozomène est trop stéréotypée pour pouvoir soutenir une telle
interprétation[341].

Sozomène dit au début du neuvième livre que grâce à la piété de
Pulchérie, aucune nouvelle hérésie ne pouvait prendre le dessus. Selon
B. Grillet, cela pourrait être écrit avant les problèmes causés par Euty-
chès, qui fut condamné le 22 novembre 448 pour apollinarisme par un
synode constantinopolitain[342]. Pourtant, cette condamnation d'Euty-
chès rencontre également l'idée que les hérésies ne pouvaient plus
gagner du terrain. Tout au plus, sa restauration à Éphèse l'été suivant
peut, de ce point de vue, constituer un *terminus ante quem*. En plus,
puisque la déformation de la réalité historique dans le dernier livre va
très loin, comme nous verrons dans le chapitre suivant[343], il reste dangereux de vouloir imposer une interprétation précise à la phrase en
question.

D'autres arguments ont plus de valeur. La date de l'*Histoire ecclésiastique* de Théodoret permet de repousser le *terminus ante quem* de
450. Nonobstant quelques affirmations du contraire[344], nous devons

---

[337] R.W. BURGESS, *The Accession*, p. 66-68.
[338] Soz. Déd. 21: εἰς παῖδας παίδων παραπέμπουσαν τὴν εὐσεβῆ βασιλείαν.
[339] G. SABBAH — B. GRILLET, *Sozomène*, p. 26-27.
[340] Cf. Jean Malalas 14.8; K. HOLUM, *Theodosian Empresses*, p. 194.
[341] Les panégyristes souhaitent souvent la naissance d'un fils à l'empereur: voir par
exemple *Panegyrici Latini* 7.2.2, 7.14.7; Pseudo-Sévérien de Gabala, *Sur l'Épiphanie*
15; Vénance Fortunat, *Poemata* 9.1 l. 131-132, 10.8 l. 20-22; *P.Aph. Lit.* IV 34.
[342] Soz. 9.1.9. Cf. B. GRILLET dans G. SABBAH — B. GRILLET, *Sozomène*, p. 30-31.
[343] Cf. ci-dessous p. 144-149.
[344] T.D. BARNES, *Athanasius*, p. 209; Annick MARTIN, *L'origine*, p. 349 n. 1.

accepter que l'évêque de Cyr s'est référé à Sozomène[345]. Puisque les *termini* de la publication de son histoire sont 444 et 450[346], l'ouvrage de Sozomène doit avoir circulé un certain temps avant 450, afin qu'il ait eu le temps d'arriver en Syrie. Une année nous semblant un minimum absolu, la publication de l'histoire de Sozomène est à situer avant 449.

Un raisonnement pareil permet de faire monter le *terminus post quem*. La forte dépendance envers Socrate, qui fournit à Sozomène la trame de son histoire, rend probable l'idée qu'un certain temps a dû s'écouler entre la publication des deux ouvrages. Sozomène avait sans doute besoin d'une année ou plus pour rédiger son propre ouvrage à partir de l'*Histoire ecclésiastique* de Socrate et pour compléter le récit de son prédécesseur avec des sources supplémentaires. Nous ne pouvons pas déduire un *terminus* précis de ce raisonnement, mais il est, au moins, très improbable que l'histoire de Sozomène soit publiée immédiatement après celle de Socrate.

Sozomène écrivit donc assurément son histoire entre 439-440 et 450, et sans doute vers le milieu de cette fourchette[347].

2.2 LES LOYAUTÉS DE SOZOMÈNE

L'*Histoire ecclésiastique* de Sozomène recèle plusieurs sympathies, qui permettent de mieux saisir sa personnalité. Elles sont d'abord d'ordre

---

[345] O. GÜLDENPENNIG, *Die Kirchengeschichte*, p. 42; L. PARMENTIER — G.C. HANSEN, *Theodoret*, p. lxxxiv; G.C. HANSEN, *Sokrates*, p. xxxv. Même L. Parmentier, qui essaie de démontrer qu'une source commune est sous-jacente aux récits de Socrate, de Sozomène, de Théodoret et de Rufin, doit avouer que Théodoret a connu Sozomène: «Gewiß liegt es mir fern zu leugnen, daß Theodoret Socrates und Sozomen gekannt hat» (p. lxxxiv). Nous avons, en plus, montré que cette supposée source commune, Gélase de Césarée, écrivait en vérité après les quatre historiens cités (P. VAN NUFFELEN, *Gélase*). L'explication la plus logique pour de nombreux parallèles entre Théodoret et Sozomène est donc que le premier a lu le second (cf. également dans ce sens F. TRISOGLIO, *Sant'Ambrogio*, p. 360; N. LENSKI, *Were Valentinian, Valens and Jovian Confessors*, p. 265).

[346] H. LEPPIN, *Von Constantin*, p. 282. On pourrait proposer le 3 août 449 comme *terminus ante quem*, puisqu'à cette date la troisième sœur de Théodose II, Marina, mourut, ne laissant qu'une seule sœur de l'empereur, Pulchérie, en vie. Théodoret parle en 5.36.4 des «sœurs» de l'empereur (ἔχει δὲ κοινωνοὺς τῆς ὑμνῳδίας τὰς ἀδελφὰς διὰ βίου τὴν παρθενίαν ἀσκούσας), ce qu'il ne pouvait faire, strictement parlant, après cette date-là (cf. par exemple Annick MARTIN, *L'origine*, p. 349 n. 1). Cependant, l'historien se réfère dans ce passage plutôt à l'ensemble du règne de Théodose, rendant ainsi l'argument sans valeur (cf. B. CROKE, *Dating Theodoret's Church History*, p. 62-63; H. LEPPIN, *Von Constantin*, p. 282).

[347] La datation de H. LEPPIN, *Von Constantin*, p. 280-281, entre 444/5 et 450, repose sur une mauvaise datation de Socrate: cf. ci-dessus p. 12 note 75.

régional: d'une part, Sozomène éprouvait une sympathie nette pour l'évêché de Maïouma, et d'autre part, il ne cachait pas son patriotisme constantinopolitain. En second lieu, ses préférences sont d'ordre spirituel: Sozomène recherchait partout la compagnie des ascètes. Ces loyautés
régionales et spirituelles s'entrelacent, comme nous verrons tout de suite.

2.2.1 Béthéléa et Maïouma

2.2.1.1 L'évêché de Maïouma

Le village natal de Sozomène, Béthéléa, est identifié avec Beit Lahia,
situé au nord-est de la cité de Gaza[348]. Cette identification est corroborée
par le fait que des gens venaient d'Ascalon, au nord de Gaza, et de Gaza
même pour entendre les conseils du grand-père de Sozomène[349]. Ceci
suggère une localisation entre ces deux villes. Le village appartenait à
l'évêché de Maïouma, le port de Gaza, et non à celui de Gaza même.
Pour saisir l'importance de cette situation, il faut retourner à l'origine de
cet évêché.

Maïouma, «très adonné à la superstition», se convertit «en masse au
christianisme» sous Constantin. Considérant impropre que cette communauté soit dirigée par la ville de Gaza, encore majoritairement païenne,
l'empereur lui accorda le droit de cité et la baptisa Constantia (entre 324
et 337)[350]. Ainsi, la cité de Gaza se vit amputée d'une partie importante
de son territoire. En même temps, cette mesure pro-chrétienne entraînait
pour l'évêque de Gaza la perte de beaucoup de ses ouailles.

Le territoire de la nouvelle cité était considérable. L'attention et le
dévouement portés à l'église de Maïouma par Sozomène laissent entendre
que son village, au nord-est de la cité, appartenait à cet évêché. Il est possible que Thabatha, le village d'Hilarion, à cinq miles au sud de Gaza, y
appartenait aussi. Sozomène fait, en effet, grand cas de ce saint, et Hésychius transféra son corps de Chypre à Maïouma avant de l'ensévelir dans
le monastère fondé par Hilarion, au sud-ouest de Gaza[351]. Le saint était
alors peut-être originaire de l'évêché de Maïouma et non de Gaza. La ville

---

[348] Carol A. GLUCKER, *The City of Gaza*, p. 26; Claudine DAUPHIN, *La Palestine*, Vol. 1,
p. 195, Vol. 3, p. 881 no. 306.
[349] Soz. 5.15.16.
[350] Soz. 2.5.7-8 (citation), 5.3.6. Cf. Eusèbe, *Vita Constantini* 4.37. Sur Maïouma, voir
Claudine DAUPHIN, *La Palestine*, Vol. 3, p. 883 no. 317.
[351] Jérôme, *Vita Hilarionis* 32; *Vita Hilarionis* BHG 752.46 p. 135.10; Soz. 3.14.21-
27; Jean Rufus, *Plérophories* p. 176-177.

de Maïouma peut avoir ainsi obtenu une grande partie du territoire de Gaza, entourant cette ville dans un demi-cercle (Béthéléa au nord-est de la ville, Thabatha au sud)[352].

Ceci explique l'irritation des autorités séculières et ecclésiastiques de Gaza, et leurs efforts pour mettre fin à l'existence de Maïouma en tant que cité indépendante. Sous Julien, un tribunal mit ainsi un terme à la division politique, mais la scission ecclésiastique restait en vigueur. Sozomène raconte comment l'Église de Gaza voulut abolir l'évêché de Maïouma, sans doute au début du cinquième siècle. Quand l'évêque de Maïouma, sans doute Zénon[353], mourut, son collègue de Gaza voulut interdire l'ordination d'un successeur, prétendant qu'il n'était pas permis que deux évêques dirigent une seule ville. Le synode de Palestine, saisi du différend, refusa l'ukase de l'évêque gazéen et ordonna un nouvel évêque. Ainsi, les deux évêchés continuèrent à coexister, dit Sozomène, en ayant leur propre clergé, leurs propres fêtes et leur propre territoire[354]. L'histoire ultérieure de Maïouma reste obscure. Bien qu'on connaisse encore l'existence d'un évêque Procope en 518[355], Hiéroclès, un demi-siècle plus tard, omet la cité dans sa liste des évêchés orientaux. Néanmoins, Cosmas le Mélode occupait le siège de Maïouma en 743[356].

La rivalité entre les deux évêchés — Gaza essayant de regagner son autorité sur l'entier territoire civil et Maïouma défendant son

---

[352] La «laure de Maïouma de Gaza» (*Vita Petri Iberi* 30, 150; Jean Rufus, *Pléropho-ries* p. 13, 111; Zacharie le Rhéteur, *Vita Severi* p. 95-97, cf. 102-103), située dans la proximité de Maïouma, appartenait sans doute aussi à cet évêché, puisque son évêque Pierre l'Ibère y résidait (elle ne tombait donc pas sous la juridiction de Gaza, comme le disent D. et L. STIERNON, art. *Gaza*, p. 161-162). Il est possible que le village de Cha-pharchonbran, à dix stades de Béthéléa, appartenait aussi à Maïouma, vu les louanges de Sozomène pour l'ascète Ammonios qui y vivait (Soz. 6.32.7). Nous ne pouvons pas le situer plus exactement.

[353] Le successeur de Zénon, Paulinien, est attesté pour la première fois au concile d'Éphèse en 431 (ACO 1.1.2 [Coll. Vat. 33] *Gesta ephesena* p. 4, 1.1.7 [Coll. Ath. 73] *Gesta ephesena* p. 85). Un nouvel évêque Paul se présentait en 449 à Éphèse (E. HONIG-MANN, *The Original Lists*, p. 35; G. FEDALTO, *Hierarchia*, p. 1027). Sozomène indique que la dispute eut lieu à son époque (Soz. 5.3.9), ce qui rend plus vraisemblable qu'elle se soit déroulée après la mort de Zénon, et non pas après celle de Paulinien, dont nous ne savons pas si elle survint avant que Sozomène terminât son ouvrage. S'il s'agit de Zénon, il est possible que l'évêque de Gaza soit Porphyre (décédé le 26 février 420), dont la politique et le caractère s'accorderaient bien avec un tel acte (cf. Marc le Diacre, *Vita Porphyrii* pas-sim; F. R. TROMBLEY, *Hellenic Religion*, Vol. 1, p. 273-277; G.C. HANSEN, *Sozomenos*, Vol. 1, p. 13). Sur la rivalité ultérieure entre Gaza et Maïouma, voir Kathleen M. HAY, *Evolution of Resistance*, p. 159-164.

[354] Soz. 5.3.7-9.

[355] ACO 3 (Coll. Sab. 5) *Epistula Johannis* p. 79.36.

[356] Cf. G. FEDALTO, *Hierarchia*, Vol. 2, p. 1027.

autonomie — transparaît dans l'histoire de Sozomène qui prend parfois l'aspect d'une apologie de l'évêché de Maïouma[357]. À propos des chefs des deux évêchés, la différence d'attitude de Sozomène envers eux est nette. Il mentionne seulement parmi les évêques de Gaza Asclépas (attesté en 323-343) et son remplaçant arien Quintianus, et ce uniquement dans le cadre de la querelle arienne. Son information sur eux provient entièrement de Socrate[358]. De Zénon de Maïouma (avant 431) par contre, Sozomène brosse un portrait d'ordre hagiographique: comment il fut persécuté sous Julien, tout comme son frère Aias, le futur évêque de Bitylion; comment il fit construire un martyrium pour les victimes de cette persécution; comment il devint évêque sous Théodose I; et comment il pratiquait l'ascèse tout en ne négligeant pas ses tâches pastorales. Sozomène surenchérit encore. Le vieil évêque «tenait la première place parmi les évêques de la province à cause de son âge» et il dirigeait une église qui était «très importante par le nombre de fidèles et par sa richesse»[359].

Sozomène compare aussi la piété de Maïouma au paganisme de Gaza, en particulier pendant les persécutions de Julien. Les martyrs Eusèbe, Nestabos et Zénon, bien qu'ils aient été exécutés dans le théâtre gazéen, provenaient de Maïouma: leur neveu Zénon, le futur évêque, reçut leurs ossements recueillis par une chrétienne et les déposa dans un martyrium auprès de Maïouma, à côté de ceux du confesseur Nestor. Sozomène avait sans doute visité le martyrium et y avait entendu le récit de leur martyre[360].

La partialité de cette image ressort clairement quand nous la comparons avec celle de Marc le diacre, l'auteur de la vie de Porphyre de Gaza, écrite peut-être entre 444-451[361]. Celui-ci préfère oblitérer l'existence de l'évêché de Maïouma, qui n'est que le port de Gaza. Chez lui, c'est Porphyre qui convertit la région entière[362]. Cela suffit à montrer qu'il ne faut pas écrire d'histoire de la christianisation de la région de Gaza en se basant uniquement sur la vie de Porphyre. Il faut corriger sa perspective par Sozomène.

---

[357] L'historien acceptait la dépendance politique de Maïouma, cf. Soz. 7.28.4, où il désigne Maïouma comme le port de Gaza (ἐν Γάζῃ πρὸς θάλασσαν).

[358] Soz. 3.8.1, 3.11.7, 3.12.2, 3.24.3. Sur les sources, voir Appendice V.

[359] Soz. 5.9, 7.28.4-8: καίπερ ἀρχαιότητι τῶν ἀνὰ τὸ ἔθνος ἱερέων πρωτεύων καὶ λαῷ καὶ χρήμασι μεγίστης ἐκκλησίας προεστώς.

[360] Soz. 5.9.

[361] Cf. F. R. TROMBLEY, *Hellenic Religion*, Vol. 1, p. 277-287; L. RYDÉN, *Gaza*, p. 134-137.

[362] Marc le Diacre, *Vita Porphyrii* 57.20-21, 65.2.

2.2.1.2 *Les ascètes de Béthéléa et de Maïouma*

Sozomène avait une grande estime pour les ascètes et avait lui-même parfois des accès de piété exagérée. Il omet le symbole de Nicée, «sur le conseil d'amis pieux et compétents en ces matières, attendu que les seuls initiés et initiateurs ont le droit de dire et d'entendre ces choses», et il n'entre pas dans les détails sur l'eucharistie, «pour le cas où un non-initié met la main sur cet écrit»[363]. Bien qu'elle ne soit pas exceptionnelle[364], cette réticence est remarquable, parce que le symbole de Nicée se trouvait dans maints ouvrages; son prédécesseur Socrate l'avait déjà cité[365]. Sozomène l'indique d'ailleurs lui-même en disant que les canons de Nicée circulent en beaucoup d'ouvrages et qu'«il est aisé de les lire, si l'on en a envie»[366]. D'habitude les collections des canons de Nicée contenaient aussi le symbole[367]. La piété de Sozomène frôle la bigotterie.

Son attitude peut être liée au caractère profondément chrétien de sa famille, qui entretenait depuis longtemps des contacts avec les anachorètes. Son grand-père, converti par le père fondateur du monachisme palestinien, Hilarion, expliquait l'Écriture Sainte. Les quatre fils d'Alaphion, qui s'était converti avec le grand-père de Sozomène, furent des élèves d'Hilarion et pratiquèrent un certain temps l'ascèse dans le village natal de Sozomène[368]. À travers eux, l'historien avait entendu parler d'Épiphane de Salamine, qu'ils avaient rencontré quand il vivait dans les déserts de la Palestine. L'un d'eux, Crispion, l'avait suivi à Chypre, où il devint archidiacre du nouvel évêque de Salamine (367)[369]. Sozomène connaissait aussi les frères et futurs évêques Zénon de Maïouma et Aias

---

[363] Soz. 1.20.3: εὐσεβῶν δὲ φίλων καὶ τὰ τοιαῦτα ἐπιστημόνων οἷα δὴ μύσταις καὶ μυσταγωγοῖς μόνοις δέον τάδε λέγειν καὶ ἀκούειν ὑφηγουμένων ἐπήνεσα τὴν βουλὴν (οὐ γὰρ ἀπεικὸς καὶ τῶν ἀμυήτων τινός τῇδε τῇ βίβλῳ ἐντυχεῖν), ὡς ἔνι δὴ τῶν ἀπορρήτων ἃ χρὴ σιωπᾶν ἀποκρυψάμενος; Soz. 8.21.2: ἐγὼ δὲ ἀναγκαίως σιγήσομαι, μὴ καὶ ἀμύητός τις ἐντύχῃ τῇ γραφῇ; cf. Soz. 8.5.4.

[364] Cf. Orose 6.20.4; ACO 2.1.3 *Edictum Valentiniani et Marciani* p. 120-121. Dans un contexte non-chrétien, voir *Lettre d'Aristée* 12.312-316; *P.Oxy.* XI 1381.35-42.

[365] Socr. 1.8.29-30.

[366] Soz. 1.23.5: ἀλλὰ τούτοις μέν, εἴ τῳ φίλον, ῥάδιον ἐντυχεῖν παρὰ πολλοῖς φερομένοις.

[367] Par exemple *EOMIA* 1.1 p. 104-111. Sur les collections de canons et la place du symbole de Nicée y-dedans, voir E. Schwartz, *Zur Geschichte der alten Kirche*, p. 158-275; A. Ohme, *Kanon*, p. 528.

[368] Soz. 6.32. L'historien ne disposait cependant pas de données originales sur Hilarion: toute son information provient de la traduction grecque de la vie écrite par Jérôme (Soz. 3.14.21-27, cf. *Vita Hilarionis* BHG 752.9-11, 42-47; Soz. 5.10.1-4, cf. *Vita Hilarionis* BHG 752.35-37), sauf évidemment le récit de la conversion de son père.

[369] Soz. 8.15.2. Sozomène avait sans doute entendu des deux frères survivants les récits mirifiques sur Épiphane (Soz. 7.27).

de Bitylion qui vivaient en ascètes à Maïouma, et le moine Ammonios, qui était originaire du village Chapharchonbran, à dix stades de Béthéléa[370]. Ces moines, qui suivaient l'habitude des premiers ascètes de ne pas s'éloigner trop de l'habitation, et même de rester en proximité du village natal[371], peuvent avoir imprégné Sozomène d'un profond respect pour leur style de vie.

Son histoire mentionne aussi, en dehors des personnes précédentes qui étaient sans doute toutes originaires de l'évêché de Maïouma, d'autres anachorètes vivants dans les environs immédiats de Maïouma. Citons les trois ascètes de la région d'Anthédon, Aurélius l'Anthédonien, Alexion de Bethagathon et Alaphion d'Asaléa[372], ainsi que Silvanus, le fondateur d'un monastère dans les environs de Gérara, et son successeur Zacharie[373].

La sympathie de Sozomène pour sa région et ses moines ne se limite pas à inclure ces personnages, somme toute obscurs dans la perspective constantinopolitaine, dans son *Histoire ecclésiastique*. Il adapte aussi son récit afin de présenter une image favorable de sa région et de ses moines. Il le fait de deux façons.

D'abord, Sozomène souligne à plusieurs reprises que c'était chez eux que Dieu révélait sa bienveillance pour tout l'Empire. Dans le neuvième livre, où il raconte les faveurs divines récompensant la piété impériale, la découverte des reliques de Zacharie eut lieu dans le village Chaphar Zacharia, près d'Eleuthéropolis, et c'était l'homonyme higoumène du monastère de Gérara qui découvrit dans un écrit apocryphe l'identité du deuxième corps trouvé dans le tombeau[374]. De même, les ossements du protomartyr Étienne, dont Sozomène projetait de raconter la mise au jour, furent recueillis dans le village Chaghargamalas en Palestine[375]. Une autre intervention divine, l'invention des reliques d'Habaquq et de Micha,

---

[370] Zénon et Aias: Soz. 7.28.4; Ammonios: Soz. 6.32.7.

[371] S.Antoine pratiquait d'abord l'ascèse «devant sa maison» comme ses prédécesseurs (Athanase, *Vita Antonii* 3.1). Il faut comprendre Soz. 3.14.28 dans le même sens: Aurélien l'Anthédonien, Alexion de Bethagathon et Alaphion d'Asaléas, vivaient en ascètes à proximité de leur ville ou village de naissance, comme le suggère la phrase suivante: καὶ ταῖς οἰκείαις ἀρεταῖς ἐν ἑλληνιζούσαις ἄγαν ταῖς τῇδε πόλεσι καὶ κώμαις εἰς ἐπίδοσιν ἤγαγον τὴν θρησκείαν:«Et avec leurs vertus ils contribuaient à l'accroissement de la religion dans les villes et villages de là-bas qui étaient encore fortement païens».

[372] Soz. 3.14.28.

[373] Soz. 6.32.8, 9.17.4. Sur Silvanus, voir *Vita Petri Iberi* 47 et les anecdotes publiées dans PO 8.177-180. Sur le monastère, voir Jean Rufus, *Plérophories* p. 100. Sur le site, voir D. et L. STIERNON, art. *Gerara*, p. 712.

[374] Soz. 9.17. Cf. *Vita Melaniae Iunioris* BHG 1241.48.

[375] Soz. 9.16.4. Cf. *Vita Melaniae Iunioris* BHG 1241.48; Théodore le Lecteur p. 93.26-94.2.

soulignant la victoire définitive sur les ariens à la fin du septième livre[376], survint après un rêve inspiré de Zébennos, l'évêque d'Eleuthéropolis. Ainsi des villages insignifiants du sud de la Palestine recevaient une aura divine et une importance pour l'Empire.

Deuxièmement, Sozomène omet certains détails qui pourraient discréditer un de ses héros. Un cas est facilement vérifiable. Épiphane de Salamine, qui provenait d'Éleuthéroupolis, avait longtemps pratiqué l'ascèse dans le sud de la Palestine. L'historien nourrissait une profonde admiration pour lui et l'appelait «le plus saint homme du monde entier»[377]. Cette sympathie se heurtait à quelques problèmes quand l'historien abordait l'histoire de Jean Chrysostome, où l'évêque de Salamine se fit l'instrument de Théophile d'Alexandrie. Pour Socrate, le cas est clair: son caractère un peu simple par un excès de piété fit tomber Épiphane dans le piège de Théophile[378]. Pour un admirateur d'Épiphane, c'était un peu cru, et Sozomène adapta alors le récit de son prédécesseur. En étant aussi un partisan de Jean Chrysostome, il ne pouvait pas simplement défendre Épiphane contre l'évêque de Constantinople. Sa stratégie fut alors de se taire sur les méfaits d'Épiphane et d'accuser d'autres personnes à sa place.

Tout en reprenant le récit de Socrate, Sozomène insiste plus sur les machinations de Théophile et omet la critique d'Épiphane. L'évêque alexandrin se rendant compte qu'Épiphane était un allié puissant du fait de son prestige, il fit semblant de s'être repenti d'avoir adhéré à l'anthropomorphisme, et se lia d'amitié avec l'évêque chypriote. Ensuite, Theophile accusa Jean Chrysostome d'approuver cette doctrine, et incita Épiphane, qui la combattait depuis longtemps, à intervenir. La fausse accusation par Théophile était donc la cause de l'arrivée d'Épiphane à Constantinople aux yeux de Sozomène, et non pas son hostilité envers Jean. L'historien remplace ensuite soigneusement la caractérisation d'Epiphane comme simple, qu'il a trouvée chez Socrate, par des louanges de sa piété[379].

En ce qui concerne le récit sur le séjour d'Épiphane à Constantinople, Sozomène juge indispensable d'apporter certaines corrections à la version de Socrate. Celui-ci souligne en effet qu'Épiphane y ordonna un diacre à son arrivée et célébra la liturgie, violant ainsi les canons de l'Église.

---

[376] Soz. 7.29.1-2.

[377] Soz. 6.32.4: ὅθεν οἶμαι μᾶλλον κατὰ πᾶσαν ὡς εἰπεῖν τὴν ὑφ'ἥλιον ἀοιδιμώτατός ἐστιν. Cf. Soz. 8.14.1.

[378] Socr. 6.10.4.

[379] Soz. 8.14.1-5. Cf. Polybe, *Vita Epiphanii* 62-63, qui sauve aussi à la fois Jean Chrysostome et Épiphane de Salamine en faisant de l'impératrice Eudoxie la seule coupable.

L'évêque de Salamine refusa aussi de loger dans l'épiscopéion. Sozo-
mène omet les deux litiges et explique le refus de résider auprès de Jean
Chrysostome par le fait qu'Épiphane croyait que les accusations contre
Jean étaient justifiées[380].

Sozomène fait de son mieux pour sauver les apparences dans le récit
qui suit. La tentative d'Épiphane de condamner publiquement les écrits
d'Origène et ceux qui y adhéraient fut une défaite sur toute la ligne. La
messe dans l'Église des Apôtres lors de laquelle Épiphane aurait dû
condamner Origène, excommunier les Longs Frères et attaquer Jean Chrysostome pour les avoir soutenus, n'eut finalement pas lieu. Sozomène, ne
pouvant pas omettre l'histoire, en déplace quelques accents. Théotime de
Scythie, qui réfutait la condamnation des livres d'Origène devant Épiphane, était chez Socrate un homme pieux. Chez Sozomène, il attaquait
Épiphane sans ambages et sans aucun respect[381]. Selon Socrate, le diacre
chrysostomien Sarapion accusait Épiphane d'avoir violé les canons, peu
avant que celui-ci n'entre dans l'église pour condamner Jean Chrysostome, et il le prévenait que le peuple risquait de se tourner contre lui. Épiphane s'en alla, en insultant Jean. Sozomène réduisit le message de Sarapion à ce qu'Épiphane n'avait pas agi de façon juste et qu'il valait mieux
ne pas prononcer ce sermon du fait du risque d'une émeute populaire.
Épiphane s'abstint alors simplement de son sermon. De l'avis de Socrate,
le message de Sarapion était une menace de Jean Chrysostome contre la
personne d'Épiphane, alors que chez son successeur il n'en reste qu'un
avertissement général. Chez Socrate, Épiphane s'en alla pour sauver sa
propre vie, alors que pour Sozomène, il avait de la sorte prévenu des
désordres populaires comme un homme sage[382].

2.2.2 De l'Égypte en Syrie

Avant d'en venir à Constantinople, la cité où Sozomène écrivait son
histoire, il convient de passer en revue les régions de l'Orient sur lesquelles l'historien fait montre de connaissances détaillées, en particulier

---

[380] Socr. 6.12.2, 6.14.6; Soz. 8.14.6-7.
[381] Socr. 6.12.7: ὁ ἐπ' εὐλαβείᾳ καὶ βίου ὀρθότητι περιβόητος Θεότιμος; Soz.
8.14.8: Θεότιμος … ἄντικρυς Ἐπιφανίου καθήψατο.
[382] Socr. 6.14.1-8; Soz. 8.14.8-11. Sozomène omet notamment la dernière phrase de
Socrate: πολλὰ δὲ τῷ Ἰωάννῃ μεμφόμενος ἀπαίρειν ἐπὶ τὴν Κύπρον ἐστέλλετο.
Voir aussi Soz. 8.15.3-5, où Épiphane semble changer de point de vue concernant les
Longs Frères, après les avoir rencontrés.

l'Égypte, le reste de la Palestine à l'exception de la région de Gaza, et la Syrie.

Au fur et mesure que Sozomène s'éloigne de Maïouma, ses descriptions perdent en précision et sa sympathie devient moins prononcée. Cela traduit sans doute chez lui le passage de la relation de ses propres expériences à l'information transmise par des témoins oculaires. Sozomène ne semble pas avoir voyagé loin vers le sud en direction de l'Égypte. L'historien était bien renseigné sur l'Église de Rhinocoloura, ses évêques Mélas et Solomon, l'ascète Denys et leur résistance à l'arianisme, sous Constance II (337-361) ou sous Valens (364-378), et il loue la cité pour avoir continué dans cette voie[383]. Il avait entendu l'histoire de la mort miraculeuse de l'ascète Nilammon à Gerra, près de Péluse (403)[384]. Sur l'Égypte même, Sozomène était sans doute renseigné par les nombreux trafiquants, en particulier de vin, dans le port de Maïouma, qui lui parlaient de l'arbre d'Hermoupolis qui avait abrité la Sainte Famille, de la fête de Pierre I (300-311), de la commémoration du séisme catastrophique de 365 ou de la position indépendante des presbytres alexandrins[385]. Rien n'indique qu'il avait effectivement visité ce pays.

---

[383] Soz. 6.31.6-11. La datation des évêques Mélas et Solomon pose un problème. Le passage de Sozomène se situe dans une discussion du monachisme égyptien. L'historien vient d'énumérer quelques ascètes de la Scété (Soz. 6.30) et de discuter les coutumes aux Kellia (Soz. 6.31.1-5). Ensuite il dit: καὶ Ῥινοκόρουρα δὲ οὐκ ἐπεισάκτοις ἀλλ' οἴκοθεν ἀνδράσιν ἀγαθοῖς ἐξ ἐκείνου διέπρεπεν; «Depuis cette époque, Rhinocoroura brillait non pas par des étrangers, mais par des autochtones illustres» (Soz. 6.31.6). L'expression «depuis cette époque», se réfère-t-elle au règne de Valens ou à l'époque où les Kellia étaient fondés (début du quatrième siècle)? La première solution semble à première vue la plus logique et est généralement admise (cf. G. FEDALTO, *Hierarchia*, Vol. 2, p. 607-608; K.A. WORP, *A Checklist*, p. 306, qui reprennent en vérité la datation du martyrologe romain [16 janvier]). Cependant, le premier évêque de Rhinocoloura, connu par d'autres sources que Sozomène, s'appelle Salomon et est attesté en 339 (onzième lettre festale d'Athanase, cf. PG 26.1414a). Il porte ainsi en fait le même nom qu'un des deux évêques dont Sozomène fait état, Solomon. (L'*Historia tripartita* de Cassiodore appelle d'ailleurs ce dernier Salomon.) On est tenté d'identifier les deux évêques. Qui plus est, Sozomène dit à la fin du chapitre: ἡ μὲν Ῥινοκορούρων ἐκκλησία τοιούτων ἐξ ἀρχῆς ἡγεμόνων ἐπιτυχοῦσα (…) (Soz. 6.31.11). Cela signifie que pour lui Mélas et Solomon étaient les premiers évêques de Rhinocoloura. Il nous semble donc possible de situer l'épisode sous Constance II, et de voir en Mélas le premier évêque de la cité, et non pas en Salomon, qui ne serait que le second. Mélas est alors à situer sous Constantin.

[384] Soz. 8.19.3-7. Il faut lire κατῆρεν εἰς Γέρας au lieu de κατῆρεν εἰς Γεράν (Soz. 8.19.3). Les deux formes se retrouvent dans les manuscrits. La forme féminine Γερά du nom de la cité de Gerra n'est pas connue, la forme Γέρας, par contre, l'est bien (Jérôme, *Epistulae* 100.18; Hiéroclès 727.5-6). Cf. D. FEISSEL, *Notes*, p. 561 n. 89; H. VERRETH, *Historical Topography*, p. 237; J.-Y. CARREZ-MARATRAY, *Péluse*, p. 38.

[385] Hermoupolis: Soz. 5.21.8-11; Pierre I: Soz. 2.17.6; séisme: Soz. 6.2.15; presbytres: Soz. 1.15.12.

Sur le sud de la *Palestina prima* et le nord de la *Palestina salutaris*, Sozomène se montre bien renseigné, mais nous ne pouvons pas affirmer que si c'est par expérience personnelle ou par ouï-dire. Son aperçu des survivances païennes sous Théodose I débute avec Raphia, Gaza, Pétra, et Aréopolis, quatre villes de sa région[386]. Les histoires sur la statue qui était réputée représenter le Christ à Panéas ou sur la source miraculeuse de Nicopolis-Emmaüs ne nécessitent pas une visite des lieux, mais témoignent au moins du fait qu'ils possédaient une certaine renommée dans la région[387].

Sozomène semble être passé par Scythopolis, au nord de la Palestine. Il connaît ainsi la localisation précise du village Berathsatia, qui se trouve à proximité de cette ville, et le nom local du sépulchre du prophète Habaquq[388], ce qui rend probable sa visite aussi à Jérusalem, situé au sud de Scythopolis. L'historien décrit la splendeur de l'Église de la sainte Croix, les dons de Constantin, les foules que la fête annuelle de la dédication attirait, et les baptêmes administrés à cette période[389]. À cause de son ample description de la fête populaire qui avait lieu au chêne de Mambré, sa visite de cet endroit est également possible. Néanmoins, il n'était pas très bien renseigné: il ignorait l'intervention de la belle-mère de Constantin pour chasser les païens de l'endroit et la construction d'une église au lieu de l'autel païen, car il copie ces données-ci d'Eusèbe sans rien y ajouter[390].

Sozomène avait probablement étudié à Beyrouth, comme nous l'avons relevé *supra*. Sa connaissance de la Syrie peut dater de cette époque-là. Il avait vu l'église d'Émèse, et visité le monastère au village de Jougaton en Coelé Syrie[391]. Pendant ce séjour, il peut avoir recueilli l'histoire, dont il est le témoin unique, sur la mort malheureuse de l'évêque Marcel d'Apamée à cause de son zèle contre les temples païens, tout comme une partie des données sur les moines de Syrie et de Mésopotamie[392]. Sozomène n'avait pas voyagé plus loin dans l'Orient. Il ne dispose par exemple pas de données originales sur les persécutions de Julien à Héliopolis et Aréthousa, qu'il copie de Grégoire de Nazianze[393].

---

[386] Soz. 7.15.11-15.
[387] Soz. 5.21.1-7.
[388] Soz. 7.29.1-2.
[389] Soz. 2.26.3-4, cf. 2.1.3.
[390] Soz. 2.4; Eusèbe, *Vita Constantini* 3.51-53. Sur le chêne, voir Claudine DAUPHIN, *La Palestine*, Vol. 1, p. 203-204.
[391] Émèse: Soz. 3.17.3; Jougaton: Soz. 6.34.4-7.
[392] Marcel: Soz. 7.15.11-15 (cf. Théodoret, *HE* 5.21.5-16); moines de Syrie: Soz. 6.33.
[393] Soz. 5.10.5-14: cf. Grégoire de Nazianze, *Discours* 4.86-91.

Sauf le déménagement à Constantinople, aucun autre long voyage n'est attesté. On prétend parfois que quelques passages prouvent de ses voyages à Rome, en Sicile ou à Tarse. Des visites à Rome ou en Sicile sont peu probables; aucun des passages en question ne présuppose qu'il les ait vus lui-même[394]. Sozomène avait rencontré un presbytre de Tarsos, mais il ne dit pas qu'il l'avait vu à Tarsos même. Une visite à Tarsos reste néanmoins possible, dans son cheminement vers Constantinople ou à partir de Beyrouth[395]. Une fois arrivé dans la capitale, il n'alla pas plus loin que la Bithynie avoisinante, comme nous le verrons par la suite. Sozomène n'a donc pas entrepris des voyages ἱστορίας ἕνεκεν; il avait les oreilles et les yeux ouverts dans les endroits où il résidait, mais ne se déplaçait pas pour rassembler des données pour son histoire.

2.2.3 Constantinople et Bithynie

2.2.3.1 *Constantinople, la cité chrétienne*

À sa première loyauté envers Maïouma vient s'en ajouter une nouvelle avec son déménagement à Constantinople. Pour Sozomène, c'est la ville la plus chrétienne du monde, dont l'élection divine se révélait dès sa fondation. Dieu fit savoir à Constantin dans un rêve que le projet de fonder une nouvelle capitale à Ilium ne lui convenait pas, et qu'il fallait choisir Byzance. L'empereur s'y conforma alors en en faisant une ville grande et belle, en construisant des avenues et en appelant des membres de l'élite de tout l'empire pour en peupler le sénat (330). Fait plus important dans l'esprit de Sozomène: Constantinople est la ville où le christianisme se répandit le plus vite et s'enracina le plus profondément. Même beaucoup de juifs et la plupart des païens se convertirent au christianisme. Elle n'a fait l'expérience «ni des autels ni des temples ou sacrifices païens, sauf ce qui y a été tenté plus tard, pour un peu de temps, par Julien quand il fut empereur, et qui s'éteignit sur le champ»[396]. Avec l'aide de Dieu, elle

---

[394] Rome: cf. Soz. 7.16.4, 7.19.3-8 (l'organisation et les coutumes de l'Église romaine); Sicile: cf. Soz. 2.24.2 (l'activité volcanique). Cf. G. SCHOO, *Die Quellen*, p. 3; W. NIGG, *Die Kirchengeschichtsschreibung*, p. 29; J. BIDEZ- G.C. HANSEN, *Sozomenos*, p. lxv; ID., *Sozomenos*, Vol. 1, p. 20, 22; B. GRILLET dans G. SABBAH — B. GRILLET, *Sozomène*, p. 21-23; H. LEPPIN, *The Church Historians*, p. 224, qui en déduisent des voyages.

[395] Soz. 7.19.11.

[396] Soz. 2.3.7: οὔτε βωμῶν οὔτε Ἑλληνικῶν ναῶν ἢ θυσιῶν ἐπειράθη, πλὴν ὅσον παρὰ Ἰουλιανοῦ τοῦ βασιλεύσαντος ὕστερον πρὸς ὀλίγον ἐπεχειρήθη καὶ αὐτίκα ἀπέσβη. On trouve des appréciations semblables de Constantinople chez Augustin, *De civitate Dei* 5.25; *Vita Marciani* BHG 1034 PG 114.439; *Vita Xenophontis* BHG 1878 PG

dépassait le but proposé par Constantin, créer une deuxième capitale égale à Rome, et devenait «plus grande en habitants et en richesses»[397].

Dans le chapitre suivant, nous verrons que Sozomène décrit en fait le changement d'un monde païen en un monde chrétien, qui se termine par la défaite définitive du paganisme et la victoire de la piété chrétienne[398]. La description de Constantinople, au début du deuxième livre, préfigure l'image que l'empire entier prendra à la fin de son histoire. Constantinople symbolise le renouvellement du monde par le christianisme et la victoire sur le paganisme. Dieu ne permettait pas que la capitale soit fondée sur le site de l'ancienne Troie. Certes, des anciennes statues païennes furent transportées dans la capitale, mais uniquement comme décoration. En même temps, aucune ville n'excellait en piété comme Constantinople, où il n'y avait presque plus de païens ni de juifs. Constantinople, ce fut la balise et le symbole de l'empire chrétien.

Sozomène s'intéresse particulièrement aux endroits où la force divine s'était manifestée et aux histoires qui soulignent la contribution de l'Église constantinopolitaine à la victoire de l'orthodoxie. L'église de S.Michel en constitue l'archétype. De nombreux malades y trouvaient une guérison miraculeuse, parmi lesquels Sozomène lui-même[399]. Il avait aussi pris part à la grande fête populaire lors de la déposition des reliques des quarante martyrs de Sébaste dans l'église de S. Thyrsos, sous l'épiscopat de Proclos (434-446). Sozomène rapporte aussi la tradition, selon laquelle dans l'église du Hebdomon, un démon prophétisa la victoire de Théodose I sur Maximus et Arbogaste (388) pendant que l'empereur y priait[400].

Pour Sozomène, seuls les meilleurs étaient dignes d'occuper le siège épiscopal de Constantinople, comme cela se déduit du passage suivant sur Jean Chrysostome. Puisque celui-ci était «notoire par son expérience auprès de ceux qui le connaissaient, et par la célébrité de ses œuvres et de ses discours dans tout l'Empire romain auprès de ceux qui ne le connaissaient pas, il semblait qu'il était apte à diriger l'Église de Constantinople»[401]. Les prédécesseurs orthodoxes de Jean sont tous d'une stature

---

114.1014. Le passage de Sozomène est discuté par G. DAGRON, *Naissance*, p. 385-387; A. ΚΑΡΠΟΖΙΛΟΣ, *Βυζαντινοὶ ἱστορικοί*, p. 168-174.

[397] Soz. 2.3.6: τοῖς σώμασι καὶ τοῖς χρήμασι μείζονα συνομολογεῖσθαι; cf. Soz. 7.28.7, à propos de Maïouma: λαῷ καὶ χρήμασι μεγίστης ἐκκλησίας προεστώς.

[398] Cf. ci-dessous p. 124-127.

[399] Soz. 2.3.10-13.

[400] S. Thyrsos: Soz. 9.2.17; Hebdomon: Soz. 7.24.8-9.

[401] Soz. 8.2.12: Ἐπίσημος οὖν τοῖς μὲν εἰδόσι τῇ πείρᾳ, τοῖς δὲ ἀγνοοῦσι τῇ φήμῃ ἔκ τε τῶν ἔργων καὶ τῶν λόγων γενόμενος ἀνὰ πᾶσαν τὴν Ῥωμαίων ὑπή-κοον, ἔδοξε Κωνσταντινουπόλεως ἐπιτήδειος εἶναι τῆς ἐκκλησίας ἐπισκοπεῖν.

extraordinaire. Parmi les défenseurs du christianisme figure Alexandre de Constantinople (ca. 314-338), dont Sozomène raconte qu'il faisait taire des philosophes avec l'aide divine, alors que son successeur Paul (338-351) combattait l'arianisme et mourut pour cette cause[402]. Si la ville restait à l'abri de la souillure païenne selon Sozomène, elle portait néanmoins les traces de la lutte arienne. La latrine, où Arius mourut peu avant d'être réintégré dans la communauté, était encore longtemps conservée jusqu'à ce que quelqu'un acheta le lieu et y bâtit une maison[403]. L'historien attire aussi l'attention sur le martyrium de Martyrius et de Marcien, tués par l'évêque arien Macédonius (344-360), ainsi que sur celui de l'évêque nicéen Paul[404].

Dans la capitale, son intérêt pour les ascètes réapparaît. L'historien raconte comment Isaac, le chef des moines constantinopolitains, prédit la mort de Valens quand celui-ci sortit de la ville pour aller combattre les Goths à Adrianople (378). Sozomène transforme ainsi le moine en un véritable prophète, dans la tradition de l'Ancien Testament[405]. L'image positive d'Isaac tend pourtant vers le négatif quand le moine prend part à la fronde contre Jean Chrysostome, comme nous le verrons immédiatement. Sozomène exprime aussi sa sympathie pour Marathonius, bien que celui-ci fût un diacre de l'hérétique Macédonius. La raison de sa qualification positive est sa vie ascétique et le soin avec lequel il administrait les hospices et hôtelleries de la ville. C'est à cause de cette activité bienfaisante, dit Sozomène, qu'à son époque l'hérésie des macédoniens ne fut pas entièrement éradiquée[406]. Remarquons que, dans ces deux cas, les sympathies de Sozomène entrent de nouveau en conflit — comme c'était le cas à propos d'Épiphane et Jean Chrysostome. En tant qu'admirateur de la piété et de l'ascèse, l'historien se sent obligé de louer un ennemi de Jean Chrysostome, Isaac, et un hérétique, Marathonius.

2.2.3.2 *Les johannites en Bithynie*

Sozomène quittait souvent la capitale pour visiter l'Hellespont et la Bithynie. Il peut se vanter d'y avoir vu l'Olympe de tout près et la cité

On peut y voir une correction du portrait moins flatteur que brossait Socrate de Jean Chrysostome (Socr. 6.3.13-14).

[402] Alexandre: Soz. 1.18.5-7; Paul: Soz. 3.13.6, 4.2.2.
[403] Soz. 2.30.6.
[404] Martyrius et Marcianus: Soz. 4.3; Paul: Soz. 7.10.4.
[405] Soz. 6.40.1.
[406] Soz. 4.20.2, 4.27.5-6.

d'Ilium[407]. Il avait sans doute visité le sépulcre d'Ammonios, un des Longs Frères, dans le monastère Rufinianum près de Chalcédoine[408]. Pourtant, sa destination préférée semble avoir été Nicomédie. D'habitants locaux, il entendit l'histoire du moine Arsacius qui mourut pendant le séisme de 358. Ils lui racontèrent aussi comment la population s'éleva contre Jean Chrysostome quand celui-ci voulut ordonner le successeur de l'évêque Gérontios[409].

Ce n'étaient probablement pas de simples voyages que faisait Sozomène en Bithynie et à Nicomédie; ceux-ci semblent avoir eu un but très spécifique. Il y fréquentait les partisans de Jean Chrysostome, qui avaient refusé la communion avec l'Église officielle de Constantinople après la déposition définitive de leur évêque (404).

Une partie des johannites semble en effet s'être réfugiée et regroupée en Bithynie, et en particulier à Nicomédie et Chalcédoine. À Nicomédie, nous retrouvons, entre autres, Olympias, qui y établit une communauté de femmes[410]. Celle-ci fut, après la mort de la fondatrice en 408, dirigée par Marina et, plus tard, par Élisanthia[411]. Une autre vierge et partisane de Jean Chrysostome, Nicarété, que Sozomène avait rencontrée, vivait aussi à Nicomédie[412]. Nous savons aussi qu'Héracleidas, consacré évêque d'Éphèse et déposé avec Jean, fut retenu pendant un certain temps dans cette ville. Helladios, un presbytre constantinopolitain fidèle à Jean, s'était retiré en Bithynie[413]. D'autres partisans de Jean Chrysostome, comme Cyriacus de Synnada, étaient détenus à Chalcédoine[414].

Le regroupement des johannites peut être expliqué par le fait qu'Olympias et Nicarété avaient des liens familiaux et peut-être encore des

---

[407] Olympe: Soz. 9.5.7; Ilium: Soz. 2.3.2.

[408] Soz. 8.17.3-6.

[409] Arsacius: Soz. 4.16.6-13; Gérontios: Soz. 8.6.3-9.

[410] La Vie d'Olympias (BHG 1374.10 p. 416.15) dit qu'elle alla à Nicomédie immédiatement après la déposition de Jean. Selon Sozomène (8.24.7), elle s'était retirée à Cyzique. Selon Nicéphore Calliste, qui ne fait peut-être que combiner ces deux versions, elle fut déportée de Cyzique à Nicomédie (*HE* 13.24 PG 146.1014a). Cf. *PLRE* I p. 642-643 (2).

[411] *Vita Olympiadis* BHG 1374.12 p. 432.1-14. Sur la date de sa mort, voir *Vita Olympiadis* BHG 1374.11 p. 430.38-40.

[412] Soz. 8.23.4-7.

[413] Héracleidas: Palladios, *Dialogue* 20.62-63; Helladios: Palladios, *Dialogue* 20.79-80.

[414] Jean Chrysostome, *Epistulae* 64, 125, 174, 202, *Epistulae ad Olympiadem* 4. Signalons que pendant la persécution des johannites les autorités emprisonnèrent de nombreux partisans de Jean dans le fort de Chalcédoine (Pseudo-Martyrius, *Vita Johannis Chrysostomi* BHG 871.521b-522a).

possessions en Bithynie[415]. D'ailleurs, Pansophios et Pergamios, deux évêques favorables à Jean[416], avaient occupé respectivement les sièges de Nicomédie et de Nicée. Plus tard, Nicomédie reçut également une importance symbolique de par les miracles qui eurent lieu pendant l'enterrement d'Olympias. Après son décès, celle-ci avertit en effet Pansophios par un songe qu'il fallait enterrer son corps là où s'arrêterait la barque portant son cercueil, en l'occurrence le monastère de S.Thomas à Brochthoi, près de Chalcédoine[417].

Des contacts avec ces johannites sont démontrés par le fait que Sozomène disposait de nombreuses informations qu'eux seuls étaient capables de lui fournir.

D'abord, le fait que l'historien connut la partisane johannite Nicarété rend probables ses contacts avec d'autres membres de la communauté qui s'était établie en Bithynie.

En second lieu, Sozomène était assez fier d'avoir mis la main sur deux lettres originales du pape Innocent, écrites en réponse à l'appel de secours de Jean Chrysostome et adressées respectivement à Jean lui-même et au clergé johannite: «J'ajoute ces deux lettres que j'ai trouvées écrites en langue latine»[418]. Les lettres ne peuvent pas provenir des archives officielles, ecclésiastiques ou séculières, puisqu'elles n'étaient pas adressées à l'église orthodoxe; les milieux johannites doivent lui avoir procuré les épîtres en question. Il s'agit sans aucun doute des originaux dont parle Sozomène, sinon il n'aurait pas pris la peine d'indiquer qu'il les avait lues en latin.

Le troisième élément est très important: Sozomène avait lu l'*Épitaphios* sur Jean du Pseudo-Martyrius, écrit peu après la mort de l'évêque survenue le 14 septembre 407. Ce discours exhorte la communauté johannite, celle de Constantinople ou celle en Bithynie (ou les deux), à ne pas abandonner leur cause. Le fait que Sozomène s'inspire de ce discours ressort de plusieurs similitudes entre les deux textes[419]. Il a pourtant pris soin d'en adoucir le ton assez virulent. Il omet ainsi les attaques directes

---

[415] Le grand-père d'Olympias, Ablabius, possédait des terres en Bithynie (Eunape, *Vitae sophistarum* 6.3.10): cf. *PLRE* I p. 3-4 (4). Nicarété descendait des «eupatrides» de la ville (Soz. 8.23.4).

[416] Jean Chrysostome, *Epistulae ad Olympiadem* 1, 2, 4; Soz. 8.6.6.

[417] Cf. *Vita Olympiadis* BHG 1374.11 p. 426-432. Sur la localisation de Brochthoi, voir R. JANIN, *Constantinople byzantine*, p. 484-485; ID., *Les églises*, p. 19.

[418] Soz. 8.26. Cf. Soz. 8.26.1: ἑκατέραν τε ἐπιστολὴν ἐκ τῆς Ῥωμαίων φωνῆς εὑρὼν παρεθέμην.

[419] Sur la dépendance de Pseudo-Martyrius, voir Appendice III.

à l'encontre d'Eudoxie[420] et la polémique contre Arsacius et Atticus, les successeurs de Jean[421], bien qu'il se permette critiquer ces deux derniers[422]. Le ton relativement modéré est sans doute le produit de la distance d'un demi-siècle qui sépare l'historien des événements; en plus, en 438, le retour des reliques de Jean à Constantinople avait mis un terme au schisme. Il est logique de supposer que Sozomène a obtenu le discours en question de la communauté johannite: un texte aussi partisan ne circulait sans doute pas au sein de l'Église officielle de Constantinople, mais était par contre vénéré parmi les johannites.

Enfin, le discours de Pseudo-Martyrius n'était pas la source de toutes les informations supplémentaires de Sozomène sur Jean Chrysostome par rapport à Socrate. Son récit du procès d'Olympias est unique, tout comme celui de la confession de Tigrios[423]; sa version de la persécution en général ne provient pas non plus d'une source conservée. Le fait que Jean partit pour son deuxième exil (404) dans une petite barque, par exemple, n'est rapporté nulle part ailleurs[424]. Sozomène connaissait l'histoire sur l'apparition du martyr Basiliscus, peu avant la mort de Jean (407), une apparition que Palladios rapporte également[425]; mais Sozomène n'a pas utilisé Palladios. Il était aussi au courant du rôle joué par le moine Isaac dans l'opposition contre Jean, ce qui manque chez Socrate et aussi dans la vie hagiographique d'Isaac, qui semble avoir été «nettoyée» d'éléments anti-johannites[426]. L'origine probable de ces données, toutes favorables à Jean Chrysostome, c'est le milieu johannite.

Sozomène fréquentait donc les survivants de la faction johannite qui gardaient la mémoire et des documents relatifs à cette tragédie. La raison pour laquelle il avait cherché le contact avec les johannites reste obscure. Il se peut que la renommée de certains de leurs membres — en particulier Nicarété que l'historien loue expressément — avait attiré son attention. Quoi qu'il en soit, il ne faut pas être étonné que le récit de Sozomène frôle parfois

---

[420] Cf. Soz. 8.18.5; Pseudo-Martyrius, *Vita Johannis Chrysostomi* BHG 871.496a, 523b.

[421] Pseudo-Martyrius, *Vita Johannis Chrysostomi* BHG 871.521a.

[422] Arsacius: Soz. 8.23.1; Atticus: Soz. 8.27.4-6.

[423] Olympias: Soz. 8.24.4-7; Tigrios: Soz. 8.24.8-9.

[424] Persécution: Soz. 8.23; barque: Soz. 8.22.1-3.

[425] Soz. 8.28.3; Palladios, *Dialogue* 11.123-129; cf. Théodoret, *HE* 5.34.9.

[426] Soz. 8.9.4, 8.19.3; *Vita Isaaci* BHG 956: cf. W. LIEBESCHUETZ, *Friends*, p. 98. La vie d'Isaac est en tout cas à dater après Socrate, car elle dépend de son histoire (Socr. 1.5.1-2 = BHG 956.1; Socr. 1.38.5-9 = BHG 956.3; Socr. 5.6.2-6 = BHG 956.9-10). Voir aussi la prudence de Callinicos, *Vita Hypatii* 11.5, quand il parle d'Isaac. M. WALLRAFF, *Le conflit*, p. 363 et Claudia TIERSCH, *Johannes Chrysostomos*, p. 13 considèrent les données de Sozomène comme moins originales, à tort selon nous.

l'hagiographie. Jean, à ses yeux le défenseur des veuves et des orphelins face à la cupidité des riches, était innocent sur toute la ligne, car les accusations étaient le fruit de l'imagination méchante de ses adversaires[427]. Ces derniers s'attirèrent la colère divine après le succès de leurs intrigues sous la forme d'attaques de barbares, d'une grêle destructrice et d'une mort subite[428]. Malgré cette tendance claire, Sozomène évite les excès. Il modère son ton par rapport à celui de Pseudo-Martyrius. Il inclut même des informations que les partisans de Jean avaient pris le soin d'omettre, comme le discours de Jean à propos de la statue d'Eudoxie ou les émeutes dans la ville[429]. L'*Histoire ecclésiastique* de Sozomène prenait donc clairement position, sans être totalement partiale. Comme chez Socrate, le demi-siècle qui le séparait des faits laissait de la place pour des nuances.

2.3 LA POSITION DOCTRINALE DE SOZOMÈNE

Après cet aperçu sur les loyautés de Sozomène, dans lequel nous avons étudié particulièrement son patriotisme local, son appréciation des ascètes et sa perspective en faveur de Jean Chrysostome, il nous faut maintenant élucider la question de sa position doctrinale.

2.3.1 Un historien orthodoxe

Tandis que Socrate essaie d'élargir le champ de l'orthodoxie, Sozomène la définit avec une précision d'ordre juridique. Il désigne les orthodoxes souvent avec le terme «église catholique»[430], un terme auquel il confère un contenu juridique, en citant l'édit *Cunctos populos* de Théodose I, selon lequel «seuls ceux qui professent l'égalité en honneur de la Trinité, peuvent assumer l'appelation 'église catholique' et ceux qui pensent autrement sont appelés 'hérétiques'»[431].

---

[427] Défenseur: Soz. 8.8.6; accusations: Soz. 8.9.5, 8.10.1.
[428] Soz. 8.25.1-4, 8.27.1-3.
[429] Statue: Soz. 8.20; émeute: Soz. 8.18.1-2.
[430] H. ZIMMERMANN, *Ecclesia*, p. 36 n. 50, avec les références pour l'expression ἡ καθόλου ἐκκλησία. Καθολικὴ ἐκκλησία est plus rare et revient avant tout dans les documents qu'il cite (Soz. 2.27.7-9, 3.2.3, 4.18.2, 4.18.6, 6.11.1, 6.23.13, 8.26.15, cf. 7.4.6). Moins commun est le terme ὀρθόδοξος (Soz. 1.21.5, 2.22.2, 6.4.7 [document], 6.11.2 [document]). Les termes étaient usuels dans la bouche du clergé orthodoxe: cf. Lampe, s.v. *katholikos* (2b), *orthodoxos* (2).
[431] Soz. 7.4.6: μόνων δὲ τῶν ἰσότιμον τριάδα θείαν θρησκευόντων καθολικὴν τὴν ἐκκλησίαν ὀνομάζεσθαι, τοὺς δὲ παρὰ ταῦτα δοξάζοντας αἱρετικοὺς

L'historien est assez constant dans son vocabulaire. Les mots «héré-sie» ou «hérétiques» ont presque toujours la connotation de déviation doctrinale[432]. Sozomène oppose par exemple plusieurs fois les hérétiques à l'Église catholique et aux nicéens[433]. Pourtant, le sens large du terme «hérésie», désignant un parti ecclésiastique comprenant aussi les nicéens (le sens que Socrate y accordait) s'y rencontre aussi parfois. Deux cas spé-cifiques doivent à cet égard être relevés.

L'expression «hérésie adversaire» (ἡ ἐναντία αἵρεσις), utilisée par Sozomène pour désigner les ariens — un usage qui lui est spéci-fique[434] —, porte les traces de ce sens large[435]. En effet, il n'aurait pas eu besoin de désigner les ariens comme «hérésie adversaire» si ses lecteurs ne pouvaient pas entendre le terme «hérésie» comme incluant aussi le parti nicéen. L'historien se sert alors d'une expression légèrement pléonastique, puisque pour lui «hérésie» désigne d'habitude une déviation doctrinale.

Parallèlement à cette locution, il reste encore deux passages où le terme «hérésie» prend un sens plus large, mais ils ne représentent pas le voca-bulaire de Sozomène. En 3.17.4, Sozomène cite le *Codex Theodosianus* 16.9.2 et traduit le latin *secta* par αἵρεσις: «Ils ordonnaient en loi qu'au-cun juif ne pût acheter un esclave appartenant à une autre secte (αἵρε-σις)»[436]. En 9.10.1, l'historien raconte l'histoire de la tentative de viol d'une femme romaine par un Goth pendant le sac de Rome en 410. Il dit qu'«ils étaient tous les deux chrétiens, mais pas de la même secte (αἵρε-σις), lui étant arien et elle nicéenne»[437]. Le passage provient probable-ment d'Olympiodore et n'emploie dès lors pas le vocabulaire de Sozo-mène[438]; l'historien a copié dans le neuvième livre des passages entiers de son prédécesseur classique, et sa mort l'a empêché de les retravailler

---

προσαγορεύεσθαι καὶ ἀτίμους εἶναι καὶ τιμωρίαν προσδέχεσθαι; *Codex Theodosia-nus* 16.1.2 (28/2/380).

    [432] Par exemple Soz. 1.1.15-16, 1.14.9, 2.17.4, 2.23.8, 3.12.4, 4.28.4, 5.11.4, 6.26.4, 8.5.1, 9.1.9. C'est le sens normal pour les orthodoxes, cf. Lampe s.v. *hairesis* (3). G.C. HANSEN, *Sozomenos*, p. 75 préfère traduire le terme par «Glaubensrichtung», ce qui nous semble trop général.

    [433] Soz. 4.17.7, 6.10.6, 7.19.11, 8.1.5, 8.15.4. Cf. Soz. 7.18.8 où le novatianisme, stric-tement parlant un schisme, est appelé «hérésie».

    [434] Nous n'avons trouvé des parallèles que chez Synésius, *De providentia* 2.3.122d, et Théodoret, *Haereticarum fabularum compendium* 3.pr.

    [435] Soz. 3.7.1, 3.20.2-4, 3.20.9, 4.2.1, 4.10.3, 4.19.9, 4.27.2, 6.21.4, 6.25.8.

    [436] Soz. 3.17.4: Ἰουδαίων δὲ ἐνομοθέτησαν μηδένα δοῦλον ὠνεῖσθαι τῶν ἐξ ἑτέ-ρας αἱρέσεως.

    [437] Soz. 9.10.1: ἀμφοτέρων δὲ Χριστιανῶν οὐκ ἀπὸ αὐτῆς αἱρέσεως, καθότι ὁ μὲν τὴν Ἀρείου, ἡ δὲ τῶν ἐν Νικαίᾳ τὴν πίστιν ἐζήλου.

    [438] Cf. P. VAN NUFFELEN, *Sozomenus*.

et d'en éliminer les contradictions, les erreurs et, dans ce cas-ci, les incon-sistances dans le vocabulaire utilisé.

Alors que l'approche juridique est très prononcée chez Sozomène[439], il lui manque, en général, la perspective théologique. Sa conviction ortho-doxe lui suffit et, en avouant ne rien en comprendre, il a confiance dans le jugement d'«amis pieux» en matière de dogmes[440]. Il s'intéresse davantage aux bienfaits des chrétiens, même si ce sont des hérétiques qui les font.

Sozomène ne se soucie par conséquent guère des discussions théolo-giques contemporaines. Les critiques à l'adresse d'Origène et d'Eusèbe, auxquelles Socrate consacre tant de pages, sont omises. Il enregistre que Théophile se sert de l'accusation d'origénisme dans son conflit avec Jean Chrysostome, sans s'y attarder. En même temps, il dit à deux reprises que les ouvrages d'Origène étaient lus par les moines, ce qui montre qu'il leur accorde un caractère édifiant[441]. Tout en situant Eusèbe de Césarée dans le camp des ariens, il ne s'appesantit pas sur son orthodoxie douteuse[442].

Trois exceptions à cette attitude désintéressée peuvent être signalées. Sozomène discute d'abord brièvement les thèses de l'arianisme afin de montrer comment il dévie de l'orthodoxie. L'arianisme comme courant majeur nécessite une démonstration plus exacte[443]. Il critique aussi l'apollinarisme à travers la citation d'une lettre de Grégoire de Nazianze[444]. Ceci peut être occasionné par le fait que l'accusation d'apollinarisme était fréquente à son époque dans les discussions menant au concile de Chalcédoine (451). La troisième exception, c'est le novatianisme.

2.3.2 L'attitude de Sozomène envers le novatianisme

Sozomène, en tant que bon orthodoxe, ne montre pas la même sym-pathie pour les novatiens que Socrate, avec qui il prend nettement ses distances. Il souligne que les novatiens tombèrent sous le coup de la légis-lation anti-hérétique de Constantin, avec les montanistes, valentiniens,

---

[439] B. GRILLET dans G. SABBAH — B. GRILLET, *Sozomène*, p. 58 écrit à tort, selon nous, que Sozomène prône un «libéralisme tolérant». Voir aussi ci-dessous p. 129 note 204.

[440] Ne rien comprendre: Soz. 6.27.7, 7.17.8; amis: Soz. 1.20.3.

[441] Théophile: Soz. 8.11-15; lecture: Soz. 6.17.2, 6.30.3.

[442] Soz. 1.15.11, 2.25.1.

[443] Soz. 1.21.1, 3.18.

[444] Soz. 6.27.2-7; Grégoire de Nazianze, *Epistulae* 202.

marcionistes, paulianistes et d'autres. Sozomène loue l'efficacité de ces lois, qui diminuaient fortement le nombre des hérétiques, tout en attirant l'attention sur une exception: «Seuls les novatiens furent nombreux dès le début et le restèrent, parce qu'ils avaient eu la chance d'avoir de bons chefs et parce qu'ils partageaient sur la Divinité les dogmes de l'Église catholique, et ils ne souffrirent nul grand dommage de cette loi. À mon avis en effet, l'empereur même leur montrait une certaine clémence: il ne voulait qu'effrayer ses sujets, non les ruiner»[445]. Sozomène reconnaît donc la position particulière des novatiens: ils sont proches de l'orthodoxie, mais restent néanmoins des hérétiques. Il suit Socrate dans l'idée que les bons chefs du schisme favorisaient sa survie, mais y ajoute une seconde cause plus importante: la clémence impériale.

Alors que Sozomène n'a pas l'habitude de discuter les doctrines des hérésies, il essaie ici de démontrer le caractère erroné des opinions novatiennes. La question de la repentance est au centre de ses préoccupations.

De Socrate, Sozomène copie une anecdote concernant l'évêque novatien Acésios. Celui-ci refusa, même quand l'empereur Constantin le lui demandait, de souscrire aux décisions de Nicée (325), parce qu'il ne revenait pas aux hommes de pardonner les péchés. Constantin y répondit: «Cher Acésios, dresse une échelle et sois seul à monter au ciel», soulignant ainsi la rigueur de la doctrine novatienne. Tandis que Socrate raconte cette histoire sans la commenter, Sozomène y ajoute «Cela, je pense, l'empereur le dit, non qu'il louât Acésios, mais parce que, bien qu'ils soient des hommes, les novatiens estiment qu'ils sont sans péché»[446]. C'est une critique sévère qui permet à Sozomène de séparer les novatiens de l'orthodoxie. En effet, selon lui, le repentir est essentiel à l'orthodoxie. Dans le résumé de la doctrine chrétienne que des prêtres orthodoxes exposaient à Constantin avant la conversion de celui-ci (312), Sozomène accorde une place exceptionnelle au repentir: «Il y avait néanmoins, même pour les fautes d'ici-bas, une occasion de salut et une purification des péchés: pour les non-initiés, l'initiation selon la règle de l'Église, pour les initiés, le fait de ne plus pécher. Et comme il n'est possible qu'à un tout petit nombre d'hommes saints de réussir sur ce point, ils enseignaient qu'il a été établi une seconde purification par le repentir. Car Dieu aime les hommes et il accorde le pardon aux pécheurs, à la

[445] Soz. 2.32.1-5, 2.32.5 (citation).
[446] Socr. 1.10; Soz. 1.22, 1.22.3: ταῦτα δὲ οἶμαι εἰπεῖν τὸν βασιλέα πρὸς Ἀκέσιον οὐκ ἐπαινοῦντα, ἀλλ᾽ ὅτι ἄνθρωποι ὄντες ἀναμαρτήτους σφᾶς εἶναι νομίζουσιν. G. SABBAH, Sozomène, p. 296 n. 1, interprète à tort ces textes comme exprimant la sympathie de Sozomène pour les novatiens.

condition qu'ils se repentent et confirment leur repentance par de bonnes œuvres»[447].

Sozomène ne comprend pas pourquoi les novatiens tiennent tant à leur rigorisme. Il reprend de Socrate l'histoire selon laquelle les nicéens et novatiens auraient presque rétabli la communion quand ils furent tout deux chassés de Constantinople en 358-361. Ils célébraient le culte dans les mêmes endroits, mais des tentatives pour rétablir la communion échouèrent. Socrate signale que les novatiens la refusèrent, désirant garder leur ἀρχαῖον παράγγελμα — faisant sans doute en cela référence à leur opinion sur la repentance. Il ajoute, cependant, que les novatiens et les nicéens étaient prêts à mourir l'un pour l'autre. Et Sozomène de commenter: «Et de fait c'est ce qui fût arrivé, si le désir général du peuple n'avait été ruiné par le mauvais vouloir (βασκανία) d'un petit nombre, je pense, qui soutenaient que c'était une règle ancienne de refuser d'agir ainsi». Si les novatiens font, chez Socrate, appel en bloc à leur tradition pour décliner la fin du schisme, chez Sozomène, un petit nombre bloque l'intégration dans l'Église orthodoxe. Pour mesurer tout le venin de la remarque, il faut savoir que *baskanos* est parfois une épithète du diable[448]. Sozomène omet également le fait que les novatiens étaient prêts au martyre pour la cause nicéenne[449].

C'est donc une véritable polémique contre Socrate que mène Sozomène. La cause probable en est qu'il considère son prédécesseur comme un novatien. En effet, dans sa discussion du schisme sabbatien à l'intérieur de l'Église novatienne, Sozomène indique que le choix, pris par Sabbatios de célébrer Pâques le même jour que les juifs, avait déjà été critiqué par Eusèbe, avant de dire: «Les novatiens mêmes, qui ont étudié cette question avec exactitude, affirment que ce n'était pas leur coutume auparavant, ni celle du fondateur de leur hérésie»[450]. C'est bien ce que Socrate affirme, sans renvoyer à des sources orales ou écrites[451]; c'est donc à lui que Sozomène applique le vocable «novatien».

---

[447] Soz. 1.3.4-6. L'importance de la question du repentir pour Sozomène se montre aussi dans son appréciation de la suppresion du prêtre pénitencier (Socr. 5.19, Soz. 7.16), cf. ci-dessus p. 43.

[448] Lampe s.v. *baskanos*.

[449] Socr. 2.38.14-26; Soz. 4.20.7-8. Remarquons que Sozomène dit, au début du récit (Soz. 4.20.4), que les orthodoxes portèrent «peut-être» secours au Novatiens pendant la reconstruction de leur église. Cette nuance est absente chez Socrate (2.38.18).

[450] Soz. 7.18.8: ἐπεὶ καὶ αὐτοὶ οἱ Ναυατιανοὶ οἷς ἀκριβείας μέλει ἰσχυρίζονται, ὡς οὔτε αὐτοῖς οὔτε τῷ ἀρχηγῷ τῆς αἱρέσεως τοῦτο πρότερον ἦν ἔθος.

[451] Socr. 4.28.14, 5.21.15. Voir déjà la suggestion de M. WALLRAFF, *Der Kirchenhistoriker*, p. 241.

L'attitude négative envers Socrate en tant que non-orthodoxe peut aussi expliquer certains autres traits de l'histoire de Sozomène. L'historien copie de son prédécesseur beaucoup de données sur le novatianisme, souvent sans y modifier grand-chose[452]. À d'autres endroits, Sozomène surenchérit. Il ajoute des détails au récit de Socrate, lequel était déjà bien renseigné sur les novatiens. Sur Agélios, l'évêque novatien de Constantinople (mort en 384), il dit que, selon certains, l'évêque avait été un confesseur «à l'époque du paganisme»[453]. Un peu plus loin, il raconte comment Eutrope, un martyr de la cause chrysostomienne, apparut en rêve à Sisinnios, l'évêque novatien de Constantinople (397-412)[454]. L'origine de cette dernière histoire reste difficile à établir. Il se peut que Sozomène veuille apporter la preuve que l'hostilité des novatiens envers Jean Chrysostome n'était pas justifiée. Le rêve montrerait alors que les partisans de Jean sont les élus de Dieu. Cependant, puisque Sozomène ne parle point du rôle des novatiens sous Jean Chrysostome — il n'a, par exemple, pas copié de Socrate la conversation entre Jean et Sisinnios[455] —, l'idée doit rester une simple hypothèse.

3. CONCLUSION

3.1 SOCRATE ET SOZOMÈNE, DES CARACTÈRES OPPOSÉS

Une génération sépare Socrate, né vers 380-390, de Sozomène, probablement né entre 403 et 427. La différence devient claire dans le détail qui suit. Sozomène ne pouvait plus trouver personne en vie qui pouvait l'informer sur le moine Arsacius, qui mourut en 358. Socrate, quant à lui, avait parlé avec un vieux Paphlagonien qui avait survécu à un massacre dans son village à la même époque[456]. La différence d'âge est une barrière où plusieurs oppositions se retrouvent.

À Socrate, un citadin de Constantinople, de naissance grecque, qui avait étudié auprès des meilleurs professeurs de l'époque, s'oppose Sozomène, un immigrant d'origine sémitique provenant d'un village de la campagne de Gaza et un provincial essayant de frayer son chemin dans

---

[452] Soz. 1.14.9-11: Socr. 1.13.1-10, 1.15.3: Soz. 5.5.10: Socr. 3.11.3; Soz. 6.9: Socr. 4.9.1-6; Soz. 6.24.6-9, 7.19.2: Socr. 4.28.
[453] Soz. 7.14.2-3: ἐν ἑλληνικοῖς καιροῖς.
[454] Soz. 8.24.2-3.
[455] Socr. 6.22.13-17.
[456] Soz. 4.16.13; Socr. 2.38.32.

la capitale en tant qu'avocat et historien de l'Église. Ce contraste social entraîna des perspectives différentes sur l'histoire, celle de Socrate étant principalement axée sur Constantinople et défendant l'héritage intellectuel de la littérature classique et de l'origénisme, celle de Sozomène se réclamant de la précision juridique et deployant une vue plus large sur l'extension du christianisme en Orient.

Cependant, derrière cette opposition se cachent plusieurs éléments communs. Ni Socrate ni Sozomène n'appartenaient aux classes dirigeantes de l'Empire. Certes, Socrate avait eu de bonnes relations avec le cercle de Troïlos et d'Anthémius, mais quand il écrivit son *Histoire ecclésiastique*, c'était déjà une mémoire lointaine : Anthémius mourut en 414, alors que Socrate publia son œuvre en 439-440. Sozomène, de son côté, espérait être introduit dans ces milieux-là, mais sa mort prématurée avant 450 l'en empêcha. Les deux historiens ne sont donc pas les porte-parole de la cour, ce qui n'exclut pas que leurs ouvrages puissent refléter l'idéologie impériale — surtout dans les passages où ils entonnent un panégyrique de Théodose II[457].

Les deux historiens n'étaient pas non plus impliqués dans la politique ecclésiastique. En tant que laïcs, ils avaient bien des connaissances parmi les évêques et les ascètes, mais ils n'étaient pas activement mêlés à la direction de l'Église. Ainsi, Socrate et Sozomène se distinguent nettement de leurs prédécesseurs Eusèbe de Césarée et Rufin d'Aquilée, de leur contemporain Théodoret de Cyr, et de leurs successeurs Évagre le Scholastique, Zacharie le Rhéteur et Jean d'Éphèse (sixième siècle), qui tous avaient une position plus au moins importante au sein de la hiérarchie. Leur distance avec le pouvoir est sans doute responsable du fait qu'ils ne traitaient pas tous les hérétiques comme des enfants du diable, un art dans lequel excelle par exemple Théodoret[458]. Sozomène savait aussi apprécier les qualités éthiques ou pastorales de certains non-orthodoxes comme Marathonius à Constantinople.

Du point de vue théologique, les deux historiens s'inscrivent dans la tradition nicéenne, élaborée et précisée à Constantinople (381). L'ennemi principal de leurs *Histoires ecclésiastiques*, c'est l'arianisme sous toutes ses formes, dont ils constatent avec réjouissance la défaite définitive à leur époque[459].

---

[457] Socr. 7.22, 7.42 ; Soz. Déd.

[458] Cf. Théodoret, *HE* 1.2.5.

[459] Sur la victoire de l'orthodoxie, voir également ci-dessous p. 110-111, 138, 265-269, 279-281.

Leur ton modéré et leurs caractéristiques communes, cependant, ne signifient pas qu'ils étaient des observateurs neutres. Chacun avait ses propres convictions et sympathies, qu'il cherchait à défendre à travers son ouvrage. À propos de leur confession, Sozomène était orthodoxe alors que Socrate faisait partie du schisme novatien. Le premier pouvait sans ambages exiger l'acceptation de toutes les décisions de Nicée, fortifiée par des lois impériales, tandis que l'autre essayait de réduire l'orthodoxie au noyau dur de la consubstantialité de la Trinité, afin de sauver le novatianisme et l'origénisme de l'accusation d'hérésie. De telles concessions étaient inacceptables pour Sozomène qui exclut le novatianisme de l'orthodoxie comme tout autre schisme ou hérésie.

À côté de l'origine sociale et de la confession, un troisième élément séparait encore les deux historiens. À propos de la figure controversée de Jean Chrysostome, qui avait divisé l'Église de Constantinople en 403-404, Socrate et Sozomène représentent les deux camps qui avaient pris part au drame. En tant que membre du cercle de Troïlos, où il avait côtoyé Anthémius et Atticus, des ennemis farouches de Jean, et en tant que novatien, la secte que Jean avait menacée d'expulser de la cité, Socrate rapportait la version «officielle» des événements, accusant les chrysostomiens d'émeutes et de l'incendie de l'église principale. Dans le dernier livre de son histoire, il garde le silence sur l'influence du parti johannite à l'intérieur de l'Église de Constantinople et présente les évêques Atticus et Proclos, figures importantes du parti anti-johannite, comme des porteurs de paix. Sozomène de son côté avait établi des relations avec la communauté johannite, sans doute en Bithynie, et avait obtenu d'eux des informations et des documents précieux, qui visaient à inculper Atticus et les siens. Il épousait en partie leur perspective hagiographique de Jean et disculpait les johannites.

Pourtant, les quarante ans qui s'étaient écoulés avaient émoussé l'opposition. Socrate reconnaît les qualités de Jean, tout en n'oubliant pas ses fautes, et accueille chaleureusement le rétablissement de l'unité dans l'Église de Constantinople à la suite du retour des ossements de Jean en 438. Sozomène, pour sa part, a modéré les accusations violentes des johannites à l'adresse de la cour, qui n'auraient d'ailleurs pas servi son ambition de plaire aux monarques. Il copie aussi plusieurs éléments de la version officielle qu'il avait trouvée chez Socrate, comme les discours de Jean contre la statue d'Eudoxie ou les désordres populaires causés par lui, des faits que les johannites avaient toujours essayé d'escamoter.

3.2 LA FIN DES CONTROVERSES

Socrate et Sozomène écrivaient à une époque qui avait vu s'éteindre les grandes controverses des générations précédentes. L'arianisme, combattu, était réduit à de minces groupes dispersés. Le front entre ennemis et partisans de Jean Chrysostome s'était lentement défait. L'image positive, que les *Histoires ecclésiastiques* de Socrate et Sozomène dressent du règne de Théodose II, était par conséquent en quelque sorte justifiée, car les conflits du passé, qui avaient troublé le siècle précédent, n'existaient plus. En même temps, les sequelles en sont présentes dans les deux ouvrages, comme l'opposition entre les deux historiens à propos de l'orthodoxie et de Jean Chrysostome le démontre.

Leur optimisme trahit ainsi un certain soulagement, le sentiment d'avoir pu dépasser les écueils qui menaçaient l'Église. L'idée qu'une période malheureuse était close peut avoir été à l'origine de la commande de Théodore, qui demandait à Socrate d'écrire une *Histoire ecclésiastique* à partir de 324 jusqu'à son propre temps[460].

En même temps, le regard tourné vers les dangers du passé vaincus semble rendre Socrate et Sozomène aveugles aux problèmes de leur époque. Ils sous-estiment, par exemple, l'ampleur de la controverse nestorienne. Pour les deux historiens, l'affaire semble close avec la condamnation de Nestorius à Éphèse (431) et la réconciliation entre les deux factions en 433[461]. Pourtant, selon la *Vie d'Hypatios*, «Longtemps après que Nestorius eut été banni, des dignitaires, des clercs et de pieux ascètes venaient souvent pour lui demander s'il était possible que Nestorius revînt à Constantinople». La *Vie de Mélanie la jeune* atteste également que le soutien pour l'évêque déposé restait important, surtout parmi les femmes des plus hautes couches sociales[462]. Ces signes sont ignorés par Socrate et Sozomène.

En ce qui concerne la situation politique, ce n'est qu'en 439 que des problèmes sérieux apparurent. La prise de Carthage par les Vandales en cette année bouleversait beaucoup de gens[463]. La brouille avec Eudocie (441) mettait à nu les tensions à la cour, alors que les invasions des Huns (441/2 et 447) se terminaient en des défaites désastreuses et des traités déshonorants pour l'Empire oriental.

---

[460] Socr. 2.1.6.

[461] Socr. 7.32-34; Soz. 9.1.9. Sur l'interprétation de ces passages, voir ci-dessous p. 110-111 et 148.

[462] Callinicos, *Vita Hypatii* 39.1; *Vita Melaniae Iunioris* BHG 1241.54.

[463] Théodoret, *Epistulae* 22; *Novellae Valentiniani* 9 (24/6/440).

L'image positive que dressait Socrate du règne de Théodose II pouvait donc prétendre à une certaine réalité. En écrivant vers 439-440, il n'était évidemment pas au courant des problèmes des années suivantes. En même temps, en ce qui concerne l'Église, il n'estimait pas assez les tensions existantes. Dans le cas de Sozomène, qui rédigeait son ouvrage probablement vers le milieu de la décennie, parmi des troubles ecclésiastiques et impériaux, il est possible que l'optimisme soit plus un exercice de nostalgie et de panégyrique que le reflet d'un sentiment sincère.

CHAPITRE II

LA THÉOLOGIE DE L'HISTOIRE

INTRODUCTION

L'image positive que dressent Socrate et Sozomène de leur propre temps n'est pas uniquement due aux circonstances historiques. Les deux historiens défendent chacun une théologie de l'histoire qui situe l'apogée de l'histoire dans leur propre temps. Afin de bien comprendre leurs idées, il nous faut en étudier la genèse. Nous reprendrons la question des origines, en l'occurrence les structures fondamentales de la pensée historique chrétienne, avant d'étudier l'apport d'Origène et d'Eusèbe de Césarée à la philosophie chrétienne de l'histoire.

Ajoutons quelques remarques sur l'exposé qui suit. D'abord, nous ne prétendons pas épuiser le thème de la théologie de l'histoire. La discussion vise uniquement à élucider l'origine et le développement des concepts dont Socrate et Sozomène sont tributaires. Si nous soutenons que l'évolution de l'histoire n'est plus déterminée par la parousie chez ces deux historiens, cela ne veut pas dire que la parousie ne joue plus aucun rôle dans la pensée historique chrétienne de leur époque. Au contraire, elle reste très importante, mais pas chez Socrate et Sozomène.

Ensuite, en débutant notre exposé avec une discussion des structures fondamentales de la théologie de l'histoire et en suivant leur développement à travers Origène et Eusèbe, nous pourrions donner l'impression de proposer une lecture téléologique, selon laquelle Socrate et Sozomène sont l'aboutissement logique de la tradition théologique. Ce n'est pas le cas. Les deux historiens se situent dans une tradition de pensée, elle-même sujette à l'influence des circonstances historiques, qu'ils ont reçue et élaborée de façon plus ou moins autonome afin qu'elle soit adaptée au contexte dans lequel ils vivaient. Dans les pages suivantes nous sommes à la recherche de cette tradition, tout en restant attentifs aux innovations propres aux histoires ecclésiastiques de Socrate et de Sozomène.

Enfin, nous utilisons le terme «théologie de l'histoire» pour désigner les idées de Socrate et Sozomène. C'est problématique. Nous ne prétendons pas que leurs idées forment un ensemble cohérent qui prétend expliquer toutes les facettes de l'histoire, comme dans *La cité de Dieu* d'Augustin (pour donner l'exemple le plus connu). Leurs opinions sur l'histoire ne sont qu'implicitement présentes dans leurs ouvrages et ne constituent que quelques éléments de base qui laissent beaucoup de questions ouvertes. Nous allons même constater que Socrate et Sozomène abandonnent la référence aux concepts théologiques (comme le *Logos*), qui jouaient encore un rôle très important chez Eusèbe de Césarée. Néanmoins, nous avons choisi d'appeler les idées de Socrate et de Sozomène des «théologies de l'histoire» car nous croyons pouvoir y détecter (ou en déduire) une certaine cohérence. Leurs idées sont donc au moins des théologies en germe. Signalons pour terminer que nous utilisons «philosophie chrétienne de l'histoire» comme synonyme de «théologie de l'histoire».

1. LES STRUCTURES FONDAMENTALES: L'UNITÉ DANS LE TEMPS ET LE PROBLÈME DE L'UNITÉ SPATIALE

Pour les premiers chrétiens, les temps se sont accomplis en Jésus Christ[1]. La révélation divine des anciens prophètes s'est terminée dans l'incarnation du Verbe, assurant le salut de l'homme. Le retour du Messie réalisera cette tâche. Avant la seconde parousie, il n'y a que de l'attente et de la constance, mais pas de développement historique[2]. La philosophie chrétienne de l'histoire débute ainsi par un vide: la période entre l'incarnation et la seconde parousie est un temps d'attente, sans consistance propre. Bref, il n'est qu'un entre-temps[3].

Ce vide lègue sa double structure fondamentale aux philosophies chrétiennes de l'histoire, telles qu'elles se développent dans la pensée et les histoires de l'Église, à savoir l'unité dans le temps et le problème de l'unité spatiale.

La période d'attente est comprise entre les deux moments de la révélation divine, l'incarnation et la deuxième parousie, la seconde accomplissant la première. À partir de l'incarnation, plus rien ne peut arriver qui change la fin des temps. Cela confère nécessairement une unité à la période entre ces deux instants. Les prémisses chrétiennes ne déterminent point quelle forme cette unité doit prendre. Dans un premier temps,

---

[1] Ep 1.10.
[2] Ac 1; 2 Th 2.15; He 2-3. Cf. H. VON CAMPENHAUSEN, *Die Entstehung*, p. 306.
[3] F. OVERBECK, *Über die Anfänge*, p. 15; W. NIGG, *Die Kirchengeschichtsschreibung*, p. 5; J. DANIÉLOU, *Essai*, p. 10; R. BULTMANN, *Geschichte*, p. 42; D. TIMPE, *Römische Geschichte*, p. 17.

les chrétiens laissent la question ouverte et s'installent dans le vide de l'attente. C'est le retard de la parousie qui attire l'attention sur l'entre-temps, c'est-à-dire sur l'histoire, faisant naître plusieurs lectures de cette histoire. Une première lecture est celle de l'histoire du salut, qui lit l'entre-temps comme la période pendant laquelle le Verbe éduque l'homme et le fait avancer dans la foi. L'histoire devient ainsi une pédagogie[4]. Une autre lecture, appelons-la millénariste, accorde une longueur fixe à l'entre-temps et tente de compter le temps restant avant la parousie[5]. Ces théologies, pouvant se recouper, ont comme point commun qu'elles considèrent l'entre-temps comme une préparation à la parousie, qui détermine le sens de l'histoire.

La seconde structure concerne le problème de l'unité spatiale. Seuls les chrétiens, les «élus de Dieu», attendent le retour du Christ. Le salut sera leur part, dont le monde extérieur, incompatible avec la sagesse divine, sera exclu[6]. Ainsi s'établit dans l'espace une séparation entre deux sphères, les chrétiens et les non-chrétiens, vertu et vice, vérité et mensonge[7]. Pour la philosophie chrétienne de l'histoire dans l'Antiquité, la forme la plus intéressante de cette séparation est celle de l'opposition entre l'Église et l'Empire. En effet, jusqu'à la victoire définitive de Constantin (324), le christianisme est perçu en général comme en opposition à l'Empire. Il se caractérise tantôt par un refus clair de celui-ci, identifié à un instrument du diable[8], tantôt par une indifférence vis-à-vis de l'Empire. Dans la perspective la plus positive, l'Empire est représenté comme un instrument aux mains de Dieu pour favoriser l'Église[9]. L'Église reste donc le seul but de l'action divine dans le monde. Nous sommes ainsi encore très loin du soutien divin que les empereurs recevront chez Socrate ou Sozomène, comme nous le verrons plus en détail ci-dessous[10]. Avant le règne de Constantin, la pensée chrétienne établissait donc une division spatiale entre l'Église, porteuse du salut et faisant partie du mouvement divin de l'histoire, et l'Empire qui en reste exclu.

---

[4] H. VON CAMPENHAUSEN, *Die Entstehung*; A. LUNEAU, *L'histoire du salut*, p. 96-100.

[5] Justin Martyr, *Apologie* 1.31.8; Irénée de Lyon, *Contre les hérésies* 5.28.3.

[6] 2 Th 2.13-15; 1 Co 3.19.

[7] 1 Co 1.18-2.11; cf. 1 P 2.9.

[8] Hippolyte, *In Danielem* 4.9. Cf. Tertullien, *De corona* 13.

[9] Méliton, apud Eusèbe, *HE* 4.26.7-8; Irénée de Lyon, *Contre les hérésies* 4.30.3, 4.34.4; Origène, *Contre Celse* 2.30. Cf. E. PETERSON, *Der Monotheismus*, p. 71; Elisabeth HERRMANN, *Ecclesia*, p. 171-178; W. KINZIG, *Novitas*, p. 210-375, 463; J. LEHNEN, *Zwischen Abkehr und Hinwendung*; D. TIMPE, *Römische Geschichte*, p. 54-55.

[10] Cf. ci-dessous p. 145, 299, 305.

Voilà l'héritage que le christianisme apporte à la philosophie de l'histoire. La double question de l'unité de l'histoire dans le temps et dans l'espace déterminera les théologies postérieures de l'histoire, à commencer par Origène et Eusèbe, et à travers eux, Socrate et Sozomène. Chacun y répondra à sa façon, influencé bien-entendu par les circonstances historiques et par les traditions théologiques dont il se nourrit. Nous verrons, d'une part, que l'unité temporelle est sans cesse affirmée mais réinterprétée par les différents auteurs, qui proposeront différentes lectures de l'évolution de l'histoire. D'autre part, le problème de l'unité spatiale restera présent. La division entre les deux sphères de l'Empire et de l'Église ne sera jamais abolie, mais elle sera interprétée de façon diverse. À la dépréciation pré-constantinienne de l'Empire en faveur de l'Église, se substituera chez Socrate et Sozomène l'affirmation que les deux sphères se développent de façon parallèle.

2. D'Origène à Eusèbe

C'est quasiment de façon involontaire qu'Origène (ca. 185-253) libère l'histoire de sa détermination par la parousie en lui accordant une évolution immanente. Ainsi, il donne une nouvelle réponse à la question de l'unité temporelle, ce dont son fils spirituel Eusèbe (ca. 260-339) est tributaire dans son *Histoire ecclésiastique* tout comme dans ses écrits constantiniens. Cependant, à propos de la question de l'unité spatiale, Origène reste attaché à la tradition exclusive, tout comme Eusèbe, ce qui lui cause des problèmes considérables.

2.1 Origène

2.1.1 La critique de Celse

La polémique païenne oblige la pensée chrétienne à sortir de son carcan. Une des critiques du philosophe païen Celse (fin du deuxième siècle), dans son ouvrage intitulé *Alethes Logos*, portait sur le fait que les chrétiens ne contribuaient pas à l'établissement de la paix dans l'Empire mais, au contraire, à son affaiblissement. De plus, il expliquait qu'il serait historiquement impossible que le monde entier puisse s'accorder sur une foi unique[11]. Cette double attaque mettait en péril à la fois

---

[11] Origène, *Contre Celse* 8.68, 8.72.

l'élection de l'Église comme lieu de paix et l'universalité du message chrétien. Esquissons dès à présent ces deux traits fondamentaux dans la conscience chrétienne de l'époque, afin de mesurer la force de la critique de Celse.

Le christianisme hérite du judaïsme un concept de paix très large. Cette paix est d'ordre ontologique et inclut l'ordre naturel, social et spirituel. Le Dieu chrétien est donc un Dieu de paix[12]. De plus, les chrétiens acceptent les prophéties judaïques sur la paix accompagnant la venue du Messie[13]. Dès lors, par son incarnation, le Christ a donné sa paix aux hommes[14], et c'est par celle-ci que le chrétien trouvera la paix dans le Christ. L'incarnation devient ainsi la condition préalable de tout établissement de la paix[15]. Par extension, l'acceptation de l'incarnation, c'est-à-dire la conversion au christianisme, est une condition pour accéder à la paix[16]. Ainsi, la paix chrétienne reçoit une double dimension : elle est à la fois l'apanage de l'Église — des seuls chrétiens — et est avant tout un bien spirituel — le fruit de la communauté dans le Christ. En résumé, la paix implique l'absence de péchés et le fait d'être membre de l'Église[17]. Dès lors, les apologistes peuvent affirmer que la communauté chrétienne et ses prières garantissent le succès et la paix de l'Empire[18].

L'universalité du message chrétien, l'autre trait visé par Celse, est fermement enracinée dans les prophéties vétérotestamentaires, prévoyant la conversion de tous les peuples, et dans les commandements du Seigneur, exhortant les fidèles à répandre la bonne nouvelle dans le

---

[12] Rm 15.33, 16.20 ; 1 Co 14.33 ; 2 Co 13.11 ; Ph 4.9 ; 1 Th 5.23 ; 2 Th 3.16. Pour un aperçu de ces idées, voir E. DINKLER — Erika DINKLER-VON SCHUBERT, art. *Friede*, p. 448-452 ; K.H. SCHMID, art. *Frieden*, p. 605.

[13] Ps 71.7 ; Mi 5.4 ; Is 2.1-4 ; cf. Za 9.9-17. Cf. W. THIESSEN, art. *Frieden*, p. 612 ; G. DELLING, art. *Frieden*, p. 614.

[14] Jn 14.27, 15.33. Cf. Lc 2.14.

[15] On retrouve souvent cette idée dans les écrits patristiques : par exemple Jean Chrysostome, *De providentia* 15.1 ; Pseudo-Jean Chrysostome, *Homilia in Ps 71* 176, 305.

[16] Voir par exemple Origène, *Contre Celse* 2.30.

[17] Par exemple Justin Martyr, *Dialogue* 110.3 ; Clément d'Alexandrie, *Le pédagogue* 1.12.99. Voir les remarques d'E. DINKLER — Erika DINKLER-VON SCHUBERT, art. *Friede*, p. 465-466, 469-474 ; W. HUBER, art. *Frieden*, p. 619.

[18] Dépendance du succès de l'Empire de la prière chrétienne : Aristide, *Apologie* 16.6 ; Tertullien, *Apologeticum* 5.6, *Ad Scapulam* 4.6 ; Irénée de Lyon, *Contre les hérésies* 4.40.3 ; Hippolyte, *In Danielem* 4.5, 4.12.2, 4.21.3 ; Denys d'Alexandrie apud Eusèbe, *HE* 5.5.1-4, 7.1 ; Constantin apud Eusèbe, *HE* 10.7.1 ; Eusèbe, *HE* 10.8.10. La prospérité des chrétiens détermine celle de l'Empire : Justin Martyr, *Apologie* 1.12.1 ; Tertullien, *Adversus Judaeos* 3 ; Méliton de Sardis apud Eusèbe, *HE* 4.26.7. Cf. W. KINZIG, *Novitas*, p. 442-467.

monde[19]. À partir de ces textes, l'extension continuelle du christianisme devient un élément essentiel de la pensée chrétienne. Certains apologistes des premiers siècles prétendent même que le monde entier est déjà évangélisé[20].

2.1.2 La réponse d'Origène

La critique de Celse touche le christianisme dans son cœur, car, selon lui, ni la paix de l'Église, ni le message chrétien ne seraient universels. Dans sa réfutation de l'écrit de Celse (vers 245), Origène, quant à lui, se contente dans un premier temps de la réponse apologétique traditionnelle, expliquant que les prières des chrétiens favorisent bel et bien la prospérité de l'empire et son succès militaire. À son avis, tout dépend de Dieu, notamment le pouvoir de l'empereur[21].

Sentant la faiblesse de cette réplique, Origène développe alors une nouvelle argumentation. Puisque le christianisme est une religion de paix, la conversion des barbares au christianisme les rendra apaisés et respectueux des lois. Il en tire comme conséquence qu'un monde composé uniquement de chrétiens ne connaîtra pas la guerre et, ajoute-t-il, qu'un jour le monde sera entièrement chrétien[22]. En citant la prophétie de Sophonie 3.7-13, qui prédit la conversion du monde entier, il défend l'idée qu'un jour le Verbe régnera sur chaque âme et extirpera tout vice. On peut donc observer ici qu'Origène conduit la pensée chrétienne de son temps à son aboutissement logique. En effet, si la communauté chrétienne est porteuse d'une paix divine et si l'on accepte son accroissement continu, il est sûr qu'un jour cette paix englobera le monde. Ce jour-là, le Verbe régnera dans chaque âme[23]. Donc, l'argument de Celse, qui monte en épingle l'irréalité de la vision chrétienne, se doit d'être contré par une lecture de l'histoire tout à fait immanente, qui en établit la possibilité[24].

Ceci constitue l'innovation d'Origène. Il détourne son regard de la fin des temps et le tourne vers le début, vers l'incarnation. Le Christ a légué à l'Église deux qualités, la paix et l'accroissement continuel. Ces qualités introduisent une évolution dans l'histoire, un développement qui

---

[19] Par exemple Is 25.7; So 3.7-13; Mt 24.14; Mc 13.10; Ac 1; Ap 7.9.
[20] Cf. A. von Harnack, *Die Mission*, p. 529-552; W. Kinzig, *Novitas*, p. 452-459.
[21] Origène, *Contre Celse* 8.65-67, cf. 1.26-27.
[22] Origène, *Contre Celse* 8.68.35-41, 8.70.
[23] Origène, *Contre Celse* 8.72, cf. 5.33, 8.68.
[24] Cf. W. Kinzig, *Novitas*, p. 210-239.

culminera en un règne du Verbe au cœur de chaque âme. C'est donc une évolution historique, à partir d'une double prémisse immanente, qu'esquisse ainsi l'apologiste.

Origène recule pourtant devant le caractère trop immanent de ce développement, tout en croyant que le Verbe dirige ce processus. À la fin de sa réfutation, il souligne que l'apogée de l'histoire n'est pas le véritable but de la vie humaine. L'objectif final est la cité céleste, la vraie patrie du chrétien[25].

Le nœud de l'interprétation des derniers chapitres du *Contre Celse* est le statut douteux de cet apogée de l'histoire. Il ressemble à un dédoublement de la parousie, puisque Origène lui assigne certains traits que l'on réservait d'habitude à la fin des temps, tel, par exemple, le fait que les gens vivront sans péché, seront unis dans la foi et parleront une seule langue[26]. Il s'efforce aussi, comme Eusèbe plus tard, de réinterpréter des prophéties vétérotestamentaires pour les appliquer à cet apogée[27]. La ressemblance entre apogée de l'histoire et temps eschatologique est souvent expliquée grâce au raisonnement selon lequel Origène aurait eschatologisé l'histoire et que l'évolution de l'histoire aboutirait sans heurt et sans rupture à la fin des temps[28].

Cependant, il nous semble qu'on impose ainsi une certaine interprétation au discours d'Origène, alors qu'il n'est pas lui-même d'une grande clarté au sujet de relation entre l'apogée de l'histoire et l'eschatologie. D'une part, il doute que celui-ci soit réalisable sur terre: «Peut-être en effet est-ce impossible pour ceux qui sont toujours dans les corps, mais non pour ceux qui en sont délivrés»[29]. Origène ne sait alors pas lui-même si elle est réalisable sur terre ou s'il faut attendre la résurrection, qu'il imagine dans des corps éthérés. D'autre part, Origène envisage la possibilité qu'après l'apogée de l'histoire, le vice puisse revenir dans le monde[30]. Ceci parle en faveur de sa réalisation dans les temps historiques. Il faut donc constater que le théologien maintient un doute quant à savoir si la fin de

---

[25] Origène, *Contre Celse* 8.74-75.

[26] Origène, *Contre Celse* 8.72.15-25. Sur ce point, comparez M. BORRET, *Origène*, p. 348 n. 1; H. CROUZEL, *Origène*, p. 335-337; W. HUBER, art. *Frieden*, p. 619; W. KINZIG, *Novitas*, p. 329, 468-479.

[27] Origène, *Contre Celse* 2.30: Ps 71.7; Origène, *Contre Celse* 8.72: So 3.7-13.

[28] Par exemple Elisabeth HERRMANN, *Ecclesia*, p. 367 n. 141; W. KINZIG, *Novitas*, p. 557.

[29] Origène, *Contre Celse* 8.72.60-62: Καὶ τάχα ἀληθῶς ἀδύνατον μὲν τὸ τοιοῦτο τοῖς ἔτι ἐν σώμασι, οὐ μὴν ἀδύνατον καὶ ἀπολυθεῖσιν αὐτῶν. Sur l'eschatologie chez Origène, voir H. CROUZEL, *Origène*, p. 301-342.

[30] Origène, *Contre Celse* 8.72.24-25.

l'histoire (le point culminant de l'histoire) sera également la fin des temps (l'eschatologie). Pourtant, pour l'évolution future de la philosophie chrétienne de l'histoire, il est de première importance qu'il ait élaboré une lecture de l'histoire qui, au moins potentiellement, détache l'histoire humaine de l'eschatologie, par le développement immanent qu'il accorde à l'histoire.

Le statut douteux de l'apogée historique est dû à son origine apologétique. L'idée se voit développée uniquement dans le *Contre Celse*. C'est là qu'Origène a à répondre aux objections de Celse, qui mettent en péril la force réelle du christianisme. L'apogée de l'histoire sert alors d'argument apologétique, sans fondement ni développement approfondi. Aussi longtemps que le point culminant de l'histoire restera une notion théorique, le problème de son statut et de son contenu ne se posera pas. Pourtant, un demi-siècle plus tard, son élève Eusèbe s'y trouvera confronté.

2.1.3 Bilan

Force est de constater qu'à la question de l'unité temporelle de l'histoire, Origène donne une réponse nouvelle. L'histoire de l'Église reçoit une certaine unité grâce au développement immanent, qui la mène à un point culminant. Celui-ci consiste en l'extension universelle du christianisme qui établira la paix sur terre. La paix de l'Église deviendra alors une paix universelle. Par la ligne ascendante qu'Origène dessine dans l'histoire, nous voyons que sa vision reste encore un enfant de l'histoire du salut. Cependant, l'idée manque encore de clarté; on observe qu'Origène reste indécis sur le statut de cet apogée qui s'approche beaucoup de la seconde parousie, sans pourtant s'y identifier.

Il n'empêche que cette innovation capitale d'Origene devient la condition des théologies de l'histoire que développeront par la suite Eusèbe, Socrate et Sozomène. Et même si, pour Eusèbe, un dernier flou plane sur la relation entre le point culminant de l'histoire et la parousie, pour les deux auteurs constantinopolitains, l'histoire connaît un développement vers un but qui n'est pas identique à la parousie. Néanmoins, l'innovation origénienne et son importance ne doivent pas être sous-estimées. On affirme souvent que l'histoire ecclésiastique reste, le long de son évolution, profondément attachée à l'idée d'un développement téléologique vers la parousie[31]. Cela ne nous semble pas exact. Si la parousie reste de

---

[31] Par exemple W. NIGG, *Die Kirchengeschichtsschreibung*, p. 41; R. BULTMANN, *Geschichte*, p. 67; Pauline ALLEN, *Evagrius*, p. 45-49; F. WINKELMANN, *Grundprobleme*, p. 14.

première importance dans l'histoire du salut, de nombreux historiens ecclésiastiques abandonnent la référence explicite à celle-ci et accordent un développement immanent à l'histoire qui ne mène pas à la fin des temps. En effet, c'est Origène qui a libéré l'histoire de sa détermination par la parousie, non sans ambiguïté, comme le montre son hésitation quant au statut du point culminant. Mais il l'a libéré de manière assez décisive pour permettre le détachement entre l'apogée de l'histoire et la fin des temps, que nous observerons dans les *Histoires ecclésiastiques* de Socrate et Sozomène.

En ce qui concerne le problème de l'unité spatiale, Origène garde une opinion relativement négative sur l'Empire. L'asymétrie typique des chrétiens de l'époque s'installe dans sa pensée. C'est l'Église qui favorise le bien-être de l'Empire par ses prières, ou c'est Dieu qui favorise l'Empire pour le bonheur de l'Église[32]. Étalon et cause du bien-être, l'Église ne permet pas à l'Empire de jouer un rôle indépendant. Autrement dit, la paix qui se répand dans le monde est celle qui se réalise à l'intérieur de l'Église, et seule la conversion du monde entier au christianisme permettra à la paix de s'établir définitivement[33]. La vision origénienne ne prévoit pas d'Empire chrétien au sommet de l'histoire, mais un monde devenu Église. Le progrès du christianisme mène à l'abolition de tout ce qui est spécifique de l'Empire, les guerres, les fonctionnaires et les prisons.

Peu après Origène, Lactance exprime la même idée. Il esquisse le paradis d'un monde entièrement chrétien, où il n'y aurait «nul besoin de prisons, d'armes des gouverneurs ou de la terreur des châtiments, puisque les salutaires commandements de Dieu se répandraient d'eux-mêmes dans le cœur des hommes et les formeraient aux œuvres de justice»[34]. Seule la loi de Dieu suffirait. Puisqu'Origène envisage, à l'instar de Lactance, en quelque sorte l'abolition de l'Empire, il ne faut pas surestimer son ouverture à l'Empire[35]. Ce n'est que le changement de la situation politique avec l'avènement de Constantin qui conduira Eusèbe de Césarée à essayer d'apprécier l'Empire.

---

[32] Origène, *Contre Celse* 2.30, 8.73-75.

[33] Origène, *In psalmos* PG 12.1624d. Cf. H.J. Vogt, *Das Kirchenverständnis*, p. 99-111, 258-264 pour d'autres exemples.

[34] Lactance, *Institutiones* 5.8.6-9: *denique ad regendos homines non opus esset tam multis et tam variis legibus, cum ad perfectam innocentiam dei lex una sufficeret, neque carceribus neque gladiis praesidum neque terrore poenarum, cum praeceptorum caelestium salubritas humanis pectoribus infusa ultro ad iustitiae opera homines erudiret.*

[35] Cf. déjà W. Kinzig, *Novitas*, p. 468-479.

2.2 EUSÈBE DE CÉSARÉE

Eusèbe emprunte à Origène les concepts fondamentaux de sa théologie de l'histoire. Selon lui, le développement prévu par son maître est
en cours de réalisation à sa propre époque. Il voit ainsi l'histoire culmi-
ner par l'avènement de Constantin (306) et sa victoire sur Licinius
(324)[36]. Par conséquent, le problème du statut de l'apogée de l'histoire
revient dans toute son acuité. Eusèbe peinera un quart de siècle à la
décrire dans son propre temps, sans que cet essai soit entièrement
réussi[37]. Le problème se révèle être le plus aigu à propos de la question
de l'unité dans l'espace, c'est-à-dire à propos de la relation entre Empire
et Église.

2.2.1 L'unité temporelle chez Eusèbe

L'unité de l'histoire est perçue par Eusèbe dans la lignée d'Origène.
Protégé par le Verbe, le christianisme se répand dans le monde entier.
La providence divine le protège contre ses ennemis et punit ses adversaires. Dans le dernier chapitre du dixième livre de l'*Histoire ecclésiastique*, ce développement culmine dans la conversion de l'Empire par
l'avènement de Constantin et par la défaite du dernier ennemi de la foi,
Licinius (324)[38]. Avec Constantin, la paix divine s'annonce sur terre.

Cette paix est profondément différente des autres concepts de paix
qu'utilise Eusèbe dans son histoire. Dans la préface du cinquième livre,
il définit son sujet comme les batailles pour la paix dans l'âme, clairement en opposition avec les batailles militaires[39]. La dite «Petite Paix de

---

[36] E. PETERSON, *Der Monotheismus*, p. 80-83; D.S. WALLACE-HADRILL, *Eusebius*,
p. 185-186; J. SIRINELLI, *Les vues*, p. 484; C. ANDRESEN, *«Siegreiche Kirche»*, p. 391;
Monika GÖDECKE, *Geschichte*, p. 207; F. WINKELMANN, art. *Historiographie*, col. 756;
W. KINZIG, *Novitas christiana*, p. 550.

[37] Nous lisons ici l'*Histoire ecclésiastique* comme une unité, tout en ayant conscience
des différents stades de sa rédaction. Nous acceptons avec R.W. BURGESS, *The Dates*,
qu'une première version de l'*Histoire ecclésiastique* en neuf livres fut publiée en 313/4,
donc après la fin des persécutions. En 315/6, cette version fut retravaillée et en 324/5, le
dixième livre y fut ajouté. En 326, Eusèbe raya de ses copies le nom du fils exécuté de
Constantin, Crispus. Même si l'on rejoint une autre position, il est sûr que les deux derniers livres datent d'entre 313 et 323, c'est-à-dire d'après la persécution (Monika GÖDECKE,
Geschichte, p. 20, avec un aperçu des études précédentes; voir aussi A. LOUTH, *The Date*,
qui critique la chronologie proposée par T.D. BARNES, *The Editions*).

[38] Voir aussi Eusèbe, *HE* 10.1-3, *Vita Constantini* 3.15.3.

[39] Eusèbe, *HE* 5.pr.2-3, cf. 5.2.7.

l'Église», c'est-à-dire la tolérance bienveillante des empereurs (276-303), décrite au début du huitième livre, est clairement perçue comme un don humain. Par contre, à la fin de l'*Histoire ecclésiastique*, la paix provient de Dieu et se propage sur toute la terre; elle rétablit ainsi l'unité de l'Empire et envahit le monde. Cette paix universelle est explicitement un élément de l'aboutissement de l'histoire qu'Eusèbe voit dans son propre temps[40].

Face au statut douteux de l'apogée de l'histoire, Eusèbe se sert principalement de deux outils de justification: l'élection divine et les prophéties.

Selon lui, Constantin est l'élu de Dieu, porteur de paix et d'unité. Lui et son fils Crispus répandent la paix dans le monde entier[41]. De plus, c'est à travers lui que Dieu fait rayonner sa force.

Comme Origène, Eusèbe utilise les prophéties vétérotestamentaires pour justifier le point culminant de l'histoire. Le dernier livre de l'*Histoire ecclésiastique* commence par une citation du Psaume 45, annonçant la fin des guerres. Dans ses autres écrits de l'époque constantinienne, le théologien se sert du même procédé. Dans le *Commentaire sur Isaïe*, la parole du prophète est appliquée à l'époque que vit Eusèbe[42]. Vers la fin du règne de Constantin, la *Laus Constantini* (336) voit dans les fils de l'empereur les hommes saints qui, selon Daniel 7.18, recevront un Empire éternel[43].

L'autre élément directeur de la théorie d'Origène est l'accroissement continuel du christianisme, puisque l'établissement de la paix est lié à la conversion du monde. Eusèbe souligne en effet que le message chrétien s'adresse au monde entier[44] et il ne manque pas d'attirer l'attention sur l'accroissement de l'Église. C'est ainsi qu'au début du huitième livre, il décrit par exemple comment le christianisme était respecté parmi tous les peuples pendant la Petite Paix de l'Église[45]. Pourtant, comparé à

---

[40] Eusèbe, *HE* 10.1.1, 10.8.1, 10.9.9. Cf. J. SIRINELLI, *Les vues*, p. 411; Monika GÖDECKE, *Geschichte*, p. 184. Nous ne nions pas que l'argumentation d'Eusèbe peut s'inspirer des modèles classiques de paix, mais nous ne croyons pas qu'elle en dérive (comme le propose M. WACHT, *ΕΠΙΜΙΞΙΑ/Commercium*, p. 128). C'est une idée qui a une descendance théologique claire.

[41] Eusèbe, *HE* 10.9.6. Cf. *De laudibus Constantini* 8.9-9.8, 16.1-7, 17.12, *Vita Constantini* 1.24, 2.56, 2.65, 2.68, 3.9, 3.12.

[42] Eusèbe, *HE* 10.1.3: Ps 96.1-2; Eusèbe, *HE* 10.1.6: Ps 45.9-10; Eusèbe, *Commentarius in Isaiam* 26: Is 2.1-4.

[43] Eusèbe, *De laudibus Constantini* 3.2: Dn 7.18. Signalons qu'il est possible qu'Eusèbe réponde implicitement aux arguments de Celse dans le *De laudibus Constantini*: cf. C.T.H.R. EHRHARDT, *Eusebius*.

[44] Eusèbe, *HE* 1.2.17.

[45] Cf. aussi Eusèbe, *HE* 3.37.3, 4.2.1, 4.7.1, 10.9.7-9, *Praeparatio evangelica* 1.3.10, 1.4.1, *Theophania* 4.6, *Demonstratio evangelica* 3.7.22, 6.25.4.

d'autres historiens de l'Église comme Sozomène[46], l'intérêt d'Eusèbe
pour les conversions reste restreint. Il semble avoir déplacé l'attention
de l'extension de l'Église à l'expansion du règne du *Logos*. Son histoire
débute par une réflexion de cinq chapitres sur le Verbe et, à travers l'ensemble de l'ouvrage, il retrace sa force croissante. Suite à la victoire de
Constantin, Eusèbe voit le Verbe prendre en charge le monde entier[47].
Eusèbe remplace alors un élément réel d'Origène, l'accroissement du
nombre des croyants, par une notion spirituelle, le Verbe. Opération qui
lui permet d'appliquer l'idée de l'apogée historique à son propre temps,
bien que la condition que pose Origène, la conversion du monde, ne soit
pas encore remplie.

Chez Eusèbe resurgit le problème de la relation de point culminant de
l'histoire avec la fin des temps. Selon un fort courant dans la recherche,
Eusèbe voit la seconde parousie se réaliser à l'intérieur de l'Église. Dans ce
dernier cas, on remarque que l'apogée de l'histoire s'identifierait à une
parousie en voie de réalisation[48]. Cependant, l'évêque de Césarée ne s'est
jamais clairement exprimé à ce sujet et en ce qui concerne les endroits où il
discute des problèmes eschatologiques, ses idées restent assez traditionnelles
ou simplement vagues[49]. L'idée d'une parousie en voie de réalisation ne
trouve donc pas beaucoup de soutien dans les textes et il est alors plus sage
d'accepter qu'Eusèbe dissocie l'apogée de l'histoire de la fin des temps[50],
ou, au moins, qu'il ne savait pas très bien quel statut accorder à la première.

2.2.2 Le problème de l'unité spatiale chez Eusèbe

Alors que la lecture eusébienne de l'évolution historique est en soi
cohérente, la réalité de sa vision optimiste pose des problèmes. Le
monde né à l'apogée de l'histoire, c'est-à-dire l'Empire constantinien,

---

[46] Voir ci-dessous p. 128-130.

[47] Eusèbe, *HE* 10.9.4.

[48] J. STRAUB, *Vom Herrscherideal*, p. 116-118; A. LUNEAU, *L'histoire du salut*, p. 128; D.S. WALLACE-HADRILL, *Eusebius*, p. 188-189; J. SIRINELLI, *Les vues*, p. 483; R. FARINA, *L'impero*, p. 116; Monika GÖDECKE, *Geschichte*, p. 179-184; W. KINZIG, *Novitas*, p. 550-553.

[49] J. SIRINELLI, *Les vues*, p. 455-493; F. TRISOGLIO, *Eusebio*; F.S. THIELMAN, *Another Look* (qui critique, à notre avis de façon convaincante, l'idée qu'Eusèbe défendrait le concept d'une parousie en voie de réalisation); Emanuela PRINZIVALLI, *L'attesa della fine*, p. 263-265.

[50] Voir déjà G. CHESNUT, *The First Christian Histories*, p. 98; F. WINKELMANN, *Euseb von Kaisarea*, p. 133-134; M.J. HOLLERICH, *Eusebius*, p. 196-201; H. INGLEBERT, *Les romains chrétiens*, p. 174.

ne répond pas exactement aux attentes théoriques. Le problème fondamental est l'existence de l'Empire. En effet, dans la perspective d'Origène, pour l'exprimer de façon simple, l'extension universelle de l'Église au point culminant de l'histoire devrait mettre fin à l'Empire. Or, ce n'est manifestement pas le cas, l'Empire ayant bien un souverain chrétien dans la personne de Constantin, mais continuant cependant d'exister en tant que tel, ce qui fait naître un conflit entre théorie et réalité.

Dans l'*Histoire ecclésiastique*, Eusèbe laisse le problème de côté. Éduqué au troisième siècle, il partage avec Origène l'idée que seule l'Église est porteuse du salut. Pour lui, comme pour Origène, l'Empire ne mène qu'une existence négative et reste exclu du salut[51]. C'est à partir de cette perspective qu'il a débuté son histoire, qui veut retracer l'histoire du peuple chrétien — c'est-à-dire de l'Église[52]. L'Empire ne figure pas parmi les sujets que l'évêque de Césarée annonce au début de son ouvrage. Dans les premiers livres, l'Empire joue tout au plus le rôle d'une force négative, persécutant les chrétiens, ou celui d'un instrument divin, punissant les juifs[53]. L'ouvrage se termine pourtant sur une série de lois impériales et une louange de Constantin[54]. Dans la mesure où ce dernier livre décrit la manière dont le territoire de l'Empire se couvre d'églises, comment il devient chrétien[55], et comment l'histoire culmine dans un règne de paix, sans pourtant entrer dans les détails sur l'organisation de ce nouvel Empire, la question sur la relation entre l'Empire et l'Église reste en suspens. Dans l'*Histoire ecclésiastique*, Eusèbe s'en tient à proclamer la naissance d'un règne de paix dans un monde chrétien.

Il ne peut pourtant pas éviter plus longtemps le problème. Dans ses écrits constantiniens et, dans une moindre mesure, dans ses ouvrages apologétiques, des solutions sont à glaner. C'est ce qu'on appelle d'habitude sa «théologie politique», qu'on peut comprendre comme une réponse au conflit entre la théorie d'Origène, qui proclame la fin de l'Empire dans l'apogée de l'histoire, et la réalité historique d'un Empire prospère. Il est dès lors incorrect de dire que l'idée de l'apogée de l'histoire soit le produit de cette théologie, c'est-à-dire que l'histoire soit mise au service de

---

[51] Eusèbe, *HE* 1.4.2, 2.3.3, 5.pr.3, 9.11.1, 10.4.63-72. Cf. W. KINZIG, *Novitas*, p. 517-553; M.J. HOLLERICH, *Eusebius*, p. 201-202; P. MARAVAL, *Eusèbe*, p. 59.

[52] F. OVERBECK, *Über die Anfänge*, p. 43; J. SIRINELLI, *Les vues*, p. 293-294.

[53] Par exemple Eusèbe, *HE* 2.25, 3.5-6. Cf. *Demonstratio Evangelica* 6.18.15-17, 7.1.119, *Theophania* 4.16.

[54] Eusèbe, *HE* 10.5-7, 10.9.

[55] Eusèbe, *HE* 10.2-7.

la doctrine politique[56]. Le contraire nous semble le cas. Il faut d'ailleurs signaler que cette dernière est surtout développée dans les ouvrages postérieurs à l'*Histoire ecclésiastique*[57].

Il est néanmoins difficile de voir clair dans les remarques parfois discordantes d'Eusèbe. Tantôt il semble abandonner l'asymétrie traditionnelle en faveur d'une symétrie entre l'Empire et l'Église, tantôt il confirme les prémisses habituelles. Cela nous montre que la pensée d'Eusèbe n'est pas tant un système qu'un chantier, où de nombreuses solutions sont en attente.

Dans ses écrits constantiniens, Eusèbe propose une réponse à la réalité problématique de l'Empire, en se servant d'une double solution. D'une part, il refonde l'Empire sur des bases chrétiennes. D'autre part, il décrit l'Empire comme étant l'Église. Cette solution contradictoire, d'un côté l'acceptation de l'Empire en le christianisant, et de l'autre la négation de sa propre substance en le forçant d'entrer dans le moule de l'Église, rend évidente l'envergure du problème.

La base théorique du nouvel Empire

La première solution consiste à donner une base théorique au nouvel Empire. À cette fin, il emprunte deux idées, l'une à la philosophie païenne, l'autre à l'apologétique chrétienne. Comme l'illustrent plusieurs des fragments philosophiques collectionnés par Stobée dans son *Anthologie*, la royauté terrestre était comprise par les philosophes païens comme une image (εἰκών ou μίμησις) du règne de la divinité dans l'univers[58]. Eusèbe interprète cette idée de façon chrétienne et considère l'Empire comme l'image du règne céleste du Père, liant dès lors intimement monarchie et monothéisme; un univers dirigé par un seul Dieu justifie le règne d'un seul homme sur terre. Cette monarchie ne peut être que chrétienne, car si l'empereur est l'image du roi céleste, il doit être chrétien. Eusèbe souligne dans la *Laus Constantini* que «seul celui qui est aimé de Dieu (…) soit proclamé notre roi»[59]. Le critère de la véritable royauté est alors

---

[56] Comme le disent W. VÖLKER, *Von welchen Tendenzen*, p. 160-180; R. FARINA, *L'impero*, p. 260-278; G.F. CHESNUT, *The First Christian Histories*, p. 141-174; F. WINKELMANN, art. *Historiographie*, col. 756.

[57] Voir P. MARAVAL, *Eusèbe*, p. 61-64.

[58] Stobée, *Anthologie* 4.7. Cf. E. PETERSON, *Der Monotheismus*, p. 77-79; F. DVORNIK, *Early Christian and Byzantine Political Philosophy*, Vol. 2, p. 614-622; P. MARAVAL, *Eusèbe*, p. 54-56.

[59] Eusèbe, *De laudibus Constantini* 5.4.

le caractère chrétien de l'Empereur. Dans cette perspective, Constantin pourrait être considéré comme le seul véritable Empereur qu'il y ait eu dans l'histoire, puisqu'il est le premier souverain chrétien.

D'autre part, Eusèbe poursuit son avancée dans la lignée apologétique qui fait de l'Église le véritable soutien de l'Empire. Dans ses ouvrages apologétiques, écrits probablement entre 313 et 324, il lie explicitement les prophéties vétérotestamentaires concernant la paix à la naissance de l'Empire romain[60]. Le monothéisme chrétien procure ainsi la paix et l'unité à l'Empire romain[61].

En créant une royauté qui ne peut être que chrétienne et en faisant de l'Église le garant de l'unité et de la force de l'Empire, Eusèbe réussit à enchaîner l'Empire au service de l'Église et de Dieu. C'est dans son intérêt propre que l'Empire soutient l'Église et se sert d'elle afin d'éliminer païens et hérétiques[62]. L'Empire gagne le droit d'exister, certes, mais seulement au titre de serviteur de l'Église. Eusèbe n'abandonne ainsi pas la relation asymétrique entre les deux. De sorte que, même dans la *Vie de Constantin*, parfois considérée comme l'acte de soumission de l'Église à l'Empire[63], Eusèbe met en relief que l'expansion de l'Évangile précéda la fondation de l'Empire chrétien[64].

L'Empire décrit en tant qu'Église

La seconde solution d'Eusèbe est de décrire l'Empire en tant qu'Église. Il s'efforce de dépeindre la manière dont le palais de Constantin devient comme une église et comment toute la cité de Constantinople est transformée en église par des bougies le jour de Pâques[65]. Désormais, le dimanche est établi comme jour saint pour tous, et même les non-chrétiens ont à vénérer Dieu[66]. De plus, il accorde des traits sacerdotaux

---

[60] Eusèbe, *Demonstratio evangelica* 7.2.20: Mi 5.4; Eusèbe, *Praeparatio evangelica* 1.4.4.: Is 2.1-4; Eusèbe, *Demonstratio evangelica* 7.2.23: Is 9.6; Eusèbe, *Demonstratio evangelica* 7.2.22, *Praeparatio evangelica* 1.4.4: Ps 71.7; Eusèbe, *Demonstratio evangelica* 8.4.12-13, 9.17.13: Za. 9.9-10.

[61] Eusèbe, *Praeparatio evangelica* 1.4.4, *Demonstratio evangelica* pr, *Theophania* 16.6.

[62] Eusèbe, *Demonstratio evangelica* 3.7.30-35, *De laudibus Constantini* 8, *Vita Constantini* 3.65.3.

[63] J. Burckhardt, *Die Zeit*, p. 239-241; Monika Gödecke, *Geschichte*, p. 203-220.

[64] Eusèbe, *Vita Constantini* 2.19.

[65] Palais: Eusèbe, *Vita Constantini* 4.17.1; Constantinople: Eusèbe, *Vita Constantini* 4.22.

[66] Dimanche: Eusèbe, *Vita Constantini* 4.18; culte monothéiste des païens: Eusèbe, *Vita Constantini* 4.19.

à Constantin qui prêche, mène la prière et enseigne aux fidèles[67]. Cependant, le vocabulaire eusébien trahit le fait qu'il s'agit d'un essai de description d'une réalité dans des termes peu appropriés. Constantin est «comme un évêque commun»[68], «comme un participant aux saints mystères»[69], comme «un évêque des affaires publiques»[70]. Eusèbe ne fait jamais le pas entier; il ne dit pas que Constantin est bel et bien prêtre ou évêque. Mais il accumule les comparaisons, le rapprochant du Christ même dans la *Laus Constantini* selon l'interprétation de K.M. Girardet[71], ou en faisant de lui un nouveau Moïse dans la *Vie de Constantin*[72].

Qu'on puisse déduire de cet essai une théorie cohérente sur la royauté, comme l'on dit souvent[73], nous semble fort douteux. La variété des descriptions n'y facilite guère la reconnaissance d'un modèle cohérent et universel. Et si Eusèbe identifie l'Empereur à un prêtre ou à un évêque, pourquoi crée-t-il cette distance dans le vocabulaire[74]? Quelle que soit la manière dont on résolve cette question, il reste toujours qu'Eusèbe, déterminé par une attitude plutôt négative envers l'Empire, veut justifier son existence en le lisant comme une Église[75]. Ainsi, il s'éloigne de la réalité historique, où Constantin se voulait bien chrétien, mais refusait de se soumettre à l'Église.

---

[67] Prêcher: Eusèbe, *De laudibus Constantini* 2.4, 8.8, *Vita Constantini* 4.29, 4.75; prier: Eusèbe, *De laudibus Constantini* 9.9-10; enseigner: Eusèbe, *De laudibus Constantini* 2.3-5, 7.12, 10.4, *Vita Constantini* 1.5.2.

[68] Eusèbe, *Vita Constantini* 1.44: οἷά τις κοινὸς ἐπίσκοπος ἐκ θεοῦ καθεστάμενος.

[69] Eusèbe, *Vita Constantini* 4.22: οἷά τις μέτοχος ἱερῶν ὀργίων.

[70] Eusèbe, *Vita Constantini* 4.24: ὡς ἄρα καὶ αὐτὸς εἴη ἐπίσκοπος (...) «ἀλλ' ὑμεῖς μὲν τῶν εἴσω τῆς ἐκκλησίας, ἐγὼ δὲ τῶν ἐκτὸς ὑπὸ θεοῦ καθεστάμενος ἐπίσκοπος ἂν εἴην.» ἀκόλουθα δὲ τῷ λόγῳ διανοουμένῳ τοὺς ἀρχομένους ἅπαντες ἐπεσκόπει, προὔτρεπέ τε ὅσηπερ ἂν ἡ δύναμις τὸν εὐσεβῆ μεταδιώκειν βίον (cf. p. 119 note 157).

[71] K.M. GIRARDET, *Das christliche Priestertum*, p. 586-587.

[72] Eusèbe, *Vita Constantini* 1.12, 1.20, 1.38. Voir sur ces passages M.J. HOLLERICH, *The Comparison*; Averil CAMERON — S. HALL, *Life*, p. 35-37.

[73] Par exemple H. EGER, *Kaiser*, p. 115; R. FARINA, *L'impero*, p. 240; S. CALDERONE, *Teologia politica*, p. 232; K.M. GIRARDET, *Kaiser Konstantius II.*, p. 127-128; ID., *Das christliche Priestertum*; Claudia RAPP, *Imperial Ideology*, p. 694.

[74] Cf. J. STRAUB, *Kaiser Konstantin als ΕΠΙΣΚΟΠΟΣ*, p. 125; G. DAGRON, *Empereur*, p. 45-50, 148.

[75] Le monde savant s'accorde sur le fait que le problème majeur qui occupe Eusèbe dans ses écrits constantiniens est celui de la question des relations entre l'Église et l'Empire (par exemple A. MOMIGLIANO, *The Classical Foundation*, p. 141-142). À notre avis, une lecture incorrecte d'Eusèbe est de dire que l'Église devient Empire (J.-M. SANSTERRE, *Eusèbe*, p. 549). De même, il nous semble très douteux que ce soit l'Église qui s'efface en faveur de l'Empire, qui avec son chef Constantin, dirigerait aussi l'Église (R. FARINA, *L'impero*, p. 251).

Par contre, on a sans doute raison d'imputer des intentions inverses au souverain, qui s'arrogeait le droit d'intervenir dans l'Église[76].

Les théories d'Eusèbe, si elles en méritent le nom, sont donc des réponses inadéquates, déterminées par la rencontre entre de nouveaux défis et des prémisses anciennes. Cela ne veut pas dire, bien entendu, que l'évêque de Césarée n'a pas innové. Au contraire, dans presque tous les domaines que nous avons discutés, il s'est avancé plus loin que ses prédécesseurs. Il n'empêche que ses idées restent trop tributaires du passé pour pouvoir constituer une solution satisfaisante au problème de la relation entre l'Empire et l'Église.

2.2.3 Bilan

En se basant sur les idées d'Origène, Eusèbe lit l'histoire de l'Église comme culminant dans une prédominance du *Logos*, un règne universel de paix. Le problème qu'Origène a laissé de côté, le statut de cet apogée, se ranime chez son élève spirituel. Face à un Empire dont la théorie origénienne prévoit l'abolition, Eusèbe doit mobiliser toutes ses ressources intellectuelles afin de l'intégrer dans sa pensée. Il y réussit partiellement en élaborant une version chrétienne des théories philosophiques sur la royauté, dans laquelle l'Empire est mis au service de l'Église et y est lui-même décrit comme une Église. Même si l'on défend l'hypothèse selon laquelle ces essais possèdent une cohérence théorique — hypothèse dont nous doutons — il faut avouer que, déjà avant leur conception, elles étaient dépassées par la réalité. Au tout début de son *Histoire ecclésiastique*, Socrate remarque qu'Eusèbe avait suffisamment bien décrit l'histoire de l'Église. Sa *Vie de Constantin*, par contre, est qualifié de trop panégyrique et de trop éloignée de la réalité historique par le Constantinopolitain[77], un peu comme si Socrate laissait entendre qu'Eusèbe a bien compris l'histoire jusqu'à Constantin, mais non pas en son propre temps. L'unité temporelle de l'histoire trouve donc une solution théoriquement satisfaisante chez Eusèbe, mais l'unité spatiale n'est acquise qu'au prix

---

[76] W. ULLMANN, *The Constitutional Significance*, p. 15-16; K.M. GIRARDET, *Die Konstantinische Wende*, p. 116-117.

[77] Socr. 1.1.2: γράφων δὲ ὁ αὐτὸς εἰς τὸν βίον Κωνσταντίνου τῶν κατ' Ἄρειον μερικῶς μνήμην πεποίηται, τῶν ἐπαίνων τοῦ βασιλέως καὶ τῆς πανυγηρικῆς ὑψηγορίας τῶν λόγων μᾶλλον ὡς ἐν ἐγκωμίῳ φροντίσας ἤπερ τοῦ ἀκριβῶς περιλαβεῖν τὰ γενόμενα. «Le même, écrivant sur la vie de Constantin, a fait mention en partie de ce qui concerne Arius, plus préoccupé, comme c'est le cas dans les éloges, de donner des louanges à l'empereur et un ton panégyrique à ses paroles que de relater les faits avec précision.»

de la description laborieuse d'une réalité qui refuse de se plier aux
maximes origéniennes.

2.3 Bilan général: d'Origène à Eusèbe

Le vide historique entre l'incarnation et la seconde parousie a légué sa
double structure à la philosophie chrétienne de l'histoire. Le premier trait,
l'unité temporelle de l'histoire, affirme que l'ensemble de l'histoire, à partir de l'incarnation jusqu'à la parousie, est une unité et qu'il connaît un
développement unifié. Le second trait est la division spatiale, car la seule
Église est le but de l'action divine dans l'histoire. L'Empire en reste exclu.
À partir de cette double prémisse, de nombreuses branches naissent à
l'arbre de la philosophie chrétienne de l'histoire. Il y a, par exemple, la
théorie qui considère l'histoire comme une pédagogie préparant à la venue
du Seigneur, et une autre théorie qui veut décompter les années avant sa
venue. Elles ont en commun de rattacher l'histoire à la parousie. Ces
théologies continueront à attirer les chrétiens pendant toute l'Antiquité,
et même au-delà. Pourtant, un nouveau bourgeon naît avec Origène.
Origène libère la pensée historique de la détermination totale par la
parousie. Selon son esquisse de l'évolution future de l'histoire ecclésiastique, l'accroissement continuel de l'Église intégrera un jour tous les
hommes au sein de l'Église et, à ce moment, un règne de paix s'établira
sur le monde. Ce sommet de l'histoire est le résultat de deux prémisses
immanentes: l'Église s'accroît et elle est porteuse d'une paix. En ne l'identifiant pas clairement à la parousie, Origène résolut la question de l'unité
temporelle de l'histoire d'une nouvelle façon. Il est désormais possible de
reconnaître un développement immanent dans l'histoire humaine, qui n'est
plus une simple préparation à la parousie. Dans un autre domaine, Origène
reste traditionnel; il en reste à la division spatiale. Pour lui, Empire et
Église s'excluent l'un l'autre. L'Église croissante s'achèvera en mettant
fin à l'existence de l'Empire: un monde chrétien sera alors en principe un
monde sans Empire. Origène n'a élaboré ses idées que dans un bref passage du *Contre Celse*, et son importance immédiate reste restreinte. Ce
n'est qu'avec Eusèbe que le bourgeon va se développer en rameau.
Eusèbe élabore l'esquisse origénienne dans son *Histoire ecclésiastique* avec quelques modifications. Il accepte l'évolution de l'histoire
telle que son maître l'avait proposée, et considère la relation entre l'Empire et l'Église comme asymétrique au détriment de l'Empire. À la
conversion réelle du monde, il substitue le règne du *Logos* établi par

l'avènement de Constantin. L'intérêt de ses écrits se dévoile en particulier dans la façon dont il essaie de résoudre le conflit entre la réalité et l'attente de la théorie origénienne. L'avènement de Constantin ne signifie pas la victoire de l'Église sur l'Empire, qui continue à exister et prend même quelques fois le dessus sur l'Église. Eusèbe tente dès lors d'intégrer l'Empire dans sa pensée sans vraiment abandonner la priorité de l'Église, c'est-à-dire qu'il veut dépasser la division spatiale sans accepter la symétrie entre l'Empire et l'Église. Dans des écrits comme la *Vie de Constantin,* qui est aussi hybride que ses idées, il développe sa «théologie politique» qui, à l'encontre de la réalité, cherche à lire l'Empire comme étant le serviteur de l'Église ou comme étant transformé en Église.

Face à cet héritage riche mais douteux, Socrate et Sozomène ont à se repositionner. Leurs réponses ne méritent guère le vocable «théologie de l'histoire», mais leurs histoires ne sont pas moins que celle d'Eusèbe imprégnées d'idées théologiques. Au sujet du développement de l'histoire, ils demeurent tous les deux dans le sillage d'Origène, en se repositionnant face à Eusèbe. Par contre, à propos de la relation entre Empire et Église, l'établissement de l'Empire constantinien rend théoriquement indéfendable et historiquement intenable l'attitude négative envers l'Empire. La réalité oblige donc les chrétiens à revaloriser l'Empire, c'est-à-dire à ouvrir véritablement leur pensée au monde. Socrate et Sozomène intégreront dans leur théologie de l'histoire l'Empire d'une façon positive, en abandonnant l'asymétrie pré-constantinienne en faveur d'une symétrie entre l'Empire et l'Eglise.

3. SOCRATE

3.1 LE THÈME DE LA PAIX UNIVERSELLE

3.1.1 La paix dans l'*Histoire ecclésiastique* de Socrate

À la fin de son résumé des événements menant à la défaite de Licinius, Socrate remarque qu'une paix profonde régnait alors dans l'Église grâce aux mesures de Constantin. «Mais une guerre interne entre les chrétiens succède à une telle paix»[78], la crise arienne avec laquelle Socrate débute

---

[78] Socr. 1.4.6: Κωνσταντῖνος τοίνυν πάντων γενόμενος ἐγκρατὴς αὐτοκράτωρ τε βασιλεὺς ἀναδειχθεὶς τὰ Χριστιανῶν αὖθις αὔξειν ἐσπούδαζεν, ἐποίει τε τοῦτο διαφόροις τρόποις, καὶ ἦν ἐν βαθείᾳ εἰρήνῃ τὰ τοῦ Χριστιανισμοῦ δι' αὐτόν. ἀλλὰ δὴ τὴν τηλικαύτην εἰρήνην ἐμφύλιος τῶν Χριστιανῶν πόλεμος διαδέχεται.

son *Histoire ecclésiastique.* Plus loin dans le premier livre, l'historien commente la division que causait cette crise et il reconnaît que «si l'Église était restée sans divisions, je serais moi aussi resté tranquille, car là où les événements ne fournissent pas de matière, celui qui parle est superflu»[79]. Suivant l'avis de Socrate, la division et la guerre fournissent le sujet à l'historien.

À la fin de son histoire, après avoir raconté comment l'unité se rétablit dans l'Église, Socrate reprend ce thème: «C'est ainsi que prospéraient alors les affaires de l'Église. Quant à nous, en arrêtant ici notre histoire, nous émettons le vœu pour que les églises de partout, les villes et les nations vivent dans la paix. Car pendant que la paix règne, ceux qui veulent écrire une histoire n'auront plus de matière. Nous aussi, ô Théodore, saint homme de Dieu, qui avons accompli ce que tu avais commandé en sept livres, nous aurions manqué de matière, si ceux qui aiment les émeutes avaient choisi de rester tranquilles»[80]. L'ouvrage de Socrate est donc borné par deux périodes de paix, l'une étant le produit de la conversion de Constantin, l'autre se voyant déjà à moitié réalisée par l'extinction des hérésies.

Dans ce thème de la paix, plusieurs traditions se rencontrent. D'une part, que la guerre fournisse la matière à l'historien est une idée propre à l'historiographie classique, comme l'a déjà fait valoir T. Hidber à propos de Socrate[81]. Affirmer que l'absence de guerres implique la fin de l'historiographie, n'en est qu'une conclusion logique. Dans le chapitre suivant, nous analyserons comment Socrate dépend fortement de ce paradigme classique. D'autre part, émettre un voeu de paix à la fin d'un récit de troubles est un *topos* qui se rencontre souvent dans des ouvrages chrétiens[82]. Sans vouloir nier que ces traditions littéraires ont influencé

---

[79] Socr. 1.18.15: ἐγὼ δέ, εἰ μὲν ἀδιαίρετος ἡ ἐκκλησία μεμενήκει, καὶ αὐτὸς ἡσυχίαν ἂν ἦγον· ὅπου γὰρ ὑπόθεσιν μὴ χορηγεῖ τὰ γινόμενα, περιττὸς ὁ λέγων ἐστίν.

[80] Socr. 7.48.6-7: Ἀλλὰ τὰ μὲν κατὰ τὰς ἐκκλησίας οὕτω προέκοπτεν τότε· ἡμεῖς δὲ ἐνταῦθά που τὴν ἱστορίαν καταπαύσαντες ἐν εἰρήνῃ διάγειν τὰς πανταχοῦ ἐκκλησίας καὶ πόλεις καὶ ἔθνη εὐχόμεθα. εἰρήνης γὰρ οὔσης ὑπόθεσιν οἱ ἱστοριογραφεῖν ἐθέλοντες οὐχ ἕξουσιν. ἐπεὶ καὶ ἡμεῖς, ὦ ἱερὲ τοῦ θεοῦ ἄνθρωπε Θεόδωρε, τὸ ἐπίταγμά σου ἐν ἑπτὰ βιβλίοις ἐκτελέσαντες οὐκ ἂν ηὐπορήσαμεν ὑποθέσεως, εἰ οἱ φιλοῦντες τὰς στάσεις ἡσυχάζειν προῄρηντο. À notre avis, ce n'est pas un simple voeu de paix, comme disent M. WALLRAFF, *Der Kirchenhistoriker*, p. 177 et H. LEPPIN, *Von Constantin*, p. 275-278: le verbe προέκοπτεν implique que Socrate voit un progrès réel à l'œuvre (cf. M. MAZZA, *Lo storico*, p. 302-303). On remarquera d'ailleurs Socr. 2.38.17, où il est dit que les nicéens occupent maintenant «en paix» les églises (νῦν δὲ ἐν εἰρήνῃ τὰς ἐκκλησίας κατέχοντες).

[81] T. HIDBER, *Eine Geschichte*, p. 58.

[82] Lactance, *De mortibus persecutorum* 52.4; Eusèbe, *HE* 10.9, *Panégyrique sur l'Église de Tyr* = *HE* 10.4.72; Philostorge, *HE* 12.13-14; ACO 2.1.3 *Epistula Pulcheriae*

Socrate, nous croyons pouvoir affirmer que l'idée de la paix est plus qu'un ornement littéraire: c'est la clé de sa lecture de l'histoire, qui le rattache aux idées d'Eusèbe.

Dans ce but, nous démontrerons d'abord que Socrate affirme non seulement que la paix est présente au début de son histoire et proche à sa fin, mais déforme les faits afin de souligner ces états de paix. Ensuite, nous analyserons le contenu que l'historien accorde à cette paix, avant de la lier aux idées d'Eusèbe.

3.1.1.1 *Le début de l'*Histoire ecclésiastique

Le *prooimion* élargi

Afin de donner du poids à l'idée que Constantin inaugure un temps de paix exceptionnelle, Socrate en raconte l'installation dans un *prooimion* élargi. Les quatre premiers chapitres de son histoire constituent une sorte de longue introduction à l'histoire même. Nous retrouvons ce procédé littéraire dans toutes les époques de l'historiographie antique. Dans un tel prologue, l'historien résume l'histoire précédente, permettant ainsi à ses lecteurs de prendre connaissance des antécédents. Ainsi, par exemple, les premiers chapitres du premier livre de Thucydide peuvent être lus comme une introduction[83]. À la fin de l'Antiquité, Agathias résume l'histoire de Procope dans une longue préface, avant de la continuer[84].

Comme il ressort des éléments suivants, Socrate leur emboîte le pas. Dans sa préface, il dit vouloir continuer l'*Histoire ecclésiastique* d'Eusèbe, qui se terminait en 324. Il va débuter avec l'hérésie d'Arius, dont l'histoire n'était pas suffisamment traitée par son prédécesseur dans sa *Vita Constantini*, qui se perdait dans les panégyriques. «Nous nous proposons de raconter ce qui s'est passé dans les Églises depuis celui-ci [Eusèbe] jusqu'à nos jours, et nous ferons commencer notre propos là où celui-ci l'a laissé»[85]. Socrate situe donc expressément le début de son histoire en 324, tout comme Sozomène le fera quelques années plus

---

ad monachos alienses p. 129.21; Procope, *Bella* 4.28.52; Pseudo-Sébéos 52 p. 176; Jean de Biclaro, *Chronique* 92-93.

[83] Thucydide 1.1-1.23. On pourrait même considérer tout le premier livre comme une introduction à la guerre elle-même (cf. Thucydide 2.1).

[84] Agathias, *Historiae* pr. 21-32. À propos de l'usage d'un *prooimion* élargi, voir P. STADTER, *Arrian's Extended Preface*.

[85] Socr. 1.1.3: ἡμεῖς δὲ προθέμενοι συγγράψαι τὰ ἐξ ἐκείνου μέχρι τῶν τῇδε περὶ τὰς ἐκκλησίας γενόμενα τῆς ὑποθέσεως τὴν ἀρχὴν ἐξ ὧν ἐκεῖνος ἀπέλιπεν ποιησόμεθα (...)

tard[86]. Pourtant, les trois chapitres suivants, traitant de la période de
305 à 324, sont consacrés à la conversion de Constantin (312) et à sa
victoire sur Licinius (324) et tombent donc, à strictement parler, en
dehors du projet de Socrate. Qui plus est, à la fin de son ouvrage,
Socrate signale qu'il a commencé à partir de l'avènement de Constantin qu'il situe dans la première année de la 271ème Olympiade, c'est-
à-dire en 304 ou 305 (et non pas en 306 comme il le fallait)[87]. Ainsi les
trois premiers chapitres semblent être à la fois inclus et exclus du sujet
de l'histoire.

Il ne s'agit pas d'une simple contradiction entre le sujet projeté et son
exécution pratique. Ce n'est qu'en 1.5 que l'*Histoire ecclésiastique* de
Socrate débute véritablement, mais les chapitres précédents constituent
une introduction nécessaire aux événements suivants. L'historien délimite avec plusieurs indications les chapitres 1.2-1.4 du reste de son récit.

Primo: au début de ce passage, il écrit qu'il fait «partie du sujet de rapporter» comment Constantin est devenu chrétien. Ce récit sur la conversion de Constantin doit commencer, selon les dires de Socrate, avec le
moment où Dioclétien et Maximien abdiquèrent en 305 et se terminer sur
l'établissement de la paix dans l'Église par Constantin — l'événement
avec lequel Eusèbe clôturait son histoire[88]. Socrate signale donc qu'il s'agit

---

[86] Soz. 1.1.12, 1.2.1. On prétend parfois que Socrate dit dans sa préface que son histoire commence à partir des persécutions dioclétiennes (F. SCHEIDWEILER, *Die Kirchengeschichte*, p. 300 n. 1; A.C. ZENOS — C.D. HARTRAUFT, *Socrates*, p. 1) ou à partir de la
conversion de Constantin (M. WALLRAFF, *Der Kirchenhistoriker*, p. 139-140; cf. aussi
P. MARAVAL, *Socrate de Constantinople*, p. 46 n. 3). Le grec de Socrate nous semble pourtant dire autre chose. En 1.1.3, Socrate dit décrire les événements à partir d'Eusèbe (Ἐξ
ἐκείνου). Cette expression a toujours le sens d'«à partir d'un moment spécifique». Quand
Socrate l'utilise (Socr. 1.20.6, 2.35.14, 6.18.15, 7.7.4, 7.30.6, 7.39.10; cf. l'usage pareil
chez Hérodien 4.2; Soz. 5.5.3, 5.19.14), il donne toujours le moment exact où un événement a eu lieu. Ἐξ ἐκείνου ne peut donc être une référence vague à l'ensemble du règne
de Constantin, mais doit se référer précisément à la fin de l'histoire d'Eusèbe (324).
Qui plus est, dans la même phrase (Socr. 1.1.2), Socrate dit τὴν ἀρχὴν ἐξ ὧν ἐκεῖνος
ἀπέλιπεν ποιησόμεθα: il prendra comme point de départ le moment où Eusèbe s'est
arrêté, c'est-à-dire l'année 324. Une telle phrase est d'usage dans les histoires de l'Antiquité tardive pour désigner la continuation de l'ouvrage d'un prédécesseur (Théodoret, *HE*
1.1.4; Agathias, *Historiae* pr.32; Ménandre fr. 1.1).
[87] Socr. 7.48.8, cf. 1.2.1. Sur cette erreur, voir P. VAN NUFFELEN, *Socrate de Constantinople*, p. 64.
[88] La phrase (Socr. 1.1.4-1.2.1) καὶ ἐπειδὴ πρὸς τὸ προκείμενον συλλαμβάνεται
ἡμῖν μνημονεῦσαι, τίνα τρόπον ὁ βασιλεὺς Κωνσταντῖνος ἐπὶ τὸ χριστιανίζειν
ἐλήλυθεν, μικρὰ περὶ τούτου ὡς οἷόν τε μνημονεύσωμεν, ἐνθένδε ποθὲν τὴν ἀρχὴν
ποιησάμενοι, ἡνίκα Διοκλητιανὸς καὶ Μαξιμιανὸς ... τὸν ἰδιωτικὸν ἐπανείλοντο
βίον, ne signifie pas nécessairement que le début de l'ensemble de l'histoire serait l'abdication de Dioclétien et Maximien. La proposition subordonnée ἐνθένδε... ποιησάμενοι se réfère à μνημονεύσωμεν: Socrate dit qu'il parlera de la conversion de Constantin,

d'un supplément par rapport au sujet avec lequel débute son histoire, l'arianisme.

Secundo: le sujet de l'histoire, la crise arienne, est annoncé au début et à la fin de ces trois chapitres, mais n'y est pas discuté. Socrate l'annonce en 1.1.2 et il y revient en 1.4.6[89].

Tertio: ce n'est qu'à partir de 1.5 que Socrate suit l'*Histoire ecclésiastique* de Rufin, sa source principale, et, lui aussi, un continuateur d'Eusèbe.

Les trois chapitres en question discutent donc des événements qui ne touchent pas au sujet même de l'ouvrage, c'est-à-dire les événements postérieurs à la fin de l'histoire d'Eusèbe, mais qui sont nécessaires afin d'en comprendre la suite. Socrate décrit ainsi comment l'avènement de Constantin a pu signifier la victoire du christianisme et comment l'établissement d'une paix dans l'Empire et dans l'Église a eu lieu.

La fonction du prooimion élargi

Le *prooimion* élargi est d'une importance capitale pour l'interprétation de l'histoire que propose Socrate. L'historien semble imiter Eusèbe, qui expose, dans une introduction d'une longueur identique[90], que le christianisme n'est pas une nouvelle religion, mais qu'elle est la première et la seule véritable foi. Cet exposé permet à l'évêque de Césarée de fonder son projet d'écrire une histoire qui a comme sujet le troisième peuple, les chrétiens, à côté des païens et des juifs. Son ouvrage ne retrace pas l'histoire d'un peuple nouveau et éphémère, mais celle d'un peuple d'une antiquité vénérable dont l'histoire n'a pas encore été écrite.

La préface de Socrate assume une fonction analogue. En se basant entre autres sur l'*Histoire ecclésiastique* d'Eusèbe[91], il accepte l'idée de

---

ayant pris comme point de départ de ce récit-là l'abdication de Dioclétien et Maximien. Ce récit de la conversion est à ajouter à l'histoire (πρὸς τὸ προκείμενον συλλαμβάνεται); τὸ προκείμενον signifie chez Socrate souvent le sujet d'un ouvrage historique (Socr. 1.12.2, 5.22.81, cf. Pseudo-Gélase de Cyzique 1.10.6, 3.15.24, 3.16.11; Évagre le Scholastique, *HE* 4.35 p. 185.15).

[89] Socr. 1.4.6: ἀλλὰ δὴ τὴν τηλικαύτην εἰρήνην ἐμφύλιος τῶν Χριστιανῶν πόλεμος διαδέχεται· τίς δὲ ἦν οὗτος καὶ ὅπως ἔλαβε τὴν ἀρχήν, ὡς οἷόν τε διηγήσομαι.

[90] D'Eusèbe, *HE* 1.5.1 et 2.pr, il ressort clairement qu'Eusèbe considère les quatre chapitres 1.1-4 comme une introduction. Voir p. 134 note 236 sur ce passage d'Eusèbe. Signalons que Socrate s'est sans doute aussi laissé inspirer par les préfaces d'Eusèbe (M. WALLRAFF, *Der Kirchenhistoriker*, p. 177).

[91] Pour les sources de Socr. 1.2-1.4, voir P. VAN NUFFELEN, *Gélase*, p. 638-639 et ci-dessous Appendice V.

ce dernier qu'avec l'avènement et la conversion de Constantin, un règne de paix s'est établi sur terre, qui a culminé en la victoire sur Licinius, une réalisation que Sozomène et Théodoret n'accordent pas à Constantin[92]. Dans sa préface, Socrate jette ainsi le fondement de son interprétation de l'histoire. Selon lui, il y avait une paix universelle sous Constantin que vint perturber la crise arienne. Le fait que le mot εἰρήνη revienne trois fois en 1.4.5-15.1 en signale l'importance[93].

L'importance de ce moment fondateur se laisse non seulement mesurer par l'utilisation de l'outil littéraire du *prooimion* élargi, mais aussi par le fait que Socrate aménage les événements pour le mettre en relief. Selon lui, la paix de Constantin s'établit après sa victoire sur Licinius (324). La crise arienne y fait suite[94]. Or, chacun sait qu'Arius se mit à troubler l'Église plusieurs années avant que Licinius ne soit battu par Constantin. Socrate le savait aussi, car une de ses sources situe la crise arienne bien avant 324: en effet, la *Continuatio Antiochiensis Eusebii* place l'excommunication d'Arius par Alexandre d'Alexandrie en 321[95].

3.1.1.2 *La fin de l'*Histoire ecclésiastique

Le dernier livre de l'*Histoire ecclésiastique* de Socrate se caractérise par une certaine ignorance, accompagnée d'un optimisme remarquable. Socrate se réjouit de la défaite perse en 422, de la fin des troubles en Occident en 425[96] et de la défaite miraculeuse des Huns vers 434[97].

---

[92] L'expression βαθεῖα εἰρήνη (Socr. 1.4.5) est copiée d'Eusèbe, *Vita Constantini* 2.61.2-4. La référence à la paix se trouve aussi à la fin de l'*Histoire ecclésiastique* d'Eusèbe (10.9.7). Sur le contraste avec Sozomène et Théodoret, cf. H. LEPPIN, *Von Constantin*, p. 43.

[93] Socr. 1.4.5-1.5.1: Κωνσταντῖνος τοίνυν πάντων γενόμενος ἐγκρατὴς αὐτοκράτωρ τε βασιλεὺς ἀναδειχθεὶς τὰ Χριστιανῶν αὖθις αὔξειν ἐσπούδαζεν, ἐποίει τε τοῦτο διαφόροις τρόποις, καὶ ἦν ἐν βαθείᾳ εἰρήνῃ τὰ τοῦ Χριστιανισμοῦ δι' αὐτόν. ἀλλὰ δὴ τὴν τηλικαύτην εἰρήνην ἐμφύλιος τῶν Χριστιανῶν πόλεμος διαδέχεται· τίς δὲ ἦν οὗτος καὶ ὅπως ἔλαβε τὴν ἀρχήν, ὡς οἷόν τε διηγήσομαι. Μετὰ Πέτρον τὸν γενόμενον Ἀλεξανδρείας ἐπίσκοπος τὸν καὶ ἐπὶ Διοκλητιανοῦ μαρτυρήσαντα διαδέχεται τὴν ἐπισκοπὴν Ἀχιλλᾶς, μετὰ δὲ Ἀχιλλᾶν Ἀλέξανδρος ἐπὶ τῆς μνημονευθείσης εἰρήνης {καὶ} ἀδεέστερον διάγων τὴν ἐκκλησίαν συνεκρότει.

[94] Socr. 1.4.5-6.

[95] Cf. R.W. BURGESS, *Studies*, p. 119-122; P. VAN NUFFELEN, *Socrate de Constantinople*, p. 64-65.

[96] Perses: Socr. 7.18-20; Occident: Socr. 7.23-24.

[97] Socr. 7.43: sur la date, voir C. ZUCKERMAN, *L'empire d'Orient*, p. 162-163.

Il célèbre la conversion des Burgondes[98]. Le danger des hérésies s'estompe[99], alors que des juifs se convertissent[100]. Les évêques de Constantinople se surpassent les uns après les autres en actes d'unité et d'amour, et Proclos met fin au schisme chrysostomien[101]. Théodose II allie le succès militaire à une piété profonde[102]. Socrate ignore, par exemple, la menace encore réelle des Huns à cette époque, la présence des pélagiens à Constantinople[103], ainsi que celle des messaliens[104]. Il ignore les tensions nées du concile d'Éphèse (431) et celles précédant le concile de Chalcédoine en 451. Là où Socrate voit du progrès, de l'unité et de la paix, nous voyons de la haine et de la division[105]. Cette image tronquée souligne le retour à la situation de paix de 324.

Socrate semble donc constater que l'Église et l'Empire avancent vers la paix. Tout à la fin de son histoire, il prie alors pour que tous puissent passer leurs jours en paix[106].

Ainsi Socrate a délimité son histoire de deux périodes de paix, l'une bien réelle sous Constantin, et l'autre qui s'annonce sous Théodose II. À notre avis, cela recèle plus qu'un topos littéraire ou historiographique. Ce n'est pas non plus l'influence du panégyrique qui sacrifie l'esprit critique aux exigences du genre, demandant qu'on loue les actions pacificatrices de l'empereur régnant, comme l'a proposé G.W. Trompf[107]. La paix nous semble être bien plus fondamentale. On ne peut pas la réduire, dans le sillage de J. Szidat, à la peur d'un citadin studieux qui se sent menacé par les émeutes populaires[108], et assurément pas non plus à un programme politique, comme semble le penser Theresa Urbainczyk[109]. En situant Socrate dans la pensée théologique de son temps, nous serons à même de voir que ces analyses sont superficielles, voire erronées.

---

[98] Socr. 7.30.

[99] Cf. Socr. 7.5-6, 7.34.14, 7.41.5-6.

[100] Socr. 7.4, 7.38.

[101] Évêques: Socr. 7.41.5-6, 7.48.1; Proclos: Socr. 7.45.

[102] Socr. 7.42-43.

[103] Huns: C. Zuckerman, *L'empire d'Orient*, p. 164-169; pélagiens: L.R. Wickham, *Pelagianism*.

[104] *Codex Theodosianus* 16.5.7 (8/5/381); Photius, *Bibliothèque* 52.13a.

[105] Voir l'aperçu de Christiane Fraisse-Coué, *D'Ephèse à Chalcédoine*.

[106] Socr. 7.48.6-7. Cf. Socr. 2.38.17, qui parle de la paix actuelle dans l'Église.

[107] G.W. Trompf, *Early Christian Historiography*, p. 233. Cf. F. Paschoud, *Zosime*, Vol. 1, p. xiv.

[108] J. Szidat, *Friede*, p. 14.

[109] Theresa Urbainczyk, *Socrates*, p. 38-39. Voir aussi J. Szidat, *Friede*, p. 14; T. Hidber, *Eine Geschichte*, p. 59.

Il nous semble que l'idée d'une paix universelle est bel et bien le fond philosophique sur lequel l'histoire de Socrate doit se lire.

3.1.2 Le concept de la paix chez Socrate

Avant de remonter aux sources de cette idée, nous en déterminerons le contenu, et nous la distinguerons des autres conceptions qui circulaient à l'époque.

Remarquons, tout d'abord, que Socrate ne s'allie pas aux gens qui font de la paix une idée avant tout spirituelle, à atteindre par l'exercice de la foi et par la grâce, une idée particulièrement forte dans la spiritualité monastique[110]. Elle n'est pas non plus la paix trouvée après la mort, dont de nombreuses inscriptions funéraires témoignent[111]. Chez lui, elle se réalise sur terre, dans les églises, les cités et les peuples[112]. La véritable paix n'est pas hors de portée sur terre, et il ne faut pas attendre la cité céleste pour en jouir, comme le dit Augustin. La paix augustinienne est une promesse et, sur terre, il y a tout au plus une paix provisoire, en attendant la *pax vera*[113]. Chez Socrate, par contre, la paix est terrestre et concrète.

Cette paix concrète ne se limite pas aux églises; Socrate espère que les cités et les nations vivront également en paix. Elle dépasse alors les frontières géographiques[114]. En utilisant le concept de sympathie, sur lequel nous reviendrons ci-dessous[115], Socrate décrit comment Empire et Église sont pris dans un même mouvement[116]; des troubles dans l'un sont suivis par des problèmes dans l'autre et, par conséquent, la paix dans l'un implique la présence dans l'autre[117]. Église et Empire la connaissent alors en mesure égale. Ainsi, Socrate dépasse la conception classique de la paix. Selon lui, l'absence

---

[110] Par exemple Grégoire de Nysse, *De beatitudinibus* 6; Évagre le Pontique, *Traité pratique* 12.24, 57.1; Isidore de Péluse, *Epistulae* 4.169 PG 78.1261; Théodoret, *Historia religiosa* pr.6.

[111] Cf. H. Declercq, art. *Paix;* E. Dinkler — Erika Dinkler-von Schubert, art. *Friede*, p. 483-487.

[112] Socr. 1.18.15, 7.48.6-7.

[113] Augustin, *De civitate Dei* 19.13-20, *Sermo* 168 PL 38.912: cf. A. Luneau, *L'histoire du salut*, p. 374-375; H. Fuchs, *Augustin und der antike Friedensgedanke*, p. 52-55; E. Dinkler — Erika Dinkler-von Schubert, art. *Friede*, p. 477-480; W. Justus, *Die frühe Entwicklung*, p. 10-20.

[114] Socr. 7.48.6. E. Dovere, *Stabilizzazione*, p. 604 limite la paix incorrectement à l'Église.

[115] Cf. ci-dessous p. 120-123.

[116] Nous utilisons les termes «Empire» et «Église» comme synonymes de ce que Socrate appelle «affaires publiques» et «affaires ecclésiastiques». Voir ci-dessous p. 118-120.

[117] Socr. 5.pr.4-5.

de guerre et l'harmonie intérieure ne se restreignent plus à une communauté, que ce soit la cité grecque ou l'Empire romain[118]. Ce n'est pas non plus le privilège de la communauté chrétienne comme chez Origène[119]. La paix est devenue universelle; si elle est troublée à un endroit, elle le sera aussi ailleurs.

La paix implique l'unité au sein de l'Empire et de l'Église. L'attention a souvent été attirée sur l'importance que Socrate accorde à la réunification de l'Église et l'absence de dissensions au sein de l'Empire[120]. Le rétablissement de l'unité est le fruit de l'activité de «bons» empereurs, comme par exemple Jovien et Théodose II[121], et de celle de «bons» évêques, comme Atticus ou Proclos[122]. Ces personnes étant des chrétiens presque parfaits, ils excellent par leur vie pieuse conforme aux commandemants ecclésiastiques. Dans le dernier livre de son histoire, Socrate décrit la manière dont les différentes hérésies disparaissent, comment les schismes prennent fin et comment l'Empire est réunifié dans les mains d'une même dynastie par l'avènement de Valentinien III en Occident (425)[123]. La paix surgit à l'horizon.

Enfin, la paix est originelle. Elle n'est pas le produit de la période historique que décrit Socrate, mais s'était déja réalisée sous Constantin, pour être aussitôt troublée par Arius. Voilà le motif fondamental chez Socrate. Selon lui, la paix originelle est sans cesse troublée. Sa prédilection pour désigner les conflits dans l'Église et l'Empire avec le mot ταραχή, expression sur laquelle M. Wallraff et J. Szidat ont déjà attiré l'attention, est révélatrice à cet égard[124], tout comme l'usage fréquent de κίνησις et ses dérivés[125].

3.1.3 Parallèles et sources en rapport à l'idée de paix chez Socrate

La paix de Socrate est concrète, universelle et originelle, ce qui implique qu'elle se réalise sur terre, aussi bien dans l'Église que dans l'Empire, où

---

[118] W.C. VAN UNNIK, «Tiefer Friede», p. 277-278.

[119] Et chez d'autres encore: par exemple Eusèbe, HE 5.pr.3, De martyribus Palestinae 3.6-7; Ambroise, Epistulae 40.6; Jean Chrysostome, Adversus Judaeos 3.6. Cf. W.C. VAN UNNIK, «Tiefer Friede», p. 268.

[120] M. WALLRAFF, Der Kirchenhistoriker, p. 255-257; Theresa URBAINCZYK, Socrates, p. 137, dont l'idée que ce sont plutôt les empereurs que les évêques qui contribuent à l'unité, n'est pas correcte. Il suffit de lire le dernier livre pour voir que les évêques Atticus, Proclos, Paul et d'autres encore sont également importants.

[121] Jovien: Socr. 3.25; Théodose II: Socr. 7.22, 7.42-43.

[122] Atticus: Socr. 7.25, 7.40; Proclos: Socr. 7.40.

[123] Hérésies: Socr. 7.6.7-9, 7.34, 7.46; schismes: Socr. 7.12, 7.45; Valentinien: Socr. 7.24.

[124] Par exemple Socr. 1.8.2, 2.40.21, 4.11.7, 7.34.14. Cf. M. WALLRAFF, Der Kirchenhistoriker, p. 82 n. 261; J. SZIDAT, Friede, p. 2-3.

[125] Par exemple Socr. 1.23.2, 2.27.1, 4.33.1, 5.pr.4, 5.13.1.

elle est sans cesse troublée. Ce concept peut surprendre à première vue. L'omniprésence des troubles chez Socrate est interprétée par la plupart des savants comme un signe que la paix serait un idéal irréalisable et l'exception dans un monde plein de guerres[126]. Pourtant, le concept s'enracine dans une tradition théologique et se retrouve chez bien d'autres auteurs de l'époque[127].

D'abord, l'idée de la guerre comme mise-à-mal d'une situation originelle de paix trouve un parallèle exact dans la philosophie morale de l'époque. Sévérien de Gabala dit, dans un discours, que le vice (κακία) n'a pas de nature propre. Il n'est selon lui qu'une déviance (παρατροπή) de la bonté initiale, comme le vinaigre est un mauvais vin. Bien des parallèles pourraient être cités pour montrer la représentativité de ce passage, mais le point est clair: la bonté est la condition humaine initiale[128]. Il est à remarquer que la paix semble avoir le même statut chez Socrate, non pas au niveau individuel, mais au niveau mondial. En effet, depuis Constantin, la condition de base est la paix, qui peut être troublée mais jamais annulée. La guerre peut l'interrompre, tout comme le vice peut pulluler dans l'âme, mais ni l'une ni l'autre ne sont des situations dites normales. Et que l'exception semble se produire plus souvent que la règle n'y change rien. Theresa Urbainczyk et J. Szidat ont déjà fait valoir que le récit de Socrate se structure autour des pôles unité et division ou paix et guerre[129]. Cela est correct dans la mesure où nous nous rendons compte que la division et la guerre ne sont pas pour lui des situations normales, mais des déviations d'une situation idéale.

En second lieu, Socrate n'est pas le seul à se servir de ce concept. Bien qu'il soit exceptionnel de le voir fonctionner dans un ouvrage historique d'une certaine envergure, quelques exemples peuvent suffire pour en démontrer la large propagation. Selon Jean Chrysostome, la paix régnait après la fin des persécutions, mais le démon, ne la supportant pas, causa la guerre civile entre les chrétiens — une allusion à la controverse

---

[126] Pauline ALLEN, *War*, p. 4-5; I. KRIVUSHIN, *Socrates Scholasticus' Church History*, p. 102; J. SZIDAT, *Friede*, p. 13-14; T. HIDBER, *Eine Geschichte*, p. 58-59.

[127] Remarquons que des idées pareilles surgissent de temps en temps dans d'autres périodes historiques, par exemple dans la société carolingienne: cf. W. JUSTUS, *Die frühe Entwicklung*, p. 23-24.

[128] Pseudo-Jean Chrysostome, *De sacrificio Caini* 403-405, attribué à Sévérien de Gabala: δεῖ δὲ εἰδέναι ὅτε οὐδὲ κακία οὐδὲ ἀδικία οὔτε πᾶν ὃ νομίζεται ἢ φημίζεται κακόν, ἔχει στάσιν ἢ φύσιν, ἀλλὰ παρατροπή ἐστιν τοῦ καλοῦ, ὥσπερ ὄξους οὐκ ἔστιν ἰδιάζουσα φύσις. Signalons ces autres exemples: Athanase, *Vita Antonii* 20.7; Jean Chrysostome, *Homiliae de statuis* 6 PG 49.86, *Homiliae in epistulam ad Romanos* 13.2 PG 60.509-510. Cf. A. DIHLE, art. *Ethik*, p. 768.

[129] Theresa URBAINCZYK, *Socrates*, p. 169-176; J. SZIDAT, *Friede*, p. 3, 14.

arienne[130]. Le concile de Constantinople mit définitivement fin à cette crise, et il marque selon lui le début de la paix et de la quiétude. Aujourd'hui, on ne connaît les guerres que par ouï-dire, affirme-t-il encore dans un autre discours[131]. Son ami de cœur et ennemi acharné, Sévérien de Gabala, réfute les critiques païens qui imputent une forte montée des guerres à l'oubli des cultes anciens, en faisant remarquer qu'au contraire, les guerres se sont arrêtées depuis l'incarnation. Le christianisme a même tant progressé que le vocabulaire guerrier a été oublié. Il ajoute finement que, sans doute, le mot «guerre» agace les détracteurs du christianisme par la prépondérance de la paix dans l'empire chrétien[132]. Dans un discours *De Pace*, le même Sévérien brosse un tableau impressionnant de la paix, qui englobe tous les aspects que nous avons mentionnés, et plus, car elle y est vue comme vérité, unité, fin de guerres, justice, amour, et tout cela sur terre et dans les cieux[133].

On trouve, enfin, des idées pareilles dans plusieurs documents ayant trait à la controverse nestorienne. Avant la dispute, on célébrait le progrès, la paix et l'unité qui marquaient l'Église et l'Empire[134]. Pendant celle-ci, on se plaignait que la paix avait été perturbée par des querelleurs[135]. Après la condamnation de Nestorius (431) et l'accord entre les deux factions hostiles en 433, on se réjouissait du fait que la paix redescendrait maintenant sur terre[136]. Selon les auteurs de ces documents, la paix impliquait l'unité au sein de l'Église et l'Empire et, par conséquent, l'absence d'hérésies.

Nous ne pouvons pas simplement assimiler ces opinions à celle de Socrate. Sévérien de Gabala situe, par exemple, le début de la paix à l'incarnation[137]. Selon un discours pseudo-chrysostomien, par contre, la trahison de Judas rompt la paix universelle du Christ et cause une «guerre

---

[130] Jean Chrysostome, *In S. Eustathium* PG 50.600.

[131] Jean Chrysostome, *De Sancto Meletio* PG 50.518; Jean Chrysostome, *Homiliae in Isaiam* PG 56.33.

[132] Pseudo-Jean Chrysostome, *Adversus Judaeos* 415-416, 449-450 (Sévérien de Gabala?).

[133] Sévérien de Gabala, *De pace* p. 17.15-18, 18.26-28, 23.23-24.2. Voir aussi Orose 6.20-22 (avec les remarques d'E. PETERSON, *Der Monotheismus*, p. 93; H.W. GOETZ, *Die Geschichtstheologie*, p. 98-116); Isidore de Péluse, *Epistulae* 4.169 PG 78.1261.

[134] ACO 1.1.1 (Coll.Vat. 5) *Epistula Nestorii* p. 32.11-18. Cf. ACO 1.1.1 (Coll. Vat. 4) *Epistula Cyrilli* p. 28.24; ACO 1.1.4 (Coll. Vat. 120) *Scriptum imperatoris ad Iohannem* p. 3.16, p. 4.18-22; ACO 1.1.7 (Coll. Ath. 120) *Relatio ad imperatorem* p. 157.28.

[135] ACO 1.1.7 (Coll. Ath. 48) *Relatio Orientalium* p. 70.30-31.

[136] ACO 1.1.7 (Coll. Min. E 8) *Sermo Cyrilli* p. 173.3-19; ACO 1.1.7 (Coll. Ath. 120) *Relatio ad imperatorem* p. 158.13-14.

[137] Pseudo-Jean Chrysostome, *Adversus Judaeos* 415-416, 449-450 (Sévérien de Gabala?).

cosmique»[138]. Enfin, d'autres passages sont trop brefs pour permettre des conclusions précises. Il n'empêche que l'idée d'une paix universelle réalisée n'était pas étrangère aux contemporains de Socrate[139].

H. Leppin suggère qu'un lien existe entre ce concept de paix et la philosophie politique de l'époque[140], où l'empereur est considéré comme le gardien de la paix dans l'Empire romain[141]. Tout en se rapprochant à certains égards de l'idée que nous retrouvons chez Socrate, ce concept-là de paix se limite à l'absence de guerres et n'atteint jamais l'universalité qu'il nous faut, car c'est finalement l'idée classique d'une absence de guerre dans une communauté qui s'y perpétue[142].

L'origine en est plutôt à chercher dans la tradition théologique que nous avons vu débuter avec Origène et se développer chez Eusèbe, où la paix universelle est l'apogée de l'histoire et le résultat de l'accroissement du christianisme. Socrate n'est pas directement tributaire d'Origène, mais la dépendance d'Eusèbe est nette. Il assume la pleine portée eusébienne du règne de la paix. Dans le *prooimion* élargi, il prend comme acquise la situation telle qu'Eusèbe l'esquisse à la fin de son histoire. Ainsi, avec Constantin, l'Empire s'est christianisé et, avec l'aide divine, le souverain a pu établir la paix[143]. Cela peut expliquer, d'ailleurs, pourquoi Socrate, à l'encontre de Sozomène[144], ne raconte que des conversions de peuples qui vivaient en dehors de l'Empire[145] ou de peuples barbares qui venaient d'infiltrer l'Empire[146]. L'Empire romain était en principe déjà christianisé auparavant.

Socrate ne peut pourtant pas simplement reprendre les idées d'Eusèbe, car celui-ci terminait son histoire en un règne de paix. Socrate, il est vrai, connaît la suite des événements et sait que la paix n'était pas définitive. Dès lors, son innovation par rapport à son prédécesseur est

---

[138] Pseudo-Jean Chrysostome, *In proditionem Judae* PG 61.690: κοσμικὸς πόλεμος.

[139] Il est alors curieux de lire chez H. FUCHS, *Augustin und der antike Friedensgedanke*, p. 48: «[Das Christentum] fand den Frieden nirgends verwirklicht.»

[140] H. LEPPIN, *Von Constantin*, p. 243. Voir aussi J. SZIDAT, *Friede*, p. 12.

[141] Par exemple Panegyrici Latini 6.11.1, 11.18.2; Historia Augusta, *Tacitus* 16.6, *Probus* 20.3-6; Corippus, *Laudes Iustini* pr.1-10.

[142] Cf. Jean Chrysostome, *Adversus Judaeos* 5.2, qui refuse explicitement de considérer l'Empereur comme la cause de la paix.

[143] L'idée de Theresa URBAINCZYK, *Socrates*, p. 23-24, selon laquelle Socrate reprendrait l'idée eusébienne de Constantin comme point culminant de l'histoire pour l'appliquer à Théodose II, ignore les données de la préface.

[144] Voir ci-dessous p. 140-141.

[145] Éthiopiens: Socr. 1.19; Géorgiens: Socr. 1.20; Goths: Socr. 4.33; Sarrasins: Socr. 4.36; Perses: Socr. 7.8.

[146] Burgondes: Socr. 7.30.

qu'il ne considère pas l'état de paix comme définitif, mais qu'il y voit un bien toujours mis en péril par l'immoralité humaine. Les péchés de l'homme, qui causent guerres et dissensions, troublent la paix, et ce sont ces troubles dont l'historien peut faire le récit. Une deuxième nouveauté de Socrate est que la paix a perdu presque tout aspect théologique explicite. Nous ne trouvons par exemple aucune allusion au Verbe, qui serait l'auteur de la paix. Elle n'est plus l'apanage de l'Église, comme chez Origène ou chez Eusèbe. Dans un Empire qui est entièrement devenu chrétien, la paix n'est plus strictement liée à l'Église, mais s'est transformée en un état qui dépend des actions humaines au sein de l'Empire et de l'Église. Ainsi la paix a coupé le lien exclusif avec l'Église pour se nouer à la morale personnelle. Dès lors, la condition de son retour est que tous vivent en tant que véritables chrétiens, sur le plan éthique et doctrinal, en acceptant la foi de Nicée[147].

Socrate écrit donc l'histoire de la rechute continuelle du règne de la paix et de l'essai pénible de son rétablissement. Ce n'est pas une histoire de décadence, comme l'a suggéré M. Wallraff[148]; le monde ne va pas de pire en pire, sans recours possible. Il ne peut pas non plus s'améliorer fondamentalement, contrairement à ce qu'affirme I. Krivouschine[149]; tout au plus peut-on essayer de rétablir la situation perdue. Voilà le thème de l'histoire de Socrate: la perturbation continuelle de la paix universelle par un manque de moralité, et l'essai continuel de retour.

3.2 L'EMPIRE ET L'ÉGLISE CHEZ SOCRATE

À propos de l'unité temporelle, Socrate nous propose une lecture «post-eusébienne». L'histoire chez Socrate n'est pas une seule ligne ascendante ou descendante. Il aperçoit une longue période de progrès vers la paix constantinienne, suivie par le court épisode de son établissement, avant qu'elle ne soit bouleversée par l'immoralité humaine. Vers la fin de son histoire, Socrate la voit lentement revenir. La situation finale d'Eusèbe devient donc un idéal qui n'a que brièvement été réalisé.

---

[147] Socr. 2.2.10, 2.40.21, 5.pr.5.

[148] Selon M. WALLRAFF, *Der Kirchenhistoriker*, p. 282, Socrate a une opinion négative sur son propre temps par rapport au passé, ce qui est une «milde Form des Dekadenzmotives».

[149] I. KRIVUSHIN, *Socrates Scholasticus' Church History*, p. 97-102, croit que Socrate voit d'un bon oeil l'évolution dans l'Empire, mais perçoit de la décadence dans l'Église. C'est ignorer l'état paisible dans les églises qui s'annonce à la fin de l'histoire.

Le problème de l'unité spatiale, c'est-à-dire de la relation entre l'Empire et l'Église qui posait tant de problèmes à Eusèbe, sera dépassé par Socrate en acceptant la division de la société en deux sphères et en affirmant que celles-ci se développent en parallèle.

3.2.1 Les deux sphères publique et ecclésiale

Socrate prend soin de distinguer quel événement appartient aux «affaires de l'Église» (τὰ τῆς ἐκκλησίας et ses variantes) et lequel aux «affaires publiques» (τὰ τοῦ δημοσίου)[150]. Le fait même de pouvoir dire que tel événement se passe dans l'Église, et l'autre dans l'Empire, implique que ces deux sphères sont comprises en premier lieu en tant que sphères sociales. M. Wallraff a également constaté que le mot «église» n'a pas de contenu théologique chez Socrate et qu'il désigne avant tout des entités sociales, comme par exemple l'Église d'Antioche ou l'Église des novatiens[151]. Le terme ne réfère alors pas à une foi spécifique, mais à une entité de la société, à laquelle hérésie et orthodoxie appartiennent en égale mesure.

Avant d'étudier leur articulation, nous situerons les concepts «Empire» et «Église» dans la langue et dans les idées de l'époque. On décompte trois sphères de la vie pour les chrétiens: la sphère privée, celle de l'Église et celle de la vie publique. Nous ne nous appesantirons pas sur la vie privée. Il suffit de signaler qu'elle est clairement distinguée de la vie publique[152] et de l'Église[153]. L'idée de l'Église en tant que sphère sociale, et non pas comme entité spirituelle, est bien répandue aux quatrième et cinquième siècles. Empruntant une ancienne métaphore pour l'État, Théodoret de Cyr la décrit comme un navire mené par son capitaine, l'évêque[154]. C'est évidemment la sphère du clergé qui a ses propres lois et règles[155]. Son indépendance est affirmée par ses défenseurs et constatée par ses adversaires, une indépendance qui repose

---

[150] M. WALLRAFF, *Der Kirchenhistoriker*, p. 32-33, 109; J. SZIDAT, *Friede*, p. 3-4.

[151] M. WALLRAFF, *Der Kirchenhistoriker*, p. 30-35.

[152] Eusèbe, *HE* 8.17.10 (= édit de Galérius); Basile de Césarée, *Epistulae* 199 (canon 27), 214; Grégoire de Nazianze, *Epistulae* 33.4, *Discours* 18.39; Théodoret, *Historia religiosa* 8.6.

[153] Grégoire de Nysse, *Vita Gregorii Thaumaturgi* p. 28.8; Palladios, *Dialogue* 7.58; *Novellae Justiniani* 7.pr.

[154] Théodoret, *HE* 4.30.5.

[155] Eusèbe, *Praeparatio evangelica* 10.7.7; Basile de Césarée, *Epistulae* 104, 199; Théodoret, *HE* 2.16.2; *Vita Danielis Stylitae* BHG 489.58 p. 57.19; Théophylacte Simocatta, *Historiae* 1.1.2, 3.11.7; Photius, *Bibliothèque* 88.66b. Voir aussi *SB* XVI 12969 (Apollonopolis, sixième ou septième siècle).

sur le fait que son seul chef véritable est le Christ[156]. D'autre part, l'Empire (τὸ δημόσιον) est reconnu comme ayant une substance propre. Parfois il est défini comme tout ce qui se trouve en dehors de l'Église[157], mais plus souvent, on est plus concret, en désignant, par exemple, l'empereur, les magistrats, les places publiques et les *stoai* comme ses éléments[158]. Nous voyons ainsi que l'identification des deux entités se fait souvent à partir de leurs dirigeants, le clergé d'une part, les magistrats d'autre part.

On tient à affirmer la distinction nette entre les deux sphères, l'Empire étant l'épée, selon Grégoire de Nazianze, et l'Église, l'esprit[159]. Basile de Césarée voudrait qu'un chrétien, en tant que membre de l'Église, affirme son identité dans la vie publique en portant un habillement qui lui soit propre, tout comme les sénateurs ou soldats sont reconnaissables par leurs vêtements[160]. On souligne pourtant également la

---

[156] Théophylacte Simocatta, *Historiae* 8.6.6.

[157] Eusèbe, *Vita Constantini* 1.10-11; Grégoire de Nysse, *Vita Moysis* 1.18, 2.12; Nil d'Ancyre, *Epistulae* 1.71 PG 79.114a, 1.76 PG 79.116c; Paulin de Nole, *Epistulae* 29.6-7. Voir aussi Jean Chrysostome, *Epistula ad Innocentium* p. 92 l. 231, où la traduction de τὰ ἔξω δικαστήρια par «tribunaux païens» (Anne-Marie MALINGREY — P. LECLERCQ, *Palladios*, Vol. 2, p. 92) nous semble fausse. La même remarque vaut pour Palladios, *Dialogue* 10.97 τὴν καλουμένην παρὰ τοῖς ἔξω σύγκλητον, avec la traduction «que les païens appellent sénat» (Anne-Marie MALINGREY — P. LECLERCQ, *Palladios*, p. 212). Dans ces cas, l'auteur parle de l'espace public à partir de sa propre position à l'intérieur de l'Église. On s'attendrait plutôt à la traduction «tribunaux d'état», en contraste avec les tribunaux ecclésiastiques.

Ici, nous touchons au fameux passage de la *Vita Constantini* d'Eusèbe (4.24). Constantin s'y désigne comme ἐπίσκοπος τῶν ἐκτός, ce qui a causé un débat interminable sur la question de savoir s'il fallait comprendre τὰ ἐκτός (F. DVORNIK, *Early Christian and Byzantine Political Philosophy*, Vol. 2, p. 752-754; R. FARINA, *L'impero*, p. 312-319) ou οἱ ἐκτός (J. STRAUB, *Kaiser Konstantin als ΕΠΙΣΚΟΠΟΣ*; D. DE DECKER — Ginette DUPUIS-MASAY, *L' «épiscopat»*; G. DAGRON, *Empereur*, p. 147). Tout cela n'a finalement que peu d'importance. Il suffit de voir que Constantin (ou Eusèbe qui a mis le mot dans la bouche de l'empereur) joue sur le vocabulaire chrétien pour désigner sa sphère de pouvoir face à celle de l'Eglise (cf. G. DAGRON, *Empereur*, p. 146). Les évêques ont le droit de regard sur tout ce qui concerne l'Église, alors que l'empereur l'a sur tout ce qu'il y a en dehors — c'est à dire sur la sphère publique avec ses affaires et ses hommes.

Les identifications de οἱ ἐκτός avec les chrétiens en dehors de l'Empire romain, proposée par G. WIRTH, *Die Mission*, p. 31, ou de τὰ ἐκτός avec le culte et le rituel, opposé au dogme, proposée par W. ULLMANN, *The Constitutional Significance*, p. 12, sont assurément erronées, puisqu'il manque tout parallèle à l'appui d'un tel sens.

[158] Eusèbe, *De martyribus Palestinae* 9.12; Basile de Césarée, *Epistulae* 78.1, 84.2, 86.1; Grégoire de Nysse, *De iis qui baptismum deferunt* p. 360.10-15; ACO 1.1.4 (Coll. Vat. 121) *Epistula Theodosii* p. 6.6-8; ACO 1.1.7 (Coll. Ath. 62) *Orientalium supplicatio prima* p. 72.25-34; Théodore le Lecteur p. 109.7-12 = *Epitome* 387. Voir les remarques de K.M. SETTON, *Christian Attitudes*, p. 191.

[159] Grégoire de Nazianze, *Epistulae* 224.3.

[160] Basile de Césarée, *Asceticon magnum* 22 PG 31.977-980.

nécessité de collaboration. Basile se réjouit, par exemple, des magistrats publics qui n'oublient pas les besoins de l'Eglise. Quelquefois, on peut observer que l'Église investit ses ressources dans l'entretien des bâtiments publics[161].

Les contemporains de Socrate savent donc faire la distinction entre les deux sphères sociales, l'Église et l'Empire. L'historien n'innove dès lors pas en assignant tel événement à l'une, et tel événement à l'autre sphère.

3.2.2 La «sympathie» entre les deux sphères

Son soin à distinguer les deux sphères de la société entraîne chez Socrate un problème, comme nous le verrons dans le chapitre suivant[162]. L'historien a conscience du fait que chaque sphère a son historiographie propre, de sorte que l'histoire ecclésiastique s'occupe de l'Église et l'histoire classique de l'Empire. Pourtant, il mentionne souvent les guerres et les usurpations qui avaient lieu dans l'Empire. Il sait par conséquent que ses contemporains le critiqueront d'avoir inclu au sein de son *Histoire ecclésiastique* des événements qui n'y appartiennent pas. Dans la préface du cinquième livre, Socrate répond aux critiques. À travers sa défense, nous pouvons apercevoir comment l'historien argumente sur l'unité spatiale, tout en acceptant la distinction entre l'Empire et l'Église.

L'historien répond d'abord aux critiques concernant l'inclusion d'événements publics, en faisant valoir qu'il faut raconter ce qui s'est passé. Un fait est un fait, même s'il appartient à la sphère publique[163]. Puis entre en scène l'homme de lettres. C'est assez ennuyeux pour le lecteur de n'entendre parler que de querelles entre évêques. Un peu de variété rendra le récit plus agréable[164]. Le philosophe s'accorde le plus d'espace possible pour exposer ses arguments. Avant tout, il s'agit de mettre le lecteur au courant qu'une «certaine sympathie» existe entre l'Église et l'Empire. S'il y a des problèmes dans une sphère, il y en a dans l'autre,

---

[161] Théodoret, *Epistulae* 79, 81.

[162] Cf. ci-dessous p. 166-170.

[163] Socr. 5.pr.2: τοῦτο γὰρ πολλῶν ἕνεκα ποιοῦμεν, <οὐ μόνον> τοῦ εἰς γνῶσιν ἄγειν τὰ γινόμενα (…). H. Leppin, *The Church Historians*, p. 239 semble mécomprendre cette phrase en la liant avec la succesion des empereurs. Socrate parle de faits en général.

[164] Socr. 5.pr.2: ἀλλὰ γὰρ καὶ τοῦ τοὺς ἐντυγχάνοντας μὴ προσκορεῖς γενέσθαι ἐκ τοῦ μόνῃ σχολάζειν τῇ φιλονεικίᾳ τῶν ἐπισκόπων καὶ οἷς κατ' ἀλλήλων ἐτύρευσαν (…).

qu'ils surgissent en même temps ou un peu plus tard. L'origine en sont nos péchés[165]. Enfin l'historien refait surface et explique qu'il est de toute façon justifié de parler des empereurs lorsqu'ils s'immiscent dans les affaires de l'Église[166].

Les deux premières explications, tout en étant vraies, se jouent au niveau littéraire. De fait, un historien se doit de raconter les faits, tout comme un homme de lettres d'introduire de la variété dans son récit. La quatrième explication ne touche pas véritablement le problème, car il est évident qu'un empereur présidant un concile ou persécutant l'Église doit jouer un rôle dans une histoire ecclésiastique. Pourtant, la majorité des événements publics racontés par Socrate n'ont pas un tel lien explicite avec l'Église[167]. C'est la troisième explication qui nous apprend comment Socrate voit réellement la relation entre l'Empire et l'Église. Les deux sphères présentent un mouvement parallèle, un historien de l'Église qui omettrait l'Empire, amputerait la réalité. Ce mouvement est désigné par le terme de «sympathie», que Socrate emprunte à la philosophie. Regardons dès à présent quel sens l'historien accorde à cette expression.

Socrate ne voit pas d'influence immédiate d'une sphère sur l'autre[168]. Au contraire, il avoue son ignorance quant à la nature précise de leur relation. «Si l'on fait attention, on constatera une concomitance entre les malheurs de l'Empire et les problèmes de l'Église: soit ils se produisent ensemble, soit l'un après l'autre, et parfois l'Église est la première et suit immédiatement l'Empire, parfois c'est l'inverse»[169]. Aucune priorité n'est accordée ni à l'Église ni à l'Empire. Il s'agit d'un simple constat, montrant que s'il y a des malheurs dans une sphère, il y en aura dans l'autre. Dans son récit, Socrate juxtapose simplement les événements de l'Empire

---

[165] Socr. 5.pr.3-5: ὅπως τῶν δημοσίων ταραττομένων ὡς ἔκ τινος συμπαθείας καὶ τὰ τῶν ἐκκλησιῶν ἐταράττετο (…) ἀλλ᾽ ἐκ τῶν πλημμελημάτων λαμβάνειν τὰς ἀρχάς, τιμωρίας δὲ ἕνεκεν ἐπιφέρεσθαι τὰ κακά (…).

[166] Socr. 5.pr.9-10: συνεχῶς δὲ καὶ τοὺς βασιλεῖς τῇ ἱστορίᾳ περιλαμβάνομεν, διότι, ἀφ᾽ οὗ χριστιανίζειν ἤρξαντο, τὰ τῆς ἐκκλησίας πράγματα ἤρτητο ἐξ αὐτῶν (…).

[167] Cf. Socr. 2.10.21-22, 2.32.10-11, 3.26.4-5, 5.24.11-5.26. Une exception serait Socr. 4.11.

[168] Selon la plupart des savants (R.A. MARKUS, *Church History*, p. 9-10; R. LIM, *Public Disputation*, p. 204; H. LEPPIN, *Von Constantin*, p. 228; Theresa URBAINCZYK, *Socrates*, p. 72), Socrate dirait que les désordres dans l'Église causent ceux de l'Empire. M. MAZZA, *Lo storico*, p. 281-284; M. WALLRAFF, *Der Kirchenhistoriker*, p. 284 ont déjà montré que ce n'est pas le cas.

[169] Socr. 5.pr.4: εἰ γάρ τις παρατηρήσει, συνακμάσαντα εὑρήσει τά τε δημόσια κακὰ καὶ τὰ τῶν ἐκκλησιῶν δυσχερῆ· ἢ γὰρ κατὰ ταὐτὸν κινηθέντα εὑρήσει ἢ ἐπακολουθοῦντα τὰ δημόσια, ποτὲ δὲ τοὔμπαλιν. Comparez avec Agathias, *Historiae* 4.29.2.

et de l'Église pour souligner leur développement parallèle, mais jamais il n'indique une relation causale entre les deux[170]. Chez Socrate, le concept «sympathie» ne décrit donc pas de relations causales entre l'Empire et l'Eglise et n'explique pas leur développement parallèle. La «sympathie» semble ainsi une notion relativement vide.

En ayant recours à l'origine philosophique du mot, nous pouvons expliquer pourquoi la «sympathie» est un concept vide. Si le terme peut parfois désigner une relation causale entre deux choses[171], le plus souvent la «sympathie» ne fait rien d'autre qu'affirmer l'unité d'un ensemble, sans spécifier la relation qui existe entre les parties. D'habitude, cela s'exprime en des termes négatifs — les parties ne sont pas sans sympathie l'une pour l'autre écrit Synésius — ou indéfinis — Grégoire de Nysse voit «une certaine sympathie» à l'œuvre[172]. La sympathie est donc un concept aussi neutre que vide et pouvait être repris sans problèmes par les chrétiens[173]. Elle affirme que tout tient ensemble, mais ne répond pas à la question de savoir comment cela se fait.

S'il y a «sympathie» entre des événements, leur relation n'est donc pas primaire, c'est-à-dire immédiate et par conséquent causale, mais secondaire, c'est-à-dire celle d'un parallélisme qui dépend d'une cause commune[174]. La «sympathie» entre Empire et Église présuppose dès lors que les deux sphères dépendent d'une même cause. Dans le cas de Socrate, ce sont les péchés humains qui causent les troubles au sein de l'Église et de l'Empire[175]. Ainsi, l'historien a-t-il résolu le problème de l'unité spatiale. Il accepte la division de la société en deux sphères, mais rejette l'idée selon laquelle l'Empire dépend immédiatement de l'Église. Pour Socrate, à l'encontre d'Origène ou d'Eusèbe, l'Empire n'est pas au service de l'Église. Au contraire, le développement des deux sphères est dirigé par une même cause. Par conséquent, Empire et Église sont deux

---

[170] Par exemple Socr. 4.11.5-7, 5.10.3.

[171] Par exemple Origène, *Commentarii in Matthaeum* 13.6.

[172] Synésius, *De providentia* 127b; Grégoire de Nysse, *Contra fatum* p. 37. Cf. Cicéron, *De divinatione* 2.33-34; Plotin, *Ennéades* 4.5.1; Proclos Philosophus, *In Timaeum* 2.24. En général, voir M. KRANZ — P. PROBST, art. *Sympathie*.

[173] Par exemple Basile de Césarée, *Hexaemeron* 2.2; Grégoire de Nazianze, *Discours* 4.15, 5.6, cf. 22.2, 42.7. Le mot et l'idée nous semblent donc plus courants que ne le prétend M. WALLRAFF, *Der Kirchenhistoriker*, p. 285.

[174] La discussion de savoir si le concept de «sympathie» est descriptif (H. LEPPIN, *Von Constantin*, p. 210) ou s'il indique des relations (G.F. CHESNUT, *The First Christian Histories*, p. 194-198), doit donc être spécifiée. Il décrit d'habitude un parallélisme qui est une relation secondaire (cf. M. WALLRAFF, *Der Kirchenhistoriker*, p. 284).

[175] Sur le rôle des péchés chez Socrate, voir ci-dessous p. 293-295.

sphères parallèles, sans que la deuxième soit piviligiée par rapport à la première.

3.3 BILAN

F. Winkelmann a fait valoir que les nouvelles conditions propres à l'Empire chrétien du quatrième et cinquième siècle rendaient la théologie eusébienne de l'histoire inapplicable. Le constat que la paix constantinienne avait été éphémère et que l'histoire avait repris son cours avec les guerres et dissensions, ce constat aurait conduit ses successeurs à se détourner de toute conception philosophique et à se restreindre au récit factuel[176]. Si cette thèse vaut sans doute pour d'autres historiens, nous avons montré que Socrate se rallie explicitement à Eusèbe en ce qui concerne la théologie de l'histoire. En particulier à propos de l'unité temporelle, son histoire peut être lue comme une véritable continuation d'Eusèbe. La nouveauté par rapport à celui-ci, pourtant, c'était l'affirmation de l'unité spatiale de l'histoire. Ainsi, l'Église n'est plus piviligiée par rapport à l'Empire. La relation asymétrique du passé est donc remplacée par une symétrie.

Le développement de l'histoire à partir de l'incarnation n'est pas une seule ligne droite, qu'elle soit ascendante ou descendante, selon Socrate. Comme moment initial de son *Histoire ecclésiastique*, il assume l'idée eusébienne que l'histoire ait culminé dans une paix universelle, établie sous Constantin. Il comprend cette paix comme une véritable nouveauté historique qui reste néanmoins en butte à des dangers. Nos vices troublent la paix et causent des guerres; l'arianisme, qui perturbait la paix constantinienne, en constitue le premier exemple. L'historien peut alors décrire comment ces guerres se développent et comment les gens, en se conformant aux préceptes ecclésiastiques et en adhérant à la foi nicéenne, essaient de rétablir la paix initiale[177]. Dans son propre temps, Socrate la voit s'annoncer à l'horizon. Les guerres dont Socrate fait le récit, doivent être vues sous le jour de cette idée de paix. En généralisant ses idées, on pourrait dire que l'histoire consiste pour lui en de brefs moments de paix séparés par de longues

---

[176] F. WINKELMANN, *Die Kirchengeschichtswerke*, p. 173; ID., *Grundprobleme*, p. 22. Voir aussi H. ZIMMERMANN, *Ecclesia*, p. 27; A. ΚΑΡΠΟΖΙΛΟΣ, *Βυζαντινοὶ ἱστορικοὶ*, p. 116.

[177] Cf. Socr. 2.40.21: pendant le concile de Séleucie (359), Sophronius de Pompéioupolis s'écrie qu'il ne faut pas changer le symbole de foi chaque jour. Socrate y ajoute que si l'on se serait tenu dès le début à la foi nicéenne, on n'aurait pas connu «ces troubles irrationelles» (ἄλογος ταραχή).

périodes de guerre. On peut qualifier cette lecture de statique. L'historien ne voit plus rien d'essentiellement nouveau se réaliser dans l'histoire; il ne s'agit que des tentatives répétées pour regagner ce qui est perdu. Le point culminant d'Eusèbe constitue donc l'idéal vers lequel l'histoire tend.

Dans les pages précédentes, nous avons essayé de reconstruire une image relativement cohérente de la théologie de l'histoire de Socrate, en montrant, par exemple, comment le thème de la paix est lié à la moralité des acteurs historiques, et comment il s'inscrit dans la pensée de son époque. Pourtant, on pourrait à juste titre attirer l'attention sur la disproportion entre, d'une part, les passages au début et à la fin de son histoire qui traitent de la paix et, d'autre part, le *corpus* de l'ouvrage qui ne raconte que des guerres et des disputes. Dans ce cas, le motif de la paix pourrait être interprété comme une christianisation superficielle du modèle thucydidien de l'histoire, selon lequel le sujet préféré de l'historiographie est la guerre[178]. Cette interprétation n'est pas impossible et les idées de Socrate seraient alors beaucoup moins cohérentes que nous les avons décrites. Même si l'on préfère de comprendre l'historien de cette façon, il reste que Socrate, en faisant appel au motif de la paix, a introduit des idées chrétiennes et, en particulier, des idées eusébiennes dans son interprétation du développement historique.

Par rapport à Eusèbe, la véritable innovation de Socrate consiste en son affirmation de l'unité spatiale. Il accepte évidemment la distinction entre l'Empire et l'Église, mais au lieu de les opposer ou de priviligier l'Église par rapport à l'Empire, Socrate en fait des sphères parallèles. La paix n'est plus l'apanage de l'Église, mais enveloppe à la fois l'Église et l'Empire. De même, les problèmes dans les deux sphères naissent d'une cause commune, en l'occurrence nos vices personnels. Socrate décrit ce parallélisme avec le terme «sympathie», exprimant ainsi l'idée que, s'il y a des troubles dans une sphère, il y en aura dans l'autre.

4. SOZOMÈNE

4.1 LE THÈME DE LA RÉVOLUTION CHRÉTIENNE

À l'opposé de Socrate, qui éparpille des remarques méthodologiques dans plusieurs préfaces, Sozomène exprime ses opinions entièrement dans

---

[178] Nous revenons sur ce modèle dans le chapitre suivant.

le premier chapitre de son œuvre. Cette introduction, qui emprunte plusieurs idées et expressions à Eusèbe et Socrate[179], se divise en deux parties, la première exposant le développement de l'histoire, la méthode historique étant discutée dans la seconde. La phrase 1.1.11 fait le lien entre
elles, expliquant pourquoi Sozomène désire écrire une histoire ecclésiastique. Nous nous concentrerons ici sur la première partie, la seconde étant
traitée dans le quatrième chapitre, qui discute la méthode historique[180].

Cette première partie consiste en une longue réflexion sur la conversion
des différents peuples à la «foi du Dieu Verbe». Sozomène débute par le
versant négatif en demandant pourquoi les Hébreux sont restés incrédules.
Ils avaient reçu «en tradition de révérer dès le début les choses divines»
et ils avaient appris la venue du Christ par les prophètes[181]. Pourtant, aucun
des signes divins ne trouva de sol fertile chez eux, et Sozomène ne comprend pas pourquoi. La question initiale ne reçoit donc pas de réponse:
«Il me paraissait à bon droit étrange que les Hébreux n'eussent même pas
précédé les autres hommes dans la conversion au christianisme»[182].

Aux Hébreux incrédules, Sozomène oppose les païens qui avaient eux
aussi reçu des prophéties et qui étaient plus prompts à se convertir[183]. Il
voit deux causes du progrès de l'Église parmi eux. Tout d'abord, «il plaît
à Dieu (…) de décider les changements extraordinaires»[184]. Plutôt que de
convertir les juifs, qu'il avait tant de fois déjà mis au courant de son message sans qu'ils lui eussent prêté l'oreille, Dieu préfère les païens pour
lesquels son message était en grande partie nouveau. Ensuite, les premiers chefs de l'Église étaient doués de vertus hors du commun. Sozomène ne pense pas immédiatement aux évêques; en effet, sa description
des gens qui se «dépouillent de leurs biens» et qui «subissent de ter-
ribles supplices», pointe plutôt vers les ascètes et les martyrs. Pour
convertir les gens, ils n'avaient «même pas besoin de persuader par la

---

[179] Voir Appendice V.

[180] Cf. ci-dessous p. 242-247.

[181] Soz. 1.1.1: Ἔννοιά μοί ποτε ἐγένετο, τί δὴ ἄρα τοῖς μὲν ἄλλοις ἀνθρώποις
ἑτοιμοτέρα συνέβη ἡ περὶ τὸν θεὸν λόγον πίστις, Ἑβραίοις δὲ δύσπιστος καίτοι
τὰ θεῖα πρεσβεύειν ἐξ ἀρχῆς παρειληφόσι καὶ τὰ περὶ τῆς παρουσίας τοῦ Χριστοῦ, ὅπως ἔσται πρὶν γένηται μαθοῦσι διὰ τῶν προφητῶν.

[182] Soz. 1.1.6: Ταῦτά μοι λογιζομένῳ θαυμαστὸν εἰκότως κατεφαίνετο μὴ τοὺς
Ἑβραίους φθάσαι καὶ πρὸ τῶν ἄλλων ἀνθρώπων εἰς Χριστιανισμὸν μεταβαλεῖν.

[183] Soz. 1.1.2-8.

[184] Soz. 1.1.9: καθότι φιλεῖ ὁ θεὸς τὰς ἐκ παραδόξου μεταβάσεις βραβεύειν ἐπὶ
τοῖς θείοις καὶ μεγίστοις πράγμασιν. L'imprévisibilité des actions de Dieu est un signe
de sa toute-puissance et de sa bonté: cf. Jean Chrysostome, *Epistulae ad Olympiadem*
7.2.b, 10.11d, *De providentia* 20.8; Ménandre fr. 23.4.

parole, puisque les faits mêmes contraignaient sans contestation, dans les maisons et les villes, à croire ce qu'on n'avait pas entendu auparavant»[185].

Ces idées sont récapitulées dans une phrase aux accents rhétoriques. «Puisqu'une si grande révolution divine et extraordinaire s'est produite dans le monde entier, au point qu'on ne se soucie plus ni de l'ancien culte ni des coutumes traditionnelles, il serait certes absurde, quand le sanglier de Calydon, le taureau de Marathon et d'autres faits du même genre, par les campagnes ou dans les villes, réels ou inventés, ont joui d'une faveur telle qu'un grand nombre d'auteurs les plus réputés chez les païens ont travaillé sur ces sujets, avec tout leur talent pour écrire, il serait absurde que moi, en revanche, je ne forçasse pas mon talent pour rédiger une histoire de l'Église»[186].

Sozomène se sert du mot μεταβολή pour désigner cette revolution grandiose et il en assume délibérément les nombreux sens, qui impliquent tous un changement profond. Le terme dénote à la fois la conversion personnelle qu'un catéchumène avait à accomplir avant le baptême[187], l'acceptation d'une nouvelle culture par un peuple, comme, par exemple, les Athéniens qui abandonnaient la culture pélasgienne au profit de celle des Grecs[188], et la révolution politique[189]. Ces trois sens se retrouvent en quelque sorte dans la révolution chrétienne: un monde abandonne sa culture ancienne, se met à croire à ce qu'il n'avait pas entendu auparavant, et se soumet au règne divin. Ainsi Sozomène donne un sens bien précis au moment constitutif du christianisme, si souvent célébré dans l'homilétique

---

[185] Soz. 1.1.10: ὥστε οὐδὲ πειθοῦς ἔδει λόγων, ἀκονιτὶ τῶν πραγμάτων κατ' οἴκους καὶ πόλεις πιστεύειν βιαζομένων ἃ μὴ πρότερον ἀκηκόασι.

[186] Soz. 1.1.11: Τοσαύτης οὖν θείας καὶ παραδόξου μεταβολῆς τῇ οἰκουμένῃ συμβάσης, ὡς καὶ τῆς προτέρας θρησκείας καὶ τῶν πατρίων νόμων ἀμελῆσαι, ἢ δεινὸν ἂν εἴη τὸν μὲν ἐν Καλυδῶνι κάπρον καὶ τὸν ἐν Μαραθῶνι ταῦρον καὶ ἄλλα τοιαῦτα κατὰ χώρας ἢ πόλεις γενόμενα ἢ μυθευόμενα τοσαύτης ἀξιωθῆναι σπουδῆς, ὡς πολλοὺς τῶν παρ' Ἕλλησιν εὐδοκιμωτάτων συγγραφέων περὶ ταῦτα πονῆσαι, φύσεως εὖ ἔχοντας γράφειν, ἐμὲ δὲ μὴ τὴν φύσιν βιάσασθαι καὶ ἐκκλησιαστικὴν ἱστορίαν συγγράψαι. Le motif de demander l'aide de Dieu pour rédiger un ouvrage n'est pas inhabituel. Cf. Épiphane, *Panarion* 1.3-5, qui oppose aussi paganisme et christianisme; Théodoret, *HE* 1.1.3; *Vita Danielis Stylitae* BHG 489.1 p. 2.13-3.7; *Vita Symeonis Iunioris* BHG 1689.23; Priscien, *Laudes Anastasii* pr.19; Évagre le Scholastique, *HE* 1.pr. p. 5; Cyrille de Scythopolis, *Vita Euthymii* Déd. p. 6.17-21. Sur ce *topos*, voir H. LIEBERICH, *Studien*, Vol. 1, p. 36-37, 42, Vol. 2, p. 20. L'opposition entre la majesté chrétienne et la mythologie païenne est également habituelle, cf. par exemple Grégoire de Nazianze, *Discours* 43.8, 43.21, 43.63.

[187] Par exemple Origène, *Contre Celse* 3.51; Philostorge, *HE* 1.6 p. 7.1. Ce sens est quasiment identique à celui qu'on retrouve chez des auteurs païens (par exemple Epictète 3.21.3; *Corpus Hermeticum* 10.6).

[188] Hérodote 1.57.

[189] Thucydide 6.17.2; Aristote, *Politica* 1292b.

de son temps: c'est l'incarnation qui met en œuvre la conversion du monde[190]. Le substantif μεταβολή et le verbe μεταβάλλειν se retrouvent très souvent chez Sozomène[191], ce qui suggère que l'idée d'une transformation progressive de l'Empire romain soit fondamentale pour son interprétation de l'histoire.

La révolution prend un double visage, celui de l'accroissement et celui de la piété. L'accroissement de l'Église est le changement quantitatif, entraînant la conversion. La piété, c'est le changement qualitatif et le véritable but de la conversion, qui n'implique pas simplement le reniement de la croyance aux idoles, mais aussi l'abandon des anciennes coutumes au profit d'un nouveau style de vie marqué par le christianisme. Ce n'est donc pas un hasard si Sozomène annonce dans sa préface qu'il va porter une attention particulière à deux sujets particuliers: d'une part, l'extension de l'Église en dehors de l'Empire romain et, d'autre part, le monachisme[192]. L'extension universelle de l'Église et l'approfondissement de la foi exemplifié par les ascètes, voilà le cœur de la vision de Sozomène.

À l'encontre de Socrate, qui voit dans les péchés humains le moteur de l'histoire, l'*Histoire ecclésiastique* de Sozomène est dirigée par la sanction divine. Le sujet de son histoire n'est «pas l'œuvre des hommes», écrit Sozomène[193]. Ce qu'il s'efforce de démontrer, c'est la manière dont l'intervention divine guide l'histoire. Le mot παράδοξος scande son récit, qui se distingue par le grand nombre de miracles et de songes prémonitoires[194]. Bien que ce soient les hommes qui se convertissent, c'est Dieu qui en dirige le processus.

Dans ce qui suit, nous étudierons d'abord comment le double visage de la révolution chrétienne, l'accroissement et la piété, se manifeste dans l'histoire de Sozomène (paragraphe 4.1.1). Ce thème implique de considérer l'histoire chrétienne comme une continuité, puisqu' une histoire de l'extension continuelle du christianisme ne supporte pas de

---

[190] Grégoire de Nazianze, *Discours* 31.25; Jean Chrysostome, *Epistulae ad Olympiadem* 8.7a; Sévérien de Gabala, *De incarnatione* PG 59.687-700; Atticus, *Homilia in nativitatem* p. 183; Cyrille d'Alexandrie, *Homilia 15 de incarnatione* PG 77.1084-1096; Proclos, *Homiliae 2-3* PG 65.692-708; ACO 1.1.1 (Coll. Vat. 19) *Oratio Procopii* p. 104.30.

[191] Soz. 1.1.6, 2.5.7, 6.20.10, 6.34.4, 6.38.16, 7.15.7, 8.1.5.

[192] Soz. 1.1.18-19. Cf. Soz. 1.1.12.

[193] Soz. 1.1.12: ὡς ὑποθέσεως οὐκ ἐξ ἀνθρώπων δημιουργηθείσης (…)

[194] Soz. 1.1.9. Le mot παράδοξος revient très souvent (voir J. BIDEZ — G.C. HANSEN, *Sozomenos*, p. 508). Sur l'intervention divine chez Sozomène, voir ci-dessous p. 128-133 et p. 303-305. Le terme παράδοξος dénote chez Sozomène toujours l'intervention extraordinaire de Dieu, et non pas simplement un évènement inattendu comme chez les historiens grecs et romains (cf. Françoise FRAZIER, *L'inattendu*, qui étudie ce terme chez Polybe).

césures telles qu'Eusèbe et Socrate les situent dans le règne de Constantin (paragraphe 4.1.2). La continuité de l'histoire cause pourtant des
problèmes à propos de l'intégration des hérésies dans le récit historique
(paragraphe 4.1.3). Puisque Sozomène considère que l'incarnation est
le début d'une nouvelle époque, il doit également prendre position sur
ce qui lui a précédé (paragraphe 4.1.4). Ensuite, il faut poser la question de savoir si la révolution mène à une fin (paragraphe 4.1.5), avant
de terminer en recherchant les sources des idées de l'historien (paragraphe 4.1.6).

4.1.1 Le double visage de la révolution chrétienne: l'accroissement et la piété

L'accroissement de l'Église et l'essor de la piété sont les faces quantitative et qualitative de la révolution chrétienne, et elles s'entrelacent
sans cesse. L'accroissement de l'Église favorise le monachisme, exemple
par excellence de la piété chrétienne, et la piété cause de nouvelles
conversions.

4.1.1.1 *L'accroissement*

L'accroissement de l'Église s'accomplit chez Sozomène avant tout par
la conversion subite de larges groupes ou même de peuples entiers. Sous
le coup de la politique constantinienne, toute la population de Maïouma
devint en masse chrétienne[195]. Tiridate l'arménien et son peuple entier se
convertirent après un miracle (début du quatrième siècle)[196]. Sous le règne
de Valens (364-378), toute la tribu ismaélite de Zocomos suivit son chef
dans l'adhésion au christianisme[197]. Ces conversions se présentent comme
autant de petites révolutions. Il ne s'agit pas de changements lents et hési-
tants, mais tranchants et rapides. La guérison de l'enfant ibère et de la
reine locale par les prières d'une prisonnière sont aussitôt suivies d'une
conversion miraculeuse de la reine et, peu après, le roi et son peuple lui
emboîtent le pas (début du quatrième siècle)[198]. Si les chrétiens étaient
encore peu nombreux en Coelé Syrie sous Valens, les moines y causèrent

---

[195] Soz. 2.5.7.
[196] Soz. 2.8.1.
[197] Soz. 6.38.14-16.
[198] Soz. 2.7.3-9.

ensuite une extension si rapide de la nouvelle religion que le paganisme fut pratiquement extirpé[199].

Sozomène ne développe pas de théorie sur la conversion, qui est favorisée par des moyens contradictoires. La paix régnant dans l'Église d'Alexandrie après la condamnation d'Arius (325) causait de nombreuses conversions, selon Sozomène; la violence des persécutions avait le même effet[200]. L'exemple d'une vie véritablement chrétienne, posé par les moines d'Hilarion ou par le martyre Babylas, convertit de nombreux païens[201]; la destruction des temples, obligeant dès lors les païens à visiter les églises par manque de lieux appropriés pour leur culte, mène au même résultat[202]. Tout en considérant la piété et l'intervention divine comme véritables moteurs de conversion, Sozomène ne déprécie pas l'imitation de la religion de l'empereur[203] ou la coercition légale comme motifs[204].

---

[199] Soz. 6.34.4-7, 6.35.1.

[200] Soz. 2.23.8, 5.4.6. Il est incorrect de dire que seuls les moines causent la conversion chez Sozomène, comme le fait H. LEPPIN, *Von Constantin*, p. 244.

[201] Hilarion: Soz. 3.14.28; Babylas: Soz. 5.19.13.

[202] Soz. 7.20.2.

[203] Soz. 2.5.7.

[204] Soz. 2.14.1-2, 3.17.3-5, 4.10.6-7, 7.15.7. B. GRILLET dans G. SABBAH — B. GRILLET, *Sozomène*, p. 44, 58; H. LEPPIN, *Von Constantin*, p. 172, 174 attirent l'attention sur la «tolérance» de Sozomène. Cela nous semble une image trop favorable. Il est vrai qu'il condamne parfois la violence, mais dans ces cas, il s'agit surtout de celle commises par des hommes dépréciés comme Georges d'Alexandrie (Soz. 4.30) ou Eudoxios de Constantinople (Soz. 4.26.4). Dire que Sozomène considère la mort de l'évêque d'Apamée, Marcel, comme une punition juste pour la violence qu'il exerçait contre les païens (Soz. 7.15.13-15), n'est pas entièrement correcte, car l'historien nous cite la décision de l'assemblée provinciale qui l'appelait un martyr. Certes, il est vrai qu'il croit que le but des punitions prévues par les lois anti-païennes et anti-hérétiques est d'effrayer ceux-ci, afin de les amener à l'Église catholique (Soz. 2.5.2, 2.32.5, 7.12.11-12). Leur mise en pratique ne semble pas envisagée par lui. Dans ce cas, Sozomène reflète les idées des empereurs, pour lesquels la punition était en premier lieu une menace visant la correction des sujets (par exemple *Constitutiones Sirmondianae* 8 [22/4/386], 12 [5/6/408]; *Novellae Theodosii* 3.8 [31/1/438], 8.1 [7/4/439], 11 [10/7/439]; *Novellae Valentiniani* 7.3 [25/4/447]; *Novellae Justiniani* 111 [1/6/541]; cf. aussi Claudien, *Stelicho* 2.24-29; Corippus, *Laudes Justini* 4.350-365; et en général, Jill HARRIES, *Law*, p. 146-149). D'autre part, il est remarquable que Sozomène invente des punitions quand il cite l'édit *Cunctos populos*, puisque cette constitution ne fait que référence à la sanction divine (Soz. 7.4.5-6 = *Codex Theodosianus* 16.1.2 [17/2/380]). Nous ne sommes pas sûrs que nous puissions réunir ces différentes attitudes sous le même chef. En tout cas, il n'est pas correct de dire que Sozomène refuse toute violence contre les hérétiques ou les païens. Il semble qu'il refusait la persécution (l'application de violence à grande échelle et la recherche active d'hérétiques et de païens) mais acceptait la coercition légale (la punition des hérésies et du paganisme, avec le but de les réunir tous dans l'Église catholique). L'attitude de Sozomène ne serait alors pas exceptionnelle: voir par exemple Procope, *Anekdota* 13.7; Agathias, *Historiae* 1.7.3.

Son histoire retrace l'irrésistible croissance du christianisme, qui se réalise de toutes les façons possibles et imaginables.

Au cours des deux siècles qu'il décrit, il voit se dérouler le processus. Pendant la première moitié du premier livre, qui décrit comment Constantin rendit l'Empire chrétien, il met explicitement l'accent sur l'accroissement[205]. Dans le bilan qu'il présente du règne de Constantin, Sozomène nous dit en premier lieu que celui-ci avait conduit le christianisme «à un haut degré d'accroissement»[206]. Déjà sous Valens il considère que le paganisme avait pratiquement disparu, et que les enfants perdus des hérésies rentraient dans l'Église Mère[207]. Le neuvième livre célèbre la piété: on y voit que le paganisme a été extirpé, que les hérésies sont pratiquement éradiquées[208] et que Dieu sanctionne la piété des Empereurs par une suite de victoires.

4.1.1.2 *La piété*

Le but de la conversion est la vie pieuse. La doctrine chrétienne, telle que les prêtres la résument pour Constantin après l'apparition de la croix avant la bataille contre Maxence (312), se réduit chez Sozomène à un point simple et clair: à la fin des temps, tous les hommes seront ressuscités, les pécheurs seront châtiés, et les vertueux recevront des récompenses. Il faut donc mener une vie méritoire, qui passe par le baptême et par l'abstinence de tout péché. «Et comme il n'est possible qu'à un tout petit nombre d'hommes saints de réussir sur ce point, [les prêtres] enseignaient qu'il a été établi une seconde purification par le repentir. Car Dieu aime les hommes et il accorde le pardon aux pécheurs, à la condition qu'ils se repentent et confirment leur repentance par de bonnes œuvres». Si la piété est le devoir de tout chrétien, seuls les hommes saints y réussissent, qui sont en effet les véritables chefs de l'Église[209].

Pour Sozomène, ce sont donc avant tout les moines et ascètes qui «illustrèrent l'Église et soutinrent le dogme par les vertus de leur vie»[210]. Ce sont eux que la foule suit[211]. Dans la préface, il annonce déjà inclure les moines, afin de ne pas paraître «ingrat à leur égard en livrant leur

---

[205] Cf. Soz. 1.3.5, 1.4.1, 1.7.4, 1.8.2, 1.8.12, 1.16.1.
[206] Soz. 2.34.3: εἰς ἄκρον ἀγαγεῖν ἐπιδόσεως.
[207] Soz. 6.35.1.
[208] Les ariens existent encore, à Constantinople, comme la religion des Goths (Soz. 8.4.6), et à Rome (Soz. 9.9.1).
[209] Soz. 1.3.5-6 (citation), 3.17.1, 5.16.2, 6.34.2, 9.1.
[210] Soz. 1.12.1: οὐχ ἥκιστα δὲ ἐπισημοτάτην τὴν ἐκκλησίαν ἔδειξαν καὶ τὸ δόγμα ἀνέσχον ταῖς ἀρεταῖς τοῦ βίου οἱ τότε μετιόντες τὴν μοναστικὴν πολιτείαν.
[211] Soz. 3.17.1, 4.10.12.

vertu à l'oubli», mais aussi afin de livrer à ceux qui ont choisi la vie de moine un «modèle de conduite» qui mène «à la fin la plus pleine de félicité et de bonheur»[212]. Ils reçoivent une place importante dans son histoire; on voit que leurs exploits sont plusieurs fois rassemblés en blocs[213], et qu'ils se manifestent presque à chaque événement important. Le moine Arsacius, par exemple, prévoit le séisme de Nicomédie en 358[214]. La mort de Julien (363) est annoncée à plusieurs ascètes[215]. Le moine constantinopolitain Isaac prédit la mort de Valens et l'ascète égyptien Jean assure la victoire de Théodose contre Eugène (395)[216]. Ainsi, leur piété est sanctionnée par l'intervention divine. Les miracles[217], les songes prémonitoires[218], les signes divins et l'assistance de Dieu dans les difficultés se retrouvent tout au long de l'ouvrage[219].

Les moines, qui sont les défenseurs de l'orthodoxie, font preuve d'une grande pureté doctrinale. S'il connaît l'existence de moines macédoniens[220], Sozomène affirme que toute la gent monastique tenait fermement et ouvertement aux dogmes de Nicée face au danger arien, et, plus tard, face aux apollinaristes et eunomiens[221]. Antoine devient pour Sozomène un défenseur de l'orthodoxie encore plus illustre qu'il ne l'était déjà dans la vie écrite par Athanase[222]. D'autre part, les grandes figures de l'orthodoxie, si elles ne sont pas toutes moines, mènent pourtant toutes une vie ascétique, comme par exemple Athanase, Grégoire de Nazianze, Basile de Césarée ou Jean Chrysostome[223]. Piété et monachisme deviennent chez Sozomène quasiment synonymes.

---

[212] Soz. 1.1.19: Οὔτε γὰρ ἀχάριστοι δόξομεν εἶναι πρὸς αὐτοὺς ἀμνηστίᾳ παραδεδωκότες τὴν αὐτῶν ἀρετήν, οὔτε ἀπείρως ἔχειν τῆς κατὰ τοῦτο ἱστορίας, μετὰ τοῦ καὶ τοῖς προηρημένοις ὧδε φιλοσοφεῖν ὑπόδειγμα καταλιπεῖν ἀγωγῆς, ᾗ χρώμενοι μακαριωτάτου καὶ εὐδαίμονος μεθέξουσι τέλους. Cf. Soz. 1.12. Sur la place du monachisme dans l'*Histoire ecclésiastique* de Sozomène, voir ci-dessous p. 203-204.

[213] Soz. 1.10-14, 2.13-16, 6.27.7-6.34, 7.26-28.

[214] Soz. 4.16.6.

[215] Soz. 6.1-2.

[216] Isaac: Soz. 6.40; Jean: Soz. 7.22.7-8.

[217] Par exemple Soz. 1.4.4, 5.10.2, 6.20.6, 7.26.1. B. GRILLET dans G. SABBAH — B. GRILLET, *Sozomène*, p. 37-41 établit l'inventaire. Voir aussi G.C. HANSEN, *Sozomenos*, Vol. 1, p. 25-26.

[218] Soz. 4.10, 6.33.3.

[219] Signes: Soz. 5.1-2, 6.40; assistance divine: Soz. 2.17.1, 6.20.6.

[220] Soz. 4.27.3-7.

[221] Danger arien: Soz. 3.13.6, 4.10.12; danger apollinariste et eunomien: Soz. 6.27.8-10.

[222] Soz. 2.7.11: cf. Athanase, *Vita Antonii* 69, 82, 86, 89, 91.

[223] Athanase: Soz. 6.12.14-16; Grégoire: Soz. 7.7.7; Basile: Soz. 6.16.10; Jean: Soz. 8.2-3.

4.1.1.3 *L'identification de l'accroissement et de la piété*

Cette vie vertueuse et pieuse, exemplifiée par les moines, mais à suivre par tout chrétien, n'est que l'autre visage de l'accroissement. Selon Sozomène, Dieu leur donne une longue vie pour qu'ils puissent «faire accroître la religion», une remarque qu'il illustre à travers son histoire par de nombreux exemples[224]. Avec l'intervention divine — le miracle — l'exemple vertueux des saints hommes dirige l'accroissement de l'Église, confirmant ainsi ce que l'historien dit dans sa préface, où il met en avant les actes mirifiques de Dieu et les vertus hors du commun des moines et des martyrs[225]. Ailleurs, Sozomène revient de manière identique sur ce mécanisme: sous Constance II, «les chefs des Églises menaient également une vie austère [comme les moines]. Comme il est naturel, sous la conduite de tels chefs, les populations tendaient de toutes leurs forces à l'adoration du Christ, la religion progressait chaque jour et, par le zèle, la vertu, les miracles des prêtres et des ascètes de l'Église, elle capturait et amenait à elle les païens en les détachant de l'imposture païenne»[226].

Le lien entre miracle ou piété et conversion est tellement fort qu'à plusieurs reprises Sozomène invente une conversion après un miracle. L'apparition de la Croix dans le ciel à Jérusalem (351) causa, selon lui, une grande conversion dans le monde entier, alors que sa source, la lettre de Cyrille de Jérusalem à Constance II, n'en dit pas autant[227]. Le concile de Constantinople en 383 fait adhérer de nombreux hérétiques à la foi orthodoxe. Socrate, quant à lui, qui a utilisé la même source que lui, n'en dit rien[228]. Ces exemples montrent que chez Sozomène la piété, l'accroissement et l'intervention divine se mêlent à ce point que l'un est interchangeable avec l'autre.

La perspective de Sozomène présente de forts parallèles avec l'hagiographie et les vies des moines, où un accent semblable est mis sur la piété

---

[224] Soz. 6.34.6: καί μοι φαίνεται μακροβίους τούτους τοὺς ἄνδρας ὁ θεὸς ποιῆσαι εἰς ἐπίδοσιν τὴν θρησκείαν ἄγων. Cf. Soz. 1.18.3-4, 2.6.3, 2.8.2, 3.14.28, 3.17.1.

[225] Soz. 1.1.9-10.

[226] Soz. 3.17.1: Ὡς ἐπίπαν δὲ καὶ οἱ προεστῶτες τότε τῶν ἐκκλησιῶν τὸν βίον ἠκρίβωντο. Εἰκότως τε ὑπὸ τοιούτοις ἐναγόμενα τὰ πλήθη σπουδαίως συντέτατο περὶ τὸ τοῦ Χριστοῦ σέβας, καὶ ἡ θρησκεία ὁσημέραι ἐπεδίδου, ζήλῳ τε καὶ ἀρετῇ καὶ παραδόξοις πράξεσιν ἱερέων καὶ ἐκκλησιαστικῶν φιλοσόφων ἐθήρα καὶ πρὸς ἑαυτὴν μετῆγε τῆς Ἑλληνικῆς τεθρείας τοὺς Ἑλληνιστάς.

[227] Soz. 4.5; Cyrille de Jérusalem, *Epistula ad Constantium* (BHG 413, cf. E. BIHAIN, *L'épître de Cyrille*; O. IRSHAI, *Cyril*). Cf. Philostorge, *HE* 3.26 qui ignore aussi les conversions.

[228] Soz. 7.12.10; Socr. 5.10.30. Sur la source, voir ci-dessous p. 378-389. D'autres exemples de conversions que Sozomène a sans doute inventées: Soz. 2.3.7 (les habitants de Constantinople se convertissent dès la fondation de la cité), 2.23.8 (conversions en Égypte après le concile de Nicée).

du saint menant à la conversion de païens ou hérétiques. Jean Chrysostome[229], Hypatios, ou Syméon le Stylite[230] — ce ne sont que quelques exemples parmi d'autres — avaient tous la réputation d'avoir converti l'une ou l'autre région. Dans cette littérature, nous rencontrons également très souvent l'idée que Dieu soutient le saint par des miracles, des songes et des visions[231]. Et bien souvent ces signes mènent, comme chez Sozomène, à une conversion[232]. On trouve, évidemment, ces éléments dans d'autres histoires de l'Église[233], mais celle de Sozomène se distingue par le grand nombre d'événements de ce genre.

4.1.2 La continuité de l'histoire

La révolution chrétienne débute avec le Christ, dont la venue a causé «un grand changement divin et extraordinaire pour le monde»[234]. Il est alors logique que Sozomène ait tout d'abord entrepris d'écrire l'histoire de cette révolution divine dès le début, comme il l'affirme dans son introduction. Ce ne sont que des raisons pragmatiques qui lui ont fait abandonner le projet ambitieux de réécrire Eusèbe. Bien d'autres s'y sont déjà essayés et il dispose sans doute de trop peu de sources pour améliorer leurs récits. Un *épitomé* de deux livres de l'*Histoire ecclésiastique* d'Eusèbe, dont il ne nous reste rien, suffirait.

Remarquons qu'il est quelque peu curieux que Sozomène prenne comme point de départ l'ascension du Christ, et non pas l'incarnation, comme le font Eusèbe et la plupart de ses contemporains[235]. Il est possible qu'il ait pris le premier livre d'Eusèbe pour une introduction et qu'il croie que l'histoire débutait véritablement avec le deuxième, c'est-à-dire

---

[229] Théodoret, apud Photius, *Bibliothèque* 273; Proclos, *Homilia* 20 PG 65.827-834; Pseudo-Martyrius, *Vita Johannis Chrysostomi* BHG 871.471b, 475b.
[230] Hypatios: Callinicos, *Vita Hypatii* 1.5; Syméon: Théodoret, *Historia religiosa* 26.11.
[231] *Martyrium Polycarpi* BHG 1557.52; *Passio Perpetuae* BHL 6633.7-11; Athanase, *Vita Antonii* 34.
[232] Athanase, *Vita Antonii* 70.3; Marc le Diacre, *Vita Porphyrii* 21, 30-31.
[233] Par exemple Eusèbe, *HE* 5.3.2; Rufin, *HE* 10.10; Philostorge, *HE* 1.6, 2.8; Socrate 4.27.5; Jean d'Ephèse, *HE* 2.44 p. 81.12-15, 4.6-9 p. 136.24-141.27, 4.49-53 p. 175.25-183.22. Cf. aussi l'historien classique Agathias, *Historiae* 1.7.
[234] Soz. 1.1.11.
[235] Soz. 1.1.12; Eusèbe, *HE* 1.5.1. Voir par exemple ACO 1.1.1 (Coll. Vat. 7) *Cyrilli oratio* p. 57.18; Proclos, *Homiliae* 1.6 PG 65.684a, 4.1 PG 65.709a, 31.2; Évagre le Scholastique, *HE* 1.pr p. 5.9.

après l'ascension — un malentendu qu'il partagerait alors avec plusieurs savants modernes[236]. Il nous semble pourtant plus probable qu'il ait pris comme point de départ le début des Actes des apôtres de Luc, qui commencent en effet avec l'ascension.

Le récit de Sozomène ne retrace donc que l'histoire des deux derniers siècles de la révolution chrétienne, et constitue ainsi une partie d'une plus grande unité. L'historien souligne la continuité de cette histoire grandiose, en ne commençant pas son récit avec ce que Socrate considère comme le nouveau thème de l'histoire ecclésiastique après Eusèbe, l'arianisme. Comme s'il reprenait un ouvrage déjà entamé, il débute sans commentaire par un aperçu des évêques les plus importants en 324 et la persécution de Licinius[237].

À cause de la continuité de l'histoire, de l'ascension à son époque, Sozomène n'accorde pas de statut exceptionnel au règne de Constantin. Socrate, pour sa part, acceptait la position eusébienne comme quoi l'avènement de Constantin a réalisé les prophéties et a fondamentalement changé le monde en apportant la paix divine. Son successeur prend Constantin pour un empereur vertueux, qui a réalisé de nombreuses

---

[236] Par exemple F. OVERBECK, *Über die Anfänge*, p. 35; W. NIGG, *Die Kirchengeschichtsschreibung*, p. 15; A.C. McGIFFERT, *Eusebius: Church History*, p. 103; Z. TWOMEY, *Apostolikos thronos*, p. 20. Que cette lecture fasse violence au texte d'Eusèbe ressort de deux passages. D'abord, en 1.5.1, l'évêque de Césarée désigne les chapitres précédents comme une introduction (φέρε δὲ ἤδη, μετὰ τὴν δέουσαν προκατασκευὴν τῆς προτεθείσης ἡμῖν ἐκκλησιαστικῆς ἱστορίας ἤδη λοιπὸν ἀπὸ τῆς ἐνσάρκου τοῦ σωτῆρος ἡμῶν ἐπιφανείας οἷά τινος ὁδοιπορίας ἐφαψώμεθα [«Et maintenant, après cette introduction nécessaire à l'histoire ecclésiastique que nous nous proposons d'écrire, commençons notre voyage par la manifestation de notre Sauveur dans la chair.»]). Ensuite, dans le *prooimion* du second livre, il dit ὅσα μὲν τῆς ἐκκλησιαστικῆς ἱστορίας ἐχρῆν ὡς ἐν προοιμίῳ διαστείλασθαι τῆς τε θεολογίας πέρι τοῦ σωτηρίου λόγου καὶ τῆς ἀρχαιολογίας τῶν τῆς ἡμετέρας διδασκαλίας δογμάτων ἀρχαιότητός τε τῆς κατὰ Χριστιανοὺς εὐαγγελικῆς πολιτείας, οὐ μὴν ἀλλὰ καὶ ὅσα περὶ τῆς γενομένης ἔναγχος ἐπιφανείας αὐτοῦ, τά τε πρὸ τοῦ πάθους καὶ τὰ περὶ τῆς τῶν ἀποστόλων ἐκλογῆς, ἐν τῷ πρὸ τούτου, συντέμνοντες τὰς ἀποδείξεις, διειλήφαμεν («Ce qu'il fallait traiter, comme dans un prologue de l'histoire ecclésiastique, au sujet de la divinité du Verbe Sauveur, de l'antiquité des dogmes de notre enseignement, de l'ancienneté du genre de vie évangélique selon les chrétiens, et aussi tout ce qui s'est passé avant sa passion, ce qui concerne le choix des apôtres, nous l'avons exposé dans le livre précédent, en résumant les démonstrations.»). Or, cette phrase ne se réfère pas à l'ensemble du premier livre, comme le prétendent les savants précités. Elle sépare clairement les quatre premiers chapitres qui constituent un *prooimion* (ὅσα μὲν τῆς ἐκκλησιαστικῆς ἱστορίας ἐχρῆν ὡς ἐν προοιμίῳ διαστείλασθαι ...), du reste du livre, car la deuxième partie de la phrase débute avec un nouvel ὅσα: οὐ μὴν ἀλλὰ καὶ ὅσα περὶ τῆς γενομένης ἔναγχος (...).

[237] Soz. 1.2. On pourrait lire dans la dernière phrase de Soz. 1.1.20 (Ἕξει δὲ τὴν ἀρχὴν ἡ παροῦσα γραφὴ ἐνθένδε) une référence à l'*épitomé*, qui s'oppose à l'écrit que le lecteur a sous ses yeux.

choses pour le christianisme, et qui a combattu le paganisme, sans toutefois lui accorder une position extraordinaire dans l'histoire humaine. Si Constantin est considéré comme hors du commun, c'est parce que c'est l'empereur qui a le plus œuvré pour l'Église: «Il fut le premier des empereurs à prendre l'initiative du zèle pour l'Église et à la conduire à un haut degré d'accroissement»[238]. La différence se marque par la quantité de ses succès, et non pas par leur qualité. C'est un homme dévot, digne de visions divines[239], comme tant d'hommes pieux chez Sozomène, mais qui doit être éduqué dans le christianisme et qui peut se tromper[240]. S'il a du succès, c'est grâce au «secours divin»[241]. À certains endroits, Constantin disparaît presque derrière l'action divine, comme lors de la fondation de Constantinople, où Dieu lui indique par une vision l'endroit où il faut fonder la ville, en favorisant la ville à un tel point qu'elle dépasse Rome, alors que Constantin n'avait prévu que l'égalité des deux cités[242].

Chez Sozomène, l'histoire coule dans un flot continu, de l'ascension jusqu'à son propre temps. Implicitement, pourtant, il va encore plus loin. Non seulement il affirme explicitement l'unité de l'histoire ecclésiastique, mais implicitement il défend, en outre, l'unité de l'histoire chrétienne, de la création jusqu'au temps présent. Dans son *Histoire ecclésiastique* se récapitule l'histoire universelle. C'est avant tout avec les prophètes que le lien avec la période pré-chrétienne est établi, car, dans l'histoire de Sozomène, plusieurs prophéties vétéro-testamentaires se réalisent[243]. Leur importance est accentuée par sa réflexion, au début de la préface, sur la mauvaise réception des anciens prophètes parmi les juifs, et sur les sages païens qui y étaient plus ouverts. Ailleurs, il cite une prophétie païenne, un vers de l'Iliade, annonçant la défaite de Licinius. Les hiéroglyphes dans le Sérapéion prophétisent sa destruction[244]. La découverte des reliques de prophètes vétérotestamentaires, comme Habaquq, Michée et Zacharie, met aussi en évidence leur caractère chrétien[245]. L'Église se présente alors comme leur véritable héritière.

Sans s'appensantir sur des détails, Sozomène se rapproche ainsi de la théorie eusébienne selon laquelle le christianisme était la première religion

---

[238] Soz. 1.8, 2.34.3 (citation).
[239] Soz. 1.3, 2.3.
[240] Éducation: Soz. 1.5; erreurs: Soz. 2.22.
[241] Soz. 2.34.4: ἄνευ γὰρ θεοῦ, ἐμοὶ δοκεῖν, οὐκ ἐπεχείρει.
[242] Soz. 2.3.
[243] Soz. 2.1.9-10 (Za 14.20); Soz. 4.5.5 (indéfini).
[244] Soz. 1.7.3, 7.15.10.
[245] Soz. 7.29 (Habaquq et Michée), Soz. 9.17 (Zacharie). Cf. Soz. 6.33.4 (Jacob).

du monde et les patriarches et prophètes juifs en vérité des «proto-chrétiens»[246]. Nous ne pouvons pas dire si l'historien acceptait cette doctrine dans tous ses détails, et il faut d'ailleurs remarquer que Sozomène ne se lasse pas de souligner la nouveauté du christianisme face au paganisme et au judaïsme.

4.1.3 Le problème des hérésies

Dans une histoire du changement d'un monde non-chrétien en un monde orthodoxe, vu à travers le prisme de la piété et de l'accroissement, les hérésies et les querelles doctrinales sont un sujet difficile. Si la conversion d'un hérétique à l'Église orthodoxe se laisse intégrer dans une histoire de l'accroissement, l'origine et l'extension des hétérodoxes sont moins aisément explicables. Une division à l'intérieur même d'une Église qui, guidée par Dieu, s'accroît, sent le roussi, puisqu'elle semble impliquer que Dieu lui-même en est la cause. Et Sozomène doit bien avouer que les hérésies ralentissent les conversions[247].

Le problème est perceptible dans la composition de son histoire. Dans les deux premiers livres, on voit que le récit de l'accroissement de l'Église est presque entièrement concentré dans la première moitié de chaque livre, alors que dans la deuxième moitié y est racontée la querelle arienne. Aucun effort n'est fait pour lier ou intégrer les deux parties; il semble plutôt que Sozomène raconte deux histoires, l'une à côté de l'autre. Dans le premier livre, il fait assez brusquement le pont entre la piété de l'époque constantinienne, traitée en 1.2-1.14, et les querelles doctrinales à partir de 1.15: «Quoi qu'il en soit, bien que de cette façon [par le monachisme] et par bien d'autres raisons la religion fût en honneur, certaines discussions, animées d'un esprit de querelle, troublaient les Églises»[248].

À l'opposé de Socrate qui voit en nos péchés l'origine de toute dissension, et considère les hérésies comme des ruptures de la paix originale, Sozomène n'arrive jamais véritablement à expliquer la naissance des hérésies. Il essaiera d'en minimiser les conséquences de deux façons. Premièrement, il réduira l'importance des hérésies et deuxièmement, il déplacera toute l'attention de leur origine vers leur disparition.

---

[246] Eusèbe, *HE* 1.4. Cf. J. SIRINELLI, *Les vues*, p. 142-147; I. KRIVUSHINE, *La période préchrétienne*; J. ULRICH, *Euseb*, p. 133-160.
[247] Soz. 1.16.1, 6.26.10.
[248] Soz. 1.15.1: ἀλλὰ γὰρ καίπερ ὧδε καὶ διὰ πάντων τῶν ἄλλων τῆς θρησκείας εὐδοκιμούσης, ἐριστικαί τινες διαλέξεις ἐτάραττον τὰς ἐκκλησίας.

La réduction de l'importance des hérésies

L'importance des différentes hérésies est réduite de trois façons.

Une première technique consiste à surévaluer la piété au profit des opinions théologiques. Ainsi, Sozomène va à l'encontre de ce que pensent des théologiens contemporains comme par exemple Cyrille d'Alexandrie[249]. Pour expliquer le succès des macédoniens en Bithynie, en Thrace et dans l'Hellespont, il dit: «En effet, par leur façon de vivre, ce à quoi porte principalement attention la foule, ils n'étaient pas sans valeur: leur démarche était digne, leur règle de vie semblable à celle des moines, leur langage non sans élégance et leur caractère propre à persuader»[250]. De la même façon, il peut louer Matrona, une macédonienne, quant à son mode de vie[251]. Ailleurs il justifie explicitement cette attitude: «Qu'on ne prenne pas à mal, d'autre part, que j'aie loué certains hommes qui furent ou fondateurs ou partisans des hérésies susdites. Pour leur facilité de parole et leur habileté dans le discours, je m'accorde à dire qu'ils furent dignes d'admiration; quant à leurs dogmes, qu'en décident ceux qui ont le droit de le faire»[252].

En deuxième lieu, il accorde des causes humaines aux hérésies. Les hérétiques sont des trouble-fête qui, par «un zèle exagéré dans la contestation» ont «soulevé des problèmes qu'il ne fallait dès le principe ni scruter ni mettre en tête, ou qu'on devait, si on les avait conçus, livrer au silence, puisqu'il était possible de ne pas se séparer, même si l'on était en désaccord sur un détail de dogme»[253]. Les causes théologiques des schismes ou des hérésies sont donc des prétextes, comme il le souligne dans le cas du différend entre pauliniens et mélétiens à Antioche[254].

Une troisième technique consiste à réduire l'importance numérique des hérésies. Après le concile de Sardique (343), où l'Occident nicéen se sépare d'un Orient majoritairement arianisant, Sozomène croit que, bien

---

[249] ACO 1.1.1 (Coll. Vat. 16) *Epistula Cyrilli* p. 98.26-27.

[250] Soz. 4.27.3: καὶ γὰρ δὴ τὰ περὶ τὸν βίον, ᾧ μάλιστα τὰ πλήθη προσέχει τὸν νοῦν, οὐ φαύλως εἶχον. πρόοδός τε γὰρ ἦν αὐτοῖς σεμνὴ καὶ παραπλησία μοναχοῖς ἡ ἀγωγὴ καὶ λόγος οὐκ ἄκομψος καὶ ἦθος πείθειν ἱκανόν.

[251] Soz. 7.21.9.

[252] Soz. 3.15.10: Μή τῷ δὲ χαλεπὸν εἶναι δόξῃ, ὅτι τινὰς τῶν εἰρημένων αἱρέσεων ἢ ἀρχηγοὺς ἢ σπουδαστὰς γενομένους ἐπαινέσας ἔχω· εὐγλωττίας γὰρ ἕνεκεν καὶ τῆς ἐν τοῖς λόγοις δεινότητος θαυμασίους εἶναι σύμφημι, δογμάτων δὲ πέρι κρινέτωσαν οἷς τοῦτο ποιεῖν θέμις.

[253] Soz. 1.16.2: ἃ μήτε ζητεῖν τὴν ἀρχὴν ἔδει μήτε ἐνθυμεῖσθαι καὶ ἐνθυμηθέντας σιωπῇ παραδοῦναι, ἐξὸν ἀλλήλων μὴ χωρίζεσθαι, εἰ καὶ περί τι μέρος τοῦ δόγματος διαφέρονται.

[254] Soz. 4.28.10.

qu'on discutât sur le mot *homoousios*, la plupart des orientaux acceptaient l'idée que le Fils était né du Père[255]. De plus, un récit arien sur le concile de Nicée (325), selon lequel un grand nombre d'évêques auraient alors exprimé son désaccord avec le terme *homoousios*, est réfuté par Sozomène, qui prétend que la majorité était et resterait nicéenne[256].

La disparition des hérésies

La réduction de l'importance des hérésies, menant parfois à une falsification de la réalité historique, s'allie au choix de porter toute son attention à la disparition du problème. Dans les livres trois à sept, Sozomène montre comment la piété a protégé l'Église du pire face aux attaques des hétérodoxes et comment ces derniers disparaissent lentement avec les païens. Enfin, dans les livres sept et huit on voit disparaître les hérésies de la scène, s'affirmer la victoire de l'Église orthodoxe et se restaurer l'unité de la foi[257].

Sous l'angle de leur disparition, les hérésies peuvent être réintégrées dans une histoire de l'accroissement, comme l'affirme Sozomène. «La doctrine de l'Église universelle apparaîtra dans la plus grande pureté possible, puisqu'elle aura été plusieurs fois mise à l'épreuve par les machinations de ses adversaires et que, Dieu lui accordant la victoire, elle est revenue à sa puissance première et a attiré à sa vérité initiale toutes les Églises et toutes les masses»[258]. Cette déclaration programmatique dans sa préface, qui ne constitue guère une théologie cohérente de l'hérésie[259], escamote le problème fondamental de la naissance des hérésies au profit de leur disparition, utile pour démontrer la vérité de l'orthodoxie.

4.1.4 Les anciens peuples

L'histoire d'une révolution rend nécessaire de prendre position face au temps révolu. Sozomène se sert dans ce but de la théorie du christianisme comme troisième peuple[260], les autres étant les païens et les

---

[255] Soz. 3.13.4-6.

[256] Soz. 3.19. Cf. une remarque pareille de Sulpice Sévère, *Chronique* 2.39.2.

[257] Soz. 7.12.12, 7.20.1, 8.1.4-6, 8.5.1, 8.7.6.

[258] Soz. 1.1.17: ἔπειτα δὲ τὸ δόγμα τῆς καθόλου ἐκκλησίας γνησιώτατον ὅτι μάλιστα φανεῖται πολλάκις μὲν ταῖς ἐπιβουλαῖς τῶν ἐναντία δοξαζόντων δοκιμασθέν, οἷα δὲ θειόθεν τὸ κρατεῖν λαχὸν αὖθις εἰς τὴν οἰκείαν ἐπανελθὸν δύναμιν καὶ πάσας τὰς ἐκκλησίας καὶ τὰ πλήθη πρὸς τὴν οἰκείαν ἀλήθειαν ἐπισπασάμενον.

[259] Malgré ce que dit P. MEINHOLD, *Geschichte*, p. 121.

[260] Cela se montre symboliquement dans le fait que chaque peuple a sa propre dénomination pour le dimanche (Soz. 1.8.11).

juifs. Il comprend le christianisme comme le peuple nouveau qui dépasse et englobe les deux autres. La révolution chrétienne est par conséquent une rupture, obligeant les anciens peuples à s'intégrer dans un peuple nouveau et meilleur. Pourtant, elle ne signifie pas une rupture complète, car les anciens peuples s'intègrent dans une «nouvelle symphonie», pour reprendre le terme grec[261]. Avant d'étudier cette intégration, nous esquisserons les contours de la théorie des trois peuples chez Sozomène.

4.1.4.1 *Les trois peuples chez Sozomène*

Dans sa préface, Sozomène rejoint l'attitude traditionnelle envers les juifs et les païens, attitude selon laquelle les juifs ont reçu des prophéties mais ont refusé d'y croire[262]; de plus, parmi les païens, auxquels Dieu avait également donné des signes, ce ne sont que ceux qui «l'emportent en instruction» qui y ont cru[263]. Sozomène préfère ainsi, comme certains de ses contemporains[264], les païens aux juifs.

Les deux «anciens» peuples ont été informés du nouveau monde à venir, à travers des prophéties. Ce nouveau monde, incarné dans le troisième peuple, le christianisme, implique l'abandon des anciennes coutumes et idées. Sozomène rend manifeste qu'une conversion implique plus qu'une adhésion à la nouvelle foi. Il faut changer les coutumes (πάτρια) pour un nouveau mode de vie[265].

Pourtant, ce nouveau peuple n'est neuf que par rapport aux païens et juifs. Il est nouveau parce qu'il est né avec Jésus Christ, mais il possède déjà ses propres coutumes et habitudes, bref ses propres πάτρια, que Sozomène identifie avec les préceptes apostoliques et les décisions du concile de Nicée[266]. Ainsi, l'historien peut exhorter les païens et les juifs à abandonner leurs πάτρια et peut critiquer les hérétiques de ne pas respecter ceux de l'Église[267].

---

[261] Soz. 1.1.8: ἐπὶ συμφωνίᾳ τῶν ἐσομένων.

[262] Cf. Grégoire de Nysse, *In Basilium fratrem* p. 113.24-25; Augustin, *De doctrina christiana* 3.10.11; Nil d'Ancyre, *Epistulae* 1.56-57 PG 79.108c; Hésychius de Jérusalem, *Homiliae* 6.6.

[263] Soz. 1.1.7.

[264] Cf. *Constitutiones apostolicae* 5.15-16; Nil d'Ancyre, *Epistulae* 1.93 PG 79.124b.

[265] Soz. 2.5, 2.7.6. Sur la nouveauté du christianisme, voir Arnobe 2.66-75; Lactance, *Institutiones* 2.7.1-5, 4.25.1-2. Sur l'abandon des πάτρια par les païens, cf. par exemple Athanase, *De incarnatione* 51.2.

[266] Soz. 1.17.6, 1.23.4, 3.13.2, 4.26.5.

[267] Soz. 2.18.2, 2.21.3, 3.20.8, 4.6.3, 4.26.5, 6.21.7, 6.23.4, 6.25.14, 6.26.2, 6.26.5-8, 9.1.9.

L'attitude de Sozomène, qui dépeint comment les anciens peuples disparaissent, est donc à distinguer de celle d'Eusèbe, qui considérait le christianisme comme un peuple existant aux côtés des deux autres[268]. D'une idée justifiant l'existence des chrétiens chez Eusèbe, la théorie des trois peuples s'est muée en une défense de l'extinction des juifs et païens. Sozomène n'est pas le seul à penser de la sorte[269], ce qui est un signe du temps: nous sommes entrés dans l'âge de l'Église triomphatrice.

Les païens

Dans son récit, l'attention de Sozomène va en majeure partie à la conversion des païens[270]. Ce sont les représentants d'un ordre passé que le mouvement de l'histoire engloutira. Tôt ou tard ils se convertiront. La nécessité historique fait que Sozomène approuve tous les moyens qui accomplissent ce but, comme nous l'avons déjà remarqué, qu'il s'agisse de la coercition par la force publique ou par des lois, ou de l'action d'un saint homme. L'ensemble de ces mesures vise à éduquer les ignorants, à leur montrer la vanité de leurs anciennes opinions et la vérité des nouvelles[271], la méthode prônée par des ouvrages apologétiques de l'époque, comme ceux de Théodoret[272]. Sozomène met alors en évidence l'effort pédagogique de Constantin qui voulait «apprendre aux sujets à perdre le goût de leurs pratiques religieuses», ce qui était «facile si on les accoutumait d'abord à mépriser les temples et les statues qui s'y trouvaient». Un récit de la confiscation des objets sacrés, de la fonte de statues et de la destruction de temples y fait suite. La conversion, c'est une pédagogie, incluant des punitions[273].

---

[268] Eusèbe, *HE* 1.2-4, cf. *Praeparatio evangelica* 1.2.2-4, *Demonstratio evangelica* 1.2.1. Voir J. ULRICH, *Euseb*, p. 121-125.

[269] Par exemple Grégoire de Nysse, *In Basilium fratrem* p. 114.19-25; Proclos, *Homiliae* 1.3 PG 65.684b, 4.3 PG 65.714a-716a, 17.5 PG 65.805ab, 18.2 PG 65.820a, 19.3 PG 65.825b.

[270] Soz. 3.17.5, 6.37.7-8, 7.20.5. La tendance anti-païenne a souvent été remarquée (G. DOWNEY, *The Perspective*, p. 65; G.F. CHESNUT, *The First Christian Histories*, p. 229). Selon nous, l'attention portée au paganisme n'a rien à voir avec la présence hypothétique de païens parmi les lecteurs de Sozomène, qu'il aurait voulu convertir (comme le suggère H. LEPPIN, *Von Constantin*, p. 42, 84, 246). La polémique anti-païenne, tout comme celle contre les juifs, était constitutivement intra-chrétienne et ne supposait pas la présence de ces groupes dans l'auditoire.

[271] Soz. 1.8.5, 2.5.1, 5.10.7, 5.16.1.

[272] Théodoret, *Curatio* 1.1.

[273] Soz. 2.5.1: ἀναγκαῖον αὐτῷ ἐφάνη παιδεῦσαι τοὺς ἀρχομένους ἀμελεῖν τῶν θρησκευομένων. εἶναι δὲ τοῦτο εὐπετές, εἰ πρῶτον αὐτοὺς ἐθίσειε καταφρονεῖν τῶν ναῶν καὶ τῶν ἐν αὐτοῖς ἀγαλμάτων. Cf. Soz. 1.4.2.

La conversion ne va pas sans résistances. On voit les païens conspirer pour renverser l'ordre chrétien. Sozomène réinterprète, par exemple, le complot de Théodore et de ses complices contre Valens (371-372) comme un complot anti-chrétien, ce qui n'est pas le cas chez sa source Socrate[274]. La vanité de l'effort et la grandeur de Dieu se montrent dans le résultat paradoxal de cette conspiration, qui entraîne l'extirpation quasiment définitive du paganisme. Cette résistance vise à conserver les anciennes coutumes et à exterminer le nouveau peuple, c'est-à-dire à contrecarrer l'évolution de l'histoire.

Deux «contre-révolutions» furent tentées par les païens, le règne de Julien (361-363) et l'insurrection d'Eugène (392-394). Nous nous laissons inspirer pour frapper le mot «contre-révolution» par le fait que Sozomène utilise à propos de Julien et d'Eugène, le verbe μεταβάλλειν[275] et le substantif μεταβολή[276] pour désigner la conversion au paganisme. À l'exception de Soz. 1.2.2, ce sont les seules instances où il utilise ces termes, capitaux pour son interprétation de l'histoire, dans un sens opposé à celui de «conversion au christianisme». C'est bien cela que voulaient Julien et Eugène selon Sozomène, à savoir remonter dans le temps et annuler la révolution chrétienne. L'exemple par excellence est Julien. Contrairement à Grégoire de Nazianze, qui accuse Julien de vouloir innover et de ne pas respecter les anciens droits des chrétiens (τὰ παλαιά)[277], Sozomène voit en Julien un conservateur, qui veut rétablir les πάτρια païens et juifs. Ainsi l'empereur pousse les juifs à respecter leurs propres coutumes, c'est-à-dire à reconstruire le temple de Jérusalem et à y pratiquer des sacrifices[278], et il exige des populations de se convertir au paganisme[279]. Le point culminant de cet effort se trouve à la fin du livre cinq, où l'alliance anti-chrétienne des païens et des juifs est renouvelée dans la reconstruction du temple de Jérusalem[280]. La vanité de l'effort de l'Apostat s'exprime rapidement en ce que Julien se rend compte que le seul chemin vers le succès est d'imiter le christianisme. Il s'efforce alors d'établir une «église païenne»[281]. Le fait que la seule

[274] Soz. 6.35.2-10; Socr. 4.19.
[275] Soz. 5.3.5.
[276] Soz. 5.16.1, 7.22.5.
[277] Grégoire de Nazianze, *Discours* 5.37, cf. 5.23-24.
[278] Soz. 5.22.4-5.
[279] Soz. 5.3.5.
[280] Soz. 5.22.1, cf. Soz. 1.5, 2.9.1-3, 2.12.1-2.
[281] Soz. 5.15. Dans la recherche, il est en général accepté que Julien voulait établir une église païenne, modelée sur les institutions chrétiennes: voir entre autres W. KOCH, *Comment l'empereur Julien*; R. BROWNING, *The Emperor Julian*, p. 178-179; G.W. BOWER-

chance du paganisme est de devenir une Église peut illustrer la force invincible qui anime, selon Sozomène, le christianisme. La victoire iné-luctable de l'Église est finalement soulignée par le fait que Dieu lui-même tue Julien[282].

Les juifs

L'attitude de Sozomène envers les juifs présente toutes les caractéris-tiques de son temps. Ils refusent d'accepter le message divin, persécutent les chrétiens et font preuve d'une méchanceté innée, nous dit-il[283].

Bien que Sozomène entame son histoire par une réflexion sur le judaïsme, le rôle de ce dernier reste restreint. La raison en est claire; leur procès est fait depuis longtemps. Ils n'acceptent pas l'incarnation et ils en ont été punis. En apporter la preuve était encore chose importante pour Eusèbe, mais, même chez lui, une fois cette démonstration faite, les juifs disparais-sent pratiquement de son histoire[284]. Ils ont joué leur rôle dans le dévelop-pement historique. Ce ne sont plus que des fossiles qui restent en quelque sorte les garants de la vérité du message chrétien par leur refus persistant de l'accepter, par leur conversion lente et par leurs attaques contre les chré-tiens. La réflexion de Sozomène sur les juifs au début de l'histoire n'est alors qu'un artifice rhétorique, car les lecteurs de Sozomène savent d'avance que la méchanceté invétérée des juifs les rend sourds au message divin[285].

4.1.4.2 Le nouveau peuple

Sozomène croit que la majorité des païens, ainsi que certains juifs, ont intégré le nouveau peuple. Il partage ce sentiment avec la plupart de ses

---

SOCK, *Julian*, p. 87-98; Polymnia ATHANASSIADI, *Julian*, p. 49; R. SMITH, *Julian's Gods*, p. 202; S. OLSZANIEC, *Julian Apostata*. Récemment M. Mazza a mis en doute la réalité de cette tentative de fonder une «église païenne» (M. MAZZA, *Giuliano*). Nous avons essayé de démontrer ailleurs la fausseté de la lettre de Julien sur la fondation de cette «église païenne» que cite Sozomène (Soz. 5.15 = Julien, *Epistulae* 84), et nous avons proposé d'y voir une projection chrétienne sur les actes de Julien (P. VAN NUFFELEN, *Deux fausses lettres*, p. 136-150). Puisque notre argumentation n'est pas entièrement convaincante, nous préférons ici laisser ouverte la question de la réalité de l'église païenne de Julien.

[282] Soz. 6.1-2.

[283] Soz. 1.1.1-10, 2.1.4, 2.9.1-4, 2.12.1-2, 5.22.1. Cf. Cyrille d'Alexandrie, *Oratio in ascensionem* 7; Pseudo-Eusèbe d'Alexandrie, *De Domini ascensione* PG 64.45-46; ACO 1.1.1 (Coll. Vat. 19) *Oratio Procopii* p. 104.16-19.

[284] Eusèbe, *HE* 1.1, 2.6, 2.19-20, 2.26, 3.5-12, 4.2, 4.6.

[285] Sur Sozomène et les juifs, voir plus amplement ci-dessous p. 390-392.

contemporains[286], même parmi les païens[287]. Dieu a prévu l'unification des peuples en un seul et a, selon l'historien, répandu les prophéties à la fois parmi les juifs et les païens «pour le bon accord des générations futures»[288]. Il se rattache ainsi à la tradition chrétienne, assez prononcée en son temps, en développant l'idée que le christianisme est l'intégration du judaïsme et du paganisme. L'évêque de Constantinople Proclos, par exemple, expose dans une de ses homélies la typologie de Marie comme symbole de l'Église des gentils, et d'Élisabeth comme celui de la synagogue juive, les deux se réunissant en l'Église chrétienne. Ailleurs, il défend la présence divine dans tous les peuples du monde[289].

Ayant accepté l'existence de prophéties divines parmi les païens, Sozomène peut dès lors considérer une partie de la littérature païenne comme inspirée. Il songe sans doute en particulier aux oracles sibyllins, quand il parle de prophéties «qui sont le plus souvent en vers et exprimées dans un langage trop élevé pour le peuple»[290], mais l'expression laisse assez de place pour des interprétations plus larges. Voilà encore une idée traditionnelle. Les chrétiens acceptaient depuis longtemps que certains païens avaient découvert une partie de la vérité, mais soulignaient que ceux-ci n'avaient jamais réussi à la dévoiler en entier[291]. En rejoignant cette position, Sozomène sauve en quelque sorte la culture hellénique et celle-ci n'a même pas besoin de défense comme chez Socrate[292]; elle aussi fait partie du développement historique et trouve sa perfection dans le christianisme[293].

---

[286] Athanase, *Vita Antonii* 79; Jérôme, *Vita Hilarionis* 11; Jean Chrysostome, *In S. Eustathium* PG 50.601, *Panegyricus in Paulum* 4.10; Rufin, *HE* 11.25-30; *Vita Isaaci* BHG 956.1; Isidore de Péluse, *Epistulae* 1.270 PG 78.344a; Pseudo-Jean Chrysostome, *De sacrificio Caini* 510; *Codex Theodosianus* 16.10.22 (9/4/423); Jean d'Ephèse, *HE* 3.16 p. 125.24-127.10, 3.27 p. 114.8-115.8.

[287] Eunape, *Vitae sophistarum* 8.1.10; Damascius, *Historia philosophica* fr. 36; Zosime 5.40.4. Renvoient à des arguments païens: Pseudo-Jean Chrysostome, *Adversus Judaeos*, attribué à Sévérien de Gabala; Augustin, *De civitate Dei* 1.1; Orose 1.1.10. Sur l'idée de la victoire des chrétiens, voir P. BROWN, *Power and Persuasion*, p. 126-142.

[288] Soz. 1.1.8: ἐπὶ συμφωνίᾳ τῶν ἐσομένων.

[289] Proclos, *Homiliae* 6.12.6, 6.17.6. Voir aussi, par exemple, Clément d'Alexandrie, *Stromata* 1.5.

[290] Soz. 1.1.7.

[291] Clément d'Alexandrie, *Stromata* 1.17.4, 1.20.1-2; Origène, *Epistula ad Theodorum Thaumaturgum* 1; Grégoire de Nysse, *Vita Moysis* 2.10-12; Théodoret, *De providentia* 9 PG 83.728d.

[292] Socr. 3.16.

[293] Il n'est alors pas correct de considérer l'*Histoire ecclésiastique* de Sozomène comme profondément anti-païenne, comme le font Jill HARRIES, *Sozomen*, p. 49; D.F. BUCK, *Did Sozomen use Eunapius*, p. 18, 25).

La révolution chrétienne n'est pas alors une simple rupture, l'abandon d'un ordre au profit d'un autre, mais plutôt une évolution vers le meilleur. Dans le judaïsme et le paganisme, Dieu avait semé les semences du christianisme, et c'est Jésus qui les a portées à l'éclosion.

4.1.5 La fin de la révolution chrétienne

Sozomène voit se réaliser un progrès persistant à partir de la naissance du Christ, de telle manière que les anciens peuples se convertissent et les hérétiques disparaissent. L'extension de la foi et de la piété doit, par conséquent, arriver à son comble à l'époque même de Sozomène, pendant le règne de Théodose II (408-450). Puisque Sozomène nous donne très peu d'indications sur l'aboutissement de la révolution chrétienne, notre seul moyen d'en sonder le caractère est d'analyser le dernier livre.

4.1.5.1 *Le neuvième livre de l'*Histoire ecclésiastique *de Sozomène*

Le neuvième livre présente plusieurs curiosités. À côté du fait qu'il ne nous reste environ que la moitié d'une première esquisse, il se place à part dans la composition de l'ensemble de l'ouvrage. Alors que les autres sont groupés deux à deux, le dernier constitue une unité en soi[294]. En relatant le règne de Théodose II de la mort d'Arcadius (408) jusqu'en 439, il couvre une période de trente et un ans, c'est-à-dire un espace de temps égal à celui embrassé par la dyade la plus longue, celle qui contient les règnes de Gratien jusqu'à la mort d'Arcadius (les livres sept et huit, de 375 à 408). En grande partie consacré aux campagnes militaires en Occident et non pas aux affaires ecclésiastiques, il se distingue également par son contenu. Ces particularités ne justifient pourtant pas de déprécier ce livre comme une simple collection de matériaux sans aucune composition et sans lien véritable avec les huit premiers livres[295]. Au contraire, cette originalité est fondamentale pour son interprétation.

---

[294] Voir ci-dessous p. 279-281.
[295] Dans ce sens J. ROSENSTEIN, *Kritische Untersuchungen*, p. 169; R.A. MARKUS, *Church History*, p. 12; J. MATTHEWS, *Olympiodorus*, p. 82; H. LEPPIN, *Von Constantin*, p. 286; M. WALLRAFF, *Der Kirchenhistoriker*, p. 240 n. 136; D. ROHRBACHER, *The Historians*, p. 121.

Le dernier livre constitue l'apothéose de l'*Histoire ecclésiastique*, dans lequel Sozomène célèbre l'apogée de l'accroissement de l'Église. Il veut démontrer que seule la piété assure le succès dans ce monde. Dès le début du livre, Sozomène choisit l'empereur comme figure emblématique dans laquelle se manifeste la bienveillance de Dieu envers ceux qui pratiquent le christianisme: «Il me semble bien que Dieu voulait montrer que la seule piété suffit aux rois pour leur salut, et que sans elle, toute armée, toute force royale et toute autre ressource sont sans valeur»[296]. Ce thème traditionnel, la piété qui avec l'aide de Dieu sauve l'empereur de toutes les attaques hostiles[297], est répété au début des trois parties du livre. Les trois premiers chapitres sont consacrés à la piété de Pulchérie, la sœur et régente de Théodose II[298]. Les chapitres quatre à seize racontent comment l'Empire a échappé à ses adversaires[299]. À partir de 9.16.4, Sozomène va relater comment Dieu fit connaître sa bienveillance envers les souverains, par les trouvailles des reliques de Zacharie et d'Étienne[300]. Après la première découverte, son histoire s'arrête abruptement.

Afin de mettre en évidence la victoire de la piété, le récit de Sozomène est fortement tendancieux, comme le montrent de façon particulièrement claire les chapitres quatre à seize. L'historien ecclésiastique y suit l'histoire d'Olympiodore de Thèbes, qui allait de 407 à 425[301], et, bien qu'il

---

[296] Soz. 9.1.2: ἦ μοι δοκεῖ μάλιστα τὸν θεὸν ἐπιδεῖξαι μόνην εὐσέβειαν ἀρκεῖν πρὸς σωτηρίαν τοῖς βασιλεύουσιν, ἄνευ δὲ ταύτης μηδὲν εἶναι στρατεύματα καὶ βασιλέως ἰσχὺν καὶ τὴν ἄλλην παρασκευήν. Cf. Soz. Déd. 21.

[297] Par exemple ACO 1.1.1 (Coll. Vat. 25) *Epistulae Theodosii* p. 114.29-115.4; ACO 1.1.3 (Coll. Vat. 81) *Synodi relatio* p. 3.6; *Novellae Theodosii* 3 (31/1/438). Cf. M. McCORMICK, *Eternal Victory*, passim; H. LEPPIN, *Von Constantin*, p. 135-136, 219-224.

[298] Soz. 9.3.3-9.4.1: διὰ ταῦτα δὲ προφανῶς ἵλεω ὄντος τοῦ θεοῦ καὶ τοῦ αὐτῶν οἴκου ὑπερμαχοῦντες, τῷ μὲν κρατοῦντι τὰ τῆς ἡλικίας καὶ τῆς ἀρχῆς ἐπεδίδου, πᾶσα δὲ ἐπιβουλὴ καὶ πόλεμος κατ' αὐτοῦ συνιστάμενος αὐτομάτως διελύετο.

[299] Soz. 9.16.1: ὅμως δ'οὖν ἀναγκαίως ἐπεμνήσθην, ὡς ἂν ἔχοιμεν εἰδέναι ἀρκεῖν βασιλεῖ πρὸς φυλακὴν τοῦ κράτους ἐπιμελῶς τὸ θεῖον πρεσβεύειν (...). Il est incorrect de dire, comme le fait H. LEPPIN, *Von Constantin*, p. 216, 220-224, 251-252, 284, que Sozomène voit, à l'instar de Socrate, une paix s'établir dans le monde. Non seulement l'idée de la paix ne joue aucun rôle important chez lui, mais Sozomène décrit comment Dieu accorde la victoire à l'Empereur comme récompense de sa piété. C'est plutôt un récit de triomphe que de paix.

[300] Soz. 9.16.4: ἐδόκει δὲ ὁ θεὸς περιφανῶς ἥδεσθαι τῇ παρούσῃ βασιλείᾳ, οὐ μόνον ἐξ ἀπροσδοκήτου τὰ περὶ τοὺς πολέμους ὧδε διατιθείς, ἀλλὰ καὶ πολλῶν ἐπ' εὐσεβείᾳ πάλαι εὐδοκιμηκότων τὰ ἱερὰ σώματα ἀναφαίνων.

[301] Selon F. PASCHOUD, *Zosime*, Vol. 3.1, p. 192-193, l'histoire d'Olympiodore aurait commencé en 408.

ne nous reste de cet ouvrage que des fragments et des résumés, nous sommes à même de voir que l'historien ecclésiastique adapte sa source en faveur de sa propre interprétation. Afin de montrer que «le présent règne plaît manifestement à Dieu», puisqu'il a «mis fin aux guerres de façon miraculeuse», quelques ajustements s'imposent[302].

Pour les besoins de la cause, Sozomène se sert d'une vaste gamme de déformations historiques.

La première victime en est la chronologie. Sozomène, qui auparavant avait respecté la chronologie relative, l'abandonne au profit d'un téles-copage chronologique. Dans les chapitres 9.4-5, il nous donne un catalogue des victoires impériales. La première, c'est le traité ratifié avec les Perses en 422, dont Sozomène fait incorrectement un traité de cent ans[303]. Le deuxième succès, l'exécution du général Stilicon accusé par Sozomène de comploter une usurpation, eut lieu le 22 ou 23 août 408[304]. Du troisième succès, la défaite et fuite miraculeuse du Hun Uldin qui avait fait irruption en Thrace, la date ne nous est pas connue avec certitude, mais il faut la situer avant 409[305]. Sozomène groupe alors des événements de différentes époques, sans respecter l'ordre chronologique et sans indiquer la distance temporelle qui les sépare. En 9.11, il fait de même: en faisant un pas en arrière dans le temps — il en était au sac de Rome de 410 — il décrit comment Dieu élimina les nombreux usurpateurs en Britannie et en Gaule à partir de 407[306]. Pourtant, là-aussi, il a comprimé des événements. En 9.15.8, il fait état des morts des tyrans Jovin, Sarus et Maximus. La mort des deux premiers se situe vers la même époque, respectivement en 413 et en 412, tandis que celle de Maximus n'eut lieu qu'en 422.

En outre, en escamotant certaines informations, Sozomène peut réorienter l'interprétation des événements. Olympiodore était favorablement disposé envers Stilicon. L'accusation, comme quoi celui-ci aurait voulu mettre son fils sur le trône de Constantinople, n'était à son avis qu'un prétexte, inventé par Olympius, *magister officiorum* en 408-409 et

---

[302] Soz. 9.16.4: ἐδόκει δὲ ὁ θεὸς περιφανῶς ἥδεσθαι τῇ παρούσῃ βασιλείᾳ, οὐ μόνον ἐξ ἀπροσδοκήτου τὰ περὶ τοὺς πολέμους ὧδε διατιθείς (...). Pour ce qui suit, voir P. VAN NUFFELEN, *Sozomenus*.

[303] Sozomène a sans doute copié la donnée de Socrate (Socr. 7.8, 7.20.13). Un autre traité avec les Perses ne nous est pas connu à cette époque: cf. B. ISAAC, *The Eastern Frontier*, p. 443.

[304] Soz. 9.4.1-2, 9.4.6-8.

[305] P. HEATHER, *Goths and Huns*, p. 505, situe l'invasion avant 409 (cf. O. J. MAENCHEN-HELFEN, *The World of the Huns*, p. 59); à la p. 504, il semble la placer en 406.

[306] Soz. 9.11-9.15.3.

son ennemi acharné, afin de causer l'anéantissement du préfet[307]. Sozomène omet la référence à l'hostilité d'Olympius, et ne garde que l'accusation, qu'il présente, il est vrai, comme une rumeur[308]. Le bruit entraîna pourtant l'exécution de Stilicon, qui complotait, selon Sozomène, une invasion de l'Empire oriental, espérant anéantir ainsi la concorde entre les deux Empires. Sa mort, injuste et criminelle dans la perspective d'Olympiodore, est ainsi l'œuvre de Dieu aux yeux de l'historien de l'Église[309]. Il omet aussi sagement le fait que, selon Olympiodore, le pape Innocent acceptait qu'on fît appel aux haruspices étrusques pendant le premier siège de Rome par Alaric en 408[310]. Nous devons signaler encore un autre cas d'escamotage par Sozomène. Olympiodore décrivait comment en 409 le *praefectus praetorio Italiae* Jovius prêta serment de ne jamais conclure la paix avec Alaric et comment l'empereur Honorius fit de même. Ce serment empêchait l'empereur d'accepter le traité qu'Alaric lui proposait. Le barbare mit par conséquent pour la deuxième fois le siège devant Rome[311]. Sozomène, désireux de réfuter la responsabilité d'Honorius dans ce siège, omet simplement le fait que l'empereur avait aussi prêté le serment et attribue cet acte uniquement à Jovius et à d'autres fonctionnaires[312].

De plus, Sozomène essaie de contrecarrer la tendance favorable au paganisme d'Olympiodore en accentuant des traits pro-chrétiens et en ajoutant des histoires qui le corrigent. Selon l'historien de l'Église, le siège de Rome en 408 n'était pas un hasard, mais une punition de Dieu due à la conduite immorale des citadins. Alaric n'était qu'un instrument divin. À un moine qui lui demandait de ne pas marcher sur Rome, le barbare répondit que quelqu'un l'obligeait à le faire contre son gré[313]. Selon Olympiodore, le Goth déposa l'empereur-marionnette Attalus (409-410), qu'il avait lui-même installé, à cause d'un différend avec lui[314]. Selon l'avis de Sozomène, le barbare prit conscience que Dieu ne

---

[307] Zosime 5.32-34; Photius, *Bibliothèque* 80.56b (= Olympiodore fr. 5.1). Cf. B. BALDWIN, *Olympiodorus*, p. 224-225; R. C. BLOCKLEY, *The Fragmentary Classicising Historians*, Vol. 2, p. 30.

[308] Soz. 9.4.1, 9.4.7-8.

[309] Soz. 9.4.5, 9.4.8.

[310] Soz. 9.6.4. Cf. Zosime 5.41.1-3. Voir F. PASCHOUD, *Cinq études*, p. 156. En Soz. 9.6.4, il faut lire Ναρνίαν au lieu de Λαρνίαν: cf. F. PASCHOUD, *Zosime*, Vol. 3.1, p. 278.

[311] Zosime 5.49.1-2, 5.51.1-2.

[312] Soz. 9.7.4.

[313] Soz. 9.6.5-7. Cette donnée provient de Socr. 7.10.8.

[314] Zosime 6.12.1-2; Photius, *Bibliothèque* 80.58a (= Olympiodore fr. 14).

favorisait pas le règne d'Attalus. Si Dieu ne soutenait pas l'empereur, celui-ci n'aurait aucune chance d'occuper le trône pendant longtemps. Alaric en tirait la conclusion: il valait mieux par conséquent déposer Attalus[315]. Le sac de Rome en 410, dont l'ampleur catastrophique est mitigée par le respect que les barbares montrèrent envers l'Église de Saint Pierre, devient l'occasion de l'échappée héroïque d'une chrétienne des mains d'un barbare lascif[316]. Sozomène n'omet pas de signaler que, même au milieu de ces problèmes, le paganisme et les hérésies disparaissent en faveur de l'orthodoxie[317].

Tout en restant dans un état inachevé, le neuvième livre accuse une structure nette et divulgue un message clair. Afin de montrer que l'Empire théodosien jouit de la faveur divine et qu'à cause de la piété impériale tous les tyrans ont été tués avec l'aide divine, Sozomène se sert de plusieurs outils, que ce soit le téléscopage chronologique, l'escamotage ou encore l'accentuation de traits[318]. Ainsi, son image de l'époque contemporaine s'éloigne de la réalité, tout comme auparavant celle de Socrate. Nous ne savons pas comment Sozomène y aurait intégré Nestorius; sans doute n'accordait-il pas trop d'importance à la controverse nestorienne et à ses conséquences. C'est ce qui ressort de sa remarque au début du neuvième livre, selon laquelle, par la piété de Pulchérie, aucune hérésie nouvelle ne pouvait gagner du terrain, une remarque qui fait sans doute allusion à Nestorius[319].

Le dernier livre de Sozomène accomplit ainsi le projet annoncé dans la dédicace, projet qui était de montrer, «en décrivant la vertu de beaucoup de saints hommes et les événements relatifs à l'Église universelle, comment, en butte à tant d'ennemis, elle a fini par aborder à ton port [de

---

[315] Soz. 9.8.8-9. Il faut comparer cette anecdote avec celle-ci concernant l'usurpateur Magnence (351-353): Συμβαλὼν δὲ ἐκ τούτου Μαγνέντιος ὡς οὐ δεδομένον αὐτῷ θεόθεν βασιλεύειν, πειρᾶται καταλιπὼν τοῦτο τὸ φρούριον προσωτέρω χωρεῖν; «Magnence conclut de là qu'il ne lui avait pas été donné du ciel de prendre l'Empire; aussi, ayant laissé cette forteresse, il essaie d'aller plus loin» (Soz. 4.7.2).

[316] Soz. 9.10. Cf. G.F. CHESNUT, *The First Christian Histories*, p. 198; H. LEPPIN, *Von Constantin*, p. 144-145. Cette anecdote peut toutefois également provenir d'Olympiodore (cf. P. VAN NUFFELEN, *Sozomenus*). Cf. aussi Soz. 9.8.9 et Zosime 6.12.1-2.

[317] Soz. 9.9.1, 9.9.5.

[318] Orose se sert de moyens comparables afin de démontrer que l'histoire progresse vers plus de *felicitas* depuis l'incarnation (voir en particulier 6.20-22). Voir en général Lellia CRACCO RUGGINI, *Universalità*, p. 184.

[319] Soz. 9.1.9. On comprend d'habitude cette phrase comme se référant à Nestorius (B. GRILLET dans G. SABBAH — B. GRILLET, *Sozomène*, p. 30; A. CAMERON — Jacqueline LONG, *Barbarians*, p. 78), car Pulchérie était un de ses principaux adversaires (cf. Nestorius, *Lettre à Cosme* p. 277-278; Nestorius, *Livre d'Héraclide* p. 148, trad. p. 89).

Théodose II] et à celui de tes pères»[320]. Certes, le choix d'illustrer l'aboutissement de la révolution chrétienne par l'exemple de Théodose II et Honorius montre la tendance panégyrique de l'historien, mais le neuvième livre ne s'y réduit pas. L'exemple panégyrique ne fait qu'illustrer la thèse générale selon laquelle la force de la piété vainc toute menace et que le progrès du christianisme ne peut être arrêté.

4.1.5.2 *L'apogée de l'histoire chez Sozomène*

Il nous reste encore à voir si nous pouvons décrire ce neuvième livre comme le point culminant de l'histoire, comme c'est le cas chez Eusèbe.

À première vue, la réponse est négative. Certes, puisque Sozomène voit le développement comme une ligne droite ascendante, un temps postérieur est nécessairement meilleur qu'une époque antérieure; mais la question de l'aboutissement final de cette évolution reste ouverte. Sozomène ne dit pas clairement ce qui se passera quand le monde entier sera devenu chrétien. Qui plus est, ce développement ne vise pas un but historique, comme l'établissement de la paix chez Socrate, mais un but spirituel. Nous avons vu que l'autre visage de l'accroissement est la piété, une dimension qui transcende l'histoire. Dans un chapitre sur la spiritualité monastique, Sozomène souligne que «celle-là ne traite la vie présente que comme un passage. (...) Elle n'a les yeux fixés que sur la félicité de l'autre vie et elle est toujours tendue vers la destinée heureuse»[321]. Le véritable but de l'histoire se trouve donc au-delà d'elle-même. L'histoire humaine est entièrement rattachée à la spiritualité, comme préparation et comme résultat. Chez Sozomène, nous retrouvons ainsi l'asymétrie entre une histoire glorieuse et un but spirituel qui la dépasse, dont d'autres historiens chrétiens comme Orose sont également tributaires[322]. Même si l'histoire tourne en faveur des chrétiens, elle reste d'importance secondaire par rapport à la vie future.

Pourtant, si Sozomène se distancie, d'une part, d'Eusèbe et aussi de Socrate, en prenant un but spirituel comme objectif de l'évolution historique, il se rapproche d'autre part implicitement d'eux. Nous avons vu qu'Eusèbe et Socrate sont très clairs sur le but de l'histoire, et que Socrate y voit même la fin de l'historiographie. Une fois la paix réalisée, il n'y a plus de matériau pour l'historien. Sozomène, nous venons de le dire, ne s'exprime pas

---

[320] Soz. Déd. 17.
[321] Soz. 1.12.6: ὡς ἐν παρόδῳ δὲ τῇ παρούσῃ βιοτῇ κεχρημένη (...) καραδοκεῖ τὴν ἐκεῖθεν μακαριότητα καὶ συντέταται ἀεὶ πρὸς τὴν εὐδαίμονα λῆξιν.
[322] Orose 5.2.6.

sur ce point. Il n'empêche que, dans son neuvième livre, le caractère de l'histoire change profondément. L'historien ne discute plus guère les événements ecclésiastiques, en dehors des trouvailles des reliques, de la situation des païens et ariens et d'une anecdote sur le sac de Rome[323]. Si l'on considère le neuvième livre dans son ensemble, cela constitue une quantité négligeable. Il semble qu'il n'y ait plus rien à raconter sur l'Église, sauf les exemples de dévotion et les succès militaires résultant de celle-ci. Implicitement, l'avance de la révolution chrétienne entraîne la fin de l'historiographie.

Sozomène accentue donc explicitement le but spirituel comme objectif de l'histoire. En même temps, il semble implicitement aussi accepter qu'un monde presqu' entièrement chrétien et pieux n'offre guère du matériau pour une histoire[324]. Dans ce cas, il s'approche de l'idée d'un apogée de l'histoire telle que nous la retrouvons chez Eusèbe et Socrate.

4.1.6 Parallèles et sources pour l'idée de la révolution chrétienne chez Sozomène

Dans les paragraphes précédents, nous avons montré à plusieurs reprises que les idées de Sozomène trouvent des parallèles ponctuels dans des écrits contemporains. Par conséquent, sa théologie de l'histoire peut être considérée comme un agrégat des idées et des *topoi* de son temps. S'il y a innovation chez Sozomène, elle se trouve dans le fait qu'il a appliqué ces idées dans une histoire ecclésiastique d'une certaine envergure.

On peut illustrer cette relation qu'entretient l'histoire de Sozomène avec les idées de ses contemporains en montant en épingle le parallèle intéressant avec la *Vie de Grégoire le Thaumaturge* de Grégoire de Nysse. L'auteur y développe les mêmes idées dans un langage similaire, voire identique. À la fin de ce récit, Grégoire de Nysse raconte comment le Thaumaturge convertit toute une ville, à dix-sept personnes près, et il caractérise cette conversion comme «l'abandon de la vanité païenne au profit de la connaissance de la vérité». C'est l'économie divine «qui causait un abandon du mensonge à la vérité de la part des convertis»[325]. Nous ren-

---

[323] Soz. 9.2, 9.9.1, 9.10, 9.17.

[324] En tout cas, il nous semble faux de parler d'une «histoire désacralisée» à propos de Sozomène, comme le font B. GRILLET, dans G. SABBAH — B. GRILLET, *Sozomène*, p. 35-36 et Pauline ALLEN, *Aspects*, p. 374.

[325] Grégoire de Nysse, *Vita Gregorii Thaumaturgi* p. 54.17-24: μετάστασις ἀπὸ τῆς Ἑλληνικῆς ματαιότητος εἰς τὴν ἐπίγνωσιν τῆς ἀληθείας (...) δ' ἧς γέγονεν ἡ τοσαύτη μεταβολὴ τῶν μετατεθεμένων ἀπὸ τοῦ ψεύδους πρὸς τὴν ἀλήθειαν.

controns ici l'événement (une conversion en masse), le vocabulaire (μετα-βολή) et l'idée d'une intervention divine, tout comme c'est le cas chez Sozomène. Les parallèles entre cette œuvre de Grégoire de Nysse et celle de l'historien vont encore plus loin. La conversion du mensonge à la vérité, du paganisme au christianisme, entraîne selon l'évêque de Nysse l'abandon des πάτρια[326]. Nous retrouvons aussi chez lui l'idée de la conversion comme entrée dans un meilleur peuple. Grégoire de Nysse comprend la persécution également comme un essai de retourner «au culte ancestral des démons» et d'arrêter l'avancée du christianisme[327]. C'est le vocabulaire et l'idée que Sozomène utilise dans sa description du règne de Julien.

Il est possible que Sozomène se soit laissé inspirer par Grégoire de Nysse, puisqu'il connaît cette vie[328], mais on ne saurait l'affirmer avec certitude. Cela n'a que peu d'importance. En tout cas, ce parallélisme montre qu'une grande partie des idées de Sozomène sont déjà en place avant qu'il ne prenne la plume pour écrire son histoire.

En même temps, la théologie de l'histoire que nous propose Sozomène a également des racines plus profondes. Elle se présente d'une part comme une transformation des idées origéniennes et, d'autre part, elle ressemble à l'histoire du salut. En plus, un certain rapprochement avec l'Évangile de Luc et les Actes des Apôtres peut être effectué.

Origène voit l'Église s'avancer sans arrêt et les païens abandonner leurs *patria*, et il prévoit qu'un jour le *Logos* régnera sur chaque âme et qu'ainsi un règne de paix s'établira sur terre. Ce développement est favorisé par Dieu, qui avait préparé le monde pour l'Église en permettant l'extension de l'Empire romain. Selon le théologien, le vrai but de la vie chrétienne reste la cité céleste, car même si l'histoire connaît un progrès en faveur du christianisme, le véritable sens de la vie chrétienne se trouve au-delà de l'histoire[329]. Origène admet donc une double interprétation de l'histoire, à savoir l'interprétation spirituelle qui comprend l'histoire comme axée sur le salut dans l'au-delà, et l'interprétation historique qui prévoit que le monde entier deviendra chrétien.

En gros, Sozomène s'accorde sur cette évolution, néanmoins avec quelques différences. Il abandonne l'idée d'une paix universelle et

---

[326] Grégoire de Nysse, *Vita Gregorii Thaumaturgi* p. 5.14-15, 45.5, 55.1. Cf. Grégoire de Nysse, *In Basilium fratrem* p. 112.4.

[327] Grégoire de Nysse, *Vita Gregorii Thaumaturgi* p. 44.15-45.10: τῇ πατρῴᾳ τῶν δαιμόνων λατρείᾳ.

[328] Soz. 7.27.4 renvoie à Grégoire de Nysse, *Vita Gregorii Thaumaturgi* p. 41.15-42.21.

[329] Origène, *Contre Celse* 1.27, 2.30, 2.79, 5.50, 8.68-74. Cf. Origène, *De principiis* 4.1.1.

accentue l'accroissement de l'Église. En même temps, il récupère l'interprétation spirituelle. En faisant de la piété la finalité de la révolution chrétienne, il situe son but au-delà de l'histoire. Sozomène n'interprète l'histoire ni comme Eusèbe, qui semble croire à un aboutissement de celle-ci dans un règne du *Logos* sur terre, ni comme Socrate, qui insiste sur l'idée de la paix universelle. Sozomène a donc fait un autre choix parmi les possibilités offertes par Origène. Avouons que rien ne prouve sa dépendance immédiate du théologien et que l'historien peut avoir recueilli ailleurs ces idées. Même dans ce cas, Origène en reste cependant le père spirituel.

La théologie de Sozomène se rapproche également de l'histoire du salut, prêchée par les Pères de l'Église, qui voient l'histoire mondiale comme étant dirigée par Dieu vers la seconde parousie. Un but comparable de l'histoire, la piété, un même progrès moral, une disparition semblable du paganisme, et une attention pareille pour le salut du monde entier, sont des traits non négligeables[330]. Et pourtant, Sozomène s'en distingue nettement. Les deux points les plus importants sont que, d'une part, son histoire ne se termine pas dans la seconde parousie et que, d'autre part, un soubassement explicitement biblique ou théologique fait totalement défaut à sa vision[331]. Il nous semble plutôt que les parallèles sont le fruit de l'incorporation de nombreuses idées qui circulent à l'époque, sans que nous puissions y voir l'adoption d'un modèle spécifique de l'histoire du salut. Le manque de références explicites à la Bible montre d'ailleurs que la lecture de Sozomène, tout comme celle de Socrate, se caractérise par une prise de distance face aux concepts proprement théologiques.

Nous avons déjà remarqué que Sozomène est le seul parmi ses contemporains à faire commencer l'histoire ecclésiastique avec l'ascension du Christ et non pas avec l'incarnation. Sa source d'inspiration est sans doute la césure qu'établissait Luc entre le temps de Jésus (l'Évangile) et le temps des apôtres (les Actes). Les parallèles avec Sozomène vont plus loin. Il est en général accepté que chez Luc la parousie est ajournée à une date indéterminée et que l'évangéliste ne s'intéresse pas tant à celle-ci qu'au temps historique à partir de l'ascension[332]. Luc insiste alors plus sur la parousie individuelle qui se réaliserait à la mort de chaque individu[333]. Le temps des apôtres est caractérisé par l'évangélisation

---

[330] Cf. A. LUNEAU, *L'histoire du salut*, p. 115, 149, 203, 413.

[331] Sur l'attitude de Sozomène envers la Bible, voir ci-dessous p. 282.

[332] W. RADL, *Das Lukas-Evangelium*, p. 66-68, 128-135. Selon J. KNIGHT, *Luke's Gospel*, p. 162-173 Luc croit pourtant à l'imminence de la parousie.

[333] W. RADL, *Das Lukas-Evangelium*, p. 136. Une telle interprétation de Luc est critiquée par E. EARLE ELLIS, *Die Funktion der Eschatologie*, p. 387-388.

jusqu'aux confins du monde[334]. Remarquons aussi que les Actes débutent avec un récit de conversion le jour de Pentecôte[335], conversion sur laquelle Sozomène insiste tant. Ces quelques éléments ne nécessitent évidemment pas que Sozomène se soit délibérément inspiré des écrits de Luc. À part le début avec l'ascension, la plupart de ces idées appartiennent depuis longtemps au fonds commun du christianisme.

4.2 L'Empire et l'Église chez Sozomène

Sozomène a réussi à accorder à son histoire une unité temporelle extrême. Elle décrit non seulement le développement à partir de l'ascension, mais elle récapitule aussi les temps précédents. La place centrale dans cette vision est occupée par l'incarnation, à partir de laquelle la révolution chrétienne se met en œuvre. Cette révolution amène la conversion des anciens peuples et répand la piété dans le monde. Malgré les parallèles nets avec l'histoire du salut, Sozomène rejoint Socrate en excluant la parousie de sa perspective historique. Sa lecture de l'histoire reste alors proprement historique et ne renvoie pas à la fin des temps.

Regardons maintenant comment il voit les relations entre l'Empire et l'Église.

La situation initiale est identique à celle de Socrate. Sozomène utilise la même définition sociale de l'Église, à savoir que les hérétiques appartiennent tout aussi bien à l'Église que les moines orthodoxes[336]. Bien qu'il le fasse moins souvent et avec moins d'insistance que Socrate, Sozomène sait aussi bien que lui distinguer quel événement relève de l'Empire ou de l'Église. Si le vocabulaire de son prédécesseur est assez neutre et consistant, celui de Sozomène est plus varié[337] et trahit parfois une dépréciation de l'Empire face à l'Église. Par exemple, il oppose le domaine des prêtres à la vie commune (τὰ κοινά), un terme qui a souvent des connotations péjoratives[338]. Cette dépréciation se manifeste également dans la

---

[334] Ac 1.8.

[335] Ac 2, cf. aussi 4.4, 5.12-14.

[336] Cf. H. Leppin, *Von Constantin*, p. 34 n. 58.

[337] Soz. 6.34.2, 7.22.5: τὰ πολιτικά / τὰ πολιτικὰ πράγματα; Soz. 2.30.7, 5.3.8: τὸ δημόσιον / τὰ δημόσια πράγματα (τὰ πολιτικὰ et τὸ δημόσιον sont des synonymes, cf. Soz. 2.23.7 et Athanase, *Apologia secunda* 68.7); Soz. 4.6.6, 4.7.4, 8.25.1: τὰ κοινά; Soz. 2.27.12, 3.14.32, 4.15.6, 4.24.16, 6.17.1, 7.25.13, 8.22.1: ὁ τῆς ἐκκλησίας θεσμός/νόμος (avec des variantes); Soz. 1.6.4: τὰ τῆς ἐκκλησίας πράγματα; Soz. 3.3.2: τὰ ἔξω πράγματα.

[338] Soz. 8.25.1. L'usage de τὰ κοινά, en opposition à l'Église, a souvent un sens dépréciatif (cf. Cyrille de Jérusalem, *Catecheses ad illuminandos* 5.15; Lampe s.v. *koinos*). Voir

description de la vie des ascètes, dont Sozomène signale qu'ils n'estimaient ni argent ni vie politique[339]. L'historien distingue donc Empire et Église comme deux sphères sociales et laisse entrevoir une certaine sympathie pour l'Église.

Cette sympathie se dessine plus particulièrement dans son affirmation explicite de l'autonomie de l'Église face à l'Empire. Dans l'Église, ce sont les prêtres et les évêques qui ont la préséance; l'empereur n'est que le premier des fidèles. Le sacerdoce et la royauté occupent bien le même rang, mais chacun doit respecter sa sphère d'influence[340]. Même Constantin sait qu'il doit respecter les lois de l'Église, car il ne peut rappeler Arius et Euzoios qu'«après jugement et examen de ceux qui avaient autorité sur ce point d'après la loi de l'Église»[341]. Valentinien I reconnaît que c'est le devoir des évêques de convoquer les conciles. Le synode de Césarée en Palestine n'accepte pas l'abolition de l'évêché de Maïouma, bien que l'empereur Julien ait réunifié la cité avec Gaza[342]. Sozomène n'affirme pourtant pas que le sacerdoce a préséance sur l'empereur, comme l'a prétendu Theresa Urbainczyk[343]. En effet, dans sa compétence, un clerc peut intervenir pour réprimander un empereur pécheur, mais ce n'est pas à lui de diriger l'Empire[344]. Sozomène s'aligne ici sur la position de ses contemporains qui distinguent clairement l'Empire de l'Église et qui proclament l'autonomie relative de chacun dans sa sphère[345].

Autonomie ne signifie évidemment pas séparation, car les deux sphères ne sont pas absolument cloisonnées[346]. La relation entre l'Empire et l'Église n'est pourtant pas univoque chez Sozomène. Parfois l'Empire soutient le développement du christianisme, par exemple à l'époque de Constance I ou sous les empereurs postérieurs[347]. D'autres fois, c'est la piété chrétienne

---

aussi F. DVORNIK, *Early Christian and Byzantine Political Philosophy*, Vol. 2, p. 788; Dimitra KARAMBOULA, *Ta koina*.

[339] Soz. 6.34.2.

[340] Soz. 2.34.6, 7.25.9, 7.25.13.

[341] Soz. 2.27.12.

[342] Valentinien: Soz. 6.7.2; Césarée: Soz. 5.3.9.

[343] Theresa URBAINCZYK, *Observations*, p. 360-361. Même Jean Chrysostome (*In acta apostolorum* 3 PG 60.41ab), qui proclame la préséance du sacerdoce sur l'Empire, souligne qu'un prêtre reste de rang inférieur à l'empereur.

[344] Cf. Soz. 3.3.2, où Sozomène critique Macédonius comme un homme ouvert «aux choses séculières et au commerce avec des hommes au pouvoir», en opposition avec Paul, homme pieux et capable d'instruire.

[345] Voir ci-dessus p. 118-120.

[346] Cf. H. LEPPIN, *Von Constantin*, p. 247.

[347] Constance I: Soz. 1.6.1; empereurs postérieurs: Soz. 3.17.2-5.

qui élimine les ennemis de l'Empire[348]. Tantôt Sozomène voit une simple concomitance entre les progrès dans l'Empire et dans l'Église, comme sous Constantin, tantôt Dieu cause des guerres et des tremblements de terre pour punir les impies de l'Église[349]. Il est impossible de conclure à une priorité causale de l'Empire sur l'Église. Ce n'est pas l'empereur qui détermine le succès de l'Empire et de l'Église, comme semble assumer H. Leppin; l'Église ne sauve pas non plus l'Empire, contrairement à ce que prétend Theresa Urbainczyk[350]. Si l'on cherche à comprendre la relation entre les deux sphères comme celle de l'assujettissement de l'une à l'autre, on se heurte aux énoncés contradictoires de Sozomène qui affirme tantôt la priorité de l'Église, tantôt celle de l'Empire.

Ce problème disparaît dès que nous comprenons que Sozomène ne développe pas de théorie sur les relations entre Empire et Église, mais qu'il y voit une force plus grande qui enveloppe à la fois l'Église et l'Empire. L'opposition Église-Empire se dissout dans la piété et dans l'intervention divine qui la soutient.

Pour Sozomène, la piété seule suffit pour connaître le succès. Les empereurs Arcadius et Honorius étaient de pieux orthodoxes. Au début de leur règne, Rufin, le préfet du prétoire, suspect de vouloir usurper le trône, fut miraculeusement tué par ses propres soldats (395), ce qui fit encore progresser les empereurs dans la foi. Leur récompense suivit aussitôt car les hérésies et les païens disparurent[351]. La seule piété des Empereurs suffit alors pour rétablir l'unité dans l'Empire et dans l'Église. Le succès de Constantin était en partie dû aux conseils de l'ascète Bitos de Carrhae, qui apparaissait dans ses songes. Il ne s'agit pas d'une priorité de l'Église sur l'Empire; selon Sozomène, c'était Dieu qui envoyait ces songes pour aider Constantin[352]. Comme dans l'Ancien Testament, Dieu intervient lorsque quelque chose dans l'Église ou dans l'Empire ne va pas selon sa volonté[353]. Un bon empereur est donc celui qui fait ce qui plaît à Dieu. Selon la pensée de Sozomène, cela signifie favoriser l'accroissement de l'Église et mener une vie pieuse. Y excellaient en particulier Constantin et Théodose I[354]. La piété et l'obéissance à Dieu sont

---

[348] Soz. 2.34.4, 9.3.3.
[349] Constantin: Soz. 1.8.8; Dieu: Soz. 6.2.13-16, 8.25.1.
[350] H. LEPPIN, *Von Constantin*, p. 206-207; Theresa URBAINCZYK, *Observations*, p. 370-373.
[351] Soz. 8.1.5. Cf. Soz. Déd. 20-21.
[352] Soz. 6.33.3.
[353] Cf. Soz. 4.7.2, 9.8.8-9.
[354] Constantin: Soz. 1.4.2, 2.34.4; Théodose I: Soz. 8.1.1.

donc les facteurs qui déterminent le succès à la fois dans l'Église et l'Empire.

Un second facteur du dépassement de la distinction Église-Empire est la foi convaincue de Sozomène en l'intervention divine. Pour lui, Dieu punit lui-même les méfaits commis dans l'Église ou l'Empire, en envoyant, par exemple, des troubles publics pour punir les crimes dans l'Église, comme c'est le cas pour l'exil de Jean Chrysostome, où il châtie la reine et la cité de Constantinople[355]. La mort du cubiculaire Eutrope est comprise comme une punition pour sa loi abolissant l'asile dans les églises[356]. Mais ce n'est pas seulement l'Empire qui est puni, car la mort affreuse de l'évêque Cyrinus est la rétribution pour ses intrigues contre Jean Chrysostome[357].

On se gardera donc de considérer piété et intervention divine comme les apanages de l'Église. Tout comme la paix de Socrate, la piété ici est une force transcendant la distinction entre l'Empire et l'Église. Sozomène accepte l'autonomie de l'Empire et de l'Église en tant que sphères sociales. Ils sont, en mesure égale, sujets à la volonté de Dieu, qui punit les impies et soutient les pieux. Comme chez Socrate, l'opposition entre Église et Empire, impliquant un développement historique séparé, n'existe plus, mais les deux sphères sont intégrées dans un développement parallèle[358]. La seule trace de l'asymétrie d'antan entre Église et Empire est la sympathie latente de Sozomène pour l'Église, où il croit la vie pieuse plus facilement réalisable.

4.3 BILAN

Nous ne pouvons qu'admirer la grandeur de la synthèse de Sozomène. Contrairement à Socrate, qui nous présente une lecture statique de l'histoire comme la perte de la paix et son retour, Sozomène a réussi à intégrer toute l'histoire ecclésiastique, et implicitement toute l'histoire chrétienne, dans un seul ouvrage. Il avait l'intention d'écrire une histoire, de l'ascension jusqu'à son propre temps, pour retracer le succès de la révolution chrétienne où, grâce à l'incarnation, le monde a commencé à se convertir et à abandonner ses anciennes coutumes. Il cherche dès lors à décrire l'accroissement de l'Église et à montrer comment un nouveau monde surgit. Les

---

[355] Soz. 8.25, 8.27.1.
[356] Soz. 8.7.6.
[357] Soz. 8.27.2.
[358] Il est alors injuste de critiquer Sozomène de ne pas s'être rendu compte des problèmes que posaient les relations entre Empire et Église (comme le font F. DVORNIK, *Early Christian and Byzantine Political Philosophy*, Vol. 2, p. 698; F. WINKELMANN, *Die kirchengeschichtswerke*, p. 176).

hérésies et le paganisme ayant pratiquement disparu et Dieu donnant des signes de sa faveur envers les empereurs, le processus aboutit à son époque.

Il ne faut pas surestimer l'originalité de Sozomène dans l'élaboration de cette théologie de l'histoire, puisque la majorité des éléments se retrouvent dans la littérature de son temps, en particulier dans l'hagiographie et l'homilétique. En même temps, le cœur de sa théologie de l'histoire est tributaire de celle d'Origène, et ses idées présentent également des parallèles avec l'histoire du salut et le diptyque de Luc.

L'intégration de tant d'éléments mène inéluctablement à des contradictions, qui sont toutes liées à la forte insistance sur la piété. En effet, à force de mettre l'accent sur elle, Sozomène insère de longs passages sur le monachisme. Dans la première moitié de son ouvrage, il ne réussit pas à les intégrer dans le reste de son récit, qui est consacré aux querelles doctrinales. Dans ces livres, il écrit deux histoires presque distinctes, une de l'accroissement de l'Église, l'autre du développement des hérésies. Ce n'est que vers la fin de son ouvrage, quand la défaite des hérésies permet d'y déceler la victoire de la piété, que ces deux histoires se joignent en une seule histoire triomphale.

Cette double lecture de l'histoire se retrouve dans le neuvième livre. Sozomène ne proclame pas la fin de l'historiographie, comme l'a fait Socrate; le but de l'évolution de l'histoire reste la dévotion personnelle, à cultiver par chacun. En même temps, il a tellement accentué le progrès dans l'histoire, et tant souligné la mort du paganisme et des hérésies, que la fin de son histoire ressemble remarquablement à celle de Socrate ou même à celle d'Eusèbe. Plus rien n'est pratiquement dit sur l'Église, pour laquelle l'histoire semble s'arrêter.

Malgré ces problèmes, Sozomène réussit à affirmer l'unité temporelle de l'histoire en lui accordant un mouvement dynamique à partir de l'incarnation. Tout comme Socrate, la parousie n'est pas le but de ce développement; mais, contrairement à celui-là, Sozomène ne dit pas explicitement quel en est alors l'aboutissement. L'idée d'un apogée de l'histoire n'est donc pas clairement présente.

À propos de l'unité spatiale, il s'aligne sur Socrate et sur les idées contemporaines. L'Église et l'Empire sont deux sphères sociales distinctes, qui connaissent une évolution parallèle. La piété détermine si l'on aura du succès dans l'Empire ou dans l'Église, et Dieu punit le manque de piété d'un empereur autant que celui d'un évêque. L'Église perd ainsi son unicité; elle n'est plus le seul endroit où se réalise l'action de la providence divine, ni son but priviligié. Cependant, Sozomène accepte encore une légère asymétrie entre les deux sphères, car il croit qu'une vie pieuse se réalise mieux à l'intérieur de l'Église, ce dont les moines sont la meilleure illustration.

5. Conclusion

5.1 D'Origène à Sozomène

La première pensée historique chrétienne rattache l'histoire humaine à la parousie, qu'elle considère comme le but et la fin d'un développement continuel. Cette lecture ne perd jamais son attrait. Parmi les Pères de l'Église, elle reste le soubassement de presque toute la théologie de l'histoire[359]. À la fin du *Contre Celse*, Origène développe une idée qui fournira pourtant un nouveau modèle à la théologie de l'histoire. Selon lui, l'Église a une tendance innée vers l'accroissement qui, si on lui en laisse le temps, mène à son extension universelle. Ce moment venu, le monde entier, transformé en Église, jouira de son bien le plus précieux, la paix. Origène envisage alors que l'histoire culminera dans un règne universel de paix. Cet apogée n'est pas nécessairement identique à la parousie. Les chrétiens peuvent désormais appréhender l'histoire sans que la parousie en détermine l'interprétation.

De cette innovation vont s'inspirer les théologies de l'histoire qu'on trouve dans les *Histoires ecclésiastiques*. À partir d'Origène, leurs idées se caractérisent par trois traits: le détachement de la parousie, l'abandon de concepts théologiques, et la revalorisation des relations entre l'Empire et l'Église.

Origène reste encore indécis sur la relation entre le point culminant de l'histoire et la parousie. Il interprète certaines prophéties vétérotestamentaires, traditionnellement liées à la parousie, comme renvoyant à l'apogée, tout en doutant que celui-ci puisse se réaliser un jour. L'attitude d'Eusèbe envers ce problème se caractérise par un profond silence. Lui aussi applique des prophéties auparavant lues comme se référant à la parousie, au point culminant de l'histoire, l'époque constantinienne dans son esprit. Parallèlement, quand il s'exprime sur la parousie, il en reste aux idées traditionnelles. Chez Origène et Eusèbe, le statut du sommet de l'histoire reste donc incertain et son contenu suspendu à mi-chemin entre un événement purement historique et la fin des temps. Un siècle après Eusèbe, Socrate et Sozomène excluent la parousie de leur lecture de l'histoire. Dans l'interprétation de l'histoire qu'ils proposent, elle ne joue plus aucun rôle, ce qui ne veut pas dire que les deux historiens ne proposent

---

[359] Cf. A. Luneau, *L'histoire du salut*; J. Daniélou, *Essai*, p. 236-246.

pas de théologie de l'histoire. Au contraire, chacun attribue un développement immanent à la période dont ils écrivent l'histoire: Socrate y voit le rétablissement de la paix initiale, Sozomène l'accroissement continuel de l'Église. La différence entre les deux est que Socrate identifie le but de l'évolution de l'histoire avec le retour de la paix, tandis que Sozomène ne s'exprime pas explicitement sur l'aboutissement de la révolution chrétienne. Le fait que la parousie ne joue plus aucun rôle dans leur théologie de l'histoire ne veut évidemment pas dire qu'ils n'attendent plus la parousie ou qu'ils n'y croient plus. La parousie n'appartient simplement plus au sujet de leurs histoires.

Leur lecture de l'histoire, ainsi détachée de la parousie, reste tributaire de la théologie mais s'en éloigne pourtant considérablement. Alors qu'Origène croit que, par l'évolution de l'Église, le *Logos* établira un règne universel, et qu'Eusèbe met l'accent sur le Verbe comme véritable chef de l'Empire et de ce monde-ci, ni Socrate ni Sozomène ne s'appesantissent sur de tels concepts théologiques. La paix de Socrate n'est plus uniquement la paix de l'Eglise. Chez lui, il n'est pas explicitement question du salut de l'homme, et même son successeur cherche les résultats de la piété avant tout sur terre. Les lectures de l'histoire des deux constantinopolitains trahissent bien leur origine théologique, mais ne sont pas vraiment des théologies en elles-mêmes. Il ne faut donc pas en exiger une parfaite cohérence ou une rigueur logique.

Cet abandon de la théologie est lié à la revalorisation de la relation entre l'Empire et l'Église, ou, pourrait-on dire de façon un peu exagérée, à la réduction de l'Église à une sphère sociale. Origène et Eusèbe décrivent une évolution de l'histoire à partir de l'intérieur de l'Église. Le point culminant de l'histoire est alors l'extension universelle de l'Église qui a englouti l'Empire. Dans l'Empire constantinien se révèle la vanité de cette idée. La réalité historique ne s'y accorde pas; il y a un espace public qui est chrétien tout en n'étant pas identique à l'Église. La pensée chrétienne a alors à incorporer l'Empire chrétien, c'est-à-dire à accepter son existence dans un monde chrétien. La conséquence pour l'Église est qu'elle aussi devient une sphère sociale, et qu'elle n'est plus l'unique but de l'action divine. Le monde chrétien se divise donc en deux sphères sociales, l'Empire et l'Église. L'effet de ce changement se voit chez Socrate et Sozomène. La paix de Socrate, originellement la paix intra-ecclésiastique, s'est muée en une paix universelle, s'appliquant en mesure égale à l'Église et à l'Empire. La piété de Sozomène est exigée de tous les chrétiens, ascètes et empereurs, et Dieu la récompense à la fois dans l'Empire, en combattant les ennemis de l'empereur, et dans l'Eglise, en accordant par exemple des visions aux moines. La relation asymétrique entre Église et Empire, caractéristique pour le christianisme préconstantinien, est devenue symétrique. Désormais, l'historiographie chrétienne affirme non seulement l'unité temporelle mais aussi l'unité spatiale de l'évolution historique.

Il faut bien mesurer l'importance de ces constats pour l'étude de l'historiographie ecclésiastique. On a souvent tendance à considérer l'histoire du salut comme la seule philosophie chrétienne possible de l'histoire, à savoir que Dieu met en œuvre un plan déterminé qui mène le monde au salut et à la parousie. L'histoire se réduit alors à une ligne droite reliant incarnation et parousie[360]. En quelque sorte, cette idée peut s'accorder avec une certaine lecture d'Eusèbe, qui veut que son histoire se termine dans une parousie en voie de réalisation. Aucun des historiens de l'Église postérieurs, pourtant, ne pourra plus s'intégrer dans ce schéma. F. Winkelmann a voulu pallier ce problème en invoquant une tournure pragmatique après Eusèbe. Face à l'échec de son projet, les historiens se seraient limités à une pure description des faits, se rapprochant ainsi des historiens classiques[361].

Ce schéma ne fait pas droit aux théologies de l'histoire des continuateurs d'Eusèbe, qui sont bien des lectures chrétiennes de l'histoire à part entière, mais qui ont exclu la parousie de leur perspective. Face aux nombreuses déformations de l'histoire, afin de donner du poids à leur interprétation, il n'est pas non plus justifié de considérer Socrate et Sozomène comme des auteurs pragmatiques; ils ont des idées, qui, tout en n'étant pas des systèmes théologiques, se réclament de la théologie. Les deux Constantinopolitains, et les autres historiens de l'Église, ont trop longtemps été les victimes d'un monisme moderne, qui veut que la philosophie chrétienne de l'histoire se limite à affirmer la ligne droite allant de l'incarnation, voire de la création, à la parousie. Pourtant, l'innovation d'Origène est d'affirmer qu'à l'intérieur de l'unité temporelle, de l'incarnation à la parousie, des développements partiels peuvent se produire, des développements proprement historiques, qui ne mènent pas tout droit à la parousie.

---

[360] Par exemple R. COLLINGWOOD, *The Idea of History*, p. 49; J. DANIÉLOU, *Essai*, p. 13-14; J. STRAUB, *Die geschichtliche Stunde*, p. 80-83; R.A. MARKUS, *Church History*, p. 2-3; H.-I. MARROU, art. *Geschichtsphilosophie*, col. 760-761, 770; E. STÖVE, art. *Kirchengeschichtsschreibung*, p. 536-538; A. MOMIGLIANO, *The Classical Foundation*, p. 132-140; A. ΚΑΡΠΟΖΙΛΟΣ, *Βυζαντινοὶ ἱστορικοὶ*, p. 124.

[361] F. WINKELMANN, *Zur Geschichtstheorie*; ID., *Die Kirchengeschichtswerke*, p. 173; ID., *Grundprobleme*, p. 22. Cf. H. ZIMMERMANN, *Ecclesia*, p. 39-40; D. TIMPE, *Römische Geschichte*, p. 135.

5.2 L'OPTIMISME DE SOCRATE ET DE SOZOMÈNE

Les lectures de l'histoire de Socrate et Sozomène nous laissent un peu dubitatif. Même si leur descendance théologique est claire, toute théologie en est pratiquement écartée — Socrate disant explicitement qu'il ne s'occupera pas de l'élaboration théorique du concept de la providence[362]. Leurs histoires avancent vers un but, qui n'est pourtant pas la fin des temps. Les constantinopolitains sont ainsi des petits-fils d'Origène. Ils acceptent la rupture formelle avec la détermination par la parousie et le développement immanent de l'histoire qui en découle. Ils assument aussi la ligne fondamentale que ce théologien voyait dans l'histoire, une évolution vers le meilleur, même s'ils ne considèrent plus cette évolution comme limitée à l'Église.

Chez les autres historiens de l'Église, l'exclusion de la parousie de la pensée historique mène à la substitution de la lecture optimiste et progressiste d'Origène par une lecture différente, pas nécessairement dénuée de toute parenté théologique. Théodoret de Cyr par exemple, théologien compétent du milieu du cinquième siècle, considère l'histoire comme un conflit interminable entre l'homme et les forces du mal. Il accorde à la guerre une valeur pédagogique, chassant des hommes la léthargie et l'insouciance. Théodoret ne voit pas d'évolution historique; il semble que la bataille entre le bien et le mal sur terre durera jusqu'à la fin des temps et que c'est à l'homme pieux de s'allier au bien[363]. Cette lutte entre l'homme et le mal se laisse ramener à la spiritualité monastique, qui voyait partout le mal menacer l'homme.

D'autres historiens mettent en relief la décadence, qui caractérise leur propre temps par rapport aux origines du christianisme. L'histoire ecclésiastique projetée mais jamais exécutée de Jérôme aurait eu cette tendance, selon ses propres dires. Au tournant du quatrième siècle, il ne voyait que dégénérescence et faiblesse[364]. Une telle lecture jouit, de façon peu étonnante, d'une certaine popularité parmi les membres des hérésies persécutées. L'eunomien Philostorge, un contemporain de Socrate et de Sozomène, insiste sur les maux qui arrivent dès que Théodose I se met à favoriser les homoousiens. Il donne même des traits apocalyptiques à son histoire, sans pourtant dire explicitement que la fin des temps soit arrivée[365].

---

[362] Socr. 1.22.14.

[363] Théodoret, *HE* 1.1-3, 5.39.26.

[364] Jérôme, *Vita Malchi* 1.

[365] Philostorge, *HE* 10.9, 10.11, 11.7, 12.8, 12.9, 12.10: voir J. BIDEZ — F. WINKELMANN, *Philostorgius*, p. cxiii-cxxi. Un cas comparable est celui de Jean d'Éphèse (sixième siècle): cf. J.J. VAN GINKEL, *John of Ephesus*, p. 199-201.

Par rapport à ces autres lectures possibles de l'histoire, Socrate et Sozomène se distinguent par leur optimisme fondamental. Bien que l'histoire
se caractérise par des guerres et des luttes, l'histoire avance vers le
meilleur, comme chez Sozomène, ou elle retourne au bien, comme chez
Socrate. Un monde meilleur est réalisable sur terre.

Un tel optimisme s'enracine dans les idées d'Origène, dont la force
est illustrée par le fait que Socrate et Sozomène lui empruntent sans doute
leurs concepts fondamentaux et qu'ils identifient respectivement la paix
et la piété comme les éléments centraux de la vie de l'Église, voire de la
vie humaine. En même temps, leur confiance ne peut pas être entièrement
attribuée à leur théologie de l'histoire. Comme le montrent les cas de
Jérôme et de Philostorge, les conditions historiques doivent permettre une
telle lecture. Le contraste avec Philostorge, qui écrit à la même époque
que Socrate et Sozomène, montre que cet optimisme est étroitement lié
à l'orthodoxie et n'est pas partagé par les hétérodoxes. À leur époque,
Socrate et Sozomène voient s'épanouir et reprendre, avec une nouvelle
vigueur, l'héritage de paix et de piété[366] que l'Église a gardé à travers tous
les orages du siècle et demi précédent, et malgré tous les assauts d'hérétiques et de païens. Le sentiment d'avoir survécu à tant de troubles et
d'être arrivé à bon port, tel que nous l'avons décrit dans le chapitre précédent, semble donc avoir permis le développement de leurs idées.

---

[366] Nous empruntons ces termes à Jean Cassien, *De institutis* 2.5.3, qui dit que les premiers ascètes transmettaient *heriditatem pietatis ac pacis*.

CHAPITRE III

LE GENRE LITTÉRAIRE «HISTOIRE ECCLÉSIASTIQUE»

INTRODUCTION

Parler de «genre littéraire» n'a plus la bonne réputation d'il y a un siècle. Le monde savant a pris conscience du fait qu'une définition rigide, avec des règles strictes, ne fait souvent pas droit à la pratique des anciens[1]. Néanmoins, il est tout autant possible aujourd'hui qu'autrefois de discerner une certaine cohérence formelle au sein d'un groupe d'ouvrages. Et il n'est aujourd'hui pas non plus faux de dire que chaque auteur répondait à des attentes de ses lecteurs quand il choisit l'une ou l'autre forme pour exprimer ses idées littéraires. Bref, tout ouvrage littéraire était tributaire des conventions du genre auquel il appartenait, même s'il ne faut pas entendre par là qu'il respectait un catalogue détaillé d'exigences.

La littérature chrétienne n'y faisait pas exception, mais se distinguait par le fait d'avoir à inventer ses propres genres ou à adapter ceux qui existaient. C'est principalement pendant le quatrième siècle que des innovations virent le jour, comme la *Vie d'Antoine* d'Athanase qui devint un modèle hagiographique. De même, l'*Histoire ecclésiastique* d'Eusèbe de Césarée inaugura une tradition historiographique qui continuerait dans l'Orient jusqu'à la fin du sixième siècle, quand Évagre le Scholastique écrivit la dernière histoire de l'Église. Ce ne sera qu'au début du quatorzième siècle que Nicéphore Calliste Xanthopoulos essaya de ressusciter le genre dans un esprit antiquisant.

Dans la recherche moderne, Eusèbe est habituellement considéré non seulement comme le fondateur de l'histoire ecclésiastique mais aussi comme son modèle normatif. Il aurait élaboré les caractéristiques du genre et ses successeurs n'auraient eu de cesse de tenter de l'imiter[2]. Par conséquent, les définitions modernes du genre reposent souvent sur une analyse

---

[1] Cf. pour l'historiographie J. MARINCOLA, *Genre*; en général, L.E. ROSSI, *I generi litterari*.

[2] Par exemple F. VITTINGHOFF, *Zum geschichtlichen Selbstverständnis*, p. 535; R.A. MARKUS, *Church History*, p. 10-11; G.F. CHESNUT, *The First Christian Histories*, p. 175; Pauline ALLEN, *Evagrius*, p. 46; W. LIEBESCHUETZ, *Ecclesiastical Historians*, p. 151; D. ROHRBACHER, *The Historians*, p. 12.

de son ouvrage. Pour deux raisons, cette normativité d'Eusèbe n'est pas
justifiée.

D'abord, les chrétiens de l'Antiquité tardive ne croyaient pas tous
qu'Eusèbe, en écrivant son *Histoire ecclésiastique*, s'aventurait sur un
«chemin désert et isolé»[3], comme il le disait lui-même. L'Église avait
eu, selon eux, des historiens dès son origine. Sozomène abandonna ainsi
son projet d'écrire de nouveau l'histoire ecclésiastique de l'ascension
à Constantin, parce que «d'autres s'y sont essayés jusqu'à leur époque
— Clément et Hégésippe, hommes très sages, qui ont été témoins de la
succession des apôtres, et l'historien Julius Africanus et Eusèbe dit de
Pamphile». Eusèbe n'est qu'un des historiens de l'Église[4]. Les évangélistes furent, eux aussi, considérés par Macarios Magnes comme des historiens comparables à Hérodote et les livres des Maccabées devinrent un
exemple pour l'histoire ecclésiastique chez Philostorge[5]. L'historiographie sainte, en tant que précurseur de l'histoire ecclésiastique, fut, selon
plusieurs auteurs, fondée par Moïse[6]. Inutile de souligner que cette parenté
est fictive; il suffit ici de constater que le genre fondé par Eusèbe, selon
notre opinion moderne, avait des antécédents nets, d'après de nombreux
chrétiens de l'Antiquité tardive, et qu'il était intégré dans une historiographie plus vaste à leur avis. Pour eux, Eusèbe n'était pas le fondateur
d'un genre entièrement nouveau.

En second lieu, il n'est pas a priori nécessaire que le fondateur soit
aussi le modèle incontournable du genre. L'historiographie antique n'est
pas entièrement calquée sur Hérodote et Thucydide[7]. De même, les successeurs d'Eusèbe ne suivent pas en tous points exactement son exemple.
Leurs histoires peuvent même être qualifiées comme novatrices par rapport à lui. Cet «abandon d'Eusèbe» est parfois expliqué par les savants
en avançant que chaque historien postérieur «redéfinit le genre», en particulier sous l'influence de l'histoire classique[8]. Au lieu de faire de cette

---

[3] Eusèbe, *HE* 1.1.3.

[4] Soz. 1.1.12. Voir aussi Jérôme, *De viris illustribus* 22 (Hégésippe comme historien);
L'histoire des patriarches p. 359 (Africanus comme historien); Nicéphore Calliste, *HE* 1.1
PG 145.605; Michel le Syrien, *Chronique* pr.

[5] Les évangélistes: Macarios Magnes, *Apocriticus* 2.28.13; Maccabées: Philostorge,
HE 1.1 p. 5.1-16.

[6] Évagre le Scholastique, *HE* 5.24 p. 218.4; Georges d'Alexandrie, *Vita Johannis Chrysostomi* BHG 873bd p. 71.1. Cf. Cassiodore, *Institutiones* 1.17.

[7] Cf. les remarques d'E. GABBA, *True History*, p. 50-53.

[8] Par exemple R.A. MARKUS, *Church History*, p. 10-11; ID., *The End*, p. 91-92;
M. WALLRAFF, *Der Kirchenhistoriker*, p. 145; Jill HARRIES, *Sozomen*, p. 50-52; Theresa
URBAINCZYK, *Observations*, p. 307; D. TIMPE, *Römische Geschichte*, p. 119.

prise de distance par rapport au présumé «maître fondateur» une redéfi-
nition continuelle du genre, il convient, selon nous, plutôt de contester le
statut de modèle qui lui est conféré. En étudiant sur quelles bases communes reposent à la fois l'ouvrage du fondateur et les écrits des continuateurs, on obtiendra une définition du genre qui ne vaut pas uniquement
pour son père.

Le double écueil, celui de ne pas faire droit à l'opinion antique et
celui de surestimer Eusèbe comme modèle normatif, est évité en définissant l'histoire ecclésiastique à partir de l'ensemble des *Histoires ecclésiastiques* jusqu'à Évagre et à partir de ses relations avec les autres
genres historiographiques de l'époque. Aussi proposons-nous un parcours en trois temps. D'abord, nous étudierons comment l'histoire ecclésiastique se comprend par rapport à l'historiographie classique. Nous
verrons qu'elle se présente comme un genre tout-à-fait parallèle à sa
sœur aînée, sauf que son sujet (l'Église) est différent. Ensuite, nous analyserons sa relation avec les autres genres de «l'historiographie chrétienne» (c'est-à-dire l'hagiographie et les recueils de martyres, l'histoire
des moines, et la chronique). Il en ressortira que l'histoire ecclésiastique
est une sorte de synthèse de tous ces autres genres. Ce n'est que dans un
troisième temps, avec l'étude de la diversification interne de l'histoire
ecclésiastique elle-même, que l'image sera complète. Nous verrons qu'il
ne faut pas identifier l'histoire ecclésiastique à des ouvrages semblables
à celui d'Eusèbe, mais qu'elle pouvait assumer des formes diverses,
comme la compilation, la monographie restreinte, ou l'histoire ecclésiastique locale.

Le but de ce parcours est de trouver une définition de l'histoire ecclésiastique qui fasse droit à l'ensemble du genre, d'Eusèbe à Évagre, et d'y
définir la place de Socrate et de Sozomène, leur originalité et les aspects
traditionnels de leurs textes. Au début, nous en restons au concept intui-
tif de l'histoire ecclésiastique, c'est-à-dire Eusèbe et ses successeurs ayant
écrit un ouvrage intitulé *Histoire ecclésiastique*. Nous verrons à la fin ce
qu'il en est de cette définition provisoire.

1. L'HISTORIOGRAPHIE CLASSIQUE ET L'HISTOIRE ECCLÉSIASTIQUE

Les historiens de l'Église n'avaient pas à inventer l'historiographie.
L'historiographie classique, que nous définissons ici comme la tradition
historiographique née en Grèce, transposée à Rome et se continuant jusqu'à l'Antiquité tardive, se présentait à leur esprit comme modèle ou, au

moins, comme entreprise apparentée. Alors que le premier successeur
d'Eusèbe, Rufin, ne semble pas avoir trop raisonné sur la relation de son
travail avec la tradition classique, Socrate et Sozomène se mettent à y
réfléchir. En particulier Socrate, qui se répand en de nombreuses
remarques méthodologiques dans son histoire, est une mine d'or à cet
égard, mais Sozomène nous livre aussi assez d'indices pour nous permettre de juger son attitude.

Nous étudierons d'abord la définition du sujet de l'histoire chez Socrate,
Sozomène et les autres historiens ecclésiastiques. Ensuite, nous aborderons
leur opinion à propos de la définition de l'histoire sous un angle triple:
son caractère narratif, événementiel et véridique. À chaque étape, nous
comparerons ces auteurs avec les historiens classiques afin de saisir la
relation étroite entre les deux genres historiographiques. Nous terminerons
avec une analyse de deux caractéristiques réputées essentielles pour l'histoire ecclésiastique: le langage simple et la citation de documents entiers.

1.1 LE SUJET DE L'HISTOIRE

1.1.1 Socrate

Dans plusieurs passages, Socrate laisse entendre qu'il existe un autre
genre historiographique à côté de l'histoire ecclésiastique. Au milieu du
premier livre, il écrit qu'il ne juge pas approprié de s'appesantir sur la
fondation de cités par Constantin. Le sujet de son histoire «n'est pas
d'énumérer toutes les actions de l'empereur, mais celles-là seules qui
ont trait aux événements ecclésiastiques. C'est pourquoi, les entreprises
de l'empereur qui constituent un autre sujet et requièrent un autre
ouvrage, je les laisse à d'autres, qui peuvent traiter de tels sujets»[9].
Dans ce passage, l'historien ne distingue pas son ouvrage de la biographie[10], mais oppose l'histoire ecclésiastique à l'histoire classique[11].
En effet, le mot πράξεις dénote depuis longtemps le sujet de l'histoire[12]. Bien que le terme κατόρθωμα soit souvent utilisé par les bio-
graphes et qu'il ait une signification morale dans la bouche de certains

---

⁹ Socr. 1.18.14: οὐ γὰρ πρόκειται τὰς πράξεις τοῦ βασιλέως ἀπαριθμεῖν {ὅτι μὴ
ὅσαι πρὸς Χριστιανισμὸν ἁρμόζουσιν}, ἀλλ' ὅσαι μόνον περὶ τὰς ἐκκλησίας ἐγένοντο. διὸ τὰ κατορθώματα τοῦ βασιλέως ἑτέρας ὑποθέσεως ὄντα ἰδίας τε δεόμενα
πραγματείας ἑτέροις ἀφίημι τοῖς τὰ τοιαῦτα συγγράφειν δυναμένοις.
¹⁰ Ce que pense M. WALLRAFF, *Der Kirchenhistoriker*, p. 178.
¹¹ Cf. A. ΚΑΡΠΟΖΙΛΟΣ, *Βυζαντινοὶ ἱστορικοὶ*, p. 128.
¹² Aristote, *Poetica* 1459a; Polybe 1.1; Soz. Déd. 3.

chrétiens comme Jean Chrysostome[13], il est aussi usuel pour les actions historiques[14].

Ailleurs, Socrate se sert encore de la même opposition entre l'histoire ecclésiastique et l'histoire classique. Dans la préface du cinquième livre, il se justifie longuement d'avoir raconté des guerres et des actes de l'empereur dans son *Histoire ecclésiastique*, ce qui implique que, à ses yeux, ces deux sujets appartiennent à un autre genre[15]. De même, en 7.22.21, il dit couper court dans sa description de la guerre contre les Perses, et «la laisser à d'autres parce que par leur longueur les événements exigent un autre ouvrage»[16]. De longues descriptions de batailles n'ont pas de place dans une histoire ecclésiastique. Ces passages montrent que Socrate distingue nettement les sujets respectifs de l'histoire ecclésiastique et classique, la dernière traitant des guerres et de l'empereur.

Nous pouvons encore spécifier le sujet de l'histoire classique dans l'esprit de Socrate. Nous avons vu dans le second chapitre que la question qui occupe l'historien dans le *prooimion* du cinquième livre était de savoir s'il pouvait inclure les affaires publiques dans son *Histoire ecclésiastique*. La justification montre que, selon lui, l'ensemble de la sphère sociale du *demosion* ne constitue pas le thème de l'histoire ecclésiastique, mais bien celui d'un autre genre, l'histoire classique. Cette identification se laisse vérifier. Parmi les passages où l'historien indique explicitement qu'il parle des affaires publiques, il évoque des tremblements de terre, des empereurs[17], des usurpateurs, des guerres civiles et celles contre les barbares[18]. Ces éléments correspondent exactement à la définition de l'histoire classique telle que Hérodien (troisième siècle) l'exprime dans son introduction verbeuse: «Jusqu'aux jours de Marc Aurèle, on ne saurait trouver, dans cet espace d'environ deux cents ans, ni d'aussi continuelles successions d'empereurs que depuis la mort de ce dernier, ni d'aussi fréquents retournements de fortune dans les guerres menées entre citoyens ou contre des étrangers, ni d'aussi nombreux mouvements de population

---

[13] Cf. Laurence BROTTIER, *Jean Chrysostome*, p. 372-373.

[14] Sosylos, *FGrHist* 176 F1 col. 2 l. 30-31 (κατορθώμεναι πράξεις); Diodore de Sicile 1.1.3; Flavius Josèphe, *Bellum judaicum* 1.55; Hérodien 1.5.7; Soz. Déd. 7. Chez Socrate, le mot n'a pas de connotations morales, mais le sens d'«action»: cf. Socr. 2.16.14, 2.38.33.

[15] Voir aussi ci-dessus p. 120-122.

[16] Socr. 7.22.21: ἅπερ διὰ βραχέων ἐκθήσομαι, τὸ μέγεθος αὐτῶν ἰδίας πραγματείας δεόμενον ἑτέροις παρείς.

[17] Séismes: Socr. 2.10.22, 4.3.3, 4.11.4-7; empereurs: Socr. 2.25.1-4, 4.11.1-3.

[18] Usurpateurs: Socr. 2.25.6-11, 4.5; guerres: Socr. 2.10.21, 2.25.5.

et prises de villes dans notre territoire comme chez une foule de barbares, ni autant de tremblements de terre, de pestilences ou — sujet qu'auparavant on évoquait rarement, voire pas du tout — de destins étonnants de tyrans et d'empereurs»[19]. Dans la perspective de Socrate, il y a donc deux genres historiographiques ayant comme sujet leur propre sphère sociale, l'histoire ecclésiastique traitant de l'Église, l'histoire classique se consacrant à l'Empire.

Arrêtons-nous un instant afin de saisir l'importance de ce constat, que nous aurons à répéter à propos des autres historiens. L'empereur, appartenant à la sphère publique et non à l'Église, ne fait pas partie du sujet propre d'une histoire de l'Église, contrairement à ce qu'on affirme souvent[20]. L'histoire ecclésiastique présuppose donc que la société se laisse diviser en deux sphères relativement bien distinguables.

Évidemment, Socrate ne peut pas éviter de parler de l'empereur, mais, explique-t-il, «Nous avons souvent inclus les empereurs dans l'histoire, parce que, dès qu'ils étaient devenus chrétiens, les affaires ecclésiastiques dépendaient d'eux et parce qu'ils convoquèrent et convoquent encore les synodes importants»[21]. Parler de l'empereur est permis quand il s'immisce dans les affaires de l'Église. De la même façon, Socrate peut dire que les guerres perses des années 421-422 n'appartiennent pas au sujet propre de son histoire. Pourtant, il s'attarde sur un épisode qui fut provoqué par une action anti-chrétienne du roi perse[22]. La guerre contre les Perses n'est pas son sujet, mais si le roi perse s'en prend aux chrétiens dans le cadre des hostilités, son acte devient matière pour l'historien de l'Église. Les mesures

---

[19] Hérodien 1.4. Hérodien s'inspire de Thucydide 1.23. Voir aussi les définitions semblables de Tacite, *Historiae* 1.2-3, et, pour l'Antiquité tardive, celles d'Orose (pr.10), de Sidoine Apollinaire (*Epistulae* 4.22.3) et d'Agathias, *Historiae* pr. 10, 1.1.2.

[20] Comme le font G. Downey, *The Perspective*, p. 65-66; G.F. Chesnut, *The First Christian Histories*, p. 105; Lellia Cracco Ruggini, *The Ecclesiastical Histories*, p. 110, 114-115; M. Mazza, *Sulla teoria*, p. 360-361; P. Brown, *Power and Persuasion*, p. 134; A. Καρποζιλος, *Βυζαντινοὶ ἱστορικοὶ*, p. 156-157; J.J. van Ginkel, *John of Ephesus*, p. 13; I. Krivushin, *Socrates Scholasticus' Church History*, p. 102, 106; M. Whitby, *The Emperor Maurice*, p. 330. Voir à propos des deux sphères ci-dessus p. 118-120.

[21] Socr. 5.pr.9-10: συνεχῶς δὲ καὶ τοὺς βασιλεῖς τῇ ἱστορίᾳ περιλαμβάνομεν, διότι, ἀφ' οὗ χριστιανίζειν ἤρξαντο, τὰ τῆς ἐκκλησίας πράγματα ἤρτητο ἐξ αὐτῶν καὶ αἱ μέγισται σύνοδοι τῇ αὐτῶν γνώμῃ γεγόνασίν τε καὶ γίνονται. Voir la suite du texte, qui justifie d'inclure Julien dans l'*Histoire ecclésiastique*, un empereur qui ne convoquait pas de synodes: οὐ μὴν ἀλλὰ Ἰουλιανοῦ μνήμην πεποιήμεθα, διότι τὰς ἐκκλησίας ἐτάραξεν. Avouons cependant que la leçon Ἰουλιανοῦ est disputée par plusieurs savants (M. Wallraff, *Der Kirchenhistoriker*, p. 100 n. 346; Theresa Urbainczyk, rec. *G.C. Hansen, Sokrates. Kirchengeschichte*, p. 220). Nous suivons G.C. Hansen.

[22] Socr. 7.18.25, 7.20.13.

impériales et les guerres, même si elles ne font, strictement parlant, pas partie de l'Empire, peuvent être incluses dans la mesure où elles touchent à l'Église[23].

L'esprit systématique de Socrate n'en reste pas à cette division de sujets. Il essaie de ranger les deux sujets substantiels, l'Église et l'Empire, sous un seul sujet formel, la guerre. Il prétend qu'il décrit les conflits dans l'Église, comme un historien classique les décrit dans la sphère publique. Socrate assume ainsi explicitement l'idée selon laquelle la guerre est le sujet de l'histoire[24] et qu'une période de paix n'apporte rien à l'histoire[25]. Ce modèle, appelé «kinétique» par H. Strasburger, a fortement influencé l'historiographie antique grâce au prestige de Thucydide[26]. En se rattachant explicitement à ce modèle[27] qui était très répandu dans l'Antiquité tardive[28], Socrate présuppose l'existence d'un genre littéraire qui s'occupe de la description des guerres dans la société, et qui se divise en deux genres parallèles, chacun pour une des sphères sociales. L'habitude des chrétiens de désigner leurs schismes et querelles comme des «guerres»[29], voire des «guerres civiles»[30], a sans doute facilité cette démarche. L'auteur d'un sermon pseudo-chrysostomien fait même explicitement le parallèle entre les guerres dans les cités — c'est-à-dire dans l'Empire — et les guerres dans l'Église[31].

---

[23] Il nous semble dès lors peu probable que Socrate assimile l'empereur à un prêtre, comme le prétend H. LEPPIN, *Von Constantin*, p. 294-296. Ce serait confondre les deux sphères que Socrate distingue avec soin. Il est également peu correct d'écrire que Socrate a du mal à définir le sujet de son histoire (D. TIMPE, *Römische Geschichte*, p. 120).

[24] Socr. 1.18.15, 7.48.7. Sur les guerres comme sujet de l'histoire, voir Hérodote 1.pr.; Thucydide 1.1.1-2; Polybe 12.6; Procope, *Bella* 1.1.1; Agathias, *Historiae* pr.1; Ménandre fr. 1.1, 7.6.

[25] Sur la paix comme période «négative», voir G. SCHEPENS, *Oorlog*, p. 18 n. 28. Voir aussi Sulpice Sévère, *Chronique* 1.25.3: *pacis tempore nihil quod historia loqueretur ediderunt*; «Ils ne firent pendant cette période de paix rien que l'histoire ait retenu».

[26] Thucydide 1.1.2. Cf. H. STRASBURGER, *Die Wesensbestimmung*, p. 981, 1013-1014; G. SCHEPENS, Oorlog, p. 12-18; E. MALTESE, *La storiografia*, p. 369.

[27] Cf. Theresa URBAINCZYK, *Socrates*, p. 69; T. HIDBER, *Eine Geschichte*, p. 45; P. MARAVAL, *Socrate de Constantinople*, p. 18.

[28] Cf. Pauline ALLEN, *War*, avec les remarques de H. LEPPIN, *Von Constantin*, p. 29 n. 48.

[29] Grégoire de Nazianze, *Discours* 43.31, 43.58; Grégoire de Nysse, *Vita Gregorii Thaumaturgi* p. 48.21; Jean Chrysostome, *Epistulae ad Olympiadem* 7.3d.

[30] Socr. 1.4.6; ACO 1.1.1 (Coll.Vat. 12) *Epistula Caelestini* p. 90.19, 1.1.5 (Coll. Vat. 152) *Gesta ephesena* p. 124.32. L'usage d'un vocabulaire de guerre n'est donc point une particularité de Socrate, contrairement à ce que semble assumer T. HIDBER, *Eine Geschichte*, p. 57-58.

[31] Pseudo-Jean Chrysostome, *De vigilantia* 10.

Voilà la définition de l'histoire que Socrate nous propose: celle d'un genre littéraire qui décrit les guerres dans la société. Puisque cette société se compose de deux sphères, Église et Empire, il y a donc deux genres historiographiques, ecclésiastique et classique. Le traitement des événements appartenant à l'Empire, comme les actes de l'empereur ou les entreprises militaires, est permis dans une histoire ecclésiastique dans la mesure où ceux-ci influencent l'Église. L'histoire ecclésiastique est donc un genre parallèle à l'histoire classique, qui s'en distingue par son sujet. Nous retrouverons cette conception chez tous ses collègues.

1.1.2 Sozomène

Sozomène est plus discret en ce qui concerne les questions théoriques. Quelques remarques suffisent pourtant pour montrer qu'il ne diffère pas fondamentalement de son prédécesseur.

Ce n'est que dans le dernier livre que Sozomène nous laisse entrevoir sa conception. Il avoue implicitement que ce livre, presque entièrement consacré aux problèmes de l'empire occidental, traite d'un sujet impropre à une histoire ecclésiastique. Au milieu de son récit sur le sac de Rome en 410, il dit décrire enfin un événement «qui me semble approprié pour une histoire ecclésiastique» et fait suivre l'histoire de la femme romaine et catholique résistant au viol par un Goth arien[32]. Le récit du sac même, précédant cette phrase, n'appartient ainsi pas, strictement parlant, à une histoire ecclésiastique, mais à une histoire classique. Sozomène remarque également dans le neuvième livre que la découverte des reliques des quarante martyrs de Sébaste appartient à l'histoire ecclésiastique, en contraste avec les paroles élogieuses précédentes, qui appartiendraient plutôt à un encomion[33].

À l'instar de Socrate, Sozomène identifie le sujet de l'histoire classique avec l'Empire. En 8.25.1, il catalogue les plans d'invasion de Stilicon dans l'empire oriental (405-407) comme un «événement de l'Empire» (τὰ κοινά). Il répète ces projets en 9.4.2-4, dans le long récit des événements menant au sac de Rome. Nous venons de voir que ce récit

---

[32] Soz. 9.10.1: οἷα δὲ εἰκὸς ὡς ἐν ἁλώσει τοσαύτης πόλεως πολλῶν συμβεβηκότων ὃ τότε μοι ἔδοξεν ἐκκλησιαστικῆς ἱστορίας ἄξιον γεγενῆσθαι ἀναγράψομαι.

[33] Soz. 9.1.13: ὃ δέ μοι καὶ κατὰ ταὐτὸν ἐκκλησιαστικῆς τε ἱστορίας ἴδιον εἶναι δοκεῖ.

appartient, selon Sozomène, plutôt à une histoire classique. Ce même pas-sage, désigné tantôt comme appartenant à l'histoire classique, tantôt comme «affaires de l'Empire», montre que la première est le genre lit-téraire traitant des secondes.

Ce constat à partir du neuvième livre est confirmé par les sujets que Sozomène traite dans les passages désignés comme des événements de la sphère publique: les guerres civiles et les usurpations y appartien-nent[34], tout comme les invasions et les phénomènes naturels[35]. De nou-veau, c'est ce que les historiens classiques considèrent comme leur thème. Tout comme son prédécesseur, Sozomène permet que les affaires publiques soient reprises dans la mesure où elles touchent à l'Église. La législation impériale est importante pour l'histoire ecclésiastique, mais il ne faut pas discuter toutes les lois; seules sont à utiliser celles légifé-rant sur la religion[36].

Il est désormais clair que Sozomène accorde, comme Socrate, un genre historiographique à chacune des deux sphères sociales. L'histoire clas-sique traite des affaires publiques, alors que sa consœur ecclésiastique s'occupe de celles de l'Église. Le genre littéraire de l'histoire se divise donc en deux genres parallèles.

La relation entre les deux sous-genres n'est pourtant pas considérée de la même façon par les deux historiens. Sozomène n'essaie pas de les clas-ser sous un même sujet formel. Il se sert par exemple habituellement des mots πόλεμος et στάσις à propos de l'Église, seulement quand il est question de violence physique[37]; une seule fois, les querelles entre les hommes de l'Église sont qualifiées comme στάσις[38].

Au contraire, la distinction à propos du sujet se recoupe chez lui avec une opposition idéologique. L'histoire classique est identifiée au paga-nisme, alors que l'histoire ecclésiastique est évidemment chrétienne. Déjà dans sa préface, Sozomène oppose le sujet grandiose de son histoire, la révolution chrétienne, aux sujets risibles des auteurs païens, le sanglier de Calydon et le taureau de Marathon[39], les temps mythiques étant à l'époque compris comme faisant partie de l'histoire[40]. Ailleurs, Sozomène disso-cie les historiens chrétiens des historiens païens. Il signale qu'un presbytre

---

[34] Soz. 1.6.4, 4.6.6, 8.1-3, 8.25.2-4; cf. Soz. 4.1, 4.4, 6.8.1-3.
[35] Invasions: Soz. 8.25.1; phénomènes naturels: Soz. 8.27.2.
[36] Soz. 1.1.13, 1.8.14.
[37] Soz. 3.7.5, 4.9.8, 6.19.4, 6.20.11.
[38] Soz. 1.1.16.
[39] Soz. 1.1.11.
[40] Cf. Évagre le Scholastique, *HE* 5.24.

d'origine perse, Auxence, était «bien versé dans ce qui est raconté par les historiens païens et ecclésiastiques»[41].

Il ne nous semblera pas étonnant que Sozomène méprise ces auteurs païens. La remarque dans la préface a déjà été citée. Il polémique contre la falsification de l'histoire par les païens à propos de la conversion de Constantin et se moque de leurs interprétations de la mort de Julien. L'historien visé par ces attaques est sans doute Eunape[42]. Le dernier livre est une longue réécriture de l'histoire d'Olympiodore[43]. Sozomène en corrige la version quand celui-ci présente le christianisme sous un mauvais jour. Il impose en plus une interprétation providentialiste aux faits: il suffit au roi d'être un chrétien pieux pour que Dieu détruise ses ennemis[44]. Ce providentalisme est probablement une raison importante de son mépris envers les historiens païens. L'histoire classique, domaine des païens, ne peut jamais atteindre la vérité, parce qu'elle n'est pas capable d'entrevoir ce qui dirige l'histoire, à savoir Dieu qui aide les dévots et punit les impies. L'histoire ecclésiastique, qui reconnaît le rôle joué par Dieu, est ainsi la seule qui peut décrire la véritable évolution de l'histoire.

Face à la symétrie que prône Socrate, une asymétrie est donc à observer chez son successeur. La préférence de Sozomène pour l'Église face à l'Empire, observée dans le chapitre précédent[45], est confirmée ici par son affirmation de la supériorité de l'histoire ecclésiastique. Bien que la dépréciation de l'histoire classique en faveur de l'histoire ecclésiastique soit l'attitude chrétienne habituelle durant l'Antiquité tardive[46], le cas de Socrate montre pourtant que la distinction entre histoire ecclésiastique et classique n'était pas par définition une opposition idéologique, contrairement à ce qui a été affirmé, entre autres, par F. Vittinghoff en A. Momigliano[47].

[41] Soz. 7.21.8: πολυμαθῆ τῶν Ἕλλησι καὶ τοῖς ἐκκλησιαστικοῖς συγγραφεῦσιν ἱστορημένων. Cf. les remarques à propos d'Eusèbe (Soz. 1.1.12) et du novatien Sisinnios (Soz. 7.12.4). Cette opposition entre une histoire païenne et chrétienne dépend de la traduction de συγγραφεύς par «historien», et non par le terme général «auteur». Συγγραφεύς dans le sens de historien est usuel, en particulier chez les historiens eux-mêmes: cf. Thémistius, Discours 7.87c; Agathias, Historiae pr.14.
[42] Soz. 1.5, 6.2.11.
[43] Pour le neuvième livre, voir p. 144-149 et P. VAN NUFFELEN, Sozomenus.
[44] Cf. Soz. Déd. 21, 6.1-2, 6.39-40, 7.13-14, 7.22-24, 8.25, 8.27.
[45] Cf. ci-dessus p. 153-156.
[46] Cf. par exemple Sulpice Sévère, Chronique 2.14.3; Augustin, De civitate Dei 18.40; Jean de Beith-Aphthonia, Vita Severi p. 210.7.
[47] F. VITTINGHOFF, Zum geschichtlichen Selbstverständnis, p. 535; A. MOMIGLIANO, Pagan and Christian Historiography, p. 110; M. MAZZA, Lo storico, p. 262-263; E. MALTESE, La storiografia, p. 371-372.

1.1.3 Les autres historiens de l'Église

L'idée du parallélisme des deux genres historiographiques est partagée par les autres historiens de l'Église. Théodoret insiste sur le thème commun de la guerre, comme Socrate[48]. Il range les actions de l'empereur parmi les affaires publiques et les laisse implicitement à un autre genre historiographique, rejoignant à nouveau Socrate[49].

Les affirmations des auteurs postérieurs vont dans le même sens. Jean d'Éphèse a le même sens aigu que Socrate pour la distinction entre affaires ecclésiastiques et publiques et dit explicitement ne parler de l'empereur que quand ses actes touchent l'Église. Le caractère particulier du sixième livre de son histoire, entièrement consacré à des expéditions militaires, est expressément justifié avec une référence aux idées eschatologiques: puisque ces guerres annoncent la fin des temps, elles peuvent être racontées dans une histoire ecclésiastique. Par conséquent, les guerres ordinaires, qui n'ont pas de signification eschatologique, n'ont pas, selon lui, de place dans une histoire ecclésiastique[50].

Le dernier historien de l'Église, Évagre le Scholastique, se conforme aussi à ce modèle. Il renvoie, par exemple, pour l'invasion perse de 502-503, au chroniqueur Eustathe d'Épiphanéia[51]. La différence est encore accentuée au quatrième livre où l'historien se base sur l'histoire de Procope pour son récit de la guerre contre les Vandales, mais n'en choisit que les faits mirifiques ou ceux qui ont explicitement trait à l'Église[52]. Il polémique aussi amplement contre Zosime (début du sixième siècle) et justifie cette digression comme nécessaire pour une histoire ecclésiastique parce que les historiens païens déforment délibérément les faits[53].

Retournons maintenant à Eusèbe de Césarée. A. Momigliano, et beaucoup d'autres, insistent sur son orginalité en suggérant qu'il se serait consciemment éloigné de l'histoire classique en sujet et en méthode et qu'il aurait eu l'intention de créer un genre fondamentalement nouveau[54]. Même si l'originalité d'Eusèbe n'est pas à sous-estimer, l'évêque de Césarée n'a pas cette prétention. Il croit seulement ouvrir

---

[48] Théodoret, *HE* 1.1.5-7, 5.38.25-26. Voir aussi Théodoret, *Historia religiosa* pr.2-3.
[49] Théodoret, *HE* 1.25.13.
[50] Jean d'Éphèse, *HE* 3.9 p. 99.28, 5.14 p. 199.28, 6.1 p. 210.8.
[51] Évagre le Scholastique, *HE* 3.37 p. 136.3.
[52] Évagre le Scholastique, *HE* 4.18-30: cf. Pauline ALLEN, *Evagrius*, p. 185-187; M. WHITBY, *The Ecclesiastical History*, p. 218 n. 47.
[53] Évagre le Scholastique, *HE* 3.41 p. 144.14-17.
[54] A. MOMIGLIANO, *The Classical Foundation*, p. 138; R.M. GRANT, *The Case*, p. 413; L. PERRONE, *Eusebius*, p. 525.

un nouveau champ d'investigation pour l'histoire. Dans sa préface, il dit: «Je suis en effet le premier à entamer ce sujet et à m'avancer pour ainsi dire sur un chemin désert et inviolé»[55]. Le sujet, l'histoire du peuple chrétien, est nouveau; la forme que prendra son récit, par contre, ne l'est pas. Dans la phrase suivante, Eusèbe dit en effet essayer de réunir les passages utiles des écrivains anciens «dans un récit historique»[56]. Dans le *prooimion* du cinquième livre, il renvoie à «d'autres historiens». Dans ce passage, il préfigure même la conception de Socrate; le sujet de l'histoire classique, c'est la guerre, alors que le sujet de son *Histoire ecclésiastique* sont les guerres spirituelles pour le salut de l'âme[57].

Les historiens de l'Église prétendent donc que leurs ouvrages ne se distinguent de l'histoire classique que par le sujet, le peuple chrétien chez Eusèbe, l'Église comme sphère de la société chez ses successeurs. Le sujet de l'histoire ecclésiastique est ainsi l'Église en tant qu'entité sociale, vue en opposition avec l'Empire. Évidemment, il s'y ajoute un sens spirituel, que nous retrouvons par exemple dans l'affirmation de la supériorité de l'histoire ecclésiastique par Sozomène, mais il ne saurait faire oublier que les historiens ecclésiastiques définissent leur sujet en premier lieu comme une sphère de la société, quoique le contraire soit défendu, entre autres, par A. Momigliano et D. Timpe[58]. Nous reviendrons ci-dessous (p. 181-183) sur la relation entre l'histoire et la foi.

Il faut maintenant étudier si cette prétention des historiens ecclésiastiques, que l'histoire ecclésiastique est un genre parallèle à l'histoire classiqie, est confirmée par leurs énoncés à propos de la définition de l'histoire: les historiens ecclésiastiques conçoivent-ils l'histoire de la même façon que leurs collègues classiques?

---

[55] Eusèbe, *HE* 1.1.3: ἐπεὶ καὶ πρῶτοι νῦν τῆς ὑποθέσεως ἐπιβάντες οἷά τινα ἐρήμην καὶ ἀτριβῆ ἰέναι ὁδὸν ἐγχειροῦμεν.

[56] Eusèbe, *HE* 1.1.4: δι' ὑφηγήσεως ἱστορικῆς.

[57] Eusèbe, *HE* 5.pr.3-4. Cette idée se retrouve aussi ailleurs, voir *Constitutiones apostolicae* 2.34.4, 6.2.1; *Vita Marcelli Acoemeti* BHG 1027z.1. Pour une discussion de ce passage, voir R.M. GRANT, *Eusebius*, p. 168 et F. WINKELMANN, *Euseb von Kaisarea*, p. 109-110, qui comprend ce passage comme un essai de se différencier d'avec l'histoire classique. Nous y voyons plutôt un essai de s'en rapprocher.

[58] A. MOMIGLIANO, *The Classical Foundation*, p. 132-140; D. TIMPE, *Was ist Kirchengeschichte?*, p. 179; ID., *Römische Geschichte*, p. 108. Voir aussi H. LEPPIN, *Von Constantin*, p. 37, qui parle de «Glauben» au lieu d'«Église». L'opposition Empire — Église dans une histoire ecclésiastique n'est donc pas non plus identique à celle entre le profane et le sacré, contrairement a ce que semble assumer A. MOMIGLIANO, *The Classical Foundation*, p. 21 (cf. R.A. MARKUS, *Saeculum*, p. 1-21).

1.2 LA DÉFINITION DE L'HISTOIRE

Dans la préface au sixième livre, Socrate dit ne pas accorder les titres habituels aux évêques et aux empereurs[59], puisqu'il doit «obéir aux lois d'histoire», c'est-à-dire livrer un «récit des faits qui est clair, véridique et dépouillé de tout embellissement»[60]. Ce sont les principes méthodologiques de l'historiographie auxquels il renvoie; d'autres branches de la littérature, comme l'encomion possèdent aussi leurs «lois»[61]. L'appel aux «lois» de l'historiographie se rencontre déjà chez Cicéron et est particulièrement aimé dans l'Antiquité tardive[62]. Puisque Socrate fait suivre cet énoncé d'une allusion à Thucydide[63], il prétend clairement s'associer à l'historiographie classique.

Selon la définition de Socrate, l'histoire est donc un récit vrai d'événements. On trouve des parallèles pour cette définition chez Sozomène[64], mais aussi dans des manuels rhétoriques[65]. Passons en revue les trois caractéristiques afin de voir si sa prétention à se conformer aux règles de l'histoire classique est justifiée. En même temps, nous étudierons si Sozomène et les autres historiens de l'Église suivent Socrate sur cette voie. Nous discuterons ensuite deux éléments dont on prétend qu'ils constituent une spécificité méthodologique des historiens de l'Église: le langage simple et l'usage de documents.

---

[59] On trouve des critiques semblables sur l'usage excessif de titres chez Procope, *Anekdota* 30.26; Ménandre fr. 4.6.

[60] Socr. 6.pr.9: (…) καὶ τοῖς νόμοις πειθόμενος, οἳ τὴν τῶν πραγμάτων ἀπαιτοῦσιν διήγησιν καθαρὰν καὶ ἀληθῆ καὶ παντὸς ἀπηλλαγμένην ἐπικαλύμματος (…).

[61] Libanios, *Discours* 18.53; Pseudo-Martyrius, *Vita Johannis Chrysostomi* BHG 871.457a; Socr. 4.25.4; Théodoret, *Historia religiosa* pr. 9.

[62] Cicéron, *Ad familiares* 5.12.3, *De oratore* 2.15.62; Flavius Josèphe, *Bellum judaicum* 1.11, 5.20; Ammien Marcellin 26.1.1, cf. 27.2.11; Agathias, *Historiae* 5.10.7, cf. pr.14; Bède le Vénérable, *Historia ecclesiastica gentis Anglorum*, pr. Cf. Fortunatianus p. 84.14-20; Martianus Capella 5.551-552; Servius, *In Aeneidem* 9.742; Photius, *Bibliothèque* 77.54a.

[63] Socr. 6.pr.10: cf. Thucydide 1.22.2.

[64] Soz. 1.1.20 (ἀφήγησις τῶν πραγμάτων); Soz. 3.15.10 (οὐ γὰρ τάδε συγγράφειν προὐθέμην οὔτε ἱστορίᾳ πρέπον, ᾗ ἔργον μόνα τὰ ὄντα ἀφηγεῖσθαι μηδὲν οἰκεῖον ἐπεισαγούσῃ).

[65] Cf. la définition d'un manuel de rhétorique latine inconnu (J.-P. CALLU, *Écrire l'histoire*, p. 220): *historici officii sunt tria: ut veras res, ut dilucide, ut breviter exponat*. Comparez avec la définition du récit (διήγησις) dans le manuel de Nicolaos comme «un exposé vrai des événements (πράγματα) ayant trait à un sujet (ὑπόθεσις)» (Nicolaos, *Progymnasmata* p. 4.11-18, 11.11-12.6).

1.2.1 Le récit

Il n'y a aucune discussion sur le caractère narratif d'une histoire dans l'Antiquité, nous l'avons déjà vu. Aussi les Pères de l'Église conçoivent une histoire comme un récit, et l'ensemble de l'historiographie chrétienne se désigne comme des récits[66].

Le récit raconte, c'est-à-dire qu'il ne donne pas d'énumération exhaustive de ce qui s'est passé mais montre comment les choses sont passées. Deux traits fondamentaux de l'histoire découlent de son caractère narratif. D'abord, elle est nécessairement limitée, en n'établissant pas d'inventaire complet des faits[67]. Ensuite, elle doit avoir une certaine unité; les événements doivent être liés afin d'en expliquer les causes[68]. Le livre d'Olympiodore, qui entasse simplement des événements arrivés pendant presqu'un quart de siècle en l'Occident, accompagnés de digressions sur l'Orient, est correctement qualifié par l'auteur même de «matériaux d'une histoire» au lieu d'«histoire»[69]. Il lui manque, en effet, l'unité nécessaire pour prétendre à ce titre.

Regardons si nous retrouvons ces deux caractéristiques chez les historiens ecclésiastiques.

À propos de la première, les historiens de l'Église se conforment à la pratique habituelle. Socrate remarque souvent qu'il ne dit pas tout ce qu'il sait et qu'il ne cite pas tous les documents dont il dispose. Il préfère renvoyer l'intéressé à d'autres sources d'information[70]. Sozomène est d'accord sur ces deux points et affirme qu'on ne peut pas tout dire afin de ne pas surcharger le récit, et que les documents peuvent être lus dans le détail ailleurs[71]. D'autres historiens de l'Église comme Jean d'Éphèse et Évagre ne diront pas autre chose[72].

---

[66] Eusèbe, *HE* 1.1.4; Grégoire de Nazianze, *Discours* 21.5; Callinicos, *Vita Hypatii* Déd. 2, 3, 22, 33; Augustin, *De doctrina christiana* 2.28.44; *Historia monachorum* pr. l. 18, 76; Marc le Diacre, *Vita Porphyrii* 1; Jean d'Éphèse, *HE* 4.46 p. 172.31; Georges d'Alexandrie, *Vita Johannis Chrysostomi* BHG 873bd p. 72.

[67] Dion Cassius 73.18.3; Ammien Marcellin 15.1.1, 23.6.1; Historia Augusta, *Tacitus* 19.6; Ménandre fr. 6.2 l. 25-30; Théophylacte Simocatta, *Historiae* 8.13.15. Cf. R. NICO-LAI, *La storiografia*, p. 139.

[68] Implicitement: Hérodote pr.1, Thucydide 1.1, Dion Cassius 73.18.3; explicitement: Flavius Josèphe, *Bellum judaicum* 4.496, Lucien, *Quomodo historia conscribenda sit* 51, Hérodien 2.15.6-7, Ammien Marcellin 15.1.1, Eunape, *Historiae* fr. 5.1, Zosime 3.2.4, Photius, *Bibliothèque* 79.55a.

[69] Olympiodore T1: ὕλη συγγραφῆς.

[70] Socr. 1.27.12, 2.1.5, 2.37.50, 2.39.8, 7.18.25.

[71] Soz. 1.1.14, 2.3.13, 4.11.1.

[72] Jean d'Éphèse, *HE* 1.21 p. 19.15-20, 1.30 p. 28.17-18, 2.7 p. 47.13; Évagre le Scholastique, *HE* 4.32 p. 182.10-13. Cf. *Vita Danielis Stylitae* BHG 489.101 p. 93.2.

L'unité du récit, la seconde caractéristique, n'est pas explicitement discutée par Socrate et Sozomène. Aux yeux des modernes, par contre, c'est un problème chez les historiens de l'Église. Le récit d'Eusèbe a été critiqué pour son manque de cohérence interne, ce qui se traduirait par l'énumération des sujets divers dans son *prooimion* et par la transition d'un sujet à l'autre, selon le chapitre, sans qu'on puisse y voir une ligne cohérente[73]. L'*Historia Ecclesiastica* de Rufin serait plutôt une poignée de *facta mirabilia* qu'un ouvrage unifié et structuré[74]. Le récit de Socrate pourrait donner l'impression d'être plutôt une chronique qu'une histoire par sa suite de faits dans l'ordre chronologique[75].

Bien que des historiens ecclésiastiques comme Socrate, Sozomène et Théodoret introduisent bel et bien des principes de composition littéraire dans leurs livres[76], ces critiques sont partiellement justifiées. L'histoire ecclésiastique est censée couvrir l'ensemble de la sphère sociale de l'Église, c'est-à-dire parler des martyrs, des moines, des hommes saints, des querelles ecclésiastiques et des écrivains notables, tout cela à propos de l'ensemble de l'Empire. Que la cohérence du récit en souffrait parfois ne doit pas nous surprendre.

Tout en admettant que le problème est réel, nous devons nous rendre compte du fait que les historiens de l'Église ont souvent pris l'option de restaurer l'unité du récit avec d'autres moyens que le choix d'un seul sujet spécifique. C'est plus particulièrement la théologie de l'histoire qui assure la cohérence et accorde à chaque événement son sens et sa place dans le récit. Le progrès du christianisme chez Eusèbe, le retour de la paix chez Socrate, la révolution chrétienne chez Sozomène, la lutte entre le bien et le mal chez Théodoret, ces thèmes établissent l'unité du récit malgré, ou à travers, la diversité des sujets[77].

Le manque d'unité narrative est donc souvent compensé par l'unité philosophique de l'histoire. C'est un trait qui manque en général dans l'historiographie classique, bien que l'histoire de Zosime, basée sur l'idée

[73] F. OVERBECK, *Über die Anfänge*, p. 64; W. NIGG, *Die Kirchengeschichtsschreibung*, p. 21; E. SCHWARTZ, art. *Eusebios*, col. 1395; ID., *Über Kirchengeschichte*, p. 114; R.L. MILBURN, *Early Christian Interpretations*, p. 63, 71; D. TIMPE, *Römische Geschichte*, p. 108.

[74] Voir l'analyse de Therese FUHRER. *Rufins* Historia Ecclesiastica, p. 62.

[75] Voir les remarques de M. WALLRAFF, *Der Kirchenhistoriker*, p. 158.

[76] Sur Socrate et Sozomène, voir ci-dessous p. 265-269, 279-282, et Appendice I. Sur Théodoret, voir H. LEPPIN, *Von Constantin*, p. 287-290. Remarquons que Pseudo-Gélase de Cyzique insiste sur l'ἀκολουθία de son récit (1.2.1, 3.16.10).

[77] Voir le chapitre précédent. À propos d'Eusèbe, voir aussi D. MENDELS, *The Media-History*, p. 241.

de la décadence de l'histoire, montre que, dans l'Antiquité tardive, celle-
là n'y est pas non plus indifférente.

1.2.2 Les événements

Un historien raconte des événements (πράγματα/γεγονότα). Par
conséquent, des développements théologiques n'ont pas de place dans
une histoire ecclésiastique. Socrate refuse de s'appesantir sur le rôle de
la providence dans l'histoire[78], alors que Sozomène souligne que la théologie «ne convient pas à l'histoire» et qu'il faut en rester aux faits[79].

Pourtant, à l'instar de leurs collègues classiques[80], les historiens de
l'Église ne racontent pas simplement les faits, mais choisissent les événements les plus importants, et ce sous un double angle. D'une part, uniquement les faits «célèbres» ou «dignes» d'être inclus dans une histoire
sont dérobés à l'oubli: c'est la fonction commémorative[81]. D'autre part,
le récit des événements procure une certaine utilité au lecteur.

Socrate insiste à plusieurs endroits sur le fait qu'il décrit un événement
«digne» d'être raconté[82]. La grandeur des actes du moine novatien Eutychien suffit pour justifier leur insertion dans son *Histoire ecclésiastique*.
Il s'abstient également de discuter les causes de la dissension entre deux
factions des eunomiens, puisque «les mots ternes» professés par eux
étaient indignes d'être repris dans une histoire[83]. De même, l'importance
objective des événements à Constantinople lui sert de justification pour en

---

[78] Socr. 1.18.16, 1.22.14.

[79] Soz. 1.1.17, 3.15.10: οὐ γὰρ τάδε συγγράφειν προὐθέμην οὔτε ἱστορίᾳ πρέπον,
ᾗ ἔργον μόνα τὰ ὄντα ἀφηγεῖσθαι μηδὲν οἰκεῖον ἐπεισαγούσῃ. Ce n'est pas un essai
de Sozomène de démontrer son objectivité (comme le pense Jill HARRIES, *Sozomen*, p. 46),
mais une exclusion de ce qui n'appartient pas à l'histoire. Remarquons que même Jean de
Beith-Aphthonia, auteur d'une *Vita Severi* dit qu'il ne va pas s'occuper de la théologie;
son sujet, ce sont les actions de son héros (p. 250.8, 252.10-12).

[80] Voir Cicéron, *De oratore* 2.62; Plutarque, *Vie d'Alexandre* 1.2; Dion Cassius
73.18.3; Hérodien 1.1.1-2; Ammien Marcellin 23.1.1, 23.6.74, 26.1.1, 28.1.2; Historia
Augusta, *Macrinus* 1.4, *Duo Gallieni* 20.5; Procope, *Bella* 1.1.1, 1.1.6, *Ktismata* 1.1.2;
Agathias, *Historiae* pr.2-3, pr.20. Cf. G. SABBAH, *La méthode*, p. 47-59; D. DEN HENGST,
The prefaces, p. 44-46; J. MARINCOLA, *Authority*, p. 34-43.

[81] Eusèbe, *HE* 1.1.4-5; Théodoret, *HE* 1.1.1, *Historia religiosa* pr. 2; Jean d'Éphèse,
HE 1.3 p. 2.15-25; Évagre le Scholastique, *HE* 1.pr p. 5, 4.11 p. 162.6, 4.26 p. 173.1.
G. SABBAH, *La méthode*, p. 53-54 semble sousestimer l'importance de ce *topos* chez les
historiens de l'Église.

[82] Socr. 4.16.2, 4.30.1 (μνήμης ἄξιον), 5.20.1, 7.2.8, 7.17.6, 7.22.1.

[83] Eutychien: Socr. 1.13.3; Eunomiens: Socr. 5.24.6.

parler tant[84]. Sozomène, pour sa part, remarque souvent qu'il lui faut inclure telle ou telle anecdote car elle est «digne et étonnante» ou «digne d'être racontée»[85], comme la défiance de Julien par les chrétiens d'Antioche[86].

À cette fonction commémorative se joint immédiatement l'utilité de l'histoire. Une histoire classique peut avoir une utilité pratique, en aidant à s'orienter dans le politique et la guerre[87], ou une utilité morale, quand l'historien dépeint les erreurs ou les exploits du passé comme avertissement ou incitation pour le présent[88]. L'histoire ecclésiastique rejoint l'ensemble de l'historiographie chrétienne en mettant surtout l'accent sur l'utilité morale[89].

Ceci vaut en particulier pour Sozomène, qui considère son histoire comme une collection de grands exemples de la piété ayant pour but d'inspirer ses lecteurs. Nous verrons immédiatement comment il espère que son histoire soit un outil dans l'éducation des moines[90].

L'attitude de Socrate, par contre, se distingue des autres historiens ecclésiastiques par une certaine réticence à propos de l'utilité morale de son histoire. Certes, la digression sur les moines égyptiens assume cette fonction, mais on ne saurait attribuer son but à l'ensemble de l'histoire[91]. De même, Socrate dit raconter les vertus de Théodose II afin que la postérité puisse prendre connaissance de ces «choses utiles», mais cette phrase ne se réfère pas non plus à l'ensemble de l'histoire[92]. Nous verrons dans le chapitre suivant que Socrate attribue un rôle important dans la causalité historique, aux péchés humains qui sont pour lui les causes des troubles dans l'Empire et l'Église[93]. Pourtant, ce constat à

---

[84] Socr. 5.24.9.

[85] Soz. 1.6.1 (τι θαυμαστὸν καὶ συγγραφῆς ἄξιον), 1.9.6, 7.25.10, 8.5.3, 9.10.1.

[86] Soz. 5.19.4.

[87] Par exemple, dans l'Antiquité tardive, Procope, *Bella* 1.1.2; Julien, *Discours* 2.124bc. Cf. C.W. FORNARA, *The Nature of History*, p. 106, 112.

[88] Tacite, *Historiae* 1.3.1; Procope, *Ktismata* 1.1.2, *Anekdota* 1.7-9; Agathias, *Historiae* pr. 4; Théophylacte Simocatta, *Historiae* 1.pr.13.

[89] Eusèbe, *HE* 1.1.5; Rufin, *HE* pr.; Palladios, *Dialogue* 20.5-6; Théodoret, *Historia religiosa* pr. 1; Hésychius de Jérusalem, *Epitome de prophetis* PG 93.1340c-1341a; Pseudo-Zacharie le Rhéteur, *HE* 1.1 p. 3.22-26; Jean d'Éphèse, apud Pseudo-Denys, *Chronique* II p. 82, 109. L'utilité morale est évidemment mise en évidence par les vies de saints: cf. Théodore de Paphos, *Vita Spyridonis* BHG 1647b p. 80.17; *Vita Alexandri Acoemeti* BHG 47.4; *Vita Marcelli Acoemeti* BHG 1027z.1.

[90] Soz. 1.1.17-19. Voir ci-dessous p. 202-204.

[91] Socr. 4.23.78.

[92] Socr. 7.22.1. Cf. Socr. 7.46.5-6.

[93] Socr. 5.pr.5. Cf. ci-dessous p. 293-295.

propos de la causalité n'est jamais transformé en une exhortation morale. Socrate n'affirme donc pas explicitement l'utilité morale de son histoire.

Socrate envisage en effet un autre double but à son histoire. «La connaissance des faits confère d'une part de la réputation auprès de la plupart des gens; elle rend d'autre part celui qui les connaît plus assuré et lui apprend à ne pas être ébranlé lorsque survient dans des phrases une parole vide de sens»[94]. La κενοφωνία, c'est sans doute la dispute à propos du *homoousios*[95]. L'historien distingue donc deux groupes de personnes auxquels il s'adresse[96]. Les gens simples et sans éducation «ne désirent savoir que les événements»[97], c'est-à-dire que des considérations d'utilité ne les regardent pas. La connaissance des faits ne cause que du respect pour l'historien chez ceux-ci; on y retrouve le topos classique de la célébrité de l'historien[98]. Les «intellectuels», par contre, peuvent apprendre du passé. L'histoire leur dévoile que les disputes basées sur la dialectique, et non sur la foi, mènent à la dislocation de l'Église.

Pour Socrate l'histoire a donc avant tout une fonction commémorative et il n'en envisage un but pratique que pour les gens éduqués. L'utilité morale reste restreinte à des digressions.

Résumons. En racontant les événements les plus importants, l'histoire ecclésiastique assume en premier lieu la fonction commémorative de l'histoire. En ce qui concerne l'utilité de cette entreprise, elle la cherche d'habitude dans le domaine moral, à l'exception de Socrate. Signalons pour terminer qu'une autre fonction traditionnelle de l'histoire, le divertissement du lecteur — le τερπνόν[99] —, n'est guère présente chez les historiens de l'Église[100].

---

[94] Socr. 1.18.16: ἡ γὰρ περὶ τούτων γνῶσις παρὰ μὲν τοῖς πολλοῖς καὶ εὐκλείαν φέρει, αὐτὸν δὲ τὸν ἐπιστάμενον ἀσφαλέστερον ἀπεργάζεται διδάσκει τε μὴ σαλεύεσθαι κενοφωνίας τινὸς ἐμπεσούσης ἐκ λέξεων.

[95] Cf. Socr. 1.18.15.

[96] Cf. Socr. 7.27.5.

[97] Cf. Socr. 6.pr.4: ἔπειτα δὲ καὶ οὐδαμῶς οἰκοδομήσει τοὺς πολλοὺς καὶ ἰδιώτας ὁ λόγος, οἳ τὰ πράγματα βούλονται μόνον εἰδέναι, οὐ τὴν λέξιν ὡς καλῶς συγκειμένην θαυμάσαι.

[98] Cf. J. MARINCOLA, *Authority*, p. 57-62.

[99] Denys d'Halicarnasse, *Ad Pompeium* 12; Hérodien 1.1.3. Sur ce *topos* à l'époque byzantine, voir Anna Maria TARAGNA, *Logoi historias*, p. 165-169.

[100] Pourtant, Rufin, *HE* pr. p. 951.1-10, s'en rapproche. La *Vita Marcelli Acoemeti* BHG 1027y.1 refuse explicitement le τερπνόν comme but.

1.2.3 La véracité

Une histoire raconte des événements vrais; son caractère événementiel présuppose en effet la visée véridique[101]. En tant que récit
véridique, elle s'oppose au mythe[102], au mensonge[103] et au panégyrique[104]. L'exigence de parler vrai dans une histoire est acceptée et
défendue par les chrétiens[105]; il ne nous paraîtra pas étonnant que les
histoires ecclésiastiques soient parsemées d'affirmations quant à leur
véracité (ἀλήθεια) ou leur précision (ἀκρίβεια)[106]. Il est facile de
multiplier les passages où Socrate et Sozomène se réclament de ces
deux qualités[107].

La vérité a pourtant une dimension supplémentaire dans l'histoire
ecclésiastique par rapport à l'histoire classique. Socrate et Sozomène
— tout comme par exemple Théodoret[108] — assimilent la vérité à la doctrine chrétienne orthodoxe. Le vocable ἀλήθεια est ainsi appliqué sans
discrimination à la vérité historique et à l'orthodoxie[109]. On pourrait penser qu'il ne s'agit là que d'une homonymie et que les auteurs comprennent le terme à deux niveaux distincts. Pourtant, même s'il est parfois
possible de distinguer les deux vérités, elles se confondent.

D'abord, l'origine des deux vérités est identique: c'est Dieu. Deux
fois, Socrate souligne que Dieu seul sait la vérité complète sur les événements et il en remet le jugement à Lui[110]. Sozomène en appelle à l'aide
de Dieu pendant l'écriture d'une histoire qui «n'est pas l'œuvre

---

[101] Thucydide 1.22; Polybe 1.14.6, 12.11a, 12.28a; Cicéron, *De oratore* 2.62; Diodore
de Sicile 1.1.5; Tacite, *Historiae* 1.1.4; Aurélius Victor 33.26; Historia Augusta, *Macrinus* 1.5, *Tyranni Triginta* 11.6-7; Eunape, *Historiae* fr. 1, 17, 30, 43.

[102] Thucydide 1.22.4; Procope, *Anekdota* 1.1.4; Hérodien 1.1.1; Historia Augusta,
Macrinus 1.5.

[103] Eunape, *Historiae* fr. 1 l. 40, 55-60.

[104] Diodore de Sicile 20.1-20.2.2; Lucien, *Quomodo historia conscribenda sit* 39-41,
43-44; Symmaque, *Discours* 2.31; Procope, *Bella* 1.1.4, *Ktismata* 1.1.14-15; Agathias,
Historiae pr. 17-20. Cf. H. LIEBERICH, *Studien*, Vol. 1, p. 15; R. NICOLAI, *La storiografia*,
p. 124-139.

[105] Macarios Magnes, *Apocriticus* 2.28.13; Athanase, *Epistula encyclica* 1.3; Marc le
Diacre, *Vita Porphyrii* 1, 3; *Vita Danielis Stylitae* BHG 489.1 p. 2.7.

[106] Par exemple Eusèbe, *HE* 1.5.1, 3.24.8, 8.3.4; Théodoret, *HE* 1.3.4; Théodore le
Lecteur p. 124.5; Jean d'Éphèse, *HE* 1.30 p. 28.24-28, 3.22 p. 110.15.

[107] Socr. 1.1.2, 1.13.2, 1.22.2, 2.1, 2.8.2, 5.pr.1, 5.19.10, 6.pr.10, 7.22.1, 7.42.5;
Soz. 1.1.14-16, 2.1.11, 2.21.8, 3.19.1, 3.19.7, 4.3.3, 4.10.1, 7.8.8, 7.10.4.

[108] Cf. L. PARMENTIER — G.C. HANSEN, *Theodoret*, p. 406.

[109] Par exemple Socr. 1.25.9, 1.33.2, 2.40.20-29, 3.10.12, 3.16.15, 3.20.14, 4.7.6;
Soz. 1.1.5, 1.1.17, 2.18.2, 2.28, 4.11.6, 4.22.19, 4.28.7, 6.20.2, 8.2.3.

[110] Socr. 2.15.7, 6.19.8, cf. Socr. 2.40.20, 3.1.41.

d'hommes»[111]. Chez lui, Dieu intervient dans l'histoire afin de démontrer la vérité de l'orthodoxie[112]. La vérité historique repose donc dans les mains de Dieu, tout comme la vérité théologique[113].

Un autre élément s'y ajoute. Pour les chrétiens, l'adhésion à la doctrine véritable est la condition *sine qua non* pour accéder au salut. La véracité en est garantie par la succession apostolique. En même temps, la doctrine n'est pas universellement acceptée; d'importants groupes n'y souscrivent pas et même la combattent, en se réclamant eux aussi de la tradition. L'histoire peut, par conséquent, apporter la preuve de la continuité d'une tradition et invalider les prétentions de l'autre. Le combat doctrinal revêt ainsi une importante dimension historique.

La vérité historique est donc désormais ancrée dans la théologie. Même quand les historiens de l'Église s'abstiennent de la discuter explicitement, se conformant aux exigences du genre, la doctrine dirige l'histoire comme toile de fond. Ce n'est que dans ce sens de l'orthodoxie comme toile de fond que nous pouvons être d'accord avec A. Momigliano, quand il dit que «the interrelation of dogma and facts» est un trait essentiel de l'histoire ecclésiastique[114]. Nous avons vu que les historiens ecclésiastiques n'écrivent pas d'histoire du dogme, mais offrent un récit des périls qui se sont posés à l'Église. L'identification de ces périls se fait évidemment en fonction de la conviction doctrinale de chaque auteur, et c'est de cette façon que le dogme fait son entrée dans l'histoire.

Pour Eusèbe, la menace provient en premier lieu des juifs et païens et il débute dès lors son histoire par une preuve de l'existence et de l'ancienneté du peuple chrétien[115]. À l'époque de Socrate et Sozomène, ce sont en particulier les hérétiques qui mettent en doute la vérité orthodoxe. Ne soyons donc pas surpris de la critique que les deux historiens adressent aux écrivains ariens qui mettent en cause l'apostolicité du concile de Nicée[116]. Ce constat ne signifie pas que les historiens de l'Église manquent de tout sens de critique historique et qu'ils acceptent ou rejettent sans y réfléchir tout ce qui relève de leur propre tradition ou de la tradition des ennemis de la foi. Dans le chapitre suivant,

---

[111] Soz. 1.1.12.

[112] Soz. 6.20.6.

[113] Cf. Athanase, *Apologia contra Constantium* 11-14; Cyrille d'Alexandrie, *In Isaiam* PG 70.197d; ACO 1.1.5 (Coll. Vat. 115) *Preces Basilii* p. 9.7; Évagre le Scholastique, *HE* 4.29 p. 179.12-14.

[114] A. MOMIGLIANO, *The Classical Foundation*, p. 132-140.

[115] Eusèbe, *HE* 1.2-4.

[116] Socr. 1.8.25, 2.40.27-29; Soz. 3.3.1, 5.7.4.

nous verrons qu'il s'agit plutôt du contraire; la méthode historique arrive à des hauteurs inconnues chez Socrate et Sozomène car elle est engagée afin d'établir la vérité historique et de fortifier ainsi la vérité doctrinale.

Le lien intime entre histoire et métaphysique, nous semble-t-il, est un trait général de l'Antiquité tardive[117]. Presque chaque ouvrage de cette époque est déterminé par la position doctrinale de l'auteur, qu'il soit catholique, homéen, monophysite ou païen. C'est là une transformation importante de l'historiographie. Alors qu'auparavant la position sociale était l'influence principale sur la perspective sur l'histoire — un Hérodien écrit autrement qu'un Dion Cassius — c'est maintenant l'appartenance religieuse qui assume cette fonction. Si cela est limpide pour l'histoire ecclésiastique, les ouvrages d'Eunape et Zosime montrent que le paganisme peut aussi diriger la lecture de l'histoire[118].

1.2.4 Le langage simple

En ce qui concerne la définition de l'histoire, la comparaison de l'histoire ecclésiastique et de son *alter ego* classique nous a montré que la première adopte les mêmes principes méthodologiques que la seconde. Il faut la compléter maintenant par l'étude de deux problèmes spécifiques, où la distinction entre les deux historiographies semble plus nette. Il s'agit d'abord de la prétention de Socrate à écrire dans un langage simple et, en particulier, de la justification de cela par le caractère chrétien de son histoire. Dans le paragraphe suivant, nous étudierons la citation de documents entiers, qu'on considère souvent comme un autre trait spécifique de l'histoire ecclésiastique.

Socrate justifie son style dépouillé par deux arguments. Le caractère chrétien de son histoire exige un style simple et il veut être compréhensible pour tous, les éduqués et la masse, en racontant les faits sans embellissement[119]. Au moins trois traditions se rencontrent ici.

D'abord, selon la tradition classique, le premier soin de l'historien est de raconter les faits et celui-ci ne doit pas se soucier trop du style dans

---

[117] Cf. B. GRILLET, dans B. GRILLET — G. SABBAH, *Sozomène*, p. 27; J.-N. GUINOT, *La place*, p. 346; Averil CAMERON, *Christianity*, p. 220; D. TIMPE, *Römische Geschichte*, p. 100-101.

[118] Cf. D.F. BUCK, *The Reign of Arcadius*, p. 45; Polymnia ATHANASIADI, *Damascius*, p. 355-357; F. PASCHOUD, *Une réponse païenne*. La prémisse de ces ouvrages, qu'il s'agit là d'une réponse païenne au christianisme et non d'une évolution commune au christianisme et paganisme, reste, selon nous, encore à démontrer.

[119] Socr. 3.1.3-4, 6.pr.2-5.

lequel il les présente[120]. Nous constatons ainsi que plusieurs historiens classiques de l'Antiquité tardive s'excusent pour leur style simple, à l'instar de ce qu'a fait Socrate[121]. Évidemment, un minimum de style est à respecter. C'est là, notamment, une critique de Photius à l'adresse d'Olympiodore, qui ne réussit même pas à se conformer à l'ἀφέλεια[122]. En disant explicitement que son premier souci est de présenter les faits de façon intelligible, Socrate s'inscrit dans cette tradition.

Ensuite, une nouvelle tendance dans la littérature de l'Antiquité tardive, semble-t-il, veut rendre les écrits accessibles à un public plus large, qui ne comprend pas nécessairement les minuties stylistiques des auteurs classiques. Adamantius (quatrième siècle) justifie sa paraphrase des *Physiognomika* de Polémon (début du deuxième siècle) en disant vouloir rendre l'ouvrage compréhensible à un grand public «par la simplicité de l'expression»[123]. Hésychius de Jérusalem espère que son résumé des douze prophètes apportera quelque chose à la fois au savant et à l'homme sans éducation[124]. Socrate prétend faire la même chose et garantir que l'homme mal éduqué puisse avoir accès aux faits[125].

Enfin, l'historien fait explicitement appel au caractère chrétien de son histoire. C'est en effet dans le christianisme que le thème de la simplicité du langage a été le plus amplement développé. Puisque nous ne pouvons pas étudier l'ensemble du phénomène du *sermo humilis* à cet endroit[126],

---

[120] Polybe 12.12.2-3; Lucien, *Quomodo historia conscribenda sit* 44; Flavius Josèphe, *Contra Apionem* 1.24; Hérodien 1.1.1; Historia Augusta, *Tyranni triginta* 1.1, *Aurelianus* 2.2; Ménandre fr. 1.2. Cf. le *genus subtile* de la rhétorique (par exemple Denys d'Halicarnasse, *Demosthenes* 36). Il ne nous semble pas justifié de dire que le choix de Socrate d'écrire dans un langage simple revient uniquement à préférer ce style rhétorique, comme le suggère Manea SHIRINIAN, *Notes*, p. 81.

[121] Historia Augusta, *Probus* 1.6, 2.7; Jean d'Épiphanéia fr. 1; Théophylacte Simocatta, *Historiae* pr. 16.

[122] Photius, *Bibliothèque* 80. Pour l'évolution de ce *topos* dans l'historiographie byzantine, voir I. GRIGORADIS, *A Study of the prooimion*, p. 338. Sur le style des ouvrages historiques avant 400, voir S. REBENICH, *Historical Prose*; pour celui de l'époque byzantine, voir R. NICOLAI, *La storiografia*, p. 123-124; E. MALTESE, *La storiografia*, p. 363-366.

[123] Adamantius, *Physiognomika* 1.1: παραφράσαι τὰ Πολέμωνος εἱλόμην τῷ κοινῷ τῆς λέξεως κέρδος κοινὸν τοῖς ἐντευξομένοις περιποιούμενος.

[124] Hésychius de Jérusalem, *Epitome de prophetis* PG 93.1340c-1341a: ὥστε καὶ τὸν ἰδιώτην καὶ τὸν ἄγαν ἐπιστήμονα τρυγῆσαί τι πάντως ἢ μικρὸν ἢ μέγα τοῦ πονήματος χρήσιμον.

[125] Socr. 6.pr.5: ἐφίκεσθαι τῶν πραγμάτων.

[126] Le phénomène est amplement étudié pour la chrétienté occidentale (par exemple E. AUERBACH, *Literary Language*; P. AUSKI, *Christian Plain Style*; voir aussi T. JANSON, *Latin Prose Prefaces*, p. 134-141), mais il nous manque une recherche à propos du grec. On trouve quelques remarques chez H. LIEBERICH, *Studien*, Vol. 2, p. 43; I. ŠEVČENKO, *Levels*.

nous nous limitons à quelques observations de base. Le choix pour un langage simple se présente assez tôt comme une réaction aux traditions classiques et comme une spécificité chrétienne. En se basant sur certains passages scripturaires[127], les Pères de l'Église défendent que la vérité n'a pas besoin d'une couverture littéraire. Cette position a deux volets.

D'une part, c'est le refus explicite d'un élément de la culture classique, où une certaine équivalence entre le langage et le genre littéraire était exigée[128]. Chez les auteurs chrétiens, qui invoquent souvent l'exemple de l'Écriture, celle-ci est abandonnée au profit de la seule vérité, qui n'a besoin d'aucun ornement[129]. Certains auteurs croient même que les païens veulent voiler leurs mensonges par un beau discours afin de leurrer les gens[130].

D'autre part, la vérité chrétienne est pour tous, donc aussi pour ceux qui ignorent les finesses littéraires. La simplicité du langage garantit alors l'accessibilité au message chrétien[131]. C'est par la référence immédiate à la vérité que la nécessité d'un style littéraire est écartée.

Voilà la théorie. La pratique était différente. Malgré la persistance du thème du langage simple, nous constatons que, déjà dès le deuxième siècle et assurément à partir du quatrième siècle, se développent des genres littéraires chrétiens qui s'inspirent de la tradition classique et que des chrétiens se servent des genres et styles traditionnels pour communiquer la vérité. Grégoire de Nazianze en est un exemple caractéristique. Plus tard, Photius fait montre d'un sens aigu du style approprié, également à propos des historiens[132].

Un constat identique doit être fait à propos de l'histoire ecclésiastique. Bien que Socrate lie explicitement histoire ecclésiastique et langage simple, les autres historiens ne le suivent pas tous. Son prédécesseur Philostorge a souvent recours à des expressions archaïsantes et classiques[133]. Des successeurs de Socrate, seul Théodore le Lecteur s'excuse pour son style simple, car il ne se sent pas capable d'écrire dans un style élevé[134].

---

[127] Gn 20.5-6; 2 S 15.11; 1 R 9.4; 1 Co 1.21.

[128] Par exemple Isocrate, *Panegyricus* 11-12; Salluste, *De coniuratione Catilinae* 3.2; Sénèque, *Epistulae* 114.

[129] Par exemple Origène, *Contre Celse* 6.2; Basile de Césarée, *Epistulae* 399; Ambroise, *Epistulae* 8; Jérôme, *Epistulae* 49.13; Marc le Diacre, *Vita Porphyrii* 3; Augustin, *Confessiones* 1.9, 1.16; Soz. 1.1.10. Cf. P. AUSKI, *Christian Plain Style*, p. 163.

[130] Cf. Origène, *Contre Celse* 1.62.

[131] Par exemple Origène, *Contre Celse* 4.52; Grégoire de Nysse, *Epistulae* 3.26; Soz. 1.11.8-10.

[132] Cf. Photius, *Bibliothèque* 65, 70, 77, 79. Voir l'aperçu de W. KINZIG, *The Greek Christian Writers*, p. 636-641.

[133] G. ZECCHINI, *Filostorgio*, p. 593-594.

[134] Théodore le Lecteur pr. p. 1.9.

Déjà Sozomène et Théodoret reçoivent de Photius des louanges bienveillantes pour leur style[135]. Évagre le Scholastique, également, y accorde beaucoup de soin[136]. Pseudo-Gélase de Cyzique n'hésite même pas à introduire des passages à caractère rhétorique dans son histoire[137]. De cette façon, leur style ne peut guère être distingué de celui des historiens classiques contemporains.

On ne saurait donc dire que l'opposition entre le style simple et le style élevé se recoupe avec celle entre l'histoire ecclésiastique et l'histoire classique. Certains des historiens de l'Église se servent d'un style simple, mais certains de leurs collègues classiques le font également. À l'inverse, de nombreux historiens de l'Église optent pour un style très soigné. En justifiant son style dépouillé avec le caractère chrétien de son histoire, Socrate s'inscrit donc dans une tradition chrétienne qui, même à son époque, n'est plus universellement admise.

En même temps, le fait que Socrate se réclame de la tradition chrétienne du langage simple, tandis que Procope imite le style de Thucydide, montre que les deux genres historiographiques avaient une provenance différente, l'histoire ecclésiastique étant ancrée dans la vie de l'Église, l'histoire classique se réclamant des belles lettres. Mais la distinction perd de son importance sur le plan stylistique. Socrate et Procope sont plutôt deux pôles extrêmes, et c'est dans la zone grise entre eux que la plupart des ouvrages de l'histoire classique et ecclésiastique sont à situer.

Socrate, en ne restant pas entièrement fidèle à sa propre théorie, montre d'ailleurs que sa position est moins absolue qu'elle ne le semble. Ne nous attardons pas à l'usage occasionnel du duel[138]; il est plus intéressant de voir que son vocabulaire trahit quelques éléments classicisants. Il a été constaté que les historiens classiques, comme Procope, essaient d'éviter autant que possible des mots «modernes» qui manquent dans le vocabulaire des modèles classiques. Cela vaut en particulier pour les mots ayant trait à l'Église. S'ils ne peuvent pas les éviter, ils les expliquent ou utilisent une périphrase[139]. Une telle attitude constituerait un contresens pour

---

[135] Photius, *Bibliothèque* 30-31, cf. 67 (Sergius de Constantinople).

[136] Cf. Valérie A. CAIRES, *Evagrius Scholasticus*; Pauline ALLEN, *Evagrius*, p. 5-6, 51-52.

[137] Pseudo-Gélase de Cyzique 2.6.

[138] Socr. 3.16.2. M. WALLRAFF, *Der Kirchenhistoriker*, p. 199, qui étudie le style de Socrate aux pages 198-207, écrit à tort que Socrate n'utilise jamais cette forme.

[139] Averil CAMERON — A. CAMERON, *Christianity and Tradition*, p. 327-328; R. C. BLOCKLEY, *The Fragmentary Classicising Historians*, p. 96-97; Averil CAMERON, *Procopius*, p. 35; J. MATTHEWS, *The Roman Empire*, p. 437-439.

un historien de l'Église, et en particulier pour quelqu'un qui prétend écrire dans un langage simple. Il n'empêche que Socrate le fait parfois. Il justifie l'usage des noms numériques des jours de la semaine en y ajoutant λεγομένη ou καλουμένη, bien qu'à cette époque l'usage de ces appellations soit courant et qu'elles se retrouvent dans les papyrus de ce temps[140]. Le terme plutôt classicisant χιλίαρχος pour *tribunus* ne lui est pas étranger non plus[141]. Il semble également éviter le terme latin *praepositus*[142]. Les cas les plus remarquables se trouvent dans le dernier livre où Socrate explique au lecteur les termes «synagogue» et «anathématiser»[143]. Celui-là sait sans aucun doute ce qu'ils signifient, et, qui plus est, l'historien a déjà utilisé une quinzaine de fois le verbe anathématiser, sans l'expliquer. On ne saurait expliquer ces cas que comme de légers accès d'affectation littéraire.

Sozomène, pour sa part, se sert d'un style plus touffu et plus littéraire[144], et révèle un même penchant classicisant. On est en droit de se demander si ses lecteurs n'auraient pas su ce que sont des lettres synodales, des canons, ou un ambon[145]. De même, l'explication de σύγκλητος n'était guère nécessaire du fait de la longue tradition de ce mot dans la langue grecque[146].

1.2.5 Les documents

La reprise de documents entiers est souvent considérée comme un trait essentiel de l'histoire ecclésiastique, qui la distinguerait de l'histoire

---

[140] Socr. 5.22.45, 7.22.3, 7.40.2. Cf. K.A. WORP, *Remarks*, p. 224. Sozomène ne justifie pas leur usage (Soz. 7.19.9).

[141] Socr. 3.22.2, 4.1.8, 6.6.5 (voir H.J. MASON, *Greek Terms* p. 99-100). Cf. Théodore le Lecteur p. 100.11, p. 103.19 qui utilise τριβοῦνος.

[142] Socr. 2.2.5, 3.1.49. *Praepositus* était pourtant plus courant à l'époque (voir le tableau de Helga SCHOLTEN, *Der Eunuch*, p. 16-18) et, en plus, le terme officiel (cf. les incriptions en grec sur des colonnes du palais du *praepositus* Antiochos à Constantinople, citées par G.B. GREATREX — J. BARDILL, *Antiochos the* Praepositus, p. 193 n. 123). Zosime, par exemple, suit Socrate dans cette habitude plutôt classicisante (Zosime 5.35.2).

[143] Socr. 7.13.15, 7.34.15, cf. 7.13.6 (explication de la πολιτεία alexandrine).

[144] Voir G.C. HANSEN, *Prosarythmus*, p. 88; G. SABBAH — B. GRILLET, *Sozomène*, p. 35, 65.

[145] Lettres synodales: Soz. 7.11.3; canons: Soz. 1.23.1; ambon: Soz. 9.2.11. Κουκούλλιον, expliqué en Soz. 3.14.7, est peut-être peu connu parmi le public citadin; cf. pourtant Historia Augusta, *Claudius* 17.7 (*bardocucullum*). Voir aussi Soz. 1.1.18 (οἱ καλούμενοι μοναχοί).

[146] Soz. 2.3.6. Autres termes expliqués ou évités: Soz. 1.4.1 (*labarum*, copié de l'intitulé d'Eusèbe, *Vita Constantini* 1.31), 1.8.11 (τάγματα = ἀριθμοί = numeri), 1.9.6 (πολιτεία = civitas), 4.9.9 (λεγεῶνες), 9.4.6 (*labarum*), 9.8.3 (διάταγμα).

classique[147]. C'est aller trop loin, car ce serait exclure Théophylacte Simocatta (début du septième siècle) ou l'*Historia Augusta* de l'histoire classique[148], et une bonne partie de l'historiographie antique, même Thucydide
et Polybe[149]. Ce n'est pas non plus un trait universel de l'histoire ecclésiastique. Eusèbe a inauguré cette pratique, en particulier dans le dernier
livre de son histoire, mais déjà Rufin, qui ne cite que le symbole et les
canons de Nicée, ne le fait plus guère[150]. Dans les fragments de Philostorge aucun indice ne permet de conclure qu'il a cité des documents. Jean
d'Éphèse ne le fait pas non plus. Même si d'autres historiens de l'Église
citent des documents, on s'abstiendra donc d'en faire une particularité
essentielle du genre inspirée par l'imitation d'Eusèbe. Il vaut mieux essayer
de cerner les véritables raisons de la citation des documents à travers une
analyse des remarques des historiens. Débutons avec Socrate et Sozomène.

Socrate insère de nombreux documents dans ses deux premiers livres
— après, ils se raréfient fortement — mais une remarque dans la préface
au deuxième livre montre qu'il reconnaît avoir exagéré: «Dans la première
rédaction nous n'avions pas inclus la déposition d'Arius ni les lettres de
l'empereur, mais simplement raconté les faits afin que l'histoire ne devienne
pas désagréable pour les lecteurs de par sa longueur. Dans cette rédaction
ultérieure, nous avons inclus les documents que nous jugions nécessaires.
C'était sur ta demande, Théodore, homme de Dieu, que nous devions le
faire, afin qu'on n'ignore pas les lettres envoyées par les empereurs avec
leurs propres termes, ou les professions de foi que les évêques émettaient
pendant plusieurs conciles en changeant ainsi la foi pendant un bref délai.
Ayant fait cela dans le premier livre, nous avons l'intention de faire de
même dans le livre que tu as entre les mains, c'est-à-dire le deuxième»[151].

---

[147] A. MOMIGLIANO, *Pagan*, p. 17; R.A. MARKUS, *Church History*, p. 3-4; A. ΚΑΡ-
ΠΟΖΙΛΟΣ, *Βυζαντινοὶ ἱστορικοὶ*, p. 165; H. LEPPIN, *Von Constantin*, p. 37-39; T. HIDBER,
Eine Geschichte, p. 58.

[148] Théophylacte Simocatta, *Historiae* 1.1.5-20, 3.11.8-13, 4.4.1-18, 4.7.7-11, 4.8.5-8,
5.13.4-6, 6.5.13-15; Historia Augusta, *Tacitus* 18-19, *Probus* 11.

[149] Thucydide 5.23-24, 5.47 (avec Cinzia BEARZOT, *L'uso dei documenti*); Polybe 3.22-
25, 3.27.2-10. Des exemples moins connus sont Cratérus le Macédonien (*FGrHist* 342
F 12 et F 13) et Éphore (*FGrHist* 70 F 122, avec G. SCHEPENS, *L'apport*, p. 345-346, qui
insiste sur le fait qu'Éphore est le premier à utiliser les documents dans la discussion historique). Voir en général J. MARINCOLA, *Authority*, p. 101-103; Anna Maria BIRASCHI e.a.
(ed.), *L'uso dei documenti*. Il faut donc se garder de dire que l'inclusion de lettres dans
l'histoire de Théophylacte Simocatta serait due à une influence de l'historiographie ecclésiastique, comme le fait Anna Maria TARAGNA, *Logoi historias*, p. 200-201.

[150] Rufin, *HE* 10.6.

[151] Socr. 2.1.5-6: οὐ μὴν ἀλλὰ καὶ τοῦτο ἰστέον, ὅτι οὐ παρεθήκαμεν ἐν τῇ πρώτῃ
ὑπαγορεύσει τὸ καθαιρετικὸν Ἀρείου οὔτε μὴν τὰς βασιλέως ἐπιστολάς, ἀλλ᾽ αὐτὰ
μόνα γυμνὰ τὰ πράγματα ὑπὲρ τοῦ μὴ πολυστίχου γινομένης τῆς ἱστορίας ὀκνηροὺς

L'historien nous livre ici des arguments pour et contre l'inclusion de documents. D'une part, Socrate présente une première objection littéraire. Il reconnaît leur valeur de témoin, puisqu'ils livrent les paroles originelles. En tant qu'écrivain, il sait néanmoins que des citations trop nombreuses nuisent à son récit. Dans son histoire, il renvoie parfois à d'autres ouvrages où le lecteur intéressé peut retrouver le document[152]. C'est donc le caractère narratif de son histoire qui est mis en danger par ces citations. D'autre part, il donne une double raison à leur insertion: ils soutiennent la vérité de son récit, et Théodore, qui commande l'histoire, veut qu'il en soit ainsi.

L'attitude de Sozomène est identique à celle de Socrate. Dans sa préface il dit: «J'ai souvent eu en pensée d'introduire le texte même de ces documents dans mon ouvrage, mais j'ai jugé meilleur, pour ne pas alourdir l'exposé, d'en rapporter brièvement le sens, à moins que nous n'y trouvions des points disputés, sur lesquels les opinions de la plupart divergent: si je mets la main sur quelque écrit, je le présenterai pour manifester la vérité»[153]. Voilà exprimée la même réticence relative au caractère narratif de l'histoire et un même lien avec la vérité que chez Socrate. La différence est que Sozomène n'a pas un Théodore qui le pousse à inclure des documents et qu'il peut alors en limiter l'usage.

Dans l'attitude des historiens ultérieurs, nous retrouvons cette hésitation entre la vérité attestée par le document et le caractère narratif qui doit être préservé. Évagre, par exemple, justifie son refus de donner la correspondance entre Anthime, Sévère et Théodose en remarquant qu'il ne désire point amasser des documents innombrables dans son histoire. Il publie d'ailleurs un volume de documents à côté de son histoire[154]. Théodoret et Jean d'Éphèse ne disent pas autre chose[155]. Déjà Eusèbe justifie

τοὺς ἀναγινώσκοντας ἀπεργάσασθαι. ἐπειδὴ δὲ πρὸς σὴν χάριν, ὦ ἱερὲ τοῦ θεοῦ ἄνθρωπε Θεόδωρε, καὶ τοῦτο ἔδει ποιῆσαι, ὥστε μὴ ἀγνοεῖν καὶ ὅσα αὐταῖς λέξεσιν οἱ βασιλεῖς ἐπέστειλαν ἢ κατὰ διαφόρους συνόδους οἱ ἐπίσκοποι τὴν πίστιν κατὰ βραχὺ μεταποιοῦντες ἐξέδωκαν, διὰ τοῦτο, ὅσα ἀναγκαῖα ἡγησάμεθα, ἐν τῇδε τῇ μετὰ ταῦτα ὑπαγορεύσει μετατεθείκαμεν. Cette remarque montre que le renvoi à Théodore est plus qu'un simple *topos* traditionnel, selon lequel quelqu'un incite l'auteur à écrire: cf. H. LIEBERICH, *Studien*, Vol. 1, p. 36-37; T. JANSON, *Latin Prose Prefaces*, p. 116-124, 141-143.

[152] Socr. 1.9.66, 2.17.9, 2.37.50, 2.39.8.

[153] Soz. 1.1.14: τούτων τὰ ῥητὰ περιλαβεῖν τῇ γραφῇ πολλάκις ἐννοηθεὶς ἄμεινον ἐδοκίμασα διὰ τὸν ὄγκον τῆς πραγματείας τὴν ἐν αὐτοῖς διάνοιαν συντόμως ἀπαγγεῖλαι, πλὴν εἰ μή τι τῶν ἀμφιλόγων εὑρήσομεν, ἐφ' ὧν διάφορός ἐστι τοῖς πολλοῖς δόξα· τηνικαῦτα γὰρ εἰ εὐπορήσω τινὸς γραφῆς, παραθήσομαι ταύτην εἰς ἀπόδειξιν τῆς ἀληθείας. Cf. Soz. 1.20.3.

[154] Évagre le Scholastique, *HE* 4.11 p. 161.10-14, 6.24.

[155] Théodoret, *HE* 1.3.3; Jean d'Éphèse, *HE* 1.30 p. 28.24-28, 4.53 p. 180.1-189.22. Cf. Pseudo-Gélase de Cyzique 1.11.21; Pseudo-Zacharie le Rhéteur, *HE* 2.pr p. 72-73.

d'ailleurs l'inclusion des documents en remarquant que leurs paroles sont plus exactes que celles de l'historien[156].

C'est donc le désir de mieux établir la vérité qui fait citer les documents. Cela rattache l'histoire ecclésiastique à des ouvrages antérieurs comme la *Lettre d'Aristée* ou les histoires de Flavius Josèphe, qui citent également de nombreux documents afin de démontrer qu'ils disent vrai[157]. Plutôt que d'y voir une parenté littéraire, nous considérons cette habitude commune comme s'enracinant dans l'importance centrale de la vérité que partagent Flavius Josèphe et les auteurs chrétiens. Il faut signaler à cet égard qu'il y a un genre spécifiquement chrétien où ce lien entre document et vérité est encore plus clair: celui des «collections de documents» qui visent à combattre les thèses de leurs ennemis en rassemblant des documents originaux. Dans un contexte polémique, on fait appel au document afin d'établir la vérité. Nous revenons ci-dessous brièvement sur ce genre qui se rapproche de l'histoire ecclésiastique[158]. La reprise de documents entiers dans l'histoire ecclésiastique n'est donc pas une imitation d'Eusèbe. Nous ne croyons pas non plus que cette habitude soit due au fait que le christianisme est une religion du livre, ce qui pousserait les chrétiens à citer des documents[159]. C'est plutôt une expression de l'importance accrue de la vérité, qui à son tour est due au lien qui s'est établi entre la vérité historique et la vérité doctrinale du christianisme.

L'absence presque générale de discours fictifs[160], un élément habituel de l'historiographie classique[161], peut être expliquée par cette même idée. Comme l'affirmait déjà Thucydide[162], les discours dans une histoire ne sont pas vrais, mais vraisemblables. Contrairement à un document, la relation d'un discours reconstruit avec les événements est médiate et, par conséquent, un discours ne peut prétendre à la même exactitude.

Sans vouloir nier que la *mimesis* d'Eusèbe a joué un rôle dans le fait que Socrate et Sozomène citent souvent des documents, nous croyons

---

[156] Eusèbe, *HE* 8.10.1.

[157] P. COLLOMP, *Der Platz des Josephus*, p. 291-292.

[158] Cf. ci-dessous p. 207-209.

[159] Ainsi Pauline ALLEN, *Evagrius*, p. 55-58; Dominique GONNET, *L'acte de citer*, p. 192.

[160] Les quelques discours dans les histoires ecclésiastiques ont presque tous quelque chose de particulier, à l'exception de Pseudo-Gélase de Cyzique 2.6 qui compose un discours de Constantin (cf. G.C. HANSEN, *Eine fingierte Ansprache*). Eusèbe, *HE* 10.4 cite un discours de lui-même; ce n'est donc pas un discours fictif. Évagre le Scholastique, *HE* 6.12 donne un discours fictif, mais on a fait remarquer que, dans ce dernier livre, Évagre semble avoir choisi d'écrire une histoire classique et non pas ecclésiastique (Pauline ALLEN, *Evagrius*, p. 244, 255).

[161] Anna Maria TARAGNA, *Logoi historias*, p. 3, 175.

[162] Thucydide 1.22.1.

que la raison plus fondamentale est l'importance accrue de la vérité, que
les chrétiens voulaient établir de la façon la plus parfaite possible. Dans
l'étude de la méthode historique des deux historiens, que nous entreprenons dans le chapitre suivant, nous reviendrons sur le document comme
témoin incontestable de la vérité.

1.3 Bilan

L'histoire ecclésiastique se croit une jumelle de l'histoire classique.
Dès son origine, elle se comprend comme un genre parallèle, en s'ins-
crivant dans la même tradition et en se réclamant de la même méthode.

Évidemment, les sœurs jumelles ne sont pas identiques. La différence
fondamentale, c'est le sujet: une histoire ecclésiastique décrit les événements ayant trait à l'Église, alors qu'une histoire classique s'occupe
de l'Empire. Le critère d'inclusion des événements dans une histoire
ecclésiastique est leur relation avec l'Église. Des guerres militaires ou la
personne de l'Empereur peuvent être incluses, pour peu qu'un lien
concret existe.

Le parallélisme est pourtant compris de façons différentes. Certains
historiens n'acceptent même pas que le sujet soit différent; Eusèbe et
Socrate identifient ainsi leur sujet avec la guerre, le thème par excellence de l'histoire antique. Chez Eusèbe, c'est la guerre spirituelle, alors
que chez son successeur c'est la dispute ecclésiastique[163]. D'autres,
comme Sozomène, insistent sur la supériorité de l'histoire ecclésiastique
par rapport à l'histoire classique. Celle-ci n'est pas due à une meilleure
méthode, mais au fait qu'elle porte attention à la véritable cause des événements: Dieu.

Deux autres différences avec l'histoire classique ne sont pas explicitement articulées par les historiens eux-mêmes mais ont leur intérêt pour
la compréhension de leur travail. *Primo*: le concept de la vérité est plus
prononcé par la confluence de tradition historique et doctrinale, ce qui
s'exprime, entre autres, dans la citation de documents et l'appel occasionnel au langage simple. *Secundo*: l'utilité de l'histoire est considérée
comme plutôt morale que pratique.

---

[163] Nous sommes donc d'accord avec Anna Maria Taragna, *Logoi historias*, p. 52
quand elle dit que l'historiographie ecclésiastique diffère de l'historiographie classique sur
le sujet et le matériau, mais nous ne croyons pas que les deux historiographies ont une
«théorie historiographique» propre.

L'image de la relation entre l'histoire ecclésiastique et l'histoire classique, qui ressort souvent de la recherche moderne, est un peu différente
de nos constats, qui se basent en premier lieu sur les énoncés des historiens eux-mêmes. Il y a à cet égard deux approches habituelles de l'Histoire ecclésiastique qui mènent à des résultats divergents des nôtres.
Il s'agit surtout d'une différence d'accents.

D'abord, on essaie souvent d'expliquer la forme que l'histoire ecclésiastique a prise en retraçant ses antécédents dans la littérature classique
et chrétienne. On cherche aujourd'hui les modèles d'Eusèbe dans l'historiographie philosophique (par exemple Diogène Laèrce), dans l'ouvrage
de Flavius Josèphe[164] et dans l'hérésiologie[165]. A l'origine, l'histoire
ecclésiastique serait donc une création *sui generis*, à partir des genres
pré-cités. Ce n'est que plus tard, après Eusèbe, que le genre aurait usurpé
des caractéristiques de l'historiographie classique. L'histoire ecclésiastique et l'histoire classique seraient alors deux genres distincts qui se
seraient progressivement rapprochés. Alors que l'histoire classique se
christianise, l'histoire ecclésiastique aurait abandonné son visage typiquement eusébien et adopté des méthodes classiques[166]. Dans une telle
perspective, l'histoire ecclésiastique serait une enfant illégitime de l'histoire classique, et non point sa jumelle.

Sans vouloir nier la valeur de cette approche, elle nous semble déficiente. Tout d'abord, il est difficile de voir en quoi Évagre au sixième
siècle serait plus classique que Sozomène au cinquième. Nous avons,
d'ailleurs, montré que déjà Eusèbe se réclame ouvertement de la tradition
classique. Tous les *topoi* traditionnels se retrouvent chez lui et il se situe
explicitement dans le sillage de l'historiographie classique, malgré les
nombreuses particularités de son histoire, non seulement par rapport à la
tradition classique, mais aussi par rapport aux historiens ecclésiastiques
postérieurs. Son *Histoire ecclésiastique* traite, selon lui, d'un sujet

---

[164] A. MOMIGLIANO, *Pagan*, p. 116; D. TIMPE, *Was ist Kirchengeschichte?*, p. 194.
[165] W. NIGG, *Die Kirchengeschichtsschreibung*, p. 34; F. WINKELMANN, art. *Historiographie*, col. 748; H. INGLEBERT, *L'histoire des hérésies*.
[166] B. CROKE — Alana M. EMMETT, *Historiography*, p. 7; P. BROWN, *Power and Persuasion*, p. 134; M. MAZZA, *Sulla teoria*, p. 379-385; M. SIMONETTI — Emanuela PRIN-
ZIVALLI, *Storia*, p. 386-390; M. WALLRAFF, *Der Kirchenhistoriker*, p. 297-298; D. ROHR-
BACHER, *The Historians*, p. 116. On dit d'ailleurs parfois que Sozomène a *introduit* les
règles de l'histoire classique dans l'histoire ecclésiastique (J. BIDEZ — G.C. HANSEN, *Sozomenos*, p. lxiv; une thèse comparable que défendent Pauline ALLEN, *Aspects*, p. 372 et
H. LEPPIN, *Von Constantin*, p. 38). Ce jugement se base avant tout sur un style plus élevé
et sur le fait que Sozomène cite moins de documents, des critères discutables, comme nous
venons de voir.

jusqu'alors oublié, mais d'une façon qui prétend être celle de l'historiographie de l'époque[167]. Cela ne veut pas dire que la recherche des antécédents d'Eusèbe soit futile. Nous n'excluons pas que l'évêque de Césarée se soit inspiré des modèles habituellement allégués, mais il ne faut pas
négliger son orientation nettement historiographique. Enfin, le modèle
évolutif, qui prône le rapprochement de deux genres originellement distincts, repose surtout sur une impression superficielle. En effet, il nous
manque encore des études détaillées sur la méthode des historiens ecclésiastiques qui nous permettraient de retracer une évolution quelconque.
L'usage des *topoi* classiques dans leurs ouvrages, par exemple, n'est pas
exhaustivement étudié[168].

La deuxième approche différente de la nôtre est celle de savants qui,
en débutant à partir de l'historiographie classicisante du Bas-Empire, se
tournent ensuite vers les historiens de l'Église. Ils constatent alors des
différences importantes, en particulier stylistiques, entre les deux genres
historiographiques[169], le langage moins poli, l'absence de discours et les
documents plus fréquemment cités chez les historiens de l'Église étant les
traits les plus saillants.

Pourtant, il nous semble difficile de faire une distinction claire entre
les deux genres sur cette base. Certes, des discours sont très rares dans
l'histoire ecclésiastique, mais ils manquent aussi chez un auteur comme
Zosime. L'inclusion de documents est en effet typique pour une partie des
histoires de l'Église, mais Sozomène s'en distancie partiellement et Jean
d'Éphèse s'en abstient complètement. Elle reflète plutôt l'obsession d'établir fermement la vérité propre à la pensée chrétienne que l'obéissance à
une règle du genre. Le langage simple est lié par Socrate à l'histoire ecclésiastique, mais les autres historiens ne le suivent pas. Ce sont donc des
différences relatives.

---

[167] Cf. G. SABBAH, *La méthode*, p. 38-40; W. LIEBESCHUETZ, *Ecclesiastical Historians*,
p. 161. L'exposé de H. Leppin (*Von Constantin*, p. 26-32), qui distingue l'histoire ecclésiastique de «Kaisergeschichte» et «Reichsgeschichte» nous semble déficiente, car ces
deux termes ne couvrent pas de réalité antique.

[168] La méthode des historiens ecclésiastiques n'est guère étudiée (Françoise THELA-
MON, *Païens*), ou insuffisamment (Pauline ALLEN, *Evagrius*, p. 45-70; M. GRANT, *Eusebius*, passim; J.J. VAN GINKEL, *John of Ephesus*, p. 184-195; M. WALLRAFF, *Der Kirchenhistoriker*, p. 135-207).

[169] Averil CAMERON — A. CAMERON, *Christianity and Tradition*, p. 317-319;
R.A. MARKUS, *Church History*, p. 2; R. C. BLOCKLEY, *The Fragmentary Classicising His-
torians*, p. 5; F. WINKELMANN, *Euseb von Kaisarea*, p. 113; ID., *Historiography*, p. 26;
H. LEPPIN, *Von Constantin*, p. 37; ID., *The Church Historians*, p. 248; Averil CAMERON,
Education, p. 688-689; D. ROHRBACHER, *The Historians*, p. 159.

On ne peut pas identifier l'histoire ecclésiastique à l'imitation d'Eusèbe, ni l'histoire classique à celle de Thucydide. Nous venons de voir, par exemple, que Socrate se rattache explicitement à Thucydide en ce qui concerne sa conception de l'histoire. Tout en ayant une provenance et une orientation différentes, qui s'expriment dans les différences relatives que nous venons d'énumérer, l'histoire ecclésiastique se réclame également de la tradition classique.

Ces deux approches voient une distinction nette entre l'histoire ecclésiastique et l'histoire classique. Les historiens de l'Église, pour leur part, insistent sur leur appartenance au même genre. Signalons à cet égard que Cassiodore distingue l'histoire ecclésiastique de l'histoire classique par la seule causalité et non par la méthode ou le genre; selon lui, la première réfère tout à la providence divine, alors que la seconde explique par le *fatum*. Sulpice Sévère, quant à lui, oppose *historia divina* et *historici mundiales*, tout en n'y voyant qu'une différence de sujet et d'inspiration divine[170]. Pour faire droit à ces opinions antiques, il vaut mieux insister sur les particularités de chaque auteur, classique et ecclésiastique, à l'intérieur du champ commun historiographique. Tout comme il y avait autrefois, parmi les historiens classiques, des imposteurs, des philosophes, des flatteurs, et des auteurs notant sèchement les faits — il suffit de lire le pamphlet de Lucien[171] —, il existe parmi les historiens d'Église des gens avec un penchant théologique (Eusèbe), d'autres avec une réflexion élaborée sur le métier d'historien (Socrate), d'autres encore qui sont parfois plus intéressés par des contes que par la vérité historique (Sozomène); il existe même des compilateurs empruntant les faits à leurs collègues (Pseudo-Gélase de Césarée)[172].

2. L'HISTORIOGRAPHIE CHRÉTIENNE ET L'HISTOIRE ECCLÉSIASTIQUE

Nous venons de voir que, selon l'avis des historiens de l'Église eux-mêmes, c'est surtout le sujet qui distingue l'histoire ecclésiastique de l'histoire classique. Afin de mieux sonder quel contenu ils accordaient au sujet «Église», il faut étudier maintenant la relation qu'entretient l'histoire ecclésiastique avec les autres genres historiographiques chrétiens.

---

[170] Cassiodore, *Institutiones* 1.17.1-2; Sulpice Sévère, *Chronique* 2.14.2-3. Voir aussi *Vita Symeonis Iunioris* BHG 1689.157.

[171] Lucien, *Quomodo historia conscribenda sit* 8-17.

[172] Sur cette dernière *Histoire ecclésiastique*, datant de la seconde moitié du cinquième siècle, voir P. VAN NUFFELEN, *Gélase*, avec la littérature antérieure.

Nous regroupons quatre genres sous la dénomination moderne «historiographie chrétienne»: l'hagiographie, les actes et recueils de martyres, l'histoire des moines, et la chronique. Ceux-ci ont, en effet, en commun avec l'histoire ecclésiastique d'être tous souvent qualifiés d'«histoire» (ἱστορία/*historia*) dans les sources de l'époque et de se réclamer parfois explicitement de la méthode historique[173]. Certes, prétendre que ce sont des histoires au même titre qu'une histoire ecclésiastique serait porter préjudice à leur spécificité. Néanmoins, les omettre de la discussion reviendrait à jalonner le champ historiographique de bornes trop strictes. Le fait qu'ils étaient, à l'époque chrétienne, souvent considérés comme des histoires montre que le champ historiographique avait alors des bornes aussi floues qu'à l'époque classique[174]. Il faut donc les inclure dans la discussion[175]. Nous essaierons de démêler les fils en examinant comment les sujets respectifs de ces quatre genres se tiennent face au sujet de l'histoire ecclésiastique.

2.1 L'HAGIOGRAPHIE

Le terme «hagiographie» ne correspond pas à un genre littéraire unique; le récit de la vie d'un homme saint peut prendre le caractère d'une lettre, d'un discours ou d'une véritable biographie, pour n'en rester qu'à ces trois exemples[176]. Malgré cette diversité, nous constatons que de nombreuses vies de saints se rapprochent de l'historiographie, en adoptant des principes méthodologiques de celle-ci.

Les historiens de l'Église semblent avoir eu conscience de ce rapprochement. D'une part, ils considèrent l'hagiographie comme une source possible de leur travail. Jérôme écrit, par exemple, la *Vie de Malchus* en tant que travail préparatoire à une histoire ecclésiastique future.

---

[173] Par exemple hagiographie: la *Vie d'Antoine* par Athanase selon Jérôme, *De viris illustribus* 87; Jean d'Éphèse, *Vitae* PO 17.1, 5; Marc le Diacre, *Vita Porphyrii* 1-3; Sulpice Sévère, *Vita Martini* 1.pr.; *Vita Danielis Stylitae* BHG 489.1 p. 2.7. Histoire des moines: l'*Historia monachorum* de Rufin. Histoire des martyrs: l'*Histoire des saints pères persécutés à cause de la vérité* de Bar Hadbešabba. Chronique: Hésychius: cf. Photius, *Bibliothèque* 69.
[174] Cf. C.W. FORNARA, *The Nature of History*, p. 1, 169.
[175] Voir F. WINKELMANN, art. *Historiographie*, p. 750-760. Par exemple, H. INGLEBERT, *Interpretatio christiana*, p. 294, exclut l'hagiographie. Voir aussi les langues orientales comme l'arménien et le syriaque, où le vocable «histoire» couvre un champ très large, incluant par exemple aussi les vies de saints: cf. W. WITAKOWSKI, *The Syriac Chronicle*, p. 166-167; R.W. THOMSON, *The Armenian Adaptation*, p. 27-28.
[176] Voir M. VAN UYTFANGHE, art. *Heiligenverehrung II*; ID., *L'hagiographie*.

Évagre le Scholastique, quant à lui, utilise une *Vie de Pierre l'Ibère*[177].
D'autre part, ils insistent sur la différence des deux genres. La *Vie de
Malchus* apporte bien un élément à l'histoire, mais ne constitue pas une
histoire en soi. Jean d'Éphèse, un historien de l'Église de la deuxième
moitié du sixième siècle, compose une collection de vies de saints, qu'il
distingue de son histoire en insistant sur l'édification du lecteur qu'elle
vise[178]. C'est donc l'angle biographique et moral qui sépare l'hagiographie de l'histoire ecclésiastique en lui conférant une sélection propre
des faits; c'est somme toute ce qui opposait auparavant un Plutarque à
un Dion Cassius.

Socrate et Sozomène partagent cette attitude envers l'hagiographie; ils
puisent des faits dans des vies de saints, mais ne copient pas le portrait
spirituel rapporté par elles.

L'influence de l'hagiographie sur Socrate est limitée. Il se réfère explicitement à un ouvrage d'Acace de Césarée sur son prédécesseur Eusèbe,
sans doute un *encomion*, et à l'éloge de Georges de Laodicée sur Eusèbe
d'Émèse[179]. L'historien connaît aussi l'*epikedios logos* de Grégoire de
Nysse sur Mélèce d'Antioche, sans l'avoir amplement utilisé[180]. Évidemment, l'usage de ces discours est à situer dans sa connaissance exten-
sive de la littérature rhétorique de l'époque (par exemple Grégoire de
Nazianze, Jean Chrysostome, Sévérien de Gabala, Nestorius et Proclos[181]). Curieusement, la *Vie d'Antoine* par Athanase est bien mentionnée par Socrate, mais il ne semble pas l'avoir lue, ou, du moins il ne l'a
pas utilisée comme source pour son histoire; les références à cet égard
proviennent tantôt de Rufin, tantôt de l'*Historia Lausiaca*[182]. À côté de
ces ouvrages explicitement signalés, on a supposé l'utilisation d'une vie

---

[177] Jérôme, *Vita Malchi* 1; Évagre le Scholastique, *HE* 2.8 (cf. Pauline ALLEN, *Evagrius*, p. 107-108).

[178] Jean d'Éphèse, *Vitae* PO 17.1-2. Cf. la remarque similaire de Jean de Beith-Aphthonia, *Vita Severi* p. 219.5.

[179] Acace: Socr. 2.4; Georges de Laodicée: Socr. 1.24.2, 2.9.2.

[180] Socr. 5.9.3-4, cf. 4.26.27. Seule la phrase ἀλλὰ Μελετίου μὲν τὸ σῶμα οἱ προσή-
κοντες ἐπὶ τὴν Ἀντιόχειαν διεκόμισαν pouvait trouver sa source dans Grégoire de
Nysse, *Oratio funebris in Meletium* p. 456.18-457.1.

[181] Grégoire de Nazianze: Socr. 3.23.18-26 (*Discours* 5.23); Jean Chrysostome: Socr.
6.3.9-11 (*Adversus Judaeos, De sacerdotio, Ad Stagirium, De incomprehensibili Dei
natura, Contra eos qui subintroductas habent virgines*), Socr. 6.4.9 (référence générale),
Socr. 6.5.5 (*In Eutropium*), Socr. 6.18.4 (Pseudo-Jean Chrysostome, *In decollationem
Iohannis*); Sévérien: Socr. 6.16.4 (discours perdu); Nestorius: Socr. 7.32.7-8 (référence
générale); Proclos: Socr. 7.43.6-7 (discours perdu).

[182] Socr. 1.21: Rufin, *HE* 10.8 p. 971.12-18; Socr. 4.23.12: cf. Palladios, *Historia Lausiaca* 7.6, 8.6. F. GEPPERT, *Die Quellen*, p. 6; G.C. HANSEN, *Sokrates*, p. l; Theresa
URBAINCZYK, *Theodoret of Cyrrhus*, p. 43-44 croient que Socrate a utilisé la *Vie d'Antoine*.

de Paul de Constantinople[183] et une autre de Jean Chrysostome, ce qui n'est pas à rejeter *a priori*, mais doit rester une hypothèse[184]. Socrate peut avoir lu une vie de Mélèce d'Antioche[185] et une vie de Maroutha de Mapherquat peut avoir renseigné l'historien sur l'action de cet évêque à la cour perse vers 415[186]. Socrate ne s'intéresse pourtant qu'aux événements que ces sources lui rapportent, comme il le dit explicitement à propos de Spyridon de Trimithonte: les miracles et bienfaits, témoins de la faveur divine et de l'accomplissement spirituel du saint, n'ont pas vraiment de place dans une histoire ecclésiastique[187].

Vu sa préférence pour les saints hommes que nous avons constatée dans le chapitre précédent, il ne semblera pas étonnant que Sozomène dépende plus de l'hagiographie que son prédécesseur. Il utilise la *Vie d'Antoine*[188], le discours sur la vie de Jean Chrysostome par Pseudo-Martyrius[189], la *Vie de Grégoire le Thaumaturge* par Grégoire de Nysse[190], celle d'Hilarion par Jérôme, sans doute dans une traduction grecque[191], l'encomion d'Eusèbe d'Émèse par Georges de Laodicée[192], et l'ouvrage de Sulpice Sévère consacré à Martin de Tours[193]. Sozomène semble également faire allusion à une vie d'Éphrem prétendument écrite par Basile de Césarée[194]. À côté de ces ouvrages identifiables, des vies hagiographiques peuvent avoir fourni la base pour

---

[183] Socr. 2.6-2.8.1, 2.12.1-3, 2.13.1-3, 2.13.5-7, 2.16.1-15, 2.17.12, 2.23.43, 5.9.1-2: cf. W. TELFER, *Paul,* p. 42-43, qui en fait incorrectement une vie d'inspiration novatienne.

[184] Socr. livre 6: cf. M. WALLRAFF, *Der Kirchenhistoriker,* p. 58.

[185] La source de Socrate pour ses données à propos de l'église antiochienne reste inconnue (Socr. 2.44, 4.2.4-7, 5.5, 5.6.1, 5.9.3, voir aussi 5.8.18). Puisque tous les passages cités ont trait à Mélétios, il pourrait s'agir d'une vie.

[186] Le récit de Socrate (Socr. 7.8) présente de nombreux parallèles avec la vie arménienne (R. MARCUS, *The Armenian Life*) et la vie grecque ancienne (J. NORET, *La vie grecque*), sans qu'on puisse en conclure à une source commune. L'usage par Socrate d'une vie hagiographique pour ces passages doit rester une hypothèse.

[187] Cf. Socr. 1.12.2, à propos de Spyridon de Chypre: πολλὰ μὲν οὖν τὰ περὶ αὐτοῦ λεγόμενα, ἑνὸς δὲ ἢ δύο ἐπιμνησθήσομαι, ἵνα μὴ ἔξω τοῦ προκειμένου δόξω πλανᾶσθαι; «On raconte beaucoup de choses à son sujet: j'en rapporterai une ou deux, pour ne pas avoir l'air de m'écarter de mon sujet.»

[188] J. BIDEZ — G.C. HANSEN, *Sozomenos,* p. 414.

[189] Voir ci-dessous Appendice III.

[190] Soz. 7.27.4.

[191] Soz. 3.14.21-23, 5.10.1-3. La traduction grecque qu'utilise Sozomène est sans doute BHG 752.

[192] Soz. 2.6.1-7, cf. 2.6.6.

[193] Soz. 3.14.38-40. H. DELEHAYE, *La vie grecque,* p. 403 suppose que Sozomène a lu un résumé de la vie écrite par Sulpice Sévère.

[194] Soz. 3.16.3. Cette vie pourrait être identique à une vie existant en traduction arabe (BHG 246 = CPG 3951): cf. P.J. FEDIUK, *Bibliotheca Basiliana Universalis,* Vol. 2.2, p. 1216, 1309.

l'histoire de Spyridon, celle de Donatus, l'évêque d'Euroia en Épire, et celle d'Épiphane de Salamine[195]. Une vie d'Ambroise perdue peut avoir suppléé les données de Rufin sur l'évêque de Milan[196]. Il utilise, en plus, la même vie de Paul qu'utilise Socrate[197]. Malgré son intérêt pour les miracles, Sozomène veut pourtant lui aussi uniquement souligner la quantité des hommes saints qui vivaient à l'époque. Pas plus que Socrate il ne brosse de portraits spirituels comme un hagiographe l'aurait fait.

La pratique de Socrate et de Sozomène confirme donc nos conclusions précédentes. Les historiens utilisent l'hagiographie comme une source de faits. Le caractère du saint peut être rapporté (en termes élogieux, il va de soi), mais toujours de façon brève. En tant que figure importante de la vie de l'Église, l'homme saint a sa place dans une *Histoire ecclésiastique*, qui ne désire pourtant pas donner un aperçu complet de ses actes et de sa personnalité; ce serait la tâche de l'hagiographe. En termes donc de définition de sujet, il y a une différence foncière entre les deux genres: une histoire ecclésiastique se concentre sur les faits, une hagiographie sur le caractère et les accomplissements spirituels[198].

2.2 LES ACTES ET RECUEILS DE MARTYRES

Les actes et recueils de martyres pourraient être rangés dans l'hagiographie. Nous préférons les discuter séparément car, durant l'Antiquité tardive, ces textes formaient un genre relativement bien identifié.

Le récit du martyre subi par les chrétiens est plus ancien que l'histoire ecclésiastique. Firmilien de Césarée (mort en 268) composa par exemple

---

[195] Spyridon: Soz. 1.11; Donatus: Soz. 7.26.1-5; Épiphane: Soz. 7.27 (Il est aussi possible que Sozomène se base sur le témoignage de Phouscon et Salamanès).

[196] Soz. 7.25: cf. Soz. 7.25.13 (ἐκ πολλῶν δὲ τῶν αὐτῷ κατωρθωμένων τάδε μοι εἰρήσθω ...). Il ne s'agit pas de la vie écrite par Paulin de Milan: cf. F. TRISOGLIO, *Sant'Ambrogio*, p. 362.

[197] Cf. Socr. 2.6-2.8.1 et Soz. 3.3.1-2, 3.3.4-5, 3.4, qui se complètent mutuellement. Voir aussi Soz. 3.7.3-5, 3.9.1-4, 4.2, 7.10.4. Il ne nous semble pas nécessaire de supposer une autre source pour Sozomène (ainsi G. DAGRON, *Naissance*, p. 422), ou de supposer qu'il a copié Socrate (ainsi T.D. BARNES, *Athanasius*, p. 212).

[198] Nous désirons nuancer le rapprochement entre histoire ecclésiastique et hagiographie, un rapprochement fait par A. MOMIGLIANO, *Popular Religious Beliefs*, p. 89; Lellia CRACCO RUGGINI, *The Ecclesiastical Histories*, p. 114; Françoise THELAMON, *Païens*, p. 26.

un ouvrage sur les persécutions sous Dèce (249-251)[199]. Le genre restait populaire. Le *De martyribus Palestinae* d'Eusèbe sur la persécution de Dioclétien en Palestine est bien connu. Il semble qu'il ait existé un ouvrage pareil de tendance arienne sur celle de Julien[200]. Au sixième siècle, Bar Hadbešabba écrit encore une *Histoire des saints pères persécutés à cause de la vérité* allant de 324 à 569[201].

Ces ouvrages se rapprochent de l'histoire ecclésiastique en s'appelant «histoire» et en faisant appel à la méthode historique. Pourtant, en ne rapportant qu'une mince partie de la vie de l'Église, les recueils de martyres restent un genre spécifique à l'intérieur de l'historiographie chrétienne. L'histoire ecclésiastique a une visée plus large; Eusèbe désigne ainsi clairement les martyrs comme un des différents sujets de son histoire[202]. Évagre, pour sa part, mentionne le martyre de Golinduch (mort en 591), mais se limite à une brève notice en renvoyant à la vie écrite par Étienne d'Hiérapolis[203]. En composant une histoire des persécutions de 571-589 à côté de son *Histoire ecclésiastique*, Jean d'Éphèse affirme que les deux genres ne se confondent pas. Ce constat est confirmé au septième siècle par Georges d'Alexandrie qui, dans sa vie de Jean Chrysostome, oppose les recueils de martyres aux «historiens généraux de l'Église»[204].

Socrate et Sozomène n'ajoutent rien au constat précédent. L'utilisation d'un recueil de martyres ne se laisse pas démontrer pour Socrate, qui se limite à quelques épisodes de la persécution de Julien et de celle de Valens, provenant partiellement de Rufin[205]. Les sources des autres récits ne sont pas déterminables. Sozomène, quant à lui, connaît plusieurs martyrs de Julien en plus par rapport à son prédécesseur, des récits provenant de sources différentes[206]; il a également utilisé les actes syriaques relatant le martyre des chrétiens exécutés pendant la persécution en Perse en 344-345[207].

---

[199] Voir Moïse de Khorène 2.75-79. Il n'est pas sûr qu'il s'agisse d'un ouvrage authentique, car selon Moïse, Firmilien traitait également de la persécution dioclétienne, qui avait lieu après la mort de l'évêque.

[200] Cf. F. WINKELMANN, *Zur nacheusebianischen christlichen Historiographie*, p. 414.

[201] L'éditeur remarque que le titre *Histoire ecclésiastique* n'est pas l'original (PO 9.493).

[202] Eusèbe, *HE* 1.1.2.

[203] Évagre le Scholastique, *HE* 6.20: cf. Pauline ALLEN, *Evagrius*, p. 67-68.

[204] Jean d'Éphèse, *Vitae* PO 18.607; Georges d'Alexandrie, *Vita Johannis Chrysostomi* BHG 873bd p. 71: καθολικοὶ τῶν ἐκκλησιῶν ἱστοριογράφοι.

[205] Socr. 3.11-12, 3.15, 3.19, 4.9, 4.16, 4.18, 4.24.

[206] Soz. 4.11, 5.8, 5.9, 5.10: cf. Appendice V.

[207] Soz. 2.9-14: cf. P. DEVOS, *Sozomène*; R.W. BURGESS, *The Dates*, p. 19-21.

2.3 L'HISTOIRE DES MOINES

La prospérité du monachisme fit naître une littérature œuvrant à faire
connaître au grand public les réalisations spirituelles des ascètes. À côté
des collections d'apophtegmes, il y avait aussi des ouvrages qui alliaient la
visée spirituelle à une entreprise proche de la biographie, en rassemblant
de brèves vies d'ascètes de l'une ou l'autre région. Ceux-ci sont souvent
désignés par le vocable «histoire», comme la *Historia religiosa* de Théodoret[208], l'*Historia Lausiaca* de Palladios ou l'anonyme *Histoire des
moines en Égypte*.

Étudions la place que les moines prennent dans les *Histoires ecclésiastiques* et l'usage que les historiens de l'Église font de ces «histoires
des moines». Une distinction primordiale se laisse observer chez la plupart des historiens; les actions spécifiques de moines individuels s'op-
posent au monachisme en tant que mouvement. Alors que les premières,
par exemple les interventions des moines dans la lutte contre les hérétiques, sont évidemment un sujet de l'histoire ecclésiastique, le second ne
l'est guère et n'est discuté que dans une digression, comme nous le verrons maintenant.

Absent chez Eusèbe, le monachisme égyptien est brièvement décrit
par Rufin, qui mentionne aussi les ascètes de Mésopotamie. L'esquisse
peut être comprise comme une digression qui vise à mettre en évidence
la force du christianisme à l'époque des persécutions de Valens[209].

Chez les historiens postérieurs, la situation est comparable. Quand
Théodoret raconte l'intervention d'un moine dans les querelles doctrinales
— par exemple la lutte d'Aphraat et Julien contre les ariens[210] —, il renvoie souvent à sa propre *Historia religiosa* avec une remarque informant
le lecteur qu'il peut y trouver plus d'informations sur la personne citée. Un
exposé plus complet sur la personnalité aurait, en effet, interrompu le cours
de l'histoire. Deux fois, l'évêque y ajoute une petite digression sur le monachisme, la première fois à l'époque du concile de Nicée et l'autre fois à
l'époque de Valens. La deuxième se réduit presque à une suite de noms[211].

Chez Évagre le Scholastique, la situation est identique. Il raconte le
rôle joué par les moines pendant le concile de Chalcédoine 451[212] et donne

---

[208] Cf. aussi Théodoret, *Historia religiosa* pr.1.
[209] Rufin, *HE* 11.7-9. Rufin marque la fin de ce passage en écrivant *de his satis dictum* (11.9 p. 1017.16).
[210] Théodoret, *HE* 2.30.3, 3.24.1, 4.25.6 (Aphraat), 4.27.2 (Julien).
[211] Théodoret, *HE* 1.7.3-7, 4.28.
[212] Évagre le Scholastique, *HE* 3.17: cf. Pauline ALLEN, *Evagrius*, p. 81, 134.

un aperçu des moines les plus importants de son temps dans un passage clairement présenté comme étant une digression[213]. À la fin de son histoire, il signale la mort de Syméon le stylite et quelques-uns de ses miracles, tout en ajoutant qu'un récit plus complet serait le sujet d'un ouvrage à part[214].

Pour autant que nous puissions en juger à travers les fragments de Théodore le Lecteur — un auteur de la première moitié du sixième siècle — sa pratique semble avoir été la même. Il groupe les passages sur les moines dans quelques digressions[215].

L'image qui ressort de ces quatre œuvres est cohérente. Les historiens de l'Église utilisent souvent les «histoires des moines», mais dans une perspective déterminée. Les actes des moines qui ont trait aux querelles doctrinales de l'époque trouvent évidemment leur place dans une histoire ecclésiastique; l'aperçu du monachisme en tant que mouvement est par contre relégué dans une digression. Regardons si Socrate et Sozomène se conforment à cette pratique.

Socrate consacre au monachisme égyptien une longue digression, dans laquelle il met l'accent sur son apport à la spiritualité. À cette fin, il cite amplement plusieurs ouvrages d'Évagre le Pontique[216]. Son information sur les moines provient d'une collection d'apophtegmes et d'un μονόβι-βλον du moine Palladios, qu'il faut sans doute identifier avec une édition perdue de l'*Historia Lausiaca*[217]. L'historien souligne explicitement

---

[213] Évagre le Scholastique, *HE* 4.33-35. Le grec (p. 185.14-15) dit ἀλλ' ἐπὶ τὸ προ-κείμενον τοῦ λόγου τὴν ῥύμην μεταγάγωμεν. Τὸ προκείμενον, c'est bien le sujet de l'histoire. Évagre dit donc qu'il retourne à son sujet, ce qui il souligne dans la phrase sui-vante: Ἀνθίμου ὥς μοι λέλεκται τοῦ θρόνου τῆς βασιλίδος ἐκβεβλημένου (…). Cf. Pauline ALLEN, *Evagrius*, p. 198-200. La traduction «But let us transfer the course of the account to the next subject» par M. WHITBY, *The Ecclesiastical History*, p. 241 n'est pas entièrement correcte.

[214] Évagre le Scholastique, *HE* 6.23: cf. Pauline ALLEN, *Evagrius*, p. 66-67.

[215] Théodore le Lecteur p. 105.20-106.7, p. 108.29-109.2, p. 124.14-125.14. Voir aussi Jean d'Éphèse apud Pseudo-Denys, *Chronique* II p. 47.

[216] Socr. 4.23.34-71: cf. Évagre le Pontique, *Traité pratique* 91-95, 97-99, *Le gnostique* 44-48.

[217] La collection d'apophtegmes, utilisée par Socrate, ne se laisse pas immédiatement rattacher à une collection existante (cf. G.C. HANSEN, *Le monachisme*, p. 144). Le *mono-biblon* de Palladios, auquel l'historien renvoie, n'est pas non plus parmi les versions sur-vivantes de l'*Historia Lausiaca*. C. Butler (*The Lausiac History*, Vol. 1 p. 172) distingue trois versions de l'*Historia Lausiaca* dans la tradition manuscrite grecque: G, l'originale et la plus courte; B, datant du cinquième siècle et incluant des notes non-publiées de Pal-ladios; A, la compilation de G et l'*Historia monachorum* de Rufin. E. Honigmann (*Hera-cleidas*) propose de voir en Héracleidas de Nysse le compilateur de B. B incorpore par ailleurs aussi des informations de Sozomène (voir C. BUTLER, *The Lausiac History*, Vol. 2 p. 193; K. FITSCHEN, *Der Praefectus Praetorio*, p. 95-96: B 11 dépend de Soz. 8.17.6). Le *monobiblon* de Socrate ne peut pas être identifié à une de ces éditions (et l'évidence

que le monachisme est «le sujet d'un ouvrage en soi», et qu'il veut «ajouter à son histoire quelques exemples des nombreux possibles dans l'intérêt des lecteurs»[218]. Voilà l'opinion de Socrate sur le monachisme: c'est un idéal spirituel qui sert beaucoup aux gens, mais qui n'est pas le sujet de son histoire.

Alors que Socrate s'accorde ainsi à la pratique habituelle, Sozomène se distingue nettement de ses collègues, non seulement par l'espace qu'il accorde au monachisme, mais aussi par le nombre de ses sources à cet égard. Il est le premier témoin de la première édition grecque de l'*Historia Lausiaca* qui nous est transmise dans un manuscrit[219]. Il a par ailleurs aussi lu la *Vie d'Antoine* et il utilise à la fois une version de l'*Historia monachorum* sous le nom de Timothée, évêque d'Alexandrie[220], et la traduction latine d'une version de ce même ouvrage élaborée par Rufin[221]. S'y ajoutent encore de nombreuses informations obtenues de sources écrites qui ne sont plus identifiables et d'autres puisées dans des traditions locales, pour ne pas oublier les témoins oculaires ou l'autopsie[222].

de Socrate n'est d'ailleurs guère discutée par C. Butler): en particulier l'histoire d'Amoun (Socr. 4.23.2-11) diffère à plusieurs endroits de la version de l'*Historia Lausiaca* (B 6-7, G 8). La question est encore compliquée par l'existence de plusieurs rédactions syriaques et de versions coptes qui divergent du grec (cf. R. DRAGUET, *Les formes syriaques*). Un rapprochement entre une version copte du chapitre sur Amoun et la version de Socrate est possible (cf. R. DRAGUET, *Une nouvelle source*), pourtant sans être concluant. Il semble alors que Socrate ait connu une édition antérieure à G. Son contenu précis et sa date sont impossibles à établir (cf. F. GEPPERT, *Die Quellen*, p. 79; G.C. HANSEN, *Sokrates*, p. lii; M. WALLRAFF, *Der Kirchenhistoriker*, p. 119; M. GEORGE, *Sokrates*, p. 190), ce qui ouvre la voie à des spéculations. Voir G. BUNGE, *Palladiana*; K. NICKAU, *Eine Historia Lausiaca*, p. 136. Le premier lit la digression de Socrate (4.23) comme une unité, copiée en entier de la source perdue. Il est pourtant plus probable que Socrate copie les apophtegmes (Socr. 4.23.15-29) d'une collection indépendante d'apophtegmes.

[218] Socr. 4.23.14: ὧν πάντων τὸν βίον συγγράφειν ἰδίας ἔργον ἐστίν ὑποθέσεως· ἐπεὶ δὲ ἐγένοντο ἐν αὐτοῖς ἄνδρες θεοφιλεῖς καὶ ἐν τῇ ἀσκήσει διαπρέψαντες καὶ ἀποστολικὸν βίον βιώσαντες, χρειώδη τέ τινα καὶ ἄξια τοῦ ἀπομνημονεύεσθαι ἐποίησάν τε καὶ ἔλεξαν, χρήσιμον οἶμαι ἐκ πολλῶν ὀλίγα ἐγκαταμίξαι τῇ ἱστορίᾳ πρὸς ὠφέλειαν τῶν ἐντυγχανόντων.

[219] C. BUTLER, *The Lausiac History*, p. 51-58; G. SCHOO, *Die Quellen*, p. 41-58.

[220] Soz. 6.29.2. Sur le caractère de cette version, voir Eva SCHULZ-FLÜGEL, *Tyrannius Rufinus*, p. 20-22, avec discussion de la littérature antérieure. Son scepticisme sur l'identification de Timothée avec l'évêque d'Alexandrie n'est pas justifié. Sozomène le désigne comme Τιμόθεος ὁ τὴν Ἀλεξανδρέων ἐκκλησίαν ἐπιτροπεύσας, ce qui ne laisse pas de place au doute. L'argument de D.J. CHITTY, *The Desert*, p. 62 n. 42, que ἐπιτροπεύσας pointrait plutôt vers un archidiacre, et celui de Eva SCHULZ-FLÜGEL, *Tyrannius Rufinus*, p. 22 n. 6, que cette expression serait inhabituelle, est sans valeur. L'expression est très commune chez Sozomène pour désigner un évêque. Il suffit de regarder l'index de J. BIDEZ — G.C. HANSEN, *Sozomenos*, p. 497.

[221] G.C. HANSEN, *Le monachisme*, p. 147; Caroline P. BAMMEL, *Problems*.

[222] Cf. Soz. 1.14.11. Voir ci-dessous p. 247-250.

Nous avons discuté dans le second chapitre de la place considérable qu'accorde Sozomène au monachisme, en particulier dans la première dyade, mais aussi dans les livres suivants. Les récits sur les moines ne sont pas relégués dans des digressions, mais se retrouvent dans l'ouvrage entier en occupant souvent plusieurs chapitres. Dans son *prooimion,* Sozomène justifie cette déviance de la pratique habituelle. Il lui semble que ce ne serait «pas étranger à une histoire ecclésiastique de raconter aussi dans cet ouvrage quels ont été en quelque sorte les pères et les instigateurs de ceux que l'on appelle moines, et ceux qui après eux, successivement, ont joui d'un grand renom, dont nous avons connaissance de science certaine ou par ouï-dire. Ainsi en effet, nous ne paraîtrons ni ingrats à leur égard en livrant leur vertu à l'oubli, ni ignorants de l'information relative à ce point; en outre, nous laisserons aussi à ceux qui ont choisi ce genre de vie philosophique un modèle de conduite, par laquelle, s'ils en usent, ils participeront à la fin la plus pleine de félicité et de bonheur»[223]. Cette ample justification trahit le fait que Sozomène a conscience d'inclure un thème dans son histoire qui n'y appartient pas vraiment, ce que la litote οὐκ ἀνοίκειον souligne. Sa prétention à vouloir se montrer bien renseigné, ne nous apprend pas grand chose, mais les deux autres explications sont révélatrices. D'une part, Sozomène veut transmettre à son public la vertu des moines et, d'autre part, il considère son *Histoire ecclésiastique* comme une aide pour les apprentis moines. En d'autres termes, il accorde à son ouvrage une valeur pédagogique. Pour les croyants, c'est l'enseignement dans la vertu, et pour les ascètes, l'initiation à la spiritualité monastique.

De cette façon, son *Histoire ecclésiastique* s'approprie la fonction pédagogique et spirituelle habituellement réservée aux «histoires de moines». Ce qui est chez Socrate et les autres historiens ecclésiastiques la fonction d'une digression, devient chez Sozomène celle de l'histoire entière. Autrement dit, Sozomène n'élargit pas le concept de l'histoire ecclésiastique[224], mais en dépasse les bornes, en identifiant son ouvrage partiellement à une histoire des moines. Remarquons qu'il ne s'agit que

---

[223] Soz. 1.1.18-19: (...) οὐκ ἀνοίκειον δὲ εἶναι τῆς ἐκκλησιαστικῆς ἱστορίας ἐν τῇδε τῇ πραγματείᾳ διεξελθεῖν καὶ τίνες ποτὲ ἦσαν οἱ ὥσπερ πατέρες καὶ εἰσηγηταὶ γενόμενοι τῶν καλουμένων μοναχῶν καὶ οἱ μετ' αὐτοὺς κατὰ διαδοχὰς ὧν ἴσμεν ἢ ἀκηκόαμεν εὐδοκιμήσαντες. Οὔτε γὰρ ἀχάριστοι δόξομεν εἶναι πρὸς αὐτοὺς ἀμνηστίᾳ παραδεδωκότες τὴν αὐτῶν ἀρετήν, οὔτε ἀπείρως ἔχειν τῆς κατὰ τοῦτο ἱστορίας, μετὰ τοῦ καὶ τοῖς προῃρημένοις ὧδε φιλοσοφεῖν ὑπόδειγμα καταλιπεῖν ἀγωγῆς, ᾗ χρώμενοι μακαριωτάτου καὶ εὐδαίμονος μεθέξουσι τέλους.

[224] Comme le prétendent P. MEINHOLD, *Geschichte*, p. 121; Jill HARRIES, *Sozomen*, p. 50; Theresa URBAINCZYK, *Observations*, p. 307.

d'une identification partielle. Nous avons vu dans le chapitre précédent comment Sozomène introduit une division relativement stricte dans les premiers livres de son histoire entre le récit de la piété abondante de cette époque et celui des querelles ecclésiastiques. C'est dans cette première moitié que son *Histoire ecclésiastique* vise à l'édification du lecteur. L'autre moitié est consacrée à ce que ses collègues voient comme leur tâche unique: raconter les faits.

Selon Lellia Cracco Ruggini, P. Brown et plusieurs autres savants, le monachisme serait un sujet particulièrement aimé, ou même le sujet propre de l'histoire ecclésiastique[225]. Il n'en est rien. C'est le sujet de l'histoire des moines ou de l'hagiographie et non celui de l'histoire ecclésiastique qui s'y intéresse seulement quand le moine intervient dans les querelles de l'Église. En même temps, l'importance du monachisme sur le plan spirituel est amplement reconnue et l'historien doit en donner un aperçu, d'habitude assez bref et dans une digression. Le monachisme constitue, pour ainsi dire, une digression obligée. La seule exception à cette règle est Sozomène qui identifie partiellement l'histoire des moines à l'histoire ecclésiastique.

2.4 LA CHRONIQUE

La chronique a en commun avec l'histoire ecclésiastique qu'elles traitent toutes les deux de faits historiques. Il n'empêche qu'il y a une différence foncière qui est déjà articulée par Eusèbe de Césarée. À la fin de la préface de son *Histoire ecclésiastique*, Eusèbe écrit: «Déjà du reste, dans les canons du temps que j'ai composés, j'ai naguère donné un résumé des événements dont je me dispose aujourd'hui à faire le récit très complet»[226]. L'attitude d'Eusèbe envers sa chronique est alors double. D'une part, elle fait partie d'une même entreprise historique que son *Histoire ecclésiastique*, en donnant un aperçu des mêmes faits, avec une restriction temporelle notable pour l'*Histoire ecclésiastique* qui débute avec l'incarnation et non avec Abraham comme la chronique. D'autre part, l'*Histoire ecclésiastique* a un caractère tout à fait différent, en tant que récit narratif.

---

[225] Lellia CRACCO RUGGINI, *Universalità*, p. 194; P. BROWN, *Power and Persuasion*, p. 126; R.A. MARKUS, *The End*, p. 23; Α. ΚΑΡΠΟΖΙΛΟΣ, *Βυζαντινοὶ ἱστορικοὶ*, p. 254.
[226] Eusèbe, *HE* 1.1.6: ἤδη μὲν οὖν τούτων καὶ πρότερον ἐν οἷς διετυπωσάμην χρονικοῖς κανόσιν ἐπιτομὴν κατεστησάμην, πληρεστάτην δ' οὖν ὅμως αὐτῶν ἐπὶ τοῦ παρόντος ὡρμήθην τὴν ἀφήγησιν ποιήσασθαι.

Le premier volet constitue la spécificité d'Eusèbe, car aucun autre historien de l'Église n'est chroniqueur. Seul Jérôme avait déjà traduit et poursuivi la *Chronique* d'Eusèbe avant de vouloir entamer une histoire ecclésiastique, un projet qu'il ne réaliserait jamais[227].

Le deuxième n'est pas spécifique à Eusèbe. Les histoires, ecclésiastiques ou classiques, se distinguent des chroniques de par leur caractère narratif. Déjà, dans l'antiquité classique, cette distinction est faite[228]. Par conséquent, les chroniques constituent un outil de l'historien, une sorte de base de données de faits bruts attendant d'être versés en prose souple. Selon son gré, l'auteur y recourt avec plus ou moins de fréquence. Rufin puise dans la chronique de Jérôme[229], et Socrate se sert largement de plusieurs chroniques et *consularia*[230]. À cette appréciation de la chronique s'oppose l'abstention complète de Sozomène, qui n'en a utilisé aucune[231].

La position particulière d'Eusèbe n'est alors pas à généraliser; l'historiographie ecclésiastique n'est pas par nature une entreprise proche de la chronique, ni particulièrement intéressée à des dates précises, comme le prétendait F. Overbeck[232]. Tout comme Eunape peut déprécier la chronologie exacte de Dexippe[233], Sozomène choisit d'omettre la plupart des dates données par Socrate.

2.5 BILAN

Le rapport de l'histoire ecclésiastique aux genres historiographiques chrétiens est celui d'une synthèse à ses parties. Elle rassemble des données de l'hagiographie, des recueils de martyres et de l'histoire des moines. Ces ouvrages peuvent constituer des préparations à une histoire ecclésiastique, comme la *Vie de Malchus* de Jérôme, ou des sources, mais ils n'épuisent pas son sujet. En plus, ce sont les événements qui intéressent en premier lieu les historiens de l'Église, et pas tant les accomplissements spirituels.

Ce constat peut être généralisé. L'histoire de l'Église a une fonction de synthèse, non seulement par rapport aux genres historiographiques, mais

---

[227] Jérôme, *Vita Malchi* 1.

[228] Cf. C.W. FORNARA, *The Nature of History*, p. 29.

[229] Cf. P.F. BEATRICE, *De Rufin*, p. 237-238; Y.-M. DUVAL, *Sur quelques sources*; ID., *Jérôme*.

[230] P. VAN NUFFELEN, *Socrate de Constantinople*, p. 74-75.

[231] On notera pourtant Soz. 7.29.4 et 8.4.21, où Sozomène connaît quelques détails que Socrate ne donne pas. La source pourrait être une chronique.

[232] F. OVERBECK, *Über die Anfänge*, p. 41. Cf aussi Pauline ALLEN, *Aspects*, p. 374.

[233] Eunape, *Historiae* fr. 1.

aussi par rapport à d'autres genres de la littérature chrétienne. On trouve, par exemple, dans presque toute histoire ecclésiastique des passages qui discutent des hommes de l'Église les plus célèbres de l'époque, en particulier des écrivains. C'est un sujet qui est plus amplement traité dans les *De viris illustribus*, tels que, par exemple, Jérôme et Gennade les composaient[234]. Les historiens de l'Église mentionnent souvent brièvement les thèses des hérésies les plus importantes de l'époque, lesquelles sont plus systématiquement exposées et réfutées dans les ouvrages hérésiologiques[235]. Tous ces genres littéraires traitent d'un aspect de la vie de l'Église, alors qu'une histoire ecclésiastique cherche à en livrer une vue d'ensemble.

L'histoire ecclésiastique est ainsi une synthèse de la vie chrétienne et elle se doit alors de rapporter aussi des faits sur les écrivains, les moines et les saints d'une époque. Puisqu'il y a un conflit entre la visée propre de ces genres-là et l'histoire ecclésiastique, les premiers ayant une visée morale ou théologique et la seconde se concentrant sur les événements, un historien de l'Église n'en donnera que des aperçus brefs, souvent situés dans une digression. La notion d'événement reste donc centrale dans la définition du sujet de l'histoire ecclésiastique, tout en étant légèrement élargie par la fonction synthétique que l'histoire de l'Église assume. C'est là l'innovation par rapport à l'histoire classique qui en reste à ses sujets traditionnels que sont les guerres, les empereurs et les catastrophes naturelles.

À travers ce paragraphe, nous avons été à même de constater que Socrate s'accorde en général avec ce modèle. L'histoire de Sozomène par contre s'approprie, seule parmi les histoires ecclésiastiques, la fonction pédagogique traditionnellement réservée aux histoires de moines.

3. La diversification interne de l'histoire ecclésiastique

Il faut compléter notre analyse par une étude de l'aspect interne de l'histoire ecclésiastique, c'est-à-dire les différentes formes qu'elle peut prendre. On semble penser traditionnellement qu'une histoire ecclésiastique doit ressembler à celle d'Eusèbe. C'est d'ailleurs jusqu'ici notre

---

[234] Eusèbe, *HE* 1.1.5; Socr. 3.16.1-6, 4.23.34-39, 4.25-27; Soz. 2.19.7, 3.14.36, 3.14.42, 3.15-16, 5.13.7, 5.18.6, 6.27.1; Évagre le Scholastique, *HE* 1.15; Pseudo-Zacharie le Rhéteur, *HE* 7.10 p. 36.1-6; *Historia ecclesiastica Alexandrina* 1.420-435, 2.125.

[235] Socr. 2.46, 5.23-24 (avec un renvoi à l'*Ancoratus* d'Épiphane de Salamine); Soz. 6.26, 7.17. Cf. Eusèbe, *HE* 1.1.2.

définition du genre. Nous verrons pourtant que le genre est formellement beaucoup plus différencié.

Nous discuterons d'abord deux «genres apparentés»: des genres littéraires qui se rapprochent tant de l'histoire ecclésiastique qu'il devient difficile de les en distinguer, ce que les gens de l'époque ne faisaient par conséquent pas toujours. En effet, l'histoire ecclésiastique est prise entre le «trop peu» des collections de documents et le «beaucoup trop» de l'*Histoire chrétienne*. De ce dernier genre, Philippe de Sidé offre le seul exemple connu. En second lieu, nous verrons que l'histoire ecclésiastique se diversifie en plusieurs sous-genres au début du cinquième siècle et qu'elle s'éloigne ainsi de la forme que lui avait donnée Eusèbe.

3.1 LES GENRES APPARENTÉS DE L'HISTOIRE ECCLÉSIASTIQUE

3.1.1 Les collections de documents

Une collection rassemble des documents sur des événements ecclésiastiques, souvent sur l'une ou l'autre dispute doctrinale. Les documents ne sont pas simplement cités, mais souvent accompagnés de courtes explications historiques. Leur but n'est pas de fournir une documentation complète sur un événement mais d'apporter des arguments en faveur de l'une ou l'autre position. Cette partialité était reconnue, comme il ressort de la remarque de Sozomène selon laquelle les chefs des hérésies «ont formé des collections de lettres en circulation pour la défense de leur propre secte et ont passé sous silence les lettres contraires»[236].

La plupart des collections sont perdues. Leur nombre n'était pourtant pas négligeable, comme l'aperçu suivant peut le montrer. L'*Histoire ecclésiastique* de Timothée de Beyrouth, un apollinariste du quatrième siècle, n'est pas une histoire ecclésiastique comme celle de Socrate ou Théodoret, mais plutôt une collection de lettres truffée d'informations historiques[237]. L'*Histoire acéphale* sur les péripéties d'Athanase

---

[236] Soz. 1.1.15: οἱ μὲν τοῖς, οἱ δὲ ἐκείνοις προστιθέμενοι συναγωγὴν ἐποιήσαντο τῶν ὑπὲρ τῆς οἰκείας αἱρέσεως φερομένων ἐπιστολῶν καὶ τὰς ἐναντίας παρέλιπον. Cf. Socr. 1.6.41, 2.1.4, dont Sozomène s'inspire sans doute. Cf. G. SCHOO, *Die Quellen*, p. 103; E. SCHWARTZ, *Zur Geschichte des Athanasius*, p. 31; M. MAZZA, *Costanza II*, p. 91-92; P. VAN NUFFELEN, *La tête*, p. 127-128.

[237] Cf. H. LIETZMANN, *Apollinaris*, p. 279: εἰ δέ τις τὴν ὅλην μετὰ χεῖρας λάβοι, ἣν ὁ γνώριμος Ἀπολλιναρίου Τιμόθεος ἐκκλησιαστικὴν συντάττει ἱστορίαν, οὐδ' ἄλλον τινὰ τοῦ τοσούτου πόνου σκοπὸν εὑρήσει πλὴν τὴν Ἀπολλιναρίου σύστασιν, ἣν ἐκ μυρίων συγκεκρότηκε τῶν ἀπ' αὐτοῦ τε καὶ εἰς αὐτὸν γραφεισῶν τε καὶ

d'Alexandrie doit s'intégrer dans une collection confectionnée à Alexandrie sous Théophile (385-412), dont des bribes nous sont parvenues dans
le *Codex Veronensis* LX (58), et non dans une véritable histoire ecclésiastique[238]. La *synagogé* de Sabinos, l'évêque macédonien d'Héracléia-
Périnthos, rassemble des actes et des lettres synodales des années 325-370
démontrant la vérité du *homoiousios* et la perversité des homéens et des
nicéens[239]. Socrate utilise une collection de lettres sur les origines de la
crise arienne et une autre à propos des événements après le concile[240].

C'est dans ce cadre qu'il faut situer les écrits apologétiques d'Athanase,
avant tout l'*Historia Arianorum*, l'*Apologia secunda*, le *De synodis* et le
De decretis Nicaenae synodi. Parfois, on en fait une sorte d'historiographie rudimentaire[241]. Cela n'est pas faux, mais donne l'impression d'une
certaine originalité d'Athanase. Une fois rangés parmi leurs semblables,
les ouvrages d'Athanase ne présentent plus cet aspect et ont toutes les
caractéristiques d'une collection, c'est-à-dire le copiage de documents
entiers et des notices historiques, mais avec un ton violemment partisan.

Les collections ont un lien important avec l'histoire ecclésiastique.
Leur contenu ressemble à celui d'une histoire ecclésiastique, car elles
procurent aussi des indications historiques. Il n'est dès lors pas étonnant
qu'elles constituent une source majeure pour les historiens de l'Église.
Socrate semble avoir puisé presque tous ses documents dans des collections[242]. Il utilise par exemple Sabinos et Athanase à côté des collections
épistolaires que nous venons de signaler; Sozomène connaît aussi ces

---

ἀντιγραφεισῶν ἐπιστολῶν. Pour l'hypothèse de H. Lietzmann (*Apollinaris* p. 44, reprise
par J. BIDEZ — G.C. HANSEN, *Sozomenos*, p. li-lii) selon laquelle plusieurs passages de
Sozomène (Soz. 2.17.2, 5.18, 6.22.3, 6.25.7-13, 6.27.7, 6.27.9) proviennent de cette histoire, nous ne voyons aucune preuve.

[238] Voir Annik MARTIN — Micheline ALBERT, *Histoire «acéphale»*; ci-dessous Appendice III.

[239] Cf. ci-dessous Appendice IV.

[240] Cf. ci-dessous p. 315-319, 330-341.

[241] B.H. WARMINGTON, *Did Athanasius write History?*; F. WINKELMANN, *Zur nacheusebianischen christlichen Historiographie*, p. 414.

[242] À l'exception des trois lettres suivantes, dont l'origine reste obscure. (1) Socr. 3.3.4-
25: Julien, *Lettre aux Alexandrins*. Il n'y a aucune raison pour accepter que Socrate connaissait une collection des lettres de Julien, comme on dit depuis J. BIDEZ — F. CUMONT,
Recherches, p. 22; F. GEPPERT, *Die Quellen*, p. 77. Puisque c'est la seule épître de l'empereur que Socrate utilisait, et qu'elle n'était incluse dans aucune collection épistolaire de
Julien (cf. la table II de J. BIDEZ — F. CUMONT, *Recherches* [sans numérotation à la fin du
volume]), son origine doit rester obscure. (2) Socr. 4.21-22.3: Pierre d'Alexandrie, *Epistula encyclica*. (3) Socr. 7.25.5-8: lettre d'Atticus à Calliopius, provenant peut-être des
archives de l'évêque de Constantinople. On trouve encore des renvois à des lettres de Théophile contre Jean Chrysostome (Socr. 6.9.13), et de Célestin de Rome en faveur de Proclos
(Socr. 7.40.5), mais rien ne permet d'affirmer que Socrate les a lues.

deux auteurs et partage avec Théodoret l'usage de la *Collection alexandrine*[243]. Il arrive même qu'une collection puisse porter le titre d'*Histoire ecclésiastique*: l'ouvrage de Timothée de Beyrouth est ainsi désigné[244], tout comme la *Collection alexandrine*[245]. Pourtant, les collections ne sont pas de vraies histoires. Il s'agit simplement du transfert d'une dénomination d'un genre à un genre semblable. Il manque aux collections, par exemple, le caractère narratif, l'attention portée à l'événement et la fonction commémorative.

3.1.2 Une *Histoire chrétienne*

De ce «genre», il n'y a qu'un seul exemple. Philippe de Sidé, qui prétendait être un parent de Troïlos[246], écrivait une *Histoire chrétienne* de la création du monde jusqu'en 426, en trente-six livres, sans doute chacun composé de vingt-quatre tomes[247]. Selon le témoignage de Socrate, l'ouvrage souffrait de nombreux défauts. Il contenait trop de digressions sur l'astronomie, les mathématiques et d'autres sciences, trop d'ecphrases, et trop de va-et-vient chronologiques pour être lisible. Pour autant que les quelques fragments existants nous permettent de juger, cette critique semble justifiée. Philippe raconte, par exemple, au livre 22 (au milieu de son ouvrage!), qu'Adam vivait un siècle au paradis et un autre en dehors. Il donne également les années de naissance exactes de Caïn, Abel et Seth[248]. D'autres fragments montrent que l'ouvrage était avant tout consacré aux récits mirifiques et traditions difficilement vérifiables[249].

Socrate jugeait que le titre d'*Histoire chrétienne* convenait à cet ouvrage: une histoire ecclésiastique aurait débuté avec l'incarnation,

---

[243] P. Van Nuffelen, *La tête*, p. 129-130.

[244] H. Lietzmann, *Apollinaris*, p. 279.

[245] *Epistula Cyrilli*, in: *EOMIA*, p. 610-611: *quod in ecclesiastica historia requirentes invenietis.*

[246] Socr. 7.27.1: Τρωίλος ὁ σοφιστής, οὗ καὶ συγγενῆ ἑαυτὸν εἶναι ἐσεμνύνετο [Philippe de Sidé].

[247] Socr. 7.27.3: 36 livres, de nombreux tomes; selon Photius, *Bibliothèque* 35, 24 livres en 24 tomes.

[248] Cf. les textes chez D. Serruys, *Autour d'un fragment.*

[249] Cf. son récit sur le didascaléion d'Alexandrie (G.C. Hansen, *Theodoros*, p. 160; B. Pouderon, *Le témoignage*), ou l'histoire sur l'étoile de Bethléem (A. Vasiliev, *Anecdota graeco-byzantina*, Vol. 1, p. 124). En général, voir E. Honigmann, *Philippus of Side*; G.C. Hansen, *Eine fingierte Ansprache*, p. 198, dont l'attribution de certains passages de Socrate et de Gélase de Cyzique à Philippe de Sidé est peu probable.

comme celle d'Eusèbe, ou avec l'ascension, comme chez Sozomène[250].
Puisque Philippe appelait son histoire *Histoire chrétienne* et com-
mençait avec la création, il acceptait sans doute les idées d'Eusèbe
que les premiers hommes étaient des «proto-chrétiens»[251], et que leur
immoralité et l'action des démons leur avaient fait oublier les commandements divins. En tout cas, si le christianisme pouvait être plus
ancien que l'Église, celle-ci ne naquit qu'avec la venue du Christ. Une
histoire ecclésiastique ne peut dès lors pas commencer avec la création. La visée d'une histoire chrétienne est donc beaucoup trop large
par rapport à celle d'une histoire ecclésiastique, même si les deux
genres se rapprochent, en particulier pour l'histoire de la période après
l'incarnation[252].

3.2 LES DIFFÉRENTS SOUS-GENRES DE L'HISTOIRE ECCLÉSIASTIQUE

Au cinquième siècle, l'histoire ecclésiastique se diversifie. À côté de
la continuation de l'historiographie ecclésiastique dans le sillage d'Eusèbe, c'est-à-dire des ouvrages couvrant l'histoire de l'Église pendant une
période assez longue dans le genre de Socrate, Sozomène, Théodoret,
Jean d'Éphèse, Zacharie le Rhéteur et Évagre le Scholastique, pour en rester aux noms les plus connus, trois nouveautés font leur entrée: les com-
pilations, les monographies et les histoires locales.
    D'abord, les compilations. Dans la deuxième moitié du cinquième
siècle, un auteur qui usurpa le nom de Gélase de Césarée, un évêque de
la fin du quatrième siècle, mit en circulation une compilation d'Eusèbe,
de Socrate et de Rufin. Cette *Histoire ecclésiastique*, écrite en grec allait
du règne de Constance Chlore jusqu'à la mort de Théodose[253]. Elle fut utilisée par Pseudo-Gélase de Cyzique, qui écrivit vers 475 une *Histoire*

---

[250] Socr. 7.27.4; Eusèbe, *HE* 1.5; Soz. 1.1.12. L'idée de Theresa URBAINCZYK, *Socrates*,
p. 103 qu'il n'y aurait aucune différence fondamentale entre une *Histoire chrétienne* et une
Histoire ecclésiastique, n'est pas correcte. Certes, Socrate appelle son histoire «chrétienne»
(Socr. 3.1.4: χριστιανικῆς γὰρ οὔσης τῆς ἱστορίας), mais il désigne ainsi le caractère
chrétien de son histoire, qui l'oblige d'écrire dans un langage simple. Chez Philippe, l'ad-
jectif «chrétien» désigne le sujet de l'histoire.
[251] Eusèbe, *HE* 1.4.6.
[252] Il faut donc se garder de discuter l'ouvrage de Philippe de Sidé en tant qu'histoire
ecclésiastique sur un pied d'égalité avec Eusèbe, Socrate et les autres, comme le font
A. MOMIGLIANO, *The Classical Foundation*, p. 138; H. LEPPIN, *Von Constantin*, p. 33.
[253] P. VAN NUFFELEN, *Gélase*, avec littérature.

ecclésiastique avec comme thème unique le concile de Nicée, et qui recourut à Pseudo-Gélase de Césarée, Socrate, Sozomène, Théodoret et à des documents originaux[254]. Son ouvrage circulait aussi sous le titre d'*Actes de Nicée*. Dans les années 530, Théodore le Lecteur confectionna un résumé de l'histoire ecclésiastique de Constantin jusqu'au règne de Théodose II sur la base de ses prédécesseurs, avant de continuer l'histoire indépendamment jusqu'en 518. Au septième siècle, une épitomé anonyme a été produite sur la base de ce texte[255]. Dans la deuxième moitié du sixième siècle, Cassiodore (mort en 580) demande au moine Épiphane de confectionner une *Historia Tripartita* en latin, basée sur Socrate, Sozomène et Théodoret.

La deuxième nouveauté, c'est la monographie. Nous avons vu que l'histoire de Pseudo-Gélase de Cyzique circulait aussi sous le titre *Actes de Nicée*; celle-ci constituait en effet en une monographie sur le concile de Nicée, avec d'amples matériaux additionnels afin de comprendre le rôle joué par les acteurs présents. De même, l'histoire ecclésiastique d'Hésychius de Jérusalem raconte en quatre livres ce qui s'est passé à Éphèse en 431[256]. Sur ce concile, il y a aussi un récit fragmentaire en copte, qui peut constituer les bribes d'un pareil ouvrage[257]. Bien qu'il ne porte pas le titre *Histoire ecclésiastique*, le *Breviarium* de Libérate de Carthage, un résumé des causes et conséquences du concile de Chalcédoine, ressemble à ces monographies. Une histoire ecclésiastique peut donc désormais se consacrer à un seul événement, et il n'est donc pas nécessairement un récit sur l'ensemble de l'Église en toutes ses facettes.

L'historiographie ecclésiastique s'enrichit enfin d'un troisième élément, qui reste néanmoins difficile à sonder: l'histoire ecclésiastique locale. Certes, l'existence d'une histoire ecclésiastique d'Alexandrie est bien attestée[258]. D'autres ouvrages portant exclusivement attention à

[254] Cf. C.T.H.R. EHRHARDT, *Constantinian Documents*; G.C. HANSEN, *Eine Anonyme Kirchengeschichte*, p. xli-lv. Signalons que seul Photius donne *Histoire ecclésiastique* comme titre de cet ouvrage.

[255] G.C. HANSEN, *Theodoros*. Signalons l'existence de l'*Histoire euthymiaque*, un ouvrage difficile à saisir (cf. Jean de Damas, *Sermones de dormitione* 2.18; *Synaxaire de Constantinople* p. 794), qui peut être également une compilation.

[256] Pélage, *Pro defensione trium capitulorum* p. 2.20. Sur cet ouvrage, voir L. PERRONE, *La chiesa di Palestina*, p. 73-79.

[257] Cf. P. BATTIFOL, *Un épisode*.

[258] Voir T. ORLANDI, *Storia*; ID., *Nuovi frammenti*; H. BRAKMANN, *Eine oder zwei koptische Kirchengeschichten?*

l'histoire d'une église spécifique ne sont par contre que rarement et mal attestés. Pseudo-Dorothée de Tyr aurait écrit un ouvrage sur les évêques de Byzance et d'autres endroits[259]. Dans la vie de Porphyre de Gaza, Marc le Diacre fait allusion à des récits sur les prédécesseurs de son héros[260]. La vie d'Aaron de Philae, conservée dans un manuscrit copte du dixième siècle, contient des renseignements très précis sur les premiers évêques de ce lieu[261]; une histoire ecclésiastique locale à l'instar de celle d'Alexandrie peut en constituer la base. Enfin, parmi les *Vies* de Jean d'Éphèse, figure une brève histoire du couvent de Mar Jean, situé à Amida, pendant les années 389 à 567[262].

Ces indications vagues nous interdisent de réduire ces ouvrages à des listes épiscopales ou à des *patria*, c'est-à-dire des collections d'histo-riettes sur les origines d'une cité, ses coutumes et ses particularités. Les catalogues épiscopaux, dont l'existence est assurée pour les grands sièges et raisonnablement supposée pour les moins importants, ne contiennent pas plus que les dates d'avènement et de mort des évêques et une brève narration de leurs actes. Des récits complets, tels qu'on les trouve, par exemple, dans l'histoire ecclésiastique d'Alexandrie, n'y sont pas inclus. Que les *patria* incluent aussi des éléments de l'histoire chrétienne est probable[263], mais ils se concentrent sur des contes mirifiques et légen-daires sans viser une histoire systématique. Il ne faut sans doute pas s'attendre à y trouver un récit cohérent sur les actions des différents évêques. L'existence d'une véritable historiographie ecclésiastique locale, aussi en dehors d'Alexandrie, nous semble alors une hypothèse défendable[264].

---

[259] Théophane AM 5816 p. 35.14-36.9. Voir aussi les renvois dans la *Vita Theodori Monachi Chorensis* BHG 1743 p. 177.25-30; *Synaxaire de Constantinople* p. 124, 601-603, 732-733.

[260] Marc le Diacre, *Vita Porphyrii* 10.9-12, 11.

[261] E.A.W. BUDGE, *Miscellaneous Coptic Texts*, p. 960-1011.

[262] Jean d'Éphèse, *Vitae* PO 19.206-227.

[263] Les actes apocryphes d'André ont probablement été intégrés dans des *patria* de Nicée: cf. J.-M. PRIEUR, *Acta Andreae*, p. 18-20; D.R. MACDONALD, *The Acts of Andrew*, p. 185. Christodore de Coptos, qui vivait sous Anastase (491-518), écrivit des *patria* de Thessalonique, Constantinople, Nacla, Milet, Trallès, et Aphrodisias. Selon *FGrHist* 283 T2 = Suda s.v. *Christodoros*, il était aussi l'auteur d'un receuil de miracles de Cosmas et Damien.

[264] Cf. D. TIMPE, *Römische Geschichte*, p. 63. Les deux textes géorgiens concernant l'église de Lydda, publiés par M. VAN ESBROECK, *L'histoire de l'Église de Lydda*, pour-raient constituer un autre exemple d'une histoire ecclésiastique locale. Pour le Moyen-Âge, des chroniques ou histoires d'Églises locales sont connues: cf. par exemple Paul le Diacre, *Historia Langobardorum* 6.16.

3.3 Bilan

La diversification interne de l'histoire ecclésiastique nous apprend qu'il ne faut pas réduire l'ensemble du genre exclusivement à des écrits dans le genre d'Eusèbe, de Socrate ou de Sozomène. Le fait que les collections et l'*Histoire chrétienne* de Philippe de Sidé se recoupent partiellement avec l'histoire ecclésiastique et y sont parfois identifiées montre d'ailleurs que le genre n'est pas compris comme une imitation d'Eusèbe. Bien qu'un tel ouvrage de longue haleine, couvrant une période considérable, soit probablement le plus prestigieux, l'histoire ecclésiastique peut prendre différentes figures, tout comme l'histoire classique s'éparpille en de nombreuses formes.

Puisque l'histoire ecclésiastique peut retracer le passé d'une Église locale ou d'un couvent tout aussi bien que celui de l'Église globale, et qu'elle peut être une monographie ou une histoire de grande envergure, il nous semble incorrect d'attribuer des caractéristiques essentielles au genre de l'histoire ecclésiastique sur la base des ouvrages que nous connaissons le mieux — c'est-à-dire sur la base de la lignée Eusèbe — Socrate/Sozomène/Théodoret — Évagre.

Il nous semble, par exemple, incorrect de dire que les historiens de l'Église veulent, en continuant les ouvrages de leurs prédécesseurs, essentiellement établir la continuité de l'histoire de l'incarnation à l'époque présente, c'est-à-dire à retracer l'histoire du salut des chrétiens[265]. Rien ne permet d'y voir plus qu'une variante ecclésiastique des chaînes qui s'établissent dans l'histoire classique, par exemple dans celle allant de Priscus à Ménandre en passant par Procope et Agathias[266]. D'ailleurs, l'idée théologique de l'histoire du salut n'est pas sous-jacente à l'ensemble du genre; une histoire ecclésiastique peut aussi être pragmatique, c'est-à-dire seulement intéressée à l'établissement des faits, sans viser nécessairement à inscrire les événements dans un plan divin menant à la parousie. L'attitude d'Évagre, qui ne désire que continuer la belle tradition historiographique et qui s'abstient de toute pensée sur le développement de l'histoire, devient ainsi compréhensible[267].

De même, l'histoire ecclésiastique peut avoir une visée apologétique[268], mais ce n'est point un trait essentiel. Elle peut brosser un tableau

---

[265] Comme le font A. MOMIGLIANO, *The Classical Foundation*, p. 132-140; ID., PAGAN, p. 85; R.A. MARKUS, *Church History*, p. 2-3; Pauline ALLEN, *Evagrius*, p. 48.

[266] Cf. Averil CAMERON, *Agathias*, p. 63.

[267] Évagre le Scholastique, *HE* 1.pr, 5.24: cf. Pauline ALLEN, *Evagrius*, p. 238-241.

[268] Dans ce sens, Pauline ALLEN, *Evagrius*, p. 48; EAD., *Aspects*, p. 373; W. LIEBE-SCHUETZ, *Ecclesiastical Historians*, p. 154; A. ΚΑΡΠΟΖΙΛΟΣ, Βυζαντινοὶ ἱστορικοὶ, p. 253.

manichéen de la bataille entre orthodoxie et hérésie, comme chez Théodoret, mais aussi apporter des nuances, comme chez Socrate et Sozomène. Il faut plutôt situer cette prise de position religieuse dans le cadre de l'importance accrue qu'avait obtenue la religion dans l'Antiquité tardive. Mais prendre position ne signifie pas encore écrire consciemment une histoire afin de démontrer que sa propre position est correcte.

Il faut apprendre à regarder l'histoire ecclésiastique avec les mêmes yeux que l'histoire classique. Celle-ci pouvait prendre plusieurs formes (le bréviaire d'Eutrope ou Ammien), défendre plusieurs positions philosophiques (Procope ou Zosime), ou être partisane ou aspirer à l'objectivité (Eunape ou Ammien). Comme aucun historien moderne ne réduit jamais l'histoire classique à une seule forme et à une seule interprétation, il aura désormais aussi à reconnaître la diversité de l'histoire ecclésiastique.

4. Conclusion

4.1 Une définition de l'histoire ecclésiastique

La cohérence de l'image qui ressort des pages précédentes permet d'affirmer qu'il y a un genre relativement bien défini de l'histoire ecclésiastique. C'est une histoire traitant des événements ayant trait à l'Église en tant que sphère sociale, qui se réfère formellement à l'historiographie classique (à propos du parallélisme du sujet et de l'identité de l'entreprise) et substantiellement à l'historiographie chrétienne (avec par exemple la «digression obligée» sur le monachisme, les brefs récits sur les hommes saints et les martyrs). Autrement dit, par rapport à l'historiographie chrétienne, l'histoire ecclésiastique est une synthèse, par rapport à l'historiographie classique un genre parallèle.

Pour le dire simplement: l'histoire ecclésiastique est une histoire de l'Église. Au-delà de ce fait évident, s'ouvre un éventail de possibilités formelles (monographie, compilation, histoire de grande envergure), substantielles (histoire de l'Église universelle ou d'une église locale) et idéologiques ou philosophiques (tendances optimistes ou pessimistes, favorables ou critiques envers l'Empire, une histoire basée sur une théologie de l'histoire développée ou une autre plus pragmatique)[269]. Elle n'est

---

[269] C'est donc une définition minimale que nous proposons ici. Il faudra étudier chaque auteur pour voir quelles sont ses caractéristiques propres. En particulier, Eusèbe occupe une position très spécifique parmi les historiens ecclésiastiques (voir l'excellent exposé de

pas plus qu'une histoire de l'Église: il faut la distinguer soigneusement de l'histoire mondiale dans une perspective chrétienne, telle qu'Orose, par exemple, la compose. Elle n'est pas moins: une simple suite de faits telle que la présente une chronique, ne peut pas prétendre être une histoire.

4.2 Les particularités de Socrate et de Sozomène

Ayant établi cette définition, nous pouvons relever les particularités de Socrate et de Sozomène.

Ces auteurs ont deux éléments en commun, en écrivant une histoire de l'Eglise universelle et en insistant sur la spécificité de leur sujet.

D'abord, ils ont opté pour une histoire de l'Église universelle et ne se limitent pas, par exemple, à celle de Constantinople. Ce choix est moins évident qu'il ne le paraît. À la même époque, les histoires ecclésiastiques locales d'Alexandrie et, peut-être, de Philae virent le jour, et Hésychius de Jérusalem écrivit une histoire du concile d'Éphèse.

Dans le second quart du cinquième siècle, il semble y avoir eu une certaine incitation à écrire une histoire ecclésiastique générale. À côté de Socrate et de Sozomène, il faut mentionner Philostorge, qui écrivit son histoire dans les années 430[270], et Théodoret, qui publia la sienne sans doute vers 450[271]. Les motifs de chacun d'entre eux ont été différents et ne peuvent plus être reconstruits aujourd'hui. Socrate entama son œuvre à la demande d'un certain Théodore, qui reste inconnu par ailleurs, tout comme le restent les raisons de sa demande. Chez Sozomène, la possibilité de recueillir de la renommée semble avoir été sa motivation. Quoi qu'il en soit, cette éclosion suggère qu'il y avait à Constantinople une demande d'une vue d'ensemble de l'histoire de l'Église du siècle et demi précédent.

La cause précise en est difficile à déterminer. Pourtant, déjà chez Rufin, c'étaient les conditions de l'époque qui l'avaient incité à traduire et continuer l'*Histoire ecclésiastique* d'Eusèbe, car son ouvrage se veut une aide pour oublier les maux des temps présents[272]. Ce qui est commun aux

---

D. Timpe, *Was ist Kirchengeschichte?*). Nous disputons simplement que les caractéristiques d'Eusèbe peuvent être attribuées à l'ensemble de l'histoire ecclésiastique.

[270] J. Bidez — F. Winkelmann, *Philostorgius*, p. cxxxii; E. I. Argov, *Giving the Heretic a Voice*, p. 512.

[271] Cf. ci-dessus, p. 61 note 346.

[272] Rufin, *HE* pr. p. 951.3-15.

continuateurs grecs d'Eusèbe, c'est qu'ils considèrent la période entre 324 et leur propre temps comme une unité dans laquelle un développement s'est achevé. Pour Philostorge, c'est l'époque où la vraie doctrine, l'anoméisme, a été persécutée et marginalisée. Les calamités qu'il entrevoit dans son propre temps apportent la preuve de la colère divine[273]. Socrate et Sozomène, en tant que nicéens, sont plus optimistes, comme nous avons constaté dans les deux chapitres précédents; pour eux, l'arianisme, le problème central du siècle précédent, a pratiquement été éradiqué. Théodoret constate également la fin de ce fléau. Le choix d'écrire une histoire ecclésiastique globale trahit cette perception d'une époque révolue. Le fait que Théodore demandait à Socrate d'écrire une telle histoire, et que Sozomène avait confiance dans le succès qu'il recueillerait avec la sienne à la cour, suggère que ce sentiment était très répandu dans la capitale dans les années 430-440.

Le second aspect commun, c'est l'insistance sur la spécificité de leur sujet, l'Église, par rapport à celui du sujet de l'histoire classique, l'Empire. L'inclusion de quelques actes de l'Empereur et de guerres est explicitement justifiée chez Socrate par l'argument qu'ils ont trait à l'Église. Sozomène est moins explicite, mais, dans le dernier livre, il montre que la guerre n'est à inclure que dans la mesure où elle démontre l'action de Dieu, la punition du méchant ou l'aide du pieux. L'empereur n'est pas le sujet spécifique de leurs histoires. À cet égard, une première divergence entre ces historiens est à signaler. Chez Socrate, la relation entre les deux sujets Empire et Église est symétrique; il ne donne aucune indication que l'un soit plus digne que l'autre. Sozomène, par contre, préfère l'histoire ecclésiastique à l'histoire classique, qu'il considère comme païenne et par conséquent inapte à saisir la vérité.

L'insistance sur la différence de sujet avec l'histoire classique nous signale encore une fois la spécificité de la perspective d'une *Histoire ecclésiastique*. Malgré le rôle important que l'empereur peut y jouer, il n'en est jamais la figure centrale, à l'opposé de l'histoire classique, dont il est le sujet constitutif. Qui plus est, il manque dans l'Église une figure aussi dominante que l'empereur l'est dans l'Empire. Alors que dans l'histoire classique l'empereur est le facteur primordial qui conduit l'histoire, les forces dirigeantes sont plus diffuses dans une histoire ecclésiastique. Chez Socrate, ce sont les péchés de chaque chrétien, alors que son successeur met l'accent sur la piété personnelle. Chez chacun, c'est Dieu qui

---

[273] Alanna E. NOBBS, *Philostorgius' View of the Past*, p. 262-263; E. I. ARGOV, *Giving the Heretic a Voice*, p. 512-514; H. LEPPIN, *Heretical Historiography*, p. 121-123.

y réagit[274]. L'histoire dépend alors moins des caprices d'un seul souverain, mais plutôt de chaque individu dans sa relation avec Dieu. En outre, les guerres et les problèmes politiques sont secondaires par rapport aux événements ecclésiastiques; l'interprétation du passé dépend surtout de la contemplation de ce qui est arrivé dans l'Église. C'est la fin de l'arianisme qui signale que de bons temps s'annoncent. Par conséquent, le catastrophe du sac de Rome en 410 est minimisée: ce n'est qu'un accroc qui n'entrecoupe pas l'évolution vers le meilleur[275]. Même si Socrate et Sozomène affirment le parallélisme entre histoire ecclésiastique et l'histoire classique, le choix d'écrire une histoire ecclésiastique fait que, pour eux, les événements de l'Église déterminent leur interprétation de l'histoire.

Chaque historien possède, enfin, ses caractéristiques propres. Important chez Socrate est son penchant pour la réflexion théorique; il essaie explicitement d'ancrer son ouvrage dans la double tradition chrétienne et classique. Il considère le langage simple comme un trait essentiel de la littérature chrétienne et veut par conséquent s'y conformer. D'autre part, il rejoint explicitement la définition classique de l'histoire. L'historien envisage aussi un double public pour son histoire: la grande masse de gens peu éduqués pour lesquels il suffit de connaître les faits, et l'élite qui peut en tirer des consignes de conduite.

Chez Sozomène une déviance importante de la pratique habituelle est à constater, car il a conçu son *Histoire ecclésiastique* comme étant aussi une histoire des moines. Non seulement il consacre de longs passages au monachisme, mais il assume aussi la fonction pédagogique de tels ouvrages, voulant faire connaître la spiritualité monastique au large public et éduquer les futurs moines. En plus, Sozomène considère l'histoire classique comme inférieure par rapport à l'histoire ecclésiastique: ne voyant pas que c'est le Dieu chrétien qui dirige tout, elle ne peut jamais saisir toute l'ampleur de la vérité. Cette attitude n'était pas inhabituelle à son époque, mais Socrate ne partage pas cette position.

---

[274] Nous y revenons ci-dessous p. 292-309.
[275] Socr. 7.10; Soz. 9.9-10.

CHAPITRE IV

LA MÉTHODE HISTORIQUE

INTRODUCTION

La tension entre l'idéologie et la méthode historique

Socrate et Sozomène souscrivent à la règle primaire de l'historiographie antique, selon laquelle l'historien doit parler vrai[1]. Il n'y a pas lieu d'interpréter cette prétention de façon naïve, comme s'ils aspirent à l'objectivité moderne. En effet, dans le chapitre précédent, nous avons constaté que la vérité historique est liée de très près à la vérité théologique.

Reprenons brièvement comment ce lien se présente. La doctrine chrétienne se transmet dans l'histoire, mais elle n'est pas sujette aux transformations historiques[2]; les modifications apportées à la foi, par contre, sont le fruit de l'esprit querelleur des hommes (φιλονεικία) et sont proprement de type historique[3]. Socrate affirme par exemple explicitement que le sujet d'une histoire ecclésiastique sont les troubles au sein de l'Église, à propos de la foi[4]. La conviction d'adhérer à la foi originelle et inchangée est ainsi présente en arrière-plan et impose aux historiens de l'Église une forte exigence de parler vrai. En disant ce qui s'est passé, ils affirment également que leur propre doctrine est vraie et qu'ils vivent dans la vérité. En décrivant l'origine historique des hérésies, ils montrent implicitement que leur propre foi n'est pas soumise à l'évolution historique. La vérité revêt ainsi une double dimension chez les historiens de l'Église: l'exigence de parler vrai n'est pas uniquement un principe méthodologique du travail historique, mais présente aussi un lien, non-explicité, mais pas pour autant moins réel, avec la foi. En parlant vrai, les historiens disent ce qui s'est réellement passé et en même temps ils affirment que l'orthodoxie est vraie.

On serait enclin à penser que cette charge idéologique va au détriment de la méthode historique et que Socrate et Sozomène ont un seul souci,

---

[1] Socr. 6.pr.9; Soz. 1.1.16, 3.15.10.
[2] Cf. déjà Eusèbe, *HE* 1.1.1.
[3] Sur la *philoneikia*, voir ci-dessous p. 300-301.
[4] Socr. 7.48.7-8.

démontrer la vérité du nicéisme. Idéologie et méthode historique sont à
première vue irréconciliables, car la méthode historique, c'est-à-dire l'ensemble des techniques qui permettent d'atteindre la vérité historique,
s'exerce pour nous en principe indépendamment des préoccupations idéologiques de l'historien. On s'attendrait donc au fait que les deux historiens, soit ne se réclament pas des beaux principes de l'historiographie
classique, soit se servent de la méthode historique comme façade pour
cacher leurs véritables intentions idéologiques.

Or, dans les pages suivantes nous montrerons que ce n'est pas le cas
chez Socrate et Sozomène. Tout en étant des auteurs qui partent de prémisses clairement idéologiques, ils se servent de la méthode historique et
ne la réduisent pas à une simple façade. Afin de faciliter la compréhension de ce chapitre, nous esquissons ici cette imbrication de l'idéologie
et de la méthode chez les deux historiens de l'Église, en anticipant les
conclusions de ce chapitre.

Il y a d'abord le parti pris idéologique de Socrate et Sozomène. Ce sont
des historiens nicéens qui voient leur doctrine justifiée par l'histoire. Leur
interprétation des événements est close, c'est-à-dire qu'il n'y a aucune priorité logique entre l'opinion et les faits. Les événements sont vrais parce
qu'ils attestent de la force de l'orthodoxie, et le nicéisme est correct car les
faits mettent sa victoire au grand jour. Il s'installe ainsi un cercle interpré-
tatif qui ne peut être brisé. Les événements confirment sans cesse les idées
de l'observateur parce que celui-ci est convaincu que l'histoire se déroule
conformément à ses convictions. Ni Socrate ni Sozomène ne sont des historiens essentiellement apologétiques, dans le sens où ils voudraient
consciemment démontrer la vérité du nicéisme. Or, démontrer la vérité du
nicéisme n'est pas le but de leurs *Histoires ecclésiastiques*; sa vérité en est
un présupposé. Il est significatif à ce titre que les deux historiens écrivaient
à une époque où aucune hérésie ne semblait en mesure de menacer l'orthodoxie. Une apologie historique de l'orthodoxie n'était donc pas demandée.
En plus, une intention apologétique n'est pas affichée dans leurs préfaces.

Deuxièmement, le lien intime de l'histoire avec la doctrine a une conséquence importante pour le travail des historiens, car il rehausse la vérité
historique. Puisque Socrate et Sozomène racontent une histoire vraie, qui
démontre non seulement comment les événements se sont découlés, mais
qui atteste implicitement aussi de la vérité de l'orthodoxie, ils semblent
qu'ils se sentent obligés d'écrire leurs histoires selon les meilleurs principes méthodologiques possibles. Dans ce but, ils adoptent explicitement
la méthode historique des historiens classiques et prétendent même l'améliorer, comme nous verrons dans les pages suivantes. On pourrait donc

dire que la confluence entre la vérité historique et la vérité théologique exerce une forte pression sur le travail de Socrate et Sozomène; pour eux, une histoire ecclésiastique doit être basée sur les meilleures sources possibles afin d'en établir fermement la véracité.

Socrate et Sozomène n'ont donc pas simplement abandonné la méthode historique au profit de la foi orthodoxe ni réduit celle-ci à une façade. La méthode historique s'exerce plutôt à l'intérieur des bornes marquées par la prémisse implicite que l'orthodoxie est vraie; en même temps, les deux historiens insistent sur la qualité de leur travail afin d'attester la vérité de leur récit et, ainsi, de l'orthodoxie.

Idéologie et méthode vont donc de pair et la première impose le recours à la seconde. On constate aisément qu'il y a une forte tension entre la charge idéologique d'une part et la méthode d'autre part, une tension qui s'exprime dans la question suivante: la méthode historique permettrait-elle d'ajuster l'orthodoxie en fonction de la vérité historique reconstruite? Il nous semble que cette tension est fondamentale pour l'interprétation de la méthode historique chez Socrate et Sozomène, qui oscille constamment entre un pôle idéologique et un pôle méthodologique. L'étude approfondie de la méthode historique de Socrate et de Sozomène, que nous entreprenons dans ce chapitre, nous permettra de montrer en détail où cette tension s'exprime.

Heuristique et critique, composition, et causalité

La méthode historique est traditionnellement décomposée en trois démarches: l'heuristique, la critique et la synthèse. Pour l'étude de Socrate et Sozomène, nous préférons une tripartition différente. Le travail historique commence par l'heuristique et la critique des sources, c'est-à-dire le choix et la sélection de critères pour en déterminer la valeur. Ensuite, dans la phase que nous appelons la composition de l'histoire, l'historien intègre ses sources dans un récit véridique et cohérent. Enfin, il propose une explication plausible des événements, en essayant d'en déterminer les causes[5]. Il va de soi que cette division est théorique et ne reflète pas la pratique réelle des historiens.

Nous avons combiné l'heuristique et la critique car Socrate et Sozomène développent une hiérarchie théorique des sources, qui fait fonction à la fois de principe heuristique et critique. Les historiens justifient le choix de leurs sources par la qualité supérieure de celles-ci et prétendent

---

[5] Voir P. Ricœur, *La mémoire*, p. 169, qui distingue une phase documentaire, une phase explicative/compréhensive et une phase représentative.

dès lors chercher des sources en fonction des critères issus de la critique. Nous verrons qu'il faut nuancer cette prise de position théorique, qui ne correspond pas tout-à-fait à la pratique des deux historiens; en tout cas, elle justifie de traiter ensemble de l'heuristique et de la critique.

La disjonction de la synthèse en composition et causalité va à l'encontre d'idées modernes bien enracinées, qui mettent sur un pied d'égalité «mettre en intrigue» et expliquer[6]. Si cette position épistémologique est justifiable pour la science moderne, où la causalité est par définition immanente et est habituellement comprise comme la mise en chaîne des événements, elle ne va pas de soi pour l'historiographie chrétienne de l'Antiquité. Historiographie pour laquelle c'est l'insuffisance explicative de l'histoire qui est typique. En effet, un événement n'y est jamais suffisamment expliqué par un précédent. Une explication purement immanente est possible, mais ne touche pas à la véritable cause: Dieu. La mise en récit et l'explication ne peuvent donc pas être identifiées. Joshua le Stylite, au sixième siècle, opère même une véritable disjonction entre les niveaux historique et divin. Je vais raconter les faits qui ont conduit à cette guerre-ci, dit-il, mais on ne saurait oublier que la véritable cause en est la punition divine pour nos péchés. Le simple récit des événements pourrait donc être fait sans référence à l'action divine. Néanmoins, une telle lecture explique moins que celle qui tient compte de Dieu[7].

La cause de cette insuffisance explicative de l'histoire est évidemment la déficience de toute science qui refuse l'inspiration divine[8]. À propos des faits historiques, l'homilète Astérius affirme qu'ils sont bien le point de départ de toute interprétation spirituelle, mais que celle-ci va au-delà des événements[9]. Grégoire de Nazianze distingue le récit des faits, qu'il attribue aux historiens, de l'interprétation et de l'explication qu'il se réserve[10].

L'insuffisance explicative de l'histoire ne revient évidemment pas à son incapacité absolue d'expliquer. Joshua le Stylite peut bien dissocier de façon radicale les niveaux historique et divin, mais il n'abolit pas l'histoire. Selon lui, une explication purement historique est possible, mais elle reste superficielle. Dans la plupart des cas, les deux niveaux s'entrelacent. Nous verrons que Socrate et Sozomène mêlent des explications

---

[6] Par exemple P. VEYNE, *Comment*, p. 206, 222.

[7] Joshua le Stylite, *Chronique* 6.

[8] Par exemple, Évagre le Pontique distingue dans *Le gnostique* (4) la sagesse profane (ἡ ἔξωθεν γνῶσις), qui nous informe seulement sur la matière (τὰς ὕλας), de celle provenant de la grâce de Dieu (ἡ ἐκ θεοῦ χάριτος ἐγγινομένη) qui nous apprend l'essence des choses (τοὺς λόγους).

[9] Astérius, *Sermo* 13.1: ὀφθαλμὸς γὰρ τῆς ἑρμηνείας ἡ τῆς ἱστορίας ἀπόδειξις.

[10] Grégoire de Nazianze, *Discours* 4.20.

proprement historiques et immanentes à l'action divine. Le fait, pourtant, qu'une disjonction radicale entre les deux niveaux soit possible, justifie de traiter la composition du récit séparément de la causalité.

Heuristique et critique, composition, et causalité, voilà les trois étapes que nous poursuivrons pour Socrate et Sozomène, afin de déterminer comment les deux vérités historique et théologique s'imbriquent.

1. L'HEURISTIQUE ET LA CRITIQUE DES SOURCES

Un modèle commun est sous-jacent à l'heuristique et à la critique des deux historiens, modèle qui oppose l'observation personnelle et les témoins oculaires aux sources narratives, et qui considère la proximité de la source aux faits comme critère principal pour juger de sa valeur. Dans la pratique, pourtant, il n'est pas entièrement suivi. La différence entre Socrate et Sozomène se situe dans le radicalisme avec lequel le second a appliqué ces principes et dans la plus grande distance entre théorie et pratique chez lui.

1.1 SOCRATE

Dans les différentes préfaces, Socrate opère plusieurs divisions dans ses sources. Dans celle du premier livre, il dit s'appuyer sur deux genres de sources, des écrits et des témoins oculaires[11], une bipartition tradition-nelle[12]. Le *prooimion* au second livre précise la distinction. En expliquant

---

[11] Socr. 1.1.3: ὅσα ἢ ἐγγράφως εὕρομεν ἢ παρὰ τῶν ἱστορησάντων ἠκούσαμεν. Deux autres interprétations de cette phrase sont possibles. Le terme ἐγγράφως peut, en effet, chez Socrate renvoyer à des documents (cf. Socr. 1.8.25, 1.25.11, 4.12.7, 5.10.25, 7.46.8) mais aussi à des ouvrages narratifs (Socr. 1.8.24, 3.7.4, 5.22.29, 5.22.40, 5.22.62). Le verbe ἱστορεῖν peut signifier «être témoin oculaire» (Socr. 1.10.4, 1.17.8, 1.19.3, 4.18.2, 4.23.73, 5.13.4, 5.24.9, 6.23.3, voir aussi Eusèbe, *HE* 8.9.4; Soz. 3.15.3, 4.28.5) mais aussi «mettre en récit historique» (Socr. 1.24.9, 3.21.14, 6.1.2, 7.23.10). On pourrait donc y voir l'opposition entre documents et sources narratives, ou entre documents et témoins oculaires (pour cette dernière traduction, voir P. MARAVAL, *Socrate de Constantinople*, p. 47). Notre interprétation repose, d'une part, sur le fait que l'opposition entre sources écrites et témoins oculaires est traditionnelle dans l'historiographie classique, ce qu'on ne peut pas dire de l'opposition entre documents et ouvrages historiques. D'autre part, Socrate se sert ailleurs de la même opposition entre témoins oculaires et ouvrages historiques (cf. Socr. 1.10.4, 2.1.2-4, 5.24.9-10, voir aussi 6.pr.9-10). Signalons que si l'interprétation de P. Maraval est correcte, Socrate se rapprocherait de Sozomène, qui prétend en effet se baser surtout sur des documents et des témoins (voir ci-dessous p. 242-247).

[12] Voir par exemple Polybe 12.27.1-4. En général, voir G. SCHEPENS, *L'autopsie*, p. 196-197.

sa méthode de travail pendant la première rédaction, Socrate dit avoir utilisé l'*Histoire ecclésiastique* de Rufin comme source privilégiée pour les
deux premiers livres. Les livres suivants étaient composés sur la base
d'auteurs divers, parmi lesquels on trouve également Rufin, et sur la base
de témoins oculaires. Quand il découvrit les ouvrages d'Athanase et plusieurs lettres, l'historien se vit obligé de récrire cette première version.
L'historien oppose dans ce *prooimion* à nouveau sources écrites et
témoins, mais subdivise la première catégorie en narratifs, comme l'histoire de Rufin, et en documents, c'est-à-dire des lettres[13]. Dans la préface
au sixième livre, enfin, Socrate distingue dans les témoins oculaires les
témoins proprement dits et sa propre observation[14].

L'opposition primaire se fait donc entre écrits et témoins oculaires.
La première catégorie se subdivise en écrits narratifs, c'est-à-dire des
ouvrages littéraires, et des documents, alors que la deuxième rassemble
les témoins proprement dits et l'observation personnelle.

L'opposition nette des sources d'après leur caractère est atténuée par
un critère commun pour juger leur valeur: il s'agit de la proximité de la
source aux événements. La spécificité de l'observation personnelle et du
témoin oculaire est leur relation directe aux événements[15]. Le même critère est appliqué aux sources écrites. Socrate dit récrire les deux premiers
livres parce que les écrits d'Athanase sont plus crédibles que l'histoire de
Rufin. Car «il faut plutôt croire celui qui a souffert et ceux qui ont assisté
aux événements que ceux qui font des recherches là-dessus et qui se trom-
pent par conséquent»[16]. Les sources écrites sont donc à juger sur la base
de la distance qu'ont leurs auteurs face aux événements; si ceux-ci ont
été des témoins oculaires des événements qu'ils décrivent, leurs écrits
ont le caractère d'une source directe.

L'étude de la pratique de Socrate permettra de peaufiner ce modèle de
base et d'en saisir les détails et les nuances. Nous commencerons par une
analyse de la critique des témoins oculaires, où nous verrons qu'à côté
de l'observation personnelle et des témoins oculaires proprement dits, il

---

[13] Socr. 2.1.2-4: (…) ἀπὸ δὲ τοῦ τρίτου ἄχρι τοῦ ἑβδόμου βιβλίου τὰ μὲν παρὰ
Ῥουφίνου λαβόντες, τὰ δὲ ἐκ διαφόρων συναγαγόντες, τινὰ δὲ παρὰ τῶν ἔτι ζώντων
ἀκούσαντες ἐπληρώσαμεν. ὕστερον μέντοι συντυχόντες Ἀθανασίου συντάγμασιν
(…) ἔτι μὴν καὶ ἐπιστολῶν τῶν τότε διαφόρων ἐπιτετυχηκότες (…).

[14] Socr. 6.pr.9: ἅ τε αὐτὸς ἐθεασάμην συγγράφων ἅ τε παρὰ τῶν ἑωρακότων
ἠδυνήθην μαθεῖν.

[15] Cf. Socr. 5.19.10, 5.24.9, 6.pr.9.

[16] Socr. 2.1.3: ἔγνωμεν δεῖν πιστεύειν μᾶλλον τῷ πεπονθότι καὶ τοῖς γινομένων
τῶν πραγμάτων παροῦσιν ἢ τοῖς καταστοχασαμένοις αὐτῶν καὶ διὰ τοῦτο πλαν-
ηθεῖσιν.

faut aussi discuter d'autres formes dérivées. Ensuite, nous nous arrêterons aux sources écrites, en débutant notre discussion avec le document. Enfin, nous étudierons les différentes formes de critique historique auxquelles les sources narratives sont soumises, afin de montrer que la proximité est le critère principal, mais non pas unique, de Socrate.

1.1.1 La critique des témoins oculaires et de ses dérivés

1.1.1.1 L'«autopsie»

L'observation personnelle est la source la plus sûre de l'historien. Socrate se justifie du fait qu'il s'appesantit plus sur les hérésies nées dans la capitale vers la fin du règne de Théodose I: «Moi, habitant de Constantinople où je suis né et fus éduqué, je raconte plus longuement ce qui s'est passé là-bas. Car, quelques-uns des événements, je les ai vus de mes propres yeux, et ce qui se passe là-bas est plus illustre et plus digne d'être commémoré»[17]. Les événements dont l'«autopsie» assure la véracité, de pair avec leur caractère glorieux, reçoivent donc plus d'attention que les autres. Selon la préface du sixième livre, les deux derniers livres de l'histoire de Socrate sont basés sur son observation personnelle et sur des témoins oculaires. Cette remarque se situe dans une défense de la tâche de l'historien de parler vrai, soulignant de cette façon le lien intime entre observation personnelle et vérité[18]. Or, aucun doute ne semble entacher l'«autopsie» chez Socrate. En effet, il ne peut s'imaginer une source d'information plus crédible, et toute critique est par conséquent surperflue.

Malgré l'importance accordée à l'observation personnelle, les endroits où Socrate dépend de sa propre observation restent limités[19]. L'aperçu des hérésies constantinipolitaines en 5.23-24, terminé par la remarque sur l'«autopsie», en est probablement le fruit. Dans le sixième livre, aucun passage ne peut être attribué avec certitude à l'observation personnelle, nonobstant les déclarations de la préface. Les passages racontant les

[17] Socr. 5.24.9: ἐγὼ δὲ ἐν τῇ Κωνσταντινουπόλει τὰς διατριβὰς ποιούμενος, ἐν ᾗ ἐτέχθην τε καὶ ἀνετράφην, τὰ ἐν αὐτῇ γενόμενα πλατύτερον διηγοῦμαι, ὅτι τινὰ τούτων καὶ αὐτοψίᾳ ἱστόρησα καὶ ὅτι λαμπρότερα τὰ ἐνταῦθα γενόμενα καὶ ἄξια μνήμης καθέστηκεν.
[18] Socr. 6.pr.9.
[19] Voir Appendice V. Le tableau de F. Geppert (*Die Quellen*, p. 129-132) est peu utile à cet égard, parce que les qualifications «Selbstständig» et «eigene Kenntnis» ne sont pas clairement distinguées. Le premier terme peut en outre tout aussi bien référer à l'autopsie qu'à une compilation de différentes données d'origine inconnue.

troubles causés par la succession épiscopale à Constantinople, ceux traitant des novatiens, et l'éloge d'Atticus mis à part[20], aucun autre passage
du septième livre ne semble se servir de l'observation de l'historien ou,
au moins, ne la présuppose de façon indiscutable. Le fait que Socrate
donne très souvent des dates précises pour les événements racontés dans
ce dernier livre, suggère d'ailleurs fortement que l'historien s'est servi de
sources écrites, par exemple une chronique ou une liste épiscopale.

Socrate appréciait donc sur le plan théorique la valeur de l'observation
personnelle, mais ne l'a pas systématiquement mise en œuvre dans son histoire. Ses déclarations, à la fin du cinquième et au début du sixième livre,
selon lesquelles il s'est basé sur l'observation personnelle pour les événements de son temps, ne correspondent donc pas vraiment à sa pratique.

1.1.1.2 *Les témoins oculaires*

Un nombre relativement important, sans être excessif, de passages peut
être attribué aux témoins oculaires. Même pour les événements les plus
reculés, l'historien dispose d'informations provenant de ceux-ci. Le vieux
presbytre novatien Auxanon avait accompagné dans sa jeunesse l'évêque
novatien Acésios au concile de Nicée, et à la fin de sa vie, il racontait à
Socrate les exploits de celui-ci, ainsi que ceux du moine novatien Eutychien. Auxanon le renseignait aussi sur la persécution des autres chrétiens
de Constantinople menée par les macédoniens vers 358[21]. Le fils d'un
presbytre assistait au concile novatien de Pazos avec son père sous le
règne de Valens et en fit un compte-rendu pour Socrate. Concernant la
persécution des novatiens paphlagoniens, Socrate recevait ses informations d'un vieux paysan de cette région[22]. Par ailleurs, une partie des
informations sur la destruction du Sérapéion alexandrin vers 391 peut
provenir des prêtres païens Ammonios et Helladios qui s'étaient enfuis à
Constantinople. Le récit sur l'abolition de la fonction de prêtre pénitencier à Constantinople provient d'Eudaimon, un prêtre de l'Église orthodoxe constantinopolitaine[23]. L'appel explicite aux témoins oculaires dans

---

[20] Succession épiscopale: Socr. 7.26, 7.28-29, 7.31-32, 7.38, 7.40-41; novatiens: 7.5,
7.21, 7.39; Atticus: Socr. 7.2, 7.25.

[21] Socr. 1.10, 1.13.1-10, 2.38.5-28. Selon nous, F. Geppert (*Die Quellen*, p. 59-65) et
A. Ferrarini (*Tradizioni*, p. 39-49) attribuent trop de passages à Auxanon.

[22] Pazos: Socr. 4.28.17-19; Paphlagonie: Socr. 2.38.29-32.

[23] Helladios et Ammonios: Socr. 5.16.9-14 (et aussi 5.17.1-6?); Eudaimon: Socr.
5.19.5-10. Signalons que T. Gelzer (*Das Gebet*, p. 60, 72) dit, selon nous, incorrectement
que Socrate dispose d'un témoin oculaire à propos de la bataille au Frigidus (394) (Socr.
5.25.13).

la préface du sixième livre suggère que Socrate en a consulté plusieurs
en ce qui concerne les événements des deux derniers livres, c'est-à-dire
les années 395-439. Le récit sur l'expulsion des juifs d'Alexandrie pourrait provenir d'Adamantius, médecin et juif converti au christianisme, qui
s'était réfugié auprès d'Atticus de Constantinople[24]. On peut reconnaître
des sources orales dans le portrait de Jean Chrysostome[25], tout comme
pour l'ensemble des passages traitant des novatiens[26]. Pourtant, rien ne
démontre que ces informations proviennent de témoins oculaires et l'attribution d'autres passages à ce type de source relève de la spéculation[27].

Les témoins oculaires occupent la seconde position dans la hiérarchie
des sources non-écrites. De par leur proximité aux événements, ils sont
en général, mais non pas toujours, crédibles. Dans la préface du sixième
livre, Socrate montre qu'il a conscience du fait qu'un témoin oculaire
peut mentir. Il énonce la règle qu'un témoin n'est crédible que dans la
mesure où un autre concorde avec lui[28]. L'historien met cette théorie en
œuvre à propos de la persécution des novatiens en Paphlagonie. Il ajoute
que ce n'est pas uniquement le vieillard qui le renseignait, mais que de
nombreux autres disaient la même chose que lui[29].

Ailleurs, cependant, la pratique est différente. Les récits d'Auxanon
sur le rôle des novatiens Acésios et Eutychien au concile de Nicée sont
acceptés tels quels, bien qu'ils frôlent l'hagiographie, que Socrate évite
d'habitude. Qui plus est, il a conscience que ces anecdotes ne sont conservées nulle part ailleurs. Cette faiblesse est immédiatement transformée
en une critique des autres historiens, qui, selon lui, ont volontairement
omis des données pour plaire à quelqu'un[30]. La rigueur méthodologique

[24] Socr. 7.13.17.
[25] Socr. 6.4, 6.14.9-12.
[26] Socr. 5.21, 6.19, 6.21, 7.5, 7.12, 7.39. Pour les passages du septième livre, on peut
aussi supposer l'autopsie de Socrate comme source: voir F. GEPPERT, *Die Quellen*, p. 129-
132 et Appendice V.
[27] Les anecdotes rapportées à propos d'Acace d'Amida (Socr. 7.21.6) et de Théodose
II (Socr. 7.22.14) peuvent provenir de témoins oculaires.
[28] Socr. 6.pr.9-10: (…) δοκιμάζων τἀληθὲς ἐκ τοῦ μὴ παραλλάττειν κατὰ τὴν
ἐπαγγελίαν τοὺς διηγουμένους αὐτά. ἐπιπόνως δέ μοι τὸ ἀληθὲς ἐγνωρίζετο
πολλῶν τε καὶ διαφόρων ἀπαγγελλόντων καὶ τῶν μὲν παρεῖναι λεγόντων τοῖς πράγ-
μασι, τῶν δὲ πάντων μᾶλλον ἀξιούντων εἰδέναι. Cf. Socr. 5.19.10.
[29] Socr. 2.38.32.
[30] Socr. 1.10.4: Τούτων οὔτε ὁ Παμφίλου Εὐσέβιος οὔτε ἄλλος τις ἐμνημόνευ-
σεν πώποτε, ἐγὼ δὲ παρὰ ἀνδρὸς ἤκουσα οὐδαμῶς ψευδομένου, ὃς παλαιός τε ἦν
σφόδρα καὶ ὡς ἱστορήσας τὰ κατὰ τὴν σύνοδον ἔλεγεν. ὅθεν τεκμαίρομαι τοῦτο
πεπονθέναι τοὺς σιωπῇ ταῦτα παραπεμψαμένους, ὃ πολλοὶ τῶν ἱστορίας συγγρα-
ψαμένων πεπόνθασιν· ἐκεῖνοι γὰρ πολλὰ παραλείπουσιν ἢ προσπάσχοντές τισιν

que l'historien étale dans la préface est donc relative; les anecdotes pro-
novatiennes en sont exemptes.

1.1.1.3 *La rumeur*

La rumeur se distingue des témoins oculaires par sa distance non-spé-
cifiée aux événements et par son caractère impersonnel. C'est le niveau
de «l'on dit». Socrate a conscience du statut douteux de ces informations.

Dans un passage intéressant du point de vue méthodologique, Socrate
raconte comment les ariens causèrent une émeute à Constantinople pendant l'absence de Théodose I, en campagne contre l'usurpateur Maximus
(388). «Les gens aiment forger des rumeurs à propos de ce qu'ils ignorent. Toujours enclins à la révolution, ils fabriquent des rumeurs énormes
sur ce qu'ils méditent, quand l'occasion se présente». Des gens mettaient
en circulation de fausses nouvelles annonçant la défaite de l'empereur,
«comme s'ils avaient été présents sur le champ de bataille». Les ariens
ne tardèrent pas à renchérir. De cette façon, «d'autres rumeurs faisaient
croire à ceux qui avaient fabriqué les premières rumeurs que ce qu'ils
avaient fabriqué n'était pas faux, mais réellement arrivé. Car les gens qui
avaient entendu d'autres rumeurs affirmaient à leurs auteurs que l'événement s'était produit comme ils l'avaient entendu d'eux»[31]. Encouragés
par un bruit qui fut confirmé par une rumeur, les ariens incendièrent le
palais épiscopal de Nectaire. Le cercle infernal des rumeurs amplifiées,
qui finissent par convaincre leurs propres inventeurs, met Socrate en garde
contre celles-ci. À l'encontre du témoin oculaire dont nous pouvons savoir
s'il a assisté aux faits, le lien entre une rumeur et les événements n'est
jamais assuré. Sa véracité ne va donc pas de soi et exige confirmation.

Socrate prend ses précautions, comme on le voit, dans la manière dont
il traite les bruits. Épiphane de Salamine aurait dit, à son départ de
Constantinople, qu'il espérait que Jean Chrysostome ne meure pas en tant
qu'évêque et Jean lui aurait répondu qu'il souhaitait qu'Epiphane ne mît
plus un pied sur l'île de Chypre. Cette anecdote est rapportée par Socrate
avec prudence: «Je ne sais pas si ceux qui m'ont rapporté cela ont parlé
vrai.» Mais le fait que la double prédiction se soit réalisée lui semble

---

ἢ προσώποις χαριζόμενοι. Remarquons que la critique des prédécesseurs est un aspect
habituel de l'historiographie classique: voir J. MARINCOLA, *Authority*, p. 218-237.
    [31] Socr. 5.13.2, 5.13.4, 5.13.6. C'est un motif traditionnel: par exemple Thucydide
1.20; Jean d'Éphèse dans Pseudo-Denys, *Chronique* II p. 115-116; Procope, *Bella* 1.22.9,
7.39.21; Ménandre fr. 13.2.

justifier son inclusion[32]. De même, la rumeur à propos du serment d'Arius est traitée avec précaution. À ce qu'on dit, l'hérésiarque aurait trompé Constantin en jurant devant lui d'adhérer à la foi, profession de foi qu'il avait mise par écrit. Il ne se référa pourtant pas au symbole nicéen que l'empereur tint entre les mains, mais à la deuxième confession de foi de tendance hérétique qu'il cacha sur lui. Socrate peut déduire des lettres de Constantin l'existence du symbole nicéen remis par Arius à l'empereur, ce qui vérifie donc partiellement la rumeur. Socrate l'a par conséquent incluse[33].

1.1.1.4 *La tradition*

La tradition peut être considérée comme un avatar de la rumeur, car elle relate la mémoire collective d'événements survenus dans un passé éloigné. Par conséquent, son usage est régi par la même précaution que nous avons observée à propos de la rumeur. Les miracles de Spyridon de Trimithonte (Chypre) sont rapportés sur l'autorité de Rufin et sur celle de la tradition chypriote. C'est cette double source qui semble convaincre Socrate de la véracité des exploits de l'évêque[34]. Pourtant, il se fait que parfois la critique est moins substantielle. Socrate rapporte qu'un morceau de la véritable Croix est caché dans la statue de Constantin au milieu du *forum Constantini*. Il l'a ouï-dire, mais «presque tous les habitants de Constantinople disent que c'est vrai»[35]. L'argument n'est pas très fort; l'anecdote sur l'émeute arienne vient de montrer qu'une ville entière peut croire en des rumeurs fictives.

1.1.1.5 *Le présent*

Le présent fait également figure de témoin direct du passé. Comme d'autres historiens[36], Socrate se réfère souvent à un état de choses ou à

---

[32] Socr. 6.14.9-12: ταῦτα οὐκ ἔχω εἰπεῖν εἰ ἀληθῆ ἔλεξαν οἱ ἐμοὶ ἀπαγγείλαντες· ἀμφότεροι δὲ ὅμως ταύτην ἔσχον τὴν ἔκβασιν.

[33] Socr. 1.38.3-4. Cf. Socr. 2.45.4: on dit que Marathonius, et pas Macédonius, a inventé le terme *homoiousios*; Socr. 6.19.8: on dit que la mort de Cyrinus de Chalcédoine fut une punition pour son attitude anti-chrysostomienne.

[34] Socr. 1.12.8. Voir ci dessous p. 269-270.

[35] Socr. 1.17.9: ταῦτα μὲν οὖν ἀκοῇ γράψας ἔχω· πάντες δὲ σχεδὸν οἱ τὴν Κωνσταντινούπολιν οἰκοῦντες ἀληθὲς εἶναί φασιν. Voir aussi Socr. 2.45.4 (l'invention du *homoiousios* par Marathonius), 4.11.2 (la grêle de 367).

[36] Par exemple Ammien 31.4.8; Historia Augusta, *Severus Alexander* 4.4; Philostorge, *HE* 3.8 p. 37.4. Voir en général, J. MARINCOLA, *Authority*, p. 101.

un monument existant qui attestent la véracité de son récit. Les latrines, où l'hérésiarque Arius mourut, existent encore à son époque et confirment ainsi le récit de sa mort. De même, la véracité du martyre du novatien Alexandre vers 358 est mise en évidence par son martyrium sur la rive droite de la Corne d'Or[37]. L'aqueduc construit par Cléarque, le préfet de Constantinople (372-373), témoigne de la réalité d'un oracle qui annonça la bataille d'Adrianople de 378, en prédisant que les barbares attaqueraient quand de l'eau serait apportée dans la ville[38].

Contrairement à l'observation personnelle, aux témoins oculaires et même à la rumeur, le présent ne fonctionne jamais comme source indépendante du passé, mais ne sert qu'à confirmer ou à rendre vraisemblable le récit de l'historien. Dans sa digression sur les différentes coutumes ecclésiastiques, il remarque par deux fois que certaines Églises ne peuvent pas démontrer avec un écrit que leurs habitudes sont apostoliques[39]. Un usage actuel n'est donc pas en soi une source crédible du passé. En même temps, le présent peut fournir des confirmations importantes grâce à son lien direct avec le passé.

1.1.2 Les sources écrites: le document

Bien que le document puisse apporter des données historiques et qu'il soit parfois cité à cause de la φιλομάθεια du lecteur[40], sa fonction première est d'habitude d'apporter la preuve d'un événement. On l'observe notamment dans les cas suivants. L'activité de Constantin en faveur de l'orthodoxie et contre l'arianisme est documentée et prouvée par plusieurs lettres[41]. Le retour d'Athanase de son premier exil (338) est démontré par la lettre de Constantin II, tout comme son retour du second exil en 346

---

[37] Arius: Socr. 1.38.9 (Il est d'ailleurs contredit par Soz. 2.30.7, qui dit qu'une maison était construite sur le lieu); Alexandre: Socr. 2.38.11-15.

[38] Socr. 4.8.8. Cf. Socr. 1.9.15 (l'existence actuelle du schisme mélitien comme preuve des décisions trop sévères prises par le concile de Nicée à leur égard), 1.16.3 (les monuments de Constantinople témoignent de la politique constantinienne en faveur de la cité), 2.16.16 (le nom actuel de la Grande Église de Constantinople), 2.43.14 (une remarque d'Eudoxios qui existe encore comme proverbe), 4.8.14 (on voit encore les parties des murs de Nicée et Nicomédie que Valens a fait détruire et ensuite reconstruire), 5.9.2 (église de Paul à Constantinople), 5.19.3 (le prêtre pénitencier existe encore parmi les hérétiques), 5.24.4 (Eutychios s'est séparé des eunomiens).

[39] Socr. 5.22.29, 5.22.40.

[40] Données: Socr. 1.14.7, 1.25.9, 1.27.1, 1.35.1; φιλομάθεια: Socr. 1.13.11.

[41] Socr. 1.7.2, 1.9.16, 1.9.29, 1.9.64.

par des lettres de Constance II[42]. La longue suite des différents symboles émis par les synodes arianisants sert à prouver l'éclatement de l'hérésie[43]. Socrate cite la lettre de Julien aux Alexandrins afin de réfuter l'idée que les athanasiens seraient responsables du meurtre de Georges d'Alexandrie. Une lettre d'Atticus au presbytre Calliopius, enfin, prouve que l'évêque de Constantinople n'a pas lésiné sur son argent pour les indigents de Nicée[44].

D'autre part, les documents permettent de confirmer ou de préciser un événement. Ils montrent qu'Eusèbe ne ment pas à propos des troubles ecclésiastiques ayant eu lieu après le concile de Nicée, ou que la rumeur qui circule à propos du serment d'Arius devant Constantin, est vraie[45].

Cette attitude implique que le document revêt une valeur presque incontestable. Une pièce originale atteste la vérité. La raison en pourrait être qu'un document a en principe la même relation directe aux événements qu'un témoin oculaire. Nulle part Socrate ne montre d'ailleurs avoir conscience que des documents peuvent être faussés. Il accuse Sabinos d'omettre les lettres défavorables à son point de vue[46], mais non pas d'en avoir forgées. Notons que la valeur accordée au document n'équivaut pas à une appréciation du travail archivistique. Socrate puise tous ses documents dans des collections qui reposent sans doute en bibliothèque[47]. Nous les avons déjà discutées dans le chapitre précédent.

1.1.3 Les sources écrites: les sources narratives

Les sources narratives se caractérisent en principe par le fait d'être médiées par l'activité littéraire d'une personne. Un auteur a versé dans un écrit une partie de l'histoire, à laquelle il n'a pas nécessairement assisté. Nous verrons, cependant, que Socrate attribue quand-même un caractère

---

[42] Socr. 2.2.12, 2.23.4. Cf. Socr. 1.9.15 (la synodale de Nicée prouve qu'Arius a été déposé).

[43] Socr. 2.41.17-22, cf. 2.10.3, 2.18.2, 2.19.2, 2.30.4, 2.37.17, 2.37.53, 2.37.77, 2.40.7, 2.41.7.

[44] Julien: Socr. 3.3.2-4; Atticus: Socr. 7.25.4.

[45] Eusèbe: Socr. 1.23.6-8; Arius: Socr. 1.38.4. Voir aussi Socr. 3.25.10 (les acaciens acceptent l'homoousios sous Jovien), 4.12.9 (les macédoniens essaient de réintégrer l'Église catholique).

[46] Socr. 2.17.10, cf. 1.6.41.

[47] L'hypothèse de D. Woods (*The Saracen Defenders*, p. 266 n. 14), que Socrate aurait puisé des données sur la défense de Constantinople contre les Goths en 378 (Socr. 4.38) dans les archives du *praefectus praetorio Orientis*, est gratuite.

direct aux sources narratives quand leur auteur a assisté aux événements. Mais, bien que la proximité reste l'étalon principal, Socrate élargit dorénavant l'éventail des techniques pour en juger la véracité.

1.1.3.1 *La proximité*

Le critère de la proximité reste de première importance. Bien que Georges de Laodicée soit un hérétique, son *Épitaphios* d'Eusèbe d'Émèse peut être suivi pour la reconstruction du concile d'Antioche en 341 (en vérité celui de 339 tenu dans la même cité), parce qu'il y a assisté[48]. En tant que témoin oculaire de la persécution des orthodoxes en Égypte par l'empereur Valens et son sbire Lucius d'Alexandrie, Rufin est crédible[49]. La dispute d'Archélaos, évêque de Caschara, avec un manichéen constitue une source fiable et son information sur ce sujet est supérieure à celle d'Eusèbe de Césarée, puisqu'Archélaos avait rencontré Mani lui-même[50]. Palladios, en tant qu'élève d'Évagre le Pontique, est une autorité au sujet du monachisme égyptien[51]. La proximité d'un auteur est aussi garantie s'il fait appel à un témoin oculaire. Par exemple, Rufin cite le général Bacurius comme garant du récit de la conversion des Ibères, ce qui suffit pour Socrate[52].

La confiance que Socrate accorde au critère de proximité dépasse parfois les bornes du jugement raisonnable. L'historien a conscience de l'influence du genre littéraire sur la représentation des faits, comme le montre sa réfutation de l'*Épitaphios sur Julien* de Libanius; ce discours est invraisemblable puisque c'est un panégyrique[53]. Néanmoins, dans certains cas, Socrate néglige l'effet des conventions littéraires sur la représentation des événements. À propos du poème de Calliste sur la vie de Julien, il ne sait pas décider. Selon le poète, l'empereur a été tué par un démon. «Cela, peut-être l'a-t-il inventé comme un poète, mais peut-être en est-il ainsi, car les Érinnyes en ont châtié beaucoup»[54]. Dans d'autres cas, la proximité annule les répercussions des conventions littéraires. Les

---

[48] Socr. 2.9. cf. 4.12.41.
[49] Socr. 4.24.8.
[50] Socr. 1.22.2, 1.22.13.
[51] Socr. 4.23.78-80.
[52] Socr. 1.20.20. Voir aussi Socr. 1.19.14 (Aidésios, témoin oculaire de la conversion des Indes chez Rufin); Socr. 2.1.3 et Socr. 2.28.1 (Athanase); Socr. 3.19.8-9 (Rufin a rencontré le confesseur Théodore).
[53] Socr. 3.23.
[54] Socr. 3.21.15: ὅπερ τυχὸν μὲν ὡς ποιητὴς ἔπλασεν, τυχὸν δὲ καὶ οὕτως ἔχει· πολλοὺς γὰρ ἐριννύες μετῆλθον.

citations de la *Vie de Constantin* d'Eusèbe de Césarée, visant à illuminer les événements du concile de Nicée, sont explicitement justifiées par la participation de l'évêque. La proximité aux événements attribue donc à Eusèbe plus de crédibilité que ne lui en dérobe sa visée panégyrique, constatée par Socrate dans la préface et au milieu du premier livre[55]. Le poème héroïque d'Eusèbe le Scholastique sur l'insurrection du Goth Gaïnas (399-400) est considéré comme fiable, car l'auteur en est un témoin oculaire[56]; la forme littéraire de l'épopée ne semble point entacher la véracité des événements que le poète décrit. La proximité efface tous ses effets[57].

1.1.3.2 *La chronologie*

Socrate prend particulièrement soin de la chronologie. Son récit suit en principe l'ordre chronologique et l'historien indique parfois quand il en dévie[58]. L'exactitude chronologique se mue aussi en critique des sources et en reproche à l'adresse de deux de ses prédécesseurs. La chronologie déficiente de Rufin, qui situe par exemple le premier exil d'Athanase (qui débutait en 335 ou 336) après l'avènement de Constance II (337), est la raison majeure qui pousse Socrate à récrire les deux premiers livres de son histoire, suite à la découverte des écrits d'Athanase[59]. Il écarte l'*Histoire chrétienne* de Philippe de Sidé, car «l'auteur confond la chronologie: ayant traité de l'époque de Théodose, il revient sur celle de l'évêque Athanase. Il fait sans cesse des choses pareilles»[60].

Malgré cette critique de ses collègues, la pratique de Socrate lui-même reste à plusieurs égards déficiente. Il combine plusieurs listes consulaires et chroniques, qui contiennent déjà des erreurs, sans se rendre compte des contradictions entre les sources. En y mêlant des données provenant d'autre origine, surtout d'Eutrope et d'Eusèbe de Césarée, il y ajoute encore des erreurs et prête ainsi d'autant plus à la confusion. Il n'a pas

---

[55] Socr. 1.8.24, cf. 1.1.3, 1.16.4.

[56] Socr. 6.6.35-36. Un certain Germanos lit encore au dixième siècle cet ouvrage aujourd'hui perdu: G.C. HANSEN, *Germanos*, p. 25; un fragment possible peut être receuilli dans *Suda* s.v. *liburna*: cf. F.M. CLOVER, *Count Gaïnas*, p. 67-68.

[57] Voir aussi Socr. 3.23.17-27 (la description de Julien par Grégoire de Nazianze est fiable, car l'évêque avait rencontré l'empereur apostat).

[58] Par exemple Socr. 2.38.1, 3.1.5, 4.1.13, 5.24.9.

[59] Socr. 2.1.1-5.

[60] Socr. 7.27.7.

fait l'effort de distiller de ces nombreuses chroniques une trame chronologique univoque et claire[61]. De nombreuses erreurs, qui restent difficiles
à expliquer, sont à repérer dans son histoire[62].

1.1.3.3 *La partialité*

Socrate a conscience de la partialité de plusieurs de ses sources; sans
surprise ce sont pour la plupart des écrits hérétiques. Sabinos d'Héraclée-
Périnthos est la cible préférée de l'historien. Déjà au début du premier
livre, l'acte d'accusation est exposé contre lui: il omet des faits et en
change d'autres[63]. Cette critique de base est sans cesse répétée. L'hérétique raconte les méfaits supposés d'Athanase d'Alexandrie, mais omet
ceux des eusébiens et de son propre hérésiarque Macédonius. Il ne cite
que les lettres du concile d'Antioche de 341 au pape Jules, gardant le
silence sur celles expédiées par le pape, qui critiquait ce synode[64]. Par son
désir d'embellir l'image de son propre parti, Sabinos omet les méfaits de
Lucius, l'évêque arien d'Alexandrie, contre l'orthodoxe Pierre II[65]. Des
arguments occasionnels complètent en plus la critique. Sabinos s'en prend
aux Pères de Nicée comme à des rustres et des simples. Et Socrate de
riposter que la thèse du macédonien entre en contradiction avec ses
louanges d'Eusèbe de Césarée considéré comme un homme sage, car
Eusèbe a aussi souscrit à la confession de foi nicéenne. Eusèbe serait-il
niais lui aussi? D'ailleurs, ajoute l'historien, Sabinos oublie que c'est
l'Esprit Saint qui a inspiré les Pères de Nicée[66]. La thèse arienne, probablement provenant de Sabinos, comme quoi les partisans d'Athanase
seraient responsables du lynchage de Georges d'Alexandrie (362), est
réfutée par une lettre de l'empereur Julien attribuant la responsabilité à
la populace[67]. À cause de sa méfiance, Socrate préfère, si possible, une

---

[61] Cf. P. VAN NUFFELEN, *Socrate de Constantinople*, p. 74.

[62] Socr. 2.19 (L'«ekthesis macrostichos» de 344/5 est située avant le concile de Sardique de 343); Socr. 2.20.4 (le concile de Sardique est situé en 347 au lieu de 343), cf.
2.26.1; Socr. 2.29 (Socrate confond le concile de Sirmium de 351 et celui de 357; cette
erreur peut être due à Sabinos, cf. Appendice IV); Socr. 4.2.6 (Socrate fait état de l'exil
de Mélèce d'Antioche parmi les événements de 365-366, tandis qu'il eut lieu en 371);
Socr. 5.15.4, 6.1.2 (Damase est évêque en 395, tandis qu'il s'agit de Siricius). Voir ci-dessous p. 351-361 pour les erreurs concernant les exils d'Athanase.

[63] Socr. 1.8.25.

[64] Macédonius: Socr. 2.15.7-9; Jules: Socr. 2.17.9-11.

[65] Socr. 4.22.1.

[66] Socr. 1.8.24-28, 1.9.26-29.

[67] Socr. 3.3.1. Puisque Sabinos est à plusieurs reprises accusé d'avoir monté en épingle
les méfaits d'Athanase et des athanasiens (Socr. 2.15.7-9, 4.22.1), il est probable que cette

autre source à Sabinos. Si Athanase donne les mêmes documents que le macédonien, l'historien choisit son texte, par exemple à propos du concile d'Antioche de 341[68].

Pour la déposition d'Eustathe d'Antioche (328-329), Socrate dépend de l'éloge d'Eusèbe d'Émèse par Georges de Laodicée, «un de ceux qui haïssent l'*homoousios*»[69]. L'historien réfute la cause de la déposition que donne celui-ci. Selon Georges, Cyr de Bérée accusa Eustathe de sabellianisme. Cyr lui-même fut déposé par le même concile en vertu d'une pareille accusation. Mais, réplique Socrate, «comment le sabellien Cyr peut-il accuser Eustathe d'être un sabellien?» Une autre cause, que l'historien ne peut pas spécifier, doit donc être à l'origine de la déposition d'Eustathe[70].

Ces deux cas montrent que Socrate cherche à justifier par des arguments plus objectifs le soupçon qui pèse sur les auteurs hérétiques. La même remarque vaut pour la seule critique explicite d'un auteur païen dans l'histoire de Socrate. Trois tares entachent la véracité de l'*Épitaphios de Julien* écrit par Libanius. Le rhéteur est un païen, un sophiste et un ami de Julien. Dans une longue digression, Socrate cherche à démontrer comment cette triple qualité a amené Libanius à déformer la réalité[71]. La critique ne l'empêche pourtant pas d'utiliser le discours de l'Antiochien (et d'autres encore) comme une source importante pour la vie de Julien, tout en adaptant la perspective de Libanius jugée trop favorable à l'empereur[72].

Pour un auteur orthodoxe, Socrate essaie de mitiger la critique de partialité. Bien sûr, il considère la *Vie de Constantin* d'Eusèbe comme un

---

version anti-athanasienne provient de lui. Philostorge (*HE* 2.7) donne la même version, mais rien ne prouve que Socrate ait lu son ouvrage. Nous ne voyons aucune raison d'y chercher une source païenne, à l'encontre de ce que dit M. WALLRAFF, *Der Kirchenhistoriker*, p. 92.

[68] Socr. 2.8.3: Socrate donne le chiffre de 90 participants, qu'il tire d'Athanase (*De synodis* 25.1). Sozomène a le chiffre plus précis de 97, qu'il a sans doute trouvé chez Sabinos (Soz. 4.22.22). Hilaire de Poitiers donne le même chiffre (*De synodis* 28), mais rien ne montre que Sozomène ait connu cet ouvrage. Socr. 2.10.4-8, 2.10.10-18 proviennent d'Athanase, bien que Sabinos donne les mêmes documents. Le symbole de Constantinople, que Socrate cite en 2.41.6-16, peut provenir de Sabinos, mais il est plus probable que l'historien l'ait copié d'Athanase (*De synodis* 30).

[69] Socr. 1.24.2: εἷς ὢν τῶν μισούντων τὸ ὁμοούσιον.

[70] Socr. 1.24.3-4.

[71] Socr. 3.23, en particulier 3.23.6. Sur ce passage, voir J. HAMMERSTAEDT, *Die Vergöttlichung*, p. 76-91.

[72] Socr. 3.1.30-31, 3.1.51-53, 3.17, 3.21. Sur l'adaptation de Libanius par Socrate, voir ci-dessous p. 368-373.

encomion, et non pas comme un ouvrage d'histoire, car l'évêque de Césarée ne traite que très sommairement de la crise arienne[73]. Il fait aussi
valoir qu'Eusèbe a omis l'anecdote à propos du novatien Acésios, non pas
parce qu'il ne la connaissait pas, mais sans doute, pense Socrate, parce
que l'évêque voulait plaire à quelqu'un[74]. Ailleurs, il trouve que les qualités d'historien d'Eusèbe sont insuffisantes. Le récit sur les origines du
manichéisme, tel que l'évêque l'a exposé dans l'*Histoire ecclésiastique*,
est très maigre et incorrect[75]. Eusèbe est donc, selon Socrate, un pané-
gyriste et un mauvais historien. Néanmoins, il essaie de réfuter le bruit
qu'Eusèbe aurait été un arien. Socrate sait que le récit d'Eusèbe à propos
des troubles en Égypte après le concile de Nicée (325) est critiqué pour
être très vague: «Il en acquit la réputation de duplicité (δίγλωσσος), car
en évitant de dire les causes, il montrait qu'il ne s'accordait pas avec les
décisions de Nicée»[76]. Socrate a donc conscience qu'on a accusé Eusèbe
de partialité et qu'on a mis en doute son orthodoxie. C'est aller trop loin,
à son avis, et il défend l'orthodoxie d'Eusèbe dans une longue digression,
ce qui revient à réclamer son objectivité à propos du concile de Nicée[77].
Socrate fait par conséquent plusieurs fois appel à Eusèbe pour réfuter
Sabinos[78].

La partialité est donc un soupçon qui pèse notamment sur les hérétiques et moins sur les orthodoxes, et qui exige la confirmation par
d'autres arguments, par exemple, des inconséquences, des contradictions
avec des sources de qualité supérieure, ou l'omission de données. Elle ne
constitue pas un argument dans son propre droit.

1.1.3.4 *La vraisemblance*

Quand les arguments concrets font défaut, l'appel à la vraisemblance
peut aider l'historien à démontrer la vérité d'un fait. Citons quelques
exemples.

Le jeune Athanase, futur évêque d'Alexandrie, joua le rôle d'évêque
dans un jeu d'enfants. Après les avoir surpris, Alexandre d'Alexandrie

[73] Socr. 1.1.2.
[74] Socr. 1.10.4.
[75] Socr. 1.22.2-3; cf. Eusèbe, *HE* 7.31.
[76] Socr. 1.23.6. Photius (*Bibliothèque* 127.95b-96a) critiquera plus tard précisément ce
passage d'Eusèbe (*Vita Constantini* 3.23), avec les arguments dont Socrate fait état. Voir
aussi Georges Syncellos, *Chronique* p. 460.6-8.
[77] Socr. 2.21.
[78] Socr. 1.8.24, 1.8.31.

fit éduquer les enfants, et Athanase devint plus tard son diacre. «Rufin», explique Socrate, «dit cela sur Athanase dans ses écrits. Ce n'est pas improbable que ce soit arrivé, car on entend souvent que de nombreuses choses pareilles se sont passées»[79]. Les ariens (sans doute Sabinos) imputent à l'évêque orthodoxe même les meurtres survenus pendant les émeutes lors du retour d'Athanase en 338. Seul Dieu sait ce qu'il en est, mais Socrate ajoute: «Que de telles choses [des meurtres] arrivent souvent, quand les masses s'entrechoquent, ce n'est pas un fait inconnu aux gens intelligents»[80]. Athanase est donc disculpé par la probabilité.

Constance II aurait voulu causer la mort de Julien, selon Libanius, en lui confiant le commandement de la Gaule (355). Mais, rétorque Socrate, c'est improbable, car dans ce cas il aurait comploté contre lui-même: Hélène, sa sœur et la femme de Julien, accompagnait le jeune César, et l'empereur n'aurait tout de même pas sacrifié la vie de sa sœur pour se débarrasser d'un prince[81]?

La force de la vraisemblance est relative et dépend des préjugés de l'auteur et du lecteur. Que des meurtres arrivent souvent pendant des émeutes n'exclut point un attentat ourdi par Athanase, et l'amour fraternel ne rend pas impossible que Constance estime la vie d'Hélène moins que la mort de Julien. Socrate semble en avoir conscience, car il ajoute, dans le cas de Constance, que «chacun jugera comme il le désire»[82].

1.1.3.5 *La prise de distance*

Avec l'argument de la vraisemblance, Socrate peut trancher en faveur de l'une ou de l'autre version. Sur d'autres données, il a des doutes mais ne dispose plus d'arguments pour les réfuter ou les corriger. Dans ces cas précis, il les rapporte en prenant ses distances par rapport à eux. Une technique particulièrement appréciée de Socrate à cet égard est l'introduction de ces faits par l'expression «on dit» (λέγεται ou φασί).

Il s'en sert souvent à propos de nombres élevés ou incertains. Par exemple, le nombre de 3150 morts pendant les émeutes à l'occasion de

---

[79] Socr. 1.15.4.
[80] Socr. 2.15.7: ὅτι δὲ ταῦτα κατὰ τὸ πλεῖστον εἴωθεν γίνεσθαι, ὅταν καθ᾽ ἑαυτῶν στασιάζῃ τὰ πλήθη, οὐκ ἄγνωστα τοῖς εὖ φρονοῦσιν καθέστηκεν.
[81] Socr. 3.1.30-31.
[82] Socr. 3.1.32: τοῦτο μὲν οὖν, ὡς ἑκάστῳ δοκεῖ, κρινέτω.

l'intronisation de Macédonius à Constantinople (344) est rapporté ὡς λέγεται[83]. La persécution de Valens à Antioche au début de son règne faisait de nombreux morts, «à ce qu'on dit»[84].

Des historiettes jugées incertaines sont également introduites par cette formule. Valens frappa son général quand il vit que les orthodoxes tenaient encore des services dans le martyrium de Thomas à Édesse. Malgré le fait que ce soit Rufin qui le rapporte, Socrate considère ce fait peu certain et ajoute «comme on dit»[85]. Tout comme le franc-parler de Basile de Césarée face au préfet Modestus (369-377), les romans écrits par Héliodore l'évêque de Tricca dans sa jeunesse, la rencontre entre Acace d'Amida et le roi perse (422), et la mâchoire de l'évêque d'Hébron gardée par Théodose II comme relique, sont autant d'anecdotes imputées à l'anonyme «on»[86]. De nombreux autres exemples pourraient être cités[87].

Enfin, des miracles, comme la déposition de l'usurpateur Magnence (353), ou des interventions divines, comme dans le cas d'Alaric, qui est véritablement poussé par un ange à prendre Rome (410), sont aussi parfois rapportés avec une certaine distance[88].

1.1.3.6 *Les versions multiples*

Il se peut que les sources donnent plusieurs versions d'un seul évènement, entre lesquelles Socrate ne sait pas choisir. Il décide alors de les raconter toutes sur un pied d'égalité. C'est le cas par exemple pour la naissance de l'hérésie apollinariste, pour la mort de Julien et pour celle de Valens[89]. Dès lors, les différentes versions sont introduites par la formule «on dit» (λέγεται ou φασί).

---

[83] Socr. 2.16.13.

[84] Socr. 4.2.7. Cf. Socr. 1.24.8 (le siège d'Antioche reste vacant pendant huit ans). C'est habituel dans l'historiographie classique à propos de nombres élevés, voir par exemple Hérodote 6.44, 7.190; Thucydide 1.24.4; Tite-Live 26.19.11.

[85] Socr. 4.18.2, cf. Rufin *HE* 11.5 p. 1008.19.

[86] Basile: Socr. 4.26.19; Héliodore: Socr. 5.22.51; Acace: Socr. 7.21.6; Théodose II: Socr. 7.22.14. Il est possible que les anecdotes sur Acace et Théodose II proviennent de sources orales.

[87] Socr. 1.24.1, 1.35.4, 2.15.6, 2.32.2, 3.1.30, 3.17.8, 4.23.15, 4.25.9, 6.3.12-13, 6.5.8.

[88] Magnence: Socr. 2.32.2; Alaric: Socr. 7.10.8.

[89] Apollinarisme: Socr. 2.46.8; Julien: Socr. 3.21.13-15; Valens: Socr. 4.38.8-9. Voir aussi Socr. 2.37.92 (Selon Socrate, l'anti-pape Félix était arien; Rufin a une autre opinion); Socr. 3.1.30-32 (les raisons pour lesquelles Julien fut envoyé en Gaule); Socr. 6.4.6 (les différentes explications du fait que Jean Chrysostome dînait seul).

1.1.3.7 *Dieu comme juge de la vérité*

Quelque fois, l'historien ne se sent plus capable de retracer la vérité. Il suspend alors son jugement et le laisse au «juge de la vérité»[90], Dieu. L'endroit où les eusébiens avaient trouvé la main qu'ils présentaient comme celle d'Arsène au concile de Tyr (335), reste inconnu: «Soit qu'ils aient tué quelqu'un et coupé sa main, ou qu'ils aient mutilé quelqu'un qui était déjà mort, Dieu le sait, et les auteurs de cet acte»[91]. Si Athanase est responsable des émeutes survenues à son retour en 338, Dieu le sait, bien que Socrate ait des doutes à cet égard[92]. Seul Dieu, connaissant les choses cachées et jugeant de façon juste la vérité, sait si la mort de Cyrinus de Chalcédoine, celle d'Eudoxie et la grêle horrible de 404, étaient des punitions pour leur inimitié envers Jean Chrysostome[93].

L'appel à l'omniscience divine, quand les capacités humaines sont en reste, est habituel à l'époque chrétienne et se rencontre aussi bien dans les lettres privées que dans des ouvrages littéraires[94]. C'est l'affirmation du fait que la vérité historique existe, même si elle reste cachée pour l'œil humain.

1.1.4 Bilan: l'heuristique et la critique de Socrate

Le modèle que Socrate expose pour son heuristique et sa critique présente une division primaire entre témoins oculaires et sources écrites. Chacune des catégories est subdivisée, la première en «autopsie» et témoins proprement dits, la deuxième en documents et récits. La proximité, pour sa part, est muée en critère quasi universel pour juger toutes ces sources. Pour les témoins oculaires, c'est un procédé habituel; la proximité aux événements constitue leur définition même. Il est au contraire remarquable que ce critère permette aussi d'attribuer une valeur incontestable aux écrits polémiques d'Athanase et au poème épique d'Eusèbe le Scholastique. Puisque ces auteurs étaient présents lors des événements qu'ils décrivent, leurs versions sont, selon Socrate, les plus véridiques, même si ce sont des poèmes ou des polémiques. Qui plus est,

---

[90] Socr. 2.15.7: τὰς μὲν γὰρ ἀληθεῖς αἰτίας ὁ θεὸς οἶδεν ὡς αὐτὸς τῆς ἀληθείας κριτής. Pour l'expression, voir par exemple Athanase, *Apologia de fuga sua* 22; *Vita Danielis Stylitae* BHG 489.39 p. 36.11-12.

[91] Socr. 1.27.18: ὁ θεὸς οἶδεν καὶ οἱ αὐθένται τῆς πράξεως.

[92] Socr. 2.15.7.

[93] Socr. 6.19.8.

[94] *P.Hamb. III* 228.8, 229.8; *P.Oxy. VIII* 1165; Eusèbe, *Contra Marcellum* 2.4.31; *Epistula Arii* apud Socr. 1.26.5; Athanase, *Vita Autonii* 55.8, 84.6; Basile de Césarée, *De Spiritu Sancto* 8.101a. Cf. 2 Co 11.11.

la partialité, pour laquelle les historiens classiques critiquaient souvent les sources indirectes[95], ne semble qu'entacher les écrits hérétiques; les polémiques d'Athanase semblent équivaloir à une source directe.

En élevant la proximité en critère universel, Socrate étend la valeur traditionnellement accordée à l'observation personnelle et aux témoins oculaires aussi aux sources écrites. Si une source écrite se base sur l'observation personnelle de l'auteur, elle est véridique, comme dans le cas d'Athanase et d'Eusèbe. La conséquence en est une méprise du caractère médiat de ces récits. Ainsi, la hiérarchie classique qui préfère l'observation personnelle et les témoins oculaires (les sources directes) aux sources écrites (les sources indirectes)[96], est en quelque sorte levée. Étant jugée sur la proximité de son auteur aux faits, chaque source peut dès lors aspirer à la véracité, qu'elle soit orale ou écrite.

Par rapport à la tradition classique, la théorie de Socrate a donc un double visage. D'une part, l'historien y reste enraciné, en estimant l'observation personnelle et les témoins oculaires. Dans la préface du sixième livre, il dit explicitement puiser dans ces deux sources privilégiées pour traiter de l'époque contemporaine[97]. D'autre part, l'acceptation de l'héritage classique est traversée d'une innovation. L'importance excessive de la proximité attribue une valeur directe à des sources que les historiens classiques n'estimaient pas ou guère (par exemple les documents et les poèmes)[98]. Des écrits peuvent ainsi, en principe, aspirer à la même véracité et exactitude que l'observation personnelle ou les témoins. La différence entre une histoire de l'époque contemporaine, basée de préférence sur l'observation personnelle et les témoins, et celle des temps reculés, basée sur les écrits des prédécesseurs[99], se trouve dès lors plus ou moins supprimée, car pour cette seconde période l'historien dispose de sources écrites qui équivalent aux témoins.

---

[95] Cf. T.J. LUCE, *Ancient Views*.

[96] Thucydide 1.22.2-3; Hérodote 1.8; Ephore *FGrHist* 70 F 110 (cf. G. SCHEPENS, *Éphore*); Polybe 12.27.1; Lucien, *Quomodo historia conscribenda sit* 47. Cf. G. AVENARIUS, *Lukians Schrift*, p. 71-85; H. VERDIN, *De historisch-kritische methode*, p. 111-120, 209; G. SCHEPENS, *Some Aspects*, p. 273-274; ID., *L' 'autopsie'*, p. 196, passim; C.W. FORNARA, *The Nature of History*, p. 48-49; J. MARINCOLA, *Authority*, p. 63-86.

[97] Socr. 6.pr.9.

[98] J. MARINCOLA, *Authority*, p. 86, 99, 104-105. Remarquons que des historiens classiques se servaient aussi de documents et les citaient parfois (cf. ci-dessus p. 188). Voir en outre les remarques de Polybe sur Timée (12.9).

[99] Cf. Polybe 4.2.3, 9.2; Éphore *FGrHist* 70 F9; Flavius Josèphe, *Bellum judaicum* 1.13-16; Pline le Jeune, *Epistulae* 5.8.12. Cf. G. AVENARIUS, *Lukians Schrift*, p. 84; G. SCHEPENS, *L'autopsie*, p. 196; J. MARINCOLA, *Authority*, p. 86.

La vérité historique peut donc être établie avec la même rigueur pour l'ensemble du temps historique, bien que les sources soient différentes[100]. Cette extension temporelle de la vérité est pourtant limitée par les capacités humaines. Socrate laisse, par exemple, quelques fois à Dieu le jugement final. Cela montre que la vérité historique existe, même si elle se ne laisse plus déterminer par des moyens humains; l'existence en est garantie par Dieu lui-même.

Ce modèle dirige en principe l'heuristique et la critique de Socrate. En ce qui concerne l'heuristique, les sources à sélectionner sont celles qui sont les plus proches des événements. Nous avons pourtant vu que la pratique de Socrate reste en retrait par rapport à cette théorie. Malgré le fait qu'il affirme lui-même le contraire, l'observation personnelle ne joue qu'un mince rôle dans les deux derniers livres de Socrate. Le recours à des témoins oculaires n'y est pas non plus systématique. En général, l'heuristique de Socrate semble avoir été passive. Il se fait que ses témoins oculaires les plus importants sont des novatiens, ce qui s'explique par son appartenance à ce schisme. Par ailleurs, ses sources écrites sont souvent des ouvrages littéraires, comme Thémistius, Libanius, Julien et Eusèbe le Scholastique, dont il est probable qu'il les ait lus et commentés chez Troïlos et son cercle. On ne semble pas y avoir lu des ouvrages historiques, car Socrate ignore l'existence de ceux d'Eunape et d'Olympiodore. En ce qui concerne d'autres sources importantes, ce n'est qu'après avoir terminé la première rédaction de son ouvrage qu'il a trouvé, par hasard, les écrits d'Athanase ainsi que différentes collections de documents[101]. Il n'a pas non plus fouillé les archives; les documents qu'il cite proviennent probablement tous de collections qu'il pouvait trouver dans des bibliothèques.

À propos de la critique, le critère principal est la proximité. En ce qui concerne les sources narratives, Socrate se sert aussi d'autres critères, comme par exemple la partialité et la vraisemblance. Ce qui saute aux yeux, c'est le nombre élevé de passages où il opère une critique de ses sources. Sans vouloir entièrement nier la visée proprement

---

[100] C'est donc incorrect de prétendre que Socrate pratique la «Zeitgeschichtsschreibung» (comme le font M. MAZZA, *Lo storico*, p. 305; T. HIDBER, *Eine Geschichte*, p. 44-47): l'historien abolit en vérité la distinction méthodologique entre cette «Zeitgeschichtsschreibung» d'une part, qui se base de préférence sur des témoins oculaires et sur l'«autopsie», et, d'autre part, toute autre forme d'historiographie. Qui plus est, la «Zeitgeschichtsschreibung» se base surtout sur des témoins oculaires et l'«autopsie», et nous venons de voir que ce n'est pas vraiment le cas chez Socrate.

[101] Socr. 2.1.1-5.

historiographique et la bonne foi de Socrate, le foisonnement de sa critique revêt également une dimension rhétorique. Ainsi, la critique historique permet d'insister sur la véracité de son propre récit et de se départager des récits concurrentiels, qu'ils soient anti-chrysostomiens comme l'*Histoire chrétienne* de Philippe de Sidé, ou ariens comme la collection de Sabinos d'Héraclée.

Il y a donc une double discordance entre théorie et pratique chez Socrate. D'une part, son heuristique réelle n'est pas à la hauteur de la théorie. D'autre part, sa critique établit non seulement la vérité historique mais constitue également une affirmation rhétorique de sa propre véracité par rapport aux récits concurrentiels. Le modèle théorique de Socrate fonctionne ainsi comme une sorte de garantie de véracité, qui sert à revaloriser sa propre *Histoire ecclesiastique* et à dévaluer les autres récits. Sa pratique montre qu'il prétend plus qu'il ne réalise.

Comment expliquer cet écart? La *mimesis* des grands du genre historiographique joue sans doute un rôle; nous avons déjà vu que Socrate fait allusion dans ses préfaces à Hérodote et à Thucydide. L'historien a peut-être voulu imiter ceux-là, sans toujours adapter sa pratique réelle. Mais, une *mimesis* littéraire ne suffira pas comme explication, car nous venons de voir que le modèle heuristique de Socrate innove par rapport à l'historiographie classique. Il nous semble que la discordance entre théorie et pratique est en premier lieu un symptôme de la tension entre l'idéologie et la méthode que nous venons d'esquisser au début de ce chapitre. Le modèle amélioré pour l'heuristique et la critique est une expression de la forte exigence de vérité; son caractère partiellement rhétorique signale l'influence de l'idéologie, tout comme le fait que la critique se dirige surtout contre les auteurs hérétiques.

1.2 Sozomène

Voilà les sources utilisées par Sozomène selon sa préface: «Je mentionnerai les événements auxquels j'ai assisté ou que j'ai appris des gens au courant ou témoins des choses, dans ma génération et celle qui l'a précédée. Quant aux événements plus reculés, j'en ai poursuivi l'enquête d'après les lois qui ont été édictées pour notre religion, d'après les conciles de temps en temps réunis, d'après les innovations apportées au dogme, et les lettres des empereurs et des pontifes, dont les unes sont conservées jusqu'à ce jour dans les palais impériaux et les églises, et dont les autres se rencontrent çà et là chez les amis de lettres»[102]. L'historien distingue deux époques ainsi que leur type de sources approprié[103].

Pour l'époque contemporaine, qui correspond à deux générations, Sozomène fait appel à son observation personnelle et aux témoins. Les témoins sont à subdiviser en deux catégories. Ce sont d'une part des témoins oculaires (οἱ θεασάμενοι), c'est-à-dire ceux qui ont assisté à l'événement dont ils parlent. D'autre part, il y a les εἰδότες. Bien que εἰδέναι puisse avoir le sens général et simple de «savoir» chez Sozo-mène[104], d'habitude il fait référence à une connaissance certaine qui est le plus souvent directe[105]. Ainsi par exemple, l'historien oppose deux fois sa connaissance directe (ἴσμεν) et indirecte (ἀκηκόαμεν)[106]. Les εἰδό-τες sont alors ceux qui ont une connaissance immédiate des événements sans que la façon dont ils l'ont obtenue soit spécifiée[107].

Pour les temps plus reculés, Sozomène prétend se baser sur quatre caté-gories de sources: des lois, les «conciles de temps en temps réunis», des «innovations au dogme» (νεωτερισμοί) et des lettres. Ce ne sont pas de sources narratives et donc indirectes, mais de témoins directs du passé. La première et quatrième catégorie, les lois et les lettres, se rangent de soi sous cette qualification. Un problème d'interprétation se pose pour la seconde et la troisième. L'expression «d'après les conciles de temps en temps réunis» se réfère à première vue plutôt aux conciles eux-mêmes. Sozomène indiquerait alors un sujet et non pas une source de son histoire. Cependant, cette interprétation est contredite pas le contexte, qui parle de types de sources et non d'événements. Il nous semble donc qu'il faut y voir une métonymie. Par les synodes, Sozomène se réfère à leurs actes.

---

[102] Soz. 1.1.13: μεμνήσομαι δὲ πραγμάτων οἷς παρέτυχον καὶ παρὰ τῶν εἰδότων ἢ θεασαμένων ἀκήκοα, κατὰ τὴν ἡμετέραν καὶ πρὸ ἡμῶν γενεάν. τῶν δὲ περαι-τέρω τὴν κατάληψιν ἐθήρασα ἀπὸ τῶν τεθέντων νόμων διὰ τὴν θρησκείαν καὶ τῶν κατὰ καιροὺς συνόδων καὶ νεωτερισμῶν καὶ βασιλικῶν καὶ ἱερατικῶν ἐπιστολῶν, ὧν αἱ μὲν εἰσέτι νῦν ἐν τοῖς βασιλείοις καὶ ταῖς ἐκκλησίας σῴζονται, αἱ δὲ σποράδην παρὰ τοῖς φιλολόγοις φέρονται.
Dans le contexte, qui est entièrement ecclésiastique, il s'impose évidemment d'entendre par νεωτερισμός l'innovation en matière religieuse et non pas la révolution politique. Le sens religieux du terme est d'ailleurs beaucoup plus fréquent chez Sozomène (Soz. 1.15.4, 2.18.2, 2.22.3, 4.13.4, 4.26.5, 6.25.14, 8.6.9) que le sens profane (Soz. 4.7.6).
[103] La division en deux époques est habituelle, cf. Ephore FGrHist 70 F9; Pline le Jeune, Epistulae 5.8.12. Sur cette division chez Sozomène, voir aussi M. Mazza, Lo sto-rico, p. 306-308.
[104] Soz. 3.14.25, 6.28.1, 8.23.5.
[105] Soz. 1.18.2, 4.3.3, 8.2.12.
[106] Soz. 1.1.19, 8.7.1, cf. aussi Soz. 7.19.6.
[107] Ceci vaut uniquement pour Sozomène. Jean d'Épiphane, par exemple, identifie les εἰδότες et les ἀκηκοότας (fr. 1, p. 273).

Mais quel type de source est à lier aux hérésies? Parmi les sources dont l'historien se sert, n'entrent en question que deux genres. Il s'agit des actes des conciles hérétiques, en particulier ceux rassemblés par Sabinos, et les collections d'épîtres composées par les chefs des hérésies, auxquelles Sozomène renvoie dans l'introduction[108]. Ce sont alors ces témoins directs des hérésies qu'il faut entendre par νεωτερισμοί.

L'omission des sources narratives est remarquable dans la préface. Sozomène oppose les sources orales et écrites — un contraste traditionnel, nous l'avons vu — mais ces dernières sont entièrement comprises comme des documents[109]. Puisqu'il attribue un caractère direct aux documents[110], Sozomène prétend ne pas avoir eu besoin de sources médiates. Nous pouvons donc interpréter cette attitude comme l'extension d'un idéal de l'historiographie classique, qui considérait les histoires basées sur des sources directes, identifiées d'habitude à des témoins oculaires, comme les meilleures possibles. À ces sources directes, les chrétiens ajoutent les documents. Alors qu'un historien classique avait surtout recours à ses prédécesseurs afin d'écrire l'histoire d'une période si reculée[111], Sozomène prétend le faire sur la base de sources directes.

La théorie de Sozomène est trop belle. Il s'agit d'une exagération ou, pire, d'une imposture. Une exagération, car l'historien renvoie parfois à des sources écrites. Par deux fois il mentionne expressément un de ses prédécesseurs, en l'occurrence Eusèbe[112]. Une autre fois, il cite à travers Eusèbe plusieurs paragraphes du *De vita contemplativa* de Philon[113]. Une fois encore il cite Libanius[114]. Par ailleurs, un bon nombre d'écrits de Pères de l'Église ou d'hérésiarques sont mentionnés ou (plus rarement) cités, comme Apollinaire, Eustathe d'Antioche, Athanase, Acace de Césarée, Georges de Laodicée, Basile de Césarée, Éphrem, Eusèbe d'Émèse, Titos de Bostra, Sérapion de Thmuis, Basile d'Ancyre, Eudoxios de Germanicie, Cyrille de Jérusalem, Eusèbe de Verceuil, Hilaire de Poitiers, Lucifer de Cagliari, Eunome, Évagre le Pontique, Cartérius et Diodore de Tarse[115]. Il est néanmoins douteux que Sozomène les a tous effectivement

---

[108] Soz. 1.1.15.
[109] Voir aussi Soz. 1.1.15-16, où Sozomène discute les collections de lettres.
[110] Voir ci-dessus p. 189-191.
[111] Cf. ci-dessus p. 240 notes 96-98.
[112] Soz. 1.3.2, 5.21.3.
[113] Soz. 1.12.10-11.
[114] Soz. 6.1.15.
[115] Apollinaire: Soz. 2.17.2-3 = Apollinaire fr. 168, Soz. 6.27.7; Eustathe: Soz. 2.19.7, 3.14.36; Athanase: Soz. 2.30.1-5; Acace: Soz. 3.2.9 (Cette référence peut être copiée simplement de Socr. 2.4); Georges: Soz. 3.6.6; Basile: Soz. 3.14.31; Éphrem: Soz. 3.14.29,

lus. Et s'y ajoutent encore quelques références indéfinies à des sources écrites[116].

Il s'agit même d'une imposture, car à côté de ces dépendances occasionnellement avouées, Sozomène se base la plupart du temps sur ses deux prédécesseurs, Rufin et Socrate, qu'il supplée le plus souvent avec des sources narratives. Malgré le fait qu'il utilise souvent la collection de Sabinos, qu'il connaît des actes du concile de Tyr et qu'il avait le *Code Théodosien* devant lui, l'usage de lettres, d'actes de conciles et de lois reste chez Sozomène plutôt occasionnel[117]. Le neuvième livre, qui décrit l'époque de Sozomène lui-même et qui serait, selon la préface, basé sur son observation personnelle, met à nu la tromperie de l'historien. En effet, des seize chapitres du dernier livre douze sont copiés de l'historien Olympiodore[118].

On pourrait rétorquer en faveur de Sozomène que la préface exprime un *topos* littéraire et ne prétend guère refléter la pratique de l'historien. Sans vouloir nier que la *mimesis* joue un rôle, deux éléments suggèrent qu'elle ne suffit pas comme explication.

Tout d'abord, il faut remarquer que Sozomène semble délibérément avoir essayé de masquer sa dépendance des sources narratives. L'historien a parsemé son ouvrage de nombreuses indications du genre «on dit» (λέγεται, λέγουσι, φασί)[119] ou, moins souvent, de «j'ai appris» (ἐπυθόμην)[120]. Le sens de ces termes interchangeables est indéfini. Ils peuvent cacher une source orale[121] ou écrite[122]; tantôt ils attestent un changement de source[123], tantôt Sozomène les insère au milieu d'un récit issu

3.16.2, 9; Eusèbe d'Émèse, Titos de Bostra, Sérapion de Thmuis, Basile d'Ancyre, Eudoxius de Germanicie et Cyrille de Jérusalem: Soz. 3.14.42; Eusèbe de Verceuil, Hilaire de Poitiers et Lucifer de Cagliari: Soz. 3.15.6; Eunome: Soz. 6.27.1, 6.27.7; Évagre le Pontique: Soz. 6.30.6 (copié de Socr. 4.23.35-39); Cartérius et Diodore de Tarse: Soz. 8.2.6 (copié de Socr. 6.3.7).

[116] Soz. 1.14.11, 2.1.11, 1.14.3, 3.14.42, 3.15.6, 3.15.9-10.

[117] Voir Appendice V et aussi G. SCHOO, *Die Quellen*, passim; J. BIDEZ — G. C. HANSEN, *Sozomenos*, p. lv-lxiv.

[118] G. SCHOO, *Die Quellen*, p. 58-72; P. VAN NUFFELEN, *Sozomenus*.

[119] Les expressions λέγεται et φασί reviennent trop souvent pour être inventoriées ici. Limitons-nous, à titre d'exemple, à la première moitié du premier livre: λέγεται: Soz. 1.3.2, 1.4.3-4, 1.8.9, 1.11.8, 1.13.14, 1.14.7; φασί: Soz. 1.5.2, 1.11.2, 1.12.11, 1.13.5, 1.13.13. L'indéfini λέγουσι se rencontre assez souvent (Soz. 1.12.9, 2.1.4, 2.21.8, 3.3.3, 3.15.6, 5.2.19, 6.6.1, 6.26.4, 6.37.4, 7.19.10, 8.2.17, 8.16.2).

[120] Soz. 1.14.9, 1.21.3, 2.3.12, 2.13.7, 8.2.17, 8.7.2, 8.12.6, 8.15.7.

[121] Soz. 2.3.12.

[122] Soz. 1.12.9 (Cassien et Eusèbe de Césarée), 1.14.9, 6.26.4 (Socrate), 2.13.7 (actes d'Acepsimas BHO 22), 5.2.19, 6.1.14 (Grégoire de Nazianze).

[123] Soz. 9.6.6 (d'Olympiodore à Socrate).

entièrement d'une même source[124]. Par ailleurs, un pluriel (οἱ Ἕλληνες, οἱ ἐπιστάμενοι) ne cache souvent qu'une seule source[125]. Cet usage indifférencié de formules hérodotiennes[126] est sans aucun doute un ornement littéraire[127]. En même temps, il entraîne le nivellement des sources car chaque source, écrite ou orale, est traitée de la même façon. Le lecteur non averti en déduirait, en particulier après la lecture de la préface, que Sozomène a entrepris une heuristique énorme et qu'il a consulté un grand nombre de sources de haute qualité. Il semble que c'est bien l'impression que Sozomène veut laisser chez ses lecteurs.

En second lieu, nous sommes à même de démontrer que les références aux sources orales et directes sont souvent fictives. Sozomène termine son chapitre traitant de la découverte de la Croix par la mère de Constantin, Hélène, avec la remarque suivante: «Tout cela, nous l'avons raconté, comme nous l'avons reçu en transmission, pour l'avoir appris d'hommes tout à fait au courant, à qui il était advenu de le savoir par une tradition passée de père en fils, et qui ont écrit ces choses mêmes, le mieux qu'ils pouvaient, et l'ont laissé pour des générations à venir»[128]. Ce chapitre est un patchwork de l'Évangile de Jean, d'Eusèbe, de Rufin, de Socrate et de la *Légende de Judas Cyriacus*. Toute donnée peut être attribuée à une de ces sources. Ainsi les hommes bien informés par leur tradition familiale ont donc uniquement existé dans l'esprit de Sozomène[129]. De même, le renvoi aux témoins chrétiens, juifs et païens, à la fin du récit de la reconstruction du temple juif sous Julien (363) ne peut que servir à le rendre plus crédible, car il est entièrement basé sur Rufin, Socrate, Grégoire de Nazianze et Jean Chrysostome[130]. Qui plus est, Sozomène prétend qu'il y a encore des témoins en vie, ce qui, vu le temps écoulé

---

[124] Soz. 2.21.8 (Collection alexandrine), 8.16.2 (Socrate).

[125] Soz. 1.5.1 (Eunape), 1.7.3 (peut-être Eunape).

[126] Hérodote utilise en effet ces formules très souvent, voir par exemple Hérodote 1.23, 2.54.

[127] Cf. B. Cook, *Plutarch's Use*, p. 359-360, à propos de l'usage de λέγεται chez Plutarque.

[128] Soz. 2.1.11: Τάδε μὲν ἡμῖν, ὡς παρειλήφαμεν, ἱστόρηται ἀνδρῶν τε ἀκριβῶς ἐπισταμένων ἀκούσασιν, εἰς οὓς ἐκ διαδοχῆς πατέρων εἰς παῖδας τὸ μανθάνειν παρεγένετο, καὶ ὅσοι γε αὐτὰ δὴ ταῦτα συγγράψαντες, ὡς δυνάμεως εἶχον, τοῖς ἔπειτα καταλελοίπασιν.

[129] Soz. 2.1; Eusèbe, *Vita Constantini* 3.21-28; Rufin, *HE* 10.7; Socr. 1.17; *Judas Cyriacus (en latin)* 14 p. 271; *Judas Cyriacus (en syriaque)* p. 66-67, 70-71. Sur cette légende voir en dernier lieu S. Borgehammar, *How the Holy Cross*; H.J.W Drijvers — J.W. Drijvers, *The Finding*; Barbara Baert, *Een erfenis*, p. 15-49.

[130] Soz. 5.22.14: ταῦτα ὅτῳ πιστὰ οὐ καταφαίνεται, πιστούσθωσαν οἱ παρὰ τῶν θεασαμένων ἀκηκόοτες ἔτι τῷ βίῳ περιόντις, πιστούσθωσαν δὲ καὶ Ἰουδαῖοι καὶ Ἕλληνες ἡμιτελὲς τὸ ἔργον καταλιπόντες, μᾶλλον δὲ οὐδὲ ἄρξασθαι τοῦ ἔργου

entre l'événement (363) et la rédaction de son ouvrage (entre 440 et 450), est impossible. D'autres exemples pourraient aussi être cités[131].

On pourrait interpréter le nivellement des sources et l'invention de sources orales comme un exemple extrême de *mimesis*; on verra immédiatement qu'il semble s'être inspiré d'Hérodote. Pourtant, cette explication doit aller de pair avec une autre: Sozomène a consciemment voulu donner l'impression de se fonder exclusivement sur des sources directes, afin de réclamer le statut d'une histoire absolument véridique. C'est d'ailleurs dans ce but qu'il a radicalisé la théorie traditionnelle en étendant le caractère direct également aux documents.

Une discussion de la critique historique de Sozomène devient donc extrêmement périlleuse. De fait, tout énoncé de Sozomène à propos de ses sources est désormais entaché de doute. Il est possible qu'il ait véritablement consulté des témoins et des documents, mais son honnêteté ne va pas de soi; il faudra désormais la démontrer pour chaque passage. Dans les pages suivantes, nous analyserons d'abord les sources directes que Sozomène prétend avoir utilisées. Nous essaierons de trier et de différencier les sources fictives des sources réelles. Ensuite, nous nous attarderons sur la critique des sources narratives, une critique qui n'est qu'implicitement présente.

1.2.1 La critique des sources directes

1.2.1.1 L'«autopsie»

Malgré le fait que l'historien signale, dans sa préface, l'«autopsie» comme première source possible de son récit, son importance reste limitée. Elle sert principalement à introduire des détails de sa propre vie[132] et de sa propre région dans l'histoire[133] ainsi qu'à souligner la véracité d'un

---

δυνηθέντες. Cf. Rufin, *HE* 10.38-39; Socr. 3.20; Grégoire de Nazianze, *Discours* 5.4-7; Jean Chrysostome, *De S. Babyla contra Julianum et gentiles* 119.

[131] Soz. 1.14.4 (renvoi à des sources orales [παραδόσεως ἀγράφου], alors qu'il se sert de la *Vie d'Antoine* d'Athanase); Soz. 2.21.8; Soz. 4.10.4 (cf. Rufin, *HE* 10.19); Soz. 5.1.8 (Eunape?); Soz. 5.2.12, 5.10.6 (cf. Grégoire de Nazianze, *Discours* 4.22-30, 86-87); Soz. 5.7.4 (Sabinos); Soz. 8.9.6 (l'historien attribue l'excuse du fait que Jean Chrysostome mangeait seul à un «témoin véridique», alors qu'il ne fait que copier une des deux versions que donne Socrate [6.4.6]).

[132] Soz. 2.3.8-13, 5.15.17, 6.32.5-7.

[133] Soz. 2.2.5, 2.3.2, 2.3.8, 2.4.1-5, 2.26.3-4, 3.14.28, 5.9, 6.34.4-7, 7.28.4-8, 7.29.1-2, 8.17.3-6, 9.5.7. Ces passages ont été discutés ci-dessus p. 61-77.

récit pris d'une autre source[134]. L'observation personnelle n'a presque jamais de rôle constitutif; elle fournit un grand nombre de détails mais n'a pas trait aux événements capitaux de l'histoire. Autrement dit, l'observation personnelle est un outil accessoire et non pas la source majeure de l'histoire de Sozomène. Il est possible, mais invérifiable, que Sozomène se soit davantage basé sur ses propres observations dans la seconde partie du dernier livre, pour raconter les événements survenus pendant la période entre 425 et 439, période pendant laquelle il a vécu lui-même à Constantinople.

1.2.1.2 *Les témoins oculaires*

Dans cette discussion, nous laissons de côté les références que nous avons démasquées ci-dessus comme des inventions. Il faut remarquer que Sozomène ne donne presque aucun nom de témoin oculaire, à l'exception d'Eusèbe de Césarée qui est cité comme ayant entendu de Constantin lui-même le récit de la vision de la croix, mais dans ce cas-ci, il copie une remarque de la *Vie de Constantin* d'Eusèbe[135]. De quelqu'un lié aux Longs Frères, Sozomène a appris la cause de l'hostilité de Théophile d'Alexandrie envers Isidore, sa main droite d'antan[136]. Il a consulté un presbytre cilicien à propos de l'authenticité de l'*Apocalypse de Paul*, populaire dans certains milieux[137]. Ce dernier cas montre la valeur d'un témoin: on voit que son information suffit à réfuter l'idée que l'*Apocalypse* est un ouvrage authentique, comme l'affirment certains.

Nous rencontrons aussi plusieurs personnes qui peuvent avoir fourni des informations à l'historien, comme les quatre fils d'Alaphion ou comme Nicarété, la partisane de Jean Chrysostome, mais aucune donnée ne leur est explicitement attribuée[138]. Pour ses amples informations à propos des coutumes et événements de la Palestine et des régions avoisinantes, que nous avons discutées dans le premier chapitre, Sozomène peut avoir consulté de nombreux témoins oculaires, mais il n'en dit d'habitude rien. À propos de quelques événements ayant trait à Nicomédie, il peut

---

[134] Soz. 1.13.12, 3.17.3, 9.2.17.
[135] Soz. 1.3.2; Eusèbe, *Vita Constantini* 1.27-29.
[136] Soz. 8.12.6. Soz. 8.2.16b, 8.13.1-2, 8.13.4-5, 8.17.5-6 pourraient provenir de cette même source.
[137] Soz. 7.19.11.
[138] Soz. 7.27 pourrait venir des fils d'Alaphion (voir ci-dessus p. 65 note 369). Soz. 8.27.4-7 pourrait se baser sur les témoignages des johannites (voir ci-dessus p. 74-75). Soz. 9.2.18 renvoie à des témoins à propos de la translation des reliques des quarante martyrs de Sébaste.

s'être servi de témoins[139]. Donc, à ce qu'il semble, les témoins oculaires n'ont pas eu une grande importance dans son *Histoire ecclésiastique*.

1.2.1.3 *Les indigènes (οἱ ἐπιχώριοι)*

Parmi les témoins, ce sont les gens locaux qui apportent le plus d'information à Sozomène. Il fait cinq fois appel aux «indigènes», οἱ ἐπιχώριοι, qui sont le mieux informés sur ce qui se passe dans leur région: avant sa discussion des miracles de Spyridon de Trimithonte à Chypre, à propos de son abrégé de la vie d'Éphrem, après le récit sur la statue du Christ à Panéas-Nicopolis, pendant son exposé de l'opposition d'Ambroise à Théodose I et à propos du miracle de Donatus en Épire[140]. Avec cet appel aux traditions locales, dont la crédibilité est acceptée sans discussion, Sozomène se situe dans une tradition classique débutant avec Hérodote, qui prône la même foi en la personne des indigènes[141]. Le fait qu'ils vivent près de l'endroit où l'événement historique a eu lieu semble garantir leur statut de témoins crédibles.

Pourtant, il est douteux que Sozomène ait vraiment consulté les indigènes. Parfois, l'appel aux indigènes est de la décoration, comme pour le renvoi aux *epichorioi* dans le chapitre sur Éphrem qui se situe au milieu d'un récit basé sur des sources écrites[142]. Sauf dans le cas de Donatus, où les indigènes peuvent avoir fourni les données du récit de Sozomène, l'historien dit simplement que les indigènes ont connaissance de plus de miracles réalisés par les personnes en question, ou de plus d'actes remarquables. Par exemple, l'appel aux indigènes qui connaissent plus de miracles d'Ambroise, vient après un passage copié de Rufin[143]. Puisque de nombreux prodiges sont connus par les habitants locaux, les quelques exemples qu'en donne Sozomène ont l'air plus probables.

Les indigènes sont donc surtout un outil rhétorique pour Sozomène et pas vraiment une source. C'est une technique dont l'historien se sert également à d'autres endroits, où il renvoie à des témoins et à des sources qui contiennent selon lui plus d'actes remarquables, sans pourtant citer ces

---

[139] Cf. Soz. 4.16.6-13, 8.6.3-9.

[140] Spyridon: Soz. 1.11.1 (la référence peut être copiée de Socr. 1.12.7); Éphrem: Soz. 3.16.12; Panéas: Soz. 5.21.4: Ambroise: Soz. 7.25.8; Donatus: Soz. 7.26.1.

[141] Hérodote: cf. H. VERDIN, *De historisch-kritische methode*, p. 135 n. 1. Pour la tradition postérieure, voir H. VERDIN, *Notes*; D. AMBAGLIO, Ἐπιχώριος.

[142] Soz. 3.16.12. Par exemple Soz. 3.16.13-15 provient de Palladios, *Historia Lausiaca* 40. Soz. 3.16.3 semble rappeler Grégoire de Nysse, *Vie d'Ephrem* PG 46.824, 833.

[143] Soz. 7.25.7; Rufin, *HE* 11.18 p. 1023.9-10: cf. R.M. ERRINGTON, *Christian Accounts*, p. 432.

actes[144]. Nous sommes en droit de supposer que ces actes supplémentaires n'existent pas et que ce sont des renvois fictifs.

1.2.1.4 *La tradition*

Sozomène attribue souvent des récits à des groupes, en particulier des païens et des hérétiques, qui auraient conservé une certaine tradition au sein de leur communauté. C'est une technique qui sert d'habitude à cacher l'usage de sources écrites. Sozomène s'en prend longuement aux païens qui attribuent la conversion de Constantin au fait que le philosophe Sopatros l'excluait des rites de purification pour les meurtres de Crispus et d'autres membres de la famille. Il a sans doute trouvé cette version dans l'histoire d'Eunape de Sardis[145]. D'autres passages sont attribués aux ariens[146] ou aux macédoniens[147] et reposent probablement en majorité sur des sources écrites.

À propos de Constantinople, Sozomène a recueilli au moins une tradition qui semble authentique, la légende populaire qui explique le nom de l'Église de la Résurrection (Anastasia). Une femme enceinte serait tombée de la balustrade puis ressuscitée par la prière commune des croyants. Il l'attribue à la fois à des «gens qui affirment parler vrai» et à la tradition[148]. Puisqu'il s'agit d'un contexte constantinopolitain, il est probable que la référence à la tradition soit honnête. Un autre exemple constitue peut-être la prière de Théodose I dans l'Église à l'Hebdomon, pendant laquelle la défaite d'Eugène était annoncée. Sozomène l'attribue à l'anonyme λέγεται et il dit à la fin qu'«il est dit que cela s'est passé ainsi»[149]. Il est probable qu'il faut y voir une tradition locale; en vérité rien n'exclut qu'une source écrite soit en jeu[150].

---

[144] Soz. 4.3.3, 4.10.1, 6.2.12, 7.27.1.

[145] Soz. 1.5.1. Cf. F. PASCHOUD, *Zosime et Constantin*, p. 17-22; G. FOWDEN, *The Last Days*, p. 157.

[146] Soz. 2.17.4 (source écrite inconnue), 3.3.1 (Vie de Paul?; Sabinos?), 3.19.2 (Philostorge?), 5.7.4 (Sabinos).

[147] Soz. 3.3.1 (Sabinos), 7.21.6 (source inconnue, peut-être orale).

[148] Soz. 7.5.4: ὡς δέ τινων ἀληθῆ λέγειν ἰσχυριζομένων ἀκήκοα (...) καὶ περὶ μὲν τούτου τοιοῦτος εἰσέτι νῦν φέρεται λόγος. C'est d'ailleurs un miracle traditionnel: cf. *Vita Marciani* BHG 1033 PG 114.442.

[149] Soz. 7.24.2, 7.24.8-9: καὶ τὰ μὲν ὧδε γενέσθαι λόγος.

[150] Voir aussi Soz. 2.30.6-7 (tradition concernant la latrine où mourut Arius), 3.14.28 (tradition locale concernant les moines de la Palestine du Sud; l'«autopsie» est aussi possible comme source), 4.27.4-5 (les macédoniens à Constantinople), 5.3.6-9, 5.9 (traditions palestiniennes), 6.21.3-6 (tradition locale concernant Vétranion de Tomi), 6.31.6-11, 6.32.1-4, 6.32.8 (les moines de Palestine), 6.33-34 (les moines de la Syrie; il se pourrait aussi que Sozomène a utilisé une sorte de *Historia monachorum* pour ces chapitres), 7.28.4-8

Les récits concernant Spyridon peuvent provenir d'une tradition locale, que Sozomène a entendu quelque part. Le miracle à propos du grenier trouve, en effet, un parallèle remarquable dans une ancienne tradition orale recueillie sur l'île par Théodore de Paphos au septième siècle[151].

1.2.1.5 *La rumeur*

La rumeur est le témoin le moins crédible, car elle transmet des données dont la véracité est impossible à contrôler. Sozomène remarque, en effet, à propos des nouvelles du séisme qui frappait Nicomédie en 358: «Comme elle fait d'habitude, la rumeur ne se bornait pas à la réalité en annonçant le malheur aux gens éloignés»[152]. D'autre part, l'historien peut s'en servir pour introduire dans son récit des éléments qu'il ne peut pas vérifier mais qui soutiennent néanmoins son point de vue. Sozomène dit, par exemple, qu'il ne sait pas comment Paul de Constantinople mourut, mais que «le bruit court jusqu'aujourd'hui encore qu'il fut étranglé par les partisans de Macédonius» pendant son exil à Coucouse d'Arménie (350)[153]. À l'instar de Socrate, son successeur présente comme une rumeur la dernière conversation entre Épiphane de Salamine et Jean Chrysostome, les deux se prédisant mutuellement la mort. Il est probable que Sozomène a recueilli cette anecdote chez son prédécesseur et qu'il a copié de celui-ci la référence à la rumeur[154].

1.2.1.6 *Le présent*

Comme son prédécesseur, Sozomène connaît la valeur du présent comme biais pour démontrer la véracité d'événements passés. Parmi les cas nombreux, nous citerons les exemples suivants. Des médailles de Constantin témoignent encore au temps de Sozomène de la décision de l'empereur de graver la croix sur les monnaies et les médailles[155]. L'essai de l'empereur de construire sa nouvelle cité sur le site de Troie, interrompu par une apparition de Dieu dans un songe, y est attesté par les

---

(tradition palestinienne concernant Zénon et Aias), 7.29.1-2 (les reliques d'Habaquq et Michée), 9.2 (les reliques des quarante martyrs), 9.17 (reliques de Zacharie).

[151] Soz. 1.11.6-7; Théodore de Paphos, *Vita Spyridonis* BHG 1647b p. 91.15-95.11: cf. P. VAN DEN VEN, *La légende*, p. 22-27.

[152] Soz. 4.16.3: ὡς γὰρ φιλεῖ ἡ φήμη ἐργάζεσθαι, οὐκ ἄχρι τῶν γεγονότων τὰ δεινὰ τοῖς ἄπωθεν ἤγγελλεν. Cf. Soz. 5.9.11.

[153] Soz. 4.2.2.

[154] Soz. 8.15.7; Socr. 6.14.9-11. Voir aussi Soz. 3.3.1-2 (l'ordination de Paul de Constantinople).

[155] Soz. 1.8.13.

ruines des portes fortifiées, portes «qui se laissent voir aujourd'hui encore depuis la mer à ceux qui naviguent au long de la côte[156].» La preuve du fait qu'Ambroise refuse à Théodose I de siéger dans le chœur est déduite du fait qu'à l'époque de Sozomène l'empereur a sa place parmi les fidèles[157]. La force miraculeuse d'Épiphane de Salamine, de son vivant, est rendue évidente par le fait que son tombeau continue jusqu'à présent de délivrer les gens des démons[158]. Un pouvoir identique est aussi attribué à la tombe d'Hilarion[159].

Les fêtes ecclésiastiques et les coutumes locales peuvent également servir à ce but. La consécration de l'Église du Golgotha est commémorée chaque année à Jérusalem, tout comme le jour du martyre de l'évêque Pierre à Alexandrie[160].

Le lieu d'enterrement d'un homme saint ou son jour de fête attestent ainsi l'historicité de la personne et de ses actes.

1.2.1.7 *Les archives*

Selon sa préface, Sozomène a trouvé des documents soit dans les archives impériales ou ecclésiastiques, soit dans des collections[161]. Sa dépendance de ces dernières vient de faire l'objet de discussions ci-dessus[162]. Sozomène prétend dans plusieurs passages avoir eu recours aux archives.

Or, c'est probable dans un seul cas. En effet, Sozomène avait accès aux archives fiscales. On lit chez lui que les vierges et veuves, qu'on avait rangées parmi le clergé à cause de leur pauvreté, devaient sur l'ordre de Julien rendre les allocations qu'elles avaient obtenues de l'état. L'historien affirme que les agents fiscaux se comportaient de façon cruelle pendant le remboursement obligé. Comme preuve, il renvoie aux billets que le fisc donnait aux femmes qui avaient rendu leur allocation[163]. Il a dû les trouver dans les archives officielles.

---

[156] Soz. 2.3.2.
[157] Soz. 7.25.9.
[158] Soz. 7.27.1.
[159] Soz. 3.14.26. Pour des cas pareils, cf. Soz. 1.9.7, 1.11.1, 2.1.3, 2.5.4, 4.27.4-5, 5.3.8, 5.5.3, 5.19.17, 5.21.2-3, 6.9.3, 6.34.9, 6.38.4, 7.10.4, 7.17.14, 7.19.9, 7.21.9, 8.5.6.
[160] Jérusalem: Soz. 2.26.3-4; Pierre: Soz. 2.17.6. Voir aussi d'autres fêtes (Soz. 6.2.15, 8.8.5, 8.19.6) et coutumes (Soz. 1.15.12, 2.7.12, 2.32.6, 2.34.6, 3.14.16, 6.2.15, 6.21.3, 6.25.2, 6.26.2, 6.31.11, 6.37.8, 6.38.13, 7.16.4, 7.16.7, 7.18.8, 7.19.3, 8.8.5, 8.20.1).
[161] Soz. 1.1.13-15.
[162] Voir ci-dessus p. 208-209.
[163] Soz. 5.5.4: μαρτυρεῖ δὲ καὶ τὰ τότε παρὰ τῶν πρακτόρων γενόμενα γραμματεῖα τοῖς εἰσπραχθεῖσιν εἰς ἀπόδειξιν τῆς ἀναδόσεως ὧν εἰλήφεσαν κατὰ τὸν

D'autres passages par contre ne permettent pas de conclure à un accès aux archives. Celui à propos des trois lois constantiniennes sur la *manumissio in ecclesiis* a été interprété comme renvoyant aux archives. Dans la traduction de A.-J. Festugière, Sozomène écrit: «De cette pieuse mesure le temps porte aujourd'hui encore la preuve, puisque l'habitude subsiste d'afficher les lois relatives à ce point dans les dépôts d'archives d'affranchissements»[164]. Le grec dit: ἔθους κρατοῦντος τοὺς περὶ τούτου νόμους προγράφεσθαι ἐν τοῖς γραμματείοις τῶν ἐλευθεριῶν. Une autre interprétation de ce passage difficile nous semble s'imposer. Un γραμματεῖον τῶν ἐλευθεριῶν, ce n'est pas un dépôt ou une archive, mais plutôt un «acte d'affranchissement»; προγράφειν peut signifier «afficher», mais «écrire en tête» d'un document officiel est aussi possible[165]. Sozomène dit alors qu'on cite dans l'acte d'une *manumissio in ecclesiis* les lois y ayant trait ou, dans une interprétation moins stricte (car il semble quand même incongru qu'on citerait trois lois entières dans un acte d'affranchissement), qu'on y renvoie. L'inconvénient de cette interprétation est que Sozomène serait le seul à attester cet usage[166]. En tout cas, ce n'est pas un dépôt d'archives dont Sozomène fait état.

Nous avons déjà montré ci-dessus qu'il n'est pas nécessaire de supposer que Sozomène ait consulté des archives juridiques. La plupart des lois qu'il cite proviennent du *Codex Theodosianus*, alors qu'il a tiré les autres de sources littéraires[167].

Nous avons vu que Sozomène a obtenu probablement les deux lettres du pape Innocent à Jean Chrysostome et aux johannites de la communauté johannite elle-même, qui par conséquent a dû entretenir des archives[168].

Κωνσταντίνου νόμον. Les documents fiscaux étaient longtemps conservés, cf. Procope, *Bella* 4.8.25.

[164] Soz. 1.9.7.

[165] Pour le sens de γραμματεῖον, voir par exemple *P.Oxy. LIV* 3757, *LX* 4075; Soz. 5.5.4; Proclos, *Homiliae* 1.3 PG 65.684b, 4.1 PG 65.709d; Jean d'Éphèse, *Vitae* PO 17.11; *Vita Auxentii* BHG 199.4 PG 114.1382. La traduction «archive» ou «dépôt» est en tout cas fausse: γραμματεῖον peut désigner le bureau d'un γραμματεύς, mais le sens d'«archive» nous est inconnu (voir LSJ s.v.). À propos de προγράφειν et προγραφή, voir Preisigke s.v. et Ménandre fr. 6.1 l. 176, 200.

Signalons que γραμματεῖον τῶν ἐλευθεριῶν pourrait être l'équivalent grec du latin *scriptura libertatis* (cf. canon 8 du concile de Tolédo XVII [694] = A. LINDER, *Middle Ages*, no. 862 p. 536 l. 44).

[166] Voir la description de la procédure chez Elisabeth HERRMANN, *Ecclesia*, p. 242-243, avec la littérature antérieure.

[167] Cf. ci-dessus p. 54-55.

[168] Soz. 8.26. Cf. ci-dessus p. 73-77.

Cela ne démontre pas pour autant que Sozomène y a eu accès; il est plus probable qu'un membre de la communauté les lui ait données.

Finalement, au début du neuvième livre, l'historien affirme que l'esquisse des actions bienfaisantes de Pulchérie reflète la réalité. Celui qui ne le croit pas sur parole peut demander aux intendants de la cour de l'impératrice les documents qui en attestent la vérité. Et si cela ne suffit pas, la bienveillance de Dieu envers la reine en dit assez[169]. Cette remarque est un peu curieuse. Face à l'impénétrabilité de la cour pour les non-invités et sa fermeture au monde extérieur[170], il est assez douteux que les gardiens du palais de Pulchérie aient permis au premier venu de consulter leurs archives. Ce garant de la véracité de Sozomène n'est donc pas moins impénétrable que l'autre, Dieu lui-même. Puisque l'historien ne semble pas avoir eu de relations avec la cour, il est dès lors très douteux qu'il ait vu lui-même les comptes. Sozomène, une fois de plus, invente une source[171].

La recherche archivistique de Sozomène est donc très limitée[172]. La plupart des lettres et documents qu'il cite proviennent directement de collections. Et même à propos des archives, on voit qu'il se hasarde à inventer des sources.

1.2.2 La critique des sources narratives

Les sources narratives constituent les sources principales de Sozomène. À côté de Socrate, sa source majeure, il avait probablement consulté les historiens classiques Eunape et Olympiodore, et peut-être aussi l'historien de l'Église eunomien Philostorge. Les actes des martyrs perses, l'*Historia Lausiaca* de Palladios, l'*Historia monachorum*, la *Vie d'Hilarion* par Jérôme, ne sont que quelques-uns des ouvrages dont Sozomène se sert pour suppléer Socrate[173].

---

[169] Soz. 9.1.11-12: μαθήσεται μὴ ψευδῶς μηδὲ πρὸς χάριν με τάδε συγγράφειν, εἰ παρὰ τῶν ἐπιτροπευόντων τὸν αὐτῆς οἶκον ἀνάγραπτον οὖσαν διέλθῃ τῶν τοιούτων τὴν γνῶσιν καὶ παρὰ τῶν ἐγγεγραμμένων πύθηται, εἰ τῇ γραφῇ συνᾴδει τὰ πράγματα.

[170] Ambroise, *De interpretatione Job et David* 1.9; Eunape, *Historiae* fr. 66.1.

[171] Cf. Jean Rufus, *Plérophories* p. 62, qui dit aux lecteurs sceptiques de se procurer une lettre d'un certain Abba Romanus comme preuve; Lactance, *Institutiones* 1.21.44, qui invite le lecteur à consulter les *libri pontificales* de Rome.

[172] Malgré l'affirmation de Jill HARRIES, *Sozomen*, p. 48-49.

[173] Cf. G. SCHOO, *Die Quellen*, p. 19-86; J. BIDEZ — G.C. HANSEN, *Sozomenos*, p. xlix-lv; G.C. HANSEN, *Sozomenos*, p. 52-60.

L'étude de la critique de ces sources narratives est rendue complexe à cause de trois éléments. D'abord, il y a l'imposture que nous venons de constater, la prétention de n'utiliser que des sources orales ou des documents. En second lieu, dans la deuxième partie de ce chapitre, nous verrons que le trait principal de la composition de Sozomène est l'accumulation[174]. Au lieu de juger chaque version d'un événement sur sa valeur historique, il choisit les éléments qui lui plaisent afin de les réunir dans un récit plus dramatique et plus miraculeux que ceux de ses prédécesseurs. Sozomène vise moins la véracité que l'effet. Enfin, l'historien copie souvent les remarques critiques de ses prédécesseurs, en particulier celles émanant de Socrate, et les présente comme siennes. Établissons l'inventaire des cas où Sozomène en arrive à exercer une certaine critique malgré ces obstacles.

1.2.2.1 *Le recoupement*

Sozomène exerce, à plusieurs endroits, une critique précise de récits païens et hérétiques. Dans ce but, il compare leurs versions aux données d'autres sources. Il réfute par exemple la version païenne de la conversion de Constantin: celui-ci se serait d'abord tourné vers le philosophe Sopatros afin d'obtenir une purification, suite au meurtre de Crispus (326). Débouté par celui-ci, l'empereur aurait accepté l'offre des chrétiens. Sozomène prouve que c'est faux. Les intitulés des lois attestent que Crispus était encore en vie au moment où la conversion aurait eu lieu, avant la bataille au pont Milvius (312). En outre, Sopatros n'aurait pas pu être présent à la cour de Constantin, car à l'époque l'occupation de l'Italie par Maxence coupait la partie orientale où le philosophe habitait, des domaines de l'empereur, la Gaule et de la Britannie. D'ailleurs, ajoute Sozomène, il est improbable que Sopatros eût refusé une purification à Constantin, car le paganisme connaît bel et bien de tels rites, auxquels se soumit par exemple Hercule à Athènes pour le meurtre d'Iphitos[175].

«L'ingénieux récit» des partisans d'Arius, selon lequel Constance II réalisa l'idée de son père Constantin de convoquer un concile pour revoir celui de Nicée en convoquant le concile de Rimini, est réfuté en signalant que ce dernier concile eut lieu en 359, c'est-à-dire dans la vingt-deuxième année du règne de Constance et qu'il y avait eu de nombreux autres conciles entre-temps. La distance temporelle exclut le fait que le

---

[174] Voir ci-dessous p. 283-286.
[175] Soz. 1.5.

concile de Rimini fut l'exécution de la volonté de Constantin. La raison de sa convocation, affirme Sozomène, était la lutte contre l'anoméisme, la doctrine d'Aèce[176].

Au sujet de l'ordination d'Athanase comme évêque, Sozomène pense qu'il avait été choisi par Alexandre «à la suite d'ordres divins». Il cite d'ailleurs un passage d'Apollinaire de Laodicée, qui atteste qu'Alexandre appela Athanase sur son lit de mort. Les partisans d'Arius ont une version plus terre à terre; selon eux, sept évêques égyptiens n'auraient pas respecté l'accord qui prévoyait qu'un synode égyptien choisirait le nouvel évêque. Sozomène y ajoute l'histoire, prise de Rufin, selon laquelle le jeune Athanase fut remarqué par Alexandre pendant une imitation puérile de l'eucharistie. Ayant vu qu'Athanase y assumait le rôle d'évêque, il en conclut à l'élection divine du garçon[177]. La version arienne n'est guère commentée, et Sozomène semble supposer que les autres histoires sont assez fortes et bien argumentées pour la réfuter.

La version arienne de la succession d'Alexandre de Constantinople par Paul, selon laquelle ce dernier «s'était préparé à lui-même cette élévation contre l'avis d'Eusèbe de Nicomédie et de Théodore d'Héraclée en Thrace, auxquels revenait comme voisins l'ordination», se voit réfutée par «le bruit courant», selon lequel «c'est sur le témoignage d'Alexandre qu'il fut ordonné par les évêques présents dans la ville»[178].

On remarque que Sozomène recoupe les informations discutables avec des sources qu'il juge meilleures, notamment avec des auteurs orthodoxes, des documents ou même des bruits. Parfois, sa critique est dévastatrice et convainc même l'esprit critique moderne. D'autres fois, il ne fait que juxtaposer à des versions hostiles des récits favorables aux orthodoxes. Dans ces cas, ce seront les préjugés du lecteur qui influenceront le parti qui sera pris.

1.2.2.2 *La vraisemblance*

Lorsque les sources parallèles font défaut, Sozomène fait appel à la vraisemblance. En s'appropriant les arguments de Socrate, il critique l'accusation des ariens selon laquelle les partisans d'Athanase furent responsables du lynchage de Georges d'Alexandrie. Selon lui, la responsabilité revient aux païens, car ils avaient assez de raisons pour le haïr à cause de sa lutte contre l'idolâtrie[179]. C'est également par les arguments

---

[176] Soz. 3.19.
[177] Soz. 2.17.1-10; Rufin, *HE* 10.15.
[178] Soz. 3.3.1-2. La source arienne pourrait être Sabinos, voir Appendice IV.
[179] Soz. 5.7.4; Socr. 3.3.2.

de son prédécesseur qu'il s'en prend à Libanius. Celui-ci avait accusé
Constance II d'avoir voulu tuer Julien en l'envoyant en Gaule (355), ce
dont Sozomène démontre l'invraisemblance[180]. Néanmoins, Sozomène
n'exclut pas catégoriquement le fait que Julien pourrait avoir vu le Christ
en mourant, car pendant la mort, l'âme se sépare du corps et elle est déjà
capable de voir des choses plus divines[181]. Un autre cas concerne la prétention des participants du concile d'Antioche, en 341, d'avoir trouvé
leur exposé de foi dans le tombeau du martyr Lucien. Sozomène a des
doutes à ce sujet et il considère comme probable la version selon laquelle
ils voulaient simplement donner plus de poids à leur profession de foi
avec cette invention[182].

1.2.2.3 *La partialité*

Déjà dans sa préface, Sozomène remarque que les collections de
lettres visent à défendre un point de vue partial et que leurs auteurs
essaient de le renforcer en omettant les documents qui peuvent nuire à
leur cause[183]. Il revient sur cette falsification de l'histoire à d'autres
endroits de son ouvrage. Il critique par exemple en long et en large des
versions hérétiques[184] et païennes de certains événements[185]. Pourtant, la
critique de partialité n'est pas l'argument unique dont il se sert pour
réfuter leurs versions. Généralement, Sozomène met à nu les erreurs de
ces récits par d'autres moyens, en particulier en utilisant le recoupement
et la vraisemblance.

Une seule exception est à recueillir: Sozomène remarque que les partisans d'Arius «inventaient la fable» selon laquelle sa mort était due à des
opérations magiques. Il n'en dit pas plus, mais il est clair que l'historien
considère cette calomnie trop farfelue pour la discuter[186]. Dans ce cas,
aucun argument supplémentaire n'est apporté.

1.2.2.4 *La réalité historique*

Lors d'une occasion différente, Sozomène se sert de la réalité historique pour démontrer la véracité d'un autre événement. Il copie un rêve

---

[180] Soz. 5.2.22-23; Socr. 3.1.30.
[181] Soz. 6.2.12.
[182] Soz. 3.5.9.
[183] Soz. 1.1.15.
[184] Soz. 3.3.1-2, 3.19, 4.19.5-12, 7.9.10-11.
[185] Soz. 1.5, 5.1.4-5.
[186] Soz. 2.29.5.

d'Antoine de sa Vie écrite par Athanase, selon lequel le saint voyait des mulets donner des coups de pieds à l'autel. Antoine l'interprétait comme un présage de la victoire temporaire des ariens. Sozomène ajoute que l'ascète a assurément dû avoir ce rêve, puisque ce qu'il a prédit s'est réalisé[187]. Il se sert ailleurs du même procédé[188].

1.2.2.5 *Les versions multiples*

Très souvent, Sozomène juxtapose les différentes versions d'un même événement, sans s'exprimer en faveur de l'une ou l'autre. Comme exemple nous avons notamment le double récit de la façon dont les pères de Rimini donnèrent leur assentiment au «credo daté», l'exposition de foi, datée du 22 mai 359 et soumise plus tard au concile de Rimini[189]. Concernant les causes de l'animosité de Théophile d'Alexandrie envers les Longs Frères, il cite deux versions, dont la seconde dépendrait de témoins oculaires[190].

L'appréciation des multiples versions n'est pas la même partout. Quelques fois, Sozomène insiste sur leur aspect commun. De la vision de Constantin avant la bataille du Pont Milvius en 312, il cite trois versions différentes. La conclusion en est qu'en tout cas une vision ou un songe a véritablement eu lieu[191]. Au sujet de la reconstruction du temple de Jérusalem (363), Sozomène avoue qu'il y a deux opinions divergentes concernant le moment où un feu divin sortait des fondements. Il ajoute «Que l'on l'accepte cette version-ci ou la première, dans les deux cas, c'est un événement miraculeux»[192]. L'historien termine la longue liste des versions de la mort de Julien sur un aveu d'ignorance en ce qui concerne les faits, et sur une conclusion sûre à propos de la cause, qui fut la punition divine[193].

---

[187] Athanase, *Vita Antonii* 82.7; Soz. 6.5.6. Selon Athanase, les mulets se tiennent autour de l'autel et frappent les gens à l'intérieur de l'Église. Chez Sozomène, ils donnent des coups à l'autel même.

[188] Soz. 1.3.2, 7.24.9. Le raisonnement inverse est appliqué afin de réfuter que Julien avait reçu des signes qui lui annonçaient sa victoire sur Constance II: puisque la prophétie ne s'est pas réalisée dans tous ses aspects, elle n'a pas existé (Soz. 5.1.8-9, cf. ci-dessous p. 374-377).

[189] Soz. 4.19.5-12. La première version (Soz. 4.19.5-8) est celle de Socrate (Socr. 2.37.89-97); l'autre pourrait provenir de Sabinos (cf. Appendice IV).

[190] Soz. 8.12.3-6. Voir aussi Soz. 2.29.5, 3.3.1-2, 4.2.2, 6.6.1, 6.37.3-4, 7.5.3-4, 8.7.2, 8.16.2.

[191] Soz. 1.3.2.

[192] Soz. 5.22.11. Les différentes versions sont celles de Grégoire de Nazianze, *Discours* 5.4 et de Jean Chrysostome, *De S. Babyla contra Julianum et gentiles* 119.

[193] Soz. 6.1.14. Voir aussi Soz. 6.26.4, 6.26.7 (les eunomiens), 6.37.8 (l'arianisme des Goths), 7.8.8 (un oracle oui ou non donné à Théodose I).

Dans d'autres cas, Sozomène a considéré toutes les versions comme équivalentes. Par exemple, à propos du récit sur l'abolition du prêtre pénitencier, Sozomène admet d'avance que d'autres versions que celle qu'il raconte sont possibles[194]. Pour sa part, il s'en tient à ce qu'on lui a dit. À d'autres endroits, le jugement est explicitement laissé au lecteur[195].

Le fait que Sozomène donne plus souvent que Socrate des versions multiples peut être du à une imitation d'Hérodote, qui se sert à plusieurs reprises de cet outil[196].

1.2.2.6 *La prise de distance*

Sozomène ne tranche donc pas toujours entre les différentes versions. Une autre manière de prendre distance avec ce que disent les sources est l'usage de λέγεται, ἐπυθόμην, φασίν, et d'autres expressions de ce genre[197]. Nous avons déjà fait remarquer qu'il s'agit d'un ornement littéraire inspiré d'Hérodote. En même temps, Sozomène s'en sert également pour établir une distance entre les événements et l'historien.

1.2.2.7 *Les limites de la connaissance humaine*

Des remarques précédentes, il ressort que Sozomène perçoit finement le fait que l'établissement de l'histoire dépend des capacités humaines. De multiples versions sont possibles, sans qu'un jugement sûr soit permis, et la prise de distance continuelle souligne l'incertitude rattachée aux sources. Parfois, Sozomène énonce explicitement cette idée, en disant qu'il ne relate qu'autant qu'il peut retracer[198]. Ailleurs dans son ouvrage, par contre, il avoue ne pas savoir «si les évêques disent la vérité» à propos de l'exposé de foi qu'ils avaient trouvé dans le tombeau du martyr Lucien à Antioche en 341[199].

---

[194] Soz. 7.16.1. Voir aussi Soz. 1.12.10-11, 1.13.1 (l'origine du monachisme), 2.21.8 (l'exil d'Eusèbe de Nicomédie et Théognis de Nicée), 2.28.14 (Constantin envoie Athanase en exil), 2.33.2, 2.33.4 (la doctrine de Marcel d'Ancyre), 3.14.8 (l'explication des vêtements des moines), 6.12.12 (Athanase échappe à ses persécuteurs), 7.16.1 (le presbytre pénitencier à Constantinople), 7.17.1 (la diaconie des femmes à Constantinople).

[195] Soz. 7.17.1, 8.16.1-2. Voir aussi Soz. 5.1.5, 5.1.9 (les signes donnés à Julien).

[196] Par exemple Hérodote 1.27, 1.70, 8.84.

[197] Par exemple Soz. 1.21.3: τούτου δὲ τοῦ συντάγματος, ὡς ἐπυθόμην (οὐ γὰρ ἐνέτυχον), διαλελυμένος τίς ἐστιν ὁ χαρακτήρ; «J'ai entendu dire — car je ne l'ai pas lu — que le style de ce livre [la Thalie d'Arius] est relâché …». Voir la discussion ci-dessus en p. 245-246.

[198] Soz. 1.1.18, 3.16.16, 4.2.2, 6.28.1, 6.35.1, 7.17.8.

[199] Soz. 3.5.9. Cf. Soz. 5.1.9, 5.2.23, 7.8.8, 7.17.1, 8.16.2.

1.2.3 Bilan: l'heuristique et la critique de Sozomène

Dans le modèle de Sozomène, il n'y a de place que pour les sources directes. Il divise ses sources en deux catégories: pour la période contemporaine, il s'est basé sur l'observation personnelle et des témoins oculaires; pour la période antérieure, les documents, qu'on considérait comme des sources directes, lui ont permis de reconstruire le passé.

À l'instar du modèle de Socrate, celui de Sozomène combine la fidélité à la tradition classique avec une innovation. En ce qui concerne la période contemporaine, il se conforme à la pratique classique en prétendant avoir recours aux sources directes, l'observation personnelle et les témoins oculaires. Tandis que les historiens classiques avaient surtout recours pour la période antérieure à des sources indirectes, en particulier leurs prédécesseurs, Sozomène prétend se baser pour cette époque-là uniquement sur des sources directes, des documents.

Ainsi, Sozomène en arrive au même résultat que Socrate, selon lequel il est possible d'écrire l'histoire de toutes les époques avec la même rigueur. Alors que son prédécesseur justifie cette position en attribuant le caractère direct aux récits dont l'auteur a assisté aux événements, Sozomène le fait en prétendant abandonner l'usage de sources que la tradition classique considère comme indirectes. L'histoire peut en sa totalité être écrite sur la base de sources directes.

La mise en œuvre de ce modèle ambitieux entraîne une double opposition dans l'heuristique et la critique de Sozomène.

Tout d'abord la théorie, qui prétend que l'historien se base uniquement sur des sources directes, contraste avec la pratique, où la dépendance de sources indirectes est extrêmement forte. Nous avons vu que l'historien essaie de cacher cet écart en nivelant les différentes catégories de sources et en inventant des sources immédiates. Sa méthode historique est donc en grande partie rhétorique et imposture; l'innovation de Sozomène par rapport à la tradition classique se situe uniquement sur le plan théorique, car sa pratique n'en diffère pas fondamentalement.

Dans le passé, Sozomène fut loué à la fois pour les excellentes intentions qui s'expriment dans ses énoncés théoriques[200] et pour sa pratique, qui se caractérise par un ample usage de documents, par la correction de Socrate à cause du recours aux sources de celui-ci et par la lecture de

---

[200] G. Schoo, *Die Quellen*, p. 11, 90-94; D. Rohrbacher, *The Historians*, p. 122.

sources supplémentaires[201]. Prises séparément, la théorie et la pratique peuvent s'attirer des louanges, mais le nœud de l'interprétation est la distance entre eux. L'heuristique réellement entreprise par Sozomène, c'est-à-dire l'ample consultation d'ouvrages littéraires, contraste avec l'heuristique prétendue de la préface, où l'historien dit se servir de ses propres observations, de témoins oculaires et de documents. Sa critique historique que nous voyons à l'œuvre n'est pas mauvaise en soi, mais elle est souvent simplement fictive et inventée dans le but de montrer sa fidélité à sa propre théorie.

Le grand écart entre théorie et pratique n'est pas entièrement neuf dans l'historiographie antique. En laissant de côté l'exemple classique de l'imposture historiographique, l'*Historia Augusta*[202], il faut signaler le cas d'Hérodien (milieu du troisième siècle). Dans sa préface, il prétend se baser en particulier sur les témoignages de contemporains: «Pour moi, je n'ai pas accepté d'autrui des faits historiques inconnus et sans témoin: les événements qui restent encore présents dans la mémoire de mes lecteurs, j'ai mis un soin scrupuleux à les recueillir et à les mettre en œuvre (…)[203].» Nous savons cependant que l'impact des témoins est limité et qu'Hérodien dépend fortement de Dion Cassius; il semble que, dans ce cas, un motif littéraire, l'imitation des modèles classiques, est à l'origine de l'imposture[204].

Chez Sozomène, l'imitation d'Hérodote semble aussi jouer un rôle. Nous avons déjà attiré l'attention sur l'usage répétitif de λέγουσι et ses formes apparentées, le renvoi aux indigènes, la présentation régulière de plusieurs versions. On pourrait ajouter la formule ὧν ἴσμεν[205] et un passage à caractère ethnographique comme des renvois au «père de l'historiographie»[206]. Mais la *mimesis* ne suffit pas comme explication; elle

---

[201] G. SABBAH, in G. SABBAH — B. GRILLET, *Sozomène*, p. 74-75; P. HEATHER, *The Crossing*, p. 300-303; Jill HARRIES, *Sozomen*, p. 51; A. ΚΑΡΠΟΖΙΛΟΣ, Βυζαντινοὶ ἱστορικοί, p. 155-156; D. ROHRBACHER, *The Historians*, p. 122-123.

[202] Cf. par exemple Historia Augusta, *Aurelianus* 1.6-7, *Probus* 2.1-2.

[203] Hérodien 1.1.3.

[204] M. ZIMMERMANN, *Kaiser*, p. 2-4, 324. Pour d'autres exemples, voir F. PASCHOUD, *Se non è vero*; Růžena DOSTÁLOVÁ, *Der Einfluss*, p. 297-298.

[205] Soz. 1.1.19, 6.28.1, 8.23.5: cf. Hérodote 1.6, 1.14, 1.23, 1.142.

[206] Socr. 6.39. Cf. W. STEVENSON, *Sozomen, Barbarians*, p. 61-62, qui dit que Sozomène «revives the style of Herodotus», mais les preuves apportées par lui sont minces. L'auteur semble partir de prémisses erronées quand il dit que Sozomène est «the first and last christian Byzantine historian to make a serious effort at ethnography» (p. 52), ce qui, même avec les nuances apportées dans la note 5, ne semble pas exact. On notera par exemple qu'Agathias consacre beaucoup de place aux coutumes des Perses et d'autres peuples (2.23-32, cf. 3.1.1; 3.17.7-9). On trouve chez Procope également de nombreuses digressions à caractère ethnographique (par exemple *Bella* 6.14-15). Il n'est pas exclu non

n'explique par exemple pas pourquoi Sozomène insiste tant sur l'usage de documents. En prétendant écrire son ouvrage selon les meilleurs principes de la tradition historiographique, l'historien réussit à en augmenter la véracité. De cette façon, il peut démontrer que la révolution chrétienne a eu lieu comme il l'a décrite. Ce modèle ambitieux fonctionne donc comme une affirmation rhétorique de sa propre véracité et également de la vérité de l'orthodoxie chrétienne, car il prétend décrire l'influence de l'action divine sur l'histoire. L'insistance de Sozomène sur les erreurs des païens et des hérétiques devient dès lors compréhensible. Il lui faut démontrer que leurs récits concurrentiels sont faux afin d'illustrer que le sien est véridique. Nous y reconnaissons la tension initiale entre idéologie et méthode.

La seconde opposition est celle qui existe entre l'affirmation de parler vrai et la prise de distance continuelle. D'une part, Sozomène a des aspirations très prononcées, notamment celle de décrire comment le monde a changé sous l'influence divine. Débutant son ouvrage en exposant son modèle ambitieux, il prétend donner un aperçu véridique de cette révolution divine. D'autre part, il insiste souvent sur les limites des capacités humaines et n'hésite pas à citer plusieurs versions d'un même événement, sans pouvoir choisir l'une d'entre elles. C'est affirmer que l'homme ne peut pas connaître la vérité historique en entier et de façon parfaite, tout en étant capable d'en saisir les traits les plus importants.

1.3 BILAN GÉNÉRAL: L'HEURISTIQUE ET LA CRITIQUE DES SOURCES CHEZ SOCRATE ET SOZOMÈNE

L'heuristique et la critique historique telles qu'elles sont pratiquées par Socrate et Sozomène manifestent quatre aspects importants.

Un premier trait est l'extension de l'idéal méthodologique de l'historiographie classique, qui demande que l'historien se base autant que possible sur des sources directes. En prônant la proximité comme critère principal de jugement de la valeur des sources orales et écrites, Socrate

---

plus que Jean Diacrinomène discutait les coutumes des Himériens dans son *Histoire ecclésiastique* (cf. *Epitome* 559), et, en tout cas, Philostorge (3.4) y consacra une digression. W. Stevenson dit également que la supposée disparition des digressions ethnographiques dans l'historiographie byzantine serait due au triomphalisme d'inspiration eusébienne (p. 69-70), ce qui mène à un contresens, car nous avons vu dans le second chapitre qu'on peut qualifier l'histoire de Sozomène comme triomphaliste.

réussit à revaloriser les sources écrites. Dans le cas où elles sont composées par un témoin oculaire, elles ont le caractère direct et la même véracité que le rapport d'un témoin oculaire. Cette attitude a poussé Socrate à négliger les aspects littéraires des sources écrites; en effet, un poème héroïque ou une polémique peuvent être considérés comme des sources excellentes, pourvu que l'auteur fût témoin des événements. Sozomène, pour sa part, est plus radical. Il prétend abandonner l'usage de sources que la tradition classique considère comme indirectes, et se fonder uniquement sur des témoins et des documents auxquels il attribue un caractère direct. De cette façon, il n'y a plus de coupure épistémologique entre une époque, d'une part, pour laquelle l'historien dispose de sources directes et une autre, d'autre part, qui est uniquement connue à travers des sources indirectes. L'histoire est désormais un espace continuel muni d'un accès uniforme, les sources directes[207].

Le second aspect est le caractère partiellement rhétorique de la critique historique, qui cause un écart entre la théorie exposée et la pratique exercée. Ce trait étant présent chez Socrate, Sozomène, par contre, dissocie presque entièrement les deux. Chez ce dernier, les passages où la pratique correspond à la théorie sont rares et il n'hésite pas à inventer des témoins à son gré. Cet écart s'explique d'une part par l'imitation littéraire de Thucydide et Hérodote; d'autre part, les modèles d'heuristique et de critique sont également des outils rhétoriques pour affirmer la véracité du récit.

En troisième lieu, un soupçon de mensonge pèse sur les auteurs hérétiques et païens. Cela ne veut pas dire qu'ils sont par définition des menteurs, mais Socrate et Sozomène considèrent qu'ils sont plus enclins à ne pas faire droit à la vérité. Ce soupçon exige pourtant une confirmation que la critique historique doit fournir par les moyens dont elle dispose (par exemple le recoupement avec d'autres sources).

Finalement, il y a l'acceptation des limites des capacités humaines. Socrate et Sozomène confessent que l'homme ne peut reconstruire le passé jusqu'au dernier détail. Par conséquent, une pluralité s'installe dans leur discours historique. Ils admettent qu'il peut y avoir plusieurs versions d'un seul événement. Cela ne veut pas dire que la vérité n'existe pas ou qu'elle est plurielle. La vérité est unique et connue par Dieu,

---

[207] Pour autant que nous puissions juger, cela semble une innovation de la part de Socrate et de Sozomène. On notera pourtant que, chez Flavius Josèphe, la véracité de l'histoire à partir de la création est garantie par le caractère saint des livres de Moïse (cf. *Antiquitates judaicae* 1.1-26).

comme l'affirme Socrate. Cela ne signifie pas non plus que l'historien ne serait pas capable de distinguer les mensonges de la vérité, car la connaissance relative n'implique pas l'impossibilité d'éliminer les erreurs.

L'extension de l'idéal méthodologique de l'historiographie classique est un avatar de la forte exigence de parler vrai posée aux historiens de l'Église. Ils prétendent se servir de la meilleure méthode possible — meilleure que celle de leurs prédécesseurs classiques — afin d'offrir un récit véridique. En même temps, leur pratique s'éloigne de cet idéal: la méthode est en partie rhétorique et s'exerce de préférence envers des sources hérétiques. Qui plus est, les historiens ont conscience que, même munies de la meilleure méthode, les capacités humaines restent trop faibles pour reconstruire l'histoire de façon parfaite. Ce paradoxe peut être interprété comme une expression de la tension entre l'idéologie et la méthode historique que nous avons constatée au début de ce chapitre.

2. La composition de l'histoire

À la sélection et la critique des sources fait suite la composition de l'histoire. L'historien doit combiner les données des sources choisies et scrutées dans un récit. Il ne s'agit pourtant pas du simple copiage des sources jugées dignes de foi; l'auteur doit les modifier afin de soutenir la véracité de son récit et de transmettre son point de vue au lecteur. Nous analyserons le passage des sources au récit sur deux niveaux.

D'une part, il y a la structure globale que Socrate et Sozomène donnent à leurs *Histoires ecclésiastiques*. Ni l'un ni l'autre ne présentent les événements dans une simple suite chronologique, mais ils les agencent dans un récit afin de soutenir leur interprétation du passé.

D'autre part, Socrate et Sozomène ne reprennent pas littéralement ce que disent leurs sources. Non seulement ils l'adaptent à leur propre style, mais ils en changent souvent le sens. Dans ce chapitre-ci, nous n'analyserons pas spécifiquement le style des deux historiens. Sans toutefois vouloir nier la valeur d'une telle approche, nous croyons qu'une attention exclusive sur le style ne nous apporterait pas grand chose en ce qui concerne la méthode historique. Socrate, pour sa part, dit explicitement ne pas se soucier de son style et, si celui de Sozomène est meilleur, il ne diffère pas trop de son prédécesseur[208]. On en trouve une illustration dans le fait que l'imitation stylistique des grands auteurs classiques reste très

---

[208] Cf. J. Bidez — G.C. Hansen, *Sozomenos*, p. xlvii; ci-dessus p. 183-187.

restreinte[209]. Les deux historiens s'abstiennent par exemple également de l'usage d'*exempla*; ils ne comparent jamais les événements de leurs histoires aux exploits typiques du passé, exception faite pour les passages encomiastiques de leurs ouvrages[210]. Même des *exempla* bibliques, comme on en rencontre chez les rhéteurs chrétiens, manquent chez eux en général[211]. Cette carence s'explique plutôt par le style moins rhétorique qu'une réticence religieuse, car les auteurs chrétiens utilisaient bel et bien les *exempla* païens[212].

Si une étude stylistique nous semble offrir peu de chose à propos de la méthode historique de Socrate et Sozomène, une analyse des changements qu'ils apportent aux données de leurs sources en les intégrant au récit est bien plus utile. C'est le passage des sources au récit qui nous intéressera ici. Parfois, on suppose que les interventions des historiens sont minimales mais, comme l'analyse des techniques littéraires qu'ils mettent en œuvre le montrera, c'est une image incorrecte.

2.1 SOCRATE

2.1.1 La structure globale de l'*Histoire ecclésiastique* de Socrate

Jusqu'à présent Socrate est généralement considéré comme un historien qui copie ses sources dans l'ordre chronologique, sans se laisser guider par d'autres principes de composition[213]. Dans cette étude, nous avons pourtant déjà constaté plusieurs interventions qui ne respectent pas l'ordre chronologique[214]. D'autres fois, il est clair que Socrate groupe des événements qui sont survenus à des moments différents[215]. L'historien suit donc d'autres principes de composition à côté du principe annalistique. Ces autres principes sont au nombre de trois: le thème central de la paix

---

[209] Voir ci-dessus p. 4-8 et p. 53-56.

[210] En l'occurrence la dédicace de Sozomène et Socr. 7.22.

[211] On peut voir un *exemplum* en Socr. 7.23.9-10, où Socrate fait allusion à la traversée de la Mer rouge (Ex 14), en racontant la prise de Ravenne en 425.

[212] A. LUMPE, art. *Exemplum*, col. 1247.

[213] E. SCHWARTZ, *Zur Geschichte des Athanasius*, p. 117 n. 1; G. SABBAH dans G. SABBAH — B. GRILLET, *Sozomène*, p. 63; G.C. HANSEN, *Sokrates*, p. liv; H. LEPPIN, *Von Constantin*, p. 283 n. 1. Voir aussi la position plus nuancée de M. WALLRAFF, *Der Kirchenhistoriker*, p. 155-163, 172-184.

[214] Voir par exemple Socr. 1.2-5 (cf. ci-dessus p. 107-110), 1.14-22 (cf. ci-dessous p. 330-346), 2.25-34 (cf. ci-dessous p. 351-361), 7.25.

[215] Socr. 3.11-16, 4.9.8-4.11.7, 5.20-24, 7.2-4.

troublée, des thèmes partiels dans chaque livre, et, enfin, les chapitres qui sont conçus comme des atomes narratifs.

En premier lieu, Socrate cherche à souligner le thème de la paix troublée à travers l'ensemble de son ouvrage. Nous avons discuté ce thème dans le deuxième chapitre, et principalement son influence sur le début et la fin de l'*Histoire ecclésiastique*[216].

En deuxième lieu, il faut remarquer que chaque livre est conçu comme une unité, qui propage une certaine idée ou un certain développement historique. Il peut être explicitement lié au thème général, comme dans le cinquième livre, où Socrate arrange les données afin de montrer comment Théodose I cherchait à rétablir l'unité dans l'Église, ou se limiter à l'histoire d'un seul personnage, comme les livres 3 et 6, pratiquement consacrés respectivement à Julien et à Jean Chrysostome. Passons dès à présent en revue les différents livres[217].

Dans le premier livre est introduit le thème de la paix perturbée. La paix initiale, exposée dans la préface, est troublée par Arius, puis rétablie par le concile de Nicée, et par la suite à nouveau perturbée par les eusébiens. Le livre se termine sur une note optimiste, selon laquelle la nouvelle de la mort affreuse d'Arius se répand dans le monde entier et intimide Eusèbe de Nicomédie, alors que Constantin y reconnaît la vérité de la foi nicéenne et incite ses fils à continuer dans cette voie[218].

Le livre 2 se laisse diviser en deux parties, l'une retraçant la guerre des eusébiens contre l'orthodoxie, incarnée par Athanase et Paul, et l'autre racontant l'éclatement de la faction arienne après leur victoire. Le véritable thème de ce livre est l'éparpillement des ariens à cause de leurs synodes interminables, puisqu'il est annoncé assez tôt[219]. Un éclatement pareil se produit aussi dans l'Empire, car dans aucun de ses livres Socrate ne met autant l'accent sur les émeutes et usurpations. L'arianisme est ainsi stigmatisé comme l'antithèse de l'unité et de la paix; son essence semble être la rupture, tant qu'il ne peut même pas garantir sa propre unité.

---

[216] Cf. ci-dessus p. 105-112.

[217] Le lecteur est prié de consulter les schémas en Appendice I.

[218] Socr. 1.38.10-13. Cf. M. MAZZA, *Constantino*, p. 671; M. WALLRAFF, *Der Kirchenhistoriker*, p. 41-55.

[219] Socr. 2.10.2: καὶ τοῦτο κατεργασάμενοι μεταποιοῦσιν τὴν πίστιν, οὐδὲν μὲν τὰ ἐν Νικαίᾳ μεμψάμενοι, ἀρχὴν δὲ παρεσχηκότες ὑποθέσεως τοῦ συνεχεῖς συνόδους ποιεῖσθαι καὶ ἄλλοτε ἄλλως ὑπαγορεύειν τὸν ὅρον τῆς πίστεως κατὰ βράχυ τε εἰς τὴν Ἀρειανὴν δόξαν ἐκπεσεῖν. ταῦτα μὲν οὖν ὅπως ἐγένετο, προϊόντες δηλώσομεν; cf. Socr. 2.41.17-23. L'éparpillement comme trait essentiel des ariens se retrouve, par exemple, aussi chez Athanase, *Epistula ad Episcopos Aegypti et Libyae* 4.8.

Le troisième livre pour sa part est découpé en trois parties clairement définies à l'aide de trois longues digressions, qui ont toutes l'éducation comme thème commun, que ce soit la mauvaise éducation de Julien qui se croit philosophe[220], la défense de la culture classique, ou encore le manque d'éducation des partisans de Julien[221]. Remarquons que ce schéma n'est pas parfaitement élaboré; en effet, en 3.7.16-24, on trouve une petite digression sur le sens des mots οὐσία et ὑπόστασις qui fait suite au récit sur le concile d'Alexandrie de 362 et qui rompt ainsi la tripartition.

Le quatrième livre est consacré aux persécutions de Valens. Une structuration explicite est difficile à reconnaître, mais cependant nous y décernons trois thèmes qui déterminent le visage du livre. D'abord, la punition de Valens est annoncée par plusieurs *omina*, et sa mort domine la fin du livre. Ensuite, Socrate présente Valentinien comme l'antithèse de Valens, c'est-à-dire comme tolérant et orthodoxe[222]. Enfin, on voit que l'historien cherche à souligner la résistance des orthodoxes face à la persécution arienne.

Le cinquième livre retrace les tentatives de Théodose I en vue de rétablir l'unité ecclésiastique et impériale. Cette politique ne réussit pas immédiatement, et connaît de nombreuses retombées, mais le livre se termine sur une note positive avec l'éclatement des hérésies et la victoire sur Eugène (394).

Le livre suivant est entièrement consacré à Jean Chrysostome, et plus particulièrement aux conflits menant à sa déposition et à son exil. Il se divise en deux grandes parties: les causes des conflits et l'attaque immédiate de Jean. Ce récit principal est interrompu par plusieurs récits mineurs, comme l'histoire de Gaïnas (399-400) et celle de la rivalité entre ariens et orthodoxes[223], et il est cloisonné par l'avènement (395) et la mort d'Arcadius (408)[224]. À la fin de son livre, Socrate ajoute aussi un passage sur l'évêque novatien Sisinnios.

Le principe structurant le septième livre est la succession épiscopale de Constantinople. À travers elle, Socrate réussit à démontrer le progrès de l'unité et de la paix au sein de l'Église et de l'Empire; ce n'est point un hasard si presque chaque évêque de Constantinople, à l'exception de l'hérétique Nestorius, est explicitement loué[225]. Un sentiment de progrès se

---

[220] Cf. Socr. 3.1.58. Voir ci-dessous p. 368-373.
[221] A. ΚΑΡΠΟΖΙΛΟΣ, *Βυζαντινοὶ ἱστορικοὶ*, p. 147 donne une structuration moins sophistiquée de la première moitié du livre: 3.1: la vie de Julien; 3.2: l'Église alexandrine; 3.3-10: la politique ecclésiastique.
[222] Cf. Socr. 4.1.13.
[223] Gaïnas: Socr. 6.6; rivalité: Socr. 6.8.
[224] Socr. 6.1 et 6.23.
[225] Atticus: Socr. 7.2-4, 7.25; Sisinnios: Socr. 7.26; Maximien: Socr. 7.35.3-4; Proclos: Socr. 7.40-41, 7.48.1-5.

laisse clairement apercevoir dans le livre. Alors qu'Atticus doit encore faire face à des schismes et des guerres, qu'il réussit d'ailleurs à dépasser, Proclos vit dans l'unité et la paix.

Enfin, il y a le troisième principe de composition. Le récit de Socrate se laisse décomposer en «atomes narratifs». Chaque chapitre constitue une unité narrative, souvent délimitée par une expression du genre «et sur ces choses-là il fallait dire ceci»[226]. Le seul élément de continuité présent dans le chapitre suivant, sur un autre sujet, est la repise du δέ[227]. La formule μὲν — δὲ sert ainsi à séparer les paragraphes l'un de l'autre et souligne en même temps le changement de sujet. Le récit de Socrate donne dès lors parfois l'impression d'une simple parataxe[228]. Par exemple, le succès de Constantin dans la guerre contre les païens et les barbares est suivi du récit de la conversion de l'Inde et de l'Ibérie, avant de déboucher sur une présentation du manichéisme[229]. Ce n'est que dans l'ensemble du livre et de l'histoire que chaque atome prend son sens.

Socrate offre donc bien plus qu'un aperçu chronologique des événements. Malgré l'importance du principe annalistique, l'historien intervient clairement dans l'arrangement des faits afin de défendre sa lecture propre de l'histoire.

Il faut encore brièvement commenter les digressions chez Socrate. Puisqu'il est désormais impossible de considérer le principe annalistique comme le seul à l'œuvre chez l'historien, nous ne pouvons pas définir une digression comme un passage qui sort du cadre chronologique[230]. L'historien donne pourtant suffisamment d'indications explicites, comme «il fallait dire un peu» sur ce sujet-ci[231], ou «je l'ai traité dans une digression»[232], qui permettent de délimiter les digressions[233]. Les digressions

---

[226] Par exemple Socr. 6.6.41: τοσαῦτα μὲν οὖν περὶ τούτων εἰρήσθω.

[227] Cf. M. WALLRAFF, Der Kirchenhistoriker, p. 154-155.

[228] Cette impression causait souvent de l'irritation chez les lecteurs modernes de Socrate: par exemple W. ELTESTER, art. Sokrates, col. 899; E. SCHWARTZ, Zur Geschichte des Athanasius, p. 117 n. 1.

[229] Socr. 1.18-22.

[230] Comme le fait M. WALLRAFF, Der Kirchenhistoriker, p. 180. L'étude d'Alanna E. NOBBS, Digressions, est inutile à cet égard, puisqu'elle ne se soucie pas d'établir des critères pour la définition d'une digression.

[231] Socr. 3.1.3: ὀλίγα διεξελθεῖν; Socr. 5.22.1: διὰ βραχέων εἰπεῖν; Socr. 6.13.1: μικρὰ διελθεῖν; Socr. 7.36.1: βραχέα εἰπεῖν; Socr. 7.37.1: βραχέα μνημονεῦσαι; Socr. 3.22.13: εἰπεῖν καὶ ἡμεῖς ὀλίγα; Socr. 4.23.1: βραχέα διεξελθεῖν.

[232] Socr. 2.21.24, 3.7.24, 3.23.61: ἐν παρεκβάσει; Socr. 4.23.80: ἐπανέλθωμεν δὲ ὅθεν ἐξέβημεν; Socr. 5.22.81: ἐπαναδράμωμεν δὲ εἰς τὸ προκείμενον; Socr. 6.13.12: ἑξῆς δὲ τῆς ἱστορίας ἐχώμεθα.

[233] Sur les digressions de Socrate, voir Appendice I et les remarques de M. WALLRAFF, Der Kirchenhistoriker, p. 180-183.

servent surtout à défendre l'orthodoxie d'une personne, comme Eusèbe de Césarée[234], ou d'un terme, comme οὐσία[235], ou à critiquer des figures, comme Julien et Libanius[236]. Dans d'autres cas, elles donnent des informations supplémentaires sur des personnages[237] ou sur des institutions comme le monachisme[238].

2.1.2 Les techniques littéraires utilisées par Socrate

Sans viser à l'exhaustivité, nous discuterons des quatre techniques les plus importantes mises en œuvre par Socrate. Il s'agit de l'amplification, du télescopage chronologique, des citations bibliques et du discours direct.

2.1.2.1 L'amplification

Par le terme «amplification» il faut comprendre l'adaptation et l'élaboration d'un événement afin de le dramatiser ou d'y accorder un sens différent de celui de la source. Socrate s'en sert souvent.

Le récit sur Spyridon, l'évêque mirifique de Trimithonte (Chypre, début du quatrième siècle), provient en majeure partie de Rufin, auquel Socrate se réfère explicitement à la fin du passage. L'historien fait également appel à des chypriotes qui lui ont raconté la même version des faits. Les différences entre la version de Rufin et celle de Socrate pourraient, selon certains savants modernes, être imputées à ces témoins[239]. Pourtant, il nous semble que Socrate a délibérément adapté le récit de Rufin, sans avoir eu recours à des témoins chypriotes.

Les changements débutent par la présentation de Spyridon, qui fut, selon Rufin, un berger de moutons devenu évêque. Socrate transforme la profession de l'évêque en une allusion aux Évangiles, en racontant que sa sainteté fut telle qu'on le jugea digne de devenir un berger

---

[234] Socr. 2.21. Cf. Socr. 6.13 (Origène).
[235] Socr. 3.17.16-24. Voir aussi Socr. 3.16.10-27 (une défense de l'éducation païenne pour les chrétiens), 7.36 (la *translatio* de Proclos).
[236] Socr. 3.22.10-3.23.
[237] Socr. 3.1 (Julien), 4.27 (Grégoire le Thaumaturge), 7.37 (Silvanus de la Troade).
[238] Socr. 4.23. Cf. aussi Socr. 5.22 (des coutumes liturgiques).
[239] Socr. 1.12; Rufin, *HE* 10.5. Cf. P. Van den Ven, *La légende*, p. 17*-21*; G.C. Hansen, *Sokrates*, p. 43.

d'hommes[240]. Socrate saisit ainsi l'occasion de suggérer l'idée qu'un évêque devienne une image du Christ[241]. Cette idée est soutenue par d'autres adaptations. Pour le premier miracle de Spyridon (des brigands qui veulent voler un de ses moutons sont miraculeusement immobilisés), Socrate suit d'assez près la version de Rufin. Il se permet uniquement d'ajouter que «Dieu, qui sauva le berger, sauva aussi les brébis»[242]. La fin du deuxième miracle, par contre, est modifiée afin de s'accorder avec l'idée de l'évêque comme *imago Christi*. Alors que, chez Rufin, la fille de l'évêque dévoile de l'intérieur même de son tombeau l'endroit où elle a caché un dépôt, chez Socrate, elle est ressuscitée afin de pouvoir indiquer l'emplacement de ce dépôt. L'historien constantinopolitain nous explique clairement le sens de cette résurrection. Spyridon «demanda à Dieu de lui montrer avant le temps la résurrection promise»[243]. Les ajouts à la version de Rufin et le changement de la fin du deuxième miracle s'accordent en ce sens: ils présentent l'évêque comme l'image du Christ, le berger des hommes et le garant de la résurrection.

Il est dès lors peu probable que ce soit la version des chypriotes qui se reflète dans ces modifications par rapport à Rufin. L'appel aux témoins chypriotes, qui clôture le récit, ne semble donc pas correspondre à une dépendance réelle de leurs informations. L'appel peut alors être interprété de deux façons. Soit Socrate a repris à son compte propre le renvoi de Rufin à des témoins, en transformant les témoins anonymes de celui-ci en habitants de Chypre[244]. Soit il a simplement inventé des témoins.

Le récit de la découverte de la Croix par Hélène a subi une réécriture semblable. Il s'agit généralement d'une combinaison des versions divergentes de Rufin et de la *Vie de Constantin* d'Eusèbe. Rufin laisse Hélène chercher la Croix tandis que, chez Eusèbe, Constantin trouve le tombeau. Socrate résout cette divergence en laissant l'impératrice trouver la Croix dans le tombeau[245]. De plus, l'historien a caché deux prophéties dans sa version.

---

[240] Rufin, *HE* 10.5 p. 963.23: *hic pastor ovium etiam in episcopatu positus permansit*; Socr. 1.12.1: ὡς ἀξιωθῆναι αὐτὸν καὶ ἀνθρώπων ποιμένα γενέσθαι. Cf. Mt 15.24; Jn 10.11-16.

[241] Chromace, *Sermones* 32.2-4; Pseudo-Augustin, *Quaestiones Veteris et Novi Testamenti* p. 63.12. Voir aussi Eusèbe, *HE* 8.13.3; Callinicos, *Vita Hypatii* 2.6.

[242] Socr. 1.12.3 Θεὸς δὲ ἄρα ὁ τὸν ποιμένα σῴζων ἔσῳζε καὶ τὰ πρόβατα.

[243] Socr. 1.12.7: ἐπεκαλεῖτο τὸν Θεὸν πρὸ καιροῦ δεῖξαι αὐτῷ τὴν ἐπηγγελμένην ἀνάστασιν.

[244] Rufin, *HE* 10.5 p. 964.16-17: ... *quae etiam nunc ore omnium celebrantur.*

[245] Socr. 1.17; Rufin, *HE* 10.7-8, p. 969.9-970.21; Eusèbe, *Vita Constantini* 3.30-40. Le détail que Constantin changea le nom du village Drepana en Hélénopolis (Socr. 1.17.1),

D'abord, Hélène trouve Jérusalem vide comme une cabane (ὀπωρο-φυλάκιον); c'est l'expression d'Isaïe à propos de Sion abandonné par Dieu[246]. Vu cette référence, il est possible que Socrate interprète le culte d'Aphrodite, installé sur le lieu de la Passion, sous le jour d'une autre prophétie d'Isaïe, qui prévoyait que l'idolâtrie règnerait à Sion[247]. Afin de souligner plus nettement l'idée que Dieu a quitté la Jérusalem des juifs, il reprend une phrase de la *Vie de Constantin*, qui désigne l'église construite par Hélène comme la Nouvelle Jérusalem, située face à la vieille cité abandonnée[248].

La seconde prophétie introduite dans le texte par Socrate, c'est l'oracle sibyllin qui annonce la crucifixion du Christ. Socrate semble faire allusion au fait que la mort de Jésus avait également été prédite par des païens[249].

Souvent, ce sont des motifs moins théologiques qui ont encouragé Socrate à adapter son récit. La veille du rétablissement festif de la communion entre Arius et l'Église de Constantinople (vers 335?), l'évêque de cette cité, Alexandre, priait pour qu'une intervention divine arrête cette ignominie. Selon Rufin, l'évêque craignait avant tout de perdre son siège s'il n'acceptait pas d'entrer en communion avec l'hérésiarque. Socrate, pour sa part, lui attribue une motivation plus élevée, en faisant valoir qu'Alexandre eut peur que la foi orthodoxe ne fût pervertie[250]. Il ajoute aussi que la nouvelle de la mort miraculeuse d'Arius, mort dans des latrines publiques après les prières d'Alexandre, se répandait dans le monde entier[251]. Le rôle de l'évêque de Constantinople ne peut être assez glorieux pour un habitant de la capitale.

Parfois, c'est l'imagination qui prend le dessus. Lors de la destruction du Mithréion d'Alexandrie en 361, à en croire Socrate, on trouvait des

provient de la *Continuatio Antiochiensis* a. 327. Selon S. HEID, *Zur frühen Protonike- und Kyriakos Legende*, p. 79-80, Socrate aurait connu la légende de Protoniké. Cette hypothèse n'est pas nécessaire: voir l'analyse des sources par E.D. HUNT, *Holy Land Pilgrimage*, p. 44-45; Luce PIETRI, *Constantin*, p. 377-378.

[246] Socr. 1.17.2; Is 1.8.

[247] Socr. 1.17.2; Is 1.29.

[248] Socr. 1.17.7: ἡ δὲ τοῦ βασιλέως μήτηρ οἶκον μὲν εὐκτήριον ἐν τῷ μνήματος τόπῳ πολυτελῆ κατεσκεύασεν Ἱερουσαλήμ τε νέαν ἐπωνόμασεν, ἀντιπρόσωπον τῇ παλαιᾷ ἐκείνῃ καὶ καταλελειμμένῃ ποιήσασα; Eusèbe, *Vita Constantini* 3.33.1. Socrate dit qu'on appelait l'Église «Nouvelle Jérusalem», ce qu'Eusèbe n'affirme pas.

[249] Socr. 1.17.3; *Oracula Sibyllina* 6.26. Soz. 2.1.10 copie cette référence de Socrate. H.W. PARKE, *Sibyls*, p. 166-167 et J.W. DRIJVERS, *Helena*, p. 105 n. 47 disent à tort que Sozomène aurait lui-même introduit la référence aux oracles sibyllins dans ce récit.

[250] Socr. 1.37.5; Rufin, *HE* 10.13 p. 979.4-5.

[251] Socr. 1.38.10.

caves remplies de crânes d'hommes et d'enfants, les victimes des haruspices et des mages païens. C'est probablement une invention de l'historien à partir de l'idée bien répandue chez les chrétiens que le paganisme
exigeait le sacrifice humain, et plus particulièrement celui d'enfants, afin
de prédire l'avenir[252]. En tout cas, Rufin, sa source pour ce passage, n'en
dit rien et parle vaguement de *flagitiorum cavernas*[253].

Il est plus difficile de juger la portée de l'amplification pour des passages
dont la source de Socrate n'a pas été conservée. Socrate insère dans le quatrième livre une description des tortures auxquelles tous les orthodoxes
étaient soumis par Valens[254]; sa source en semble partiellement sa propre
inspiration. Sa source majeure, l'*Histoire ecclésiastique* de Rufin, connaît
seulement la persécution locale de Lucius en Égypte[255]. Qui plus est, les
descriptions de Socrate restent générales et stéréotypées[256]. L'insistance
que porte Socrate sur ce point trahit le fait qu'il veut dépeindre Valens
comme un véritable persécuteur. Cette impression est confirmée par une
longue citation de l'Épître aux Hébreux, qui suggère que la persécution des
orthodoxes à cette époque égale celle des prophètes d'antan[257]. On notera
d'ailleurs qu'on trouve de nombreux récits de persécution chez Socrate,
qui ne trouve que rarement une assise dans une source connue. Il n'est pas
à exclure que l'historien a également amplifié ces événements-là[258].

De même, on peut remarquer que Socrate insiste régulièrement sur
l'ampleur des troubles, suggérant que l'Orient entier était en ébullition[259].
Il semble que c'est une interprétation exagérée par Socrate de ce que ses
sources disaient.

Ces exemples nous permettent déjà d'établir une double conclusion
provisoire[260]. D'abord, Socrate fait bien plus que copier ses sources. Ses

---

[252] Par exemple Minucius Felix, *Octavius* 9.5; Eusèbe, *De laudibus Constantini* 7.6,
HE 7.10.4 (= Denys d'Alexandrie); Jean Chrysostome, *De S. Babyla contra Julianum et
gentiles* 3-4, 7; Marc le Diacre, *Vita Porphyrii* 66.13; Pseudo-Zacharie le Rhéteur, *HE* 8.5
p. 53.15.

[253] Socr. 3.2.4-5; Rufin, *HE* 11.22 p. 1025.17. Il n'est pas exclu non plus qu'il s'agisse
d'un *topos* littéraire, inspiré par exemple de trouvailles semblables pendant la destruction
du sanctuaire de Bellona en 48 av. J-C. (Dion Cassius 42.26.2).

[254] Socr. 4.2.4-7, 4.15.3-5, 4.17.3 (doublet avec 4.2.5-7), 4.24.1-2, 4.36.10.

[255] Rufin, *HE* 11.3, cf. 11.6 p. 1010.10.

[256] À comparer par exemple avec Grégoire de Nazianze, *Discours* 43.46, 43.49.

[257] Socr. 4.24.9-11; He 11.36-39. Cf. en général Gabriele MARASCO, *L'imperatore
Valente*, p. 508-518.

[258] Voir les persécutions de Constance II: Socr 2.27, 2.37.88-93, 2.38.6-10, 2.38.42;
Julien: Socr. 3.2.8-9, 3.13.7-13, 3.14.7-8, 3.19.2.

[259] Socr. 1.6.1-2, 2.2.8-10, 2.12.6, 2.20.1-2, 2.27.8.

[260] Citons d'autres passages où une intervention de Socrate est probable. Socr. 1.18.11:
Socrate parle d'un temple d'Apollon Pythios à Aigai, tandis qu'il s'agit d'un temple

interventions peuvent servir à plusieurs buts, comme l'élaboration d'idées théologiques ou comme son patriotisme local. Ensuite, nous ne devons pas imputer les différences dans les détails entre la version de Socrate et celle de sa source à des erreurs de la part de l'historien ou à une source supplémentaire qu'il aurait utilisée. L'historien s'accorde la liberté d'élaborer les données de ses sources[261].

2.1.2.2 Le télescopage chronologique

Le télescopage chronologique implique que l'historien groupe des calamités survenues au cours d'une période relativement longue, afin de donner l'impression qu'elles se sont produites en même temps ou assez vite l'une après l'autre. C'était une technique en vogue parmi les historiens et les rhéteurs[262].

Malgré son souci de chronologie, Socrate se sert lui-aussi de ce moyen. Notamment, afin de montrer que les troubles au sein de l'Eglise au sujet d'Athanase ont leur parallèle au niveau de l'Empire, il résume en 2.25 les problèmes politiques de 337 à 350. En 2.32-34, il propose une version condensée des événements politiques de 350 à 355. Ainsi, la «sympathie» entre les deux sphères devient explicite pour les lecteurs. Le prix à payer se voit dans les sauts effectués dans la chronologie de 346 à 338 (en 2.25.1) et de 355 à 352 (en 2.35.1).

---

d'Asclépius; Socr. 1.29.2-3: Arsène à Tyr (cf. G.C. HANSEN, *Sokrates*, p. 80); Socr. 2.20.9: le synode de Philippoupolis (343) aurait défendu l'*anhomoios*; Socr. 2.23.39-43, 2.26.6: les exils de Marcel d'Ancyre (cf. T.D. BARNES, *Athanasius*, p. 92); Socr. 4.5: l'exécution de Procope à comparer avec Plutarque, *Vie d'Alexandre* 43.6 et Eusèbe, *HE* 8.9.2 (cf. D. LIEBS, *Unverhohlene Brutalität*, p. 115); Socr. 3.24.4-6: la politique pro-chrétienne de Jovien, contredite par Grégoire de Nazianze, *Discours* 5.28, Thémistius, *Discours* 5.70b, mais à comparer avec Eusèbe, *De laudibus Constantini* 8.3-4; Socr. 4.21.4: l'arrestation de Pierre II d'Alexandrie (373), à comparer avec la source de ce passage, la lettre de Pierre citée par Théodoret, *HE* 4.22.1-36, spéc. 1, 10, 26-36. Voir aussi le traitement de Julien par Socrate, discuté par D.F. BUCK, *Socrates* et ci-dessous p. 364-373; et également la présentation des Juifs par Socrate, surtout en ce qui concerne Socr. 7.13 (ci-dessous p. 392-401).

[261] On trouve de nombreux exemples dans la façon dont Socrate copie Rufin: ainsi le fait que Socrate fait dans son récit de la conversion des Ibères de l'enfant guéri un prince (Socr. 1.20.3). Voir aussi Socr. 1.15: Rufin, *HE* 10.15; Socr. 1.20: Rufin, *HE* 10.11 (cf. Balbina BÄBLER, *Der Blick*, p. 161); Socr. 2.2.3-9: Rufin, *HE* 10.12; Socr. 3.20: Rufin, *HE* 10.38-40; Socr. 4.26: Rufin, *HE* 11.9; Socr. 4.29: Rufin, *HE* 11.10; Socr. 4.30: Rufin, *HE* 11.13 (cf. J.-R. PALANQUE, *Le témoignage*, p. 223). Voir aussi Socr. 4.35 avec les remarques de R.M. ERRINGTON, *Church*, p. 27.

[262] Par exemple Historia Augusta, *Duo Gallieni* 5.2-6; Libanius, *Discours* 18.292-293; Philostorge, *HE* 11-12; Orose 6.23-24; Nestorius, *Livre d'Héraclide* p. 497-520, trad. p. 317-331.

D'autres exemples moins spectaculaires sont à recueillir à travers l'*Histoire ecclésiastique* de Socrate. Citons-en deux figurant dans le dernier livre[263]. Les miracles survenus sous Atticus sont vaguement datés et regroupés au début de son épiscopat et intégrés dans le portrait hagiographique que Socrate brosse de cet évêque[264]. L'importance du différend entre Jean d'Antioche et Cyrille d'Alexandrie en 431-433 est diminuée, car il situe leur réconciliation «un peu plus tard,» après l'excommunication mutuelle, alors qu'il s'agit d'une période de deux ans[265].

2.1.2.3 *Les citations bibliques*

Pour Socrate, la Bible dit la vérité, à condition qu'elle soit interprétée de façon correcte, c'est-à-dire à l'aide de l'exégèse d'Origène. Ce ne sont que les véritables orthodoxes qui connaissent parfaitement la Bible. Socrate accuse les hérétiques et les ennemis de l'origénisme de n'avoir pas suffisamment pénétré l'Écriture[266]. Le futur évêque des Sarrasins, Moïse, réfute la soi-disant orthodoxie de l'arien Lucius d'Alexandrie, persécuteur ardent des véritables orthodoxes, en citant la seconde épître de Timothée: «Un esclave du Seigneur ne doit pas se battre ($\mu\acute{\alpha}\chi\varepsilon\sigma\theta\alpha\iota$)»[267]. Théophile d'Alexandrie, l'ennemi d'Origène, est accusé d'ignorer les paroles de Salomon, et le novatien schismatique Sabbatios de falsifier la Bible[268].

Le rôle prophétique de la Bible reste cependant limité. Une allusion à Isaïe est tissée dans sa description de Jérusalem telle qu'Hélène trouvait la ville, le manichéisme est comparé aux pseudo-prophètes annoncés par Jésus, et Proclos est loué pour avoir reconnu dans l'invasion des Huns et dans leur destruction miraculeuse la prophétie d'Ézéchiel sur Gog et Magog[269]. En résumé, la Bible constitue pour Socrate plutôt une source d'autorité que de prophéties.

---

[263] Voir aussi Socr. 1.2-5 (cf. ci-dessus p. 107-110), 1.14-22 (cf. ci-dessous p. 332), 2.25-34 (p. 358-360), 4.10-11, 5.11 (cf. J.-R. PALANQUE, *Le témoignage*; ID., *Saint Ambroise*, p. 416-418; F. TRISOGLIO, *Sant'Ambrogio*, p. 348-349), 5.12-14, 7.43.

[264] Socr. 7.3-4.

[265] Socr. 7.34.13.

[266] Cf. Socr. 1.11.4, 5.22.4.

[267] Socr. 4.36.9; 2 Tm 2.24.

[268] Théophile: Socr. 6.17.10; Sabbatios: Socr. 7.5.4.

[269] Jérusalem: Socr. 1.17.1, cf. Is 1.8; manichéisme: Socr. 1.22.1, cf. surtout Mt 13.25, 2 P 2.1, 2 Co 13 et aussi Mt 7.15, 24.11, 24.24, Mc 13.22; Proclos: Socr. 7.43.6, cf. Ez 38.2.

En tant que source d'autorité, l'Ecriture sert souvent à Socrate pour fortifier son opinion ou pour notifier au lecteur l'importance d'un événement. Trois techniques sont utilisées.

D'abord, Socrate insère des renvois bibliques dans son histoire, et ce à des points névralgiques. Citons les exemples suivants[270]. L'histoire du massacre des chrétiens d'Alexandrie par les païens après la destruction du Mithréion en 361 est encore dramatisée par une allusion à l'envoi des apôtres par le Christ. Socrate écrit que «l'ami s'en prit à son ami et le frère à son frère, et les parents et les enfants essayaient de s'entretuer», où l'on reconnaît un verset de l'Évangile de Marc ou de Matthieu[271]. L'essai manqué des juifs de reconstruire leur temple à Jérusalem est clôturé par la qualification des juifs comme des «endurcis», prise des épîtres de Saint Paul[272]. Socrate ne se limite pas aux seules persécutions. À propos du concile de Constantinople 383, une allusion à la Genèse vient soutenir l'argument en faveur de l'unité de l'Église[273]. Dans le dialogue d'Atticus de Constantinople avec divers interlocuteurs à propos du droit des novatiens à rester dans la ville, plusieurs renvois bibliques accentuent deux idées importantes pour Socrate: l'unité de l'Église et le droit de rassemblement des novatiens à Constantinople[274].

Une seconde technique consiste à commenter des événements avec des renvois bibliques de façon explicite, afin de démontrer la justesse du point de vue de l'auteur. Sa défense de l'éducation classique et la critique de la dialectique[275], son apologie d'Eusèbe[276] et la critique de Nestorius[277], ce ne sont que quelques exemples possibles[278].

---

[270] Voir aussi Socr. 3.13.6: le retour au christianisme de l'apostat Hécébolios, cf. Mt 5.13 avec les remarques de W. KINZIG, «*Trample upon me …*», p. 100; Socr. 7.23, un chapitre plein de références à Ex 14: cf. T. GELZER, *Das Gebet*, 64 n. 32; voir aussi Eusèbe, *HE* 9.9.

[271] Socr. 3.2.9 ἀλλὰ καὶ φίλος φίλον ἔπληξε καὶ ἀδελφὸς ἀδελφὸν, καὶ γονεῖς <καὶ> παῖδες κατ' ἀλλήλων πρὸς φόνον ὥρμησαν, cf. Mt 10.21, Mc 13.21: Παραδώσει δὲ ἀδελφὸς ἀδελφὸν εἰς θάνατον καὶ πατὴρ τέκνον, καὶ ἐπαναστήσονται τέκνα ἐπὶ γονεῖς καὶ θανατώσουσιν αὐτούς.

[272] Socr. 3.20.15, cf. Rm 11.7, 2 Co 3.14.

[273] Socr. 5.10.20-21; Gn 11.7.

[274] Socr. 7.25.15-19; 1 Tm 3.1, 1 Jn 5.17. Vu le fait que Socrate introduit souvent des allusions bibliques dans son récit, nous ne sommes pas convaincu que les comparaisons de Théodose II avec David et Moïse (Socr. 7.22.19-21, 7.42) sont dues aux sources de Socrate (ainsi T. GELZER, *Das Gebet*, p. 68 n. 40).

[275] Socr. 1.8.15: Col 2.8; Socr. 3.16.7-27: Col 1.26, 2.8, Rm 1.18-21, 1 Th 5.21, Tt 1.12, Ac 17.28, 1 Co 15.33.

[276] Socr. 2.21.5: Rm 2.16, Ep 3.9.

[277] Socr. 7.32.3-11: 2 Co 5.16, He 6.1, 1 Jn 4.3.

[278] Cf. aussi Socr. 1.8.19, 3.23.46, 4.24.9-11, 5.pr.5, 5.17.8-11, 5.19.10, 5.22.4-10, 5.22.65-82.

Finalement, la Bible est également l'étalon avec lequel Socrate mesure la personnalité des chrétiens. Sisinnios de Constantinople, l'empereur Théodose II, et les novatiens Agélios et Sisinnios possèdent des qualités bibliques[279]. Par contre, Socrate cite une phrase de Sévérien de Gabala, où celui-ci critique l'orgueil de Jean Chrysostome en renvoyant à la première épître de Pierre «Dieu s'oppose aux outrecuidants», sans vraiment commenter cette accusation gravissime et sans prendre distance par rapport à celle-ci[280].

2.1.2.4 Le discours direct

Quintilien conseille au rhéteur la *sermocinatio* pour la *variatio* stylistique, c'est-à-dire l'introduction de brèves phrases en discours direct et des conversations afin de garder l'attention du public[281]. Les historiens adoptent ce même principe. Ils mettent des bouts de phrases ou de «bons mots» inventés dans les dires des protagonistes de leur histoire. Ils peuvent s'en servir non seulement pour varier le récit, mais aussi pour souligner la personnalité de quelqu'un ou l'importance d'un acte.

Bien qu'on ait constaté que Socrate omet souvent le discours direct de sa source Rufin[282], l'historien se sert de ce moyen littéraire. Parfois, son seul but semble être la variation stylistique. Signalons, par exemple dans le troisième livre, le «bon mot» de Julien, selon lequel les chrétiens doivent à leur Dieu de souffrir, et celui des trois martyrs qui, au moment d'être rôtis par le gouverneur, lui demandent d'être renversés afin qu'ils ne lui «semblent pas à demi cuits»[283]. De la sorte, Socrate augmente la vivacité du récit[284].

À d'autres endroits cependant, le discours direct souligne clairement la tendance du récit. Plusieurs cas peuvent être détectés; nous nous limiterons à deux d'entre eux[285].

[279] Sisinnios de Constantinople: Socr. 7.26.3; Théodose II: Socr. 7.42.2; Agélios: Socr. 4.9.3; Sisinnios le novatien: Socr. 6.22.7.
[280] Socr. 6.16.4; 1 P 5.5.
[281] Quintilien 4.1.28-29, 9.2.29-31.
[282] M. WALLRAFF, *Der Kirchenhistoriker*, p. 189 n. 197; G.C. HANSEN, *Eine fingierte Ansprache*, p. 177.
[283] Socr. 3.12.2-4, 3.14.8, 3.15.8.
[284] D'autres bons mots: Socr. 1.29.9, 7.17.14. Autres exemples de *variatio* par *sermocinatio*: Socr. 4.18.6-10, 4.36.6-12, 5.7.7, 5.16.12, 5.17.3-4, 5.21.4, 6.14.6. Signalons aussi l'usage de quelques autres figures rhétoriques comme la *praeteritio* (Socr. 1.18.13, 1.21, 6.18.19, 7.18.25, 7.46.5) et l'*ethopoiia* (Socr. 2.40.27-29, 3.16.8).
[285] Voir aussi Socr. 6.12.5-6: la réprimande d'Épiphane de Salamine par Théotime de Scythie; Socr. 6.16.4: la critique de Jean Chrysostome par Sévérien de Gabala; Socr.

Premièrement, dans son livre sur Julien, Socrate introduit le discours direct afin d'attirer l'attention sur un trait négatif de l'empereur. Le licenciement des coiffeurs impériaux au début du règne de l'Apostat, et son refus de négocier avec les Perses à la fin de celui-ci — des événements que Socrate reprend de l'*épitaphios* sur Julien de Libanius — sont repris en discours direct[286]. L'attention particulière donnée à ces deux événements par la *sermocinatio* suggère dans les deux cas la critique explicite de Socrate qui suit quelques lignes plus loin. En fait, le renvoi du personnel était, selon l'historien, indigne d'un empereur, et le refus de négocier naissait de l'orgueil de Julien qui se croyait un nouvel Alexandre[287].

Le deuxième cas intéressant concerne les *disputationes* à propos des novatiens de Constantinople, récit touchant une fois à Jean Chrysostome et à son collègue novatien Sisinnios, et une seconde fois à Atticus de Constantinople et à des interlocuteurs anonymes[288]. Ils nous dépeignent vivement l'attitude hostile de Jean et l'opinion favorable qu'Atticus a de ce petit schisme. Ces deux dialogues invitent le lecteur à comparer le caractère des deux évêques et leur attitude envers les novatiens. Ainsi, le dédain de Jean contraste avec la mansuétude d'Atticus.

2.1.3 Bilan: la composition de l'*Histoire ecclésiastique* de Socrate

On a tendance à sous-estimer Socrate. Son histoire n'aurait aucune véritable structure sinon celle de la suite chronologique. L'historien s'abstiendrait d'interventions dans ses sources, qu'il copierait de façon relativement fidèle. Le prétendu projet de Socrate serait de présenter les faits en suivant l'ordre chronologique sans véritable adaptation[289]. Il se trouverait être alors plus neutre et plus objectif que ses collègues[290].

7.10.9-10: le Goth Alaric qui se sent poussé par une force inconnue à saccager Rome; Socr. 7.22.8-12: les vertus de Théodose II.

[286] Socr. 3.1.50: Libanius, *Discours* 18.130; Socr. 3.19.10-11: Libanius, *Discours* 18.164.

[287] Cf. Socr. 3.1.58, 3.21.6-8. Sur ces passages, voir aussi ci-dessous p. 368-372.

[288] Socr. 6.22, 7.25.15-19. Voir aussi Socr. 5.10.12-13, le dialogue entre le novatien Sisinnios et Nectaire de Constantinople.

[289] H. VALOIS, *Praefatio*, p. ix; F. GEPPERT, *Die Quellen*, p. 10; E. SCHWARTZ, *Zur Geschichte des Athanasius*, p. 117 n. 1; M. WALLRAFF, *Der Kirchenhistoriker*, p. 163, 194.

[290] Cf. Theresa URBAINCZYK, *Socrates*, p. 170; H.-G. NESSELRATH, *Zur Verwendung*, p. 301. L'argument de ce dernier nous semble déficient. Socrate utilise une fois le terme païen μῦθος dans un sens neutre et sans le déprécier: ἐν τῷ λόγῳ δὲ αὐτοῦ, ὃν Περὶ

Cependant, cette image est incorrecte. Comme tout autre historien, Socrate adapte les données à sa guise, afin de structurer le récit et de mettre en évidence ses idées propres.

Il n'y a par conséquent aucune raison de supposer que chaque détail spécifique à Socrate par rapport à sa source démontrerait qu'il a utilisé une source supplémentaire[291]. C'est plutôt la personnalité de l'historien qui s'y reflète.

Des pages précédentes nous pouvons distiller les motifs pour les adaptations, qui se recoupent souvent avec les tendances de Socrate que nous avons constatées dans les deux premiers chapitres de cette étude. Par la structure de son ouvrage, Socrate veut souligner comment la paix initiale a été troublée et comment elle est rétablie. Parfois, il abandonne à ce but l'ordre chronologique[292]. Grâce à des outils littéraires, il critique de façon plus ou moins claire les personnes responsables de la perturbation de la vie de l'Église. Il s'en prend aux hérétiques qui persécutent les orthodoxes, aux ennemis des novatiens et aux païens. S'il en a la possibilité, il ne manque pas l'occasion d'accroître le rôle de l'évêque de Constantinople. Cependant viennent s'ajouter deux motifs que nous n'avions pas encore remarqués: quelques adaptations pour des raisons purement stylistiques, surtout en ce qui concerne l'usage du *sermocinatio*, sont détectables; d'autre part, Socrate introduit parfois une certaine interprétation théologique dans son récit. Dans le récit sur Spyridon de Trimithonte, par exemple, il développe implicitement l'idée qu'un évêque est une image du Christ. Lors de la découverte de la Croix, il laisse entendre que le christianisme est le nouvel Israël.

κυνισμοῦ ἐπέγραψεν, διδάσκων ὅπως δεῖ τοὺς ἱεροὺς πλάττειν μύθους ... (Socr. 3.23.34). Cet usage neutre témoignerait de son esprit ouvert selon H.-G. Nesselrath. Mais Socrate ne fait qu'adapter le titre du discours *À Héraclée* de Julien (ΠΡΟΣ ΗΡΑΚΛΕΙΟΝ ΚΥΝΙΚΟΝ ΠΕΡΙ ΤΟΥ ΠΩΣ ΚΥΝΣΤΕΟΝ ΚΑΙ ΕΙ ΠΡΕΠΕΙ ΤΩΙ ΚΥΝΩΙ ΜΥΘΟΥΣ ΠΛΑΤΤΕΙΝ). Le passage ne témoigne donc guère de son opinion sur les mythes païens.

[291] Cette idée constitue une des hypothèses fondatrices de la théorie qui voudrait que Socrate ait copié Gélase de Césarée (voir par exemple G.C. HANSEN, *Sokrates*, p. xlv: «Nehmen wir ein so nebensächliches Detail wie das Zerreißen der Seile bei dem vergeblichen Versuch, die Säule aufzurichten [Sokr. 1.20.16].»). Voir P. VAN NUFFELEN, *Gélase*, avec bibliographie et discussion. L'hypothèse de M. WALLRAFF, *Der Kirchenhistoriker*, p. 86, concernant une source païenne supplémentaire en Socr. 1.18.3, nous semble superflue pour les mêmes raisons.

[292] Socr. 1.2-5, 1.14-22, 2.25-34.

2.2 Sozomène

2.2.1 La structure globale de l'*Histoire ecclésiastique* de Sozomène

Sozomène est considéré comme un meilleur auteur si on le compare avec Socrate; il se serait plus soucié que lui de la forme littéraire et de la composition de son histoire[293]. Il est vrai que son récit présente une plus grande unité, grâce à un triple principe de composition: le thème central de l'ouvrage, des thèmes partiels dans les dyades, et le groupement des sujets en de gros blocs narratifs.

Premièrement, le thème central se développe à travers l'ouvrage afin que le lecteur puisse voir la révolution chrétienne s'accomplir. Beaucoup d'attention est portée au début aux mesures impériales favorisant le christianisme et aux «saints hommes» (livres 1-2). Le corps de l'ouvrage, pour sa part, montre comment les forces mettant en péril la transformation du monde (3-4) sont vaincues, d'abord le paganisme (livre 5-6), ensuite les hérésies (6-7). Ce sont surtout les forces humaines mettant en péril l'expansion de la piété, en l'occurrence les hérésies (3-4) et l'esprit querelleur (8), qui attirent l'intérêt de Sozomène. Le livre 9 achève l'ouvrage, en célébrant le succès et la force de la piété.

En second lieu, Sozomène groupe dans sa dédicace ses neuf livres en quatre dyades et un dernier livre[294]. La première dyade couvre le règne de Constantin (324-337), la seconde celui de ses fils (337-361), la suivante les règnes de Julien, Jovien, Valentinien I et Valens (361-378), et la dernière la période à partir de la mort de Valens jusqu'à celle d'Arcadius (378-408). Seul le dernier livre se détache de cette structure dyadique et ne couvre que le règne de Théodose II jusqu'en 439.

L'idée de grouper des livres en dyades n'a aucun but pratique[295]. Il faut donc fournir une autre explication pour ce choix, explication que nous croyons trouver dans le thème central de Sozomène, la révolution

---

[293] J. Bidez — G.C. Hansen, *Sozomenos*, p. xlvii; G. Sabbah dans G. Sabbah — Grillet, *Sozomène*, p. 60-65; H. Leppin, *Von Constantin*, p. 286; Theresa Urbainczyk, *Observations*, p. 355-357; M. Wallraff, *Sokrates*, p. 194; G.C. Hansen, *Sozomenos*, Vol. 1, p. 61-63.

[294] Soz. Déd. 19-21.

[295] La suggestion de M. Wallraff (*Der Kirchenhistoriker*, p. 152 n. 67) que Sozomène a dédoublé les deux premiers livres de Socrate à cause de leur longueur démesurée par rapport aux autres livres, se heurte au problème que les livres 4 et 7 de Socrate sont aussi longs que les deux premiers et n'ont pas été scindés par son successeur (livre 4 de Socrate = livre 6 de Sozomène; livre 7 de Socrate = livre 9 de Sozomène).

chrétienne, se traduisant dans l'accroissement continu du nombre et de la piété des chrétiens. En effet, chaque dyade a un thème commun. La première retrace l'avance grandiose du christianisme sous Constantin[296]. Chaque livre de cette dyade est divisé en deux parties, la première racontant comment progressait le christianisme, la seconde traitant de la querelle arienne[297]. La deuxième dyade, ayant comme sujet la victoire provisoire des ariens, présente aussi une dichotomie. Et ce dans le livre 3, entre les attaques des ariens et la défense des orthodoxes, et dans le livre 4, entre les attaques ariennes et leur victoire provisoire. La troisième dyade, quant à elle, retrace la victoire du christianisme (livre 5) et de l'orthodoxie (livre 6) sur ses persécuteurs. Le livre 5 se termine sur une défaite du judaïsme et du paganisme[298], tandis que le livre 6 s'achève sur la double défaite des hérésies et du paganisme, qui est déclaré pratiquement extirpé[299]. Finalement, le livre 7 termine le récit victorieux par la défaite des hérésies[300], suivi du livre 8 qui raconte alors comment l'esprit querelleur à l'intérieur de l'Église menace la victoire de la piété, en décrivant la crise chrysostomienne. Le neuvième livre est la célébration de la piété exemplifiée par la famille impériale, que nous avons analysé dans le deuxième chapitre[301].

Chaque dyade décrit donc une étape de la révolution chrétienne, accordant une grande unité à l'ouvrage. Sozomène prend soin de souligner ce flot continu de l'histoire par le biais d'un outil technique. Au début de chaque livre, il résume brièvement ce dont il venait de traiter dans le livre précédent[302].

Enfin, à l'intérieur de chaque livre, le matériau est divisé en grands blocs, menant à la division des livres 1-4 et 7 en deux parties, ce que nous venons de signaler. Les livres 5 et 6 se structurent plutôt autour des pôles de persécution et de résistance, alors que dans le livre 8 une tripartition est reconnaissable. Sozomène ne suivait donc pas de schéma strict[303]. Ce choix d'intégrer les données dans de grands blocs donne à son

---

[296] Cf. Soz. 2.34.4.

[297] Voir Appendice I.

[298] Soz. 5.22.

[299] Cf. Soz. 6.35.1: τῶν δ' αὖ Ἑλληνιστῶν μικροῦ πάντες κατ' ἐκεῖνο καιροῦ διεφθάρησαν.

[300] Cf. Soz. 8.1.1.

[301] Cf. ci-dessus p. 144-150.

[302] A. PRIMMER, rec. J.Bidez — G.C.Hansen, Sozomenos, p. 352.

[303] H. LEPPIN, Von Constantin, p. 285-287 cherche, à notre avis en vain, une tripartition dans chaque livre. G. Sabbah (dans G. SABBAH — B. GRILLET, Sozomène, p. 60-61; G. SABBAH, Sozomène, p. 18) propose que les livres soient structurés en pincipe autour de

récit une plus grande impression d'unité, que ne possède pas celui de Socrate. Alors que l'ouvrage de ce dernier se caractérise par une juxtaposition de nombreux atomes narratifs, qui se coagulent en un livre et finalement en un ouvrage, l'histoire de Sozomène possède une unité dynamique. Celle-ci implique l'abandon d'une chronologie rigoureuse au profit de la liberté de l'auteur d'insérer des événements aux endroits appropriés, afin de rendre clair le développement historique, ou bien afin d'intégrer des histoires miraculeuses pour en souligner le caractère divin. À la fois le début de l'ouvrage, où l'histoire de la conversion de Constantin et sa victoire sur Licinius sont racontées, comme si ces événements ont eu lieu après 324, et le dernier livre, que nous avons analysé au chapitre II, en sont des exemples[304].

Cette division en grandes unités permet difficilement de détacher les digressions du récit. Les blocs sur la piété dans le règne de Constantin contiennent beaucoup d'éléments qui se placent, strictement parlant, en dehors du cadre chronologique de ce règne, comme par exemple les miracles dans le Michaélion de Constantinople[305], mais qui illuminent l'abondance de la piété à l'époque. Sozomène nous donne en outre très peu d'indications explicites sur ce qui constitue une digression, à l'encontre de Socrate. Il faut donc nous baser sur les quelques remarques, au début ou à la fin de la digression, du type «il m'étonnait à cet égard …», «j'ai montré …» et «sur ces choses-ci, il nous fallait dire…»[306]. Parfois l'historien se sert de telles expressions pour introduire de brefs commentaires, que nous n'avons pas inclus comme digressions. Nous devons en rester à la définition approximative selon laquelle une digression est un passage relativement long qui tombe en dehors du cadre narratif[307]. La fonction des digressions ainsi délimitées, qui sont assez rares, est très diverse. Elles servent tantôt à fournir des éléments sur sa propre famille[308], tantôt à s'appesantir sur des lieux comme Daphné ou sur des

deux pôles (livre 1 et 2: négatif et positif; 4: Occident et Orient). Dans ce but, il classe les chapitres Soz. 4.2-3, qui traitent d'Athanase et de Paul, c'est-à-dire d'un sujet oriental, comme un sujet occidental. Pour le livre 3, il voit quand même une tripartition. L'analyse du premier livre par G.C. HANSEN, *Sozomenos*, Vol. 1, p. 38-39 est proche de la nôtre.

[304] Voir aussi Soz. 2.3-4, 3.20-22, 5.3-11, 6.35-38, 7.29.
[305] Soz. 2.3.8-13.
[306] Soz. 1.5.2 ἐμοὶ δὲ δοκεῖ; Soz. 5.15.17: ἀλλὰ τῶν μὲν ὕστερον ἐπιμνησθῆναι δεῖ; Soz. 5.19.12: ἀλλὰ ταῦτα μέν, οἷς τούτων μέλει, ἀκριβῶς μυθολογούντων; Soz. 5.21.4: αὐτίκα ἐπιδείξω ἐντεῦθεν; Soz. 6.38.16: οἷα περὶ τοῦ πρώτου παρ' αὐτοῖς ἐπισκοπήσαντος παρειλήφαμεν, ὧδε ἔχει; Soz. 7.18.7: ἐμοὶ δὲ θαυμάζειν.
[307] Voir Appendice I.
[308] Soz. 5.14.14-17.

coutumes sarrasines[309]. Ailleurs, il s'agit d'une réfutation des historiens païens et d'un aperçu des opinions sur la date de Pâques[310].

2.2.2 Les techniques littéraires utilisées par Sozomène

Deux des techniques favorisées par Socrate, les citations bibliques et la *sermocinatio*, sont abandonnées par son successeur.

L'attitude de Sozomène envers la Bible est en effet tout autre que celle qu'avait adoptée Socrate. Tout d'abord, il y fait beaucoup moins de renvois. En deuxième lieu, l'usage en est différent. Il ne s'en sert jamais pour démontrer ou réfuter l'orthodoxie d'un personnage ou d'un acte. Elle constitue pour lui une source d'informations historiques[311], de miracles[312], d'*exempla* panégyriques[313] et de prophéties[314]. Dans sa digression sur les habitudes ecclésiastiques, la Bible fournit aussi, de manière quasi exceptionnelle, des commandements disciplinaires[315]. Bien qu'il caractérise la lecture recommandée de la Bible comme «figurative» et non pas comme littérale[316], aucun rôle spirituel ne lui est explicitement attribué. Par conséquent, les différentes hérésies et les ennemis de Jean Chrysostome peuvent se réclamer d'elle, sans qu'il s'y oppose[317].

Sozomène lésine également beaucoup sur le discours direct. Dans la plupart des cas, il reprend le discours direct de sa source sans trop le modifier; de rares fois, il relate une phrase de sa source en discours direct[318]. Le discours direct n'a guère de fonction propre dans le récit. Bien qu'il surgisse quelquefois dans une histoire miraculeuse[319], son usage semble rarement refléter une intention particulière. Deux fois,

[309] Daphné: Soz. 5.19.5-11; Sarrasins: 6.38.10-16.
[310] Historiens païens: Soz. 1.5; Pâques: Soz. 7.18.7-7.19.12.
[311] Soz. 1.1.1-4, 2.1.4-5, 2.4.2, 5.21.1, 5, 5.21.5, 6.33.4.
[312] Soz. 1.11, 7.27.4.
[313] Soz. Déd. 9-12, 18.
[314] Soz. 1.1.1-3, 2.1.9, 5.21.10, 5.22.5.
[315] Soz. 7.16.11, 7.18.9, 7.18.14. Voir aussi Soz. 2.17.2-3, où Athanase est assimilé à Samuel. Ce chapitre provient pourtant d'Apollinaire fr. 168 et n'est donc pas représentatif de la pratique habituelle de Sozomène.
[316] Soz. 5.22.3: πρὸς θεωρίαν.
[317] Novatiens: Soz. 1.22.2, 8.1.12; homéens: Soz. 4.22.15, 4.29.3-4, 7.5.5; eunomiens: Soz. 7.17.4; Théophile d'Alexandrie: Soz. 8.11.3; Eudoxie: Soz. 8.15.1.
[318] Copiage: Soz. 1.11.3, 1.11.9, 1.17.4, 1.18.3, 1.19.3, 2.7, 2.9-11, 3.16.12-15, 5.4.8-9, 5.11.3, 6.2.7, 7.14.2, 8.1.12-15; création: Soz. 3.3.2, 4.12.2, 5.17.10. Pour les sources de ces passages, voir Appendice V.
[319] Soz. 1.11.10, 1.14.2-3, 1.18.7, 7.27.6-7, 8.5.3.

Théodose I est mis sur le bon chemin par un évêque quand un prêtre anonyme lui montre qu'il serait incorrect de ne pas vénérer le Fils de Dieu,
et quand Ambroise l'incite à se repentir pour le massacre de Thessalonique (388)[320]. Ces deux anecdotes sont racontées partiellement en discours direct, mais puisque nous ignorons les sources de Sozomène en ce
qui concerne ces chapitres, il est fort possible que l'historien ait simplement repris les conversations de sa source en discours direct[321]. Le refus
du médecin Martyrius d'être ordonné diacre, à cause de ses péchés, est
exprimé dans un dialogue avec Nectaire, et expressément loué par Sozomène, ce qui sans doute se réfère à l'attention que l'historien porte au
repentir[322]. La prédiction de sa mort à l'empereur Valens par le moine
Isaac (378) souligne l'importance que l'historien accorde aux prémoni-
tions des saints hommes[323]. À ces quelques exceptions près, Sozomène
s'est rarement servi de la *sermocinatio*.

Avec Socrate, l'historien a en commun qu'il se sert de l'amplification
et du télescopage chronologique; deux autres techniques lui sont caractéristiques, l'accumulation et le commentaire. Nous traiterons successivement de l'accumulation, de l'amplification, du télescopage chronologique et de l'opinion.

2.2.2.1 *L'accumulation*

L'intérêt principal de Sozomène est d'extraire un beau récit de ses
sources, plein de signes divins. Par conséquent, il choisit les éléments de
ses sources qui lui servent à cette fin et non ceux qui lui semblent les plus
crédibles. Il a donc tendance à accumuler des données de différentes
sources, sans vraiment tenir compte de leur valeur historique.

L'exemple suivant illustre l'accumulation. Le chapitre sur la découverte de la Croix est un patchwork de l'Évangile de Jean et des écrits
d'Eusèbe, de Rufin et de Socrate. Sozomène connaît également la
Légende de Judas Cyriacus, mais il doute de sa véracité. Selon la
légende, «un Juif des régions orientales révéla le lieu [de la Croix]
d'après un écrit qu'il tenait de ses pères» mais, critique Sozomène, «les

---

[320] Prêtre anonyme: Soz. 7.6.6; Ambroise: Soz. 7.25.1-2.
[321] Voir aussi Soz. 6.16.6: la réplique de Basile de Césarée devant le préfet; Soz. 8.9.2:
un enseignement de Jean Chrysostome; Soz. 8.15: le dialogue d'Épiphane avec Eudoxie
et les Longs Frères. Pour les sources, voir Appendice V.
[322] Soz. 7.10.1-3. Voir ci-dessus p. 80-81.
[323] Soz. 6.40.1.

choses divines n'ont besoin d'aucune indication de la part des hommes.» C'est «Dieu lui-même qui a décidé de les manifester»[324]. Ainsi, cette critique fondamentale semble invalider l'ensemble de la légende et Sozomène n'y renvoie plus explicitement. Pourtant, il y emprunte encore deux détails, celui de la Croix qui ressuscite un mort et celui de la prophétie de Zacharie 14.20 («ce qui est sur le frein du cheval sera consacré au Dieu tout-puissant») qui est appliquée aux clous de la passion, dont Constantin fit faire un frein de cheval[325]. Le désir de rapporter un miracle et une prophétie supplémentaires s'avère donc plus fort que la critique historique. D'autres exemples abondent dans le même sens[326].

Souvent, c'est la partialité de Sozomène qui dirige l'accumulation. Après le récit des martyrs perses du milieu des années 340, que l'historien situe, comme le fait une partie de la tradition, sous Constantin, il ajoute que Constantin fut attristé et irrité par la persécution. «Il cherchait à leur venir en aide, mais ne savait que faire pourqu'eux aussi vécussent en sécurité. Par accident, vers ce temps, des ambassadeurs du roi des Perses vinrent à lui. Il donna son consentement à leurs demandes et les renvoya ayant mené à leur gré leur affaire. Mais il estima que c'était une bonne occasion de recommander les chrétiens de Perse à Sapor, et il lui écrivit une lettre (…)». La source de Sozomène, la *Vie de Constantin* d'Eusèbe, ne lie point cette lettre à la persécution, qui eut lieu trois ans après la mort de Constantin, mais en fait un témoin des excellentes relations existant entre Constantin et Sapor. Sozomène la transforme en une intervention qui vise à arrêter la persécution[327].

Une fois, Sozomène admet plus ou moins cette pratique. À propos des martyres de l'époque de Julien, il souligne que «pour la clarté, nous avons réuni tous les martyrs et nous les avons racontés ensemble,

---

[324] Soz. 2.1.4: οὐ γὰρ οἶμαι τὰ θεῖα δεῖσθαι τῆς παρ' ἀνθρώπων μηνύσεως, ἡνίκα ἂν δῆλα αὐτὰ τῷ θεῷ δοκῇ γενέσθαι.

[325] Soz. 2.1.8-9. Cf. *Judas Cyriacus (en latin)* 14 p. 271; *Judas Cyriacus (en syriaque)* p. 66/7 et 70/1. Voir P. Van Nuffelen, *Some Remarks*.

[326] Soz. 1.11 (Socrate et une vie de Spyridon); Soz. 2.25 (Rufin et la *Collection alexandrine*); Soz. 3.16 (écrits d'Éphrem, *Historia Lausiaca* de Palladios, et peut-être Grégoire de Nysse, *Vie d'Ephrem* PG 46.824, 833); Soz. 5.15.1-4 (Socrate, Julien, *Epistulae* 110 et 114, et la *Collection alexandrine*); Soz. 5.22 (Julien, *Epistulae* 204, Rufin, Socrate, Grégoire de Nazianze, Jean Chrysostome); Soz. 6.16 (Socrate, Rufin, Grégoire de Nazianze); Soz. 7.4 (Socrate et *Codex Theodosianus*); Soz. 7.25.1-7 (Rufin et une vie inconnue d'Ambroise).

[327] Soz. 2.15.1-2 (citation); Eusèbe, *Vita Constantini* 4.8-13. Cf. G. Sabbah, dans G. Sabbah — B. Grillet, *Sozomène. Livres I-II*, p. 71-72.

bien que chacun ait eu lieu à un moment différent»[328]. Ainsi, l'historien avoue qu'il sacrifie l'ordre chronologique au récit. La phrase trahit aussi la seule limite posée à l'accumulation, en l'occurrence la clarté du récit.

Cela se voit en particulier dans le soin que Sozomène met à éviter la présence de contradictions dans son récit. C'est par exemple très clair à propos des Goths. Puisque l'historien croit déduire d'une source non-identifiée, peut-être Philostorge, que les Goths s'étaient déjà installés au sud du Danube sous Constance II (337-361), il a adapté le récit de Socrate, qui situait leur passage du fleuve sous Valens (364-378), en ce sens[329].

Pourtant, Sozomène n'y réussit pas toujours et plusieurs doublets et contradictions sont repérables. Citons-en quelques exemples. Il semble mentionner deux essais de Valens d'envoyer Basile de Césarée en exil et deux fois le fils de l'empereur tombe malade, car Sozomène copie aussi bien Socrate que Grégoire de Nazianze, qui tous deux mentionnent l'incident[330]. Il raconte deux fois la même anecdote à propos d'un moine — la seule différence étant le nom, respectivement Apollonios et Apollos — car il a consulté à la fois l'*Historia monachorum* grecque et la version latine de Rufin, dont certains manuscrits donnent la seconde forme du nom[331]. Dans le second livre, l'historien dit que les Goths étaient déjà christianisés au sous, ou même avant, Constantin, alors que, dans le sixième livre, leur conversion se situe sous le règne de Constance II[332].

---

[328] Soz. 5.11.12.

[329] Soz. 6.37.6-7. Considérer Sozomène comme une source plus fiable que Socrate (ainsi P. HEATHER, *The Crossing*, p. 303), nous semble donc erroné (cf. N. LENSKI, *The Date*, p. 67-69).

Signalons une correction possible au texte de Socrate tel que G.C. Hansen l'a établi (Socr. 4.33.6, p. 269.16) Selon nous, il ne faut pas omettre la particule δὲ dans τότε {δὲ} καὶ Οὐλφίλας. Le groupe τότε δὲ καί au début d'une phrase se retrouve à trois reprises (quatre si l'on inclut ce cas-ci) chez Socrate (2.27.1, 2.45.17, 4.9.5); τότε καί est par contre absent. La formule est utilisée par Socrate, notamment pour marquer que ce qui suit se situe chronologiquement avant ce qu'il vient de raconter.

[330] Soz. 6.16; Socr. 4.26.17-22; Grégoire de Nazianze, *Discours* 43.48-55; cf. Rufin, *HE* 11.9 p. 1016.5-13.

[331] Apollonios: Soz. 3.14.18-19 (cf. Rufin, *Historia monachorum* 7); Apollos: Soz. 6.29.1-2 (*Historia monachorum* 8). Sur cette question, voir J. BIDEZ — G.C. HANSEN, *Sozomenos*, p. 528; G.C. HANSEN, *Le monachisme*, p. 147.

[332] Soz. 2.6.1-2, 6.37. Voir aussi Soz. 1.21.5 et 2.21.8 (deux versions des causes de l'exil d'Eusèbe et de Théognis en 325; en plus, en 2.16.2 Sozomène avait déjà dit qu'Eusèbe et Théognis avaient été rétablis sur leur siège); Soz. 3.21 (Athanase rentre en 346 et ne convoque pas de synode égyptien) et 4.1.3 (il rentre et convoque un synode égyptien); Soz. 4.4.1 (Athanase s'enfuit en 356) et 4.9.6-8 (Athanase est encore à Alexandrie).

Nous avons déjà noté que le récit de Sozomène est bien plus étoffé que celui de Socrate et qu'il s'est procuré de nombreuses sources supplémentaires par rapport à celui-ci. Par l'ample usage de l'accumulation, nous pouvons voir que ce choix n'est pas inspiré en premier lieu par l'objectivité historiographique; c'est plutôt son désir de mieux souligner le miraculeux et le dramatique dans l'histoire qui en est directement responsable.

2.2.2.2 L'amplification

Comme c'est le cas avec l'accumulation, l'amplification sert surtout à augmenter le caractère dramatique et miraculeux des événements. Par exemple, à propos de l'essai de Valens de chasser Athanase de la cité d'Alexandrie (365), Sozomène insiste plus sur les émeutes que causa cet acte, que ne le fait l'*Histoire acéphale*, sa source pour ce chapitre. Selon lui, l'empereur a été fléchi par les troubles et a permis à Athanase de rester dans la ville, alors que l'*Histoire acéphale* nous dit uniquement que l'empereur a «pris des mesures concernant ces émeutes». De plus, Sozomène termine en soulignant le caractère miraculeux de l'événement, ce qui manque également dans sa source[333]. D'autres exemples sont faciles à trouver: il adapte plusieurs fois la version de Rufin à son goût propre, surtout en y insistant sur l'intervention divine[334]. Par ailleurs, d'autres savants ont déjà constaté que Sozomène adapte et amplifie les données sur les martyrs perses[335] et sur Ambroise de Milan[336].

Son amplification s'approche parfois de l'invention pure. Sozomène dit par exemple qu'aucun porteur du *labarum* n'a jamais été blessé pendant la bataille, ce que sa source, Eusèbe, ne prétend nullement[337]. L'historien aime également spéculer sur les motifs personnels des acteurs dans son histoire, bien que ses sources n'en disent jamais rien. Il s'appesantit,

---

[333] Soz. 6.12.6-12, *Histoire acéphale* 5.1-5: *Hoc enim die, prefectus Flavianus, relatione facta, declaravit consoluisse principes de hoc ipso quod aput Alexandriam motum est.*

[334] Comparez Soz. 1.17 et Rufin, *HE* 10.2; Soz. 2.7 et Rufin, *HE* 10.11; Soz. 2.17.5-10 et Rufin, *HE* 10.15; Soz. 7.24.3-4 et Rufin, *HE* 11.33.

[335] Soz. 2.9-14: cf. P. DEVOS, *Sozomène*, p. 452.

[336] Soz. 7.13 et 7.25, cf. J.-R. PALANQUE, *Saint Ambroise*, p. 420-423; F. TRISOGLIO, *Sant'Ambrogio*, p. 349-350. Voir aussi Soz. 3.14.13 (avec H. BACHT, *Ein Wort*, p. 358); Soz. 5.15.1 (cf. Julien, *Epistulae* 112 et *Histoire acéphale* 3.5); Soz. 6.40.2-5 (par rapport à Socr. 4.38 et Philostorge, *HE* 9.17).

[337] Soz. 1.4.4, Eusèbe, *Vita Constantini* 2.8.1-3. Voir aussi Soz. 3.14.38, où il dit que saint Martin est un συνταγματάρχης, alors que sa source Sulpice Sévère n'en fait qu'un soldat (*Vita Martini* 2.2, 3.5): cf. H. DELEHAYE, *La vie grecque*, p. 403.

entre autres, longuement sur les motifs de Valens et des évêques homéens pour permettre le retour d'Athanase en 366[338].

Dans ce cadre, il nous faut également faire état de l'habitude de Sozomène de suggérer qu'en vérité beaucoup plus qu'il ne raconte est arrivé[339]. Il renvoie, par exemple, à propos du martyre de Martyrius et Marcianus, à des gens qui sont bien au courant et qui pourront raconter plus de miracles que les guérisons qu'il vient de mentionner. Pourtant, la source de Sozomène, le martyre des deux saints, n'en dit rien[340]. L'historien ajoute ainsi des merveilles non-racontées, et sans doute non-existantes, au miracle raconté. Ainsi, Sozomène suggère que la vérité historique est encore plus grandiose qu'il ne l'a décrite.

2.2.2.3 *Le télescopage chronologique*

À l'instar de son prédécesseur, Sozomène se sert du télescopage chronologique. Nous avons déjà analysé, dans le second chapitre, son ample usage de ce procédé dans le neuvième livre[341]. Prenons maintenant un autre exemple[342].

Pour démontrer que le règne de Julien ne plut pas à Dieu, Sozomène signale que pendant son règne «à cause de séismes graves et continuels, de la destruction des maisons et de la masse des abîmes, personne n'osait plus rester à la maison ni en sortir.» En plus, il fait état d'une famine. Il y ajoute aussi le récit du raz de marée qui détruit une partie d'Alexandrie, catastrophe qu'il situe soit sous le règne de Julien (361-363), soit quand l'empereur était encore césar (355-361)[343]. L'historien joint ici l'exagération au télescopage chronologique. Des tremblements de terre ont eu lieu à l'époque, mais ils se situent tous après le règne de Julien (361-363). En particulier le tsunami frappant Alexandrie est à dater le 21 juillet 365. Sozomène feint son incertitude à propos de la

---

[338] Soz. 6.12.13-14. Voir aussi Soz. 6.20.2 (tous les moines et la majorité de la population étaient orthodoxes).

[339] Soz. 2.5.9, 2.14.5, 3.14.8, 3.16.16, 4.27.7, 5.5.10, 6.28.1, 6.31.5, 7.25.8, cf. 6.35.1, 7.17.8.

[340] Soz. 4.3.3; *Passio Notarium BHG* 1028y.

[341] Cf. ci-dessous p. 146.

[342] Voir aussi Soz. 4.10.11-12: Sozomène a comprimé *Histoire acéphale* 2.4-6; Soz. 7.6.7, où il situe *Codex Theodosianus* 16.4.2 (16/6/388) en 380, afin de lier avec la politique théodosienne d'avant le concile de Constantinople (381).

[343] Soz. 6.2.13: τῆς τε γὰρ γῆς συνεχῶς ὑπὸ χαλεπωτάτων σεισμῶν τινασσομένης καὶ τῶν οἰκημάτων ἐρειπομένων καὶ πολλαχοῦ χασμάτων ἀθρόων γινομένων οὐκ ἀσφαλὲς ἦν οἴκοι οὔτε αἰθρίους διατρίβειν.

date du raz de marée à Alexandrie, car à la fois Socrate et la *Vie d'Hilarion*, deux sources qu'il a consultées, le situent après la mort de Julien[344].

L'origine de ce téléscopage chronologique est l'*Épitaphios* de Libanius, qui veut démontrer comment toute la terre exprima sa rancune à la mort de Julien[345]. Dans ce but, le rhéteur antiochien comprime les catastrophes naturelles survenues dans le lustre après le décès de l'empereur et les décrit comme un groupe d'événements survenus immédiatement après sa mort[346]. Sozomène renchérit là-dessus en situant les catastrophes au cours du règne même de Julien et, de plus, il en exagère l'ampleur, inventant même une famine. Alors que, pour Libanius, le deuil divin doit s'exprimer après la mort de l'Apostat, pour Sozomène, la rage de Dieu doit s'arrêter avec celle-ci.

La chronologie est donc un outil dont l'usage qu'en fait Sozomène est ambigu. Tantôt il s'en sert pour réfuter les mensonges païens et hérétiques[347], tantôt il souligne l'importance d'un événement en donnant sa date précise[348]. D'autres fois, par contre, elle est consciemment sacrifiée à l'état d'âme de Dieu.

2.2.2.4 *Le commentaire*

L'auteur peut également intervenir sans couvert dans son récit, en émettant des hypothèses, en commentant les événements ou en suggérant une interprétation particulière. C'est surtout en utilisant les expressions οἶμαι[349] et, moins fréquemment, ὡς συμβάλλω[350] que Sozomène introduit sa propre opinion dans le récit.

Cette technique sert aussi à diriger l'interprétation du lecteur vers le providentialisme. Citons deux exemples: d'abord, à propos de l'ordination d'Athanase, Sozomène écrit: «Cependant j'estime, quant à moi, que

---

[344] Socr. 4.3.3; Jérôme, *Vita Hilarionis* 29.1.

[345] Libanius, *Discours* 18.292-293. Sozomène peut s'être également inspiré de Grégoire de Nazianze, *Discours* 5.24.

[346] Nous situons la rédaction de Libanius, *Discours* 18 peu après octobre 368 (voir P. Van Nuffelen, *Earthquakes*) et non pas avant le 21 juillet 365, comme le fait, entre autres, H.-U. Wiemer, *Libanios*, p. 264, 296.

[347] Voir ci-dessus p. 255.

[348] Soz. 7.5.7: les ariens sont chassés de Constantinople; Soz. 7.12.2: le synode de Constantinople 383.

[349] L'expression est trop fréquente pour en donner une liste exhaustive, voir par exemple dans le cinquième livre: Soz. 5.1.9, 5.7.8, 5.15.14, 5.18.5, 5.19.1, 5.20.7.

[350] Soz. 1.12.11, 3.13.5, 5.2.23, 5.10.7, 5.11.8, 5.15.14, 6.2.14, 6.34.7.

ce n'est pas sans le secours de Dieu que cet homme parvint au pontificat suprême, car il était à la fois bon orateur et intelligent, et capable de s'opposer aux embûches, tel surtout que l'exigeait le temps où il vécut»[351]; puis, bien qu'il ignore le déroulement exact de l'élection de Nectaire de Constantinople, une chose est sûre: «Je suis convaincu que l'événement n'eut pas lieu sans la volonté divine (οὐκ ἐκτὸς θείας ῥοπῆς). Car en considérant le déroulement extraordinaire de l'élection et les événements ultérieurs, je suis sûr que Dieu accordait le siège au plus doux, excellent et bon candidat»[352]. Sozomène fait de même à de nombreux endroits[353].

À d'autres moments, il émet des hypothèses corroborant le caractère qu'il a brossé des ennemis de l'Église. Il écrit, par exemple, que Julien contournait Édesse «peut-être à cause de sa haine pour la population» entièrement chrétienne. C'est une hypothèse qui ne trouve aucun support dans sa source pour ce passage, en l'occurrence Libanius; elle s'accorde néanmoins bien avec le portrait esquissé de Julien dans son *Histoire ecclésiastique*, où sa haine du christianisme est le motif directeur de ses actes[354]. D'autres fois, c'est pour exonérer des héros que Sozomène intervient. Selon lui, Diodore de Tarse, qui avait proposé Nectaire pour le siège de Constantinople, ignorait que son candidat ne fût pas baptisé. À son avis, il est impossible qu'un saint homme comme Diodore violerait à bon escient les canons ecclésiastiques[355].

Socrate a suggéré par la composition de son ouvrage que la nature même des hérésies, le désir d'innovation, entraîne leur propre éclatement continuel. Sozomène accepte cette idée et l'exprime ouvertement.

---

[351] Soz. 2.17.5: ἐγὼ δὲ πείθομαι τὸν ἄνδρα τοῦτον οὐκ ἀθεεὶ παρελθεῖν ἐπὶ τὴν ἀρχιερωσύνην, λέγειν τε καὶ νοεῖν ἱκανὸν καὶ πρὸς ἐπιβουλὰς ἀντέχειν, οἵου μάλιστα ὁ κατ' αὐτὸν ἐδεῖτο καιρός.

[352] Soz. 7.8.8: πείθομαι γε μὴν οὐκ ἐκτὸς θείας ῥοπῆς ἐπιτελεσθῆναι τὸ συμβάν, καὶ εἰς τὸ παράδοξον τῆς χειροτονίας ἀφορῶν καὶ ἐκ τῶν μετὰ ταῦτα σκοπῶν, ὡς ἐπὶ πραότατον καὶ καλὸν καὶ ἀγαθὸν ταυτηνὶ τὴν ἱερωσύνην ὁ θεὸς ἤγαγεν.

[353] Soz. 1.4.2, 1.11.4, 1.11.8, 2.1.4, 2.2.3, 2.17.1, 2.17.5, 2.24.1, 2.27.11, 2.30.5, 2.34.4-6, 3.5.8, 3.18.4, 3.19.1, 4.20.8, 5.4.6, 5.6.3-4 (usurpant les idées de Palladios, *Historia Lausiaca* 63), 5.7.4 (copiant Socr. 3.3.1), 5.7.8, 5.10.6, 5.12.4, 5.19.1, 5.20.4, 5.20.7, 5.22.2-3, 6.2.1-2, 6.12.14, 6.16.10, 6.21.6, 6.29.29, 6.32.4, 6.34.6, 6.35.8-11, 6.38.15, 7.7.7, 7.8.6-8, 7.16.10, 7.18.7, 7.19.1, 7.27.4, 7.27.8, 7.29.3, 8.2.10, 8.9.6, 8.17.5, 9.1.2, 9.1.9, 9.2.7, 9.3.3, 9.16.1.

[354] Soz. 6.1.1 (παραδραμών τε τὴν Ἔδεσσαν διὰ μῖσος ἴσως τῶν ἐνοικούντων, ἐπεὶ ἀρχῆθεν πανδημεὶ χριστιανίζειν ἔλαχεν ἥδε ἡ πόλις); Libanius, *Discours* 18.214-215. Selon Zosime (3.12.2), Julien passait bien par Édesse, mais il s'agit là d'une erreur pour Batnae (F. PASCHOUD, *Zosime*, Vol. 3.1, p. 106). Voir à propos de Julien aussi Soz. 5.2.18, 5.2.23, 5.7.4, 5.10.7.

[355] Soz. 7.8.6-7.

L'aspect rhétorique que ce thème peut assumer est illustré par le commentaire suivant, que Sozomène a situé entre le récit de la querelle entre Eudoxios et Macédonius et celui de la naissance des pneumatomaques: «Cependant la doctrine nouvelle, à mesure qu'on l'approuvait, progressait encore davantage et tendait à toujours plus d'innovations; elle se faisait arrogante et, méprisant les traditions, posait ses lois propres. Elle n'acceptait pas d'avoir les mêmes opinions théologiques que les anciens, mais en méditant toujours des dogmes insolites, elle ne cessait de favoriser du plus nouveau que le nouveau, comme précisément il arriva à ce moment même»[356]. L'arianisme se perd ainsi dans l'engouement pour la nouveauté.

2.2.3 Bilan: la composition de l'*Histoire ecclésiastique* de Sozomène

L'étude de la composition de l'*Histoire ecclésiastique* de Sozomène nous confirme la présence de plusieurs traits que nous avons déjà pu constater ailleurs. Ainsi, que l'historien n'hésite pas à inventer des sources, qu'il n'a pas de remords à introduire des éléments fictifs dans son récit. Nous avons signalé l'amplification qui se rapproche de l'invention, et le sacrifice conscient de la chronologie. Et lorsqu'il ne l'invente pas, Sozomène cherche en tout cas à souligner l'aspect miraculeux des événements. La présence intense de l'historien dans son récit est soulignée par le fait qu'il exprime son opinion au milieu du récit, ce que fait beaucoup moins Socrate[357], qui, quant à lui, préfère se manifester dans les digressions.

2.3 BILAN GÉNÉRAL: LA COMPOSITION DES *HISTOIRES ECCLÉSIASTIQUES* DE SOCRATE ET DE SOZOMÈNE

Ni Socrate ni Sozomène ne se limitent à copier simplement leurs sources en y insérant des interventions minimales. On a parfois tendance à

---

[356] Soz. 4.26.5: ἡ δὲ καινότης ἐπαινουμένη ἔτι μᾶλλον ἐπεδίδου καὶ πρὸς νεωτερισμὸν εἶρπεν, ἀπαυθαδιαζομένη τε καὶ τῶν πατρικῶν ὑπερφρονοῦσα ἰδίους ἐτίθει νόμους. καὶ τὰ αὐτὰ τοῖς ἀρχαιοτέροις περὶ θεοῦ δοξάζειν οὐκ ἠξίου ἀεὶ δὲ ξένα περινοοῦσα δόγματα οὐκ ἠρέμει τῶν καινῶν καινοτέροις σπουδάζουσα, ὥσπερ δὴ καὶ νῦν συνέβη. Voir aussi Soz. 3.5.8, 3.13.4-5, 6.25.14.
[357] Socr. 1.25.9, 2.38.17, 2.40.21, 2.40.27-29, 2.43.15, 3.1.58-59, 3.10.12-13, 3.21.14-16, 4.4.6, 5.10.2, 5.19.10, 7.6.7-9, 7.27.5.

sous-estimer les historiens de l'Église à cet égard, et tout particulièrement Socrate. Certains ont justifié ce prétendu constat par la thèse selon laquelle un historien de l'Église se croirait «a passive mouthpiece» de l'histoire[358]. Sans vouloir nier le fait qu'il y a bien des endroits où Socrate et Sozomène ne font que reprendre ce que disent leurs sources, nous avons vu que leurs interventions sont nombreuses et importantes. Nous les avons étudiées sur deux niveaux.

Il y a en premier lieu la structure globale de l'ouvrage. Dans le second chapitre, nous avons décrit les théologies de l'histoire que colportent les *Histoires ecclésiastiques* de Socrate et de Sozomène. Chez le premier, il s'agit de l'idée d'une paix perturbée qu'on essaie de regagner, alors que l'autre voit une révolution mondiale s'accomplir. Les deux historiens agencent les événements dans un récit dont la structure soutient la tendance posée par la théologie.

Le second niveau est celui des techniques avec lesquelles les historiens adaptent leurs sources à leurs opinions. On y constate un mélange d'éléments classiques et particuliers. Socrate, par exemple, se sert beaucoup de la *sermocinatio*, une technique conseillée par les manuels rhétoriques. Il en va de même pour l'amplication. Les deux historiens ont recours au téléscopage chronologique afin de dramatiser le récit, une technique dont, par exemple, un rhéteur tel que Libanius se sert également[359]. D'autre part, Socrate utilise des citations bibliques pour critiquer ou louer des actes et des personnes, ce qui pour un auteur classique est évidemment inimaginable. Il est aussi très exceptionnel de trouver un auteur aussi présent dans son récit que l'est Sozomène, qui exprime souvent son opinion et qui dirige ainsi explicitement l'interprétation de ses lecteurs.

Le passage des sources au récit n'est donc nullement passif. En effet, la présentation des événements porte clairement les traces des intentions et du caractère de l'historien. Socrate se sert, par exemple, des techniques discutées pour défendre les novatiens et pour s'en prendre à Jean Chrysostome; Sozomène en use pour discréditer les hérétiques ou Julien. On pourrait qualifier Socrate d'auteur plus théologique que son successeur. Il est vrai qu'il aime les renvois bibliques afin de mettre en évidence ses idées, et il a aussi introduit des idées théologiques là où ses sources n'en disent rien. Sozomène, pour sa part, sacrifie le tout pour un beau conte parsemé de miracles.

---

[358] M. WHITBY, *The Emperor Maurice*, p. 42-43.
[359] Libanius, *Discours* 18.292-293.

3. La causalité

Il nous reste à analyser la dernière phase que nous avons distinguée à l'intérieur de la méthode historique. L'historien doit expliquer les causes des événements, c'est-à-dire répondre à la question «qu'est-ce qui dirige l'histoire?» Dans l'historiographie chrétienne, l'aspect capital de cette problématique est la relation entre l'homme et Dieu. Aspect primordial, certes, mais non le seul. À côté de ce rapport fondamental, les historiens de l'Église reconnaissent d'autres facteurs qui influencent le déroulement des événements. Il s'agit notamment des structures humaines et sociales (la psychologie individuelle et de masse) et du mal dans ses innombrables formes.

Notre approche est en premier lieu phénoménologique. Nous décrirons quels sont les facteurs que Socrate et Sozomène voient à l'œuvre dans l'histoire et quels termes ils utilisent. Dans une seconde phase, nous essayons d'y reconnaître une certaine cohérence ou, le cas échéant, de constater l'absence d'une théorie causale. Cette approche prudente, qui privélégie la description à la conceptualisation, est inspirée par deux constats.

Premièrement, un trait fondamental de l'ensemble de l'historiographie antique est le fait que la causalité reste floue et équivoque. Aucune des théories antiques sur la providence n'a, par exemple, pu être appliquée telle quelle dans une histoire[360]. Il ne nous semble pas *a priori* avoir été démontré que les chrétiens ont mieux réussi à transposer les théories de leurs théologiens au sein de leurs histoires. Cela ne veut pas pour autant dire qu'un historien ne peut pas emprunter des idées et s'inspirer de concepts, mais l'observateur moderne doit faire attention à ne pas lire une parfaite cohérence dans les énoncés des historiens.

Le second problème vient du fait que l'on a souvent tendance à simplifier la causalité chrétienne. On prétend, par exemple, que la seule activité divine compterait chez les chrétiens, qui réduiraient l'histoire à la mise en œuvre d'un plan divin[361]. Ou bien il s'agirait en premier lieu de la synergie entre le libre arbitre et Dieu qui détermine le déroulement des événements[362]. Pour d'autres, la rétribution (Dieu punissant le malfaiteur)

---

[360] C.W. Fornara, *The Nature of History*, p. 77-81; P. Veyne, *La Providence stoïcienne*, p. 573-574. Sur Ammien, voir les remarques de R.C. Blockley, *Ammianus Marcellinus*, p. 175-176. Sur Aurélius Victor, voir H.W. Bird, *Sextus Aurelius Victor*, p. 81-90. À propos de Procope de Césarée, voir M.A. Elferink, *TYXH et Dieu*, p. 133-134; Averil Cameron, *Procopius*, p. 145.

[361] G. Downey, *The Perspective*, p. 69; Lellia Cracco Ruggini, *The Ecclesiastical Histories*, p. 124.

[362] G.F. Chesnut, *The First Christian Histories*, p. 89.

serait la théorie principale par laquelle les chrétiens expliqueraient l'histoire[363]. Selon un autre avis encore, l'histoire serait une lutte entre Dieu et le mal[364]. Cela revient non seulement à schématiser excessivement les idées des historiens, mais aussi à oublier les autres facteurs, comme, par exemple, la psychologie individuelle et de masse, à qui Socrate et Sozomène accordent une certaine valeur.

Nous débuterons par l'étude de la relation entre l'homme et Dieu, avant d'aborder le rôle que Socrate et Sozomène ont attribué aux structures humaines ainsi qu'au diable.

3.1 SOCRATE

3.1.1 La relation entre l'homme et Dieu chez Socrate

Chez Socrate nous rencontrons deux idées principales: l'influence du péché humain sur les événements mondiaux et la providence divine. En plus, vers la fin de son *Histoire ecclésiastique*, il souligne également la façon dont Dieu réagit sur les prières.

3.1.1.1 *Le rôle cosmique du péché*

Dans sa préface du cinquième livre, Socrate constate que des troubles de l'Église font souvent suite à des problèmes issus du cœur de l'Empire, ou vice versa. En voilà selon lui l'origine: «Je ne crois pas que cette succession de maux soit due à une coïncidence. D'après moi, ils trouvent leur cause dans nos péchés et les maux arrivent pour les punir, comme le dit l'apôtre: 'Il y a des hommes dont les péchés sont d'avance évidents, en étant jugés, chez d'autres ils ne le seront qu'ensuite'»[365]. En identifiant l'origine des troubles impériaux ou ecclésiastiques aux péchés humains, un lien immédiat est établi entre la moralité personnelle et les

---

[363] G.W. TROMPF, *Early Christian Historiography*, p. 216-220. Cf. la critique de Theresa URBAINCZYK, *Socrates*, p. 94-98.

[364] R.L. MILBURN, *Early Christian Interpretations*, p. 146; G. EBELING, *Studium*, p. 72; G.F. CHESNUT, *The First Christian Histories*, p. 103; D. TIMPE, *Was ist Kirchengeschichte?*, p. 190-191; J.J. VAN GINKEL, *John of Ephesus*, p. 185.

[365] Socr. 5.pr.5: ὥστε με τὸ διάδοχον τούτων μὴ ἔκ τινος συντυχίας γενέσθαι νομίζειν, ἀλλ' ἐκ τῶν ἡμετέρων πλημμελημάτων λαμβάνειν τὰς ἀρχάς, τιμωρίας δὲ ἕνεκεν ἐπιφέρεσθαι τὰ κακά, εἴγε κατὰ τὸν ἀπόστολον 'τινῶν ἀνθρώπων αἱ ἁμαρτίαι πρόδηλοί εἰσιν, εἰσάγουσαι εἰς κρίσιν, τισὶν δὲ καὶ ἐπακολουθοῦσιν'. Cf. 1 Tm 5.24.

événements mondiaux. Ce lien direct n'est pourtant guère perçu par les acteurs de l'histoire, puisque Socrate se plaint qu'ils ne se laissent pas détourner de leurs méfaits, même pas par des tremblements de terre ou des insurrections[366].

L'idée d'un lien existant entre péchés personnels et événements historiques est perceptible dans le rôle que Socrate attribue à la moralité de ses personnages. Ce sont toujours des hommes d'une moralité déficiente qui provoquent les troubles. Les ambitieux, les querelleurs, les méchants, les ignorants, voilà ceux qui causent la dispute et la guerre[367]. Le caractère de Jean Chrysostome est rendu partiellement responsable de ce qui lui arrive[368]; Sarapion, son acolyte, souffre du même mal[369]. Heureusement, il existe aussi des hommes d'une autre carrure. Des personnalités fortes, dotées d'une éthique exceptionnelle, peuvent attirer des îlots de paix sur eux et parer les calamités. Athanase en est un exemple, lui qui passa ses dernières années en paix (366-371)[370]. Constantin, quant à lui, fit de son mieux pour mettre fin à la querelle arienne, et Proclos de Constantinople réunit l'église constantinopolitaine en transférant le corps de Jean Chrysostome du Pont à la capitale (438). Leurs actions se sont traduites en une disparition lente des divisions, des guerres et des querelles[371]. La paix qui s'annonce à la fin de l'histoire de Socrate est donc liée à la qualité des hommes de l'époque, et surtout à celles des dirigeants ecclésiastiques et politiques[372].

---

[366] Socr. 4.11.5-7, 6.6.41. Ces passages montrent que Socr. 5.pr.5 n'est pas une «völlig singuläre Stelle», comme le dit M. WALLRAFF, *Der Kirchenhistoriker*, p. 262.

[367] Querelleurs: Socr. 1.5.1, 2.40.21, 7.31.6; méchants: Socr. 7.4.6; ignorants: Socr. 7.32.10.

[368] Socr. 6.3.12-14, cf. Socr. 6.16.4.

[369] Socr. 6.11.14 (ajouté par Socrate par rapport à sa source). Voir aussi Socr. 6.13.1, 7.45.5 (les ennemis d'Origène), 7.29.6, 7.32.10 (Nestorius).

[370] Socr. 4.20.

[371] Constantin: Socr. 1.8.1, 1.10.1; Proclos: Socr. 7.45.2-4. Voir aussi par exemple Socr. 4.11.8 (Basile de Césarée et Grégoire de Nazianze), 5.10.3, 5.18.3-12 (Théodose I, avec la remarque de R.M. ERRINGTON, *Christian Accounts*, p. 405).

[372] Cf. les descriptions des différents personnages à la fin du septième livre. Proclos: Socr. 7.45.1, 7.45.6; Paul: Socr. 7.46.5; Marcien: Socr. 7.46.9; Théodose II et Eudocie: Socr. 7.47; Thalassios: Socr. 7.48.4. Voir F. WINKELMANN, *Kirchengeschichtswerke*, p. 174; R.M. ERRINGTON, *Christian Accounts*, p. 405. Nous ne voyons pas comment l'attention que porte Socrate au péchés humains peut être expliquée par la tournure biographique de l'historiographie classique à partir du deuxième siècle, comme le suggère T. HIDBER, *Eine Geschichte*, p. 56-57.

Nous ne croyons pas que Socrate préfère comme évêques des hommes politiques, comme l'écrit H. LEPPIN, *Von Constantin*, p. 230-231. L'historien attend à la fois des évêques et des politiciens une moralité excellente.

Ce modèle n'est pas identique à celui de la rétribution, où Dieu punit les malfaiteurs et les pécheurs, un modèle auquel Socrate adhère quelques rares fois[373]. Une double différence est à observer. Premièrement, chez Socrate, la punition ne frappe pas directement le pécheur, car le résultat des péchés des constantinopolitains peut être une invasion perse dans l'empire ou un exil supplémentaire d'Athanase d'Alexandrie. D'autre part, la relation exacte entre le péché et les événements reste trouble. Socrate ne dit pas explicitement que Dieu est l'auteur de la punition; il semble également possible que l'homme, en se tournant vers les forces du mal, leur donne la voie libre. Le mécanisme liant le péché et les troubles est donc obscur.

Socrate n'est pas le seul à voir dans les péchés humains une cause d'événements de niveau mondial. Citons deux exemples. Jérôme souligne dans plusieurs de ses lettres que l'empereur n'est pas responsable des calamités survenues dans l'empire, mais que la responsabilité incombe aux péchés des chrétiens[374]. Selon Timothée Aulure, la mort de Théodose II fut causée par les fautes des croyants[375].

3.1.1.2 *La providence divine*

Socrate se sert d'un deuxième terme pour traiter de la causalité historique: la providence divine. Après son exposé sur les origines du manichéisme, Socrate dit ignorer pourquoi Dieu a permis la naissance et le développement de telles doctrines perverties. Quelle qu'en soit la cause, dit-il, «notre but n'est pas d'exposer des dogmes ni de tenir des discours difficiles sur la providence et le jugement de Dieu, mais de raconter, aussi bien que nous en sommes capables, l'histoire des événements ecclésiastiques»[376]. De la sorte, la théorie de la providence est rangée parmi des questions n'ayant pas immédiatement trait à la tâche d'un historien. Ce n'est point une négation du rôle de la providence; bien au contraire, on voit que Socrate défend son existence face aux épicuriens[377].

---

[373] Socr. 4.11.2, 4.16.7, 6.19.8, 7.20.11. À l'exception du dernier passage, Socrate attribue l'idée de la rétribution à d'autres personnes. Il ne la considère donc en principe pas comme une bonne explication des événements.

[374] Jérôme, *Epistulae* 60.16-17, cf. 128.5.

[375] Timothée Aulure, *HE* apud Jean Rufus, *Plérophories* p. 83.

[376] Socr. 1.22.14: οὐ γὰρ δόγματα πρόκειται γυμνάζειν ἡμῖν οὔτε τοὺς περὶ προνοίας καὶ κρίσεως τοῦ θεοῦ δυσευρέτους λόγους κινεῖν, ἀλλ' ἱστορίαν γεγονότων περὶ τὰς ἐκκλησίας πραγμάτων ὡς οἷόν τε διηγήσασθαι. On peut comparer ce passage à Procope, *Bella* 2.10.4-5, 2.22.1.

[377] Socr. 3.16.11.

La providence divine possède les traits suivants chez Socrate: elle est une force qui intervient de façon ponctuelle dans l'histoire, toujours en faveur du christianisme, que ce soit dans la guerre[378], dans les querelles doctrinales[379], à propos de la conversion de non-chrétiens[380] ou à travers des miracles[381]; il est souvent difficile pour Socrate d'en apercevoir l'intervention et d'en définir la nature. L'historien y renvoie à plusieurs reprises avec la formule indéfinie τις πρόνοια, «une certaine providence»[382]. Son activité n'est pas univoque. Tantôt elle permet la souffrance humaine afin que d'autres soient sauvés, et tantôt elle préserve de la persécution des figures comme Basile de Césarée ou Athanase[383]. Elle peut ainsi agir soit à long terme, soit par une intervention subite[384]. Cette interprétation de la providence comme force d'intervention sporadique est habituelle dans l'historiographie de l'époque, à la fois païenne et chrétienne[385]. En cela, la position de Socrate n'est donc pas exceptionnelle.

La providence est évidemment liée à Dieu avec une grande proximité. Dans le récit de l'insurrection de Gaïnas, «Dieu» et «providence divine» sont des termes interchangeables[386]. L'action divine, également sporadique et parfois mal perceptible, est pratiquement identique à celle de la providence[387].

Une seule fois, Socrate a utilisé le terme πρόνοια dans un autre sens, celui de l'ordre naturel ou cosmique établi par Dieu. Il relate que la crue du Nil ne s'arrêtait pas après que la coudée mesurant la hauteur de l'eau eut été transportée du Sérapéion à l'église d'Alexandrie, ce qui montre, selon l'historien, que la crue annuelle n'est pas due «à la religion, mais à l'ordre naturel» (διὰ τοὺς ὅρους τῆς προνοίας)[388].

---

[378] Socr. 4.36.2, 5.10.3, 6.6.1, 6.6.18, 6.6.31, 7.20.8, 7.43.7.

[379] Socr. 1.29.1, 1.29.5, 4.26.1.

[380] Socr. 1.16.4, 1.20.15-17, 5.17.9.

[381] Socr. 1.20.15-17.

[382] Socr. 1.20.1, 1.29.1, 4.11.8, 4.20.1, 4.36.2, 5.10.3, 7.20.8.

[383] Souffrance: Socr. 4.24.11; Basile: Socr. 4.11.8; Athanase: Socr. 4.20.1.

[384] Long terme: Socr. 1.22.14, 4.24.11, 5.17.9; intervention: Socr. 6.6.1, 6.6.18.

[385] Par exemple Hérodien 2.9.7, 2.15.6, 3.3.8; Zosime 5.5.8, 5.24.8, 5.51.2; Agathias, *Historiae* pr. 2, 3.24.5, 3.24.7; *Vita Danielis Stylitae* BHG 489.96 p. 90.1-2.

[386] Socr. 6.6.1 (δεικνὺς ἡ τοῦ θεοῦ πρόνοια), 6.6.18 (ὁ θεὸς πρόνοιαν ἐποιεῖτο), 6.6.31 (πάλιν τῆς τοῦ θεοῦ προνοίας θαυμαστὸν ἔργον).

[387] Voir ci-dessous p. 299.

[388] Socr. 1.18.3. C'est par exemple aussi le sens d' ὅρος τῆς προνοίας utilisé par le philosophe Proclos (*In Rempublicam* 2.99.30, 2.100.19). L'interprétation de M. Wallraff que Socrate opposerait dans cette phrase «*threskeia* als das 'klassische' Modell religiöser Kultfrömmigkeit (…) und *pronoia* als das 'modern-intellektuelle' Prinzip transzendenter Weltdurchwaltung und Ausdruck des göttlichen Heilsplan, das dem Menschen grundsätzlich entzogen und übergeordnet ist» (*Der Kirchenhistoriker*, p. 265-266) nous semble trop recherchée.

Après cette étude phénoménologique de l'usage de la providence chez Socrate, il nous reste d'aborder la question de savoir si ses énoncés sont l'application pratique ou non d'une théorie de la providence, telle que des théologiens comme Théodoret de Cyr l'ont développée. Socrate a-t-il une théorie particulière de la providence? Les savants ont tendance à répondre par l'affirmative et à identifier la providence au «plan divin» qui mène les hommes au but de l'histoire[389].

Nous n'en sommes pas aussi sûr. Pour le démontrer, il faut tenir compte de deux éléments.

Tout d'abord, Socrate refuse explicitement de discuter les théories courantes de la providence, théories qu'il qualifie de «difficile à examiner» (δυσεύρετος). Il ne s'agit pas d'un simple refus de discuter des questions absconses qui n'appartiennent pas vraiment à une *Histoire ecclésiastique*; ailleurs dans son ouvrage, Socrate dit ignorer pourquoi la providence laisse arriver tel ou tel événement[390]. L'historien affirme donc bel et bien l'existence de la providence, mais aussi d'ignorer son fonctionnement et son but.

Cet écart entre une théorie de la providence et son usage dans un ouvrage historique n'est pas unique; voilà le deuxième élément. Déjà les théories classiques, par exemple celles des stoïciens, n'ont pas pu être simplement transposées en histoire. Étant conçues à partir d'une contemplation de l'ordre du *kosmos*, elles ne pouvaient être facilement muées en une théorie causale de l'histoire[391]. On peut faire le même constat en examinant les théories chrétiennes. La providence y est souvent comprise comme l'affirmation de l'ordre naturel et social créé par Dieu[392]. La bonté divine garantit que cet ordre a un caractère positif pour l'homme, à condition que celui-ci respecte les commandements divins. Dès lors, les perturbations de l'ordre, en l'occurrence les maux et les souffrances, sont comprises comme une pédagogie du pécheur, afin qu'il rejoigne la voie du salut[393]. Lorsqu'aucun péché n'est perceptible immédiatement, on fait

---

Il n'est d'ailleurs pas correct de dire que ce passage de Socrate est indépendant d'Eusèbe et de Rufin (M. WALLRAFF, *Der Kirchenhistoriker*, p. 86 n. 285). Socrate semble avoir combiné Eusèbe, *Vita Constantini* 4.25 et Rufin, *HE* 11.30.

[389] H. LEPPIN, *Von Constantin*, p. 210; M. WALLRAFF, *Der Kirchenhistoriker*, p. 265.

[390] Socr. 1.22.14, 4.24.11, 5.17.9.

[391] Le seul à s'approcher d'une véritable théorie de la causalité historique semble avoir été le philosophe-historien Posidonius: cf. D.E. HAHM, *Posidonius' Theory*, p. 1358-1360.

[392] Origène, *Contre Celse* 8.67, *De principiis* 2.1.1-2; Basile de Césarée, *Hexaemeron* 5.1; Synésius, *De providentia* 102b-d; Théodoret, *De providentia* 1-6. C'est déjà un trait du providentialisme antique: cf. par exemple Sénèque, *De beneficiis* 4.18.2-4, 6.23.3-4.

[393] Grégoire de Nysse, *Contra fatum* p. 52-56; Énée de Gaza, *Theophrastus* PG 85.932-933.

appel à l'incompréhensibilité du dessein divin, en faisant valoir que les souffrances ont un but qui nous reste inconnu[394]. Dans cette perspective, la providence est liée en premier lieu à l'ordre de la création et de la société, et non pas à l'évolution de l'histoire[395]. Certes, en écrivant une histoire, on peut constater quelques interventions de la providence, mais elles ont trait à l'ordre de la société et à son rétablissement. Une telle conception de la providence est fondamentalement statique.

Une théorie de la providence développée sur la base de la nature et de la société ne peut pas être facilement transposée en l'histoire. Nous en avons un exemple dans le cas de Théodoret de Cyr. Dans ses *Discours sur la providence* et dans le sixième chapitre de la *Curatio*, il développe une théorie qui comprend la providence comme l'ordre naturel et social créé par Dieu[396]. On voit dès lors que dans son *Histoire ecclésiastique*, Théodoret utilise le terme «providence» uniquement dans des documents cités ou dans le sens neutre de «soin d'une personne pour une tâche»[397]. Il n'est donc pas étonnant que l'évêque de Cyr ne s'en serve pas dans son histoire[398]. Une providence, qui est comprise en premier lieu comme un concept statique et qui exprime l'ordre de la société, est difficilement applicable dans une histoire, où, selon Théodoret, il n'est pas question d'ordre mais d'une lutte interminable entre le bien et le mal.

Ces deux éléments, la réticence de Socrate de monter au niveau théorique et l'écart entre une interprétation statique de la providence et son application en histoire, doivent retenir notre esprit critique afin de se garder de lire une théorie dans l'usage de la providence chez Socrate. Tout en étant évidemment lié aux concepts théologiques, le terme «providence divine» chez Socrate signifie avant tout la reconnaissance du fait que Dieu prend soin de ceux qui croient en lui. Un soubassement plus théorique ne peut pas être déduit de son *Histoire ecclésiastique*. Il est impossible de trouver chez Socrate un indice quelconque indiquant que la providence mènerait l'histoire vers un certain but. Elle protège uniquement des personnes ou la cité de Constantinople, elle chasse des ennemis, ou

---

[394] Basile de Césarée, *Epistulae* 5-6; Jean Chrysostome, *De providentia* 2.1, 6.21, 8.14, 9.7, 10.16.

[395] Cf. N. AUJOULAT, *Le De providentia*, p. 67-70; J. KÖHLER, art. *Vorsehung*, col. 1209-1210. Pour la littérature apologétique, voir Silke-Petra BERGJAN, *Der fürsorgende Gott*, p. 333-336.

[396] Cf. aussi Théodoret, *Haereticarum fabularum compendium* 5.10.

[397] Cf. Théodoret, *HE* 1.3.10, 5.28 (intitulé).

[398] Malgré ce que dit M. WALLRAFF, *Der Kirchenhistoriker*, p. 270.

encore elle permet un moindre mal afin d'éviter un désastre plus grand ou afin de favoriser le bien.

3.1.1.3 *L'action divine*

Socrate se sert d'un troisième cas de figure selon lequel Dieu intervient immédiatement dans l'histoire. Il est remarquable que les exemples soient principalement concentrés dans le septième livre où sept des onze occurrences se retrouvent[399]. L'évêque novatien Paul réussit, par exemple, par sa prière à sauvegarder son église du grand incendie de 433 à Constantinople. Dieu réagit également favorablement aux prières de Théodose II; il détruit l'usurpateur Jean en Occident (423-425) et envoie un éclair tuant le roi des Huns Rua (434)[400]. Nulle part ailleurs dans son histoire, Dieu ne se montre aussi réactif. Cette particularité du dernier livre doit être comprise à la lumière d'une autre. On constate en effet que des anges y interviennent à deux reprises[401]. Dans l'ensemble des autres livres, ils ne surgissent que trois fois, et dans ces cas-là, Socrate a repris ce motif de ses sources[402]. La légère tendance panégyrique reconnaissable dans ce livre peut expliquer l'insistance sur le rôle divin; ainsi l'intervention explicite de Dieu et de ses servants montre que Dieu se tient aux côtés de Théodose II[403].

3.1.2 Les structures humaines chez Socrate

Socrate ne dépend pas entièrement du libre arbitre humain ou de la toute-puissance divine, car il reconnaît l'existence de structures humaines et sociales. Des termes récurrents comme ὡς φιλεῖ (γίνεσθαι), ὡς εἰκός, φίλον ou εἴωθε peuvent dès à présent guider notre étude.

3.1.2.1 *La psychologie individuelle*

Socrate renvoie parfois aux traits constants de la nature humaine afin d'expliquer certains événements. Eugène s'adonna par exemple aux

---

[399] Socr. 1.24.6, 3.1.41, 4.30.7, 5.25.11-14, 7.4.6, 7.18.23, 7.23.9-10, 7.29.9, 7.39.3-4, 7.42.3-4, 7.43.4. Cf. Socr. 4.30.5 (ἔκ τινος θείου). Le mécanisme, Dieu réagissant aux prières du souverain, est analysé par T. GELZER, *Das Gebet*, qui en fait, à tort selon nous, un trait principal de l'histoire de Socrate.

[400] Paul: Socr. 7.39.3; Jean: Socr. 7.42.3-4; Ruga: Socr. 7.43.4.

[401] Socr. 7.18.17, 7.23.9.

[402] Socr. 1.18.5 (Gn 18); Socr. 4.23.12, 4.23.15 (Palladios, *Historia Lausiaca*); Socr. 6.6.18, 6.6.21 (le poème d'Eusèbe le Scholastique).

[403] Socr. 7.22, 7.42.

cruautés qu'on attend d'un tyran[404]. L'historien explique aussi les raisons
qui poussèrent Libanius à déformer la réalité dans son *Épitaphios* de Julien.
En effet, il est connu que quelqu'un qui polémique contre un ennemi présente d'habitude ses propres qualités comme des défauts chez son contre-
venant[405]. Socrate constate que les hommes changent souvent rapidement
d'opinion à cause du sentiment de pitié[406]. Il porte également une attention
particulière aux faiblesses des usurpateurs et explique que Magnence (350),
Julien (361) et Jean (423) s'appropriaient le pouvoir de façon illégale parce
que le bonheur reçu en don de l'empereur ne leur suffisait pas[407].

Socrate attribue l'origine des hérésies et des schismes à l'esprit querelleur de l'homme. Ce n'est pas le diable, ni le désir d'améliorer la foi
— si c'était possible — mais la pure φιλονεικία ou ἔρις dont naissent
les discussions dogmatiques. Les deux expressions scandent l'*Histoire
ecclésiastique* de Socrate, jusqu'à ce que l'extinction de la φιλονεικία
marque la fin des hérésies[408]. On a fait grand cas du rôle de cette
«constante anthropologique» chez l'historien[409]. La thèse selon laquelle
l'ambition humaine ne respecte pas le dogme serait une thèse propre à
Socrate[410]. Ayant remarqué une attitude comparable chez Sozomène[411], on
a attribué cette similitude à leur statut de laïcs, qui leur permettrait de
prendre leurs distances face aux interminables disputes dogmatiques[412].
Il n'en est rien cependant. La φιλονεικία est le motif habituel attribué
aux adversaires, qu'on retrouve dans presque tout document traitant des
querelles dogmatiques, qu'il soit écrit par l'empereur ou par un évêque,
par un clerc ou par un laïc[413]. Pour certains auteurs patristiques, elle est

[404] Socr. 5.25.6.
[405] Socr. 3.23.11.
[406] Socr. 6.16.1. Voir aussi Socr. 5.13.2.
[407] Socr. 2.34.1, 3.1.35, 4.35.1, 7.10.1, 7.23.3 (τὴν εὐτυχίαν οὐκ φέρειν). C'est une
expression classique, cf. Diodore de Sicile 4.74.2, 10.14.2; Zosime 2.55.1.
[408] Φιλονεικία: pour Socrate, voir la liste de M. WALLRAFF, *Der Kirchenhistoriker*,
p. 116-117; ἐριστικαὶ συζητήσεις: Socr. 5.23.1.
[409] Ainsi H. LEPPIN, *Von Constantin*, p. 174, une définition à préférer à l'«hyposta-
sierte Eigendynamik» de M. WALLRAFF, *Der Kirchenhistoriker*, p. 116.
[410] Pauline ALLEN, *The Use*, p. 275; C. EUCKEN, *Philosophie*, p. 102; H. CHADWICK,
The Church, p. 197, 257.
[411] Soz. 1.13.6, 1.15.1, 2.21.1, 3.13.3-6, 4.22.9, 6.22.1, 6.25.14, 6.26.3, 7.12.5. M. Wallraff, Der Kirchenhistoriker, p. 116 n. 428 dit à tort que Sozomène n'utilise pas le terme
φιλονεικία (cf. Soz. 1.13.6, 2.21.1, 3.13.3-6, 6.25.13-14).
[412] B. GRILLET, dans G. SABBAH — B. GRILLET, *Sozomène*, p. 36; Jill HARRIES, *Sozomen*, p. 51; W. LIEBESCHUETZ, *Ecclesiastical Historians*, p. 159; P. BROWN, *Power and
Persuasion*, p. 136; R. LIM, *Public Disputation*, p. 203-205.
[413] Par exemple Eusèbe, *Vita Constantini* 2.68.2 (une lettre de Constantin); Athanase,
Epistula ad Jovianum 2, *Apologia secunda* 86.3 (une lettre de Constantin); Grégoire de

même une hypostase du diable[414]. Certes, Socrate critique parfois les évêques[415], mais l'usage du terme φιλονεικία n'est pas expression d'un regard fondamentalement critique sur le triste spectacle des évêques qui se déchirent. En se servant de ce terme, Socrate et Sozomène ne prennent qu'une explication traditionnelle.

3.1.2.2 *La psychologie de masse*

Certaines constantes de la vie sociale sont relevées par Socrate. Il sait que les masses se laissent facilement entraîner vers la violence[416], et que deux groupes opposés ont tendance à se combattre et non à se rapprocher[417]. Il attribue aussi des traits typiques aux Phrygiens, par exemple leur frugalité. L'explication en est le climat de la région[418].

3.1.3 **Le diable et ses acolytes chez Socrate**

Le mal, que ce soit sous la forme de démons ou sous celle du diable lui-même, intervient aussi dans l'histoire. Contrairement à certains théologiens, qui accordent un grand poids au rôle du diable dans le monde[419], chez Socrate son rôle est relativement restreint.

Socrate le décrit comme le «chef du mal» (ἄρχων τῆς πονηρίας)[420], mais il ne lui attribue pas explicitement de rôle dans son

---

Nazianze, *Discours* 22.3; Epiphane, *Panarion* 59.12.1, 77.24.4; Basile de Césarée, *De Spiritu Sancto* 30.212d; *Constitutiones apostolicae* 6.1.1; Palladios, *Dialogue* 20.156-157; ACO 1.1.2 (Coll. Vat. 80) *Cyrilli Alexandrini sermo* p. 103.15; ACO 1.1.4 (Coll. Vat. 121) *Epistula Theodosii* p. 5.19; ACO 1.1.4 (Coll. Vat. 123) *Epistula Johannis* p. 9.9-10; ACO 2.1.2 *Actio VI* p. 156.19, 157.19.

[414] Pseudo-Gélase de Cyzique 2.1.16.

[415] Par exemple Socr. 1.23.5, 1.24.1.

[416] Socr. 2.13.3, 2.15.7, 3.2.9, 6.4.4, 6.16.1, 7.5.8.

[417] Socr. 1.27.19, 6.4.4.

[418] Socr. 4.28.9-13. Cf. aussi Socr. 3.21.1-2: Socrate dit que Julien attaquait les Perses peu avant le début du printemps, sachant que ce peuple était très faible et lâche pendant l'hiver. Un parallèle pour cette idée est difficile à trouver. Ammien fait état des difficultés qu'avaient les Perses pendant l'hiver, mais ne les lie pas au caractère du peuple (Ammien Marcellin 21.6.7). Xénophon, *Poroi* 1.6, fait une remarque semblable à propos des Asiates en général. Que le froid affaiblit l'homme est souvent affirmé: par exemple Tite-Live 5.6.4-5; Thémistius, *Discours* 4.50c. Remarquons qu'on attribuait souvent des choses insensées aux Perses, par exemple qu'ils parteraient en campagne en amenant toutes leurs possessions (Lactance, *De mortibus persecutorum* 9.7).

[419] Cyrille de Jérusalem, *Catecheses ad illuminandos* 1.5; Grégoire de Nazianze, *Discours* 4.49; Jean Chrysostome, *Epistulae ad Olympiadem* 8.10c, 11.1a, 12.1d, 13.1b; Proclos, *Homiliae* 6.15.1.

[420] Socr. 5.17.8.

histoire[421]. Les prêtres égyptiens sont ses servants et l'historien confirme que la crucifixion fut une victoire contre lui[422]. Nous pouvons pourtant détecter quelques formes hypostasiées du mal.

«La jalousie (φθόνος) a l'habitude de s'en prendre au bien» écrit Socrate en commençant sa discussion sur les origines du manichéisme. À la fin de la section, il exprime son ignorance quant au but que «le bon Dieu» envisage en laissant le mal sévir ainsi[423]. La jalousie agit également à d'autres endroits de l'*Histoire ecclésiastique*. En utilisant la faiblesse humaine, elle pousse Boniface de Rome à chasser les novatiens de la ville[424]; elle cause également l'hostilité populaire contre la philosophe Hypatie et se retourne contre Origène deux siècles après sa mort[425].

Le mal prend aussi la forme du δαίμων ἀλάστωρ, un démon vengeur, une appellation habituelle pour le diable[426]. C'est lui qui occasionne l'oracle annonçant l'avènement d'un empereur dont le nom débutait avec les lettres ΘΕΟΔ, un oracle qui amène Valens à organiser un massacre contre les hommes portant un nom qui commence avec ces quatre lettres[427]. L'imposteur juif, qui dans les années 430 prétendait être Moïse et causa la mort d'une grande partie de la population juive de Crète, était, selon un grand nombre de personnes, un «démon vengeur»[428].

Une autre fois, les démons sont identifiés aux Érinnyes. Dans son compte-rendu de la version de la mort de Julien (363), telle que Calliste la donnait dans son poème héroïque, il est exposé que Julien aurait été tué par un démon. Socrate y ajoute: «Cela, peut-être l'a-t-il inventé comme un poète, mais peut-être en est-il ainsi, car les Érinnyes en ont châtié beaucoup»[429]. Érinnyes et démons sont donc identiques.

À côté de ses passages, où le diable ou un démon influence l'histoire, les démons continuent de jouer leur rôle traditionnel dans les marges

---

[421] On pourrait détecter un cas en Socr. 1.22.1, où l'historien assimile le manichéisme aux pseudo-apôtres de 2 Co 11. L'épître voit en ces pseudo-apôtres des figures du diable. Un autre pourrait être Socr. 7.5.7, concernant les Sabbatiens.
[422] Prêtres égyptiens: Socr. 5.17.8; crucifixion: Socr. 5.22.48.
[423] Socr. 1.22.1, 1.22.13-14. Pour la jalousie et le diable, voir Rm 1.29, Ga 5.20-21; Grégoire de Nysse, *In Basilium fratrem* p. 115.2; *Vita Danielis Stylitae* BHG 489.62 p. 61.7.
[424] Socr. 7.11.4.
[425] Hypatie: Socr. 7.15.4; Origène: Socr. 7.45.5.
[426] Cf. Lampe s.v.
[427] Socr. 4.19.2.
[428] Socr. 7.38.11.
[429] Socr. 3.21.14-15: ὅπερ τυχὸν μὲν ὡς ποιητὴς ἔπλασεν, τυχὸν δὲ καὶ οὕτως ἔχει· πολλοὺς γὰρ ἐρινύες μετῆλθον.

d'une histoire chrétienne. On les voit prendre possession d'hommes et d'objets et se cacher dans des idoles[430].

3.2 SOZOMÈNE

3.2.1 La relation entre l'homme et Dieu chez Sozomène

Sozomène traite la relation entre l'homme et Dieu d'une façon différente de celle de Socrate. Les deux premiers principes de celui-ci, le rôle cosmique du péché et la providence divine, ne jouent aucun rôle.

Nous constatons que Sozomène n'accorde pas de rôle cosmique au péché. Chez lui, les péchés n'ont qu'une influence sur le sort de la personne concernée, et ce en particulier à la fin des temps, car en ce jour «les hommes ressusciteront et deviendront immortels, les uns pour être récompensés de leur bonne conduite en cette vie-ci, les autres pour être châtiés de leurs mauvaises actions». Le chrétien se doit donc de ne pas pécher. «Et comme il n'est possible qu'à un tout petit nombre d'hommes saints de réussir sur ce point, les évêques enseignaient qu'il a été établi une seconde purification par le repentir. Car Dieu aime les hommes et il accorde le pardon aux pécheurs, à la condition qu'ils se repentent et confirment leur repentance par de bonnes œuvres»[431]. Le péché est donc une affaire personnelle et habituelle[432], qui ne saurait avoir de conséquences importantes sur le déroulement de l'histoire.

De même, la providence divine est généralement absente. Ce ne sont que les victoires de Constantin sur Licinius et les barbares qui sont interprétées comme des signes du soutien de la providence divine[433]. À d'autres endroits, la «providence divine» signifie simplement la doctrine chrétienne[434]. Au demeurant, πρόνοια garde toujours le sens neutre et humain de «soin»[435].

La balance entre l'homme et Dieu, qui est relativement équilibrée chez Socrate, s'incline en faveur de l'action divine chez Sozomène[436]. Deux

---

[430] Socr. 1.18.11, 1.21, 3.16.20, 3.18.2, 3.23.56, 4.23.32, 4.24.5, 4.24.15-16, 4.27.5, 6.6.23, 7.8.19, 7.37.13.

[431] Soz. 1.3.5-6, cf. les énoncés pareils en Soz. 7.10.3, 7.16.10.

[432] Soz. 1.12.4, 1.22.3, 5.16.3, 6.24.6, 6.25.8, 6.29.24, 7.25.7, 8.2.11.

[433] Soz. 1.7.4, 1.8.9. M. WALLRAFF, *Der Kirchenhistoriker*, p. 270 n. 283 a oublié ces passages.

[434] Soz. 1.16.3.

[435] Soz. 1.7.2, 2.15.3, 3.17.5, 4.13.4, 5.15.4, 5.17.12.

[436] Cf. M. MAZZA, *Lo storico*, p. 316.

modèles sont à distinguer au sein de celle-ci, celui de la punition divine et celui de la simple intervention de Dieu.

3.2.1.1 *La punition divine*

Les passages où Dieu punit ses ennemis abondent. Sozomène le décrit comme un vengeur (τιμωρός)[437], qui s'indigne (ἀγανακτεῖν)[438] et qui montre sa fureur en causant des catastrophes ou la mort des malfaiteurs (θεομηνία ou θεία μῆνις)[439]. La mort des empereurs Julien (363) et Valens (378)[440], celle du *praefectus praetorio orientis* Julien (363), la chute d'Eutrope (395) sont autant de punitions dues à leurs attaques contre le christianisme[441]. Sozomène ne doute d'ailleurs pas que ces malfaiteurs savent qu'ils «déclarent la guerre à Dieu» et qu'une punition les attend[442].

L'important est l'interprétation de ces punitions. Les gens ne sont pas punis pour leurs péchés, mais pour leurs attaques contre le christianisme. Chez Sozomène, les catastrophes naturelles sont toujours dirigées contre les persécuteurs, les hérétiques et les schismatiques, tandis que la plupart des contemporains étaient d'avis que ces maux pouvaient être aussi une punition des orthodoxes[443]. Comme Sozomène l'exprime, lorsqu'on vénère Dieu, «tous les biens viennent d'ordinaire en surabondance» — mais garde! «pour ceux qui prêchent contre la Divinité, tout ce qu'ils font, dans leur vie publique ou privée, dans la guerre ou dans la paix, tourne mal»[444]. Sozomène donne de nombreux exemples des bienfaits répandus par Dieu parmi les fidèles, lorsqu'ils observent ses commandements[445].

---

[437] Soz. 6.16.2, 8.7.6.

[438] Soz. 7.6.6.

[439] Θεομηνία: Soz. 2.4.4, 2.27.3, 3.4.1, 5.8.4, 5.21.1, 6.2.2, 6.3.3, 8.6.8, 9.6.5, 9.17.5; θεία μῆνις: Soz. 2.15.4, 5.20.6. Voir aussi Soz. 5.22.11 (ὡς χαλεπαίνει τὸ θεῖον ἐπὶ τῷ γινομένῳ).

[440] Julien: Soz. 6.1.13-6.2.16; Valens: Soz. 6.40.1.

[441] Le préfet Julien: Soz. 5.8.5; Eutrope: Soz. 8.7.6. Voir aussi Soz. 8.25, 8.27.1-2 (les ennemis de Jean Chrysostome).

[442] Soz. 4.7.2, 6.20.11 (αὐτῷ τῷ θεῷ προφανῆ πόλεμον καταγγέλλων), 9.8.9.

[443] Par exemple Eusèbe, *HE* 7.30.20-21, 8.1.6-9; Éphrem, *Memre sur Nicomédie* 3.199-216, 3.273-290, 5.311-334; Jean Chrysostome, *De providentia* 21.5, *De terrae motu* PG 50.713-716; Pseudo-Zacharie le Rhéteur, *HE* 12.5 p. 135.15-24; Victor Tonnenensis, *Chronique* a. 553.2.

[444] Soz. 1.8.1: τάδε μὲν γὰρ σπουδάζουσιν ἄφθονα πάντα τὰ ἀγαθὰ φιλεῖν προσγίνεσθαι, καὶ ἅπερ ἂν ἐγχειρῶσιν, μετὰ χρηστῶν ἐλπίδων ἀπαντᾶν· τοῖς δὲ περὶ τὸ κρεῖττον ἁμαρτάνουσιν κοινῇ καὶ ἰδίᾳ ἐν πολέμοις τε καὶ εἰρήνῃ πάντα δυσχερῆ συμβαίνειν.

[445] Voir ci-dessus p. 130-131.

3.2.1.2 *L'intervention divine*

L'action divine ne se résume pas en la seule punition. Dans le premier chapitre, nous avons indiqué que des songes prémonitoires, des miracles et des signes divins sont parsemés dans l'histoire de Sozomène. Inutile d'en établir l'inventaire; Dieu intervient à presque chaque page. Parfois, cependant, l'intervention divine n'est pas aussi manifeste; Sozomène signale alors que des événements à l'apparence humaine arrivaient «non pas sans intervention divine» (οὐκ ἀθεεί)[446], ou qu'ils étaient aidés par le «secours divin» (θεία ῥοπή)[447].

Le fondement théorique de ces actions, c'est l'incarnation selon Sozomène; si Dieu peut devenir homme, il peut aussi agir dans le monde[448]. Le constituant principal en est Dieu. Au sujet de la découverte de la Croix, Sozomène dit, par exemple, que Dieu n'a pas besoin de l'homme pour indiquer où elle est cachée; il agit lui-même à travers des songes[449]. Pourtant, l'intervention divine est favorisée par la piété des gens. L'initiative revient donc à Dieu, mais les hommes peuvent la stimuler[450].

3.2.2 Les structures humaines chez Sozomène

3.2.2.1 *La psychologie individuelle*

Sozomène explique souvent les réactions de ses personnages en faisant référence à leur psychologie. Citons ces quelques exemples: Constantin cherchait un soutien divin avant la bataille contre Maxence (312), «comme il est normal» dans ce genre de situation dangereuse[451]. L'historien sait que «tout être malade prête usuellement l'oreille aux bruits odieux» — et ainsi la martyre Tarboula trouva la mort entre les mains

---

[446] Soz. 1.18.4, 2.17.5, 5.6.4, 7.8.7, 9.5.4.

[447] Soz. 1.7.5, 1.8.12, 1.11.1, 2.15.3, 5.20.4, 7.8.8, 8.4.18, 8.23.6. Pour le terme, voir Lampe s.v. ῥοπή. Le terme se retrouve aussi chez les historiens classiques de l'époque, cf. Priscus fr. 18; Agathias, *Historiae* 3.24.

[448] Soz. 5.21.4: ἐμοὶ δὲ δοκεῖ μηδὲν εἶναι θαῦμα τοῦ θεοῦ τοῖς ἀνθρώποις ἐπιδημήσαντος καὶ τὰς εὐεργεσίας συμβῆναι ξένας.

[449] Soz. 2.1.4.

[450] Par exemple Soz. 1.14.9, 3.14.19, 5.9.6, 5.22.12, 6.5.6, 7.5.4, 7.27.1-4. Il est alors faux de considérer que la seule piété de l'empereur suffirait pour apporter la félicité dans l'Empire (comme le fait P. BROWN, *Power and Persuasion*, p. 134), ou que l'empereur soit la personne priviligiée pour des miracles (Lellia CRACCO RUGGINI, *The Ecclesiastical Histories*, p. 110, 114-115). C'est la piété de chaque personne qui peut attirer les bienfaits divins.

[451] Soz. 1.3.1.

de la reine perse qui, à cause de sa maladie, crut aux calomnies des juifs
(344/345)[452]. La réputation d'Aèce attirait «naturellement» l'attention du
césar Gallus[453]. Aussi, parmi les juifs, qui voulaient reconstruire le temple
de Jérusalem, l'enthousiasme rendait sourde la raison — comme cela
arrive dans de tels cas[454].

3.2.2.2 *La psychologie de masse*

À l'instar de Socrate, Sozomène s'intéresse aux constantes de la vie
sociale. Souvent, il remarque que des masses populaires sont facilement
excitées[455]. Une opposition entre deux groupes va d'habitude en aug-
mentant[456]. L'historien insiste également sur les excès habituels des soldats[457]. Il explique l'absence de dissension entre les chrétiens sous le
règne de Julien, par le fait qu'on oublie ses différends face à un ennemi
commun[458]. Il remarque aussi que, lorsque deux groupes s'allient, l'un a
tendance à s'approprier les idées de l'autre, comme les mélitiens l'ont
fait avec les doctrines ariennes[459].

3.2.3 Le diable et ses acolytes chez Sozomène

Bien que le diable surgisse dans des documents que cite Sozomène[460],
dans le récit même, il n'est pas présent explicitement. Dans sa version du
discours de Constantin au concile de Nicée, l'historien attribue l'éclatement de la controverse arienne au «démon envieux» (φθονερὸς δαίμων).
Le «démon vengeur» a également son rôle à jouer; c'est lui qui causa

---

[452] Soz. 2.12.2.
[453] Soz. 3.15.8: ὡς δὲ εἰκός.
[454] Soz. 5.22.10. Voir aussi d'autres exemples: Soz. 1.17.3 (les Pères de Nicée), 2.1.6
(les soldats qui avaient crucifié Jésus), 2.7.7 (le roi des Ibères), 2.25.7 (les accusateurs
d'Athanase), 4.10.3 (la servante qui trahit Athanase), 4.10.12 (Georges de Laodicée), 5.2.16
(Julien), 5.2.23 (Constance II), 5.17.10 (comportement des gens quand ils boivent), 6.3.6
(le désir sexuel humain), 6.25.14 (la réaction de la nature humaine sur la méprise).
[455] Soz. 2.25.13, 5.7.4, 5.9.3, 6.23.2, 6.24.2, 7.23.1, 8.21.2. Cf. Soz. 8.3.5.
[456] Soz. 1.15.5, 1.15.10, 1.17.6, 2.21.3, 6.22.4.
[457] Soz. 8.23.3, 9.10.1. Cf. Soz. 1.4.4.
[458] Soz. 6.4.2.
[459] Soz. 2.21.5. Pour d'autres exemples, voir Soz. 1.17.3-6 (les discussions pendant le
concile de Nicée), 2.30.6 (dans une foule, les gens sont forcés d'aller aux latrines
publiques), 3.13.5 (on n'aime pas être vaincu), 5.17.6 (la plupart des gens sont facilement
bernés), 6.14.1 (ceux qui ont le pouvoir deviennent plus hardis), 6.26.14 (les noms des hérésies), 6.38.13 (les coutumes des Arabes).
[460] Soz. 6.23.10, 8.26.18.

l'émeute à Antioche en 387, émeute pendant laquelle des statues de l'empereur furent détruites[461]. À deux reprises des hommes saints tuent un dragon, figure du diable, en l'occurence Arsacius à Nicomédie et Donatus d'Euroia en Épire[462].

Les références aux démons abondent. À côté de leur identification avec l'objet de culte des païens[463], leur rôle se restreint souvent à être chassés par des hommes saints[464]. Une fois, cependant, ils interviennent dans le cours des événements: c'est peut-être sous leur influence que Julien aurait usurpé le pouvoir[465].

3.3 BILAN: LA CAUSALITÉ DANS LES *HISTOIRES ECCLÉSIASTIQUES* DE SOCRATE ET DE SOZOMÈNE

L'explication causale chrétienne revient à un triangle. C'est l'interaction entre l'homme, Dieu et le diable qui détermine le déroulement des événements. Aucun des trois sommets ne peut être négligé. Ce triangle est le modèle de base qui permet aux historiens de nombreux accents personnels. Illustrons cela par l'exemple de Socrate et de Sozomène.

L'aspect principal est la relation entre Dieu et l'homme. Nous avons déjà discuté de cinq cas de figures, trois chez Socrate et deux chez Sozomène. Peuvent-ils être réduits à un seul modèle, autrement dit, sont-ils des avatars d'une même idée? Notre présentation a déjà suggéré le contraire. Certes, la punition et l'intervention divine chez Sozomène peuvent être comprises comme deux formulations de la même idée de la rétribution, de même qu'il est possible d'identifier la providence divine à Dieu lui-même chez Socrate.

Mais il y aussi des différences importantes. Le rôle des péchés chez Socrate et Sozomène par exemple est totalement différent. Tandis que Socrate leur attribue une influence sur le cours des événements, son successeur n'en fait pas grand cas. Pour lui, les péchés des croyants peuvent être pardonnés, et le courroux divin ne s'exerce que sur ceux

---

[461] Démon envieux: Soz. 1.19.3; démon vengeur: Soz. 7.23.5.

[462] Arsacius: Soz. 4.16.13; Donatus: Soz. 7.26.1. Sur le dragon et le diable, voir Ps 90.3; Théophile, *Ad Autolycum* 2.28; Prudence, *Peristephanon* 14.112-118; voir en général F. DÖLGER, *Der Kampf*, p. 180-183.

[463] Soz. 5.5.1.

[464] Soz. 1.10.1, 1.13.14, 2.5.5, 3.14.1, 3.14.26, 4.3.2, 4.16.12, 5.10.2, 5.15.15, 6.20.8, 6.28.2-7, 6.29.6, 6.29.12, 6.29.22, 6.38.12, 7.24.8, 7.27.1, 8.6.3, 8.21.5.

[465] Soz. 5.1.8.

qui refusent d'accepter la vraie foi. Le rôle de Dieu est également différent. Chez Socrate, il reste plus en retrait; c'est la providence divine
qui intervient parfois, mais plus rarement Dieu lui-même. Sozomène
voit partout Dieu à l'œuvre. Chez Socrate par contre, un équilibre relatif s'installe entre l'homme, qui par son péché ou sa conduite vertueuse
peut influencer le cours des événements, et Dieu qui par son action et
sa providence monte la garde auprès de l'histoire. L'approche de Sozomène se caractérise par un déséquilibre, car c'est Dieu qui dirige l'histoire; l'homme y est quasiment un être passif qui est récompensé s'il
garde la foi orthodoxe. Chez Sozomène, Dieu pèse véritablement sur
l'histoire, en punissant les hétérodoxes et récompensant les orthodoxes.
Pour l'homme, il est plus important d'appartenir au bon camp que d'éviter tout péché.

Il nous semble préférable de reconnaître dans les cinq cas de figure que
nous avons discutés des formes différentes de la relation entre l'homme libre
et le Dieu qui se soucie des hommes. Selon la perspective choisie, chaque
auteur peut insister sur le rôle du péché de chacun, ou en nier en grande partie l'importance. Il peut parler de la providence divine, qui intervient de
façon ponctuelle, ou de Dieu qui punit immédiatement ses ennemis. Ces
perspectives peuvent se rapprocher, mais ne sont pas des permutations d'une
même idée; ce sont des perceptions différentes d'une même relation.

À côté de la relation entre l'homme et Dieu, il y a les structures
humaines. Gardons-nous néanmoins de chercher une théorie psycholo-
gique ou sociologique derrière les remarques des deux historiens. Ce sont
avant tout des constats tirés de la vie quotidienne. Mais il est plus important de voir que les événements ne sont pas uniquement expliqués par la
relation entre l'homme et Dieu. Les historiens ont conscience du fait que
la psychologie humaine (individuelle ou de masse) présente certaines
régularités qui influencent le déroulement des événements.

Le diable et ses acolytes ont également leur place dans l'explication
causale de Socrate et Sozomène, malgré le fait que leur rôle reste restreint
quand nous le comparons à celui qu'ils prennent dans l'œuvre d'Eusèbe
ou dans d'autres écrits contemporains[466]. Dans les autres *Histoires ecclésiastiques*, leur rôle n'est pas nécessairement plus important. Absent en

---

[466] Par exemple Eusèbe, *HE* 4.7.1; Palladios, *Dialogue* 20.594; *Vita Olympiadis* BHG
1374.9 p. 415.24; ACO 1.1.4 (Coll. Vat. 121) *Epistula Theodosii* p. 5.15, 6.4. L'adaptation arménienne a «corrigé» le rôle limité du diable dans l'*Histoire ecclésiastique* de
Socrate en y introduisant de nombreuses références aux démons (voir R.W. THOMSON, *The
Armenian Adaptation*, p. 21).

tant que tel dans les œuvres de Rufin, de Philostorge et d'Évagre le Scholastique, le diable y joue son rôle à travers des démons[467]. Seul Théodoret attribue dès le début un rôle important au «démon méchant (βάσκα-νος), l'assaillant (ἀλάστωρ) des hommes»[468].

Nous sommes maintenant à même de juger les théories modernes sur la causalité dans les *Histoires ecclésiastiques*, que nous avons présentées au début de cette troisième partie. La seule activité divine, la synergie entre le libre arbitre et Dieu, la rétribution, la lutte entre Dieu et le diable sont autant d'aspects partiels de la causalité. Dans le cas d'un historien particulier, il se pourrait qu'une telle formule exprime ses idées principales, mais, en réalité, aucune d'elles n'épuise la causalité chrétienne. Il ne faut pas se laisser leurrer par les idées trop nettes de certains théologiens antiques, qui établissaient une distinction claire entre des histoires païennes, où tout serait expliqué par le *fatum*, la εἰμαρμένη ou la τύχη, et des histoires chrétiennes, où tout dépendrait de Dieu[469]. C'est une systématisation qui ne fait droit ni aux païens ni aux chrétiens[470].

4. CONCLUSION

Jusqu'à présent, l'appréciation moderne, qu'elle soit positive ou négative, a eu en général une idée trop passive de la méthode historique de Socrate et Sozomène. Le premier aurait excellé dans le copiage de sources soigneusement choisies, parfois sans inspiration et avec des erreurs[471]. Le second serait un collectionneur avide de contes, qui aurait tout de même pris soin de contrôler son prédécesseur[472]. Enfin, leur critique historique aurait eu comme but principal de corriger les sources et de retracer la vérité[473].

---

[467] À l'exception de Rufin, *HE* 11.18 p. 1022.18.

[468] Théodoret, *HE* 1.2.5.

[469] Athanase, *Apologia de fuga sua* 14; Cassiodore, *Institutiones* 1.17; *Vita Symeonis Iunoris* BHG 1689.157.

[470] Voir les discussions de W. DEN BOER, *Some Remarks*, p. 28-29; Růžena DOSTÁLOVÁ, *Zur frühbyzantinischen Historiographie*, p. 172-173.

[471] F. GEPPERT, *Die Quellen*, p. 9-10; E. SCHWARTZ, *Zur Geschichte des Athanasius*, p. 117 n. 1; Theresa URBAINCZYK, *Socrates*, p. 170; M. WALLRAFF, *Der Kirchenhistoriker*, p. 194; T. GELZER, *Das Gebet*, p. 71; D. ROHRBACHER, *The Historians*, p. 112-113.

[472] G. SCHOO, *Die Quellen*, p. 12; J. BIDEZ, *La tradition manuscrite*, p. 92; D. ROHRBACHER, *The Historians*, p. 122.

[473] G. SCHOO, *Die Quellen*, p. 12-14; G. SABBAH dans G. SABBAH — B. GRILLET, *Sozomène. Livre I-II*, p. 69-71.

Cette perspective est incorrecte et partiale[474]. Incorrecte, car elle néglige le caractère rhétorique de la critique historique, présent chez Socrate et essentiel chez Sozomène. La critique historique ne sert pas uniquement à établir la vérité, mais également à affirmer que la vérité à été établie. La seconde fonction peut prendre le pas sur la première. De plus, cette perspective est partiale, puisqu'elle ignore les techniques mises en œuvre pendant la phase de composition, afin de corroborer les idées de l'historien. Si certains passages sont en effet simplement copiés, d'autres ont subi d'importantes adaptations.

Une triple tension est propre à la méthode historique de Socrate et de Sozomène.

Premièrement, nous constatons une tension entre la théorie et la pratique au niveau de l'heuristique et de la critique de Socrate et de Sozomène. Leurs modèles d'heuristique et de critique constituent une exacerbation de la tradition classique: le modèle de Socrate par sa revalorisation des sources narratives et celui de Sozomène par sa prétendue dépendance exclusive de sources directes (témoins et documents). Ils abolissent ainsi la coupure épistémologique entre l'histoire contemporaine et celle des temps reculés. Grâce à l'abolition de la coupure épistémologique entre histoire contemporaine et non-contemporaine, ils défendent la thèse selon laquelle la vérité historique peut être établie avec les mêmes critères quelle que soit l'époque. À leur avis, un accès direct aux temps reculés est possible, tandis que, selon les historiens de l'âge classique, ces époques devaient être étudiées à travers des sources indirectes. La question fondamentale pour les auteurs classiques, qui reconstituaient ces temps reculés, était celle des préjugés des auteurs sur lesquels ils se basaient; toute source pour ces temps étant indirecte, il fallait tenir compte de leur tendance[475]. Les historiens de l'Église, par contre, prétendent court-circuiter les sources indirectes, en arguant qu'ils ont un accès objectif aux faits à travers des sources directes. De même que, pour les chrétiens, l'histoire constitue une unité temporelle, comme nous l'avons vu[476], Socrate et Sozomène affirment maintenant son unité épistémologique, étant donné que la qualité de la connaissance historique est indépendante de la période sur laquelle elle porte.

La pratique de Socrate et de Sozomène est pourtant moins ambitieuse; ils dépendent tous deux principalement de sources narratives et donc

---

[474] Voir déjà la critique de J.-R. PALANQUE, *Le témoignage*, et les remarques de G. SCHOO, *Die Quellen*, p. 14.

[475] T.J. LUCE, *Ancient Views*.

[476] Voir ci-dessus p. 88-89.

indirectes. Leur critique historique ne s'exerce en plus pas uniquement à partir de considérations méthodologiques. Nous avons vu que Socrate et Sozomène attribuent la partialité dans la représentation des faits uniquement aux sources ariennes et païennes. Socrate et Sozomène ne sont pourtant pas des auteurs dogmatiques qui réfutent les hérétiques en tant qu'hérétiques. En apportant des arguments objectifs pour démontrer les erreurs de ces derniers, ils essaient de démontrer leur fausseté[477]. C'est, en principe, la méthode historique qui réfute les hérétiques. Parfois, il est impossible de démontrer qu'une version hérétique est fausse. Dans ces cas-là, le soupçon de partialité est le seul et faible argument dont disposent les historiens.

La deuxième tension est celle entre l'affirmation explicite de décrire ce qui s'est passé et les nombreuses interventions dans le récit. Ni Socrate ni Sozomène ne résument simplement les faits, mais ils se servent de plusieurs techniques afin d'introduire leurs propres idées dans la représentation. Sozomène peut bien prétendre décrire l'évolution historique telle qu'elle est mise en œuvre par Dieu, mais il intervient souvent afin de rendre cette évolution plus probable.

Enfin, dans l'ensemble de la méthode historique, une certaine tension existe entre assurance et incertitude. Socrate et Sozomène ont la conviction que la vérité historique existe, car Dieu la connaît. D'autre part, ils ont conscience que les capacités humaines sont trop limitées pour pouvoir établir la vérité pour chaque fait. Ils en donnent alors parfois plusieurs versions. Quelque chose de semblable se produit au niveau de la causalité. Socrate et Sozomène sont convaincus que Dieu intervient dans l'histoire, mais la relation entre les événements historiques et Dieu n'est pas claire. Est-ce un signe divin ou le fruit de la nature humaine? Où la liberté humaine se termine-t-elle et où Dieu prend-il la problématique en main? Les historiens ne font dès lors souvent pas plus que suggérer une intervention divine, sans pouvoir affirmer avec assurance qu'elle ait bien eu lieu. L'histoire manque donc de clarté[478].

---

[477] B. GUSTAFSSON, *Eusebius' Principles*, p. 441 fait une remarque pareille à propos d'Eusèbe, mais semble poser une priorité logique de l'orthodoxie (un événement est vrai parce il s'accorde avec l'orthodoxie).

[478] Notre opinion contraste avec celle de F. WINKELMANN, *Grundprobleme*, p. 25: «Die frühe christliche Historiographie wollte aber noch viel mehr, nämlich am Geschichtsstoff selbst den Nachweis erbringen, daß die gesamte geschichtliche Entwicklung van Anfang an und daß alles einzelne Geschehen in übergeordneten Sinnzusammenhängen stehe, und daß der Sinn der Geschichte, ihre Entwicklungstendenzen und — faktoren erkannt und benannt werden können. Rätselhaft oder bedrohend konnte demnach Geschichte nur für denjenigen sein, der nicht den christlichen Glaubens- und Moralregeln folgte.»

Cette triple tension nous semble des symptômes de la tension fondamentale entre la charge idéologique d'une part et la méthode historique
d'autre part. Les contradictions et faiblesses, que nous venons de constater chez Sozomène et Socrate, naissent de la forte exigence à laquelle la
vérité historique est soumise. La critique historique qui est partiellement
rhétorique, la présentation des faits qui est pénétrée d'interprétation, la
causalité qui hésite entre conviction et doute, sont autant de signes de la
pression exercée sur le travail de l'historien par la confluence entre vérité
historique et vérité théologique.

CHAPITRE V

LA TRADITION

INTRODUCTION

En tant que second sujet de son *Histoire ecclésiastique*, après les successions des saints apôtres, Eusèbe propose de traiter de «toutes les grandes choses que l'on dit avoir été accomplies le long de l'histoire ecclésiastique»[1]. Nous reconnaissons immédiatement ici le motif classique des actes importants que l'historien dérobe à l'oubli. Mais ce ne sont pas seulement les «grandes choses» qu'Eusèbe va raconter; ce sont celles que «l'on dit» avoir eu lieu. Ce λέγεται manifeste l'autorité de la tradition, car ce n'est pas l'historien seul qui décide quel événement sera considéré comme assez célèbre pour être raconté.

Il faut distinguer la tradition historique de la tradition apostolique, un autre thème eusébien. Alors que la première est un produit de l'histoire, la seconde garantit l'immuabilité de la doctrine dans le temps. Son recours à la tradition historique montre qu'Eusèbe a également, à côté de la visée théologique (livrer la preuve que le christianisme de son époque est encore celui des apôtres), une intention proprement historiographique[2]. Le père de l'histoire ecclésiastique s'accorde à cet égard avec les habitudes classiques, où l'historien qui ne traite pas de sa propre époque est censé reprendre les événements que la tradition a établis comme significatifs, grands et célèbres[3]. En tant qu'historien, il doit reprendre la scansion traditionnelle de l'histoire.

Étudier les traditions dont dépend Eusèbe est difficile, voire impossible, car son histoire constitue bien souvent la seule source des traditions

---

[1] Eusèbe, *HE* 1.1.1: ὅσα τε καὶ πηλίκα πραγματευθῆναι κατὰ τὴν ἐκκλησιαστικὴν ἱστορίαν λέγεται. Eusèbe renvoie souvent à la tradition historique (par exemple *HE* 3.39.7, 6.9.1, 6.13.9). Cf. Théodoret, *HE* 1.1.2 qui s'inspire du passage cité.

[2] On a parfois tendance à restreindre incorrectement le sujet d'Eusèbe à la tradition apostolique, qu'on interprète comme un thème anhistorique: par exemple E. SCHWARTZ, art. *Eusebios*, col. 1400; B. GUSTAFSSON, *Eusebius' Principles*, p. 434-435, 441; W. VÖLKER, *Von welchen Tendenzen*, p. 172. R.M. GRANT, *Eusebius*, p. 59 a déjà insisté sur l'intention historiographique d'Eusèbe.

[3] J. MARINCOLA, *Authority*, p. 105-106. Voir aussi ci-dessus p. 178.

qu'il rapporte. Par contre, pour Socrate et Sozomène, la situation est différente. Il existe un éventail de textes précédant leurs ouvrages et traitant
des mêmes événements, ce qui permet de sonder le contenu et l'ampleur
de la tradition historique avant qu'elle ne fût couchée sur papier par les
historiens de l'Église. Dans les pages suivantes, le but sera triple.
D'abord, prouver, s'il en est encore besoin, qu'il y a des traditions dont
les historiens dépendent; ensuite, faire la lumière sur leur naissance et leur
développement; et enfin, démontrer que l'attitude des historiens envers
la tradition n'a rien de passif.

Notre voie d'accès sera l'étude des sources, que nous étudierons pour
cinq sujets. Les quatre premiers thèmes représentent des moments-clés
des *Histoires ecclésiastiques* de Socrate et de Sozomène. En premier
lieu, nous étudierons les deux récits de l'origine de l'arianisme, qui
divergent de façon importante. Ensuite, nous nous occuperons de la
figure d'Athanase, «la colonne de l'Église» et symbole de l'orthodoxie, et cela sous un triple point de vue. Il s'agira d'étudier sa présentation comme héritier spirituel et politique d'Alexandre d'Alexandrie, la réintégration d'Arius dans l'Église et sa contestation par
Athanase et, enfin, la chronologie des exils de l'évêque. Le troisième
thème sera la figure de Julien. Nous verrons comment Socrate et Sozomène se tiennent face à la double caractérisation traditionnelle de
l'Apostat comme persécuteur et comme philosophe-mage. Nous pas-
serons ensuite au concile de Constantinople (381), moment du rétablissement de l'orthodoxie en Orient, auquel les deux historiens asso-
cient un second concile tenu dans la même cité deux ans plus tard. Le
dernier sujet, la représentation des juifs, sort quelque peu de ce cadre,
car ceux-ci ne jouent qu'un rôle secondaire dans les deux histoires
ecclésiastiques. Pourtant, il nous permettra d'introduire un nouvel élément dans l'étude, à savoir la dépendance des historiens aux préjugés
tacites de leur époque. Nous serons à même de voir comment le soupçon général pesant sur les juifs peut mener à l'invention ou à l'acceptation d'anecdotes à leur sujet.

La tradition concernant la découverte de la Croix a déjà été amplement
étudiée[4]. Nous la laissons donc de côté. Signalons qu'on peut lire notre
exposé, dans le premier chapitre, à propos de l'attitude de Socrate et de
Sozomène envers Jean Chrysostome, comme une analyse de leur rapport
à la tradition entourant cette figure.

---

[4] Luce PIETRI, *Constantin*, avec littérature.

1. L'ORIGINE DE L'ARIANISME

L'origine de la crise arienne reste nébuleuse, tant les versions antiques sont différentes. À côté d'Épiphane de Salamine et de quelques bribes chez Athanase, les historiens de l'Église constituent nos sources majeures[5]. Socrate et Sozomène nous offrent chacun un récit différent, dont nous essaierons de déterminer l'origine.

1.1 SOCRATE ET LA *COLLECTION D'ALEXANDRE*

Socrate possède des informations particulières sur les premiers déve-loppements de la controverse arienne, qu'il expose dans les deux pre-miers chapitres du *corpus* de son histoire[6]. Selon lui, la crise commença à cause d'une réaction démesurée de la part d'Arius contre Alexandre d'Alexandrie qui prêcha «l'unité dans la trinité» (ἐν τριάδι μονάς). Le futur hérésiarque y réagit avec la formule litigieuse et désormais célèbre «qu'il y avait un temps où le Fils n'existait pas»[7]. Socrate a aussi connaissance du soutien qu'Arius reçut d'Eusèbe de Nicomédie quand le différend s'exporta en Orient[8]. Ensuite, il raconte un synode rassemblant de «nombreux évêques» et convoqué par Alexandre pour excommunier Arius, un récit qui est constitué presque entièrement de l'encyclique que l'évêque envoya après le synode aux évêques «de l'Église catholique entière»[9]. Socrate constate qu'une «guerre épistolaire» éclata par la suite. Les uns se joignirent à Alexandre avec des lettres contre Arius, les autres, menés par Eusèbe de Nicomédie, s'en prirent à l'évêque et essayèrent d'élargir leur faction. Socrate fait notamment état d'une demande d'Eu-sèbe adressée à Alexandre pour se réconcilier avec Arius[10]. Après avoir remarqué que les chrétiens étaient devenus ainsi la risée de la société et après avoir souligné que les mélitiens s'alignèrent sur Arius, des passages

---

[5] Citons seulement la littérature la plus récente. En général, voir C. PIETRI, *L'épa-nouissement*. Sur Rufin, voir Françoise THELAMON, *Païens*, p. 435-440. Sur Socrate, voir M. WALLRAFF, *Der Kirchenhistoriker*, p. 41-55. Sur Sozomène, voir Annik MARTIN, *Atha-nase*, p. 221-222. Sur Théodoret, voir Annik MARTIN, *L'origine*. Sur Pseudo-Gélase de Cyzique, voir G.C. HANSEN, *Eine fingierte Ansprache*; ID., *Anonyme Kirchengeschichte*, p. xlv-lv.

[6] Socr. 1.5-6.

[7] Socr. 1.5.1-2: δῆλον ὅτι ἦν ὅτε οὐκ ἦν ὁ υἱός.

[8] Socr. 1.5.1-6.3.

[9] Socr. 1.6.3: συνέδριον πολλῶν ἐπισκόπων καθίσας τὸν μὲν Ἄρειον καὶ τοὺς ἀποδεχομένους τὴν δόξαν αὐτοῦ καθαιρεῖ, γράφει δὲ τοῖς κατὰ πόλιν τοιάδε.

[10] Socr. 1.6.4-34. Cf. E. SCHWARTZ, *Zur Geschichte des Athanasius*, p. 118-156.

provenant d'Eusèbe de Césarée et d'Athanase[11], Socrate revient encore sur les nombreuses lettres envoyées à Alexandre avec la demande de revoir les décisions du synode, autrement dit, de réadmettre Arius. Selon lui, on a composé des collections à partir de ces lettres, Arius de celles en sa faveur, et Alexandre des autres, collections dont les différentes factions se servent encore à son époque[12].

Ces deux chapitres ont une unité: ils sont séparés du reste du récit par la préface[13] et par le matériau provenant d'Eusèbe[14]. Ils se distinguent par leur information, qui ne se retrouve dans aucune des sources de Socrate qui nous soit connue. La synodale d'Alexandre figure dans l'appendice au *De decretis Nicaenae synodi* d'Athanase, mais un nombre élevé de divergences dans le texte de Socrate suggère une source indépendante. Plus particulièrement, il manque chez Socrate la lettre introductive et les souscriptions que donne Athanase[15]. Celui-ci ne fournit d'ailleurs pas le contexte qu'esquisse Socrate. La source de la synodale est donc plutôt une collection de lettres: en dehors de la synodale elle-même, l'historien parle surtout de l'échange de lettres qui la suit. En rappelant l'habitude propre à Socrate de mentionner ses sources[16], la remarque terminale des paragraphes prend toute son importance. L'historien y renvoie explicitement

---

[11] Socr. 1.6.35-39; Eusèbe, *Vita Constantini* 2.61.5-2.62; Athanase, *Apologia secunda* 59.1-3.

[12] Socr. 1.6.40-41: οὕτως ἐναντίων γραμμάτων πρὸς τὸν ἐπίσκοπον Ἀλεξανδρείας συνεχῶς πεμπομένων πεποίηνται τῶν ἐπιστολῶν τούτων συναγωγάς, Ἄρειος μὲν τῶν ὑπὲρ ἑαυτοῦ, Ἀλέξανδρος δὲ τῶν ἐναντίων, καὶ τοῦτο πρόφασις γέγονεν ἀπολογίας ταῖς νῦν ἐπιπολαζούσαις αἱρέσεσιν Ἀρειανῶν, Εὐνομιανῶν καὶ ὅσοι ἀπὸ Μακεδονίου τὴν ἐπωνυμίαν ἔχουσιν· ἕκαστον γὰρ μάρτυσι ταῖς ἐπιστολαῖς ἐχρήσαντο τῆς οἰκείας αἱρέσεως. Socrate revient plus tard brièvement sur ces collections (Socr. 2.1.4).

[13] Socr. 1.1-4.

[14] Socr. 1.7.1-1.8.12.

[15] Athanase, *De decretis* 35. Voir les passages suivants (renvois aux pages de G.C. HANSEN, *Sokrates*): p. 6.19: Socr. ἑκάστοις, Ath. ἑκάστου; p. 7.1: Socr. ἵν᾿ ἴσως, Ath. ἴσως; p. 7.7: Socr. εἴ πως, Ath. ἴσως; p. 7.8: Socr. ἐσχάτην, Ath. αἰσχίστην (signalons que cette dernière leçon est soutenue par les traductions syriaques et latines de Socrate); p. 7.10: Socr. λοιπόν, Ath. <; p. 7.12: Socr. τὴν πάλαι, Ath. παλαιάν; p. 7.15: Socr. Ἀχιλλᾶς, Ath. Ἀχιλλεύς; p. 7.16: Σαραμάτης, Ath. Σαραμάτης οἵ ποτε πρεσβύτεροι; p. 7.17: Socr. Γάιος, Ath. Γάιος οἵποτε διάκονοι; p. 8.4: Socr. λόγος καὶ σοφία λέγεται, Ath. λέγεται λόγος καὶ σοφία; p. 8.14: Socr. ναί, Ath. <; p. 8.15: Socr. τρεπτός, Ath. κτιστός; p. 9.9: Socr. ἑαυτοῦ, Ath. ἑαυτοῦ μὲν; p. 9.20: Socr. γινώσκει, Ath. γινωσκέτω; p. 9.23: Socr. καὶ ταῦτα, Ath. ταῦτα; p. 10.1: Socr. ῥημάτων, Ath. ῥηματίων; p. 10.8: Socr. γενόμενος, Ath. γέγονεν; p. 10.10: Socr. λεγόντες, Ath. + ὅτι; p. 10.13: Socr. τῆς πίστεως τῆς ὑγιαινούσης, Ath. τῆς ὑγιαινούσης πίστεως; p. 10.18: Socr. κάθαπερ, Ath. καθά.

[16] Par exemple Georges de Laodicée, Sabinos, Athanase, Eusèbe, Rufin, Julien, Libanius, Auxanon, Thémistius, Pamphile, Palladios, Eusèbe le Scholastique.

à des collections épistolaires[17] et c'est donc une source de ce genre qu'il a utilisée. Du récit de Socrate, nous pouvons déduire qu'elle consistait en une brève introduction sur l'origine de la dispute, la synodale d'Alexandre, et la correspondance en réaction à celle-ci.

La collection a les caractéristiques suivantes. Elle traite principalement de la figure d'Alexandre d'Alexandrie, car elle rapporte sa synodale et les réponses à celle-ci. Le thème en était la déposition d'Arius par l'évêque. La collection s'en prend à Arius et à Eusèbe de Nicomédie, le premier comme initiateur de l'hérésie, et le second comme son stratège. La représentation par Socrate de l'origine de la dispute ne nous semble pas être particulièrement favorable à Arius, ni même neutre envers lui. La formule d'Alexandre, «l'unité dans la trinité», qu'Arius prenait pour sabellienne, ne l'est point[18], et c'est bien Arius qui, par un désir de φιλονεικία, se «précipite» pour répondre à Alexandre. Son action est le premier exemple du mauvais usage de la dialectique, sur laquelle Socrate insiste à travers son ouvrage[19]. Certes, plus tard Socrate regrettera que ni Alexandre ni Arius n'obéissent à l'appel de Constantin d'arrêter la querelle[20], mais c'est l'opinion irénique de Socrate qui s'y reflète, et non pas sa source. Il est, par conséquent, à exclure que la source de Socrate doive être identifiée avec la *Synagogé* du macédonien Sabinos, car l'unique argument en faveur de cette idée, la tendance supposée «philo-arienne» du passage, ne vaut pas[21]. Le fait que sa figure centrale est Alexandre exclut également l'hypothèse selon laquelle la collection serait de tendance arienne, car Socrate signale que les compositeurs de ces collections

---

[17] Socr. 1.6.40-41.

[18] Voir Athanase, *De sententia Dionysii* 17.2; Pseudo-Athanase, *Contra Sabellianos* 8 PG 28.109, *Oratio contra Arianos* 13, 15. Cf. R. Lim, *Public Disputation*, p. 201; C. Eucken, *Philosophie*, p. 97-98. Il faut comparer l'attitude d'Alexandre avec Basile de Césarée, *Epistulae* 9.2 (à propos de Denys d'Alexandrie) et Photius, *Bibliothèque* 117 (à propos d'Origène).

[19] Socr. 1.5.2: Ἄρειος δέ τις πρεσβύτερος τῶν ὑπ' αὐτῷ ταττομένων, ἀνὴρ οὐκ ἄμοιρος διαλεκτικῆς λέσχης, οἰόμενος τὸ Σαβελλίου τοῦ Λίβυος δόγμα εἰσηγεῖσθαι τὸν ἐπίσκοπον, ἐκ φιλονεικίας κατὰ διάμετρον εἰς τὸν ἐναντίον τῆς τοῦ Λίβυος δόξης ἀπέκλινεν, καὶ ὡς ἐδόκει γοργῶς ὑπαπήντησεν πρὸς τὰ παρὰ τοῦ ἐπισκόπου λεχθέντα (…); «Un certain presbytre subalterne, Arius, un homme versé dans la dialectique, pensait que l'évêque défendait la doctrine de Sabellios le Lybien. Par son esprit de querelleur, il se tourna vers la doctrine exactement opposée de celle du Lybien. Conformément à ce qu'il pensait, il s'opposa avec vivacité à ce qu'avait dit l'évêque.»

[20] Socr. 1.8.1.

[21] C'était l'argument de F. Geppert, *Die Quellen*, p. 102; R.P.C. Hanson, *The Search*, p. 132; M. Wallraff, *Der Kirchenhistoriker*, p. 45 n. 97; P. Maraval, *Socrate de Constantinople*, p. 60 n. 3.

veillaient à exclure les documents qui pourraient contredire leur point de vue[22]. Dans ce cas, la synodale, qui énumère les arguments les plus importants contre Arius, aurait dû être omise. Nous avons donc affaire à une collection nicéenne qui a comme principal thème la déposition d'Arius par Alexandre d'Alexandrie.

Cette *Collection d'Alexandre* (appelons-la désormais de cette façon) peut avoir circulé en Orient, bien que nous ne puissions pas le prouver. Le *De synodis* d'Athanase conserve plusieurs réponses à la lettre d'Alexandre. Évidemment, il est plus probable qu'Athanase ait consulté les originaux dans les archives du patriarcat[23]. Épiphane de Salamine connut une collection pareille; il signale qu'Alexandre écrivit soixante-dix encycliques en réaction au succès de la doctrine d'Arius en Palestine et que «celles-ci sont encore gardées par les savants». Il donne les noms d'Eusèbe de Césarée, de Macaire de Jérusalem, d'Asclépas de Gaza, de Longinus d'Ascalon, de Macrinus de Jamnia et de Zénon de Tyr comme destinataires. À l'instar de Socrate, Épiphane dit que de nombreuses réactions venaient des deux partis[24]. Une identification de la collection d'Épiphane et de celle de Socrate semble pourtant exclue, car le premier ne mentionne que des lettres destinées à des évêques palestiniens. De plus, Épiphane semble supposer qu'Alexandre écrivit soixante-dix lettres différentes, alors que Socrate dit qu'une même synodale fut envoyée aux évêques. Enfin, le compilateur qu'on appelle Gélase de Cyzique connut, pour sa part, la synodale complète, avec les souscriptions du clergé alexandrin. Son origine doit rester indécise puisque sa version combine des caractéristiques de Socrate et d'Athanase[25]. Alors que son usage du premier est assuré, sa dépendance par rapport au second est peu probable. D'ailleurs, toutes les données historiques qu'il donne proviennent de Rufin, sans doute en traduction grecque, et de Socrate, Sozomène et Théodoret[26]. Nous ne pouvons donc affirmer qu'il ait puisé la synodale dans la *Collection d'Alexandre*.

---

[22] Socr. 1.6.40-41.
[23] Athanase, *De synodis* 16-17.
[24] Epiphane, *Panarion* 69.4.3-4.
[25] Pseudo-Gélase de Cyzique 2.3: voir l'apparat de G.C. HANSEN, *Anonyme Kirchengeschichte*, en particulier p. 25.23, 25.27, 26.19, 29.17.
[26] Sur les sources, voir G.C. HANSEN, *Anonyme Kirchengeschichte*, p. xlii. Il faut suppléer sa liste de sources dans l'apparat avec les parallèles suivants (les pages renvoient à l'édition de G.C. Hansen): Pseudo-Gélase de Cyzique p. 23.30, cf. Théodoret, *HE* 1.2.8; Pseudo-Gélase de Cyzique p. 24.3, cf. Soz. 1.15.2; Pseudo-Gélase de Cyzique p. 24.15-25, cf. Soz. 1.15.2-5, Théodoret, *HE* 1.2.12; Pseudo-Gélase de Cyzique p. 24.25-29, cf. Socr. 1.6.1-3, 1.6.31.

Quelles sont les conclusions à tirer de cette recherche? Tout d'abord, la *Collection d'Alexandre* est d'origine alexandrine. Cela se voit en premier lieu dans le fait que l'évêque Alexandre est sa figure centrale. Deux détails confirment cette interprétation: Socrate s'en prend immédiatement à Eusèbe de Nicomédie dont il fait le coordinateur des actions en faveur d'Arius, et Eusèbe demande la réintroduction d'Arius dans l'Église alexandrine. Voici deux constantes dans les écrits et l'action d'Alexandre et de son successeur Athanase, que nous rencontrerons ailleurs dans les écrits d'origine alexandrine[27]: la persévérance à tenir tête aux pressions d'Eusèbe et le refus de se réconcilier avec Arius.

En second lieu, l'information que donne Socrate est relativement peu élaborée. Il y manque, par exemple, la carrière préalable d'Arius sous les prédécesseurs d'Alexandre et les *disputationes* entre Arius et ses adversaires, dont Sozomène fait état. Cela suggère que la collection s'en tenait en gros aux documents et évitait l'élaboration des faits. Si ce point est exact, nous sommes alors en droit de nous fier à la remarque de Socrate selon laquelle il a utilisé une collection contemporaine, composée par les acteurs eux-mêmes[28].

1.2 SOZOMÈNE ET LA *COLLECTION ALEXANDRINE*

Sozomène, tout en empruntant plusieurs éléments à son prédécesseur, offre un récit très différent[29]. D'abord, il esquisse brièvement la carrière d'Arius, qui, partisan de Mélitios pendant un bref délai, fut ordonné diacre par Pierre, avant d'être excommunié par celui-ci pour avoir protesté contre les mesures de son évêque envers les mélitiens. Pardonné par Achillas, il devint prêtre. Sozomène résume par la suite ses doctrines, sur la base de la synodale d'Alexandre. Ensuite, il décrit le développement de l'hérésie. Alors que certains reprochaient à Alexandre d'être trop laxiste envers ces innovations dogmatiques, l'évêque par contre préférait confronter les opinions d'Arius avec celles de ses adversaires, notamment lors de deux disputes. Il siégea comme juge avec son clergé.

---

[27] Cf. ci-dessous p. 323.

[28] C'est un argument en faveur d'une date plus traditionnelle de la synodale (*Urkunden* 4b) que R. WILLIAMS, *Arius. Heresy and Tradition*, p. 50-56, 58, voulait situer peu avant Nicée en 325. Si tant d'évêques y ont répondu, sa circulation doit avoir eu lieu bien avant le concile (voir déjà la critique de la position de R. Williams par Uta LOOSE, *Zur Chronologie*). Suggérons vers 321, la date que la *Continuatio Antiochiensis* donne comme début de la controverse arienne.

[29] Soz. 1.15.

«Alexandre fut d'abord dans l'embarras: il louait tantôt ceux-ci, tantôt ceux-là»[30]. Finalement, il se décida contre Arius et essaya de le convaincre d'accepter sa défaite dans la dispute et de renoncer à ses idées. Au refus d'Arius, l'évêque réagit par l'excommunication. Par la suite, une partie des laïcs se rangea au côté d'Arius. À ce moment, «les partisans d'Arius se dirent qu'il était nécessaire de gagner à l'avance la faveur des évêques de chaque ville et ils leur envoyaient des messages»[31]. Ayant constaté que la manœuvre avait du succès, en particulier auprès d'Eusèbe de Nicomédie, Alexandre répondit par des lettres encycliques. Pourtant, deux synodes, respectivement en Bithynie et en Palestine, déclarèrent leur soutien à Arius. Celui de Palestine accepta la demande d'Arius de pouvoir tenir des assemblées à Alexandrie comme auparavant, mais exigea de lui qu'il se soumette à l'autorité d'Alexandre.

La source de Sozomène comprenait également, en dehors de ce récit, des documents. L'historien connaît une version de la synodale d'Alexandre qui était indépendante de celle de Socrate, car il sait quelle position cléricale occupent les personnes excommuniées, une donnée qui manqua chez Socrate. En plus, dans la liste des excommuniés, il remplace les noms de Lucius et de Gaius par le faux Macarius[32]. Le résumé des réactions à la synodale ne contient par contre aucun élément qui ne se trouve pas chez Socrate. Sozomène peut donc l'avoir copié de son prédécesseur[33]. La source de Sozomène contenait aussi l'encyclique du synode de Bithynie, qui appelait les évêques à accepter la communion avec Arius et à encourager Alexandre à faire de même. Elle y ajoutait un résumé, peut-être basé sur des lettres, des relations d'Arius avec Eusèbe de Césarée, Paulin de Tyr et Patrophile de Scythopolis, et du synode palestinien qui en découlait[34]. Les documents suivants étaient donc inclus dans la source de Sozomène: la synodale d'Alexandre, la synodale du synode de Bithynie, et peut-être des documents liés au synode de Césarée en Palestine.

---

[30] Soz. 1.15.5: (…) πέπονθέ τι καὶ Ἀλέξανδρος τὰ πρῶτα πῇ μὲν τούτους πῇ δὲ ἐκείνους ἐπαινῶν.

[31] Soz. 1.15.8: λογισάμενοι οἱ ἀμφὶ τὸν Ἄρειον ἀναγκαῖον εἶναι τὴν εὔνοιαν προφθάσαι τῶν κατὰ πόλιν ἐπισκόπων πρεσβεύονται πρὸς αὐτούς. Sur ce passage, voir W. TELFER, *Sozomen 1.15*, p. 190; N.H. BAYNES, *Sozomen, Ecclesiastical History 1.15*, p. 168.

[32] Soz. 1.15.7; Socr. 1.6.8. B. GRILLET — G. SABBAH, *Sozomène. Livre I-II*, p. 187 n. 1 supposent à tort une dépendance de Socrate.

[33] Soz. 1.15.9-10; Socr. 1.6.31-34.

[34] Soz. 1.15.10-12. Trois lettres, d'Eusèbe de Césarée à Alexandre (*Urkunden* 7), d'Eusèbe de Nicomédie à Paulin de Tyr (*Urkunden* 8), et de Paulin à une personne inconnue (sans doute Alexandre d'Alexandrie, *Urkunden* 9) sont conservées ailleurs.

La source de Sozomène est à notre avis la *Collection alexandrine*, un récit truffé de documents sur la carrière d'Athanase, composé dans le dernier quart du quatrième siècle, envoyé en 419 à Carthage et partiellement conservé en traduction latine dans le *Codex Veronensis* LX [58]. Il est sûr que Sozomène l'a connue[35]. Malheureusement, le récit de la collection sur les origines de l'arianisme n'est pas conservé. Il nous en reste seulement quelques bribes dans le *Codex Veronensis*, qui rendent pourtant plausible le fait que Sozomène ait puisé sa version dans la *Collection alexandrine*. Un document de la collection fait état d'un certain Arius qui fut pendant un certain temps un fidèle de Mélitios. Cet Arius pourrait être le fameux hérésiarque, une identification qui rejoindrait alors le récit de Sozomène[36]. Il existe pourtant un autre texte qui a probablement incorporé le récit de la *Collection alexandrine*: les actes latins de Pierre d'Alexandrie[37]. Sa version des origines de l'arianisme est pratiquement identique à celle de Sozomène, sauf que l'historien est plus détaillé et mentionne également les différents synodes qui furent convoqués. Ces parallèles rendent très probable l'idée que le chapitre de Sozomène dépend de la *Collection alexandrine*[38].

[35] Dans une étude antérieure (*La tête*), nous avons baptisé *Collection alexandrine* le dossier égyptien que W. Telfer avait distingué dans les documents du *Codex Veronensis* (W. TELFER, *The Codex*) et dont l'*Histoire acéphale* constitue la pièce la plus connue (cf. Annik MARTIN — Micheline ALBERT, *Histoire «acéphale»*). Voir aussi Appendice III.
[36] *Codex Veronensis* no. 26. F.H. KETTLER, *Der meletianische Streit*, p. 192; E. SCHWARTZ, *Zur Geschichte*, p. 103 n.3, acceptent l'identification. Annik MARTIN, *Athanase*, p. 253 a des doutes.
[37] *Passio Petri* BHL 6692-6693. W. TELFER, *St. Peter*, p. 129-130 et T. ORLANDI, *Ricerche*, p. 311 identifient la source de ces actes à la *Collection alexandrine*. Bien que cette identification ait été disputée par R. WILLIAMS, *Arius and the Meletian Schism*, p. 35-45, qui identifie la source de Sozomène à Sabinos, elle reste la solution la plus probable pour les parallèles remarquables. Voir d'ailleurs la critique de R. Williams par Annik MARTIN, *Athanase*, p. 241-245.
[38] Soz. 1.15; *Passio Petri* BHL 6692-6693 dans PG 18.455ad, avec la discussion de W. TELFER, *St. Peter*, p. 129-130; T. ORLANDI, *Ricerche*, p. 311.
D'autres passages sur les événements immédiatement postérieurs à Nicée qu'on trouve chez Sozomène proviennent probablement aussi de la *Collection alexandrine*. Sozomène décrit en détail les tractations entre les mélitiens et Alexandre d'Alexandrie après le concile de Nicée: Mélitios rompt les accords en désignant Jean Arcaph comme son successeur. L'historien insiste sur l'alliance tactique entre mélitiens et ariens, qui conduit les mélitiens à adopter les points de vue ariens (Soz. 2.21.1-5). Dans ce même chapitre, il raconte aussi comment Eusèbe de Nicomédie et Théognis de Nicée réussirent à effacer leurs signatures des documents de Nicée et se mirent à prêcher contre l'*homoousios*. Quand ils furent entrés en contact avec «certains Alexandrins, que le concile avait mis en surveillance comme non orthodoxes», ils furent envoyés en exil par l'empereur (Soz. 2.21.6-8). La phrase provient de la lettre de Constantin aux Nicomédiens (Soz. 2.21.8 = *Urkunden* 27.15-16), qui était par conséquent incluse dans sa source. Voir Appendice III à propos de ces passages.

L'identification de la source de Sozomène à la *Collection alexandrine* nous semble donc vraisemblable. Même si l'on juge ces arguments insuffisants, il est clair que Sozomène donne la version officielle élaborée à Alexandrie. Cela se perçoit clairement d'après les traits suivants.

Primo, Sozomène range Arius parmi les mélitiens. On ne saurait démontrer l'historicité ou la fausseté du fait, tant la vie d'Arius est mal connue[39]. En tout cas, un lien proche entre Mélitios et Arius était un *topos* de la polémique alexandrine, qui trouve son origine dans le fait que les mélitiens avaient rejoint les ariens dans l'alliance contre Athanase. On les accusait également d'avoir adopté les idées des seconds[40]. Après l'extinction de l'arianisme au cinquième siècle, les mélitiens réaffirmeraient pourtant leur orthodoxie[41]. Un lien historique entre les deux ennemis d'Athanase était donc exploité ou inventé par la propagande alexandrine. Sozomène reprend par ailleurs ce *topos*. Dans le second livre, il revient sur le lien entre ces schismatiques et hérétiques égyptiens, et il signale qu'au synode de Tyr les ariens et mélitiens se rapprochèrent à tel point que, dans la suite les ariens égyptiens portèrent le nom de mélitiens[42].

Secundo, Sozomène semble dépeindre Alexandre comme hésitant parce qu'il ne réagit pas immédiatement à l'action d'Arius. Ce sont d'autres personnages qui l'incitent à inviter Arius pour une controverse. Au cours de celle-ci, l'évêque ne sait pas quel parti choisir. Ce passage correspond-il à une version «officielle» du patriarcat alexandrin? Essayons de

---

Signalons que Théodoret connaît également *Urkunden* 27 (*HE* 1.20.1-10): les passages que l'évêque en cite montrent que sa source était différente de celle d'Athanase (*De decretis* 41; voir H.-G. Opitz, apud *Urkunden* 27 p. 60-62). Puisque Théodoret utilisait aussi la *Collection alexandrine* (P. VAN NUFFELEN, *La tête*, p. 129-130), il est très probable que ce document en provient.

[39] Nous n'osons pas affirmer avec assurance que le lien soit une invention orthodoxe, comme le disent R. WILLIAMS, *Arius and the Meletian Schism*, p. 49; Annik MARTIN, *Athanase*, p. 253.

[40] Shenoute, dans *P. Rainer.Cent.* 9 (28r); Athanase, *Historia Arianorum* 78; Epiphane, *Panarion* 68.6.4-6. Cf. Philostorge, *HE* 1.8 p. 9.14; *Historia ecclesiastica Alexandrina* 1.3. Voir H. HAUBEN, *The Melitian «Church of the Martyrs»*, p. 334-335; Annik MARTIN, *Athanase*, p. 679.

[41] Théodoret, *Haereticarum fabularum compendium* 4.7 (cf. *HE* 1.9.14); *Histoire des patriarches* p. 198-199.

[42] Soz. 2.21.4, un passage qui dépend sans doute aussi de la *Collection alexandrine* (cf. Appendice III). Voir aussi Soz. 1.15.2 qui dit que Pierre refusait d'accepter le baptême administré par les mélitiens. Annik Martin a fait remarquer que cela reviendrait à considérer les mélitiens comme des hérétiques, une attitude qu'on peut imaginer pour la fin du quatrième siècle, mais non pas au début de la controverse mélitienne (cf. Annik MARTIN, *Athanase*, p. 251). Mais un tel rigorisme pourrait être aussi expliqué par l'inimitié entre Pierre et Mélitios.

mieux définir l'esquisse du caractère d'Alexandre. Que l'évêque soit informé par d'autres personnes de l'activité des hérétiques, rien de plus normal[43]. Ce n'est donc pas un signe de faiblesse. Rufin dépeint d'ailleurs Alexandre comme quelqu'un qui aimait consulter ses presbytres[44]. Ensuite, Sozomène signale qu'Alexandre veut résoudre le conflit, non par la contrainte mais par la persuasion. C'est un motif récurrent dans les disputes entre hérétiques et orthodoxes, où la réfutation est préférée à la répression. Les milieux ecclésiastiques appréciaient cette attitude, que Sozomène et Socrate attribuent par exemple aussi à l'empereur Théodose I[45]. Dans les sources revient souvent la gentillesse d'Alexandre[46]. On peut donc être surpris de lire chez Sozomène qu'Alexandre «louait tantôt ceux-ci, tantôt ceux-là»[47] pendant le deuxième débat, mais cela ne constituera pas une preuve que la source de Sozomène ne fut pas d'origine alexandrine. Au contraire, Alexandre est un bon évêque, doux, mais décidé s'il le faut.

Tertio, les deux constantes alexandrines, que nous avons déjà signalées à propos de Socrate, reviennent ici. C'est Eusèbe de Nicomédie qui tient le rôle de premier violon parmi les ariens, et le synode de Palestine concède à Arius le droit de retour en Alexandrie, ce qu'Alexandre lui refuse.

Quarto, Sozomène fait état d'un parti qui défendait l'*homoousios* dans la dispute avec Arius. C'est anachronique[48], certes, mais cela nous montre comment la dispute a été réinterprétée à la lumière de développements ultérieurs. La version officielle alexandrine voit les éléments de la lutte du milieu du quatrième siècle déjà en place à son début.

Si l'on considère nos arguments en faveur de la dépendance immédiate de Sozomène à la *Collection alexandrine* comme insuffisants, il est néanmoins sûr que l'historien a recueilli la version alexandrine officielle. En effet, cette version semble avoir circulé avant que la *Collection alexandrine* ne soit publiée dès 385[49]. Déjà peu après 374-375, lorsqu'Épiphane de Salamine rédigeait son *Panarion*, cet auteur a trouvé quelque part un

---

[43] Marc le Diacre, *Vita Porphyrii* 87; *Acta Archelai* 4-5.
[44] Rufin, *HE* 10.15 p. 981.12-13.
[45] En général, R. LIM, *Public Disputation*, passim. Sur Théodose I, voir ci-dessous p. 387.
[46] Rufin, *HE* 10.1 p. 960.10-11; Théodoret, *HE* 1.2.12; Pseudo-Gélase de Cyzique 2.2.3.
[47] Soz. 1.15.5.
[48] Soz. 1.15.5-6. Cf. E. SCHWARTZ, *Zur Geschichte des Athanasius*, p. 156 n. 2.
[49] L'ordination de Théophile en 385 est le dernier fait mentionné dans l'*Histoire acéphale*, la pièce centrale de la *Collection alexandrine* (5.14). Cf. P. VAN NUFFELEN, *La tête*, p. 127-128, avec littérature.

récit très proche de celui de Sozomène et de la *Collection alexandrine*[50]. Quelques différences se retrouvent au début de son chapitre. Épiphane ignore le lien initial entre Arius et Mélitios. De plus, c'est Mélitios qui informe Alexandre de l'hétérodoxie d'Arius, et pas les anonymes de Sozomène. Le rôle de Mélitios est en général plus positif chez l'évêque de Salamine. En dehors de ces éléments, Épiphane ne diffère pas trop de l'historien. Alexandre d'Alexandrie cite Arius une première fois devant lui, et, suite à son comportement insolite, il l'excommunie pendant une deuxième session, soutenu par le clergé et certains évêques. Nous pouvons y voir les deux sessions de la dispute dont Sozomène fait état. Les deux auteurs font état du large support dont jouissait Arius. L'internationalisation du conflit y fait suite. À la fois chez Sozomène et chez Épiphane, c'est Arius qui se met à chercher du soutien dans l'Église en dehors de l'Égypte, contrairement à Socrate, chez qui c'est la lettre d'Alexandre qui suscite des réactions. Le manque de lien initial entre Arius et Mélitios et le rôle plus positif de ce dernier rendent difficile, voire impossible, d'affirmer qu'Épiphane a utilisé la même source que Sozomène. Des parallèles nets indiquent, d'autre part, que sa source s'en rapproche.

La source de Sozomène a donc été probablement la *Collection alexandrine*, qui à son tour reprenait la version alexandrine officielle déjà propagée par d'autres biais. Cette version, qui mêlait documents historiques et inventions postérieures (comme le renvoi à l'*homoousios*), a été concoctée dans le dernier quart du quatrième siècle et reflèterait une histoire récrite afin de montrer l'unité essentielle des ennemis de l'Église alexandrine, les ariens et les mélitiens.

1.3 BILAN

Au-delà des doutes que personne ne saurait dissiper, notre recherche des sources de Socrate et Sozomène concernant l'origine de l'arianisme permet de tirer quelques conclusions sûres. Elles concernent les différences et les ressemblances entre les deux historiens.

L'information de Socrate et de Sozomène provient de deux sources fondamentalement différentes. Le premier puise dans la *Collection d'Alexandre*, contemporaine des événements, alors que le second utilise

---

[50] Épiphane, *Panarion* 69.3-5. Pour la date, voir *Panarion* pr.2.2.3. Cf. H.-G. OPITZ, *Die Zeitfolge*, p. 146-148.

la *Collection alexandrine*, composée vers la fin du quatrième siècle. L'atout de la première collection, sa proximité des événements, est contre-carré par le fait qu'elle est beaucoup plus vague, d'une part, et qu'elle en reste au constat d'une correspondance intensive entre les deux partis, d'autre part. La *Collection alexandrine*, quant à elle, en sait beaucoup plus. Elle était au courant des synodes bithynien et palestinien en faveur d'Arius et incluait aussi des documents originaux. Sa qualité de fournir de l'information plus copieuse est contrebalancée par le fait qu'aux élé-ments authentiques sont mêlés des événements douteux, probablement fruits d'une élaboration tardive.

Socrate et Sozomène ont l'origine de leur source en commun, Alexan-drie. Ils épousent par conséquent la perspective alexandrine. Puisque l'autre source majeure concernant le développement de l'arianisme, Épi-phane, se base également sur des informations provenant de ce côté, la tradition entière sur Arius qui nous soit parvenue dépend donc d'elle. Puisque les alexandrins s'intéressaient uniquement au combat de leurs évêques contre l'arianisme, son origine et son développement précis sont éclipsés au profit de leur lutte. Mais il ne faut pas tout de suite stigmati-ser la propagande de ce siège et son l'influence sur la tradition histo-rique[51]. La cause en est plutôt que le conflit avait une origine égyptienne et que le siège d'Alexandrie s'établissait comme le véritable défenseur de l'Église catholique en Orient. C'est en particulier à Athanase que le siège devait son prestige.

2. ATHANASE, LE DÉFENSEUR DE NICÉE

À partir du concile de Nicée jusqu'au règne de Valens, Socrate et Sozo-mène identifient la lutte contre l'arianisme à celle en faveur d'Athanase.

Selon Socrate, une double raison était à l'origine des assauts conti-nuels d'Eusèbe de Nicomédie et de Théognis de Nicée contre l'évêque d'Alexandrie: leurs convictions ariennes et leur haine d'Athanase qui leur avait tenu tête pendant les discussions au concile de Nicée[52]. Il y revient à plusieurs reprises. Les accusations menant au procès d'Athanase en Nicomédie (331), étaient inventées «afin que la doctrine arienne règne par

---

[51] Quels que soient les doutes que l'on garde sur l'honnêteté des Alexandrins, la ver-sion arienne de l'origine du conflit que donne Philostorge (*HE* 1.3-4) est au moins aussi fantaisiste.

[52] Socr. 1.23.2.

l'élimination d'Athanase»[53]. L'évêque se présenta après une première
hésitation au synode de Tyr (335), car il craignait «quelque innovation
par rapport à ce qu'on avait décidé au concile qui avait eu lieu à Nicée»[54].
On voit que les causes nicéenne et athanasienne se confondent.

La même perspective est à noter chez Sozomène. Athanase refusait
selon lui d'accepter la réintégration d'Arius dans l'Église car il combattait toute hérésie et toute altération de la foi de Nicée. Les calomnies
d'Eusèbe et Théognis visaient à «ramener Arius, leur ami et sectateur, à
Alexandrie et à chasser Athanase de l'Église parce qu'il s'opposait à
eux»[55]. Ainsi, après la condamnation et la fuite d'Athanase à Tyr, les
deux ennemis, les mélitiens et Arius, sont réintégrés dans l'Église, les
premiers à Tyr et le second à Jérusalem[56]. Par cet acte, les décisions de
Nicée, qui les condamnaient, sont rendues nulles.

Cette identification de la défense du nicéisme et d'Athanase n'est pas le
fruit d'une élaboration tardive; elle se retrouve déjà chez les partisans et
chez les ennemis contemporains d'Athanase. Le concile de Sardique (343)
eut par exemple comme but explicite de reconsidérer son cas et celui de
Paul de Constantinople. Pour ou contre Athanase, voilà ce qui fut également
donné comme choix aux participants du concile de Milan en 355. Selon
Basile de Césarée, le fait que le presbytre Ascholios parle favorablement
d'Athanase témoigne suffisamment de son orthodoxie[57]. Nous constatons
d'autre part que le macédonien Sabinos s'en prend à Athanase[58], et que
l'homéen Philostorge fait de lui l'ennemi principal de son héros Aèce, ce
qui indique que son importance était reconnue également du côté arien[59].

De par cette identification se développaient des traditions historiques,
illustrant le rôle capital d'Athanase dans la lutte anti-arienne. Nous discuterons trois aspects: Athanase comme héritier d'Alexandre d'Alexandrie, la réintégration d'Arius et les exils de l'évêque.

---

[53] Socr. 1.27.6: οὕτως γὰρ μόνως ἤλπιζον τὴν Ἀρειανὴν δόξαν κρατήσειν Ἀθανασίου ἐκποδὼν γενομένου.

[54] Socr. 1.28.4: ἀλλὰ φοβούμενος, μή τι καινοτομηθῇ παρὰ τὰ ἐν Νικαίᾳ τῇ τότε
συνόδῳ συναρέσαντα.

[55] Refus d'Athanase: Soz. 2.18.2; Eusèbe et Théognis: Soz. 2.22.1: τὸν Ἄρειον μὲν
ὡς ὁμόδοξον καὶ φίλον κατάγειν εἰς τὴν Ἀλεξάνδρειαν ἐσπούδαζον, τὸν δὲ τῆς
ἐκκλησίας ἐκβαλεῖν ὡς ἐναντίον αὐτοῖς γινόμενον.

[56] Tyr: Soz. 2.25.15; Jérusalem: Soz. 2.27.13-14.

[57] Basile de Césarée, Epistulae 154.

[58] Cf. Socr. 2.15.5-11. Voir Appendice IV.

[59] Philostorge, HE 3.17 p. 48.6-8: voir W.G. RUSCH, À la recherche, p. 161-173. Voir
aussi Lucifer de Cagliari, De Athanasio 1.33; Grégoire de Nazianze, Discours 20; Jérôme,
De viris illustribus 68; Sulpice Sévère, Chronique 2.39.1.

2.1 ATHANASE, L'HÉRITIER D'ALEXANDRE

Athanase ne faisait qu'hériter des problèmes de ses prédécesseurs. Mélitios usurpait les droits de Pierre (300-311) et Arius s'opposait à l'autorité d'Alexandre (312-328). Au concile de Nicée (325), convoqué, entre autres, pour résoudre ces deux conflits d'origine égyptienne, l'Église alexandrine l'emporta sur toute la ligne. La victoire se révéla pourtant moins solide qu'Alexandre ne l'espérait puisque, dans les années suivantes, le parti eusébien s'employa à réviser les décisions du concile. Constantin, en 325 encore aux côtés d'Alexandre, se montrait ouvert à leurs demandes, et ce pour des raisons peu claires (les historiens allèguent un vœu de sa sœur Constantia sur son lit de mort et son désir de voir l'unité rétablie[60]). Tout en insistant sur une acceptation formelle des décisions doctrinales de Nicée, il abolit sa propre mesure disciplinaire, en rappelant d'exil Eusèbe et Théognis, et plus tard Arius[61]. Il encouragea aussi les évêques à faire de même en ce qui concerne leur sanction, l'excommunication[62]. Alors qu'il ne pouvait rien contre le rappel d'exil d'Arius, Alexandre refusa d'accepter la communion avec l'hérésiarque. Sur ces entrefaites, il mourut. Son successeur Athanase héritait alors d'un triple conflit, avec les mélitiens, les ariens et, en sus, avec l'empereur qui exigeait une réconciliation. Le nouvel évêque n'en fut cependant pas intimidé et se montra tout aussi intransigeant que son prédécesseur.

Athanase défendait donc l'héritage de l'Église alexandrine, et en particulier celle d'Alexandre. Dans la tradition historique, deux déformations ont leur origine dans le fait qu'Athanase était perçu comme l'héritier d'Alexandre.

L'élection divine d'Athanase

La première déformation concerne l'élection divine d'Athanase, dont deux versions nous sont connues. La première nous est racontée par Rufin, puis sera reprise par Socrate et Sozomène.

L'historien d'Aquilée raconte comment Alexandre, le jour de la fête du martyre de l'évêque Pierre (le 25 novembre) vit jouer des enfants sur la plage[63]. Ils imitaient l'eucharistie et le jeune Athanase, dans le rôle de

---

[60] Rufin, *HE* 10.12; Socr. 1.25.1-5, 1.27.5, 1.35.4; Soz. 2.27.2-4. Cf. R. LORENZ, *Das vierte Jahrhundert*, p. 138; H.A. DRAKE, *Athanasius' First Exile*, p. 203.

[61] Arius peut aussi être rappelé plus tôt que les deux évêques, voir ci-dessous p. 342-343.

[62] Voir *Urkunden* 29, 32, 34. Sur ces événements, voir ci-dessous p. 332-339.

[63] Ce jour semble avoir eu une importance symbolique dans l'esprit alexandrin. La *Vie de Pierre l'Ibère*, qui insiste sur les liens qu'entretenait cet évêque palestinien (mort en 491)

l'évêque, baptisait même des catéchumènes. Il se révéla que tout avait été fait selon les prescriptions ecclésiastiques et Alexandre reconnut la validité des baptêmes après consultation de son clergé. Sur la demande de l'évêque, Athanase reçut une éducation, ensuite il se rendit à l'Église et «comme un second Samuel, il est élevé dans le temple du Seigneur»[64]. Inutile de démontrer ici le caractère fictif et stéréotypé de ce récit[65], qui veut souligner la continuité dans l'épiscopat alexandrin, comme l'illustrent les éléments suivants. La révélation de l'élection divine a lieu le jour de la fête de Pierre, et elle arrive en présence de l'évêque Alexandre. Ainsi Athanase est lié de façon symbolique à ses deux prédécesseurs célèbres[66].

L'association à la figure de Samuel, explicitée par Rufin, se trouve également dans la seconde version de l'élection divine d'Athanase. Elle est copiée par Sozomène d'un écrit perdu d'Apollinaire de Laodicée (ca. 315-392). Informé par Dieu qu'Athanase lui succéderait, Alexandre l'appela à son lit de mort. Celui-ci avait pourtant fui la cité d'Alexandrie et la charge qui l'attendait. «Comme l'assistant d'Alexandre, qui portait le même nom qu'Athanase, répondait à l'appel, l'évêque se tut, car ce n'était pas lui qu'il appelait. Il réitéra son appel. Et alors que cela se renouvelait souvent, chaque fois, l'Athanase présent récoltait le silence et c'était l'Athanase absent qui était désigné»[67]. L'allusion au modèle biblique est claire. Ajoutons que la fuite préalable d'Athanase est un reflet du refus de la dignité épiscopale qu'on attribuait souvent aux ascètes[68] et à d'autres personnes majeures[69].

L'insistance placée sur la volonté divine, selon laquelle Dieu choisit ses serviteurs, est commune à ces deux historiettes. C'est un indice évident

---

avec Alexandrie, raconte comment son héros mourut au troisième jour de la fête de Pierre I et comment cet évêque lui-même apparut dans un rêve au presbytre Athanase (!) pour faire l'éloge de son homonyme palestinien (*Vita Petri Iberi* 136, 145).

[64] Rufin, *HE* 10.15 p. 981.20-21 (*ac velut Samuhel quidam in templo domini nutritur*); Socr. 1.15.2-4; Soz. 2.17.6-10.

[65] Cf. Françoise THELAMON, *Païens*, p. 337. Voir Pseudo-Alexandre, *Panegyricus Petri* p. 251-252, à propos de Pierre, mais il faut avouer que cette homélie s'inspire sans doute de la vie d'Athanase.

[66] Comparez *Historia ecclesiastica Alexandrina* 1.17-31: une vision de Pierre à propos d'Achillas et d'Alexandre.

[67] Soz. 2.17.2-3 = Apollinaire fr. 168. Cf. Annik MARTIN, *Athanase*, p. 337.

[68] Par exemple Palladios, *Historia Lausiaca* 38; Socr. 4.23; Soz. 8.19.3-7; Jean Moschus, *Pratum* 123-124. Voir Ewa WIPSZYCKA, *Les documents papyrologiques*, avec de nombreux parallèles égyptiens.

[69] Grégoire de Nazianze, *Epistulae* 8; Paulin, *Vita Ambrosii* 7-8; Jérôme, *Epistulae* 51.1 (= lettre d'Épiphane de Salamis); Soz. 3.16.11; Théodoret, *Historia religiosa* 15.4; Marc le Diacre, *Vita Porphyrii* 16.5-7.

de l'influence hagiographique qu'elles ont subie. Celle-ci se fit sentir plus vite dans le cas d'Athanase que dans celui des évêques de Constantinople. Bien que les historiens de l'Église accordent beaucoup d'intérêt à Métrophane et à Alexandre de Constantinople, leurs récits de la succession épiscopale, tout en n'étant pas entièrement dénués d'éléments hagiographiques, insistent plutôt sur le choix personnel de l'évêque et sur le consentement populaire et plutôt que sur l'intervention divine[70].

La chronologie de la mort d'Alexandre

La seconde déformation concerne la chronologie de la mort d'Alexandre. Selon une version largement répandue, Alexandre mourut peu après le concile de Nicée, alors qu'en vérité une période de presque trois ans sépare les deux événements (été 325 et le 17 avril 328). La *Continuatio Antiochiensis Eusebii*, qui date des années 350, place le concile de Nicée en 327 et la mort d'Alexandre l'année suivante. Épiphane de Salamine situe sa mort l'année qui suit la condamnation d'Arius[71]. Une version semblable se retrouve également dans les *Histoires ecclésiastiques* de Théodoret[72] et de Théodore le Lecteur[73]. Athanase lui-même semble avoir succombé à l'attrait de cette chronologie tronquée, car il écrit dans l'*Apologia secunda* que «même pas cinq mois s'étaient écoulés» entre le concile, où les ariens furent condamnés et les mélitiens acceptés sous certaines conditions, et la mort de son prédécesseur[74].

Socrate suit cette version. Il situe la mort d'Alexandre «immédiatement après» le libelle de repentance d'Eusèbe de Nicomédie et de Théognis de Nicée[75]. Ces deux faits sont situés entre le concile de Nicée, ayant eu lieu dans la dix-neuvième année de Constantin et ses *vicennalia*, c'est-à-dire en 325. Sozomène, quant à lui, suit l'ordre de Socrate[76]. Il est difficile de déterminer l'origine de cette chronologie erronée. Elle pourrait

---

[70] Socr. 2.6.2-3; Soz. 3.3. Voir *Vita Metrophani et Alexandri* BHG 1279.19, pour l'élaboration hagiographique. G. Dagron nous semble trop critique à l'égard de la version offerte par Socrate et Sozomène (*Naissance*, p. 425-435).

[71] *Continuatio Antiochiensis* a. 327-328. Epiphane, *Panarion* 69.11.4, cf. 68.7.1.

[72] Théodoret, *HE* 1.26.1. Il dépend d'Athanase, *Apologia secunda* 59.3.

[73] Théodore le Lecteur p. 13.21.

[74] Athanase, *Apologia secunda* 59.3. Sur l'interprétation de ce passage, voir P. VAN NUFFELEN, *Three Historical Problems*.

[75] Socr. 1.15.1: μετὰ ταῦτα δὲ εὐθέως Ἀλεξάνδρου τοῦ ἐπισκόπου τῆς Ἀλεξανδρέων τελευτήσαντος (…).

[76] Socr. 1.13.13, 1.16.1; Soz. 2.16-17.

provenir de la collection de documents que Socrate utilise pour les événements entourant la réintégration d'Arius et de ses partisans, une collection sur laquelle nous reviendrons ci-dessous[77]. Pourtant, rien ne prouve que celle-ci contenait des dates précises. Une autre source envisageable constitue le passage discuté ci-dessus de l'*Apologia secunda* d'Athanase, un ouvrage dont nous savons qu'il a été utilisé par Socrate[78].

L'acceptation générale de cette déformation chronologique, en particulier dans des sources qui sont indépendantes les unes des autres, montre qu'il ne s'agit pas d'une simple erreur chronologique. À cause du présupposé qu'Athanase avait à défendre ce qu'Alexandre avait acquis, on a comprimé les événements. Alexandre meurt au faîte de son succès, le concile de Nicée, et laisse un héritage à Athanase que celui-ci se devait de sauvegarder. Le sens symbolique des événements a influencé leur reconstruction.

Les deux déformations dont nous venons de discuter, l'élection divine d'Athanase et le téléscopage chronologique à propos de la mort d'Alexandre, sont les seules que l'on trouve chez Socrate et Sozomène. Dans la littérature de l'époque, il y en a encore bien d'autres. Grégoire de Nazianze, par exemple, attribue à Athanase un rôle de premier plan à Nicée et il le compte parmi les 318 pères de Nicée, bien que l'Égyptien ne soit pas encore évêque à ce moment[79]. Cyrille d'Alexandrie, pour sa part, insiste sur le lien père-fils qui aurait existé entre Alexandre et Athanase[80]. Ne considérons donc pas la double déformation mentionnée précédemment comme de la propagande délibérée. Elle semble plutôt trouver son origine dans la perception que Nicée fut la victoire d'Alexandre et qu'Athanase défendait son héritage.

2.2 La réintégration d'Arius

Voici un thème controversé. La date de la réintégration d'Arius dans l'Église reste disputée et est située à des dates aussi diverses que 327/8[81]

---

[77] Cf. ci-dessous p. 331.

[78] Athanase, *Apologia secunda* 59.3. Voir G.C. Hansen, *Sokrates*, p. l.

[79] Grégoire de Nazianze, *Discours* 21.14. Voir aussi Pseudo-Gélase de Cyzique 3.13.19-20, qui considère Athanase déjà comme l'égal d'Alexandre du vivant de ce dernier (voir note 91 à la page 331).

[80] ACO 1.1.1 (Coll. Vat. 1) *Epistula Cyrilli* p. 12.13-19. Cf. *Historia ecclesiastica Alexandrina* 1.115.

[81] O. Seeck, *Untersuchungen*, p. 69-71; H.-G. Opitz, *Die Zeitfolge*, p. 156; M. Simonetti, *La crisi ariana*, p. 115, 123; R. Williams, *Arius. Heresy and Tradition*, p. 73; R. Lorenz, *Das Problem*, p. 38 (avec littérature); T.D. Barnes, *Emperors*, p. 61. Le 12 avril 328 comme date du concile de Nicomédie, le concile qui aurait réintégré Arius (une

et 335[82]. Trois documents fournis par Socrate jouent un rôle capital dans ce débat: le libelle de repentance d'Eusèbe et de Théognis, écrit afin d'obtenir leur rappel d'exil[83], l'ordre de Constantin à Arius de venir dans la capitale, daté du 27 novembre[84], et la profession de foi d'Arius et Euzoios adressée à Constantin[85]. Essayons d'en reconsidérer l'origine et la portée.

Ces trois documents ont une origine commune. Ce sont les seuls du premier livre, avec la synodale d'Alexandre discutée ci-dessus[86], que Socrate n'a pas pris à Athanase, à Eusèbe ou aux actes de Nicée. De plus, pendant sa discussion du libelle de repentance, l'historien renvoie aux deux autres[87]. Ainsi, les trois documents sont explicitement liés. Leur origine exacte ne peut guère être précisée. Ils proviennent sans aucun doute d'une des collections dont Socrate avait, selon ses propres dires, connaissance[88]. On a proposé Sabinos comme source[89], mais les documents s'accordent mal avec ce que nous savons de son ouvrage[90]. Il faut donc nous limiter à affirmer que les trois documents proviennent d'une collection inconnue.

En tout cas, Socrate était le seul à la consulter, car Sozomène et le Pseudo-Gélase de Cyzique ne font que copier son texte[91]. C'est donc vers

proposition de B. BLECKMANN, *Ein Kaiser als Prediger*, p. 197-200) est assurément trop tardif: cf. T.D. BARNES, *Constantine's Speech*, p. 33.

[82] H.M. GWATKIN, *Studies*, p. 90; Annik MARTIN, *Le fil*, p. 310 et les ouvrages qui sont y cités p. 310 n. 4.

[83] Socr. 1.14.2-7 = Soz. 2.16.3-7 = Pseudo-Gélase de Cyzique 3.13.1-5 = *Urkunden* 31.

[84] Socr. 1.25.6-11 = Soz. 2.27.6-10 = Pseudo-Gélase de Cyzique 3.13.17 = *Urkunden* 29.

[85] Socr. 1.26.1-1.27.1 = *Urkunden* 30.

[86] Socr. 1.6.2-34. Voir ci-dessus p. 315-316.

[87] Socr. 1.14.7: ὡς κατὰ χώραν ἐροῦμεν.

[88] Socr. 2.1.4. Il est possible que le passage où Socrate indique la sanction imposée aux ariens à Nicée, l'anathème et l'interdiction d'entrer à Alexandrie, provienne de la même source, puisqu'il renvoie au premier document, le libelle de repentance (Socr. 1.8.33-34).

[89] F. GEPPERT, *Die Quellen*, p. 115; Annik MARTIN, *Le fil*, p. 312; P. MARAVAL, *Socrate de Constantinople*, p. 166 n. 2.

[90] Comme l'a montré W.-D. HAUSCHILD, *Die antinizänische Synodalaktensammlung*, p. 125.

[91] Soz. 2.16.3-7, 2.27.2-10. Pseudo-Gélase copie le récit sur le retour d'Arius de Socrate (Socr. 1.25.6-1.26.7 = Pseudo-Gélase de Cyzique 3.13.16-3.14), mais y joint deux passages de la lettre envoyée par Constantin à Alexandre d'Alexandrie urgeant l'acceptation d'Arius (Pseudo-Gélase de Cyzique 3.15.1-5 = *Urkunden* 32). Ayant noté la contradiction entre cette lettre, dans laquelle Alexandre est l'évêque d'Alexandrie, et Socrate, où Athanase occupe déjà le siège, le compilateur a simplement substitué «l'évêque» (Pseudo-Gélase de Cyzique 3.13.19) dans le passage où Socrate écrit Athanase (Socr. 1.27.1). G.C. HANSEN, *Anonyme Kirchengeschichte*, p. 135.29 propose de suppléer < Ἀλέξανδρος> à cet endroit. Si l'on accepte cette conjecture, Gélase a adapté Socrate. Dans la phrase suivante, Gélase semble résoudre la contradiction entre ses deux sources d'une autre façon, en

son *Histoire ecclésiastique* qu'il faut nous tourner afin d'interpréter ces documents. Il les a lus dans le contexte qu'offrait la collection, et lui seul pourra nous aider à la reconstruire.

À propos de la chronologie, la récolte est maigre. Les chapitres 1.15 à 1.26 regroupent des événements ayant eu lieu au cours des cinq années suivant le concile de Nicée, que Socrate situe dans un espace chronologique très flou. Les seuls indices précis sont la date du concile de Nicée et la fête des vicennales, ayant eu lieu en 325[92]. Mais, à ces événements bien connus l'historien mêle sans discrimination des faits ayant eu lieu plus tard, comme la mort d'Alexandre (328), les premières calomnies des eusébiens, un concile rapporté par Eusèbe de Césarée[93], la déposition d'Eustathe d'Antioche (328-329)[94], la mort de Constantia (329) et ses intrigues en faveur de l'arianisme[95], la lettre de Constantin à Arius et la profession de celui-ci et d'Euzoios. Y sont intercalés des événements qui étaient déjà impossibles à dater pour Socrate, comme l'activité d'Hélène en terre sainte, la lutte contre le paganisme, la conversion des Indiens et des Ibères, et le manichéisme. À partir de 1.27, Socrate suit pour l'essentiel le récit d'Athanase concernant les événements menant au synode de Tyr. Puisque Socrate est d'habitude soucieux de la chronologie, cet imbroglio montre qu'il ne savait pas grand-chose de la chronologie de la période post-nicéenne. Impossible donc d'en déduire des données chronologiques sûres pour les documents en question. Il ne nous reste qu'à conclure négativement: la collection n'offrait probablement pas de dates précises que Socrate aurait pu utiliser.

2.2.1 Le libelle de repentance

Si la chronologie ne nous renseigne pas, il s'avère qu'une lecture des documents peut fournir quelques bribes d'indication. Le premier document, la lettre d'Eusèbe et Théognis demandant la levée des sanctions, fut adressé aux «plus importants parmi les évêques»[96]. Socrate, et, à travers

---

accordant à Athanase une position presqu'égale à celle de l'évêque Alexandre (Pseudo-Gélase de Cyzique 3.13.20: καὶ τὸν βασιλέα γράφειν ἐπιπληκτικώτερον Ἀλεξάνδρῳ καὶ Ἀθανασίῳ παρεσκεύαζον).

[92] Nicée: Socr. 1.13.1; *vicennalia*: Socr. 1.16.1.
[93] Eusèbe, *Vita Constantini* 3.23.
[94] À dater entre le 1 octobre 328 et le 30 septembre 329: voir R.W. BURGESS, *The Date*.
[95] La date de son décès n'est pas sûre: cf. H.A. POHLSANDER, *Constantia*, p. 163.
[96] Socr. 1.14.1: τοῖς κορυφαίοις τῶν ἐπισκόπων.

lui, la collection en discussion, ne sait rien d'un synode auquel cette lettre aurait été envoyée. On considère pourtant souvent qu'elle était adressée à la seconde session de Nicée (327/8[97]). L'idée trouverait quelque soutien dans le fait que le libelle s'adresse à «votre saint synode» qui «a fait preuve de bienveillance à l'égard de celui-là même qui avait conduit à ce débat et de le rappeler»[98]. À ce synode, qui aurait déjà réadmis Arius, Eusèbe et Théognis auraient demandé d'être restaurés sur leurs sièges.

Cette interprétation ne nous semble pas s'imposer. Une analyse du libelle rend évident qu'il n'est pas adressé à un synode en session. Cinq parties peuvent être distinguées.

A: Socr. 1.14.2

Eusèbe et Théognis rappellent leur situation. Ils se plaignent d'avoir été condamnés sans procès de la part des Pères auxquels ils s'adressent et d'être obligés d'accepter leurs décisions en silence. Mais puisque des sycophantes les accusent d'être des hérétiques, il leur est permis de rompre le silence et d'affirmer qu'ils ont bel et bien accepté l'*homoousios*[99].

---

[97] Voir les ouvrages cités ci-dessus p. 330 note 81.

[98] Socr. 1.14.4-6.

[99] Socr. 1.14.2: Ἤδη μὲν οὖν καταψηφισθέντες πρὸ κρίσεως παρὰ τῆς εὐλαβείας ὑμῶν ἐν ἡσυχίᾳ φέρειν τὰ κεκριμένα παρὰ τῆς ἁγίας ὑμῶν ἐπικρίσεως ὠφείλομεν. ἀλλ' ἐπειδὴ ἄτοπον καθ' ἑαυτῶν δοῦναι τῶν συκοφαντῶν τὴν ἀπόδειξιν τῇ σιωπῇ, τούτου ἔνεκα ἀναφέρομεν, ὡς ἐμεῖς καὶ τῇ πίστει συνεδράμομεν καὶ τὴν ἔννοιαν ἐξετάσαντες ἐπὶ τῷ ὁμοουσίῳ ὅλοι ἐγενόμεθα τῆς εἰρήνης, μηδαμοῦ τῇ αἱρέσει ἐξακολουθήσαντες; «Condamnés, il y a quelque temps, avant jugement par votre Piété, nous devions supporter en silence les décisions prises par votre saint jugement. Mais comme il est absurde de donner aux calomniateurs, par notre silence, une preuve contre nous-mêmes, nous vous déclarons que nous nous sommes accordés avec la foi et que, après avoir examiné la signification du consubstantiel, nous avons été partisans de la paix, et n'ayant aucunement acquiescé à l'hérésie.» Τὰ κεκριμένα, ce sont les décisions, dans ce cas d'un concile (ἄγια ἐπίκρισις): cf. *Urkunden* 32.1 = Pseudo-Gélase de Cyzique 3.15.1; Pseudo-Gélase de Cyzique 2.28.14, 2.38.14. Le libelle fait encore deux fois état des κεκριμένα du synode (Socr. 1.14.4-5).

Annik Martin semble rapporter παρὰ τῆς εὐλαβείας ὑμῶν à καταψηφισθέντες et non pas à πρὸ κρίσεως (*Le fil*, p. 312-313). Dans ce cas, Eusèbe et Théognis auraient été condamnés par le concile de Nicée. Cela nous semble moins probable. La suite de la lettre montre qu'ils demandent aux évêques d'intervenir auprès de l'empereur afin de lever l'exil (Socr. 1.14.6). Le bannissement était en effet une sanction impériale. Une telle interprétation signifierait aussi qu'Eusèbe et Théognis considèrent leur condamnation à Nicée comme nulle et non-existante (πρὸ κρίσεως), ce qui constituerait un désaveu des mêmes évêques auxquels ils demandent de l'aide pour la levée de l'exil. Une parole si peu diplomatique ne les aiderait pas: cf. H. OPITZ, apud *Urkunden* 31.

Voir l'adaptation de la première phrase par Sozomène 2.16.3: Ἤδη μὲν καταψηφισθέντες πρὸ κρίσεως παρὰ τῆς εὐλαβείας ὑμῶν, ὠφείλομεν σιωπᾶν τὰ κεκριμένα

Ils se réfèrent sans aucun doute à Nicée. Deux versions de leur condamnation existent. Ils sont soit condamnés par le concile et exilés ensuite par Constantin pour avoir refusé d'anathématiser Arius[100], soit, ayant accepté le symbole nicéen, envoyés en exil par Constantin pour avoir accueilli des ariens d'Alexandrie excommuniés par le concile de Nicée dans les mois suivant le concile, selon Philostorge, après trois mois[101]. Puisqu'Eusèbe et Théognis renvoient à l'absence d'un procès ecclésiastique et qu'ils insistent sur leur acceptation du *homoousios*, le libelle semble soutenir la seconde version. En tout cas, il s'agit du concile de Nicée.

B: Socr. 1.14.3

Eusèbe et Théognis spécifient leur position au concile de Nicée. Ils avaient accepté le symbole et encouragé leur partisans à faire de même, mais refusé d'anathématiser Arius, puisque les accusations étaient sans fondement et faisaient de lui une caricature[102]. De nouveau, il est évident

παρὰ τῆς εὐλαβείας ὑμῶν; «Lorsque nous fûmes récemment condamnés avant jugement par vos Révérences, nous devions nous taire sur les décisions prises par vos Révérences».

[100] Socr. 1.8.31-32. Cette version est la moins probable, et comme nous verrons, contredite par le libelle de repentance qu'il cite (Socr. 1.14).

[101] *Urkunden* 27.15-16; Philostorge, *HE* 1.10; Soz. 1.21.5, 2.21.8; Pseudo-Gélase de Cyzique 2.27.13.

[102] Socr. 1.14.3: ὑπομνήσαντες δὲ ἐπὶ ἀσφαλείᾳ τῶν ἐκκλησιῶν ὅσα τὸν λογισμὸν ἡμῶν ὑπέτρεχεν, καὶ πληροφορήσαντες τοὺς δι' ἡμῶν πεισθῆναι ὀφείλαντας ὑπεσημηνάμεθα τῇ πίστει· τῷ δὲ ἀναθεματισμῷ οὐχ ὑπεγράψαμεν, οὐχ ὡς τῆς πίστεως κατηγοροῦντες, ἀλλ' ὡς ἀπιστοῦντες τοιοῦτον εἶναι τὸν κατηγορηθέντα, ἐκ τῶν ἰδίᾳ πρὸς ἡμᾶς παρ' αὐτοῦ διά τε ἐπιστολῶν καὶ τῶν εἰς πρόσωπον διαλέξεων πεπληροφορημένοι μὴ τοιοῦτον εἶναι; «Après avoir fait mention de ce qui nous venait à l'esprit pour la sécurité des Églises et avoir pleinement convaincu ceux qui devaient être persuadés par nous, nous avons souscrit à la foi; quant à l'anathème, nous ne l'avons pas signé, non pour critiquer la foi, mais parce que nous ne pensions pas que l'accusé était tel qu'il le présentait, pleinement convaincus qu'il n'était pas tel par suite de nos rapports personnels avec lui, soit par lettre, soit lors de conversations en tête à tête.»

Annik Martin, *Le fil*, p. 311-320 propose d'attribuer ce libelle de repentance à Théonas de Marmarique et Sécundus de Ptolémaïs. Cela nous semble peu probable: le libelle dit que ses auteurs avaient souscrit au symbole de Nicée, tandis que Théonas et Sécundus avaient été déposés pour avoir refusé de faire de la sorte (Philostorge, *HE* 1.9, cf. Socr. 1.8.31). Annik Martin dit aussi (p. 314-315) que la profession de foi et l'anathématisme constituaient un seul document, et qu'il fallait les signer ensemble. Cela rendrait à son avis le libelle inauthentique, car Eusèbe de Nicomédie aurait donc dû souscrire au symbole de foi et à l'anathématisme, contrairement à ce que l'auteur du libelle affirme. Pourtant, l'anathématisme auquel le libelle fait allusion n'est pas la condamnation de certaines thèses qu'on trouve rattachée au symbole de Nicée, mais une condamnation explicite d'Arius. Dans les actes d'autres conciles, on peut trouver un agencement pareil: un symbole avec la condamnation de certaines thèses hérétiques et un anathématisme de certaines

que le libelle soutient la seconde version de leur condamnation. Ce document contredit donc la représentation des faits que Socrate a donnée auparavant[103].

C: Socr. 1.14.4-5

Vu le fait que «votre saint synode était persuadé» par les arguments contre Arius, Eusèbe et Théognis acceptent eux-aussi dès à présent la décision du concile. Non pas parce qu'ils sont las de l'exil, mais pour qu'ils soient lavés de la calomnie d'hérésie[104].

Cela ne peut que signifier qu'ils se conforment à la condamnation d'Arius par le concile de Nicée. Aucun autre synode, auquel Eusèbe de Nicomédie a participé, ne fut convaincu par les arguments exposés contre Arius. L'idée que les évêques exilés parlent du *Nachsynode* de 327/8 n'est pas valable. Si ce synode avait eu lieu, il aurait revu cette décision ou au moins annulé l'exil. Par conséquent, le saint synode auquel Eusèbe et Théognis font référence est le concile de Nicée de 325. Puisque l'expression «votre saint synode» renvoie au concile de Nicée, on peut en déduire que la lettre ne s'adresse pas à un synode en session, mais aux participants de Nicée après la dissolution du concile. Cela est encore souligné par l'aoriste du verbe[105], qui exprime qu'il s'agit d'un concile du passé, celui de Nicée, qui *a été* convaincu et non pas d'un concile en session, qui *est* convaincu. Le fait d'envoyer une lettre aux participants d'un

---

personnes (cf. Soz. 4.24.1-2, Socr. 2.40.43) Signalons en plus que les sources sont en général d'accord sur le fait qu'Eusèbe de Nicomédie a souscrit au symbole (cf. par exemple Athanase, *De decretis* 3.2; Soz. 1.21.2-3; Pseudo-Gélase de Cyzique 2.27.13). Seul Socr. 1.8.31 y semble faire exception.

[103] Socr. 1.8.31-32.

[104] Socr. 1.14.4-5: εἰ δὲ ἐπείσθη ἡ ἄγια ὑμῶν σύνοδος, οὐκ ἀντιτείνοντες, ἀλλὰ συντιθέμενοι τοῖς παρ' ὑμῖν κεκριμένοις καὶ διὰ τοῦ γράμματος πληροφοροῦμεν τὴν συγκατάθεσιν, οὐ τὴν ἐξορίαν βαρέως φέροντες, ἀλλὰ τὴν ὑπόνοιαν τῆς αἱρέσεως ἀποδυόμενοι. εἰ γὰρ καταξιώσητε νῦν γοῦν εἰς πρόσωπον ἐπαναλαβεῖν ἡμᾶς, ἕξετε ἐν πᾶσιν συμψύχους, ἀκολουθοῦντας τοῖς παρ' ὑμῖν κεκριμένοις …; «Mais puisque votre saint concile a été persuadé, sans faire d'opposition, mais en nous accordant à ce que vous avec décidé, nous confirmons aussi par cet écrit notre plein assentiment, non parce que nous ne supporterions pas le poids de l'exil, mais pour nous libérer du soupçon d'hérésie. Car si vous jugez bon de nous accueillir de nouveau maintenant en votre présence, vous nous trouverez en tout de sentiment unanime et en accord avec ce que vous avez décidé …» Cf. la formule semblable dans *Urkunden* 32.2 = Pseudo-Gélase de Cyzique 3.15.2: ἅπερ ἐν τῇ κατὰ Νίκαιαν συνόδῳ δι' ὑμῶν ὡρίσθη (…).

[105] Socr. 1.14.4: εἰ δὲ ἐπείσθη (…). Cf. P. MARAVAL, *Socrate de Constantinople*, p. 168 n. 1.

synode après la fin de celui-ci, comme le font Eusèbe et Théognis, n'est pas exceptionnel[106]. Signalons aussi que Socrate et Sozomène interprètent ce texte comme un libelle de repentance, c'est-à-dire qu'Eusèbe et Théognis retirent leur opposition à Nicée, ce qui reflète sans doute le titre du document dans la collection[107].

On trouve encore d'autres arguments contre une identification du «saint synode» mentionné par Eusèbe et Théognis à la seconde session de Nicée (327/8). Si l'on interprète le texte d'une telle façon, on introduit un double saut dans le raisonnement des deux évêques condamnés. Dans la phrase précédente[108], ils parlent des accusations portées contre Arius à Nicée en 325. Sans aucune indication, ils se réfèreraient dans la phrase suivante[109] à la seconde session de 327 et à des arguments en faveur de Nicée[110]. C'est très improbable.

Une autre présupposition tacite est également à réfuter. Si Eusèbe et Théognis s'étaient adressés au concile qui pardonnait Arius, ce synode serait resté bien longtemps en session. Il fallait décider de réintégrer Arius, promulguer la décision, attendre que le message atteigne Eusèbe en exil (en Gaule![111]) et que leur réponse revienne. Inutile de s'appensantir ici sur l'improbabilité d'un tel scénario[112].

Des passages discutés jusqu'à présent, il ressort qu'Eusèbe et Théognis ne s'adressent pas à un synode en session, mais aux Pères qui ont participé au concile de Nicée. Ils discutent les mesures prises à Nicée et non pas celles d'un synode postérieur.

---

[106] Socr. 2.17.6-11: une lettre de Jules de Rome «à ceux à Antioche» alors que le concile de 341 n'est plus en session; Soz. 4.12.7: Eudoxius envoie une lettre aux pères de Sirmium (357) après la fin du synode.

[107] Le terme *biblion metanoias* atteste un changement d'opinion: cf. la lettre qu'Ursacius et Valens envoient à Jules de Rome: Athanase, *Apologia ad Constantium* 1, *Apologia secunda* 58.1; Socr. 2.24.5.

[108] Socr. 1.14.3: ... ὑπεσημηνάμεθα τῇ πίστει· τῷ δὲ ἀναθεματισμῷ οὐχ ὑπεγρά-ψαμεν, οὐχ ὡς τῆς πίστεως κατηγοροῦντες, ἀλλ' ὡς ἀπιστοῦντες τοιοῦτον εἶναι τὸν κατηγορηθέντα ...

[109] Socr. 1.14.4: εἰ δὲ ἐπείσθη ἡ ἁγία ὑμῶν σύνοδος, οὐκ ἀντιτείνοντες, ἀλλ' συντιθέμενοι τοῖς παρ' ὑμῖν κεκριμένοις καὶ διὰ τοῦ γράμματος πληροφοροῦμεν τὴν συγκατάθεσιν, οὐ τὴν ἐξορίαν βαρέως φέροντες, ἀλλὰ τὴν ὑπόνοιαν τῆς αἱρέ-σεως ἀποδυόμενοι.

[110] Dans ce sens, entre autres, A.-J. FESTUGIÈRE, dans G. SABBAH, *Sozomène*, p. 264-295; Annik MARTIN, *Le fil*, p. 316 n. 3 (qui n'accepte pas l'existence d'une seconde session). Implicitement aussi E. SCHWARTZ, *Zur Geschichte des Athanasius*, p. 205.

[111] Philostorge, *HE* 2.1.

[112] On émet parfois l'hypothèse (R. LORENZ, *Das Problem*, p. 34, 37; B. BLECKMANN, *Ein Kaiser als Prediger*, p. 199) selon laquelle Constantin aurait rappelé Arius, Eusèbe et les siens déjà avant la réunion du concile et qu'ils attendaient dans les parages. Elle n'ajoute pourtant que la spéculation à l'improbabilité.

D. Socr. 1.14.5-6

Eusèbe et Théognis ajoutent encore un argument supplémentaire pour justifier leur volte-face: Arius a bénificié de la clémence des Pères, a été rappelé et s'est justifié face aux accusations. Pourquoi ne pourraient-ils rentrer à leur tour puisque l'instigateur du mal a déjà obtenu le pardon?[113]

On pourrait trouver dans la phrase suivante un argument en faveur de l'interprétation selon laquelle Eusèbe et Théognis s'addressent à un concile qui a rappelé Arius. Le texte lit: ... ὁπότε αὐτὸν τὸν ἐπὶ τούτοις ἐναγόμενον ἔδοξεν τῇ ὑμῶν εὐλαβείᾳ φιλανθρωπεύσασθαι καὶ ἀνακαλέσασθαι. ἄτοπον δέ, τοῦ δοκοῦντος εἶναι ὑπευθύνου ἀνακεκλημένου καὶ ἀπολογησαμένου ἐφ᾽ οἷς διεβάλλετο ἡμᾶς σιωπᾶν καθ᾽ ἑαυτῶν διδόντας τὸν ἔλεγχον[114]. La phrase semble signifier que ce sont les évêques qui ont rappelé Arius. Un problème se pose pour valider cette interprétation. L'exil était une sentence impériale[115] et il revenait à l'empereur seul d'en décider et non pas à un concile d'évêques[116]. Il est donc improbable que les évêques auxquels s'adressent Eusèbe et Théognis aient rappelé Arius. Cette phrase semble plutôt attester une certaine coopération de la part des évêques, qui peuvent conseiller l'empereur. Finalement, cependant, c'est lui qui prend les décisions[117]. Constantin lui-même, dans sa lettre à Alexandre d'Alexandrie, confirme cette interprétation. L'empereur y dit qu'il a convoqué Arius sur la demande de nombreux évêques et que ceux-là ont assisté à l'audience[118].

---

[113] Socr. 1.14.5-6: εἰ γὰρ καταξιώσητε νῦν γοῦν εἰς πρόσωπον ἐπαναλαβεῖν ἡμᾶς, ἕξετε ἐν πᾶσιν συμψύχους, ἀκολουθοῦντας τοῖς παρ᾽ ὑμῖν κεκριμένοις, ὁπότε αὐτὸν τὸν ἐπὶ τούτοις ἐναγόμενον ἔδοξεν τῇ ὑμῶν εὐλαβείᾳ φιλανθρωπεύσασθαι καὶ ἀνακαλέσασθαι. ἄτοπον δέ, τοῦ δοκοῦντος εἶναι ὑπευθύνου ἀνακεκλημένου καὶ ἀπολογησαμένου ἐφ᾽ οἷς διεβάλλετο ἡμᾶς σιωπᾶν καθ᾽ ἑαυτῶν διδόντας τὸν ἔλεγχον; «Car si vous jugez bon de nous accueillir de nouveau maintenant en votre présence, vous nous trouverez en tout de sentiment unanime et en accord avec ce que vous avez décidé, puisqu'il semble bon à votre piété de faire preuve de bienveillance à l'égard de celui-là même qui avait conduit à ce débat et de le rappeler. Il serait absurde, alors que celui qui paraissait responsable a été rappelé et justifié de ce dont on l'accusait, que nous nous taisions et donnions des charges contre nous-mêmes».

[114] Socr. 1.14-5-6.

[115] Athanase, *Apologia secunda* 35.3; Rufin, *HE* 10.5 p. 965.8; Philostorge, *HE* 2.7, 2.7a; Socr. 1.8.33; *Codex Theodosianus* 16.2.12 (23/9/355). Cf. R. LORENZ, *Das Problem*, p. 36.

[116] Cf. Socr. 2.40.36 où les évêques décident d'exclure quelqu'un de la communauté ecclésiastique et l'empereur de le reléguer.

[117] Pseudo-Gélase de Cyzique a également compris le libelle d'Eusèbe et de Théognis de cette façon (3.13.1-5, voir aussi 3.12.10-11).

[118] *Urkunden* 32.3.

Remarquons également que le texte ne dit pas explicitement que l'excommunication d'Arius a été levée: la sentence ecclésiastique semble
rester valable.

E: Socr. 1.14.6.

C'est un pareil «lobbying» de la part des évêques qu'Eusèbe et Théognis espèrent obtenir. Ils demandent aux destinataires d'informer l'empereur, de lui passer leur demande et de délibérer sur leur cas[119].

Cette dernière phrase signale que le but d'Eusèbe et de Théognis était
d'encourager leurs correspondants à plaider leur cause auprès de Constantin, et non de prendre une décision à leur égard. Cela rejoint l'introduction de Socrate à la lettre. Après l'envoi de leur libelle, Eusèbe et Théognis étaient rappelés «par une décision impériale», et reprenaient leurs
sièges, au détriment d'Amphion et de Chréstos, qui avaient été consacrés
respectivement à Nicomédie et à Nicée[120]. Il nous semble, comme nous
venons de le montrer, qu'une procédure identique a été mise en œuvre
pour le rappel préalable d'Arius.

Le libelle de repentance nous apprend donc que l'exil d'Arius a été
levé par l'empereur et que l'hérésiarque a proposé une apologie. Il n'est
pas spécifié devant qui il a fait cela, l'empereur ou les évêques. «Pourquoi souffrir encore lorsque celui pour lequel ils se sont donné tant de
peine est pardonné?,» voilà le raisonnement d'Eusèbe et de Théognis.
Ils demandent la levée de la sanction impériale (l'exil) en acceptant
post factum la condamnation d'Arius, se conformant ainsi entièrement
aux décisions du concile de Nicée. Ils ne discutent pas des questions de
foi, étant donné qu'ils avaient déjà accepté le symbole de Nicée au
concile même.

Du libelle ne peut être déduit qu'il s'adresse à un concile en question;
au contraire, de son contenu et des remarques de Socrate[121] ressort qu'il
est envoyé aux évêques les plus importants qui ont participé au concile
de Nicée. Eusèbe et Théognis espèrent de ceux-là une intervention en
leur faveur auprès de l'empereur.

---

[119] Socr. 1.14.6: καταξιώσατε οὖν, ὡς ἁρμόζει τῇ φιλοχρίστῳ ὑμῶν εὐλαβείᾳ,
καὶ τὸν θεοφιλέστατον βασιλέα ὑπομνῆσαι καὶ τὰς δεήσεις ἡμῶν ἐγχειρίσαι καὶ
θᾶττον βουλεύσασθαι τὰ ὑμῖν ἁρμόζοντα ἐφ' ἡμῖν; «Daignez donc, comme il convient
à votre Piété amie du Christ, informer l'empereur très cher à Dieu, lui remettre nos
demandes et décider rapidement de ce qui vous agrée à notre sujet.»
[120] Socr. 1.14.1.
[121] Socr. 1.14.1.

Il reste une question sur laquelle le libelle de repentance ne dit mot, à savoir l'acceptation ou non par Arius du symbole de Nicée avant d'être rappelé. Cette incertitude se reflète dans la remarque de Socrate, suite à la lettre: «Leurs termes mêmes me font conjecturer que ceux-ci (Eusèbe et Théognis) souscrivirent à la foi professée (en Nicée), mais ne voulurent pas s'accorder avec la condamnation d'Arius, et qu'Arius semble avoir été rappelé avant eux. Mais s'il semble bien qu'il en ait été ainsi, il fut pourtant empêché de se rendre à Alexandrie. Ceci est démontré par ce qu'il imagina ensuite pour regagner son église et la ville d'Alexandrie, en utilisant une pénitence simulée, comme nous le dirons en son lieu»[122]. La collection ne donnait donc que peu d'informations sur les événements précédant le libelle. Socrate en déduit correctement qu'Arius a déjà été rappelé de son exil. Il comprend aussi que la fin de l'exil n'impliquait pas la levée de la sentence de Nicée; en effet, rien n'est dit de l'excommunication ni de l'interdiction d'Arius d'entrer à Alexandrie — la double sentence proclamée par le concile de Nicée selon lui[123].

2.2.2 La lettre de Constantin et la profession de foi d'Arius et d'Euzoios

Les deux documents suivants ont trait au retour d'Arius à Alexandrie. Socrate les fait précéder du récit du presbytre arien qui pousse la sœur de Constantin à faire pression sur son frère. Selon lui, Constantin répond au presbytre qu'Arius sera reçu par lui et renvoyé à Alexandrie s'il se conforme au synode[124]. L'empereur lui envoie alors une lettre datée du

---

[122] Socr. 1.14.7: ἀπὸ δὲ τῶν ῥημάτων αὐτῶν τεκμαίρομαι, ὅτι οὗτοι μὲν τῇ ὑπαγορευθείσῃ πίστει ὑπεσημήναντο, τῇ δὲ καθαιρέσει Ἀρείου σύμψηφοι γενέσθαι οὐκ ἠβουλήθησαν, καὶ ὅτι Ἄρειος πρὸ τούτων φαίνεται ἀνακληθείς. ἀλλ' εἰ καὶ τοῦτο οὕτως ἔχειν δοκεῖ, ὅμως τῆς Ἀλεξανδρείας ἐπιβαίνειν κεκώλυτο· τοῦτο δὲ δείκνυται ἀφ' ὧν ὕστερον κάθοδον ἑαυτῷ εἰς τὴν ἐκκλησίαν καὶ εἰς τὴν Ἀλεξάνδρειαν ἐπενόησεν ἐπιπλάστῳ μετανοίᾳ χρησάμενος, ὡς κατὰ χώραν ἐροῦμεν.

[123] Socr. 1.8.33. Remarquons que l'interdiction d'entrer à Alexandrie est présentée ici comme une mesure ecclésiastique et non pas impériale (à l'encontre de ce que prétend E. SCHWARTZ, *Zur Geschichte des Athanasius*, p. 202-203). Sozomène dit d'ailleurs que le synode de Tyr (335) interdisait à Athanase d'entrer à Alexandrie (Soz. 2.25.15), confirmant ainsi qu'une telle mesure pouvait être prise par un concile. Plus tard (Socr. 1.27.1), Socrate laisse entendre que Constantin permettait le retour d'Arius à Alexandrie, ce qui est en légère contradiction avec ce qu'il avait dit plus tôt (Socr. 1.8.33).

[124] Socr. 1.25.6.

27 novembre qui le convoque à la cour. Ensuite, Arius se présente auprès de Constantin dans la capitale en compagnie d'Euzoios et lui soumet la profession de foi. Socrate donne le texte de la convocation de Constantin et celui de la profession d'Arius. Pour l'historien, les deux lettres constituent un ensemble, et elles étaient probablement présentées comme tel dans la collection qu'il a consultée[125].

Socrate situe ces événements après la mort d'Alexandre. Selon lui, Arius s'est rendu à Alexandrie après que sa profession de foi fut jugée nicéenne par Constantin. Athanase refusait de l'accepter. Socrate cite le texte d'une lettre de Constantin qui menace Athanase si l'évêque refuse d'accepter Arius en communion, un texte qu'il a tiré de l'*Apologia secunda* de l'évêque alexandrin[126]. Avec ce passage, l'historien se met à suivre cet ouvrage d'Athanase.

En ce qui concerne la chronologie, Socrate ne semble pas avoir trouvé de dates dans la collection. Il situe les deux documents après la mort d'Alexandre, car il avait lu dans l'*Apologia secunda* qu'Athanase refusait la réadmission d'Arius et que l'évêque était menacé à cause de cela par Constantin. Le retour d'Arius, dont les documents témoignent, devait dans son esprit avoir lieu peu avant la mort du prédécesseur d'Athanase. Nous pouvons même démontrer que l'ordre aménagé par Socrate ne correspond pas aux faits. Une lettre de Constantin, que Pseudo-Gélase de Cyzique a dénichée on ne sait où, exige d'Alexandre, le prédécesseur d'Athanase, d'accepter Arius[127]. L'*Histoire ecclésiastique d'Alexandrie*, de date tardive et, il faut l'avouer, de caractère parfois fantaisiste, connaît également la confrontation entre Alexandre et Constantin[128]. Selon ce texte, Alexandre mourut peu après et Athanase réitéra ce refus lorsqu'une nouvelle demande impériale arriva.

Essayons dès lors d'établir une chronologie. Puisque la profession de foi d'Arius et d'Euzoios doit dater d'avant la mort d'Alexandre d'Alexandrie en avril 328, et que les deux ariens ont rencontré l'empereur à

---

[125] R. LORENZ, *Das Problem*, p. 35, voit une contradiction entre cette lettre, où Arius est dit s'attarder avant de venir à Constantinople, et *Urkunden* 32 p. 66.7-9, où Arius est dit être venu tout d'un coup, après avoir pris connaissance d'un édit. Mais *Urkunden* 32 peut tout aussi bien se référer au laps de temps entre ce dernier édit et l'arrivée d'Arius.

[126] Refus d'Athanase: Socr. 1.27.1-2; menaces de Constantin: Socr. 1.27.4 = Athanase, *Apologia secunda* 59.4-6.

[127] Pseudo-Gélase de Cyzique 3.15.1-5 = *Urkunden* 32. Sur la lettre, voir R. LORENZ, *Das Problem*, p. 27-30.

[128] *Historia ecclesiastica Alexandrina* 1.40-59.

Constantinople[129], la date de la convocation de Constantin, qui porte le jour et le mois (le 27 novembre) ne peut guère être une autre que le 27 novembre 326. Constantin résidait entre le 8 mars 326 et le 11 juin 327 dans la capitale[130], et novembre 325 semble être un peu tôt après le concile, tenu pendant l'été 325, et ce plus particulièrement vu le nombre de lettres envoyées proclamant ses décisions[131]. Novembre 327 n'est pourtant pas à rejeter a priori. À cette époque, Constantin résidait à Nicée et peut donc être passé à Constantinople pour recevoir Arius[132]. L'entrevue entre Constantin et Arius a donc probablement eu lieu au début de 327 à Constantinople, mais début 328 n'est pas à exclure non plus. Puisque Constantin envoyait une lettre à Alexandre d'Alexandrie afin de l'inciter à réintégrer Arius[133] — une lettre qu'il faut situer après la rencontre entre l'Empereur et Arius —, l'entrevue doit se situer en tout cas quelque temps avant le 17 avril 328, le jour du décès d'Alexandre. Les événements dont témoignent les trois documents se situent donc en 326-327. Cela peut s'accorder avec l'indication de Philostorge qu'Eusèbe et Théognis rentraient trois ans après Nicée (donc en 327, si l'on compte inclusivement à partir de 325)[134].

En ce qui concerne le contenu, les documents illustrent que l'adhésion formelle d'Arius à la foi nicéenne mène à son retour dans sa patrie. Il n'est pas fait mention dans la lettre de l'empereur qu'Arius sera réintégré dans l'Église. Dans leur profession de foi adressée à l'empereur, Arius et Euzoios demandent l'aide impériale pour être unis à l'Église Mère, mais ils admettent implicitement que cela relève de la compétence de l'Église[135]. Selon Socrate, Athanase refusait de réadmettre Arius, et, plus tard, Alexandre de Constantinople refuserait également[136]. En levant ses sentences à propos d'Arius, Constantin augmentait la pression sur les évêques afin qu'ils fassent de même de leur côté. Socrate atteste, sur la

---

[129] *Urkunden* 32; Socr. 1.25.10.

[130] T.D. BARNES, *The New Empire*, p. 77-79.

[131] Cf. *Urkunden* 25-27.

[132] T.D. BARNES, *The New Empire*, p. 77-79; cf. R. WILLIAMS, *Arius. Heresy and Tradition*, p. 74.

[133] *Urkunden* 32.

[134] Philostorge, *HE* 2.7.

[135] Socr. 1.26.6: διὸ παρακαλοῦμέν σου τὴν εὐσέβειαν (...) ἐνοῦσθαι ἡμᾶς διὰ τῆς εἰρηνοποιοῦ σου καὶ θεοσεβοῦς εὐσεβείας τῇ μητρὶ ἡμῶν τῇ ἐκκλησίᾳ (...) ἵνα καὶ ἡμεῖς καὶ ἡ ἐκκλησία μετ' ἀλλήλων εἰρηνεύοντες τὰς συνήθεις εὐχὰς ὑπὲρ τῆς εἰρηνικῆς σου καὶ εὐσεβοῦς βασιλείας καὶ παντὸς τοῦ γένους σου κοινῇ πάντες ποιώμεθα.

[136] Socr. 1.27.1-4, 1.37-38.

base de l'*Apologia secunda* d'Athanase, que les eusébiens ont mis tout en œuvre pour en arriver là: ils écrivaient à l'évêque et incitèrent Constantin à faire de même[137].

Les deux derniers documents gardent donc la même inexactitude à propos de la position d'Arius. Il est clair qu'il a été rappelé de son exil. Mais nous ne savons pas ce qu'il en était de son excommunication à ce moment-là.

2.2.3 Bilan

Notre relecture des trois documents ne nous permet pas de dissiper tous les doutes, mais certains acquis peuvent être soulignés.

D'abord, il y a un point méthodologique. En étudiant les documents de la crise arienne, il ne faut pas les isoler du contexte au sein duquel les historiens les citent. Ce sont eux qui ont lu le document dans son intégralité ou qui ont lu le contexte que la collection esquissait[138]. Leurs indices concernant le contexte ne sont pas à rejeter à la légère; il faut en tenir compte ou démontrer qu'ils sont manifestement faux[139]. Nous venons de voir qu'on a de manière incorrecte rejeté le témoignage de Socrate sur les destinataires du libelle de repentance d'Eusèbe et de Théognis. En effet, celui-ci ne s'adressait pas à un concile, comme on le dit souvent, mais aux plus importants évêques du concile de Nicée (325), comme le dit Socrate.

Ensuite, il faut remarquer que les trois documents discutés proviennent probablement d'une même collection, qui ne donnait pas de dates exactes et parlait très peu des circonstances dans lesquelles les lettres devaient être situées.

En troisième lieu, l'incertitude à propos de la chronologie rend possible que Socrate ait renversé l'ordre des trois documents. Le libelle de repentance d'Eusèbe et de Théognis fait état du rappel d'Arius; on pourrait en voir la cause dans la lettre de Constantin et la profession de foi d'Arius et

---

[137] Socr. 1.27.2-4 = Athanase, *Apologia secunda* 59.4-6. Ces événements concernent selon nous bel et bien les ariens (ainsi L.W. BARNARD, *Athanase et les Empereurs*, p. 131) et non pas les mélitiens (ainsi Annik MARTIN, *Athanase*, p. 346).

[138] Sur le fait que les collections donnaient souvent de brèves indications du contexte, voir ci-dessus p. 207.

[139] Cela nous semble le défaut des *Urkunden* d'H. Opitz et d'E. SCHWARTZ, *Zur Geschichte des Athanasius*, p. 201; R. WILLIAMS, *Arius. Heresy and Tradition*, p. 50; Annik MARTIN, *Le fil*, p. 297, 300, 313, où l'on porte toute l'attention au texte des documents en négligeant le contexte fourni par les sources.

Euzoios, où Arius accepte l'*homoousios*[140]. Pourtant, Socrate lui-même distingue les choses. Selon lui, Arius fut rappelé de son exil par Constantin avant la démarche d'Eusèbe et de Théognis, tandis que les deux documents ultérieurs concernent le retour d'Arius à Alexandrie[141]. Cela suggère plutôt que l'historien en a respecté l'ordre. Il est difficile de trancher; la première semble plus probable mais les deux possibilités restent envisageables.

Terminons avec quelques remarques à propos du contenu des documents. Ils n'attestent pas de la convocation d'une seconde session de Nicée. Le libelle de repentance s'adresse à des évêques individuels et ne discute que les événements de Nicée (325). Les documents ne nous renseignent pas non plus sur la réintégration d'Arius dans l'Église, car ils ne traitent que de la levée de la sanction impériale, l'exil. Seule la profession de foi d'Arius et d'Euzoios exprime leur désir d'être réunis à l'Église.

Voilà le manque principal dans la documentation dont disposaient nos historiens[142]. Ils ne savaient pas, et nous ne le savons dès lors pas non plus, précisément quand et comment les ariens excommuniés par Nicée ont été réintégrés dans l'Église. En tout cas, au moment où Arius présenta sa profession de foi devant l'empereur, l'excommunication n'avait pas encore été levée. Le libelle de repentance d'Eusèbe et Théognis n'en dit rien non plus.

Ce silence nous suggère qu'il y avait une séparation assez nette entre les procédures impériale et ecclésiastique. Constantin pouvait permettre le retour d'Arius, mais rétablir la communion ecclésiastique ne relevait pas de sa compétence[143]. Les documents attestent néanmoins que les deux niveaux pouvaient s'influencer mutuellement. Eusèbe et Théognis demandaient aux évêques d'intervenir auprès de l'empereur, et Arius et Euzoios exprimaient devant l'empereur leur désir de rentrer au sein de l'Église.

D'autres documents confirment la séparation des compétences et le fait qu'Arius n'était pas encore réconcilié avec l'Église. Ainsi, la lettre de Constantin à Alexandre d'Alexandrie dit explicitement que l'évêque doit juger de l'orthodoxie d'Arius avant de l'accepter. L'empereur en reste à suggérer que, pour lui, la réponse est positive et il espère que sa prise de

---

[140] M. SIMONETTI, *La crisi ariana*, p. 115. L'apologie dont fait état le libelle de repentance (Socr. 1.14.5) serait alors la profession de foi d'Arius et d'Euzoios (Socr. 1.26).

[141] Socr. 1.14.1, 1.24.9, 1.27.1.

[142] Les historiens ecclésiastiques ne sont donc pas à blâmer pour ce manque de données, comme le fait C. PIETRI, *L'épanouissement*, p. 275-276.

[143] C'est ce qu'affirme explicitement Sozomène après avoir cité la profession de foi d'Arius et d'Euzoios: Soz. 2.27.12: οὐ μὴν ἑαυτῷ ἐπέτρεψεν εἰς κοινωνίαν αὐτοὺς δέξασθαι πρὸ κρίσεως καὶ δοκιμασίας τῶν τούτου κυρίων κατὰ τὸν νόμον τῆς ἐκκλησίας.

position suffira à faire fléchir l'évêque[144]. Dans une lettre de Constantin à Arius et les siens, datée de 333, l'empereur cite la plainte d'Arius selon laquelle on lui refuse la communion et on le chasse des Églises. L'hérésiarque mentionne explicitement le refus d'Alexandre, mais dit aussi: «Que dois-je donc faire si personne ne me juge digne d'être accepté?», suggérant ainsi un refus général[145].

À moins que l'on suppose la convocation d'un concile général acceptant Arius avant 328 — une hypothèse qui ne trouve pratiquement aucune assise dans les sources[146]–, deux scénarios restent possibles. Soit Arius a été réintégré Église par Église, soit le synode de Tyr et de Jérusalem de 335 a aboli l'excommunication au nom de l'Église universelle. Le synode de Tyr est en effet considéré, par plusieurs sources, comme le moment de la réintégration générale des ariens[147].

Le premier scénario semble envisagé par les interventions de Constantin qui exerçait des pressions sur Alexandre et Athanase afin qu'ils se réconcilient avec l'hérésiarque[148]. Le fait qu'Arius devait être accepté séparément par Alexandre de Constantinople suggère également que ce ne fut pas un concile général qui le réintégrait, mais que chaque communauté le faisait[149]. Faut-il voir alors en Alexandrie et Constantinople les derniers nids de résistance à la volonté impériale (et à celle de la majorité de l'Église orientale)? En tout cas, ces deux sièges avaient, avec Athanase et Paul, les deux premiers évêques persécutés par les ariens.

---

[144] *Urkunden* 32.4 = Pseudo-Gélase de Cyzique 3.15.4.

[145] *Urkunden* 34.8-11 = Athanase, *De decretis* 40.8-11.

[146] Voir notre discussion *d'Urkunden* 31 = Socr. 1.14 (ci-dessus p. 332-339) et d'Athanase, *Apologia secunda* 59.3 (P. Van Nuffelen, *Three Historical Problems*). Les autres données sont aussi maigres. Eusèbe, *Vita Constantini* 3.23 se réfèrerait plutôt aux mélitiens (C. Luibhéid, *The Alleged Second Session*). Philostorge, *HE* 2.7 fait état d'un concile à Nicomédie en 327 ou 328, mais celui-là aurait déposé Alexandre d'Alexandrie et Eustathe d'Antioche. Rien n'est dit d'Arius ou d'une réadmission des ariens. Qui plus est, on ne peut pas identifier ce concile avec celui mentionné par Eusèbe, car Constantin participait à ce dernier, ce qui n'était pas le cas à Nicomédie. Jérôme, *Dialogus adversus Luciferianos* 19-20, qui semble faire état d'une réadmission d'Arius et d'Euzoios au concile de Nicée même, est trop confus pour soutenir quelque interprétation que ce soit (M. Simonetti, *La crisi ariana*, p. 120 n. 68); la lettre du pape Jules (Athanase, *Apologia secunda* 22.2 renvoie clairement au canon 5 du concile de Nicée et non pas à une *Nachsynode* (voir la note de H.-G. Opitz ad loc.). Voir l'aperçu des données chez R. Lorenz, *Das Problem*, p. 22-24.

[147] Athanase, *Apologia secunda* 84, *De synodis* 21-22; Socr. 1.33.1; Soz. 2.27.13.

[148] L'argument d'E. Schwartz, que Constantin aurait attendu la fin de l'excommunication pour intervenir, ne trouve aucun soutien dans les sources (*Zur Geschichte des Athanasius*, p. 205). Le contraire semble plutôt le cas.

[149] Signalons que Rufin (*HE* 10.13 p. 979.2) parle d'un concile à Constantinople, mais que le contemporain Athanase n'en sait rien (*De morte Arii* 2).

Cette stratégie serait pour les eusébiens une façon de circonvenir Nicée sans avoir à le désavouer explicitement. L'«oblitération» de Nicée au lieu de son abolition, ainsi pourrait-on qualifier leur politique[150]. Dans ce cas, Athanase, et les historiens de l'Église dans son sillage, aurait incorrectement représenté le synode de Tyr/Jérusalem comme le moment de la réintégration générale des ariens, alors qu'il ne s'agissait en réalité que du rétablissement de la communion entre les ariens et l'Église d'Alexandrie. En effet, en déposant Athanase pendant ce même synode, les eusébiens auraient éliminé la dernière personne qui jusqu'alors avait refusé de réintégrer Arius[151].

L'autre scénario se voit confronté au silence remarquable de sept années entre l'époque des trois documents (326-327) et le concile de Tyr/Jérusalem en 335. Ce qui s'est passé entre-temps, nous l'ignorons. Avant le concile de Tyr/Jérusalem, Arius devait de nouveau se présenter devant Constantin et témoigner de son orthodoxie. C'est la version d'Athanase, suivie par Socrate et Sozomène[152]. S'agit-il d'un doublet avec l'épisode dont témoignent les documents que Socrate situe dans les premières années après le concile de Nicée?

À l'appui de cette position, on pourrait citer le fait que Socrate et Sozomène identifient la profession de foi d'Arius et d'Euzoios, qu'ils proposaient à Constantin vers 327, à la seconde, exposée peu avant le concile de Jérusalem (335)[153]. Cet argument, pourtant, n'a aucune valeur. L'identification des deux professions est due à Socrate. Sa source pour l'entretien entre l'empereur et l'hérésiarque avant le synode de Tyr (335), Athanase[154], ne parle qu'en termes généraux d'une profession d'Arius et des siens. Socrate a décidé d'y voir celle d'Arius et d'Euzoios; il mentionne donc la profession à deux reprises, d'abord dans le contexte des sequelles de Nicée, ensuite à propos du concile de Jérusalem[155]. Sozomène a repris cette identification et a même opté pour éliminer la première occurrence de la lettre, qui était à ses yeux un doublet[156].

---

[150] C'est ce que suggère Socr. 2.10.2-3.

[151] Athanase, *Apologia secunda* 84, *De synodis* 21-22; Socr. 1.33.1; Soz. 2.27.13. Dans ce sens, E. SCHWARTZ, *Zur Geschichte des Athanasius*, p. 257.

[152] Athanase, *Apologia secunda* 84, *De synodis* 21; Socr. 1.33.1; Soz. 2.27.14. R. WILLIAMS, *Arius. Heresy and Tradition*, p. 79 le considère comme possible.

[153] Cf. Annik MARTIN, *Le fil*, p. 309-311.

[154] Athanase, *Apologia secunda* 84, *De synodis* 21. Voir aussi Athanase, *De morte Arii* 2.

[155] Socr. 1.25-27, 1.33.1.

[156] Socr. 1.33.1; Soz. 2.27. Il ne nous semble pas que Sozomène ait consulté indépendamment le texte de la profession de foi, malgré quelques divergences avec Socrate.

Cela ne démontre pas que l'épisode entier précédant le concile de Jérusalem était fictif. La confrontation entre Alexandre d'Alexandrie et Constantin vers 327 au sujet de la réadmission d'Arius est bien attestée, tout comme celle entre Athanase et l'empereur au début de son épiscopat (328-330), concernant la même question. Les documents que Socrate situe à cette époque peuvent expliquer ces pressions impériales. Il n'est donc pas à exclure qu'Arius ait témoigné deux fois de son orthodoxie devant Constantin, d'abord vers 327, et plus tard vers 335. Pourquoi la première profession n'a pas mené à sa réintégration dans l'Église et pourquoi Arius a dû recommencer la procédure, voilà des questions auxquelles il nous est impossible de répondre.

L'inconvénient de ce scénario est qu'il ne rend pas compte des pressions exercées sur Alexandre et Athanase vers 327-330. Pourquoi Constantin voudrait-il qu'Alexandre rétablisse la communion avec Arius s'il attendait un concile général pour régler la question? Qui plus est, un concile général n'était pas nécessaire pour revoir la décision de Nicée à propos d'Arius[157]. Il nous semble dès lors que le premier scénario est plus probable. Mais on peut également envisager la possibilité que le concile de Tyr/Jérusalem, en ayant éliminé Athanase comme un des derniers obstacles de la réadmission d'Arius, pouvait affirmer sa réadmission générale; les deux scénarios ne s'excluent donc pas en principe.

Les deux scénarios, une réintégration Église par Église et une réadmission par un concile général, trouvent un soutien dans les sources. Socrate semble même hésiter entre les deux. Il fait état de la pression exercée sur l'Église alexandrine et constantinopolitaine[158], tout en considérant le concile de Jérusalem comme le moment de la réintégration générale d'Arius[159]. Sozomène n'est pas plus clair à ce sujet[160]. Les pages précédentes montrent qu'il est très difficile de trancher, du fait que, déjà au milieu du cinquième siècle, on ignorait le déroulement précis des événements qui ont suivi Nicée. On connaissait le récit de la résistance d'Athanase contre Arius et Eusèbe et celui de la mort affreuse de l'hérésiarque. Du point de vue de la tradition orthodoxe, c'était le plus important.

Signalons en particulier que Sozomène a ajouté «presbytres» aux noms d'Arius et d'Euzoios. De façon erronée, car Euzoios n'était qu'un diacre à l'époque.

[157] Cf. R.P.C. HANSON, *The Search*, p. 177 n. 96.
[158] Socr. 1.27.1-5.
[159] Socr. 1.33.1.
[160] Cf. Soz. 2.22 et 2.27.

2.3 Les exils d'Athanase

Durant son long épiscopat (328-373), Athanase fut exilé cinq fois pour des périodes d'une durée variable. La première fois, il fut relégué par Constantin après le synode de Tyr, après avoir cherché en vain la protection de l'empereur. Constantin II lui permit de rentrer peu après la mort de son père. Ce premier bannissement est situé d'habitude entre juillet 335 et novembre 337[161], mais nous préférons la fourchette de février 336 à novembre 338[162]. Peu après Pâques 339, Athanase s'enfuit face à l'installation brutale de l'arien Grégoire sur le siège d'Alexandrie. Son retour eut lieu en 346, un an après la mort de l'«usurpateur». L'arrivée d'un nouvel évêque arien, Georges, provoqua la troisième fuite d'Athanase dix ans plus tard. Après la mort de Georges en 361, il jouit en 362 de l'amnistie générale décrétée par Julien. Celui-ci, la même année, renversa sa politique et chassa à nouveau Athanase de la cité d'Alexandrie. L'avènement de Jovien rendit son retour possible en début 364. Après une dernière brève fuite de quatre mois en 365-366, Athanase exerça ses fonctions à Alexandrie jusqu'à sa mort en 373.

Pour les contemporains, cette histoire de fuites, de bannissements et de retours était trop compliquée pour être connue avec exactitude. Une version vulgate s'établit, qui réduisait les cinq exils à deux ou trois et qui situait le début des difficultés sous Constance II et non pas sous Constantin. C'est à travers Rufin que celle-ci a influencé Socrate et Sozomène.

2.3.1 La vulgate

L'*Histoire ecclésiastique* de Rufin constitue la réflection la plus ample de la vulgate. Par un tour de passe-passe chronologique, le prêtre d'Aquilée situe le synode de Tyr, qui en réalité eut lieu en 335, sous Constance II (337-361). Les calomnies qui y sont portées contre Athanase menèrent, malgré leur réfutation triomphale par l'évêque, à son premier exil.

---

[161] Voir T.D. Barnes, *Athanasius*, p. 34-36; Annik Martin, *Athanase*, p. 394. On y trouve la littérature antérieure sur cette question.

[162] Cf. L.W. Barnard, *Did Athanasius know Antony?*, p. 144. Nous avons apporté des éléments pour cette datation dans les études suivantes: P. Van Nuffelen, *Les lettres festales*, p. 91; Id., *La tête*, p. 135.

L'intervention de Constant, empereur de l'Occident (337-350), auprès de son frère, y mit fin — des événements à situer en 345-346. L'arrivée de Georges, à l'époque de l'usurpation de Magnence (350-353), causa la seconde fuite d'Athanase. Julien permit son retour, mais le chassa presque immédiatement après. Et ce troisième exil se termina sous Jovien[163].

Il est vrai que l'origine de cette version simplifiée et tronquée est difficile à déterminer. L'*Histoire ecclésiastique d'Alexandrie* (du milieu du cinquième siècle), conservée en copte, donne un récit semblable, qui fait également de Constance II l'adversaire principal, au lieu de Constantin, et qui connaît aussi trois exils[164]. Puisque Rufin a résidé à Alexandrie[165], il est tentant de supposer qu'il l'aurait recueilli là-bas. Malgré l'aspect attrayant de cette hypothèse, elle ne peut pas tout expliquer, car la vulgate se retrouve, tout ou partie, chez des auteurs dont le lien immédiat avec Alexandrie n'est pas évident.

Bien que Jérôme ne s'exprime que brièvement sur les péripéties d'Athanase, il accepte clairement la vulgate. Dans le *De viris illustribus,* il mentionne une fuite à la cour de Constant et un retour avec des lettres de cet empereur[166]. Le second exil dure selon lui jusqu'au règne de Jovien. Dans un autre écrit, pourtant, il sait également qu'Athanase revint d'exil sous Julien[167].

Pseudo-Martyrius, un auteur du début du cinquième siècle[168], résume la suite des événements dans son *Épitaphios sur Jean Chrysostome.* Sous Constance II, les ariens voulaient déposer et tuer Athanase afin que l'ensemble de l'Égypte adhère à leur «doctrine perfide». Ils firent convoquer un synode, auquel participaient trente évêques. Ils accusèrent Athanase de meurtre et, comme preuve, ils présentèrent la main d'un homme. L'évêque alexandrin réfuta les sycophantes en montrant l'homme vivant qu'il aurait tué. Les ariens prirent leur revanche en le déposant et en décrétant qu'un évêque déposé ne peut être jugé une seconde fois. Pseudo-Martyrius termine son récit en relatant brièvement comment Athanase s'enfuit à Rome et comment le synode tenu dans cette ville annula sa déposition et le canon décrété[169]. L'auteur confond le synode de Tyr

---

[163] Rufin, *HE* 10.17-20, 28, 34-35.
[164] *Historia ecclesiastica Alexandrina* 1.35-185.
[165] Rufin, *Apologia ad Anastasium* 2.
[166] Jérôme, *De viris illustribus* 87.
[167] Jérôme, *Dialogus adversus Luciferianos* 19.
[168] Voir Appendice III.
[169] Pseudo-Martyrius, *Vita Johannis Chrysostomi* BHG 871.512b-514a.

de 335, où l'accusation de meurtre fut en effet portée contre Athanase, avec celui d'Antioche de 341[170]. En concordance avec la vulgate, il déplace les attaques ariennes contre Athanase du règne de Constantin à celui de Constance II.

D'autres auteurs se taisent au sujet de l'empereur sous lequel Athanase a connu ses problèmes, mais partagent l'idée d'un double exil ou d'une double déposition. Le pape Célestin (422-432) résumait brièvement en 430, dans une lettre aux Constantinopolitains, la carrière d'Athanase. Chassé d'Alexandrie par Arius, il fut rappelé par l'empereur. Peu après il fut jeté en prison, où il subit de nombreux supplices[171].

L'*Épitaphios sur Athanase* par Grégoire de Nazianze est également tributaire de cette tradition. Sa version des exils, qui ignore le premier, se déroule comme suit: Athanase fut chassé par Georges, après avoir dû subir les calomnies de Grégoire, et il demeura longtemps auprès des moines dans le désert. Cet exil dura jusqu'aux conciles de Séleucie et Constantinople, c'est-à-dire jusqu'en 360[172]. Le retour eut lieu après la mort de Georges[173]. Le second exil est enfin situé sous Julien[174].

Certains auteurs donnent des versions proches de la vulgate, sans pour autant l'accepter entièrement. Lucifer de Cagliari ignore le bref retour du premier exil en 338-339 et réunit ainsi les deux premiers exils (335-346). Il en attribue le retour à Constant[175]. Ignorant également le rôle joué par Grégoire, il signale seulement que Georges chassa Athanase une seconde fois, avec l'aide de Syrianos, se renvoyant ainsi aux événements de 356[176].

Épiphane de Salamine, quant à lui, s'éloigne encore plus de la vulgate. Dans un passage très confus, il situe correctement le premier exil après le synode de Tyr (335), mais n'en place le retour qu'après la mort de Grégoire, fondant ainsi les deux premiers exils en un seul. Le dernier bannissement est causé par l'arrivée de Georges; c'est Jovien qui permet

---

[170] Il semble s'agir du quatrième canon d'Antioche (341), selon lequel un évêque déposé, qui continue à exercer ses fonctions, ne peut plus jamais être réinstallé sur son siège.

[171] ACO 1.1.1 (Coll. Vat. 11) *Epistula Caelestini* p. 86.20-32. Voir aussi Boniface, *Epistulae* 15.6 PL 20.782.

[172] Grégoire de Nazianze, *Discours* 21.15-22.

[173] Grégoire de Nazianze, *Discours* 21.26-29.

[174] Grégoire de Nazianze, *Discours* 21.32-33.

[175] Lucifer de Cagliari, *De Athanasio* 1.9.16, 1.29.

[176] Lucifer de Cagliari, *De Athanasio* 2.22.7, 2.25. Sur les accusations portées contre Athanase, voir Lucifer de Cagliari, *De Athanasio* 2.9.4, 2.18.

le retour d'Athanase. Ce sont cette fois le troisième et le quatrième exil qui se trouvent confondus. Fidèle à sa réputation de compilateur confus, Épiphane semble situer un autre exil entre ces deux exils, vaguement placé sous Constance II[177].

Philostorge connaît les trois premiers exils, avec cependant certains défauts: condamné à Tyr, Athanase est rappelé de Gaule par Constance, à la mort de Grégoire; en vérité c'était Constantin II qui avait rappelé l'évêque avant l'ordination même de Grégoire[178]. Ensuite, Philostorge fait état du bannissement à Rome, qu'il attribue à Constance II[179], désirant installer Georges sur le siège; il s'agissait en réalité de Grégoire, que l'historien avait déjà fait mourir. Le retour de ce second exil est correctement imputé à Constant. Sans avoir fait état d'un nouvel envoi en exil, l'historien eunomien nous renseigne sur le retour, après le meurtre de Georges, en 362[180].

La perception des multiples exils d'Athanase reste donc très imprécise. Il se fait que même les trois derniers auteurs n'arrivent pas à présenter un récit exact, malgré leur version améliorée par rapport à la vulgate. La cause est de prime abord à chercher dans le manque de données précises dont les auteurs disposaient face à la complexité des événements. Il n'empêche, cependant, que certains traits idéologiques sont aussi aisément détectables.

En premier lieu, la vulgate se concentre sur les événements entourant les deux premiers exils, qui couvre la période de Tyr jusqu'au retour de 346. Cela montre l'importance de ce synode en tant que symbole de la lutte anti-arienne d'Athanase. Après quelques années de défenses fructueuses de la part de l'évêque, ses ennemis ont réussi dans leurs desseins et déposé Athanase. Les années suivantes seront consacrées à la contestation de sa déposition et de son exil. C'est donc à travers sa défaite à Tyr qu'Athanase devint définitivement le symbole des nicéens[181]. Les moments héroïques de cette lutte passeront dans la mémoire collective. Jérôme, par exemple, connaît la supercherie à propos d'Arsène, l'homme qu'Athanase aurait tué, un fait porté contre lui à Tyr[182].

---

[177] Épiphane, *Panarion* 68.9-11. Le texte permet aussi de comprendre cet exil intermédiaire comme un résumé du troisième.
[178] Philostorge, *HE* 2.11 p. 24, 2.18 p. 28.10.
[179] Philostorge, *HE* 2.3 p. 32.6, 2.12 p. 43.1-12.
[180] Philostorge, *HE* 7.2 p. 77.10.
[181] Cf. l'éloge de Grégoire de Nazianze, *Discours* 21.7, 21.31.
[182] Jérôme, *Apologia adversus libros Rufini* 3.42. Jérôme renoue à l'épisode la condamnation d'Eustathe d'Antioche, une autre victime symbolique des ariens.

En second lieu, Constantin est en grande mesure innocenté. Ce n'est pas lui, mais son fils Constance II, arien convaincu dans l'esprit nicéen, qui a exilé Athanase. De cette façon les ambiguïtés de la réalité sont effacées en faveur d'une perspective en noir et blanc. Constantin, le premier empereur chrétien qui convoqua le concile de Nicée, ne saurait être lié au parti de l'Antéchrist[183]. La réécriture de l'histoire dans ce sens commence déjà chez Athanase lui-même, car dans l'*Historia Arianorum*, il semble rendre Constance II responsable des décisions de Tyr[184].

Enfin, la seconde moitié de la carrière d'Athanase est mal connue et n'attire guère l'attention. La vulgate connaît un second ou troisième exil sous Julien, mais elle n'y porte pas énormément d'intérêt. La brève fuite sous Valens est d'ailleurs ignorée. C'est donc dans la première moitié du règne de Constance II que se situe l'*akmé* d'Athanase. Le déséquilibre peut refléter la réalité historique; on a argumenté qu'Athanase n'était plus vraiment aux prises avec les faits après 346[185]. En tout cas, le déséquilibre trouve une belle expression dans l'*Histoire ecclésiastique d'Alexandrie*, selon laquelle les exils d'Athanase se terminèrent après vingt-deux ans d'épiscopat, accordant ainsi encore vingt-cinq ans de paix à l'évêque d'Alexandrie[186].

2.3.2 La correction de la vulgate

Socrate et Sozomène ont réussi à se démarquer de la vulgate, mais non sans en rester tributaires dans une certaine mesure. Le premier corrige Rufin à partir des écrits d'Athanase, sans arriver cependant à obtenir une version entièrement exacte des événements. Sozomène, pour sa part, dispose d'une source très détaillée, la *Collection alexandrine*, mais sa préférence pour les belles histoires a pour conséquence qu'il ne s'en sert pas suffisamment.

2.3.2.1 *Socrate*

Sa découverte des écrits athanasiens ouvrit les yeux de Socrate à propos des erreurs de Rufin[187]. À partir d'eux surtout, il a pu préciser le récit

---

[183] Sur l'image de Constantin, voir M. Mazza, *Constantino*; V. Aiello, *Costantino 'eretico'*; H. Leppin, *Von Constantin*, p. 40-59.

[184] Athanase, *Historia Arianorum* 2.4, 50.1-2, 87.4-7. Cf. Annik Martin, *Athanase*, p. 511-512.

[185] J.-M. Leroux, *Athanase*, p. 147-150.

[186] *Historia ecclesiastica Alexandrina* 1.204.

[187] Socr. 2.1.3.

des péripéties de l'évêque alexandrin. Il n'empêche que l'on trouve encore de nombreuses fautes et confusions, en particulier à cause de malentendus et d'un mauvais usage de sources supplémentaires.

Le premier exil (336-338)

Le premier bannissement est raconté sur la base de l'*Apologia secunda*. Constantin avait convoqué les Pères de Tyr à Constantinople afin de s'expliquer sur la condamnation d'Athanase, qui s'était réfugié à ses côtés. Une fois arrivée, la délégation ajouta une nouvelle calomnie aux accusations proférées à Tyr: Athanase aurait voulu bloquer les livraisons de grain à destination de Constantinople[188]. Selon Socrate, quatre évêques égyptiens, Adamantius, Anoubion, Arbéthion et Pierre, témoignaient devant l'empereur qu'Athanase avait fomenté ce projet. L'historien a manifestement mal compris Athanase. Selon lui, en effet, cinq évêques (Socrate a omis Agathammon) avaient pu témoigner du fait que cette calomnie à propos de la fourniture de blé avait en effet été portée devant Constantin en 335. Socrate a transformé ces témoins en délateurs. Convaincu par leur argument, Constantin aurait relégué Athanase à Trèves. Or, malgré l'erreur d'interprétation, c'est essentiellement la version athanasienne qui est reproduite[189]. Une seule remarque (selon certains, Constantin aurait exilé l'évêque pour rétablir l'unité dans l'Église[190]) pourrait constituer une allusion à la *Vie de Constantin* d'Eusèbe.

L'*Apologia secunda* sert à nouveau de source pour le retour d'Athanase, raconté au début du second livre[191]. Socrate cite la lettre, datée du 17 juin, de Constantin II aux chrétiens d'Alexandrie annonçant le retour de l'évêque. L'historien situe le retour, qui, selon nous, a probablement

---

[188] Socr. 1.35 = Athanase, *Apologia secunda* 87.1-2. C'était une accusation gravissime: cf. Eunape, *Vitae sophistarum* 7.2.7-10; Marcellinus Comes a. 409; *Chronique pascale* p. 571.5-10 (a. 412).

[189] On a mis en doute cette version des faits, car elle ne serait pas conciliable avec les données de l'index syriaque des lettres festales d'Athanase (*Index syriaque* 8 [336]): cf. H.A. DRAKE, *Athanasius' First Exile*, p. 193-204; T.D. BARNES, *Athanasius*, 23-24; D.W.H. ARNOLD, *The Early Episcopal Career*, p. 165-168; Annik MARTIN, *Athanase*, p. 380-387, avec la littérature antérieure. Nous avons néanmoins montré que cette interprétation ne s'impose pas nécessairement (P. VAN NUFFELEN, *Les lettres festales*, p. 93; ID., *La tête*, p. 134-135).

[190] Socr. 1.35.4.

[191] Socr. 2.3.1-4 = Athanase, *Apologia secunda* 87.4-7.

eu lieu en 338[192], de façon correcte, entre 337 (la mort de Constantin, le 22 mai) et 339 (le décès d'Eusèbe de Césarée, le 30 mai)[193].

Socrate poursuit immédiatement par le récit exposant la façon dont les ariens d'Alexandrie causèrent des émeutes après l'arrivée d'Athanase et comment les eusébiens s'en servirent pour l'accuser auprès de l'empereur. Ces données ne peuvent provenir que partiellement d'Athanase, car celui-ci ne mentionne que des émeutes et ne dit rien d'accusations portées à la cour[194]. Comme nous le verrons dans les pages suivantes, Socrate a reconstitué ces événements à partir de l'acte d'accusation que Sabinos a donné pour le synode d'Antioche, dit des Encénies (341), synode où, en effet, la double calomnie mentionnée par l'historien resurgit: Athanase serait rentré de façon illégitime et serait responsable de plusiers émeutes à cette occasion.

La dernière phrase du chapitre, selon laquelle «les eusébiens calomniaient Athanase à tel point que l'empereur, furieux, le bannit d'Alexandrie» semble signifier que l'évêque fut exilé aussitôt après son retour. Socrate serait alors au courant de la fuite d'Athanase de 339[195]. Or, ce n'est pas le cas. Socrate dit dans la phrase suivante «Mais comment cela eut lieu, je le dirai un peu plus tard»[196]. Il se réfère ainsi à la fuite d'Athanase après le synode d'Antioche de 341, exposé en 2.8 et 2.11, et à la menace de Constance II après le bref retour d'Athanase raconté en 2.17.2-3, retour fictif, comme nous le verrons. On en conclut que Socrate

---

[192] Remarquons que la lettre de Constantin II, datée du 17 juin, ne permet aucune conclusion sûre à propos de la date. Du fait que l'en-tête de la lettre dit Κωνσταντῖνος Καῖσαρ, on a cru déduire qu'elle fut écrite par Constantin II le 17 juin 337 avant de devenir *Augustus* le 9 septembre 337 (E. SCHWARTZ, *Zur Geschichte des Athanasius*, p. 269-270; C. PIETRI, *La question d'Athanase*, p. 96 n. 10; M. DI MAIO — W.H. ARNOLD, *Per vim*, p. 204; Annik MARTIN, *Athanase*, p. 393; A. CAMPLANI, *Did Athanasius know Antony?*, p. 297). Pourtant, Καῖσαρ est souvent le seul titre porté par un *Augustus* (cf. L.W. BARNARD, *Studies*, p. 25, qui donne pourtant des exemples incorrects). On peut en citer des témoins épigraphiques (*I.Byz.* I 37, Hadrien; *ILS* 1577, Traïen) et papyrologiques (*PSI* V 446, Hadrien; *P.Oxy. LXII* 4338, Commodus). Il est facile d'en recueillir des exemples chez des historiens comme Ammien Marcellin (14.8.2, Claudius; 25.4.17, Marc Aurèle), Eusèbe (*HE* 2.13.3, Claudius; 3.20.1, Domitien; 4.8.2, Hadrien; 6.28, Maximinus Thrax), Marcellinus Comes (a. 511, Anastase). Les parallèles les plus probants sont Julien, *Epistulae* 89a, dont l'en-tête désigne Julien comme Καῖσαρ et Eusèbe *HE* 4.8.7, qui rapporte une lettre τοῦ μεγίστου καὶ ἐπιφανεστάτου Καίσαρος Ἀδριανοῦ.

[193] Socr. 2.4, basé sur le discours d'Acace, le successeur d'Eusèbe: (ἐγκώμιον ?) εἰς τὸν βίον Εὐσεβίου τοῦ Παμφίλου; pour la date voir T.D. BARNES, *Constantine*, p. 263.

[194] Socr. 2.3.5-6; Athanase, *Apologia secunda* 7.4.

[195] Socr. 2.3.7: ἐπὶ τοσοῦτον δὲ τὰς διαβολὰς ἐξέτειναν, ὡς ὀργισθέντα τὸν βασιλέα τῆς Ἀλεξανδρείας <αὐτὸν> ἐκβαλεῖν. C'est l'opinion de T.D. BARNES, *Athanasius*, p. 200; Annik MARTIN, *Athanase*, p. 403 n. 45.

[196] Socr. 2.4: Πῶς μὲν οὖν τοῦτο ἐγένετο, μικρὸν ὕστερον λέξω.

ignore que la fuite d'Athanase eut lieu en 339 et qu'il la situe en revanche
en 341. C'est d'ailleurs de cette manière que Sozomène l'a compris[197].

Le second exil (339-346)

Le récit de Socrate sur le second exil et le synode des Encénies (341)
est composé à partir de sept sources différentes: le *Corpus canonum*, la
Continuatio Antiochiensis de la chronique d'Eusèbe[198], l'*Épitaphios d'Eusèbe d'Émèse* par Georges de Laodicée[199], l'*Apologia secunda*[200], l'*Apologia de fuga sua*[201] et le *De synodis*[202] d'Athanase et la *Synagogé* de Sabinos. Au lieu d'en tirer une histoire logique, Socrate se perd et nous présente
un imbroglio dont les fils sont difficiles à démêler[203]. Avant d'aborder ses
erreurs, il faut déterminer de façon plus précise la dépendance de Socrate
à deux des sources précitées, le *Corpus canonum* et Sabinos.

Premièrement, l'usage du *Corpus canonum*, une collection de canons
décrétés lors de différents conciles du quatrième siècle, est probable mais
non sûr. Socrate termine son récit par un renvoi aux canons votés pendant le synode des Encénies (341). Il inclut également une référence au
quatrième canon, voté selon lui dans le but d'attaquer Athanase[204]. Ce
renvoi ne provient pas d'Athanase, qui n'en parle pas. Théoriquement, il
est possible que Sabinos ait donné les canons. Pourtant, Socrate montre
aussi dans d'autres passages sa connaissance des canons du concile.
À propos de la déposition de Jean Chrysostome, l'historien renvoie au
même canon 4 de ce même synode, une référence qui provient peut-être
de sa source sur Jean Chrysostome et non pas du *Corpus canonum*[205].
Dans le livre suivant, Socrate cite en entier le canon 18, qui interdisait à
Proclos de Cyzique d'être transféré au siège de Constantinople, selon ses

---

[197] Soz. 3.6.8-11.

[198] Socr. 2.8.2, 2.8.5 = *Continuatio Antiochiensis* a. 341, cf. a. 329-330.

[199] Socr. 2.9.

[200] Socr. 2.11.7 = Athanase, *Apologia secunda* 20.1; Socr. 2.17.1-9 = Athanase, *Apologia secunda* 3-35, cf. 18, 20.1, 29.2, les lettres 3-19 et 21-35.

[201] Socr. 2.11.1-6 = Athanase, *Apologia de fuga sua* 24; Socr. 2.14, cf. Athanase, *Apologia de fuga sua* 6.

[202] Socr. 2.8.4 = Athanase, *De synodis* 25.1; Socr. 2.10.3-18 = Athanase, *De synodis*
22-23.

[203] Cf. W. SCHNEELMELCHER, *Die Kirchweihsynode*, p. 334-336. Pour les différentes
sources, le lecteur peut aussi consulter Appendice V.

[204] Socr. 2.8.6, cf. 2.10.19-20. Le quatrième canon stipule qu'un évêque déposé, qui
continue à exercer ses fonctions sans être restitué par un autre concile, ne peut plus jamais
être réinstallé sur son siège.

[205] Socr. 6.18.11.

adversaires[206]. Socrate fait donc, à trois reprises (concernant Athanase, Jean Chrysostome et Proclos), état des canons d'Antioche, ce qui rend probable le fait qu'il les ait consultés dans le *Corpus canonum*[207].

En second lieu, il faut délimiter la part de Sabinos dans le récit de Socrate[208]. L'historien fulmine deux fois contre lui. D'abord, pour avoir injustement rendu Athanase responsable des émeutes à son retour; ensuite, pour avoir omis la lettre de Jules aux eusébiens réfutant cette accusation[209]. La première critique clarifie le fait que la collection de Sabinos contenait les accusations portées contre Athanase, concernant son retour illégal et la violence causée par lui. Socrate mentionne également cet acte d'accusation au début du récit sur le synode en 2.8.6-7 et il l'anticipe en 2.3.5-7. Ces passages proviennent donc également du macédonien. La seconde critique montre que Sabinos donnait la lettre des eusébiens à Rome et la réponse du pape. Cela est d'ailleurs démontré par Sozomène, qui résume cette dernière un peu plus amplement que Socrate[210].

La comparaison avec Sozomène permet aussi de préciser ce que disait Sabinos sur le synode de 341. Il écrit que les participants prétendaient avoir recueilli la profession de foi dans le tombeau du martyr Lucien, le «père spirituel» des ariens[211]. Sa liste de participants est, en outre, plus développée que celle de Socrate[212]. À côté de la condamnation d'Athanase, Sabinos incluait donc la synodale, avec le renvoi à Lucien, la profession de foi, et une liste des évêques présents. Il faut signaler que

---

[206] Socr. 7.36.6-7.

[207] Cf. E. SCHWARTZ, *Zur Geschichte der alten Kirche*, p. 216-221. L'hypothèse de ce savant, que les canons d'Antioche 341 sont en vérité ceux d'Antioche 324/5 (suivi entre autres par Annik MARTIN, *Athanase*, p. 377; C. MARKSCHIES, *Nachwort*, p. 272; H. OHME, *Kanon*, p. 391-395; R.W. BURGESS, *Studies*, p. 195) reste sans véritable fondement. Certes, le *Corpus canonum* lie de façon incorrecte les canons de 341 avec la liste des participants de 324/5, mais rien ne dit que c'étaient les canons et la liste des participants qui ont été transportés ensemble par erreur de 324/5 en 341 et non pas uniquement la liste des participants (voir les remarques de J. HEFELE — H. LECLERCQ, *Histoire*, Vol. 1.2, p. 706-714; P.-P. JOANNOU, *Discipline*, Vol. 1.2, p. 100). Tout dépend de l'hypothèse discutable d'E. Schwartz selon laquelle le premier *Corpus canonum* était de tendance arienne et qu'on a déplacé les canons d'un concile nicéen (celui de 324/5) à un concile arien (celui de 341). Il nous semble préférable de se fier à la tradition antique qui assigne les canons au concile de 341 (Palladios, *Dialogue* 9.20; Pseudo-Martyrius, *Vita Johannis Chrysostomi* BHG 871.512b-514a; Innocent, *Epistulae* 7 PL 20.501 = Soz. 8.26.14-16; Socr. 6.18.8-11; Soz. 8.20.5-6).

[208] Sur Sabinos, voir ci-dessous Appendice IV.

[209] Émeutes: Socr. 2.15.5-11; Jules: Socr. 2.17.7-11.

[210] Socr. 2.15.4-11; Soz. 3.8.4-8.

[211] Soz. 3.5.7-9, cf. 6.12.4: cf. F. LOOFS, *Das Bekenntnis Lucians*; W.A. LÖHR, *A Sense of Tradition*, p. 89.

[212] Soz. 3.5.10, cf. Socr. 2.8.3, 2.10.19.

Socrate a copié d'Athanase le texte de la synodale et de la profession de foi, et qu'il ne l'a donc pas fait d'après la *Synagogé* de Sabinos, un signe clair de sa préférence pour le premier[213].

Venons-en aux erreurs de Socrate. Elles sont au nombre de quatre.

Une des erreurs fondamentales a déjà été discutée. Il s'agit de celle qui fait situer à Socrate la fuite d'Athanase en 341 et non en 339. À cause d'une surprenante faute d'interprétation, l'historien fait le récit de cette fuite avec un passage de l'*Apologia de fuga sua* d'Athanase, qui parle de l'intronisation de Georges en 356[214]. Méprise étonnante, car il ressort de la première partie de l'*Apologie* qu'il s'agit d'événements qui ont eu lieu, par exemple, après la mort de Paul de Constantinople (vers 350), un fait que Socrate raconte en effet bien plus tard[215]. Est-ce dû à l'influence de la vulgate, qui situe les moments les plus dramatiques de la carrière athanasienne dans les années 335-346?

La première erreur s'explique par la seconde. Socrate ne distingue pas le synode d'Antioche de 341 de celui tenu en 339 dans la même cité. Pendant ce synode de 339, les eusébiens voulaient ordonner le successeur de leur choix à Athanase. Après le refus du siège préalable d'Eusèbe d'Émèse, Grégoire fut choisi. Socrate situe l'élection de Grégoire et le refus d'Eusèbe d'Émèse, qui lui étaient connus via un discours de Georges de Laodicée[216], en 341. Ne le blâmons pas trop pour cela, car aucune de ses deux sources majeures ne faisait la distinction: Sabinos et Athanase ne discutaient que du synode des Encénies[217].

Une troisième erreur importante concerne Grégoire. Selon Socrate, il fut immédiatement déposé après le synode des Encénies (341) et remplacé par Georges, tandis qu'en réalité, le premier ne mourut qu'en

---

[213] Synodale: Socr. 2.10.4-8; profession: Socr. 2.10.10-18. W.D. HAUSCHILD, *Die antinicänische Synodalaktensammlung*, p. 125, dit de manière erronée que Socrate copie le texte du symbole de Sabinos; il est corrigé par W.A. LÖHR, *Beobachtungen zu Sabinos*, p. 388.

[214] Socr. 2.11.1-6 = Athanase, *Apologia de fuga sua* 24.

[215] Socr. 2.26.6; Athanase, *Apologia de fuga sua* 3. Voir aussi Athanase, *Apologia de fuga sua* 4-5: des événements de 355, racontés par Socrate en 2.31.1-4 et en 2.37.91.

[216] Socr. 2.9.

[217] T.D. BARNES, *Athanasius*, p. 201; Annik MARTIN, *Athanase*, p. 403 prétendent que Sabinos mentionnait les deux conciles et que Socrate les a confondus. La double accusation que mentionne l'historien serait alors à attribuer au synode de 339. L'idée repose sur une interprétation incorrecte du texte de Socrate. Comme nous avons vu, celui-là et, à travers lui, Sabinos ne parlaient que du synode de 341. Le synode de 339 est en outre très mal connu, voir C. PIETRI, *La question d'Athanase*, p. 101; Annik MARTIN, *Athanase*, p. 403-404. Aux sources qu'ils citent, il faut ajouter la suivante: la *Continuatio Antiochiensis* (a. 328) attribue à Athanase un épiscopat de onze ans, ce qui implique que cette chronique situe sa déposition en 339.

346 et le second arriva en 356. L'origine de cette faute est difficile à
cerner: à nouveau, l'*Apologie pour sa fuite* d'Athanase aurait pu fournir une autre date à l'historien[218]. L'influence de la vulgate peut nous
apporter une explication. Pour les prédécesseurs de Socrate, Grégoire
reste une figure vague. Rufin ne le mentionne par exemple que brièvement comme prédécesseur de Georges et, chez d'autres, les deux détracteurs d'Athanase font souvent objet de confusion[219]. La vulgate suggère alors que Grégoire n'occupe que très brièvement le siège
d'Alexandrie. De nouveau, semble-t-il, le jugement de Socrate a été
influencé par la vulgate.

La quatrième et dernière erreur est l'invention d'un retour et d'un exil
d'Athanase peu après le synode des Encénies (341), et d'un synode antiochien hostile à Athanase après celui de 341. Le retour eut lieu, selon Socrate,
sur l'autorité de lettres de Jules de Rome. Les eusébiens, surpris, convoquèrent un synode à Antioche et envoyèrent une lettre à Jules, contestant
son droit d'intervenir. En vérité, cette épître était celle envoyée en réponse
à la demande de Jules d'assister au concile qu'il avait convoqué à Rome
(341). Jules la résume au sein de la lettre qu'il envoya aux pères présents à
Antioche en 341, une lettre qu'Athanase copia[220]. Pour une raison difficile
à cerner, Socrate a compris que la lettre des eusébiens impliquait qu'Athanase était retourné à Alexandrie. L'erreur apparaît encore plus curieuse,
lorsqu'on sait que la lettre des eusébiens, résumée par Jules, était également
citée par Sabinos et explicitement liée par lui au synode d'Antioche de
341[221]. Au lieu de se fier au macédonien, Socrate a inventé un autre synode
à Antioche, après celui des Encénies, qui aurait écrit la lettre des eusébiens.
Cet épisode, entièrement fictif, constitue un doublet des événements de 339-
341. Socrate mentionne la rentrée tumultueuse de l'évêque, des calomnies
rapportées à l'empereur et la menace de Constance II de le tuer. Athanase
se cachait. Jules, qui apprit ce qui était arrivé, invita Athanase à nouveau à
Rome. Jules envoya ensuite des lettres «à ceux à Antioche», en réponse aux
synodales du synode d'Antioche (celui inventé par Socrate; en réalité, il
s'agit de celui de 341)[222]. C'était refaire le synode des Encénies.

---

[218] Socr. 2.14; Athanase, *Apologia de fuga sua* 5-6.
[219] Rufin, *HE* 10.20 p. 987.14; Philostorge, *HE* 3.12 p. 43.14; *Historia ecclesiastica Alexandrina* 1.133, 1.165, 1.170-173.
[220] Socr. 2.15.4-5; Athanase, *Apologia secunda* 21-35. Sur l'interprétation des pou-
voirs que Socrate attribue de façon anachronique à Jules, voir C. PIETRI, *Roma Christiana*,
p. 199 n.1; ID., *La question d'Athanase*, p. 103 n. 37.
[221] Socr. 2.17.7-11.
[222] Socr. 2.17.1-9 = Athanase, *Apologia secunda* 3-35; Socr. 2.17.10-11 = Sabinos.
Soz. 3.8.4 connaît aussi ce second synode d'Antioche fictif.

Le troisième exil (356-362)

En ce qui concerne les exils ultérieurs, nous nous heurtons à moins de problèmes. Le retour du second exil (pour Socrate, c'est le troisième) est situé après le concile de Sardique, que Socrate place pour des raisons inconnues en 347 et non pas en 343[223]. À l'instar de Rufin, sa source pour ce passage, il attribue le retour aux pressions exercées par Constant sur Constance II[224]. Les pages suivantes proviennent de l'*Apologia secunda* d'Athanase. Socrate accorde beaucoup d'importance à ces événements. Il cite dans leur intégralité les trois lettres de Constance à Athanase, l'épître de Jules de Rome aux Alexandrins, et celles de l'Empereur à tous les évêques et au préfet de l'Égypte[225]. Finalement, les coryphées de l'arianisme occidental et anciens détracteurs d'Athanase, Ursacius de Singidunum et Valens de Mursa, avouent publiquement leur erreur[226]. Ces pages interminables chantent la victoire athanasienne.

En 2.26.3 Socrate traite d'événements moins glorieux, en l'occurrence les troubles menant à la fuite d'Athanase en 356. C'est ici qu'il prête de nouveau à confusion. Il raconte que les ariens attaquèrent l'évêque dès son retour et qu'ils prétendirent qu'Athanase avait ordonné des gens en passant par la Syrie et la Palestine, c'est-à-dire en territoire situé en dehors de son diocèse. Alors qu'ils portaient l'affaire devant Constance[227], Athanase, pour sa part, aurait fait confirmer les décisions de Sardique par un synode égyptien. L'empereur décida alors d'exécuter Athanase. Mais celui-ci en eut vent et se cacha[228].

Deux problèmes se posent devant cette reconstruction des événements.

D'abord, le synode égyptien ne trouve aucune assise dans les écrits d'Athanase. En effet, tout ce qu'Athanase dit sur son retour est qu'il avait été chaleureusement accueilli par le peuple et les évêques d'Égypte et de Palestine, et cela dans l'*Historia Arianorum*[229], un écrit que Socrate ne connaissait pas. À moins qu'on n'attribue ce synode à Sabinos — une hypothèse pour laquelle il n'y a aucun indice —, Socrate l'aurait inventé.

---

[223] Socr. 2.20.4.

[224] Socr. 2.22.4-23.4 = Rufin, *HE* 10.20.

[225] Socr. 2.23.5-58 = Athanase, *Apologia secunda* 51-56. Socr. 2.23.33-40 est une élaboration de Rufin, *HE* 10.20.

[226] Socr. 2.24.4-6 = Athanase, *Apologia secunda* 58.

[227] Signalons que Sabinos a probablement rapporté les accusations portées devant Constance. Socrate les avait déjà mentionnées en 2.24.8 et Sozomène fait état d'un concile antiochien qui accusait Athanase (Soz. 4.8.4). Ces deux passages-ci peuvent donc provenir de Sabinos: cf. Appendice IV.

[228] Socr. 2.26.3-10 = Sabinos et Athanase, *Apologia de fuga sua* 1, 3, 26.

[229] Athanase, *Historia Arianorum* 25.2.

Cette idée est confirmée par une contradiction interne chez Sozomène. En 3.21.3-5, celui-ci décrit les actions d'Athanase après son retour sur la base d'Athanase, *Apologia secunda* 57 et de quelques données de Sabinos, sans mentionner un quelconque synode. En 4.1.3, il revient sur le retour d'Athanase, suivant fidèlement Socrate[230], en faisant cette fois état d'un synode. Socrate a donc probablement inventé le synode en question, peut-être dans le but de souligner que son retour fut légitime et soutenu par l'ensemble des Égyptiens[231].

En second lieu, la chronologie de Socrate prête à confusion[232]. Avant 2.25, il a insisté sur le succès d'Athanase en 346, c'est-à-dire son rappel et les différents synodes convoqués pour le soutenir, jusqu'au repentir de Valens et Ursacius (2.22-24). En 2.25-26.2 il interrompt le récit du retour d'Athanase pour brosser un tableau des troubles survenus entre la mort de Constantin (337) et l'usurpation de Magnence (350). Après cet interlude, il retourne à l'arrivée d'Athanase à Alexandrie (346), et progresse en traitant de l'expulsion suivante de l'évêque (356) et des nouvelles difficultés des nicéens (2.26.2-28.14). Il cite aussi d'après Athanase la description des méfaits de Georges à Alexandrie[233]. Socrate joint une description de la déposition de l'usurpateur Vétranion (350) et des préparations pour la guerre contre Magnence en 351-353 (2.28.15-23) à ces paragraphes nettement plus pessimistes. Les sauts chronologiques deviennent clairs selon le schéma suivant:

2.22-24: le retour d'Athanase (346);
2.25-26.2: les troubles publics entre 337 et 350;
2.26.2-28.14: les événements de l'arrivée d'Athanase (346) à son expulsion (356);
2.28.15-23: les troubles publics de 350-353.

De cette façon, le retour d'Athanase et sa fuite sont situés parmi des événements des années 350, alors qu'en vérité il est rentré en 346 et s'est enfui en 356. Cette confusion de Socrate peut s'expliquer par sa dépendance envers Rufin. Socrate, ne disposant que d'indications chronologiques approximatives, s'est fié à l'indication de Rufin selon laquelle la

---

[230] Socr. 2.26.3-4.
[231] Cf. Socr. 2.23.34, où Socrate souligne qu'Athanase retournait en 356 après le vote d'un concile. Sa source pour ce passage, Rufin, *HE* 10.20 ne le disait pas explicitement. Annik MARTIN, *Athanase*, p. 444-445 y voit une invention orthodoxe. C'est possible, mais Socrate souligne que plus tard le concile de Jérusalem et le concile égyptien accueillirent Athanase en entérinant les décisions de Sardique (343). C'est donc probablement à ce concile-ci que Socrate se réfère.
[232] Cf. G.C. HANSEN, *Sokrates*, p. 135; Annik MARTIN, *Athanase*, p. 451.
[233] Socr. 2.28.1-15 = Athanase, *Apologia de fuga sua* 6-7.

fuite d'Athanase avait eu lieu à l'époque de l'usurpation de Magnence (350-353)[234]. Une autre explication, qui n'exclut pas la première, est que Socrate voulait souligner la sympathie présente entre les deux sphères de la société, l'Église et l'Empire. Le revers de la fortune d'Athanase est ainsi mis en parallèle avec des troubles publics[235].

Athanase, à partir d'ici, disparaît presque entièrement du récit du second livre[236]. Cette césure coïncide avec celle de la vulgate, qui ignore tout de la seconde partie de la carrière d'Athanase. Socrate, pour sa part, est renseigné sur la carrière ultérieure d'Athanase, mais, en comparaison avec les données concernant les années 338-346, il la décrit très succinctement.

Les deux derniers exils (362-364 et 365-366)

Aucune source ne renseigne Socrate sur les conditions précises du retour d'Athanase sous Julien (362). Rufin, par exemple, en reste au constat qu'il est de retour. Socrate décrit l'accueil chaleureux par le peuple et l'expulsion des ariens en termes standardisés[237]; ce sont des passages qu'il a dès lors probablement inventés. Il ajoute que les ariens consacrèrent Lucius au lieu de Georges, lynché par la foule. Socrate semble assumer que Lucius fut consacré immédiatement après la mort de Georges, ce qui n'est pas correct: Lucius fut ordonné évêque d'Alexandrie par Euzoios après la mort d'Athanase (373)[238]. Pour ce qui est de la fuite d'Athanase (362), après les machinations des païens et sa poursuite par les soldats, Socrate dépend de Rufin[239].

Socrate connaît la durée exacte du dernier exil (365-366), quatre mois, mais il en ignore les dates précises. Il situe ce bannissement après la correspondance entre les macédoniens et le pape de Rome sur le rétablissement de la communion, ce qui se situe en 368. Il connaît aussi l'édit

---

[234] Rufin, *HE* 10.20 p. 987.9-21; Socr. 2.25.1.

[235] On insiste surtout sur cette deuxième explication: G.F. CHESNUT, *The First Christian Histories*, p. 188-189, 194-198; L.W. BARNARD, *Studies*, p. 210-217; Theresa URBAINCZYK, *Socrates*, p. 77; M. WALLRAFF, *Der Kirchenhistoriker*, p. 161-163.

[236] Une seule référence en Socr. 2.45.16.

[237] Rufin, *HE* 10.34-35; Socr. 3.4: οὐκ εἰς μακρὰν δὲ ἐκ τῆς φυγῆς κατελθόντα Ἀθανάσιον ἀσμένως ἐδέξατο ὁ τῶν Ἀλεξανδρέων λαός, ἐξωθήσαντες ἐκ τῶν ἐκκλησιῶν τοὺς τοῦ Ἀρειανοῦ δόγματος, παραδιδόασι δὲ Ἀθανασίῳ τοὺς εὐκτηρίους τόπους. οἱ δὲ ἀρειανίζοντες ἐν οἰκίσκοις ἀσήμοις συναγόμενοι εἰς τόπον Γεωργίου Λούκιον προχειρίζονται.

[238] Théodoret, *HE* 4.21.3; cf. Épiphane, *Panarion* 68.11.4-6. L'erreur peut trouver son origine dans la phrase suivante de Rufin, *HE* 11.3 p. 1003.14: *Lucius Arrianae partis episcopus continuo tamquam ad ovem advolat lupus*. Lucius était évêque de Samosate avant d'être transféré à Alexandrie; déjà avant d'occuper ce dernier siège, il était donc un évêque de la partie arienne.

[239] Socr. 3.13.13-3.14.6 = Rufin, *HE* 10.35.

de Valens envoyé à Alexandrie, exilant les évêques qui étaient rentrés sous Julien[240]. Même si sa source est inconnue, il est évident qu'elle présente des traits hagiographiques. Athanase pressentit les émeutes et décida de se cacher dans le monument funéraire de ses parents. Le peuple s'insurgea alors «par désir de le revoir», et Valens fut contraint de laisser l'évêque rentrer[241]. Selon l'*Histoire acéphale*, sans doute mieux au courant, Athanase se cacha par contre «dans un domaine près du fleuve nouveau», et elle affirme que les gens ignoraient les causes précises de la rétractation de l'édit contre Athanase[242]. En tant que source de Socrate, la lettre de Pierre II aux églises qui raconte les maux que les catholiques alexandrins devaient subir à la mort d'Athanase et après sa propre élection, peut intervenir ici. En effet, l'historien l'a utilisée pour les derniers jours d'Athanase, et il n'est pas exclu qu'elle donnait quelques informations sur les activités d'Athanase sous Valens[243].

2.3.2.2 *Sozomène*

Sozomène avait un atout et une faiblesse. Il disposait d'une source très exacte concernant les mouvements d'Athanase, la *Collection alexandrine*, mais il s'intéressait moins aux dates précises qu'aux historiettes bien juteuses. Par conséquent, il n'emprunte à cette source que les éléments qui ont une qualité narrative et dramatique. Pour le reste, il suit Socrate.

Sozomène copie fidèlement Socrate pour la carrière d'Athanase jusqu'à sa fuite en 356, ou, selon leur reconstruction, vers 350. Jusqu'à ce fait, le récit de Socrate est assez riche et relativement détaillé. Sozomène copie également la version erronée de Socrate concernant les années 341-343, où son prédécesseur invente un exil supplémentaire entre les conciles d'Antioche (341) et de Sardique (343)[244]. La dépendance par rapport à Socrate n'est pas occasionnée par le fait que la *Collection alexandrine* ne traite pas de ces événements: on sait que Sozomène a emprunté à cette dernière source certains détails, comme les pétitions alexandrines pour

---

[240] Socr. 4.13.3-6. Cf. Soz. 6.12.6 = *Histoire acéphale* 5.1.
[241] Socr. 4.13.5: πόθῳ τῷ πρὸς αὐτόν.
[242] *Histoire acéphale* 5.1-7: *recessit in villa iuxta fluvium novum*.
[243] Socr. 4.21.
[244] Premier exil après Tyr: Soz. 2.28.13-14 = Socr. 1.35; retour avec la lettre de Constantin II: Soz. 3.2.1-8 = Socr. 2.3; d'Antioche 341 à Sardique 343: Soz. 3.5-10 = Socr. 2.8-17; retour en 346: Soz. 3.20-24 = Socr. 2.22-23; fuite vers 350: Soz. 4.4.1 = Socr. 2.26.8-9.

demander le retour d'Athanase de son exil à Trèves[245]. Sozomène préfère donc le récit plus dramatique de Socrate aux dates précises de l'*Histoire acéphale*.

Au fur et à mesure que Socrate révèle moins d'information sur Athanase, on remarque que son successeur dépend de plus en plus de la *Collection alexandrine*, ce qui le mène à une première contradiction. Sozomène fait deux fois état de la fuite d'Athanase en 356. D'abord, il avait noté, à l'instar de Socrate, que l'évêque s'était enfui en 356[246]. Cinq chapitres plus tard, il décrit en détail les événements menant à l'exil de 356, de la manière dont il l'a trouvé dans la collection. Ce récit, pourtant, présuppose qu'Athanase résidait encore à Alexandrie[247].

Le retour sous Julien (362) n'est que brièvement mentionné et les informations de Socrate sont suppléées par la *Collection alexandrine*[248]. Pour la fuite sous Julien, Sozomène dépend de nouveau de cette dernière, à côté de Socrate et de la lettre 110 de Julien[249]. Le retour sous Jovien (364) est également décrit sur la base des données de la collection[250]. Finalement, on voit que Sozomène emprunte de la *Collection alexandrine* les tractations menant à la brève dernière fuite de l'évêque (365-366)[251].

Le déséquilibre propre à la vulgate, qui ignorait la plupart des événements à partir de 346, a donc moins d'influence sur Sozomène que sur

---

[245] Soz. 2.31. La *Collection alexandrine* contenait aussi les éléments suivants en ce qui concerne le premier exil d'Athanase: les actes de Tyr (Soz. 2.25, sauf Soz. 2.25.9-11, un passage qui provient de Rufin, *HE* 10.18 p. 984.5-18, et Soz. 2.25.12, qui provient de Rufin, *HE* 10.18 p. 983.18-984.2); les accusations portées contre Athanase par les eusébiens et les mélitiens et la réponse de l'évêque d'Alexandrie (Soz. 2.22.1-3); la lettre de Constantin aux pères de Tyr (Soz. 2.28.2-12. Il est possible que ce document ne provient pas d'Athanase ou de Socrate, vu le grand nombre de divergences avec leur texte [voir l'apparat de J. BIDEZ — G.C. HANSEN, *Sozomenos*, p. 91-93, voir en particulier les lacunes aux pages 91.17, 92.2-3, 92.5, 92.7, 93.4]. Signalons que les documents provenant de la *Collection alexandrine* sont souvent de mauvaise qualité [cf. *Codex Veronensis* no. 9; Théodoret, *HE* 1.9.2-13, avec P. VAN NUFFELEN, *La tête*, p. 136 n. 58]); et le banissement sur ordre impérial de Jean Arcaph (Soz. 2.31.4-5). L'attribution de ces passages à la *Collection alexandrine* se base sur le fait qu'ils répondent exactement au type d'information qui y ont d'habitude leurs origines: ce sont des documents et textes à propos des relations d'Athanase avec les mélitiens et les eusébiens. En outre, ils ne proviennent assurément d'aucune autre source connue de Sozomène.

[246] Soz. 4.4.1.

[247] Soz. 4.9.6-9 = *Histoire acéphale* 1.7-11; Soz. 4.10.8-12 = *Histoire acéphale* 2.1-7. Voir aussi Soz. 5.6 = Palladios, *Historia Lausiaca* 63.

[248] Soz. 5.6.1; Soz. 5.7.1 = Socr. 3.4; Soz. 5.7.2-3 = *Histoire acéphale* 2.8-9.

[249] Soz. 5.15.1 = *Histoire acéphale* 3.5; Soz. 5.15.2 = Julien, *Epistulae* 110; Soz. 5.15.3 = Socr. 3.14.1-6.

[250] Soz. 6.5.1-4 = *Histoire acéphale* 4.3, 4.7 (cf. aussi Soz. 6.12.8).

[251] Soz. 6.12.6-11, 13 = *Histoire acéphale* 5.1-11.

Socrate. En ce qui concerne les événements que celui-ci ignore par manque de sources, son successeur peut se fonder sur la *Collection alexandrine*. Dans ces passages, son information est par conséquent relativement exacte.

2.3.3 Bilan

L'influence de la vulgate sur Socrate et Sozomène va en se diminuant. Socrate la corrige à partir des écrits d'Athanase même. Son récit est plus précis, mais il introduit un bon nombre de nouvelles erreurs. Par contre lorsqu'il dépend de la *Collection alexandrine*, Sozomène s'améliore beaucoup par rapport à son prédécesseur. Il n'empêche que l'influence de la vulgate reste réelle. Socrate et Sozomène s'attardent surtout sur les événements ayant eu lieu avant et après le synode de Tyr (335) ainsi que sur le premier exil (336-338). Certaines erreurs d'interprétation de Socrate semblent, en plus, trouver leur origine dans le poids accordé à cet épisode.

2.4 BILAN GÉNÉRAL: ATHANASE

Le cas d'Athanase nous montre les différentes formes que peut assumer la dépendance par rapport à une tradition.

Une tradition aussi forte que celle qui considère Athanase en tant qu'héritier d'Alexandre est entièrement acceptée par Socrate et Sozomène. Ils copient les histoires inventées qui dépeignent Athanase comme le successeur d'Alexandre «de droit divin», et ils situent la mort de ce dernier (328), de façon erronée, immédiatement après le concile de Nicée (325).

D'autre part, la tradition nicéenne concernant les événements après Nicée s'intéressait plus à la résistance d'Athanase contre les ariens et à la mort providentielle d'Arius, qu'au déroulement précis de la réintégration de l'hérésiarque. Ainsi, la lutte contre les ariens éclipse-t-elle la vie d'Arius lui-même. À l'époque de Socrate, la tradition nicéenne manque de données pour permettre une reconstruction exacte de ces événements.

En ce qui concerne les exils d'Athanase, la vulgate, qui réduit les cinq exils à deux ou trois et qui insiste en particulier sur les événements au début du règne d'Athanase, continue à influencer Socrate, et, à travers lui, Sozomène. Certes, ils la corrigent, le premier à partir des écrits athanasiens, le second par la *Collection alexandrine*, sans qu'ils soient capables de s'en libérer entièrement.

3. Julien l'Apostat

Deux fils rouges caractérisent l'image de Julien l'Apostat dans les sources chrétiennes[252]. À leurs yeux, il était, d'une part, un persécuteur et, d'autre part, un philosophe et un magicien. Dans les deux cas, le Julien historique recule derrière des moules chrétiens traditionnels. Le processus d'assimilation de Julien aux clichés hagiographiques s'achève dans les nombreux actes de martyrs *sub Iuliano*, en grande partie légendaires, où l'Apostat n'est plus guère distinguable des persécuteurs d'antan[253]. Une étude complète de cette évolution dépasserait le cadre de ce chapitre. Nous analyserons d'abord brièvement, en guise d'introduction, quelle image nous offrent Socrate et Sozomène du persécuteur Julien, avant de nous attarder plus longuement sur la seconde caractéristique, l'Apostat en tant que philosophe et magicien.

3.1 Julien le persécuteur

Julien était un persécuteur, les chrétiens n'en doutaient pas. Dans les descriptions de sa politique, des renvois à Dioclétien reviennent à plusieurs reprises[254]. Pourtant, les contemporains sentaient que ses actes différaient de ceux des précédents persécuteurs, ne fût-ce que par la prétention de Julien de s'abstenir de la violence. Selon ses propres dires, Julien détestait le christianisme, mais il voulait convaincre ses sujets d'abandonner leurs idées abjectes, sans avoir recours à la force[255]. Cependant, sa modération professée contrastait avec les mesures réelles qui frappaient les chrétiens.

L'aperçu suivant montrera comment les chrétiens expliquaient ce paradoxe d'un persécuteur qui prétendait ne pas persécuter. Dès le début, ils

---

[252] Sur l'image de Julien, voir R. Braun — J. Richer (ed.), *L'empereur Julien*; R. Penella, *Julian the Persecutor*; I. Krivouchine, *L'empereur Julien*; H. Leppin, *Von Constantin*, p. 72-84; H.-G. Nesselrath, *Kaiserlicher Held*.

[253] La tradition martyrologique occidentale a été étudiée par B. de Gaiffier, «*Sub Iuliano Apostata*». La tradition grecque et orientale n'a pas encore reçu d'étude approfondie. Signalons les travaux suivants: H.C. Brennecke, *Studien*, p. 114-150; Stefania Scicolone, *Aspetti*; F. Scorza Barcellona, *Martiri*; D. Woods, *The Martyrdom*; Id., *Ammianus Marcellinus*; Id., *Julian*; Id., *The Emperor Julian*; Id., *The Final Commission*; J.R. Aja Sánchez, *Gaza*; Id., *Obispos*; A.V. Muriev, *Three Martyrs*.

[254] Grégoire de Nazianze, *Discours* 4.96; Socr. 3.12.5-6. Le renvoi à Dioclétien est traditionnel: cf. *Vita Danielis Stylitae* BHG 489.73 p. 71.11; Jean d'Éphèse, *HE* 1.37 p. 33.3, 3.12 p. 101.33.

[255] Par exemple Julien, *Epistulae* 83, 115. Cf. Libanius, *Epistulae* 819.6, *Discours* 18.121-125; Eunape, *Vitae sophistarum* 6.11.8.

assimilaient sa politique à celle des vrais persécuteurs d'antan, un processus qui se renforçait au fur et à mesure que la distance aux faits devenait plus grande. Deux interprétations de Julien existaient.

3.1.1 Deux interprétations de Julien

Dans une première interprétation, la modération de l'Apostat n'était qu'une couverture pour ses actes. Selon Grégoire de Nazianze, Julien laissait la violence à ses subordonnés et aux fonctionnaires municipaux alors qu'il se réservait la persuasion par la parole. Le Cappadocien souligne que cette persuasion dégénéra chez lui assez rapidement en pure cruauté. En faisant un procès d'intention à Julien, à qui il attribue quelques mesures de persécution qui ne furent jamais exécutées, il réussit à le rapprocher des persécuteurs traditionnels[256]. Cette ligne de pensée est également suivie par Éphrem, Rufin et Jean Chrysostome, ce dernier se servant de l'exemple de Julien pour démontrer qu'on peut devenir un martyr sans véritable persécution[257]. Tous ces auteurs sont d'accord pour désigner comme cause de la réticence de Julien son désir d'éviter des martyrs, car l'empereur savait que leur sang rendrait l'Église encore plus attirante[258]. C'est un *topos* chrétien, dont Eusèbe s'était déjà servi pour la grande persécution[259].

Une tout autre interprétation est celle de Philostorge, qui omet la supposée tolérance de Julien, et en fait un persécuteur pur et simple[260]. Son attitude peut être due à l'utilisation d'un recueil regroupant les actes des martyrs exécutés sous Julien, recueil dont la *Chronique pascale* nous préserve de longs passages. Cet ouvrage traite en effet Julien comme un persécuteur traditionnel[261].

---

[256] Grégoire de Nazianze, *Discours* 4.51, 4.57, 4.61-63, 4.96, 7.11. Sur le rôle de Grégoire dans le développement de la tradition chrétienne concernant Julien, voir G. BOWERSOCK, *Julian*, p. 2-3; L. LUGARESI, *Gregorio di Nazianzo. Oratio IV*, p. 342-343; R. VAN DAM, *Kingdom of Snow*, p. 189-202.

[257] Éphrem, *Contra Iulianum* 4.1-2; Rufin, *HE* 10.33; Jean Chrysostome, *Homilia in Iuventinum et Maximum martyres* PG 50.571.

[258] Éphrem, *Contra Iulianum* 4.2; Grégoire de Nazianze, *Discours* 4.58; Jean Chrysostome, *Homilia in Iuventinum et Maximinum martyres* PG 50.573. Cf. *Historia ecclesiastica Alexandrina* 1.235; *Passio Artemii* BHG 169y.2 p. 152.17; *Roman de Julien* p. 130.

[259] Eusèbe, *HE* 8.4.4.

[260] Philostorge, *HE* 7.1 p. 77.1-3.

[261] Cf. J. BIDEZ — F. WINKELMANN, *Philostorgius*, p. 227.4-5. Sur ce recueil, voir H.C. BRENNECKE, *Studien*, p. 114-157 et ci-dessus p. 199.

Théodoret, quant à lui, rejoint globalement Philostorge, tout en se rattachant à la première interprétation. Il admet que Julien cachait ses véritables intentions[262], mais il montre comment qu'il se déchaînait contre les chrétiens à travers ses subordonnés. L'évêque de Cyr met aussi en évidence indiscutable le fait que Julien lui-même prit part à la persécution, l'assimilant de cette façon aux autres persécuteurs de l'Église[263].

3.1.2 Julien le persécuteur chez Socrate et Sozomène

Les historiens de l'Église sont tributaires de la première interprétation, mais ils progressent vers la seconde. Ils admettent que Julien lui-même ne torturait ou n'exécutait pas des chrétiens, et qu'il faisait couler moins de sang que les autres persécuteurs. Néanmoins, ils tentent de l'assimiler aux persécuteurs d'antan.

Socrate insiste sur le fait que Julien se montrait d'abord «agréable» (ἡδύς) et que ce n'était qu'après un certain temps qu'il se mettait à «troubler» les chrétiens[264]. Même après ce changement de politique, il laissait la violence à ses subordonnés. Cela pousse Socrate, afin de pouvoir ranger Julien parmi les persécuteurs, à réinterpréter le terme «persécution». «Il se passait de la cruauté extrême de l'époque de Dioclétien, mais ne s'abstenait pas du tout de persécuter. J'appelle une persécution toute façon de troubler ceux qui vivent en paix»[265]. Par une précision du terme «persécution» — ou, si l'on veut, par une adaptation — Julien est transformé en un persécuteur traditionnel[266].

Sozomène rejoint globalement la position de Socrate. Tout en faisant valoir que toutes les mesures de Julien visaient dès le début à troubler l'Église, l'historien admet que dans un premier temps, l'empereur s'était

---

[262] Théodoret, *HE* 3.6.1, 3.8, 3.15.1.

[263] Théodoret, HE 3.15-19: cf. R. PENELLA, *Julian the Persecutor*, p. 41.

[264] Socr. 3.11.1. Cf. Socr. 3.12.

[265] Socr. 3.12.6: (...) καὶ τὴν μὲν ὑπερβάλλουσαν ἐπὶ Διοκλητιανοῦ ὠμότητα ὑπερέθετο, οὐ μὴν πάντη τοῦ διώκειν ἀπέσχετο· διωγμὸν δὲ λέγω τὸ ὁπωσοῦν ταράττειν τοὺς ἡσυχάζοντας. G.C. Hansen propose, sur la base de la traduction arménienne, le texte suivant: (...) ἡσυχάζοντας <τοὺς εἰς Χριστὸν Ἰησοῦν ἐλπίζοντας>. Cela ne s'impose pas à notre avis, car on trouve l'expression suivante dans la description de la persécution de Valens: διάφοροι γὰρ τιμωρίαι κατὰ τῶν ἡσυχάζειν φιλούντων ἐγίνοντο (Socr. 4.24.2): cf. H. LEPPIN, rec. G.C. Hansen (ed.), *Sokrates. Kirchengeschichte*, p. 300.

[266] On y reconnaît le procédé rhétorique (définition) décrit par Hermogène, *Peri staseon* p. 59-64.

abstenu de violence[267]. Assez vite, pourtant, Julien eut recours à des mesures plus brutales et une vraie persécution exécutée par les subordonnés de l'empereur éclata. Même si l'empereur ne persécutait pas lui-même, les chrétiens étaient sujets aux mêmes extorsions et aux mêmes menaces qu'à l'époque des véritables persécuteurs, Julien refusant de punir les malfaiteurs[268]. Il est sans doute vrai, admet Sozomène, que Julien a finalement versé moins de sang que les autres persécuteurs, mais cela a largement été compensé par ses autres mesures, visant entre autres à extorquer de l'argent[269].

3.2 JULIEN, PHILOSOPHE ET MAGICIEN

Chez les païens, Julien était resté dans les mémoires au titre de grand sophiste et de philosophe[270]. Cette image, propagée par les écrits de Julien lui-même[271] et par les discours de Libanius[272], ne trouva qu'une faible réception chez les chrétiens. Certes, eux aussi lisaient ses écrits pour leur valeur stylistique, et parfois même ils l'appréciaient[273], mais d'habitude leur idée des qualités de Julien était moins élevée.

Socrate et Sozomène critiquent explicitement l'image païenne de Julien dans leurs *Histoires ecclésiastiques*, le premier en polémiquant contre l'idée que l'Apostat fut un grand philosophe et le second en mettant en doute que son règne fut prédit par les divinateurs.

---

[267] Soz. 5.4.6-7, 5.5.5-6. Cf. Soz. 5.2.1. Sozomène dit que les chrétiens craignaient une persécution ouverte. H.C. BRENNECKE, *Studien*, p. 97 propose d'y voir une référence au procès de Chalcédoine (361/2), où les collaborateurs de Constance II étaient jugés. C'est peu probable, car les historiens ecclésiastiques ne montrent nulle part ailleurs qu'ils avaient connaissance de ce procès.

[268] Soz. 5.8-11, 5.15-17, spéc. 5.15.13: Τοιαῦτα δὲ πολλὰ καὶ ἀλλάχοσε συμβῆναι εἰκός, τὰ μὲν κατὰ πρόσταγμα τοῦ βασιλέως, τὰ δὲ ἐξ ὀργῆς καὶ προπετείας δήμων· ἐφ' οἷς καὶ οὕτως τῷ κρατοῦντι τὴν αἰτίαν τις ἀναθήσει τῶν γεγενημένων· οὐ γὰρ ὑπῆγε τοῖς νόμοις τοὺς ὧδε παρανομοῦντας, ἀλλὰ μίσει τῷ πρὸς τὴν θρησκείαν μέμφεσθαι λόγοις δοκῶν ἔργοις προὐτρέπετο τοὺς τὰ τοιαῦτα δρῶντας· ὅθεν καὶ μὴ διώκοντος αὐτοῦ κατὰ πόλεις καὶ κώμας ἔφευγον οἱ Χριστιανοί.

[269] Soz. 5.5.6: ὥστε πανταχόθεν συμβαλεῖν ἔστι φόνων μὲν ἕνεκα καὶ περινοίας τῶν εἰς τὸ σῶμα τιμωριῶν μετριώτερον αὐτὸν γενέσθαι τῶν πρὸ τοῦ διωξάντων τὴν ἐκκλησίαν, ἐν δὲ τοῖς ἄλλοις χαλεπώτερον.

[270] *Epitome de Caesaribus* 43.5; Eutrope 10.16.3; Ammien Marcellin 25.4.5-6; Zosime 3.2.1, cf. 5.2.1; Marinos, *Vita Procli* 36. Cf. Thémistius, *Discours* 7.99d.

[271] Julien, *Discours* 9.203b. Voir aussi les inscriptions *CIL* III 7088; *ILS* 751: *Iuliano [...] philosophiae magistro*. Voir Polymnia ATHANASSIADI, *Julian*, p. 161-191; R. SMITH, *Julian's Gods*, p. 36-48.

[272] Libanius, *Discours* 1.130, 12.94, 18.26, 18.203.

[273] Prudence, *Apotheosis* 451; Socr. 3.1.3; Jean Malalas 13.18, 13.25; Évagre le Scholastique, *HE* 1.20 p. 29.6.

3.2.1 Socrate: l'alliance philosophie-Empire et le philosophe raté

Grégoire de Nazianze accorde une place considérable aux aspirations philosophiques de Julien. Il s'en prend aux conseillers de Julien, des philosophes qui ne sont en rien d'accord et n'aspirent qu'au succès populaire[274]. Socrate, qui avait lu les invectives de Grégoire, reprend deux de ses idées.

D'abord, l'évêque de Nazianze critique la doctrine des philosophes de la cour selon laquelle la philosophie païenne et la royauté doivent se rejoindre en une seule personne. Alors que, selon les philosophes, cette alliance mettrait un terme aux maux des cités, Grégoire prétend qu'elle porte ceux-ci à leur comble[275]. Socrate fait de cette idée d'une alliance funeste entre philosophie et Empire un important thème de son troisième livre.

La seconde critique de Julien que Socrate reprend de Grégoire, est que l'empereur ne parvient guère à se comporter comme le prescrit la philosophie[276]. Il considère donc l'empereur comme un philosophe raté.

3.2.1.1 *L'alliance funeste entre philosophie et Empire*

Afin d'esquisser l'alliance pernicieuse entre philosophie et Empire, Socrate se sert de deux sources, de Grégoire et de Libanius. En effet, Libanius dépeint Julien comme quelqu'un qui cherche la sagesse dès sa jeunesse et qui la trouve finalement dans la philosophie païenne[277]. Dans l'*Épitaphios*, Libanius insiste sur l'importance de la philosophie pour Julien. C'est en faisant sienne l'idée de Grégoire sur l'alliance fatale entre philosophie et Empire que Socrate va polémiquer contre le rhéteur antiochien[278].

Dans l'introduction du troisième livre, presque entièrement basée sur Libanius[279], Socrate retrace la vie et la carrière de Julien jusqu'à son avènement en 361. En énumérant les grammairiens et rhéteurs chez lesquels

---

[274] Grégoire de Nazianze, *Discours* 4.43-45, 5.5.
[275] Grégoire de Nazianze, *Discours* 4.45.
[276] Grégoire de Nazianze, *Discours* 5.21. Cf. D.F. BUCK, *Socrates Scholasticus*, p. 305.
[277] Libanius, *Discours* 18.17-31.
[278] Cf. H. LEPPIN, *Von Constantin*, p. 83.
[279] Socrate connaît quelques détails en plus (par exemple Socr. 3.1.9, les études de Gallus) et donne les noms des personnages que Libanius en tant que rhéteur omet. Il a aussi amplifié certaines données de Libanius (Socr. 3.1.44-48, 3.1.50-53: cf. D.F. BUCK, *Socrates Scholasticus*, p. 302-309). Voir aussi cette différence: selon Socr. 3.1.13, Constance II interdisait à Julien de visiter Libanius, alors que selon Libanius lui-même (*Discours* 18.13-15), le sophiste Hécébolios en était responsable (cf. W. KINZIG, *«Trample upon me …»*, p. 99).

le prince avait étudié, Socrate ne manque pas de discréditer Libanius. Alors que celui-ci prétendait qu'il avait quitté Constantinople à cause d'un différend avec d'autres professeurs, l'historien sait que le rhéteur avait été chassé de la ville[280]. C'est un peu plus loin qu'il introduit le thème de l'alliance entre philosophie et Empire. Le moment décisif de la vie du jeune prince fut sa rencontre avec Maximus, un philosophe néo-platonicien d'Éphèse. Selon Libanius, c'est lui qui gagna Julien à la philosophie et au paganisme. Socrate suit cette version des faits, et ajoute de plus que Maximus encourageait un désir de pouvoir chez le prince[281]. Dès le début, l'historien laisse entendre que la philosophie et la volonté de puissance étaient liées chez Julien. Il développe cette idée plus amplement à deux endroits: dans son aperçu des premières mesures de Julien quand il assumait le pouvoir, et à propos de l'invasion en territoire perse.

Les mesures de Julien

Après son récit de l'usurpation de Julien (360-361), auquel il apporte quelques «corrections» par rapport à Libanius[282], Socrate introduit les actions de l'Apostat en remarquant que «c'est de cette façon que Julien devint empereur. Que les auditeurs jugent si ce qui suivit est d'un philosophe»[283]. Et Socrate dirige dès lors l'interprétation de ses lecteurs. Il accuse Julien d'avoir délibérément choisi la guerre civile contre Constance: «Dans la mesure où il l'aurait pu, tous les maux que procure la guerre seraient arrivés; car ce n'est pas sans beaucoup de sang que le projet du philosophe se serait réalisé»[284]. Heureusement, Dieu lui-même décida de prévenir ce bain de sang, en causant la mort de Constance II.

---

[280] Socr. 3.1.14; Libanius, *Discours* 18.13.

[281] Socr. 3.1.16-19 (τοῦ παιδευτοῦ τοῦ καὶ ἐπιθυμίαν τῆς βασιλείας ἐμβαλόντος αὐτῷ); Libanius, *Discours* 18.18-23. Sur Maximus, voir *PLRE* I, p. 583 (21).

[282] Socr. 3.1.25-26, Libanius, *Discours* 18.31-33 (Libanius suggère que Constance II laissait les barbares librement entrer dans l'empire afin de combattre l'usurpateur Magnence; Socrate omet cette interprétation); Socr. 3.1.29, Libanius, *Discours* 18.41 (la couronne qui tomba par hasard sur la tête de Julien signifiait son avènement futur selon Socrate; Libanius y voit l'annonce de succès militaires); Socr. 3.1.30-31, Libanius, *Discours* 18.37 (Socrate réfute l'accusation de Libanius que Constance II envoyait Julien en Gaule afin de le faire périr là-bas); Socr. 3.1.35 (Socrate omet que Julien refusait d'abord la couronne impériale offerte par les soldats, cf. Libanius, *Discours* 18.99).

[283] Socr. 3.1.36: Τοῦτον μὲν οὖν τρόπον Ἰουλιανὸς ἐβασίλευσεν. τὰ δὲ ἐντεῦθεν εἰ φιλοσόφου, δοκιμαζέτωσαν οἱ ἀκούοντες.

[284] Socr. 3.1.40: καὶ ὅσον μέντοι ἐπ' αὐτῷ, πάντα ἂν ἐγεγόνει, ὅσα ὁ πόλεμος ἔχει κακὰ (οὐ γὰρ ἂν δίχα πολλῶν αἱμάτων διεκρίθη ἡ τοῦ φιλοσόφου σπουδή). Voir la version de Libanius, qui acquitte Julien (*Discours* 18.106-117).

L'intervention divine réfute non seulement l'idée de Libanius que cette victoire non-sanglante sur Constance était prévue par des présages[285], mais, plus important, elle introduit aussi l'opposition entre le Dieu chrétien (et les chrétiens) déclinant l'effusion de sang et les païens ravis d'en verser des flots. L'idée a ses racines dans la pensée patristique, et plus particulièrement dans le thème du sacrifice spirituel qu'exige Dieu, opposé au sacrifice sanglant des païens[286]. Ayant transposé le thème au niveau de l'éthique, la pensée chrétienne exigeait la douceur et l'abstention d'effusion de sang[287]. L'effusion de sang et les ennemis du christianisme se trouvent ainsi liés; la cruauté était une caractéristique des persécuteurs autant que leur attachement au sacrifice[288]. En reprenant cette opposition, Socrate prédit aux lecteurs ce qui va advenir: le philosophe païen versera le sang de nombreuses gens[289].

Socrate termine son exposé sur la jeunesse et sur l'avènement de Julien en donnant un aperçu des premières mesures administratives de l'empereur: il chassa les cuisiniers, les coiffeurs et les eunuques, limita le nombre des notaires et réduisit l'usage du *cursus publicus*[290]. Et Socrate de commenter comme suit: «De cela, peu de gens le louent, la majorité l'en blâme, car, privée de la richesse impériale, la consternation qui en résulta pour beaucoup fit mépriser l'Empire»[291]. Il poursuit cette critique par une remarque assurément injustifiée, selon laquelle Julien aurait été le premier des empereurs à tenir des discours devant le sénat. Socrate reprend ici, de façon assez fantaisiste, la critique traditionnelle du *malus princeps*, qui tend à ridiculiser sa fonction[292].

---

[285] Libanius, *Discours* 18.101, 105, 118.

[286] Par exemple Grégoire de Nazianze, *Discours* 7.46.

[287] Par exemple Lactance, *Institutiones* 6.6.19; Rufin, *HE* 10.33, 11.22; Grégoire de Nazianze, *Epistulae* 224.3.

[288] La cruauté est un *topos* appliqué par les chrétiens aux persécuteurs vétérotestamentaires (Grégoire de Nysse, *In XL martyres* II p. 168.13), à ceux d'avant la paix de l'Église (Tertullien, *Apologeticum* 5.4; Eusèbe, *HE* 3.17, *Vita Constantini* 2.1.2; Athanase, *Historia Arianorum* 50.2; Cyrille de Jérusalem, *Catecheses ad illuminandos* 1.2, 1.4; Grégoire de Nazianze, *Discours* 43.5; Théodoret, *HE* 1.7.11; Pseudo-Gélase de Cyzique 1.3.2) et à ceux d'après Constantin (Soz. 2.11.3).

[289] Il peut s'inspirer de Grégoire de Nazianze, *Discours* 4.52, 86, où une idée pareille est exprimée.

[290] Socr. 3.1.49-53. Socrate dit que Julien ne laissait que des chevaux servir dans le *cursus publicus*, ce qui est faux et n'est pas dit par Libanius (*Discours* 18.143-145).

[291] Socr. 3.1.53: ταῦτα δὲ αὐτοῦ ἐπαινοῦσι μὲν ὀλίγοι, οἱ πλείους δὲ ψέγουσιν, ὅτι παυομένη ἡ ἐκ τοῦ βασιλικοῦ πλούτου τοῖς πολλοῖς ἐγγινομένη κατάπληξις εὐκαταφρόνητον ἐποίει τὴν βασιλείαν.

[292] Socr. 3.1.54. Cf. Grégoire de Nazianze, *Discours* 4.81, 4.84; Historia Augusta, *Duo Gallieni* 11.9, un parallèle proche de Socrate: l'auteur remarque que Gallienus composait

Non seulement l'empereur ne se comportait pas en empereur, mais
sa conduite n'était pas non plus celle d'un philosophe. Julien, plein de
vanité, ridiculisa tous ses prédécesseurs dans son discours intitulé *Caesares*, ce qui ne sied ni à un empereur ni à un philosophe. Et Socrate
de conclure ainsi: «Car, chasser des cuisiniers et des coiffeurs est le
fait d'un philosophe, non d'un empereur, mais insulter ou railler ce n'est
l'est plus d'un philosophe, mais pas davantage d'un empereur. Tous
deux en effet laissent de côté toute injure et méchanceté. Qu'il soit permis à l'empereur d'être philosophe pour autant que cela regarde la
sagesse. Un philosophe par contre, s'il veut imiter tout ce qui est le
fait des empereurs, manquera son but»[293]. Il ne pouvait être plus clair.
Un roi peut s'inspirer de la philosophie pour son éthique personnelle,
mais il ne peut pas l'appliquer pour la direction de l'Empire, quitte à
le rendre risible ou même à en détruire les fondements. Un philosophe,
s'il veut régner de façon digne, doit abandonner ses principes dès qu'il
monte sur le trône. Julien, qui voulait être à la fois empereur et philosophe, échoua dans les deux domaines: en raillant ses prédécesseurs
dans les *Caesares*, il montrait qu'il n'était ni l'un ni l'autre[294]. C'est
ainsi que le roi-philosophe que Libanius voyait en lui, se trouve détrôné
par Socrate.

L'expédition contre les Perses

L'idée d'une alliance funeste entre philosophie et pouvoir, fermement
établie dans le premier chapitre du troisième livre, revient à propos de
l'expédition contre les Perses (363). Socrate nous raconte comment Julien
refusa la demande perse de conclure un accord de paix pendant le siège
de Ctésiphon. Il croyait, selon l'historien, pouvoir dépasser Alexandre le
Grand: «Car il pensait avoir l'âme d'Alexandre par métempsycose selon
la doctrine de Pythagore et de Platon, ou plutôt être Alexandre dans un

des poèmes, ce qui sied à l'orateur, mais non pas à l'empereur: *sed aliud in imperatore
quaeritur, aliud in oratore vel poeta flagitatur.*
[293] Socr. 3.1.58-59: τὸ μὲν γὰρ μαγείρους καὶ κουρεῖς ἐκβαλεῖν φιλοσόφου ἔργον,
οὐ μὴν βασιλέως, τὸ δὲ διασύρειν ἢ σκώπτειν οὐκέτι φιλοσόφου, ἀλλὰ μὴν οὐδὲ
βασιλέως. ἀμφότεροι γὰρ πᾶσαν λοιδορίαν καὶ βασκανίαν ὑπερβεβήκασιν· βασιλεῖ
μὲν γὰρ ἐξέστω φιλοσοφεῖν, ὅσα πρὸς σωφροσύνην ὁρᾷ, φιλόσοφος δέ, εἰ πάντα
τῶν βασιλέων μιμήσοιτο, διαπεσεῖται τοῦ σκοποῦ.
[294] Voir Socr. 3.17.2-4, où Socrate blâme Julien pour avoir aggravé la famine à
Antioche en 362-363 par sa mauvaise gestion de la crise: cf. P. VAN NUFFELEN, *Dürre
Wahrheiten*.

autre corps»[295]. Cette illusion causa la destruction de l'armée romaine et la mort de Julien lui-même. En effet le roi perse, sachant qu'il ne lui restait plus que l'option militaire, rassembla le lendemain de l'ambassade échouée toute son armée et commença la bataille dans laquelle Julien trouverait la mort.

Afin de construire cette version des faits, Socrate a non seulement substitué une bataille en règle à l'embuscade de Libanius — la version correcte des faits[296] —, mais il a aussi inventé la métempsycose sur la base d'un passage du rhéteur, où celui-ci attribue à Julien le désir de battre le roi perse à Arbéla, où Alexandre avait combattu Darius. C'est sans doute Libanius qui a inventé cette ambition de Julien, et il s'agit somme toute d'une comparaison littéraire habituelle[297]. La métempsycose étant une doctrine attribuée au paganisme, souvent à l'ensemble des écoles philosophiques païennes[298], l'accusation a sans doute eu un certain retentissement auprès des lecteurs chrétiens de Socrate.

Et ce pas uniquement dans les esprits des chrétiens. On peut jusqu'à ce jour lire dans la littérature moderne que Julien se croyait un Alexandre ressuscité, ou bien qu'il imitait consciemment le conquérant[299]. À partir du passage en question de Socrate, cette thèse réinterprète les comparaisons rhétoriques entre Julien et Alexandre, que nous retrouvons dans les écrits de Libanius et d'Ammien, comme exprimant un état d'âme de l'empereur[300]. Néanmoins, il faut abandonner cette idée. Libanius met probablement une comparaison classique avec Alexandre dans la bouche de

---

[295] Socr. 3.21.7: καὶ γὰρ ἐνόμιζε κατὰ τὴν Πυθαγόρου καὶ Πλάτωνος δόξαν ἐκ μετενσωματώσεως τὴν Ἀλεξάνδρου ἔχειν ψυχήν, μᾶλλον δὲ αὐτὸς εἶναι Ἀλέξανδρος ἐν ἑτέρῳ σώματι.

[296] Socr. 3.21.4-8; Libanius, *Discours* 18.241-243, 18.255-261.

[297] Socr. 3.21.7; Libanius, *Discours* 18.260. Sur Alexandre et Arbéla, voir Arrien, *Anabasis* 3.15.

[298] Eusèbe, *Contra Hieroclem* 22, 34; Basile de Césarée, *Hexaemeron* 8.71bd; Grégoire de Nysse, *Vita Moysis* 2.40-41; Énée de Gaza, *Theophrastus* PG 85.887-896. La *Passio Artemii* BHG 169y, qui se base partiellement sur l'*Histoire ecclésiastique* de Philostorge, dit que Julien se croyait un nouvel Alexandre (p. 100.34). Puisque le résumé de Photius ne mentionne pas cette idée (cf. Philostorge, *HE* 7.15), nous considérons que l'auteur de la *Passio* l'a reprise de Socrate ou d'une source postérieure, et non pas copiée de Philostorge.

[299] Cf. J. STRAUB, *Divus Alexander*, p. 185; G.W. BOWERSOCK, *Julian*, p. 1; F. PASCHOUD, *Zosime*, Vol. II, p. xxii, p. 187; G. WIRTH, *Alexander*, p. 207; J. SZIDAT, *Alexandrum imitatus*; G. BONAMENTE, *Giuliano*, p. 139-140; R. SCHOLL, *Beiträge*, p. 138-139. Cette idée a déjà été critiquée par R.J. LANE FOX, *The Itinerary*, p. 248-252.

[300] Libanius, *Discours* 15.2, 17.17, 18.261; Ammien Marcellin 16.5.4, 21.8.3, 24.4.27, 25.4.15. Voir aussi Eunape, *Historiae* fr. 28; Zosime 3.3.3. Julien utilise Alexandre souvent comme point de référence négative (Julien, *Discours* 1.45d, 4.250d); dans les *Caesares* il est l'exemple traditionnel d'un roi (Julien, Discours 10.322a-325c [*Caesares*],

son héros; Socrate, pour sa part, y ajoute l'idée de la métensomatose, afin de souligner une fois de plus l'effet pernicieux de la philosophie païenne sur la politique de Julien, et par conséquent, sur l'Empire[301].

3.2.1.2 *Julien, le philosophe raté*

La seconde critique de Grégoire de Nazianze à l'adresse de Julien, selon laquelle il ne réussit pas à se comporter comme un vrai philosophe, est également reprise par Socrate. Le Cappadocien réprouve l'Apostat de ne pas pouvoir contrôler ses passions, mais, au contraire, de remplir le palais de ses cris et du bruit de son agitation lorsqu'il rend la justice[302].

Socrate critique également Julien pour s'être adonné à la fureur. Ayant entendu le psaume contre les idoles chanté pendant la procession qui transportait les reliques du martyr Babylas de Daphné à Antioche (362), l'empereur «qui s'était à l'origine dédié à la philosophie, ne pouvait plus se contenir. Par ces hymnes injurieuses il s'était rapidement adonné à la fureur et était prêt à faire aux chrétiens la même chose que les sbires de Dioclétien avaient fait auparavant»[303]. Un jeune chrétien, appelé Théodore, dut en payer le prix: il fut soumis à des tortures atroces[304]. L'importance de cette critique devient évidente au sujet des louanges de Théodose II dans le dernier livre, où Socrate l'oppose explicitement à Julien. Théodose sait se contrôler et pratique la philosophie au cours de sa vie, tandis que l'Apostat prétendait être un philosophe mais n'agissait pas comme tel[305]. Le roi très chrétien vainc donc le roi païen.

---

mais voir la critique en 322a). Jamais cependant Julien ne le prend comme exemple pour sa propre conduite.

[301] De telles interventions de la part de Socrate ne sont pas inhabituelles: cf. notre discussion de son adaptation de Libanius, *Discours* 15.21 (Socr. 3.17.2-4): P. VAN NUFFELEN, *Dürre Wahrheiten*. Voir aussi sa présentation des mesures de Julien, discutée ci-dessus, sur laquelle il faut aussi consulter D.F. BUCK, *Socrates Scholasticus*, p. 302-310.

[302] Grégoire de Nazianze, *Discours* 5.21.

[303] Socr. 3.19.2: οὐ γὰρ ἔτι κατεῖχεν ἑαυτοῦ ὁ πρώην φιλοσοφεῖν ἐπαγγελόμενος, ἀλλ᾽ ἐκ τῶν ὀνειδιστικῶν ὕμνων εὐέμπτωτος ἦν εἰς ὀργήν, ἕτοιμός τε ἦν ταῦτα ποιεῖν τοῖς Χριστιανοῖς, ἃ οἱ περὶ Διοκλητιανὸν πρότερον πεποιήκεισαν. Le θυμός semble avoir été un trait réel de Julien (Libanius, *Discours* 15.3; Eunape, *Historiae* fr. 28.1, 25.3) mais était aussi une caractéristique traditionnelle des persécuteurs (Eusèbe, *HE* 8.14.15, 10.4.14, 10.8.16; *De laudibus Constantini* 5.3-4; Jean Chrysostome, *De S. Babyla contra Julianum et gentiles* 52; *Roman de Julien* p. 39, 89).

[304] Socr. 3.19.1-9.

[305] Socr. 7.22.6-9: Τὸ ἀνεξίκακον καὶ φιλάνθρωπον πάντας ἀνθρώπους ὑπερηκόντισεν [Θεοδόσιος]. Ἰουλιανὸς μὲν γὰρ ὁ βασιλεύς, καίπερ φιλοσοφεῖν ἐπαγγειλάμενος, ὅμως οὐκ ἤνεγκεν τὴν ὀργὴν κατὰ τῶν ἐν Ἀντιοχείᾳ αἰνιξαμένων αὐτόν, ἀλλὰ βασάνους μεγίστας τῷ Θεοδώρῳ προσήγαγε.

3.2.2 Sozomène: le mage

Dans l'esprit chrétien, il y avait un lien étroit entre persécuteurs et mages[306], qui s'exprime d'une double façon à propos de Julien. D'une part, Julien vit entouré de sorciers et de divinateurs et d'autre part, il attache une importance particulière à la divination.

Déjà les premiers critiques chrétiens ont décrit la cour de Julien comme remplie de mages et de charlatans[307]. Chez Socrate, ce trait est totalement absent. Sozomène, pour sa part, accepte l'idée, sans trop y insister. Il réinterprète Socrate une seule fois en ce sens: alors que, chez son prédécesseur, Julien est converti à la philosophie par Maximus d'Éphèse, chez lui, ce philosophe initie le prince à la divination (μαντική)[308].

L'attention portée par Julien à toutes les formes de prévoyance est historique[309], mais chez les chrétiens, elle évolue en un trait dominant du caractère de l'Apostat. Certains allèguent même que Julien commit des sacrifices humains afin de connaître l'avenir[310]. La victoire du christianisme s'annonce dans le silence de l'oracle de Daphné par la présence des reliques du martyr Babylas et s'exprime définitivement dans le silence des oracles du monde entier après la mort de Julien[311].

En ce qui concerne l'interprétation de la divination, un problème classique se posait. Les chrétiens acceptaient la possibilité selon laquelle Dieu dévoile l'avenir aux hommes, mais voulaient la différencier de la divination païenne. Ils insistaient notamment sur le fait que la source de la prédiction était différente. Chez les chrétiens, c'était Dieu; pour les païens, les démons. D'autre part, la forme était différente; la divination païenne exigeait d'habitude un sacrifice, alors que pour les chrétiens, l'inspiration divine était suffisante[312].

---

[306] Par exemple Eusèbe, *HE* 7.10.4 (= Denys d'Alexandrie), 8.14.8, *Contra Hieroclem* passim; Éphrem, *Memre sur Nicomédie* 10.75, 10.193-291.

[307] Éphrem, *Contra Julianum* 1.16, 2.2; Grégoire de Nazianze, *Discours* 5.9; Jean Chrysostome, *De S. Babyla contra Julianum et gentiles* 77; Rufin, *HE* 10.34. Cf. *Roman de Julien* p. 61, 99.

[308] Socr. 3.1.19; Soz. 5.2.15-19. Cf. Théodoret, *HE* 3.3.2-3.

[309] Julien, *Discours* 11.130d; Panegyrici Latini 2.23; Libanius, *Discours* 15.29, 15.72; Ammien Marcellin 22.12.7; Zosime 3.11.1.

[310] Jean Chrysostome, *De S. Babyla contra Julianum et gentiles* 79; Théodoret, *HE* 3.26; *Roman de Julien* p. 101, 260. Voir R. TURCAN, *Mithra*, p. 91-93.

[311] Grégoire de Nazianze, *Discours* 5.32; Éphrem, *Contra Julianum* 4.26; Philostorge, *HE* 7.1c; Théodoret, *HE* 3.21; Cédrénos Vol. 1 p. 538. Cf. Bernadette CABOURET, *Julien*; G. FATOUROS, *ΕΠΠΑΤΕ*.

[312] Voir par exemple Théodore de Mopsueste, *Contra Julianum* fr. 2, fr. 5, répliquant à Julien, *Contra Christianos* 342a-358d, qui prétend qu'Abraham était un divinateur.

On pourrait lire le récit de Sozomène comme étant une solution plus radicale de cette problématique. En effet, l'historien réfute les prétentions des païens de pouvoir prédire l'avenir et défend que seuls les chrétiens en sont capables.

Dans les deux premiers chapitres du cinquième livre, entièrement consacré à Julien, Sozomène fait état de plusieurs *omina*. Lors de son passage en Illyrie vers Constantinople, des raisins verts apparurent, bien que les vendanges fussent déjà passées. Des gouttes de rosée firent de petites croix sur le vêtement de Julien et de ses lieutenants. Selon ses partisans, les raisins tardifs furent un signe positif, alors que les croix furent un produit du hasard. «D'autres pourtant,» poursuit Sozomène, «dirent que le premier des deux signes annonçait que l'empereur mourrait de façon précoce comme les raisins verts et que son règne serait bref. Le second signifiait, à leur avis, que la religion chrétienne était d'origine céleste et que tous devraient se signer de la croix. Comme il semble, ceux qui dirent l'opposé de ce que pensait l'empereur ne se trompaient pas et le progrès du temps démontra que leur double interprétation était correcte»[313].

Quelques phrases plus loin, il écrit: «Les païens disent que, avant son départ de la Gaule, la divination et les démons incitaient Julien à entreprendre cette expédition en prédisant la mort de Constance et le changement de l'état des choses. On aurait pu l'appeler une prédiction, si Julien n'était pas mort si peu après qu'il semblait avoir joui de l'Empire seulement comme dans un rêve. Car il me semble naïf de dire que Julien, ayant su par la divination à la fois la mort soudaine de Constance et sa propre immolation par les Perses, aurait choisi de sa propre volonté une mort certaine; une mort d'ailleurs qui ne lui offrit aucune gloire auprès du peuple, sauf celle d'imprudence et de manque de qualités militaires, et qui mit l'Empire romain en péril à ce point qu'il risquait de tomber entièrement ou en majeure partie dans les mains des Perses. Nous disons ceci uniquement afin que nous ne semblions pas l'omettre; chacun peut en penser

---

[313] Socr. 5.1.4-5: λέγεται δὲ ἡνίκα πρῶτον τῶν τῇδε ὅρων ἐπέβη, τὰς μὲν ἀμπέλους μετὰ τρύγην ἀμφὶ τὴν τῶν πλειάδων δύσιν ὀμφάκων πλήρεις φανῆναι, τὴν δὲ ἀπὸ τοῦ ἀέρος δρόσον διαχεθεῖσαν κατὰ τῆς αὐτοῦ ἐσθῆτος καὶ τῶν ἑπομένων καθ' ἑκάστην σταγόνα σταυροῦ σημεῖον ἐντυπῶσαι. ἐδόκει δὲ αὐτῷ τε καὶ πολλοῖς τῶν συνιόντων οἱ μὲν βότρυες παρὰ καιρὸν φανέντες σύμβολον εἶναι ἀγαθὸν, ἡ δὲ δρόσος ἐκ παρατυχόντος ὧδε καταστίξαι τὴν ἐσθῆτα καθ' ἧς ἔτυχε πεσοῦσα. ἄλλοι δὲ ἔλεγον τοῖν συμβόλοιν τὸ μὲν ἄωρον σημαίνειν ἀπολεῖσθαι τὸν βασιλέα ὀμφάκων δίκην, καὶ ὀλιγοχρόνιον αὐτοῦ ἔσεσθαι τὴν βασιλείαν, τὸ δὲ προμηνύειν οὐράνιον εἶναι τὸ δόγμα τῶν Χριστιανῶν, καὶ χρῆναι πάντας τῷ συμβόλῳ τοῦ σταυροῦ κατασημανθῆναι. ὡς ἔοικε δέ, οἱ τἀναντία τῷ βασιλεῖ δοξάσαντες οὐ διήμαρτον τῆς ἀληθείας· ἀμφότερα γὰρ εὐστόχως εἰρῆσθαι προιὼν ὁ χρόνος ἀπέδειξεν.

ce qu'il veut»[314]. Sozomène réfute donc l'idée selon laquelle Julien aurait obtenu des prédictions païennes de son succès futur, avec l'argument que la réalité ne s'y accordait pas. Au lieu de succès, l'Apostat n'a connu qu'une mort précoce suivie d'une défaite des Romains en territoire perse. Sozomène est convaincu du fait que si un divinateur lui avait prédit cet avenir, il n'aurait sans aucun doute pas lancé la campagne.

Ces deux passages au début du cinquième livre, annonçant au lecteur la mort future de Julien, montrent clairement la double attitude adoptée par Sozomène. D'une part, il accepte que des signes prémonitoires soient envoyés aux hommes. D'autre part, il n'y a que les chrétiens qui sont capables de les interpréter correctement. Les partisans de Julien sont leurrés par leur connaissance imprécise et comprennent l'annonce de la mort de l'empereur comme celle de sa victoire. Les prédictions de succès alléguées par les païens sont inexactes car la réalité ne s'y est pas accordée. La critique qu'adresse Sozomène à la divination païenne va donc plus loin que la position que nous avons esquissée ci-dessus. Sozomène n'attribue pas la divination païenne à des démons. Au contraire, le premier passage met en doute les capacités païennes d'interpréter les signes[315], tandis que le second dispute même l'existence de prédictions païennes[316]. L'attitude clairement anti-païenne de Sozomène, que nous avons déjà pu constater à propos de son jugement des historiens païens[317], revient ici au sujet de la divination.

La supériorité du christianisme en ce qui concerne la divination est finalement démontrée au début du sixième livre. Sozomène y cite plusieurs prédictions chrétiennes de la mort de Julien: un serviteur de Julien,

[314] Soz. 5.1.8-9: οἱ δὲ Ἕλληνες ἐλογοποίουν, ὡς καὶ πρὸ τοῦ Γαλάτας ἀπολιπεῖν αὐτὸν μαντικὴ καὶ δαίμονας ἐπὶ ταύτην τὴν ἐκστρατείαν αὐτὸν ἐκίνησαν, τὸν δὲ Κωνσταντίου θάνατον προμηνύσαντες καὶ τὴν τῶν πραγμάτων μεταβολήν. ἦν δὲ ἄρα πιθανὸν πρόγνωσιν ταῦτα καλεῖν, εἰ μὴ καὶ αὐτὸν ὅσον οὔπω τὸ τοῦ βίου τέλος ἔφθασεν, ὡς ἐν ὀνείρῳ τῆς βασιλείας γευσάμενον. εὔηθες γὰρ οἶμαι λέγειν, ὡς διὰ τῆς μαντικῆς προϊδὼν τὴν αὐτόματον Κωνσταντίου τελευτὴν καὶ τὴν αὐτοῦ παρὰ Πέρσαις σφαγήν, ἑκοντὴς εἰς προῦπτον ἤλατο θάνατον, αὐτῷ μὲν οὐδὲν ὅτι μὴ ἀβουλίας καὶ ἀμαθοῦς στρατηγίας προσάψαντα δόξαν παρὰ πολλοῖς, τῇ δὲ Ῥωμαίων ὑπηκόῳ τοσοῦτον ἐπαγαγόντα κίνδυνον, ὡς μικροῦ πᾶσαν ἢ τὸ πλεῖστον αὐτῆς κινδυνεῦσαι ὑπὸ Πέρσαις γενέσθαι. ἀλλὰ ταῦτα μέν, ἵνα μὴ παραλελεῖφθαι δόξῃ, ὧδε εἰρήσθω ἡμῖν, καὶ ὅπη ἕκαστος βούλεται, ταύτῃ ἡγείσθω. Les «païens» auxquels Sozomène fait allusion, c'est peut-être Eunape (cf. Zosime 3.9.5).
[315] Voir la critique pareille de Sozomène à l'adresse des divinateurs païens, quand il a raconté l'affaire de Théodore sous Valens (Soz. 6.35.8-11).
[316] On trouve encore deux prédictions païennes chez Sozomène. En 1.7.3, Licinius reçoit un oracle que Sozomène ne commente pas. Il semble en tout cas suggérer que ce fut un faux oracle. En 9.8.3, il dit que des magiciens prédisaient à Attalus qu'il prendrait l'Afrique sans peine. C'était clairement incorrect.
[317] Voir ci-dessus p. 171-172.

qui passait la nuit dans une église, vit dans un rêve plusieurs apôtres et prophètes discuter quelle était la meilleure action à entreprendre contre Julien. À la fin, deux d'entre eux s'en allèrent afin d'exécuter l'Apostat[318]. Deux chevaliers annoncèrent à Didyme l'Aveugle le jour et l'heure de l'immolation de l'empereur[319]. Un prêtre aurait même prédit sa mort à Julien lui-même[320]. Selon l'avis de Sozomène, ces prophéties chrétiennes sont exactes et se sont réalisées. En effet, Julien a été tué de façon mystérieuse, ce qui atteste que ce fut Dieu lui-même qui se vengeait du persécuteur[321].

3.3 BILAN

La tradition chrétienne concernant Julien visait à normaliser sa position dans l'histoire ecclésiastique, en l'assimilant aux persécuteurs d'antan et en critiquant sa foi en la philosophie païenne. Au milieu du cinquième siècle, l'image de l'Apostat que nous recueillons chez Socrate et Sozomène est déjà fort éloignée de la réalité historique.

Tous deux sont d'accord sur le fait que Julien était un persécuteur, mais les accents qu'ils y apportent sont différents. Socrate redéfinit l'idée d'une persécution comme toute mesure qui dérange les chrétiens, afin que Julien réponde à la définition. Sozomène, quant à lui, prétend qu'il n'y avait aucune différence pour les chrétiens, si l'empereur dirigeait la persécution ou s'il la laissait à ses subordonnés, comme ce fut le cas pour Julien; dans les deux cas, les chrétiens souffraient pour leur foi.

Socrate et Sozomène discutent également l'adhésion de Julien à la philosophie païenne, que la pensée chrétienne assimilait à la magie et la divination. En s'inspirant de Grégoire de Nazianze, Socrate choisit de renverser la belle image qu'avait dressée Libanius de l'empereur. Il transforme l'alliance idéale entre philosophie et royauté en une alliance fatale, qui menace l'Empire romain de destruction. En plus, il montre que Julien prétendait être un philosophe, mais que son comportement n'en était pas digne. Sozomène accepte l'identification traditionnelle de la philosophie païenne, la magie et la divination. Il démontre que les païens

---

[318] Soz. 6.2.3-5, provenant peut-être d'une source arienne.
[319] Soz. 6.2.6-7. La source est Palladios, *Historia Lausiaca* 4.
[320] Soz. 6.2.8-9. La source est Jean Chrysostome, *De S. Babyla contra Julianum et gentiles* 22.
[321] Soz. 6.2.2.

interprétaient les signes divins de façon incorrecte et que leurs prophéties ne se réalisaient pas. Ainsi, la capacité païenne de prédire l'avenir se voit remise en cause par l'historien, ce qui affirme la supériorité chrétienne dans ce domaine.

On peut considérer que les idées de Socrate, qui inverse l'image que les païens avaient de leur roi-philosophe parfait, sont plus sophistiquées que celles de Sozomène. C'est sans doute correct, mais l'important est de constater que tous deux s'inscrivent dans la tradition chrétienne et polémiquent contre les païens. On croit, en général, que l'image de Socrate est plus objective et plus neutre que celle des autres chrétiens. On fait appel notamment au premier chapitre du troisième livre, qui constitue une longue introduction concernant la vie de Julien jusqu'à son avènement (361). Le fait que Socrate base ce chapitre sur l'*Épitaphios* de Libanius, un partisan de l'Apostat, serait un signe de son désir d'établir consciencieusement les faits. Il attribue à Julien aussi quelques traits positifs, comme son excellente éducation. On a aussi fait valoir le fait que Socrate argumente contre Julien dans deux digressions en s'y abstenant de la pure polémique[322]. Nous avons cependant vu comment l'historien change les données de Libanius afin de pouvoir critiquer Julien, de quelle manière il applique les clichés du *malus princeps* à celui-ci, et comment il l'assimile à Dioclétien. Cela nous semble suffire pour montrer que l'image que dressait Socrate de Julien n'est pas plus neutre que celle des autres chrétiens[323]. Au contraire, sa critique de Julien est peut-être plus méchante que celle de Sozomène, car elle s'en prend au cœur de l'image que les païens avaient de l'Apostat.

4. LES CONCILES DE CONSTANTINOPLE DE 381 ET 383

4.1 LA REPRÉSENTATION PARTICULIÈRE DE SOCRATE ET SOZOMÈNE

Le concile de Constantinople 381 revêt une importance particulière dans les *Histoires ecclésiastiques* de Socrate et Sozomène. Pour eux, il

---

[322] Socr. 3.16.10-27, 3.21.16, 3.22.10-23. Cette ligne de pensée est suivie par I. KRIVOUCHINE, *L'empereur Julien*; M. WALLRAFF, *Der Kirchenhistoriker*, p. 102-103; H.-G. NESSELRATH, *Kaiserlicher Held*, p. 36-41.
[323] Pour cette interprétation voir Teresa M. SHAW, *Wolves in Sheeps' Clothing*; T. ARAND, *Das schmähliche Ende*, p. 180-184; D.F. BUCK, *Socrates Scholasticus*, p. 317-318; P. VAN NUFFELEN, *Dürre Wahrheiten*.

constitue, de pair avec l'expulsion des ariens de la capitale, l'étape décisive dans le rétablissement de l'orthodoxie en Orient[324]. Cette interprétation, qu'on retrouve chez certains contemporains[325], n'est pas partagée
par toutes les sources. En effet, les Occidentaux et Théodoret réduisent
l'activité du concile à l'élection d'un successeur pour Grégoire de
Nazianze sur le siège de Constantinople, après que celui-ci eut abdiqué
à cause du différend qui était né de la contestation de son élection par
Maximus, dit le Cynique[326].

Les récits de Socrate et Sozomène présentent aussi d'autres particularités supplémentaires qui les distinguent des auteurs pré-cités.

Tout d'abord, ils interprètent le concile comme étant un élément de la
politique ecclésiastique de Théodose I. L'empereur veut réunir les différentes factions autour du *homoousios*, par la parole sinon par la force.
Après avoir été baptisé par Acholios de Thessalonique, Théodose I arrive
à Constantinople le 24 novembre 380 et cite immédiatement l'évêque
homéen de la capitale, Démophile, devant lui. Ayant le choix entre accepter la foi nicéenne ou quitter la ville, l'évêque préfère la seconde option[327].
Sozomène, qui suit Socrate jusqu'ici, le supplée par l'édit *Cunctos populos*, qui impose la foi nicéenne comme seule doctrine permise officiellement[328]. Au sein de ce récit linéaire, qui oublie que le concile était déjà
convoqué avant l'arrivée de Théodose dans la capitale[329], le concile de 381
n'est qu'une des étapes de la politique impériale en faveur de l'orthodoxie.
Les autres sources, par contre, tout en ne négligeant pas le rôle de Théodose
I, ne savent pas réduire le concile à l'expression de la politique impériale[330].

Deuxièmement, le but particulier du synode, à côté de l'affirmation de
la foi de Nicée et de l'élection d'un évêque pour la capitale, est, selon

---

[324] Socr. 5.7.10-5.8.1; Soz. 7.5.7-7.6.1.

[325] Jean Chrysostome, *De S. Meletio* PG 50.518; Marcellinus Comes a. 381. Ce dernier peut refléter une source contemporaine de Socrate et Sozomène, voir P. Van Nuffelen, *Socrate de Constantinople*, p. 73.

[326] Ambroise, *Epistulae* 13.3-6, *Epistulae extra coll.* 9.4; Damase, *Epistulae* 5; Théodoret, *HE* 5.8. En 5.8.9, ce dernier mentionne brièvement les canons et la confirmation de
la foi nicéenne. Cf. l'allusion au concile chez Rufin, *HE* 11.21 p. 1025.5-6.

[327] Socr. 5.7.4-11; Soz. 7.5.5-7. *Vita Isaaci* BHG 956.11 copie ce passage de Socrate,
en y ajoutant une lettre de Théodose à Démophile et le fait de son affichage dans tous les
lieux publics. Voir aussi Grégoire de Nazianze, *De vita sua* 1314-1317; Philostorge, *HE*
9.19; Marcellinus Comes a. 380; *Chronique pascale* p. 561.6-9 (a. 379).

[328] Soz. 7.4.4-6; *Codex Theodosianus* 16.1.2 (28/2/380).

[329] Grégoire de Nazianze, *De vita sua* 1106. A.M. Ritter, *Das Konzil*, p. 34-35 date
la convocation entre le 4 avril et le 14 juillet 380.

[330] Voir les sources citées ci-dessus note 325-326 et Grégoire de Nazianze, *De vita sua*
1506-1524.

Socrate et Sozomène, de persuader les macédoniens de s'unir aux nicéens[331]. Cette idée est à première vue difficile à concilier avec les autres sources, où les macédoniens ne figurent guère. Le premier canon du concile, par exemple, s'en prend aux eunomiens, ariens (c'est-à-dire homéens), sémi-ariens (c'est-à-dire macédoniens), sabelliens, marcelliens, photiniens et apollinaristes. Rien ne suggère une position spécifique des macédoniens[332]. Ce qui rend l'interprétation de Socrate et de Sozomène encore plus surprenante est le fait que ce soit Éleusios de Cyzique qui, selon eux, mène la délégation macédonienne. Celui-ci représente cependant l'aile farouchement anti-nicéenne de cette hérésie, et on est en droit de se demander quelles peuvent avoir été les motivations qui l'ont conduit à changer de cap et à accepter de négocier avec les nicéens[333].

Une troisième particularité concerne le rôle de Mélèce d'Antioche avant et pendant le concile. Selon Socrate et Sozomène, Mélèce était déjà présent à Constantinople pour l'installation de Grégoire avant la convocation du concile[334]. L'ordination de ce dernier ne fut différée, semble-t-il, que par la décision impériale de réunir un grand synode. Or, à en croire Socrate, Grégoire de Nazianze avait déjà pris la décision d'abdiquer avant la convocation. Sozomène le corrige sur ce point et situe la décision de Grégoire pendant le concile[335]. Les autres sources ne font pas état d'un séjour de Mélèce dans la capitale avant la convocation[336], à l'exception de Théodoret, qui pourrait s'être inspiré de Socrate et de Sozomène[337]. Ajoutons que les deux historiens ignorent que Mélèce d'Antioche mourut pendant le concile et qu'ils situent son décès plus tard[338].

Les particularités ne s'arrêtent pas au cadre et à l'interprétation du concile. Socrate et Sozomène rapportent après le concile de 381 les débats échangés lors d'un second synode, qu'ils situent en 383, également à

---

[331] Socr. 5.8.2; Soz. 7.7.2.

[332] Mansi 3.557c-560a. Selon A.M. Ritter, *Das Konzil*, p. 253-270, Grégoire de Nazianze, *De vita sua* 1703-1796 contiendrait des allusions aux négociations avec les macédoniens, une idée qui est réfutée par C. Jungck, *Gregor*, p. 220-221.

[333] Cf. A. M. Ritter, *Das Konzil*, p. 68-84.

[334] Socr. 5.8.4; Soz. 7.7.3. A.M. Ritter, *Das Konzil*, p. 35 n. 4 doute que Mélèce soit déjà à Constantinople avant le concile.

[335] Socr. 5.8.11; Soz. 7.7.6-9.

[336] Voir notamment le témoin oculaire Grégoire de Nazianze, *De vita sua* 1510-1522.

[337] Théodoret, *HE* 5.8.1-3.

[338] Socr. 5.9.3; Soz. 7.10.5, qui a omis le décès de Mélèce, mais mentionne le transfert de son corps à Antioche après le concile.

Constantinople. Celui-ci a le même but que le précédent, c'est-à-dire rétablir l'unité de l'Église en convainquant les hérétiques de leur tort. Cette fois, seuls le chef des novatiens, Agélios, celui des homéens, Démophile, et celui des eunomiens, Eunome, y assistent, tout comme Éleusios qui représente les macédoniens[339].

Les deux auteurs sont les seuls à faire état de ce «concile». Certes, on allègue parfois que deux lettres de Grégoire de Nazianze y renvoient, mais c'est peu probable.

Dans l'épître 173, l'évêque de Nazianze parle d'un «synode d'évêques» convoqué pour des raisons qui lui restent inconnues. Il en appelle au préfet de l'Orient Postumianus pour «pacifier l'Église» et pour chasser les «fauteurs de trouble»[340]. Il nous semble difficile de voir en ce concile, convoqué sans doute pour juger des problèmes internes de l'Église orthodoxe[341], la réunion des différentes hérésies dont font état Socrate et Sozomène. Qui plus est, Grégoire semble assumer que de nombreux évêques orthodoxes assistaient à ce concile, tandis qu'en 383, seul Nectaire de Constantinople était présent. Certes, on peut supposer que la source de Socrate et Sozomène a radicalement réinterprété les événements, mais il vaut sans doute mieux accepter que Grégoire parle d'un autre concile.

On a également proposé de lier au concile la lettre 202 de Grégoire, adressée à Nectaire. L'évêque de Nazianze y focalise l'attention sur le danger que posent les apollinaristes. On y a vu une monition envers Nectaire qui ne les avait pas invités au synode de 383[342]. La lettre ne contient pourtant aucune référence à un concile quelconque mais, par contre, elle se plaint en termes généraux de la liberté accordée aux hérétiques, et en particulier de celle donnée aux partisans d'Apollinaire. Rien ne permet donc de la lier au concile de 383.

Nous avons donc affaire à une version très particulière du concile de 381 et à un récit unique de celui de 383. Dans les pages suivantes, nous décortiquerons les récits de Socrate et de Sozomène, avec comme double but de mettre à nu les différentes traditions qui s'y rencontrent et d'établir la relation entre la version de Socrate et celle de Sozomène.

---

[339] Socr. 5.8.2, 5.10.7; Soz. 7.7.2, 7.12.2. Il faut sans doute comparer le «concile» de 383 à la réunion entre «manichéens» et «apollinaristes», organisée et présidée par Nestorius au début de son épiscopat (Nestorius, *Livre d'Héraclide* p. 151 trad. p. 91).

[340] Grégoire de Nazianze, *Epistulae* 173.6: ἐπειδὴ πάλιν σύνοδος ἐπισκόπων, οὐκ οἶδα δι᾽ ὅ τι καὶ ὅπως συναγομένων. Cf. P. GALLAY, *Gregor von Nazianz*, p. xxxii.

[341] Cf. Grégoire de Nazianze, *Epistulae* 173.6: ὡς ἐπὶ σοῦ καὶ διὰ σοῦ εἰρηνεύεσθαι τὰς Ἐκκλησίας, κἂν δέῃ σφοδρότερον ἐπιτιμῆσαι τοῖς στασιάζουσιν.

[342] N.B. McLYNN, *The Voice*, p. 306-307; M. WALLRAFF, *Il Sinodo*, p. 271-273.

4.2 Le concile de 381

En deux chapitres, séparés par le récit du rapatriement des reliques de
Paul de Constantinople et celui de la mort de Mélèce d'Antioche[343], Socrate
résume le déroulement des deux conciles de Constantinople convoqués par
Théodose I en 381 et 383[344]. À côté des particularités que nous venons
d'inventorier, deux éléments en démontrent l'origine commune. Premièrement, on peut remarquer que les dates des synodes diffèrent des autres dans
le livre. Alors que Socrate donne d'habitude le jour, le mois et l'année
consulaire, il ignore le jour des synodes, qui sont situés respectivement en
mai 381 en juin 383[345]. Deuxièmement, après la fin du récit à propos des
conciles, Socrate remarque: «À la même époque, quand à Constantinople
avaient lieu les événements à propos des synodes, ceci arrivait en Occident»[346]. L'expression τὰ τῶν συνόδων souligne que les paragraphes précédents constituent une unité et rend leur origine commune plausible.

Sozomène suit de près la version de son prédécesseur, en dehors de deux
longs passages sur l'élection et l'éducation de Nectaire, qu'il a puisés dans
une source indépendante parce que Socrate ignore tout à cet égard[347]. Égale-
lement à partir d'elle, sans doute, il corrige l'idée de Socrate que Grégoire
de Nazianze avait déjà décidé d'abdiquer avant le concile de 381[348].

Trois différences supplémentaires avec Socrate sont à observer:

Primo: dans la liste de participants, Sozomène ajoute Diodore de Tarse
et Acace de Bérée par rapport à Socrate[349].

Secundo: à propos des décisions du concile de 381, la disposition de
Sozomène est plus claire et plus exacte que celle de Socrate. Sozomène
copie les quatre canons, qui à l'époque constituaient un texte continu[350],
alors que Socrate les résume très brièvement et omet la troisième décision à propos de Maximus.

Tertio: une différence importante entre Socrate et Sozomène concerne
Codex Theodosianus 16.1.3 de juillet 381, un décret cité par les deux historiens. Cette loi spécifie les répercussions des décisions de Constantinople

---

[343] Socr. 5.9.
[344] Socr. 5.8, 5.10.
[345] Socr. 5.8.6, 5.10.6.
[346] Socr. 5.11.1: ὑπὸ δὲ τοὺς αὐτοὺς χρόνους, καθ' οὓς ἐν Κωνσταντινουπόλει τὰ
τῶν συνόδων ἐγίνετο, τάδε περὶ τὰ ἑσπέρια μέρη ἐγένετο.
[347] Soz. 7.8, 7.10.1-3.
[348] Socr. 5.7.2; Soz. 7.7.6.
[349] Sur les participants, voir N.Q. King, *The 150 Holy Fathers*; A. M. Ritter, *Das
Konzil*, p. 38, 98-101.
[350] Cf. E. Chrysos, *Die Akten*; Id., *Konzilsakten*; A. Ohme, *Kanon*, p. 521-525.

pour la province d'Asie, en donnant une liste des sièges avec lesquels les évêques de la province doivent être en communion afin de pouvoir garder leurs églises. La loi vise ainsi à séparer les hérétiques des orthodoxes et à enlever aux premiers leurs églises. Pourtant, Sozomène partage avec Socrate l'idée que la décision vaut dans l'ensemble de l'Empire, et oublie que c'est une loi adressée uniquement au proconsul d'Asie. Les différences entre les deux historiens se situent dans la présentation des stipulations du décret.

En omettant qu'il s'agit d'un décret impérial, Socrate les a intégrées dans son résumé des canons, en interprétant la loi comme étant une précision du deuxième canon. Selon lui, des «patriarcats» furent installés, c'est-à-dire des divisions ecclésiastiques qui équivalaient aux diocèses civils. Ainsi, on avait délimité, comme à Nicée, les compétences juridiques des évêques, tout en y ajoutant un niveau supérieur: tandis que Nicée ne connaisait que des provinces, Constantinople parlait de diocèses. Le canon ne nomme pas d'évêques qui dirigeraient chaque diocèse. Socrate, pourtant, emprunte les noms de *Codex Theodosianus* 16.1.3 afin d'en faire les premiers en rang dans chaque diocèse. C'est une interprétation qui ne fait pas droit aux stipulations de la loi, et Socrate doit par conséquent y changer quelques détails. Il attribue la Thrace à Nectaire de Constantinople et il omet Martyrius de Marcianoupolis et Térence de Tomi auxquels la loi attribuait la Thrace et la Scythie[351], la Scythie ne constituant en effet pas un diocèse. Les causes de l'interprétation curieuse de Socrate nous restent inconnues. Peut-être reflète-t-elle des informations supplémentaires dont l'historien a eu connaissance, car il semble que par diocèse certains évêques avaient en effet reçu une certaine prééminence au concile de Constantinople[352]. Il se pourrait également que Socrate veut simplement apporter une preuve juridique du fait que la province ecclésiastique de Thrace ressortit sous le siège de Constantinople; c'est à son époque, en effet, que la Thrace tombe dans la sphère d'influence constantinopolitaine[353]. Signalons à cet égard que ce n'est pas l'unique fois que Socrate change le sens d'une loi afin de défendre son point de vue; on en rencontra immédiatement un second exemple[354].

---

[351] Socr. 5.8.14-15. Sur la base de la traduction arménienne, il faut lire πατριαρχίας au lieu de πατριάρχας (Socr. 5.8.14 p. 280 l. 21, G.C. Hansen, communication du 5 novembre 2000). Cette correction élimine le titre anachronique de «patriarche» du texte de Socrate.

[352] Cf. Grégoire de Nysse, *Epistulae* 1.31; Théodoret, *Epistulae* 86; la lettre de Théodose II de 447 à Étienne d'Ephèse (citées par E. SCHWARTZ, *Zur Geschichte der alten Kirche*, p. 166-167). Voir aussi Soz. 7.9.7.

[353] G. DAGRON, *Naissance*, p. 472-473.

[354] Voir le paragraphe suivant, p. 384-386, et aussi ci-dessus p. 42.

Sozomène, quant à lui, copie la loi avec exactitude (sauf du fait qu'il omet pour des raisons inconnues Optime d'Antioche en Pisidie) et n'accepte pas l'interprétation de Socrate. Il sait qu'il s'agit d'une loi impériale, qui désigne les évêques avec lesquels il fallait être en communion afin d'être orthodoxe[355]. Comme nous venons de voir, ce n'est pas tout-à-fait exact, car la loi règle une situation spécifique en la province d'Asie; en tout cas, c'est plus correct que ce qu'en a fait Socrate.

À part les deux passages supplémentaires à propos de la vie de Nectaire, le récit de Sozomène se rapproche beaucoup de celui de Socrate. Il lie notamment, tout comme celui-là, *Codex Theodosianus* 16.1.3 au concile. En même temps, Sozomène corrige la présentation de son prédécesseur en y ajoutant également plusieurs détails. Cela suggère que Sozomène a eu recours à la même source que Socrate, à laquelle il puise indépendamment, un procédé que nous rencontrons souvent dans son histoire[356]. La comparaison des deux récits avec celui concernant le concile de 383 confirmera cette conclusion.

4.3 LE CONCILE DE 383

Socrate et Sozomène sont les seuls à faire état du concile de juin 383. Sozomène reste relativement fidèle à la version de Socrate, en copiant même la longue histoire sur l'évêque novatien Sisinnios et son influence sur le synode, un récit que Socrate a probablement trouvé dans une source novatienne et qu'il a combiné avec sa source sur les deux conciles[357].

Les deux historiens disposaient du même genre de données qu'à propos du synode de 381. Les évêques participants sont nommés, c'est-à-dire les chefs de file des nicéens, novatiens, eunomiens et homéens[358]. Ils soumettent tous une profession de foi à Théodose I, qui, lui, n'accepte que celles qui sont orthodoxes, c'est-à-dire celles des nicéens et des novatiens[359].

Ensuite, Socrate et Sozomène font à nouveau état d'une constitution de Théodose. Avec *Codex Theodosianus* 16.5.12, l'empereur interdit aux hérétiques de se réunir et d'enseigner leur foi. Il est surprenant que les

[355] Soz. 7.9.6. Voir J. HEFELE — H. LECLERCQ, *Histoire*, Vol. 2.1, p. 41; A.M. RITTER, *Das Konzil*, p. 91 n. 1; G. DAGRON, *Naissance*, p. 456-458.
[356] Cf. notamment en ce qui concerne l'usage de Sabinos: W.-D. HAUSCHILD, *Die antinizänische Synodalsammlung*, p. 113 et ci-dessous Appendice IV.
[357] Socr. 5.10.8-23; Soz. 7.12.3-7. Cf. *Regestes de Constantinople* no. 7; M. WALLRAFF, *Il Sinodo*, p. 273-274; R. LIM, *Public Disputation*, p. 201-203.
[358] Socr. 5.10.24; Soz. 7.12.9.
[359] Socr. 5.10.21; Soz. 7.12.8.

historiens considèrent cette loi comme l'exécution des décisions du concile de 383. Elle date du 3 décembre 383, tandis que le concile avait eu lieu en juin de cette même année. Qui plus est, *Codex Theodosianus* 16.5.11, datant du 25 juillet 383, contient des mesures anti-hérétiques identiques à celle de *Codex Theodosianus* 16.5.12. On ne voit pas pourquoi cette constitution, d'une date plus proche du concile, n'aurait pas été interprétée comme la mise en œuvre des décisions conciliaires.

C'est au sujet de l'interprétation de la loi que divergent les auteurs. Socrate en fournit une lecture très particulière. Tandis que la constitution ne dit rien sur les novatiens, l'historien prétend que les novatiens, dont la foi est jugée orthodoxe par l'empereur, gardent le droit de se réunir dans des églises situées en ville. Ainsi, il transforme le silence de la constitution à propos des novatiens (ils ne sont pas mis hors la loi) en une affirmation positive (ils obtiennent le droit de rester dans la ville). Socrate ne dit rien des mesures prises contre les hérétiques, ce qui était pourtant le sujet principal de la constitution. Nous avons vu que Socrate veut démontrer avec cette interprétation particulière que les novatiens avaient le droit de rester dans la cité[360]. Sozomène, quant à lui, restitue la portée générale de la loi et précise qu'elle ordonne de chasser de la cité tous ceux qui ont été jugés comme hérétiques[361]. Il ne dit rien concernant les novatiens. Après le cas de *Codex Theodosianus* 16.1.3, c'est la seconde fois dans les passages en question que se produit ce procédé, Socrate brouillant sa source et Sozomène restituant l'information exacte.

Le procédé se répète une dernière fois, à propos du schisme antiochien. Tout à la fin de son récit sur les deux conciles, Socrate nous dit: «Mais les partisans du *homoousios* n'étaient pas entièrement libérés des malheurs. Car la question antiochienne divisait les participants au synode. Les Égyptiens, Arabes et Chypriotes collaboraient avec Paulin à chasser Flavien, alors que les Palestiniens, Phéniciens et Syriens supportaient Flavien»[362]. Il est surprenant de lire cette remarque après la fin du synode de 383, car le singulier («les participants *au synode*») et les provinces nommées montrent clairement qu'il s'agit de la question antiochienne discutée au concile de 381. En 383, il n'y avait que les hérésiarques

---

[360] Voir ci-dessus p. 42.
[361] Socr. 5.10.28; Soz. 7.12.11.
[362] Socr. 5.10.31-33: ἀλλὰ μὴν οὐδὲ οἱ τῆς ὁμοουσίου πίστεως τῶν λυπηρῶν τελέως ἦσαν ἐλεύθεροι· τὰ γὰρ κατὰ Ἀντιόχειαν τοὺς τῇ συνόδῳ παρόντας διέκρινεν. Αἰγύπτιοι μὲν γὰρ καὶ οἱ ἐξ Ἀραβίας καὶ Κύπρου Παυλίνῳ συμπράττοντες τὸν Φλαβιανὸν ἐξωθεῖσθαι τῆς Ἀντιοχείας ἔλεγον, οἱ δὲ ἐκ Παλαιστίνης Φοινίκης τε καὶ Συρίας ὑπὲρ Φλαβιανοῦ συνειστήκεισαν.

locaux comme invités. Sozomène corrige à nouveau Socrate. Il situe la discussion de la question antiochienne correctement dans la suite du concile de 381 et précise le texte de Socrate en ajoutant que les Arméniens, Cappadociens, Galates et habitants du Pont soutenaient également Flavien. Il y joint encore deux informations supplémentaires. Damase de Rome excommuniait Diodore de Tarse et Acace de Bérée pour avoir ordonné Flavien, et les évêques occidentaux et l'empereur Gratien invitaient les orientaux en Occident afin de juger le différend, une allusion au concile de Rome de 382[363]. Puisque la première moitié de son texte constitue un parallèle avec celui de Socrate, ces additions-ci peuvent, elles aussi, provenir de la source commune.

Il est donc peu probable que Sozomène ait corrigé et suppléé Socrate à partir d'une autre source[364] car il ne fournit pas des données vraiment différentes, sauf celles concernant l'élection de Nectaire[365], et ne fait que corriger la présentation chaotique et inexacte de Socrate. À l'exception des passages concernant l'élection de Nectaire et peut-être de ceux sur le concile de Rome de 382, Sozomène a donc indépendamment puisé dans la même source que Socrate.

4.4 Le contenu et le caractère de la source commune

Une source commune est sous-jacente aux récits de Socrate et de Sozomène concernant les deux conciles constantinopolitains. Elle livre pareilles informations pour les deux synodes, comme une convocation impériale, la date contenant seulement le mois et l'année consulaire, les participants ou au moins une sélection de noms, les décisions du concile, et enfin une loi impériale qui les entérine. À propos du premier concile, la source semble aussi traiter du schisme antiochien et de ses liens internationaux. Elle affirme que le but des deux conciles était le rétablissement de l'unité dans l'Église en encourageant les hérésies à accepter la foi de Nicée.

Sa tendance est claire. Interprétant les synodes comme un élément de la politique impériale, elle attribue à Théodose I leur convocation et l'exécution de leurs décisions. Le but, rétablir l'orthodoxie, n'est pourtant pas

---

[363] Soz. 7.11. Sur le concile de 382, voir Jérôme, *Epistulae* 108.6; Théodoret, *HE* 5.9. Cf. J. Hefele — H. Leclercq, *Histoire*, Vol. 2.1, p. 53-63; C. Pietri, *Les dernières résistances*, p. 393-394.

[364] C'est l'idée d'A. M. Ritter, *Das Konzil*, p. 78 n. 2; R.M. Errington, *Christian Accounts*, p. 419-421; N.B. McLynn, *The Voice*, p. 273; M. Wallraff, *Il Sinodo*, p. 275.

[365] Soz. 7.7.6-7.8.8, 7.10.1-3.

atteint par la force en premier lieu. Théodose veut avant tout persuader les hérétiques et non pas les contraindre. Ce n'est pas en 381, mais après le second essai de 383, que tous les hérétiques seront chassés des villes.

L'insistance sur la persuasion peut être historique. Grégoire de Nazianze attribue par exemple la même attitude à Théodose I[366]. Pourtant, n'oublions pas que la persuasion est une qualité topique des dirigeants, surtout à l'époque chrétienne[367]. Qui plus est, les sources ariennes insistent sur la force utilisée par l'empereur[368], ce qui semble confirmé par le fait que, selon Grégoire de Nazianze, les ariens de Constantinople s'élevaient contre la perte injuste de leurs églises[369]. Dans ce cas-là, la source de Socrate et de Sozomène a donné une image expressément favorable de Théodose I.

Sa perspective semble aussi à d'autres égards s'éloigner de la réalité historique. L'insistance sur la politique impériale éclipse toutes les autres questions discutées en 381, comme l'élection d'un nouvel évêque, les tensions avec l'Église égyptienne et le schisme d'Antioche. Des déformations historiques soutiennent l'interprétation. Grégoire aurait démissionné avant le concile, alors que Mélèce d'Antioche serait mort après. Le concile de 381 est même interprété de façon restreinte, en prétendant qu'il se serait agi en premier lieu du rétablissement de la communion avec les macédoniens. Ce dernier fait est en soi déjà douteux et n'est pas confirmé par les sources contemporaines; ce ne seront que des sources tardives qui insistent sur cet aspect[370].

Puisque Socrate et Sozomène sont les seuls auteurs qui traitent du concile de 383, il est difficile de juger si celui-ci s'est déroulé comme ils le décrivent, ou même, s'il a bel et bien eu lieu. En refuser l'authenticité va sans doute trop loin, mais il faut se rendre compte que la présentation des deux historiens n'est assurément pas objective et qu'elle fait la part belle au rôle de l'empereur[371].

La source interprète aussi de façon spécifique les lois impériales qu'elle citait. Elle les considérait comme l'exécution des décisions conciliaires,

[366] Grégoire de Nazianze, *De vita sua* 1282-1294, 1304.

[367] Cf. R.M. ERRINGTON, *Church and State*, p. 40 n. 97; P. VAN NUFFELEN, *The Unstained Rule*.

[368] Philostorge, *HE* 9.19; *Chronique pascale* p. 561.6-9 (a. 379), qui se base sur un écrit de tendance arienne.

[369] Grégoire de Nazianze, *De vita sua* 1314-1317. Voir A. LIPPOLD, art. *Theodosius I*, col. 957.

[370] Cf. A.M. RITTER, *Das Konzil*, p. 53-68, 105-111.

[371] Il est donc, à notre avis, dangereux de vouloir tirer du récit de Socrate et de Sozomène des conclusions en ce qui concerne les relations réelles entre Théodose I et Nectaire de Constantinople, comme le fait Claudia TIERSCH, *Johannes Chrysostomos*, p. 29-30, 124.

alors que *Codex Theodosianus* 16.1.3 est une stipulation spécifique pour le proconsul d'Asie, et que *Codex Theodosianus* 16.5.12 date d'une demie année d'après le second synode et était précédé d'une pareille constitution. Dans le premier cas, le lien avec le concile est réel, mais surinterprété. Dans le second, il nous semble fictif.

L'empereur au centre, l'attention topique pour la persuasion, la déformation de la réalité, tous ces éléments suggèrent que nous avons affaire à une belle pièce de propagande, visant à montrer comment Théodose I soutient l'Église orthodoxe. Nous ne devons donc pas chercher son origine dans une tradition locale quelconque[372]: il s'agit d'un document composé avec soin afin de souligner la collaboration harmonieuse entre l'empereur et les évêques, sans toutefois oublier d'attribuer le rôle principal à l'empereur. L'origine en est sans doute constantinopolitaine, ce qui peut expliquer à la fois le fait qu'uniquement Socrate et Sozomène, travaillant dans la capitale, la connaissent et l'insistance sur les macédoniens, forts dans l'Hellespont et en Thrace. Mais préciser encore plus le *Sitz im Leben* de cette pièce remarquable est pratiquement impossible.

4.5 BILAN

Socrate et Sozomène s'isolent des autres sources par leur récit des synodes de 381 et 383. Ils y accordent une signification particulière, le rétablissement de l'orthodoxie, et ils disposent de données particulières. Leur source était composée afin de mettre en évidence le soin que Théodose I apportait à l'orthodoxie. On sent intrinsèquement un relent de propagande dans ce récit impérial sur les conciles de 381 et 383.

La tendance de ce récit s'accorde bien avec l'image que donne Socrate de Théodose I dans le cinquième livre, une image qui tend à la béatification. Il omet par exemple la pénitence imposée à l'empereur par Ambroise pour le massacre à Thessalonique (390), bien que Rufin en fasse état[373]. On y retrouve d'ailleurs des épisodes quasiment hagiographiques, comme les mesures que l'empereur prenait à Rome contre l'asservissement illégal et contre la prostitution[374]. Sozomène, quant à lui, ne

---

[372] C'était l'idée de F. GEPPERT, *Die Quellen*, p. 127-128; A. M. RITTER, *Das Konzil*, p. 78 n. 2. Ils considèrent Sabinos comme une autre possibilité, ce qui est impossible, voir W.D. HAUSCHILD, *Die antinizänische Synodalsammlung*, p. 125-126.

[373] Rufin, *HE* 11.18.

[374] Socr. 5.18. Voir aussi 5.20 où Socrate dit explicitement que Théodose n'a pas persécuté les hérétiques. Sur l'image de Théodose I chez Socrate, voir H. LEPPIN, *Von Constantin*, p. 108-110. À part le récit sur les conciles de 381 et 383, Socrate peut avoir

partage pas cette tendance; il mentionne, par exemple, le bain de sang de Thessalonique[375]. Tout en utilisant la même source que Socrate, il semble moins prêt à prôner la béatification de Théodose I.

5. Les juifs

Impietatis amentia, ainsi caractérise une loi de Théodose II le judaïsme au début de l'année 425. L'expression, tout en étant traditionnelle, servait de justification à la réduction des privilèges et des libertés accordés aux juifs[376]. En effet, dans les années 410-420, on a constaté un durcissement de l'attitude impériale, et ce à la fois en Occident et en Orient. En 415, le patriarche Gamaliel, vivant à Jérusalem, perd sa préfecture honoraire et son rôle d'arbitre dans les cas civils où un non-juif est impliqué est aboli. L'empereur interdit en même temps la construction de nouvelles synagogues et ordonne la fermeture de celles qui seraient situées dans des régions désertées[377]. Trois ans plus tard, l'accès aux *militiae* civil et militaire est barré aux juifs[378]. Enfin, en 429, à la mort du dernier patriarche, l'empereur transforme l'*apostolé*, l'argent rassemblé annuellement par les juifs de la diaspora afin de financer le patriarcat, en une taxe qui doit être versée dans les caisses impériales[379]. Certes, l'observation du sabbat et les synagogues restent protégées par la loi, mais les décisions précédentes étaient sans aucun doute des coups durs pour la communauté juive[380]. La perte de certains droits et privilèges ne signifie pas pour autant que le marasme caractérisait toutes les communautés juives: celle d'Aphrodisias, par exemple, semble être restée très florissante[381].

---

eu accès à une source unique concernant Théodose I (cf. Socr. 5.12.9-11, 5.18, peut-être aussi 5.14, 5.25 et 5.26).

[375] Soz. 7.25.1-7.

[376] *Codex Theodosianus* 15.5.5 (1/2/425). Sur le vocabulaire qu'on trouve dans les lois, voir A. LINDER, *Roman Imperial Legislation*, p. 59-61.

[377] *Codex Theodosianus* 16.8.22 (20/10/415). J. ROUGÉ, *Les débuts* et G.C. HAAS, *Alexandria*, p. 303, proposent d'y voir la réaction impériale aux émeutes juives à Alexandrie (Socr. 7.13). C'est peu probable: la constitution justifie les mesures contre Gamaliel uniquement par les violations de la loi commises par le patriarche lui-même.

[378] *Codex Theodosianus* 16.8.24 (10/5/418). Cf. *Constitutiones Sirmondianae* 6 (9/7/425).

[379] *Codex Theodosianus* 16.8.29 (30/5/429).

[380] *Codex Theodosianus* 2.8.26 = 8.8.8 = 16.8.20 (26/7/412); *Codex Theodosianus* 16.8.21 (6/8/412); *Codex Theodosianus* 16.8.25 (15/2/423); *Codex Theodosianus* 16.8.27 (8/6/423); *Novellae Theodosii* 3 (31/1/438).

[381] Cf. A. LINDER, *Roman Imperial Legislation*, p. 75-78; A. CHANIOTIS, *The Jews*, p. 232; F. MILLAR, *Christian Emperors*.

La politique théodosienne constitue l'arrière-fond sur lequel il faut situer l'attitude, que nous étudierons dans les pages suivantes, de Socrate et Sozomène envers les juifs. Nous verrons que Sozomène épouse une perspective théologique — les juifs comme peuple dépassé — alors que Socrate nous livre un aperçu des clichés qui circulaient à son époque au sujet des juifs. Débutons par Sozomène, car sa perspective est plus habituelle que celle de son prédécesseur[382].

5.1 SOZOMÈNE

L'attitude de Sozomène envers les juifs repose sur la théorie des trois peuples. Les juifs sont, comme les païens, dépassés par le troisième peuple, c'est-à-dire par les chrétiens. Pas à pas, les païens, plus rapidement que les juifs, se convertissent. Cette conversion lente est source d'une longue réflexion sur les juifs au début de l'introduction à l'*Histoire ecclésiastique*. Il est incompréhensible pour Sozomène que les juifs n'aient pas reconnu Jésus comme le Messie et qu'ils ne se soient pas tous convertis au christianisme, si ce n'est que par un mélange de dérèglement de l'esprit et d'impiété. Un tel anti-judaïsme théologique est habituel pour l'époque, comme nous l'avons déjà dit dans le second chapitre[383].

À partir du constat selon lequel les juifs tardent à accepter le christianisme, Sozomène leur attribue une méchanceté invétérée, en particulier envers les chrétiens. Avec les mages, les juifs, «les ennemis naturels de la religion chrétienne, mus par méchanceté» causèrent la persécution du roi Sapor contre les chrétiens de la Perse (344-345). L'historien nous explique ensuite que la mort de Syméon et de sa sœur Tarboula fut due à leurs calomnies. Il faut pourtant signaler que cette remarque se trouve également dans la source de Sozomène, les actes syriaques des martyrs perses[384].

L'alliance anti-chrétienne entre païens et juifs se reproduisit sous le règne de Julien, qui haïssait les chrétiens et «favorisait les Juifs»[385]. Leur «haine intransigeante» des chrétiens les fit collaborer à la reconstruction

---

[382] Les opinions de nos deux auteurs sont rapidement survolées dans H. SCHRECKEN-BERG, *Die christlichen Adversus-Judaeos-Texte*, p. 376-377 et A. KÜLZER, *Disputationes*, p. 49-53.

[383] Soz. 1.1.1-11. Cf. ci-dessus p. 142.

[384] Soz. 2.9.1 (ἐλύπει δὲ καὶ Ἰουδαίους, τρόπον τινὰ φύσει ὑπὸ βασκανίας πρὸς τὸ δόγμα τῶν Χριστιανῶν ἐκπεπολεμωμένους), 2.9.3, 2.12.2: cf. *Actes des martyrs perses*: *Actes de Tarbô* BHO 1149.1 p. 89.

[385] Soz. 5.22.1: Ὁ δὲ βασιλεὺς εἰ καὶ Χριστιανοὺς ἐμίσει καὶ χαλεπῶς πρὸς αὐτοὺς εἶχεν, ἀλλ' οὖν Ἰουδαίοις εὔνους ἦν καὶ πρᾶος (...).

du temple de Jérusalem. L'entreprise, qui visait à démontrer la fausseté des paroles du Christ et à restaurer le culte juif, échoua par l'intervention divine quand un tremblement de terre interrompit les travaux. Nonobstant les nombreuses victimes, les juifs reprirent le travail. Ensuite, un feu divin et des croix apparues de façon miraculeuse sur les vêtements furent nécessaires pour que les juifs comprennent que le Dieu chrétien empêchait la reconstruction du temple. Sous le coup de ce triple miracle, de nombreux juifs optaient finalement pour la conversion[386].

Ce n'est pas un hasard si les juifs jouent un rôle majeur lors des deux persécutions que Sozomène raconte dans son histoire. À l'époque, l'idée d'une alliance entre juifs et païens était fermement enracinée dans les esprits comme étant le pire des dangers qui guettaient les chrétiens[387].

Pourtant, l'attitude de Sozomène envers les juifs a encore un autre versant. La condamnation explicite des juifs est contrebalancée par un intérêt sincère. L'historien connaît, par exemple, la vénération des juifs pour le chêne de Mambré[388] et il discute l'origine juive des arabes et leurs habitudes judaïsantes[389].

Son traitement de la *Légende de Judas Cyriacus* peut illustrer cette attitude relativement neutre. Selon cette légende, l'impératrice Hélène fit convoquer les juifs à son arrivée dans la cité de Jérusalem. Dans un discours, elle exigea qu'on lui révèle où était cachée la croix de la passion du Christ. Le juif Judas, dont la famille avait toujours cru en Jésus mais n'avait pas osé le confesser publiquement par crainte des chefs juifs, conduisit Hélène à Golgotha où une odeur d'encens indiquait l'endroit. Parmi les trois croix trouvées, celle de Jésus fut identifiée par la résurrection d'un mort. Peu après, Judas découvrit aussi les clous de la passion[390].

Sozomène connaît cette légende mais la réfute explicitement. «Selon certains, c'est parce qu'un Juif des régions orientales révéla le lieu, d'après un écrit qu'il tenait de ses pères, mais, comme il est permis de le penser plus justement, c'est parce que Dieu le montra par des miracles et des

---

[386] Soz. 5.22, cf. 5.22.2: ὅτι μίσους ἀσπόνδως πρὸς αὐτοὺς [τοὺς Χριστιανοὺς] εἶχον οἱ Ἰουδαῖοι. D'autres tentatives juives de reconstruire le temple sont rapportées par Anastase le Sinaïte, *Diegemata steriktika* C3; Pseudo-Sébéos 43 p. 139-140.

[387] Par exemple Théodoret, *HE* 4.21.1; Jean d'Éphèse, *HE* 2.29 p. 69.27 (païens et samaritains); S. GRÉBAUT, *Histoire de l'apostasie*: cf. M. SIMON, *Verus Israel*, p. 144-155. Une variante est l'alliance juifs-hérétiques, cf. L. VAN ROMPAY, *A Letter*.

[388] Soz. 2.4.3.

[389] Soz. 6.38.10-13. Voir aussi Soz. 6.30.5; Philostorge, *HE* 3.4; Jean Diacrinomène = *Epitome* 559.

[390] Sur la légende, voir en dernier lieu H.J.W DRIJVERS — J.W. DRIJVERS, *The Finding of the True Cross*, p. 1-20.

songes. Car, à mon avis, les choses divines n'ont besoin d'aucune indication de la part des hommes, toutes les fois que Dieu lui-même a décidé
de les manifester»[391]. La méfiance de l'historien ne découle pas du fait
que ce soit un juif qui retrouve la Croix. C'est le rôle humain qui l'agace,
car Sozomène est convaincu qu'un événement si important ne pouvait
avoir lieu sans l'intervention divine. Par conséquent, il préfère la version
traditionnelle des événements qu'il trouve chez ses prédécesseurs[392].

L'attitude de Sozomène envers les juifs se compose donc de trois éléments. Premièrement, il s'agit de la dépréciation théologique du judaïsme
en tant que peuple incrédule et dépassé par l'incarnation; en deuxième
lieu, Sozomène affirme de façon traditionnelle leur haine du christianisme, qui peut s'exprimer dans la persécution des chrétiens; enfin, son
Histoire ecclésiastique montre un intérêt relativement neutre pour leur
histoire et leurs coutumes.

5.2 SOCRATE

Malgré quelques remarques occasionnelles sur l'abolition de la loi
mosaïque par le Christ et sur le fait que Dieu a abandonné les juifs[393], il
manque chez Socrate une opinion théologique clairement exposée. En
revanche, l'historien nous livre de nombreuses anecdotes sur les juifs, et
ce en particulier dans le dernier livre. Celles-ci constituent un bel échantillon des clichés circulant à l'époque[394], nous permettant de saisir
quelques traits de l'image qu'on avait des juifs à Constantinople pendant
le cinquième siècle. Nous les analyserons une à une comme suit.

5.2.1 La guérison du juif paralysé

Tout au début du septième livre, Socrate raconte la guérison d'un juif
paralysé depuis de longues années[395]. Ayant essayé toute sorte de

---

[391] Soz. 2.1.4.
[392] Eusèbe, *Vita Constantini* 3.21-28; Rufin, *HE* 10.7; Socr. 1.17.
[393] Socr. 1.17.2, 5.22.2-3, 5.22.72-80. Les remarques dans le chapitre 5.22 servent la
polémique contre les Sabbatiens.
[394] On trouve un inventaire des textes chrétiens contre les juifs dans H. SCHRECKENBERG,
Die christlichen Adversus-Judaeos-Texte. Voir A. KÜLZER, *Disputationes* pour les *disputationes* byzantines.
[395] Socr. 7.4.

médecine et toute prière juive[396], il se tourna vers le baptême chrétien, «croyant que seul celui-là pût servir comme véritable remède» à sa maladie. Après une catéchèse, le juif fut baptisé et immédiatement guéri. «La puissance du Christ voulut montrer aux hommes cette guérison, même à notre époque. Grâce à elle, de nombreux païens crurent et furent baptisés. Les juifs, par contre, bien qu'ils exigent des signes, ne furent même pas attirés par les signes arrivés»[397].

Cette historiette a une tonalité biblique par sa référence à la *Première épître aux Corinthiens* (1.22) dans la phrase finale et par le parallélisme avec les guérisons de paralytiques dans les évangiles. Le thème, la guérison et conversion d'un juif malade, est d'ailleurs traditionnel[398].

La dernière phrase montre que Socrate adhère au modèle théologique traditionnel des juifs qui s'obstinent dans l'erreur. L'historien s'en est déjà servi dans son récit de la reconstruction du temple de Jérusalem en mai 363. Tout en l'ayant presque entièrement copié de Rufin, Socrate ajoute deux phrases qui soulignent l'obstination juive. Après le tremblement de terre et le feu céleste qui interrompirent les travaux naguère commencés, les juifs confessaient contre leur gré que Jésus était le fils de Dieu. Malgré cet aveu, «ils ne faisaient pas Sa volonté, mais restaient fidèles à la doctrine judaïque». Après le dernier miracle, des croix qui étaient apparues sur les vêtements des juifs, l'historien renvoie à un dicton de Paul selon lequel les juifs «avaient le cœur endurci, comme dit l'apôtre, et le bien qu'ils avaient dans la main, ils le jetèrent»[399]. Tout comme dans l'histoire du paralytique guéri par le baptême, les signes clairs de la vérité chrétienne ne suffisaient pas pour convertir les juifs. Même après avoir admis que Jésus était le Messie, ils s'obstinaient dans l'erreur.

---

[396] Sur le pouvoir curatif des juifs, voir Jean Chrysostome, *Adversus Judaeos* 8.6-8; *Vita Symeonis Iunioris* BHG 1689.208-209; Grégoire de Tours, *Historiae* 5.6. Cf. M. SIMON, *Verus Israel*, p. 415-416.

[397] Socr. 7.4.5: ταύτην τὴν θεραπείαν ἡ τοῦ Χριστοῦ δύναμις καὶ ἐπὶ τοῖς ἡμετέροις καιροῖς δεῖξαι τοῖς ἀνθρώποις ἠθέλησεν, δι' ἣν Ἕλληνες μὲν πολλοὶ πιστεύσαντες ἐβαπτίσθησαν· Ἰουδαίους δὲ καίπερ σημεῖα ζητοῦντας οὐδὲ τὰ γινόμενα προσηγάγετο.

[398] Socr. 7.13.7; *Vita Marcelli Acoemeti* BHG 1027z.19 (un samaritain); Vénance Fortunat, *Vita Germani* 64; Pseudo-Zacharie le Rhéteur, *HE* 3.6 p. 109-110; Pseudo-Denys, *Chronique* p. 142-143. Cf. D. BLUMENKRANZ, *Juden*, p. 424-429, 436-437; A. KÜLZER, *Disputationes*, p. 283-285.

[399] Socr. 3.20.13, 15; Rm 11.7, 2 Co 3.14. À ce sujet, voir M. SIMON, *Verus Israel*, p. 254-256.

5.2.2 L'expulsion des juifs d'Alexandrie en 414

La seconde historiette sur les juifs concerne leur expulsion d'Alexandrie en 414. Selon Socrate, le jour du Sabbat, les théâtres se remplissaient plus que les autres jours, car les juifs s'intéressaient plutôt aux spectacles qu'à l'accomplissement des devoirs de la loi juive. Le samedi était un jour dangereux pour l'ordre public; ainsi incités, les juifs s'affrontaient souvent à la populace. Un samedi, alors que le préfet Orestes publiait un édit dans le théâtre, des partisans de l'évêque Cyrille y assistaient également. Parmi eux figurait le grammairien Hiérax. Les juifs, l'ayant reconnu, crièrent qu'il n'était là que pour causer des émeutes. Orestes, rancunier envers les évêques d'Alexandrie, ordonna alors de torturer l'homme sur les lieux. En réaction, Cyrille menaça les juifs s'ils ne se tenaient pas cois. Ceux-là ourdissaient en retour un plan contre les chrétiens. La nuit, ils répandirent le bruit selon lequel l'église d'Alexandre était en feu. De nombreux chrétiens, sortis pour éteindre l'incendie, furent massacrés. En riposte, Cyrille et la populace s'en prirent violemment aux juifs, tuant les uns et pourchassant les autres. Sous la pression impériale, une réconciliation entre Orestes et Cyrille eut lieu. Au milieu de ce récit, Socrate mentionne un médecin juif appelé Adamantius, qui s'était enfui chez l'évêque de Constantinople, Atticus, et qui était retourné à Alexandrie après s'être converti au christianisme. C'est sans doute grâce à lui qu'il a obtenu son information[400].

Laissons de côté la reconstruction hasardeuse des motifs et du déroulement exact de l'expulsion[401] et focalisons-nous sur les caractéristiques attribuées aux juifs. Elles sont au nombre de trois.

D'abord, Socrate dépeint les juifs d'Alexandrie comme friands de théâtre, ce qui les rend irascibles. Le lien entre les juifs et le théâtre revient à d'autres endroits dans les sources chrétiennes. Jean Chrysostome décrit comment, lors des «festivités indécentes» du jour du Grand Pardon, les juifs rassemblent des chœurs et des femmes de mauvaise vie, amenant à la synagogue tout le théâtre et les gens de la scène[402]. Une loi de 425 ordonne aux juifs de respecter l'interdiction de visiter le théâtre et le cirque les jours de fêtes chrétiennes[403]. Apparemment, les juifs visitaient aussi le théâtre le dimanche. Ne prétendons pas que les juifs antiques avaient un penchant particulier pour le théâtre. Il nous semble

---

[400] Socr. 7.13. Cf. Jean de Nikiu, *Chronique* 84.87-103, qui suit Socrate.
[401] En dernier lieu J. ROUGÉ, *Les débuts*; ID., *La politica*; C.J. HAAS, *Alexandria*, p. 295-316.
[402] Jean Chrysostome, *Adversus Judaeos* 1.2, voir aussi 1.4.
[403] *Codex Theodosianus* 15.5.5 (1/2/425).

plutôt que l'esprit chrétien a lié deux maux, d'une part les juifs et d'autre part le théâtre, lieu de lascivité, de cérémonies païennes et d'émeutes[404].

On note ici une certaine discordance dans le récit de Socrate. Il insiste sur le fait que la folie des juifs pour le théâtre comme lieu d'amusement fut la cause de leur expulsion d'Alexandrie. Mais, comme il ressort de son propre exposé, ce ne fut pas pendant une représentation théâtrale que l'émeute commença mais pendant la proclamation publique d'un décret du préfet, proclamation qui se fit dans le théâtre. Rassembler le peuple au théâtre dans ce but n'était pas inhabituel[405], et Socrate lui-même semble suggérer que la *politeia* alexandrine (proclamation publique de décrets) s'y tenait d'habitude[406]. C'est pendant cette publication d'un édit que les juifs s'en prirent à Hiérax, et non pas pendant une représentation théâtrale. Il semble donc qu'un cliché a influencé le récit de Socrate.

En deuxième lieu, Socrate accuse les juifs de préférer les spectacles à la loi mosaïque. Le reproche est habituel. Des auteurs chrétiens remarquent souvent, par exemple, que les juifs ne respectent plus leur propre loi, car ils sacrifient en dehors de Jérusalem, le lieu unique où cet acte est permis[407].

Finalement, l'attaque contre les chrétiens démontre la méchanceté innée des juifs. Nous avons déjà vu à propos de Sozomène à quel point pesait sur les juifs le soupçon de vouloir nuire aux chrétiens, et on sait que des meurtres de chrétiens par des juifs ou des samaritains sont souvent enregistrés par les sources[408]. Leur réalité est évidement fort complexe à juger.

Malgré son regret, qui semble sincère, face à la destruction d'une communauté qui habitait Alexandrie depuis Alexandre le Grand[409], la présentation des juifs que nous offre Socrate n'est donc pas libre des stéréotypes de son temps.

---

[404] *Constitutiones apostolicae* 2.60.2, 2.62.1-2; *Vita Petri Iberi* 58. En général, cf. R.A. MARKUS, *The End*, p. 107-123.

[405] Sénèque le Rhéteur, *Controversiae* 9.4.19; Julien, *Epistulae* 176; Libanius, *Discours* 19.14. Cf. Jean Chrysostome, *Homiliae in Matthaeum* PG 57.285 (on annonce la victoire impériale dans le théâtre); Évagre le Scholastique, *HE* 2.5 (le peuple alexandrin se rassemble dans l'hippodrome pour demander une faveur au commandant militaire).

[406] Socr. 7.13.6.

[407] *Actes de Philéas*: *P.Bodm.* 20 col. 6.1; *Constitutiones apostolicae* 6.24.4; Jean Chrysostome, *Adversus Judaeos* 4.4, 7.1-2. Voir M. SIMON, *Verus Israel*, p. 203; E. BICKERMAN, *The Altars,* p. 344.

[408] ACO 1.4 (Collectio Casinensis 287) *Epistula Johannis* p. 210.21-22; Évagre le Scholastique, *HE* 4.36; R. GRIVEAU, *Histoire*, p. 104. Voir aussi Justin Martyr, *Dialogue* 16.4, 36.1-3; *Martyrium Polycarpi* BHG 1557.12; *Anonyma Valesiana II* 16.94; Jean d'Ephèse apud Pseudo-Denys, *Chronique* II p. 58; *Chronique pascale* a. 350 p. 535.14-536.14; Grégoire de Tours, *Historiae* 5.11.

[409] Socr. 7.13.16.

5.2.3 Le meurtre d'Immonmestar

Le troisième événement eut lieu, comme l'indique Socrate, peu après mars 415. «Les juifs, qui avaient de nouveau commis contre les chrétiens des actes insensés, en reçurent le châtiment»[410]. Dans le village Immonmestar, entre Chalcis et Antioche, les juifs se livraient à certains jeux, et sous l'emprise de l'alcool, ils se mirent à se moquer des chrétiens et du Christ. Ils attachèrent un enfant à une croix et le ridiculisèrent. Emportés par leur fureur, ils le maltraitèrent jusqu'à sa mort. Par la suite, une confrontation violente avec les habitants chrétiens en fut la conséquence. Le gouverneur fit rechercher les coupables pour les punir[411].

Cette histoire est souvent liée à la fête de Pourim[412]. Cette célébration juive commémore l'échec du projet de Haman, qui, selon le livre biblique d'Esther, voulut exterminer les juifs dans l'empire Perse. Le scélérat mourut pendu à un poteau. C'est pourquoi, pendant la fête, on faisait de même avec son effigie et qu'ensuite celle-ci était brûlée[413]. Mais, selon une interprétation du texte biblique, qui se trouve dans la Septante et la Vulgate mais aussi dans certains textes rabbiniques, il est question de la crucifixion de Haman[414].

Une constitution de Théodose II, promulguée en 408, interdisait cette dernière forme de la célébration parce qu'elle offensait les chrétiens[415]. Il ne semble pas que le fait de brûler une poupée sur un poteau ait été interdit; la loi stipule en effet que les juifs ne peuvent pas «mettre le feu à une sorte d'imitation de la Sainte Croix» et mêler ainsi «le symbole de notre foi à leurs réjouissances (*ne iocis suis fidei nostrae signum inmisceant*)». C'est l'usage d'une croix pour attacher la poupée qui fit penser aux chrétiens que les juifs se moquaient de leur religion[416].

---

[410] Socr. 7.15.7, 7.16.1: Ὀλίγον δὲ μετὰ τὸν χρόνον Ἰουδαῖοι πάλιν ἄτοπα κατὰ Χριστιανῶν πράξαντες δίκην δεδώκασιν.
[411] Socr. 7.16. Théophane situe l'événement en 408 (AM 5908 p. 129.13-17), mais sa chronologie générale est déficiente.
[412] M. AVI-JONAH, *The Jews*, p. 212; A.M. RABELLO, *La première loi*, p. 555-556; ID., *L'observance*, p. 1307-1309, avec littérature antérieure; F. BLANCHETIÈRE, *La législation anti-juive*, p. 128; A. LINDER, *Roman Imperial Legislation*, p. 237; G.C. HANSEN, *Ein Zeugnis*.
[413] A.M. RABELLO, *La première loi*, p. 549-552, qui discute de la date possible de la fête.
[414] Est 7.9. Pour les textes rabbiniques, cf. A.M. RABELLO, *La première loi*, p. 550.
[415] *Codex Theodosianus* 16.8.18 (29/5/408).
[416] F. BLANCHETIÈRE, *La législation anti-juive*, p. 128; A. LINDER, *Roman Imperial Legislation*, p. 238 n. 1, qui corrigent A.M. RABELLO, *La première loi*, p. 555. Remarquons

Le fait rapporté par Socrate ferait partie d'une fête de Pourim qui avait tourné mal ou qui était l'objet d'une interprétation chrétienne malveillante. Le lien entre l'anecdote de Socrate et la fête de Pourim est certes attrayant, mais non sûr. Chez Socrate, il manque toute allusion claire à un contexte festif. Selon lui, les Juifs se livraient à des jeux et l'historien ne sait rien d'une fête traditionnelle qu'ils seraient occupés à célébrer[417]. En plus, l'objet de leurs réjouissances n'est point de se moquer des chrétiens et du Crucifié; ce n'est que l'alcool qui les emporte et qui fait dégénérer la ridiculisation en meurtre. Si l'anecdote était à l'origine liée à la fête de Pourim, elle serait déjà fortement dénaturée avant d'être entendue par Socrate.

Il nous semble donc indémontrable que Socrate parle de la fête de Pourim. Plus intéressant, par contre, est la teneur de l'histoire de Socrate, selon laquelle les juifs se moquent du christianisme, une teneur qu'on retrouve également dans la constitution discutée. La mauvaise compréhension de la fête de Pourim, sous-jacente à la loi, présuppose en effet cette idée, et l'anecdote de Socrate en livre un exemple. La politique impériale exigeait de ses sujets hétérodoxes le respect de la société chrétienne, identifiée avec l'orthodoxie. Elle attachait beaucoup d'importance au respect des jours de fêtes chrétiennes, en particulier le dimanche. C'est le sens de l'édit de septembre 409, qui, après la perturbation d'un service catholique par des donatistes, interdisit en général aux juifs, païens et donatistes de troubler les services orthodoxes «par méprise de la religion chrétienne»[418].

Plusieurs données éparses montrent que les juifs en particulier étaient soupçonnés de ne pas respecter le christianisme et qu'ils peuvent en effet avoir nourri ces soupçons. L'accusation de certains Pères selon laquelle les juifs proférèrent une malédiction contre les chrétiens dans leurs synagogues, s'en porte témoin; qu'elle repose sur un fait historique ou une invention chrétienne n'y change rien[419]. Le philosophe païen Celse mettait dans la bouche d'un juif la chronique scandaleuse de Jésus, qui serait

qu'il paraît que la poésie araméenne a parfois fait le rapprochement entre Haman et le Christ crucifié: cf. W.J. VAN BEKKUM, *Anti-Christian Polemics*, p. 308 n. 30.

[417] Socr. 7.16.2: Ἰουδαῖοι συνήθως ἑαυτοῖς παίγνια ἐπετέλουν τινά. G.C. HANSEN, *Ein Zeugnis*, p. 85 y voit une référence à une fête religieuse, une interprétation qui ne s'impose pas à notre avis.

[418] *Constitutiones Sirmondianae* 14 (15/1/409). Cf. *Codex Theodosianus* 16.5.44 (24/11/408); *Leges Visigothorum* 12.3.9 (Erviga) = A. LINDER, *Early Middle Ages*, no. 551 p. 299.

[419] Il s'agit ici de la question du *Birkat ha-minim*, la malédiction des non-juifs dans la synagogue. On discute si elle était à cette époque adressée contre les chrétiens. Voir l'aperçu de la question chez P.W. VAN DER HORST, *The Birkat ha-minim*; Liliana VANA, *La Birkat Ha-Minim*; K. HOHEISEL, art. *Birkat ham-minim*.

un imposteur né de la liaison adultère de Marie avec le soldat Panthéra; il reprend peut-être une parodie juive de la vie de Jésus, à l'instar du *Toledot Jeschu* qui, quant à lui, pourrait déjà avoir circulé au deuxième siècle[420]. Jean Chrysostome se plaint du manque de respect du christianisme de la part des juifs[421], tandis que plusieurs sources font état de la profanation de symboles chrétiens, par exemple d'icônes ou des croix, par des juifs ou des samaritains, qui s'en prennent parfois aux chrétiens eux-mêmes[422]. Dans des sources plus tardives, des idées pareilles reviennent. À Tolédo en 681, par exemple, les évêques décrétèrent que les juifs ne devaient pas se moquer du christianisme[423]. Aucun de ces textes ne nous donne évidemment une image fidèle de l'attitude réelle des juifs envers le christianisme, mais ils montrent au moins ce que les chrétiens pensaient des juifs.

Le soupçon, qui pesait sur tous les hétérodoxes, était donc particulièrement fort pour les juifs[424]. À la fois l'anecdote de Socrate et la loi de Théodose sur la fête de Pourim montrent que les chrétiens de l'époque étaient convaincus que les juifs se moquaient du christianisme quand l'occasion se présentait.

5.2.4 L'imposteur juif

La quatrième anecdote concerne Paul, le successeur de Chrysanthos à la tête des novatiens de Constantinople (419-438), à propos duquel Socrate ne lésine pas sur les louanges. Afin de couper court au portrait quasi hagiographique de cet homme, l'historien raconte un miracle qui était arrivé à l'évêque. Un imposteur juif se faisait baptiser par toutes les sectes de la cité, afin d'obtenir à chaque occasion de l'argent. Après être

---

[420] Origène, *Contre Celse* 1.28-39, 1.41-58. Cf. G. SCHLICHTING, *Ein jüdisches Leben*, p. 2.

[421] Jean Chrysostome, *Expositiones in Psalmos* 8 PG 55.110.

[422] Cf. Pallade, *Historia Lausiaca* 50; *Epistula Symeonis Stylitae* PG 86.2.3216-3220; Jean Moschus, *Pratum* 15; *Anonyma Valesiana II* 14.81-82; Grégoire de Tours, *In gloria martyrum* 21; Agapios p. 179; *Chronicon ad 1234* 24, 89. Pour des exemples plus tardifs, voir A. KÜLZER, *Disputationes*, p. 182, 198, 286-288.

[423] *Concile de Tolédo*, Canon 9 = A. LINDER, *Early Middle Ages*, no. 585 p. 517. Comparez *Concile d'Orléans* (538) Canon 30 = A. LINDER, *Early Middle Ages*, no. 818 p. 471; *Leges Visigothorum* 12.3.2 = A. LINDER, *Early Middle Ages*, no. 545 p. 291; *Leges Visigothorum* 12.3.9 = A. LINDER, *Early Middle Ages*, no. 551 p. 299; Grégoire de Nicée 8; Anastase le Sinaïte, *Diegemata steriktika* C5; *Chronicon ad 1234* 39.

[424] Cf. Socr. 3.2.8 et Soz. 5.7.7 qui disent que les païens d'Alexandrie crucifiaient des chrétiens pour se moquer du christianisme.

passé chez les autres sectes, il se présenta chez Paul. Avant la cérémonie, l'eau disparut des fonts baptismaux. Lorsque ce miracle se répéta une seconde fois, l'évêque comprit le signe divin: l'homme était déjà baptisé. Quelqu'un, dans la foule qui avait afflué, au moment où la nouvelle du miracle s'était répandue, confirmait avoir vu le juif lors de son baptême par Atticus, l'évêque de l'Église orthodoxe[425].

Des miracles pareils, qui mettent en exergue la valeur du véritable baptême, ne sont pas inhabituels dans les sources chrétiennes[426]. Remarquons en passant que Socrate réussit encore une fois à souligner la profonde unité de l'orthodoxie et du novatianisme; en effet, la référence finale au baptême par Atticus montre que Dieu intervint pour éviter un second baptême orthodoxe. Les baptêmes des autres sectes, par contre, sont déclarés comme nuls et sans valeur[427]. Il est à cet égard significatif qu'en 413 un second baptême, en l'occurrence hérétique, était interdit[428]. Mais c'est le rôle du juif qui nous intéresse ici.

Primo, le juif est un imposteur. L'image du juif en tant que trompeur malhonnête et menteur était largement répandue. Elle surgit, par exemple, dans la *Vie de Grégoire le Thaumaturge* par Grégoire de Nysse[429]. Plus loin, en 7.38, Socrate racontera le conte d'un juif qui prétend être un nouveau Moïse.

Secundo, le juif demande le baptême pour des raisons pécuniaires. Selon de nombreuses sources patristiques, la cupidité est un trait particulier des juifs[430]. Dans ce cas, un cliché s'allie à un élément historique. Deux constitutions attestent en effet que des juifs acceptaient le baptême chrétien, non par conviction, mais afin d'éviter des dettes ou de ne pas être accusé de certains crimes[431].

---

[425] Socr. 7.17.
[426] Voir par exemple le parallèle précis chez Théodore le Lecteur p. 136.2-7 = Victor Tonnenensis, *Chronique* a. 500.
[427] Ce n'est pas par hasard qu'un scribe grec a introduit une glose attaquant le novatianisme à cet endroit (S. FERRI, *De Hypatii*), et que le traducteur arménien insiste sur le fait que le baptême orthodoxe est le seul valable (Socrate, *traduction arménienne* p. 601). Cette dernière remarque est copiée dans l'adaptation arménienne tardive et traduite dans R.W. THOMSON, *The Armenian Adaptation*, p. 198. G.C. HANSEN, *Sokrates*, p. 362 ne fait pas état de cette glose dans son ouvrage.
[428] *Codex Justinianus* 1.6.2 (21/3/413), cf. 1.6.3 (30/5/428).
[429] Grégoire de Nysse, *Vita Gregorii Thaumaturgi* p. 41.21-42.22. Voir aussi *Actes des martyrs perses*: *Actes de S. Syméon bar Sabba'e* BHO 1117.9 p. 14; Jérôme, *Vita Hilarionis* 27.2; *Chronique pascale* a. 350 p. 535.14; *Chronicon Edessenum* p. 32.
[430] Athanase, *Apologia de fuga sua* 2; Ambroise, *Expositio Evangelii secundum Lucam* 4.54; Jean Chrysostome, *Adversus Judaeos* 1; Jérôme, *Epistulae* 52.10; *Epistula Hypatiani*, in *IEphes* 4135 l. 25-26.
[431] *Codex Theodosianus* 9.45.2 (17/6/397), 16.8.23 (29/4/416). Voir les mêmes allégations plus tard: Grégoire de Tours, *Historiae* 6.17; Grégoire de Nicée 3-4, 8; Concile

Tertio, d'autres histoires confirment que, dans l'esprit chrétien, le baptême ne suffit pas toujours pour qu'un juif choisisse définitivement la bonne route. La vie de Marcel l'Acémète raconte, par exemple, l'anecdote d'un samaritain qui se fit baptiser afin d'être guéri. Après avoir apostasié à deux reprises, il mourut, frappé par le courroux divin[432].

Le miracle était donc sans aucun doute aisément reconnaissable pour les lecteurs de Socrate en combinant des traits stéréotypés et des éléments crédibles.

5.2.5 Le pseudo-Moïse de Crète

La dernière historiette est la plus curieuse. Elle a trait à un «pseudo-Moïse» de Crète. Un imposteur juif, prétendant être Moïse envoyé des cieux, fixa une date pour mener les juifs de l'île à travers la mer jusqu'à la terre promise. Pendant une année entière, il traversa l'île de l'est à l'ouest, afin d'inciter la population juive à abandonner ses biens. Le jour venu, il les mena à une falaise et dit à ses adhérents de plonger dans la mer. Évidemment, ils se noyèrent, ou tombèrent sur les rochers. Heureusement, «par la providence de Dieu», des pêcheurs et des marchands chrétiens, sauvèrent de nombreux juifs qui avaient sauté des falaises et ils crièrent afin de prévenir ceux d'en haut que seule la mort leur attendait en bas. Les juifs, s'étant rendus compte qu'ils avaient été trompés, voulurent tuer l'imposteur, mais celui-là avait disparu. «La plupart soupçonnèrent que c'était un démon funeste qui avait revêtu l'apparence d'un homme pour la perte de leur nation en cet endroit.» Par la suite, un grand groupe des juifs se convertit au christianisme[433].

Il nous est impossible d'établir le niveau de vérité de cette histoire véritablement singulière[434]. Des mouvements messianiques juifs sont faiblement attestés dans le Bas-Empire[435], mais celui-ci est assez particulier.

---

de Nicée II (787) Canon 8 = A. LINDER, *Early Middle Ages*, no. 804 p. 461. Cf. F. LOTTER, *Die Zwangsbekehrung*, p. 317-318.

[432] *Vita Marcelli Acoemeti* BHG 1027z.19.

[433] Socr. 7.38.

[434] Signalons pourtant qu'on peut lire chez Flavius Josèphe comment les juifs de Crète ont été leurrés par un jeune qui prétendait être Alexandre, le fils d'Hérode (*Bellum judaicum* 2.103).

[435] *Actes des martyrs perses*: *Actes de S. Syméon bar Sabba'e* BHO 1117.8 p. 14-15; *Chronicon edessenum* p. 27.37-28.6; *Chronicon ad 754* 74. Pour le 7ième et 8ième siècle, voir W.J. VAN BEKKUM, *Jewish Messianic Expectations*; J. STARR, *Le mouvement messianique*.

L'imposteur ne prône pas la résurrection des juifs contre l'Empire, mais semble viser à l'autodestruction des juifs. En tout cas, l'anecdote contient deux éléments importants. Premièrement, les pêcheurs et les marchands chrétiens se trouvent dans les alentours grâce à la providence divine, qui n'abandonne donc pas les juifs. En second lieu, les juifs se convertissent et n'ont par conséquent pas le cœur autant endurci que Socrate le suggère dans d'autres passages[436].

Il manque donc chez Socrate une réflexion élaborée sur le judaïsme, mais, à sa place, l'historien nous livre des anecdotes intéressantes. Plusieurs traits typiques y sont attribués aux juifs, comme l'idée qu'ils se moquent du christianisme et haïssent les chrétiens, ce qui mène parfois à la violence. L'historien suggère aussi qu'ils aiment le théâtre plus que l'observance de leur Loi, tout comme ils adorent l'argent. Ces traits se retrouvent dans de nombreux autres écrits, et les constitutions impériales semblent également imprégnées de cette atmosphère. En même temps, il envisage la conversion des juifs, malgré quelques références à leur entêtement[437].

5.3 BILAN

Le rôle des juifs dans l'histoire ecclésiastique a clairement changé depuis Eusèbe. Alors que, chez lui, le thème central était leur punition pour avoir crucifié Jésus, deux nouveaux éléments figurent au premier plan chez Socrate et Sozomène, la conversion des juifs et leur image stéréotypée.

Les deux auteurs savent que la conversion des juifs est difficile et lente: c'est le thème du juif obstiné. Sozomène débute son histoire par une réflexion théorique sur ce sujet et il y revient à d'autres endroits. Chez Socrate, c'est plutôt à travers des anecdotes qu'il montre comment des juifs se convertissent, et ce parfois en masse, comme ce fut le cas en Crète. Pourtant, il a conscience du fait que leur conversion n'est pas toujours sincère.

D'autre part, le juif se voit de plus en plus attribué des caractéristiques stéréotypées. Sozomène souligne ainsi leur haine des chrétiens et

---

[436] Socr. 3.20.15, 7.4.

[437] La différence d'opinion entre Socrate et Sozomène que voyait Theresa Urbainczyk (*Observations*, p. 366-367) — le premier ne croyant pas à la conversion des juifs, le second l'acceptant — n'est donc pas correcte.

leur méchanceté. L'échantillon offert par Socrate est plus grand. Il laisse entendre que les juifs se moquent du christianisme, qu'ils sont des imposteurs et qu'ils aiment les spectacles et l'argent. Parfois même, le ressentiment des juifs les entraîne à tuer des chrétiens. Les parallèles établis nous montrent combien ces traits doivent aux clichés existants. Il est possible que derrière les anecdotes se cachent des faits réels, mais ceux-ci sont tous interprétés à la lumière du soupçon chrétien qui pèse sur les juifs.

L'image du juif est donc déterminée par sa relation au christianisme. Ceci pourrait expliquer une différence importante entre Socrate et Sozomène d'une part, et les auteurs païens de l'époque d'autre part. Chez les historiens ecclésiastiques, il manque presque dans sa totalité le caractère insurrectionnel des juifs, une accusation typique des juifs sous le Haut-Empire, qu'on retrouve par exemple chez Apion (premier siècle). Au quatrième siècle encore, Ammien accuse les juifs de fomenter des insurrections[438]. Ce n'est qu'à partir de la fin du cinquième siècle que ce trait trouve également son chemin dans les histoires chrétiennes[439].

Cet aspect ne touchait pas immédiatement les relations entre chrétiens et juifs et n'intéressait par conséquent pas tant les historiens de l'Église. Une seule exception est cependant à noter. Socrate fait brièvement état de la révolte des juifs à Diocésarée, qui avait eu lieu en 353 (ou en 352, selon la chronique de Jérôme). Sozomène reprend ce fait[440]. Pourtant, ni Socrate ni Sozomène n'insistent sur cet événement et ils n'en déduisent pas des caractères généraux juifs.

---

[438] Flavius Josèphe, *Contra Apionem* 2.68; Ammien Marcellin 22.5.4-5. Voir aussi CPJ 156c.II.22-24 et K.-L. NOETHLICHS, *Das Judentum*, p. 66.

[439] Par exemple *Vita Danielis Stylitae* BHG 489.10 p. 10.13; Théodore le Lecteur p. 96.4-7; Jean d'Éphèse, *HE* 3.31-32 p. 118.18-122.27; F. NAU, *Deux épisodes*, p. 188-189; Theophylacte Simocatta, *Historiae* 5.7; Pseudo-Sébéos 33 p. 112, 34 p. 115; Agapios p. 167; R. GRIVEAU, *Histoire*, p. 101-104.

[440] Socr. 2.33; Soz. 4.7.5. Cf. Aurélius Victor 42.11; Jérôme, *Chronique* a. 352; Théophane AM 5843 p. 61.4-8; Agapios p. 571-572. Cf. M. AVI-YONAH, *The Jews*, p. 179-181; P. SCHÄFER, *Der Aufstand*, p. 200-201 (qui doute sans raison de l'historicité du fait); J. ARCE, *La rebelión*; Joshua SCHWARTZ, *Gallus*, p. 11.

Il est possible de lier Julien, *Epistulae* 204 à cette insurrection. Julien dit en effet abolir la taxation à laquelle son frère Constance, c'est-à-dire Gallus, a soumis les juifs; cette taxation pourrait constituer une punition pour l'insurrection (voir Agapios p. 189, pour des mesures pareilles après la révolte de 610 en Syrie). L'authenticité de cette lettre est pourtant disputée. Nous avons précédemment argué en faveur de son inauthenticité (*Deux fausses lettres*, p. 132-136) mais notre raisonnement est déficient en ce qu'il identifie l'abolition d'impôts pesant sur les juifs exposée dans la première partie de la lettre avec celle de l'*apostolé*, exposée dans la seconde partie. Cette identification est sans aucun doute fausse.

6. Conclusion

«Toutes les grandes choses que l'on dit avoir été accomplies le long de l'histoire ecclésiastique», voilà un des sujets d'Eusèbe[441]. Les pages précédentes ont suffisamment montré l'importance qu'avait «l'on dit» dans les histoires de ses deux successeurs constantinopolitains.

Parmi les chrétiens, il existait des traditions historiques qui se développaient autour d'événements clé avant même d'être versées dans une histoire. Elles étaient de forme et de contenu divers. Les unes étaient partagées par les orthodoxes et hérétiques, comme celle sur Julien ou sur les juifs, leurs ennemis communs. Les différents partis ecclésiastiques étaient aussi d'accord sur l'importance de la figure d'Athanase, soit en tant que sauveur du *homoousios*, soit comme le guérilléro inlassable contre l'orthodoxie arienne. Les autres étaient propres à l'Église orthodoxe, comme celles sur l'origine de l'arianisme. D'autres encore ne trouvaient qu'un faible retentissement, ce dont la source de Socrate et Sozomène sur les conciles de 381 et 383, propageant la collaboration harmonieuse entre Théodose I et les nicéens, constitue un bel exemple; ce ne sont que ces deux historiens de l'Église qui acceptent cette version.

Tout en gardant une certaine consistance, les traditions n'étaient pas statiques et laissaient des espaces aux suppléments et aux développements. On était d'accord sur le rôle important d'Athanase, et même son élection divine; mais nous avons constaté qu'on inventait plusieurs anecdotes symboliques afin de souligner le caractère divin de sa mission. L'image de Julien était progressivement assimilée à celle des persécuteurs traditionnels, oblitérant ainsi la particularité de sa conduite. En même temps, Socrate et Sozomène disposaient de la liberté de suppléer la représentation traditionnelle de l'Apostat, le premier en insistant sur la mésalliance entre philosophie et empire, le second en montrant que la divination païenne restait sans effet. Une tradition très vivante était celle concernant les juifs; le soupçon qui pesait sur eux fit que de nouvelles anecdotes faisaient sans cesse surface.

Propre aux traditions est l'importance symbolique attachée à certains faits, au détriment de la réalité historique. Toute la tradition sur l'origine de l'arianisme et la réintégration d'Arius provenait d'Alexandrie. Elle avait pratiquement oblitéré les versions ariennes ainsi que les versions d'autres régions, s'il y en avait. La lutte contre l'arianisme éclipsait la connaissance de la carrière d'Arius après Nicée, dont on ignorait tout

---

[441] Eusèbe, *HE* 1.1.1.

moins d'un demi-siècle après sa mort. Cela explique pourquoi, déjà un siècle après les événements, aucun historien ne pouvait donner plus que l'image stéréotypée d'Arius. La polémique anti-arienne ne laissait aucune place au réel Arius, on l'a déjà souvent souligné[442], mais, après un siècle, toute voie d'accès à cet Arius réel et aux origines historiques de l'arianisme était coupée. Socrate dénichait seulement quelques documents qu'il ne savait plus très bien situer, et Sozomène copiait ce que la propagande alexandrine voulait lui faire croire.

On peut répéter ces remarques pour les autres figures que nous avons discutées dans ce chapitre. La chronologie était ainsi sacrifiée afin de pouvoir montrer qu'Alexandre d'Alexandrie avait obtenu une victoire complète à Nicée, un triomphe qu'Athanase reçut en héritage et avait à défendre. La politique réelle de Julien envers les chrétiens, mêlant le miel au fiel, était transformée en des actes de cruauté propres à tous les persécuteurs. Le soupçon pesant sur les juifs pénétrait les anecdotes de Socrate à tel point qu'il est impossible d'en estimer la réalité.

C'est ainsi qu'un canon de noms et d'événements s'établit au sein de l'Église, des noms qui résument une partie de son histoire. Alexandre et Athanase, c'était la lutte contre Arius et les eusébiens. À Julien on identifiait la persécution. L'opposition contre Valens était symbolisée par Basile de Césarée et Grégoire de Nazianze, pour reprendre un exemple que nous aurions pu joindre à ceux discutés dans ce chapitre[443].

Les silences constatés ne sont pas toujours à interpréter comme de la propagande. Certes, propagande il y avait, comme nous l'avons remarqué à propos des conciles de 381 et 383. Mais un silence ou une déformation historique n'équivaut pas a priori à de la propagande, qui, elle, présuppose une altération intentionnelle de l'histoire[444]. C'est très rarement le cas dans les traditions que nous avons étudiées. Les silences sont plutôt une conséquence de la scansion symbolique de l'histoire. L'insistance sur certains événements se fait au détriment d'autres. Ainsi, l'attention allait entièrement à la lutte contre Arius, alors qu'on ne s'intéressait guère à la carrière de l'hérésiarque même. Il suffisait de savoir qu'il mourut de

---

[442] Voir en dernier lieu M. WILES, *Attitudes*.

[443] Socr. 4.26; Soz. 6.16-17. Cf. entre autres ACO 1.1.5 (Coll. Vat. 115) *Preces Basilii* p. 7.23; Nestorius, *Livre d'Héraclide* p. 456 trad. p. 292.

[444] Certains savants proposent que les nicéens ont inventé des versions propagandistes de la conversion d'Ulfilas à l'arianisme (H. SIVAN, *Ulfila's Own Conversion*) et du rappel en 378 des évêques exilés par Valens ou Gratien (Rochelle SNEE, *Valens' Recall*). Ces récits viseraient à contrer les histoires ariennes. Il est en effet possible que les nicéens ont intentionnellement adapté les événements, mais, dans les cas précités, ce n'est qu'une hypothèse.

façon affreuse. Gonfler l'importance d'événements entraîne toujours la déformation de l'histoire.

Nous avons vu dans le troisième chapitre que les règles du genre imposaient aux historiens de traiter de certains sujets, comme le monachisme et les martyrs. A cette scansion formelle de l'histoire s'ajoute maintenant une scansion substantielle. La tradition offrait une sorte de canon aux historiens de l'Église, en désignant les événements célèbres et importants qui constituaient le sujet d'une histoire. Les lecteurs de Socrate et de Sozomène s'attendaient à un exposé des prouesses d'Athanase et des méfaits de Julien. Selon leurs attentes, ils voyaient la méchanceté des juifs confirmée par l'histoire, tout comme la punition d'Arius. Le choix des événements n'était pas uniquement l'œuvre des historiens; c'était en premier lieu celui de la tradition, mais les historiens pouvaient y apporter des suppléments ou des précisions.

Les pages précédentes ont mis en évidence que Socrate et Sozomène dépendaient fortement de la tradition. On en trouve une preuve *e contrario* dans leurs derniers livres respectifs, où ils traitent du règne de Théodose II de 408 jusqu'en 439, et donc de l'époque contemporaine. Le visage particulier de ces livres-là montre que l'histoire de cette période n'était pas encore scandée par la tradition. Socrate consacre la totalité du septième livre à l'Église constantinopolitaine, en y ajoutant quelques bribes de panégyrique. C'est plutôt une chronique de l'Église locale qu'une histoire de l'Église universelle. Sozomène, pour sa part, ne dit presque rien qui appartient de par son contenu à une histoire ecclésiastique. Il copie l'histoire classique d'Olympiodore en y lisant l'intervention divine. Tandis que pour le reste de leurs ouvrages, Socrate et Sozomène traitent en principe des mêmes événements, on les voit maintenant s'écarter l'un de l'autre. On peut y reconnaître l'absence d'une scansion de l'histoire.

Leur interprétation des faits le montre également. L'hérésie nestorienne et le concile d'Éphèse, qui constitueraient pour les auteurs postérieurs les événements majeurs du règne de Théodose avant la querelle monophysite[445], sont traités sur le même niveau que les autres faits. Ni Socrate ni Sozomène ne semblent avoir apprécié pleinement leur importance. Qui plus est, à cause du manque d'une tradition, l'interprétation philosophique de l'histoire des auteurs fait plus clairement surface; le septième livre de Socrate montre comment la paix est rétablie par la fin des querelles ecclésiastiques et le neuvième de Sozomène insiste sur le rôle de la piété[446].

---

[445] Cf. Évagre le Scholastique, *HE* 1.1-7. .
[446] Cf. ci-dessus p. 110-111 et p. 144-149.

UN HÉRITAGE DE PAIX ET DE PIÉTÉ

Un certain penchant pour la dramatisation ne manquait pas aux évêques impliqués dans la controverse nestorienne. En réponse à la lettre impériale lue par le comte Jean au concile d'Éphèse (431), les orientaux, c'est-à-dire les partisans de Nestorius, dépeignaient comment des troubles inimaginables avaient perturbé la vie paisible des gens au sein de l'Église et de l'Empire. «On dirait avec droit que les gens d'aujourd'hui, ou ceux qui ont précédé notre génération, sont bienheureux, étant gouvernés par votre pouvoir. Votre Piété, occupée par tant de besoins pour le monde entier, a mis le soin de la religion pieuse avant tous les autres et votre très louable pouvoir préfère les affaires divines à toutes les terrestres. Car la foi en Lui, qui domine toutes vos pensées et tous vos actes, assiste votre Piété dans tous les bons actes. Qu'il en est ainsi, nous le savons des événements passés, et surtout, c'est devenu très clair à cette occasion-ci. Car, quand des troubles inconcevables divisaient les affaires des évêques, avec la dissension de tous entre tous, et quand l'ensemble de notre religion était ébranlé — l'Égyptien ayant comme d'habitude troublé le monde entier —, la décision de votre Piété, qui nous est communiquée par Jean, le très magnifique et très illustre comte des largesses sacrées, est capable de mettre fin au vain échauffement de tous les esprits, à condition que nous voulions nous modérer»[1]. A cause des machinations de Cyrille d'Alexandrie, le

---

[1] ACO 1.1.7 (Coll. Ath. 48) *Relatio Orientalium* p. 69.7-18: μακαρίσαι ἄν τις εἰκότως τοὺς νῦν ἀνθρώπους ἢ τοὺς τὴν ἡμετέραν προειληφότας γενεὰν ὑπὸ τοῦ ὑμετέρου κράτους κυβερνωμένους. μυρίαις γὰρ φροντίσιν ἡ ὑμετέρα εὐσέβεια ὑπὲρ τῆς οἰκουμένης χρωμένη τὴν ὑπὲρ τῆς εὐσεβοῦς θρησκείας πάντων τῶν ἄλλων προτέθεικε, προτιμᾶι δὲ τὸ ὑμέτερον πανύμνητον κράτος τὰ τοῦ θεοῦ πάντων τῶν ἐπὶ γῆς, ἐπειδὴ ἡ εἰς αὐτὸν πίστις τῶν ὑμετέρων ἐννοιῶν τε καὶ πράξεων ἐπικρατοῦσα πρὸς ἅπαντα ὑμῶν τῆι εὐσεβείαι τὰ καλὰ συνεργεῖ. ταῦτα οὕτως ἔχειν ἀεὶ μὲν ἐκ τῶν συμβαινόντων μανθάνομεν, μάλιστα δὲ ἐπὶ τοῦ παρόντος καιροῦ τοῦτο καταφανὲς γεγένηται. ὡς γὰρ τὰ τῶν ἱερέων ἀδόκητοι διέλαβον ταραχαί, ἑκάστων ἑκάστοις συρραγέντων, καὶ ἐσαλεύθη τὸ κοινὸν τοῦ ἡμετέρου συστήματος, τοῦ Αἰγυπτίου συνήθως τὴν οἰκουμένην ταράξαντος, τὸ τῆς ὑμετέρας εὐσεβείας φοιτῆσαν θέσπισμα διὰ τοῦ πάντα μεγαλοπρεπεστάτου καὶ ἐνδοξοτάτου κόμητος τῶν ἁπανταχοῦ λαργιτιόνων Ἰωάννου ἱκανὸν ὑπάρχει πάντων καταστεῖλαι τὰς ματαίας φλεγμονάς, εἴπερ σωφρονεῖν βουλοίμεθα.

monde entier, qui vivait en paix, était perturbé. Il n'y avait dès lors qu'une seule solution pour faire revenir la paix, comme l'exprime la dernière phrase de la lettre: «Il est impossible que la paix soit donnée en récompense aux Églises de Dieu sans que cette théologie impie soit condamnée»[2]. Les évêques doivent donc, avec le concours de Théodose II, extirper l'hérésie cyrillienne et rétablir la paix et la piété.

A première vue, rien n'est plus absent des *Histoires ecclésiastiques* de Socrate et de Sozomène qu'un tel appel pathétique. En dehors du ton surexcité, que les deux historiens ne partagent pas, l'image que les orientaux esquissent du monde contraste avec celui que les historiens décrivent. Ici, un monde se voit divisé en deux camps et envahi par les impies; là, un monde semble regagner la paix et avancer vers plus de piété. D'une part, un Empire en ébullition et d'autre part, un Empire qui respire le calme et la stabilité.

Ce contraste superficiel cache cependant des conceptions très semblables. Les orientaux sentaient que la paix de l'Empire, acquise sous le règne de Théodose II, leur échappait à cause des doctrines de Cyrille, impies à leurs yeux. Socrate et Sozomène, écrivant dix ou quinze ans après la lettre des orientaux, voyaient la paix rétablie et la piété régnant dans l'Empire. Or, à la fois les orientaux et les historiens de l'Église considéraient qu'ils avaient reçu en héritage un bien précieux: une Église qui s'était unifiée autour d'une seule foi. La paix qui en découlait, n'était cependant pas un acquis définitif. En effet, des trublions, tel Cyrille d'Alexandrie, pouvaient l'ébranler. L'héritage de paix et de piété reçoit ainsi une double caractérisation. D'une part, il y a le soulagement de voir l'Église unie après les troubles du quatrième siècle; on était heureux de constater qu'elle avait regagné la figure qu'elle devait avoir, celle d'un havre de paix et de spiritualité. D'autre part, il y a la crainte que cette situation ne durerait pas et qu'on ne pourrait pas transmettre l'héritage à la postérité.

Dans les pages suivantes, nous spécifierons cette idée, d'une part en montrant que ce double sentiment est le fruit de conditions historiques spécifiques, et d'autre part en dégageant les structures fondamentales qui en constituent le fondement.

---

[2] ACO 1.1.7 (Coll. Ath. 48) *Relatio Orientalium* p. 70.30-31: οὐδὲ γὰρ ἔνεστιν ἄλλως τὴν εἰρήνην βραβευθῆναι ταῖς τοῦ θεοῦ ἐκκλησίαις, μὴ ἐκείνης τῆς δυσσεβοῦς ἐκβαλλομένης ἐκθέσεως.

1. Le soulagement

1.1 Les conditions historiques

Le règne de Théodose II était, à ce que prétendaient les orientaux, plus bienheureux que tous les précédents. Socrate et Sozomène rejoignaient cette opinion, comme le démontrent les passages glorifiant l'empereur vers la fin de leurs *Histoires ecclésiastiques*[3]. Tout en étant sortie des moules panégyriques qui attribuaient d'office un règne d'or à l'empereur régnant[4], l'idée peut aspirer à une certaine véracité dans le cas du règne de Théodose II. Des *Histoires ecclésiastiques* de Socrate et de Sozomène, et des textes contemporains, il ressort qu'à cette époque on croyait avoir dépassé les problèmes et les divisions du passé, en particulier l'arianisme, la controverse chrysostomienne et la crise nestorienne.

L'arianisme

L'arianisme était définitivement battu. Sozomène signale fièrement avec la datation consulaire, sur laquelle il lésine tant, que les ariens furent chassés de Constantinople en 380 après avoir occupé la cité pendant quarante ans[5]. Grâce à la législation anti-hérétique de Théodose I, suggère-t-il, ils ne sont pas revenus[6]. Socrate, quant à lui, décrit vers la fin du règne de cet empereur minutieusement l'éclatement de l'arianisme en petits schismes et minces hérésies, une tendance centrifuge qu'il considère comme l'essence même de cette secte[7].

De par son interdiction et son éparpillement, l'arianisme menait désormais une vie aux confins. Il survivait dans la pensée théologique et hérésiologique, où il fut transformé en une catégorie de déviation, ainsi que dans la polémique comme une des insultes les plus proférées[8]. Dans les sources, les ariens ne sont plus guère visibles, si ce n'est parmi les soldats

---

[3] Socr. 7.22; Soz. 9.1-3, 9.16.
[4] Ménandre le Rhéteur p. 377.2. Sur Théodose II, voir par exemple *Narratio de imperatoribus* p. 630.2.
[5] Soz. 7.5.7.
[6] Cf. Soz. 7.6-7.
[7] Socr. 5.23-24.
[8] Par exemple Atticus, *Homilia in nativitatem* p. 184; ACO 1.1.3 (Coll. Vat. 81) *Relatio* p. 8.10-11; ACO 1.1.5 (Coll. Vat. 151) *Gesta ephesena* p. 121.30-31, p. 122.22; ACO 1.1.5 (Coll. Vat. 154) *Epistula ad imperatorem* p. 125.34; Proclos, *Homiliae* 1.8, 2.2, 2.11.

Goths[9]. Ayant ainsi reçu en sus le stigmate de barbarisme, l'arianisme, et avec lui tous les autres hérésies du quatrième siècle, fut définitivement relégué aux frontières de l'imaginaire de l'époque[10].

La controverse chrysostomienne

Du point de vue constantinopolitain, la crise chrysostomienne constituait une importante menace pour l'unité de l'Église, même si on laisse hors de considération les répercussions du schisme en Orient et à Rome comme le fait Socrate et, dans une moindre mesure, Sozomène[11]. La lutte avait été virulente, marquée par la violence populaire, la répression impériale et les faux documents fabriqués par les partisans et ennemis de Jean en vue d'une justification de leurs positions.

La controverse laissait en héritage une Église constantinopolitaine déchirée en trois parties. Au sein de l'Église orthodoxe, les anti-johannites, c'est-à-dire les partisans d'Atticus, évêque de 406 à 425, s'opposaient aux johannites qui avaient de gré ou de force accepté la communion avec les ennemis de Jean. En dehors de l'Église, et à cause des lois impériales également en dehors de la cité, il y avait les johannites durs qui refusaient la communion avec les détracteurs de leur évêque. Ces trois partis déterminaient de 404 à 438 le champ de forces au sein de l'Église constantinopolitaine. Ce ne fut qu'en 438, avec le retour des cendres de Jean, que ce chapitre pénible pour l'Église de Constantinople fut clos.

Un épisode clos, mais néanmoins non oublié, car les oppositions persistaient dans les esprits de Socrate et de Sozomène. En décrivant les événements vers 440-450, les deux historiens prenaient clairement position. Par son appartenance au cercle de Troïlos où il avait côtoyé des anti-johannites comme Atticus et le préfet du prétoire Anthémius, Socrate s'opposait à Jean. Sozomène, par contre, qui avait eu des contacts avec les johannites durs, brossait un portrait quasi hagiographique de l'évêque déposé. Pourtant, en étant aussi honnêtes d'inclure des opinions ou des données qui ne s'accordaient pas parfaitement avec leur propre opinion, les historiens nous montrent que l'opposition s'était émoussée.

---

[9] Cf. *Lettre à Cosme* 3 p. 277-278; *Vita Danielis Stylitae* BHG 489 p. 47.15; *Vita Marcelli Acoemeti* BHG 1027z.34. Sur l'arianisme constantinopolitain à cette époque, voir Rochelle SNEE, *Gregory Nazianzen's Anastasia Church*.

[10] Cf. *Codex Theodosianus* 16.8.19 (1/4/409); *Novellae Theodosii* 3.2 (31/1/438).

[11] Socrate la rapporte en ne disant rien du schisme au niveau international. Sozomène, par contre, cite deux lettres du pape Innocent (Soz. 7.27).

Encore un peu plus tard, on préférait oublier l'épisode entier. Dans sa *Vie de Hypatios*, écrite sans doute dans les années après 446, Callinicos présentait Jean Chrysostome et Isaac, son ennemi le plus farouche parmi les moines, côte à côte comme des modèles du monachisme, oblitérant ainsi leur violente opposition[12].

La crise nestorienne

Selon la lettre des orientaux citée au début de ce chapitre, la controverse entourant Nestorius avait ébranlé la paix établie par la défaite de l'arianisme et par la fin du schisme chrysostomien. Ni Socrate ni Sozomène, écrivant dix ou quinze plus tard, n'en faisaient pourtant grand cas. L'importance précise que Sozomène y accordait reste difficile à estimer, car la seconde partie de son neuvième livre, qui aurait dû traiter de ces événements, n'a pas été exécutée. Pourtant, la remarque inscrite au début de ce livre, selon laquelle, à cause de la piété de Pulchérie, aucune nouvelle hérésie ne pouvait gagner du terrain, ne laisse guère de doute au sujet de son interprétation[13]. Socrate en dit plus mais il réduit les causes de l'affaire aux défauts de caractère de Nestorius. Il explique ainsi que dès les premiers jours de son épiscopat, sa légèreté d'esprit, son irascibilité et son amour de vaine gloire se montraient au grand jour[14]. Sa fatuité inculte, qui l'exhortait à ne pas respecter les paroles des anciens, était la véritable origine de la controverse[15]. Après un résumé du concile d'Ephèse (431), Socrate conclut que la paix entre les deux partis, menés par Jean d'Antioche d'une part et Cyrille d'Alexandrie de l'autre, était rétablie «peu après» c'est-à-dire en 433[16]. L'affaire était terminée et Socrate n'en dit plus rien.

Les acteurs principaux partageaient ces idées quand l'accord de 433 était conclu, Cyrille se réjouissant de voir finalement la paix resurgir[17], et Jean demandant qu'on célèbrerait dans l'Empire entier le fait que le calme et la stabilité d'avant 431 étaient revenus[18]. D'autres évêques, comme Ibas d'Édesse, exprimaient eux-aussi le même sentiment d'un retour définitif à la situation antérieure[19].

---

[12] Callinicos, *Vita Hypatii* 11.4.-7. Sur la date, voir G.J.M. BARTELINK, *Callinicos*, p. 11-12.

[13] Soz. 9.1.9.

[14] Socr. 7.29.6.

[15] Socr. 7.32.9-14.

[16] Socr. 7.34.13.

[17] ACO 1.1.7 (Coll. Min. E 8) *Sermo Cyrilli* p. 173.3-19.

[18] ACO 1.1.7 (Coll. Ath. 120) *Relatio ad imperatorem* p. 158.13-14.

[19] ACO 2.1.3 *Gesta Beryti* p. 34.15-16.

On y reconnaît une attitude décidément optimiste. Les acteurs principaux attendaient que l'accord de 433 mît définitivement fin aux troubles,
tandis que Socrate et Sozomène affirmaient que c'était en effet le cas.
C'était trop optimiste, car les partisans de Nestorius restaient actifs dans
la capitale et en Orient[20].

L'aveuglement de Socrate et Sozomène quant aux séquelles du nesto-
rianisme est du même ordre que l'appel dramatique des évêques orientaux en 431 et que l'optimisme de Cyrille d'Alexandrie et de Jean
d'Antioche en 433. Tous croyaient vivre à une époque où régnaient la
paix et la piété. Ces biens, qui leur étaient donnés par la défaite de l'arianisme et la fin du schisme chrysostomien, ne devaient pas être perdus à
cause des ambitions ou des machinations de quelques-uns. Le sentiment
occasionnait une interprétation optimiste des événements. Ainsi, la
condamnation de Nestorius à Éphèse en 431 et la paix conclue deux ans
plus tard suffirent à leurs yeux pour rétablir la situation antérieure. Les
signes du contraire n'étaient pas perçus.

Une époque de paix et de piété

Le second quart du cinquième siècle constituait donc un des rares
moments de l'Antiquité tardive où l'Église orthodoxe croyait ne pas
devoir faire face à des ennemis redoutables, où il ne semblait pas y avoir
de contestants schismatiques importants, bref, où elle pouvait se croire
unie. Les sectes non-orthodoxes percevaient l'état des choses de la même
façon, mais l'appréciaient différemment, se sentant marginalisées par une
orthodoxie triomphaliste. Pour Philostorge, un historien de l'Église de
conviction eunomienne écrivant vers 430, par exemple, l'Empire était
entré dans une période de décadence, à cause de la victoire des nicéens[21].

Voici l'optimisme qui caractérisait l'époque de Socrate et de Sozomène. Après avoir vécu et survécu à tant de troubles, un temps était
advenu où tous se réunissaient autour de la même foi et où tous vivaient
en paix et sans division. Ce bien précieux, la paix, il fallait le préserver
et le chérir[22].

---

[20] Proclos, *Epistulae* 17 PG 65.886; Callinicos, *Vita Hypatii* 39.1; *Vita Melaniae Iunioris* BHG 1241.54; Nestorius, *Livre d'Héraclide* p. 453 trad. p. 290, p. 456 trad. p. 292.
[21] Cf. J. BIDEZ — F. WINKELMANN, *Philostorgius*, p. cxxiii.
[22] Cf. Pseudo-Jean Chrysostome, *Adversus Judaeos* (Sévérien de Gabala?), 415-416,
449-450; ACO 1.1.7 (Coll. Ath. 120) *Relatio ad imperatorem* p. 158; Proclos, *Epistulae*
11 PG 65.879.

1.2 LES STRUCTURES DE L'OPTIMISME

De telles idées ne sont pas uniquement le fruit d'une situation historique spécifique; leur forme précise dépend également de certains présupposés et traditions. Ces facteurs structurels sont au nombre de trois: la théologie de l'histoire, la perception des relations entre l'Empire et l'Église et la scansion du passé.

La théologie de l'histoire

Les représentations optimistes du passé et de leur propre temps, que nous recueillons chez Socrate et Sozomène, présupposent autant une situation réelle de paix et de piété qu'une théologie qu'ils appliquent aux événements.

Au cœur de leur pensée se trouvent deux notions fondamentales de la pensée chrétienne. La paix et la piété constituent un couple dont les termes ont déjà formé le soubassement de la théologie origénienne de l'histoire et renvoient traditionnellement l'une à l'autre. Dans la visée de l'exégète d'Alexandrie, la paix se répandra dans le monde au fur et à mesure que l'Église s'accroît, aboutissant à un monde paisible dirigé par la foi chrétienne. Socrate et Sozomène retravaillent chacun une des notions de ce couple; pour le premier c'est la paix et pour le second la piété.

Socrate rejoint la perspective d'Eusèbe, qui croit que sous Constantin la paix s'est installée au sein de l'Empire et l'Église. Sachant que l'arianisme l'a troublée, Socrate admet que la paix n'a pas été définitive. Tout au long de son *Histoire ecclésiastique*, il retrace les efforts des gens pour retourner à la situation originelle de paix. Dans le septième livre couvrant le règne de Théodose II, un progrès réel est perceptible et, tout à la fin, Socrate confesse qu'il voit la paix apparaître à l'horizon[23]. Bien que la guerre soit le sujet de son histoire, la paix en est le but. Toutes les guerres ecclésiastiques dont Socrate fait le récit ne font que souligner l'importance que Socrate accorde à la paix.

Sozomène, pour sa part, voit un progrès continu à l'œuvre dans l'histoire dès l'incarnation. Ainsi se dessine dans son ouvrage une ligne ascendante vers plus de piété. Les gens pieux et croyants sont récompensés par Dieu, qui punit les hérétiques et les païens. De la sorte, guidée par Dieu, l'humanité avance sans cesse.

---

[23] Socr. 7.48.6.

Malgré leur attention unilatérale, soit pour la paix, soit pour la piété, l'autre terme est toujours présent en filigrane. Le retour à la paix se fait chez Socrate à condition qu'on ne pèche plus et qu'on accepte le nicéisme. Sozomène voit l'apogée de la piété sous le règne de Théodose, accompagnée des défaites des hérésies et de la destruction des ennemis de l'empereur, ce qui met fin à la division au sein de l'Empire. Leurs théologies fonctionnent ainsi comme des modes de perception, qui assignent une valeur particulière à une partie de la réalité.

Avec ces théologies en toile de fond, la situation de paix et de piété que croyaient vivre Socrate et Sozomène ne leur apparaît plus comme le résultat accidentel d'une époque. Elle s'inscrit dans un mouvement historique débuté, de l'avis de Socrate, il y a un siècle et demi sous Constantin, ou dans un progrès continuel à partir de l'incarnation, selon Sozomène.

En même temps, les théologies offrent une explication de la situation présente. Selon Socrate, la paix est liée à la conduite vertueuse de chacun, ce qui implique l'adhésion au nicéisme. Sozomène, quant à lui, voit en Dieu la cause du progrès vers la piété. Il incite les gens à se convertir au christianisme et à rester fidèles à l'orthodoxie. Des miracles et des bienfaits constituent la récompense divine des efforts humains. De ces explications divergentes découle une différence de ton dans l'interprétation des faits. Puisque dans la théologie de Socrate la paix dépend du comportement humain, elle peut être ébranlée à chaque instant par un trublion ou par un péché individuel. Il n'y a dès lors aucune garantie que la situation présente soit permanente. D'où sans doute la formulation prudente à la fin de son histoire. «Quant à nous, en arrêtant ici notre histoire, nous émettons le vœu que les Églises de partout, les villes et les nations vivent dans la paix»[24]. On peut espérer que la paix se réalise vraiment, mais on n'en est jamais sûr; pour cela, elle est trop fragile. L'optimisme de Sozomène se caractérise à première vue par le manque de telles bornes. L'avance de la piété est favorisée par Dieu lui-même. Le progrès peut par conséquent être contrarié pendant un certain temps, mais ce ne sont là que des accrocs, qui n'interrompent pas le développement historique.

Les relations entre l'Empire et l'Église

Tout en étant des historiens ecclésiastiques, qui s'intéressaient en premier lieu à ce qui arrivait au sein de l'Église, Socrate et Sozomène considéraient que la période de paix s'étendait également à l'Empire. Le vœu

---

[24] Socr. 7.48.6.

de Socrate s'adresse aux Églises de partout, aux villes et aux nations. En outre, en posant l'existence d'une certaine «sympathie» entre l'Église et l'Empire, l'historien a conceptualisé l'évolution parallèle des deux sphères. Chez Sozomène, Dieu aide tous les croyants qui lui restent fidèles, ce dont il prend l'empereur comme exemple spécifique dans le neuvième livre. Ayant abandonné l'asymétrie propre à la période préni-céenne, Socrate et Sozomène ne peuvent plus disjoindre l'évolution his-torique de l'Empire de celle de l'Église. Pour le premier, la paix devient réelle tant au sein de l'Église qu'au sein de l'Empire. Sozomène, quant à lui, pose la piété comme condition d'une vie publique réussie, tout comme elle est nécessaire dans l'Église.

Leurs contemporains partageaient semblable perception. Nestorius, par exemple, célébrait en 431 le progrès réalisé au sein de l'Église aussi bien qu'au sein de l'Empire, et n'en voyait qu'une seule cause, la grâce divine[25].

Traditionnellement, l'idée d'unité était liée à celles de la paix et de la piété. Vivre en paix dans l'Église et dans l'unité de la foi universelle, voilà des expressions qui exprimaient la même chose. De cette façon, les concepts de paix, de piété et d'unité renvoyaient l'un à l'autre et deve-naient même interchangeables, ce dont témoignent les documents de l'époque[26].

On peut qualifier ces idées d'«idéologie de l'unité». Le bien le plus précieux, dans l'esprit des gens de l'époque, consistait en l'unité au sein de l'Empire et de l'Église, une unité qui devait être entièrement réalisée dans chacune des deux sphères sociales afin que la paix puisse s'établir de façon durable sur terre. La condition fondamentale en était que tous adhéraient à la même et véritable foi[27].

L'idéologie assumait une forme particulière quand l'attention se tour-nait vers la figure qui incarnait l'Empire, l'empereur. Son adhésion à la foi orthodoxe était souvent considérée comme une condition importante à la paix mondiale. Dans une telle visée, c'était à la piété de l'empereur

---

[25] ACO 1.1.1 (Coll. Vat. 5) *Epistula Nestorii* p. 32.11-18: τὰ γὰρ τῆς ἐκκλησίας καθ' ἑκάστην προκόπτει καὶ τὰ τῶν λαῶν ἐν ἐπιδόσει διὰ τὴν τοῦ Χριστοῦ χάριν.

[26] Parmi les textes de cette époque, voir par exemple ACO 1.1.1 (Coll. Vat. 4) *Epis-tula Cyrilli* p. 28.24; ACO 1.1.1 (Coll. Vat. 8) *Sacra ad Cyrillem* p. 74.1-3; ACO 1.1.4 (Coll. Vat. 120) *Scriptum imperatoris ad Iohannem* p. 3.16-23, p. 4.18-22; ACO 1.1.4 (Coll. Vat. 121) *Epistula Theodosii* p. 6.6-8; ACO 1.1.7 (Coll. Ath. 120) *Relatio ad impe-ratorem* p. 157.28; ACO 2.1.1 *Gesta Constantinopoli 240, Epistula Cyrilli* p. 106.28; ACO 2.1.3 *Gesta Tyri* 7 p. 15.22.

[27] Cf. Sévérien de Gabala, *De pace* p. 17.15-18, 18.26-28, 23.23-24.2.

qu'on attribuait tant le déracinement des hérésies que les défaites des barbares. Selon un discours de Cyrille d'Alexandrie, «les ennemis ont été massacrés, un chœur de vierges éternelles règne et le monde vit en paix» et ce, grâce au respect de Théodose II pour la Sainte Trinité[28]. La lettre des orientaux citée au début de cette conclusion en fournit un second exemple.

Ni l'histoire de Socrate ni celle de Sozomène ne sont restées sans être influencées par cette dérive panégyrique de l'idéologie de l'unité. Socrate situe la plupart des interventions divines dans le septième livre de son histoire, où elles soutiennent Théodose II. Il signale même que l'empereur se fie entièrement à Dieu pour combattre ses ennemis[29]. La piété de l'empereur amène donc l'aide divine, ce qui à son tour favorise l'établissement de la paix. Dans ces pages-là, Socrate se rapproche de Sozomène, qui, surtout dans le neuvième livre, illustre la manière dont la foi inébranlable de Théodose II et de ses sœurs suffit pour extirper l'hétérodoxie et pour sauvegarder l'Empire d'assauts hostiles[30]. On peut partiellement attribuer les passages à caractère panégyrique dans les *Histoires ecclésiastiques* de Socrate et de Sozomène à l'influence de cette idéologie de l'unité. Mais nous ne pouvons évidemment oublier le désir de Sozomène d'être introduit à la cour et les relations de Socrate avec des fonctionnaires importants, comme le préfet du prétoire Anthémius.

La scansion du passé

On a vu que l'optimisme, qui caractérise les *Histoires ecclésiastiques* de Socrate et de Sozomène, naît d'une certaine lecture du passé et d'une interprétation spécifique de l'histoire. Le présupposé tacite que l'histoire ne se présente pas comme un ensemble désordonné de faits choisis au hasard, mais comme un tout structuré, fonctionne comme prémisse de toute lecture du passé. L'histoire doit en effet avoir reçu une scansion permettant au lecteur de s'y retrouver et de s'y orienter. Dans les *Histoires ecclésiastiques* de Socrate et de Sozomène, cette scansion est présente tant au niveau formel qu'au niveau substantiel.

---

[28] ACO 1.1.2 (Coll. Vat. 80) *Cyrilli Alexandrini sermo* p. 104.5: δι'ἧς ἔθνη τὰ πολέμια συνετρίβη, δι'ἧς χορὸς ἀειπαρθένων βασιλεύει, δι'ἧς κόσμον ἐν εἰρήνῃ καθίστησι. Cf. ACO 1.1.1 (Coll. Vat. 5) *Epistula Nestorii* p. 32.11-18; ACO 1.1.1 (Coll. Vat. 25) *Epistula Theodosii* p. 114.29-116.8; ACO 1.1.3 (Coll. Vat. 81) *Relatio ad imperatorem* p. 3.6; ACO 1.1.5 (Coll. Vat. 158) *Relatio Orientalium* p. 131.3. Cf. Callinicos, *Vita Hypatii* 32.17-18.
[29] Socr. 7.42-43. Cf. ci-dessus p. 304-305.
[30] Soz. 9.1.9, 9.3.3. Cf. ci-dessus p. 144-149.

Il y a tout d'abord la fidélité de Socrate et Sozomène aux exigences formelles du genre de l'histoire ecclésiastique. Définissant l'histoire en général de la même façon que l'histoire classique, leur travaux s'en distinguaient par le sujet, l'Église. Grâce à cette définition, l'histoire ecclésiastique présentait une cohérence qui se traduisait en une scansion formelle de l'histoire. Les thèmes dont un historien de l'Église devait traiter étaient en quelque sorte fixés d'avance. Parmi eux figuraient en premier lieu les hérésies, les conciles, le monachisme, les grands écrivains ecclésiastiques, les martyrs et les saints hommes. Les actions de l'empereur, quant à elles, ne pouvaient être racontées que si elles avaient un lien explicite avec l'Église. Le lecteur savait à quoi s'attendre grâce à la cohérence du genre littéraire.

D'autre part, l'histoire avait également reçu une scansion substantielle; tandis que le genre définissait les thèmes à traiter, la tradition y donnait un contenu précis. Ce n'étaient pas les historiens de l'Église qui créaient le canon de grands événements et de personnes, tels que la lutte d'Athanase contre l'arianisme, ou l'opposition de Basile de Césarée et de Grégoire de Nazianze à Valens. C'était la tradition qui transmettait aux historiens l'image de Julien comme persécuteur ardent ou qui muait la défense héroïque de Basile et de Grégoire contre les assauts de Valens et ses sbires ariens en un symbole de la lutte anti-arienne. Certes, il est vrai que les historiens devaient s'atteler à y suppléer des détails jusqu'alors inconnus, à assembler les anecdotes en une trame chronologique et à en chercher les causes. Cependant, ce travail de polissement s'effectuait à l'intérieur des repères fournis par la tradition.

2. LA CRAINTE

2.1 LA «PAIX TROMPEUSE»

Un triomphalisme illimité?

P. Brown a vu dans un tel optimisme, qu'il qualifie de triomphalisme, le cœur de la pensée chrétienne du milieu du cinquième siècle[31]. C'est sans doute vrai vu sous un angle très spécifique, celui de l'attitude de Socrate et de Sozomène envers le paganisme. Pour les deux historiens,

[31] P. BROWN, *Power and Persuasion*, p. 126-128; ID., *Christianization*, p. 640, 651, 655.

le paganisme était désormais définitivement vaincu. Socrate n'en parle pas trop — ce qui en dit long sur l'importance qu'il y accorde — et Sozomène a construit son histoire autour de la disparition du paganisme et du judaïsme causée par la révolution chrétienne. Par ce biais, leurs histoires peuvent être qualifiées de triomphalistes.

Les *Histoires ecclésiastiques* de Socrate et Sozomène ne doivent pourtant pas être uniquement lues sous cet angle. Si l'optimisme s'approche du triomphalisme lorsque les historiens contemplent l'idolâtrie, c'est le seul terrain où l'auditeur attentif n'aperçoit pas le *basso continuo* d'insécurité et de crainte sous la mélodie triomphale.

Par la lucidité propre à la distance de vingt ans qui le séparait des événements, Nestorius diagnostiquait la précarité de la paix inaugurée par sa déposition en 431 et par la réconciliation de Jean d'Antioche et Cyrille d'Alexandrie deux ans plus tard. C'était une «paix trompeuse». Pour l'obtenir, «il y avait eu inimitié et violence» et, par conséquent, l'état de choses ainsi établi «pouvait facilement être renversé»[32]. Ainsi, il exprimait ouvertement ce qui était en filigrane perceptible chez les deux historiens de l'Église.

Tout en étant témoins et propagateurs de cette paix trompeuse, les *Histoires ecclésiastiques* de Socrate et de Sozomène ne peuvent en effet cacher la fragilité de la situation que leurs auteurs vivaient. Cela s'exprime sous deux aspects. L'optimisme, et même le triomphalisme à certains égards, ne pouvait réduire au silence les voix de ceux qui le contestaient. À travers les ouvrages des deux historiens nous est transmis le murmurement des hérétiques, les vaincus de l'histoire. D'autre part, chez Socrate et Sozomène, une certaine crainte du retour du passé est perceptible, c'est-à-dire la peur que les vaincus ne reprennent des forces et qu'ils renversent le règne de paix et de foi orthodoxe pour établir le leur.

Des histoires alternatives

À travers leurs réfutations des versions païennes ou hérétiques, Socrate et Sozomène attestent l'existence d'autres histoires que celle racontée par eux-mêmes. Des bribes en surgissent, non seulement à travers la critique explicite qu'ils y exercent, mais également dans quelques anecdotes qu'ils reprennent sans beaucoup s'y appesantir. Par exemple, la présentation d'Apollinaire de Laodicée comme un défenseur de la tradition chrétienne pendant les persécutions de Julien (361-363) provient sans doute d'une

---

[32] Nestorius, *Livre d'Héraclide* p. 453 trad. p. 291.

tradition favorable à l'apollinarisme[33]. Que ce même Apollinaire aurait été témoin de l'élection divine d'Athanase, comme le dit Sozomène, en est un autre exemple[34].

Socrate et Sozomène avaient conscience par conséquent que des histoires alternatives existaient, surtout des histoires hérétiques qui contestaient aux orthodoxes l'héritage orthodoxe. Pour leur part, les deux historiens constantinopolitains essayaient de réfuter cet appel à la vérité. Cela eut deux effets majeurs.

D'abord, un soupçon de partialité pesait sur tous ceux qui colportaient une interprétation différente de l'histoire. En premier lieu, ce furent les hérétiques, mais le soupçon s'étendait également aux païens, les auteurs de sacrifices humains essayant de contrecarrer la révolution chrétienne[35], et aux juifs qui manquaient de respect pour les chrétiens et qui tentaient de renverser l'ordre chrétien établi.

D'autre part, la réfutation des hérétiques les rendait paradoxalement très présents dans les *Histoires ecclésiastiques* de Socrate et de Sozomène. Ils y fonctionnaient, pour ainsi dire, comme le négatif de la vérité que prônaient les deux historiens. En affirmant offrir un récit véridique, Socrate et Sozomène réfutaient implicitement la prétention des hérétiques à faire de même. La vérité orthodoxe et hérétique s'excluant mutuellement, les deux historiens disaient non seulement qu'ils étaient restés fidèles à l'orthodoxie, mais aussi que les hérétiques en avaient dévié.

Tout en proclamant le triomphe de l'orthodoxie, Socrate et Sozomène admettaient donc la possibilité d'un discours autre que le leur, un discours qu'il fallait combattre et réfuter afin d'attester leur propre vérité. Ainsi, ils avouaient implicitement que leur interprétation du passé n'était pas la seule et unique possible.

Le retour du passé

Dans le pire des scénarios, il aurait été imaginable que les hérétiques ou les païens vaincus sortaient de leur soumission et triomphaient de l'orthodoxie. Cela aurait été en quelque sorte le renversement de l'ordre présent et le retour du passé. Si l'orthodoxe faillit, s'il commet un péché ou se détourne de la vraie foi, l'absent de l'histoire se manifestera et le vaincu battra le victorieux. Cette idée, présente chez Socrate comme la

---

[33] Socr. 3.16.1-6; Soz. 5.18.2-5.
[34] Soz. 2.17.2-3.
[35] Cf. ci-dessus p. 140-142.

retombée possible dans le désordre et la guerre, était conceptualisée par Sozomène. Celui-ci présentait le règne de Julien (361-363) et l'usurpation d'Eugène (392-394) comme des contre-révolutions qui tentaient de contrecarrer l'avance du christianisme et de conduire au retour de l'ordre païen[36].

Nestorius vit ce scénario se réaliser dans les deux décennies après sa déposition (431). Des tremblements de terre (447), des famines, et les invasions des Huns (441/2 et 447) sont autant de punitions pour le détournement de la véritable foi par les «monophysites», qui sont comparés aux ariens. «Autant ils ont négligé l'Évangile, autant ils ont été rejetés de leur prééminence. Ils partagèrent aussi la foi de ceux qui adorent la créature (les ariens); ils en différaient par le nom et par le mot 'consubstantiel'»[37]. Chez lui, la victoire des barbares, l'ennemi typique dans l'imaginaire romain, s'alliait à une résurgence de l'arianisme, désormais l'adversaire typique dans l'imaginaire orthodoxe. «Pour quelle cause pensez-vous que ceux qui possédaient toute la terre devinrent la proie des barbares? N'est-ce pas parce qu'ils ne se sont pas servis comme il fallait de la prééminence qui leur avait été donnée afin que toutes les nations connussent la grâce qui leur avait été accordée? afin qu'ils apprissent, comme serviteurs, ce qui convenait, puisqu'ils ne l'avaient pas appris comme maîtres»[38]. Dans le camp adverse, on a les mêmes images avec un contenu inverse: les ennemis de Nestorius ne se lassaient pas de comparer l'évêque déposé à Arius[39].

Un tel scénario était sans doute trop dramatique pour avoir été imaginé par Socrate ou Sozomène. L'appel pathétique des orientaux, cité au début de cette conclusion, montre pourtant à quel point on avait peur à l'époque de perdre les biens dont on jouissait. Que la paix pouvait être troublée par l'action intrépide d'un évêque, illustre combien elle était fragile.

2.2 LES STRUCTURES DE LA CRAINTE

L'optimisme propre au second quart du cinquième siècle n'était donc pas fondamentalement triomphaliste. Les nicéens avaient conscience du

---

[36] Soz. 5.3.5, 5.16.1, 7.22.5.

[37] Nestorius, *Livre d'Héraclide* p. 511, trad. p. 325.

[38] Nestorius, *Livre d'Héraclide* p. 511, trad. p. 325. C'est plus ou moins le scénario qu'envisage Philostorge et qu'il considère évidemment comme positif: cf. E.I. ARGOV, *Giving the Heretic a Voice*, p. 509, 516.

[39] Par exemple ACO 1.1.3 (Coll. Vat. 118) *Apologeticus Cyrilli* p. 79.27-31.

fait que leur lecture de l'histoire n'était pas la seule à circuler, et ils sentaient que leur victoire n'était pas définitive. Deux causes structurelles peuvent rendre compte de cet état des choses: les limites des capacités humaines et la fragilité de l'idéologie de l'unité.

Les limites des capacités humaines

À un niveau plus profond, il restait des doutes sur l'interprétation même de l'histoire. Un ouvrage historique restait toujours en retrait par rapport à la vérité, à la fois du fait des limites de la connaissance humaine et du fait des voies insondables de l'intervention divine.

En premier lieu, la critique historique ne saurait reconstruire le déroulement exact de tout événement. Les limites des capacités humaines font que certains faits ne peuvent être reconstruits de façon certaine. Pour d'autres, il existe plusieurs versions qui ont toutes une certaine vraisemblance sans qu'on puisse trancher. Dans certains cas, les historiens en appellent à Dieu lui-même, seul à savoir le déroulement exact des événements. Ce constat n'entre pas en contradiction avec la prétention de Socrate et de Sozomène de suivre les meilleurs principes de la critique historique. Ils ont fait tout ce qui s'avère humainement possible afin de découvrir la vérité historique, mais ils ne peuvent pas dépasser les limites propres à la nature humaine.

D'autre part, la causalité ne réussit pas non plus à lever entièrement le voile d'ignorance qui recouvre le monde sublunaire. En ce qui concerne son aspect fondamental, la relation entre Dieu et l'homme, ni Socrate ni Sozomène ne proposent une théorie complète et cohérente. Expliquer la providence, dit Socrate, cela reviendrait à tenir un discours impénétrable, qui, de plus, n'aurait pas sa place dans une *Histoire ecclésiastique*[40]. Il en signale ici et là les effets, tantôt avec conviction, tantôt avec des doutes. Tout en étant convaincu de l'intervention continuelle de Dieu, Sozomène a souvent recours à des circonlocutions du genre οὐκ ἀθεεί afin d'interpréter un événement. L'intervention divine est bien réelle, c'est sûr, mais sa perception n'est pas toujours assurée.

La fragilité de l'idéologie de l'unité

L'idéologie de l'unité, esquissée ci-dessus, ne servait pas uniquement à louer l'empereur. La délégation des orientaux, envoyée à Constantinople pour plaider la cause de Nestorius, la transformait en une menace,

---

[40] Socr. 1.22.14.

quand ils voyaient que Théodose II tendait vers une condamnation de leur chef. Si l'empereur, à qui Dieu avait accordé tant de bienfaits, ne donnait pas sa foi en retour, il risquerait, selon eux, non seulement l'éclatement de l'Église, mais son Empire se scinderait en une partie qui lui serait fidèle et une partie qui refuserait de le reconnaître comme empereur légitime [41]. Le choix posé pour ou contre Nestorius déciderait de la légitimité de Théodose II et de l'unité de son Empire.

L'idéologie de l'unité n'était donc pas anodine. Quand il y avait un défaut dans un des termes, par exemple la foi, elle risquerait de voler en éclats et de détruire tout ce qu'elle justifiait jusqu'alors, la collaboration entre l'Église et l'Empire, la légitimité de l'Empereur, la paix sociale et l'unité de l'Empire. Étant lié à tant d'autres éléments, la paix était plus facilement troublée. À cause du parallélisme entre l'Empire et l'Église, une attaque barbare n'était plus un événement qui concernait uniquement l'Empire: elle pouvait être un signe du courroux divin due aux péchés des hommes ou aux hérésies qui n'étaient pas dûment combattues. La paix était donc liée à tant de conditions qu'elle devenait très fragile. Toute dispute, que ce soit au sein de l'Église ou l'Empire, pouvait, pour ainsi dire, en sonner le glas.

3. LE POINT DE VUE DE SOCRATE ET DE SOZOMÈNE

Tout en étant les témoins des espoirs et craintes des gens pendant le second quart du cinquième siècle, Socrate et Sozomène n'ont pas moins offert une perspective qui trahit un point de vue spécifique, ou plutôt, un double point de vue: l'Église à Constantinople. Cela nous apprend qu'il ne faut pas généraliser tous les aspects de l'interprétation de Socrate et de Sozomène, même s'il est sûr qu'ils sont empreints du climat de leur temps.

Malgré leur prétention à traiter de l'Église universelle, les *Histoires ecclésiastiques* de Socrate et de Sozomène dirigent presque exclusivement leur regard vers l'Église orientale. Au cœur de celle-ci, la vie constantinopolitaine prend une place démesurée, non seulement par le nombre des faits ayant trait à la capitale, mais aussi par la valeur que lui ont accordée les historiens[42].

---

[41] ACO 1.1.7 (Coll. Ath. 62) *Orientalium supplicatio prima* p. 72.25-34, 73.2-7; ACO 1.1.7 (Coll. Ath. 65) *Orientalium supplicatio tertia* p. 76.5-21. Cf. Nestorius, *Livre d'Héraclide* p. 493-494 trad. p. 315.

[42] Cf. Lellia CRACCO RUGGINI, *Universalità*, p. 169.

À la fin de leurs ouvrages, c'est Constantinople qui domine l'histoire. La défaite des ariens fut considérée comme définitive le jour où Théodose I les chassait de Constantinople. Le récit des événements ecclésiastiques pendant le règne d'Arcadius (395-408) s'épuise avec la crise chrysostomienne. De plus, Socrate structure son dernier livre autour des évêques constantinopolitains, alors que Sozomène débute le sien par une esquisse de la situation à la cour et par la translation des reliques des quarante martyrs à Constantinople. Cet état des choses est explicitement justifié par Socrate, selon lequel les événements constantinopolitains sont plus glorieux que les autres[43].

L'importance de Constantinople à l'époque de Socrate et de Sozomène est projetée dans le passé. Ses évêques avaient joué un rôle fondamental dans la lutte contre l'arianisme, Alexandre obtenant par exemple de Dieu la mort d'Arius. Paul, pour sa part, partageait les souffrances d'Athanase et mourut en tant que martyr pour la cause nicéenne. L'historicité de ces événements ou leur interprétation peuvent nous sembler suspects; il n'en reste pas moins qu'ils illustrent le regard des Constantinopolitains sur leur propre passé.

La ville de Constantinople se distingue des autres. Socrate souligne le fait que Dieu protégeait Constantinople afin qu'elle ne fût pas prise et pillée par les barbares[44]. Sozomène, quant à lui, décrit Constantinople comme une ville pure et catholique dès sa fondation, protégée des souillures hérétiques par la loi. Pour lui, la ville préfigure au début de son histoire ce que le monde entier deviendra vers la fin[45].

Constantinople est donc à la fois un point de vue et un point de référence, les deux aspects se justifiant mutuellement. Constantinople jouit de la prédilection divine, les événements y sont plus grandioses, et ce qui arrive dans la capitale exemplifie les faits du reste de l'Empire, ce sont, aux yeux de Socrate et de Sozomène, assez de raisons probantes pour écrire une histoire de la perspective constantinopolitaine. On ne peut pas douter que leurs *Histoires ecclésiastiques* auraient sans aucun doute été moins optimistes si elles avaient été écrites à Rome, en Afrique ou en Orient.

Laïcs sans doute, Socrate et Sozomène ne parlent pas moins en tant qu'hommes d'Église. Cela s'exprime de prime abord par le choix d'écrire une *Histoire ecclésiastique* et non pas classique. Mais, non seulement la

---

[43] Socr. 5.24.9.
[44] Socr. 6.6.1, 7.29.9.
[45] Soz. 2.3.

forme est ecclésiastique, il faut aussi souligner que la perspective place l'Église au centre du récit.

Leurs histoires sont scandées par les troubles ecclésiastiques. L'événement majeur du passé est la lutte arienne. Bien que Socrate et Sozomène affirment le parallélisme entre l'Église et l'Empire, tout se mesure implicitement par rapport à cet événement. La défaite des Romains à Adrianople en 378 est interprétée comme une punition de Valens, qui favorisait l'arianisme[46]. Ce n'est donc pas une conséquence de la faiblesse militaire de l'Empire ou de la dégénérescence de ses dirigeants, comme le dit Ammien[47]. Chez les historiens de l'Église, tout est expliqué en fonction de la foi chrétienne et de sa morale.

La perspective ecclésiastique est aussi perceptible dans l'approche qu'ont Socrate et Sozomène du pouvoir impérial. Alors que les empereurs insistent sur le triple pilier de l'Empire, les armes, la loi et la foi[48], les historiens privilégient le dernier en oblitérant les deux premiers. Dans le neuvième livre de son *Histoire ecclésiastique*, Sozomène insiste sur le fait que la seule foi suffit pour vaincre les ennemis. Socrate, pour sa part, nous expose la manière dont Théodose II se fiait uniquement à la prière pendant l'invasion du Hun Rua (434). Dieu l'exauça, comme il va de soi, en frappant les barbares de la foudre et de la peste[49].

Soulagement et crainte, voilà le couple qui rythme les *Histoires ecclésiastiques* de Socrate et Sozomène. Le soulagement d'avoir survécu à tant de maux amène une image optimiste du temps présent et de l'évolution historique en général. Les historiens ont le sentiment d'avoir reçu en héritage la paix et la piété, tant menacées pendant le siècle précédent. Cet optimisme se reflète dans l'image qu'ils brossent de Théodose II, qui est loué pour sa vie conforme aux demandes de l'Eglise et pour avoir mené une politique heureuse qui a fait aborder l'Empire à un port sûr. D'autre part, il y a également la peur de perdre ce bien qui leur est transmis. Rien ne démontre que les gens resteront fidèles à la véritable foi; le cas de Nestorius en est déjà un indice. Couverte par l'optimisme, cette crainte ne s'exprime pas sur le premier plan, mais elle n'en est pas moins présente. Quand on fait face à des troubles, la peur s'exprime à haute

---

[46] Socr. 4.38; Soz. 6.40.
[47] Cf. T.D. BARNES, *Ammianus*, p. 183.
[48] Par exemple *Novellae Maioriani* 6 (26/10/458); ACO 2.1.1 (Epistolarum collectio 10) *Epistula Valentiniani et Marciani* p. 10.5-17; *Epistula Valentiani et Marciani*, in Leo Papa, *Epistulae* 73, PL 54.899.
[49] Socr. 7.43.

voix, comme en témoigne la lettre des orientaux que nous avons citée au début de cette conclusion.

L'optimisme que nous décelons chez Socrate et Sozomène est partagé par une grande partie de leurs contemporains orthodoxes, qui espèrent pouvoir continuer à vivre dans un monde sans menace hérétique ou barbare. En même temps, la représentation de leur époque que donnent les historiens de l'Église s'est ancrée dans la vie constantinopolitaine. Pour eux, Constantinople exemplifie la situation de l'Empire. De plus, leurs idées trahissent une perspective ecclésiastique, qui mesure et explique tout en fonction de l'adhésion à la foi nicéenne.

Les événements dramatiques de 447-451, les invasions des Huns et la controverse monophysite, changeront fondamentalement l'interprétation du règne de Théodose II. D'une époque d'unité et de concordance, on entre dans un âge de division et de guerre. Au lieu d'un temps où l'on a réussi à établir la paix, le règne de Théodose II est désormais considéré comme le berceau des maux futurs. L'historien Priscus en fera plus tard l'inventaire et en attribuera la responsabilité à Théodose lui-même, tout comme Socrate et Sozomène ont imputé une partie des bienfaits de leur temps à ce même empereur. Ainsi, les dernières années de Théodose II forment une césure entre une époque d'une vingtaine d'années, où on croit vivre dans la paix et l'unité, et une autre où l'on est convaincu d'avoir tout perdu. La génération de Socrate et de Sozomène n'a donc pas réussi à transmettre l'héritage de paix et de piété aux générations futures.

APPENDICES

APPENDICE I

PLAN DES *HISTOIRES ECCLÉSIASTIQUES* DE SOCRATE ET DE SOZOMÈNE

1. SOCRATE

Livre 1:

1.1-1.3: *Prooimion*
1.4-4.6: *Prooimion* élargi
5-8.4: La rupture de la paix: le début de la controverse arienne
8.5-13: Le concile de Nicée: la défaite de l'arianisme
14-21: Le rétablissement de la paix[1]
      14: L'acceptation universelle de Nicée (retour d'Eusèbe et Théognis)
      15: Athanase
      16: La fondation de Constantinople
      17: La découverte de la vraie croix
      18: Le zèle et le succès de Constantin
      [18.14-16: Digression méthodologique]
      19-20: La conversion de l'Inde et des Ibères
      21: Le moine Antoine
22-36: La guerre contre l'orthodoxie[2]
      22: Les manichéens[3]
      23: L'offensive des eusébiens contre Athanase

---

[1] Cf. Socr. 1.18.15.
[2] Cf. Socr. 1.22.1, 1.23.2.
[3] Nous ne considérons pas ce chapitre comme une digression, comme le fait M. WALL-RAFF, *Der Kirchenhistoriker*, p. 180. Socrate dit bien reprendre le récit chronologique à la fin du paragraphe (Socr. 1.22.15: ἐπανέλθωμεν δὲ ἐπὶ τοὺς χρόνους τῆς προκειμένης ἱστορίας), mais cela n'implique pas nécessairement qu'il s'agit d'une digression. La fonction du chapitre sur le manichéisme ne nous semble pas celle d'une digression. Il interrompt le récit des bienfaits du règne de Constantin et introduit les quatorze chapitres suivants qui traitent des péripéties d'Athanase (cf. Socr. 1.22.1: Ἀλλὰ μεταξὺ τοῦ χρηστοῦ σίτου εἴωθεν καὶ τὰ ζιζάνια φύεσθαι· φθόνος γὰρ τοῖς ἀγαθοῖς ἐφεδρεύειν φιλεῖ). C'est donc une sorte d'introduction à l'ensemble des chapitres 1.22-36.

24: Le conflit à Antioche
25-26: Le retour d'Arius
27: Les accusations contre Athanase
28-35: Le concile de Tyr contre Athanase
36: Le concile de Constantinople contre Marcel d'Ancyre
37-38: La deuxième défaite de l'arianisme
37-38.9: La mort d'Arius
38.10: Constantin défend le concile de Nicée dans le monde entier
39-40: La mort de Constantin

Livre 2:

1: *Prooimion*
2-28: La guerre des ariens contre Athanase d'Alexandrie et Paul de Constantinople
2-16: La victoire des ariens[4]
2-11: La première fuite d'Athanase et de Paul
12-15: La seconde fuite d'Athanase
16: La fuite de Paul
17-24: La victoire d'Athanase[5]
17: L'intervention occidentale
18-19: La réaction des eusébiens: l'*ekthesis makrostichos*
20-22: Le concile de Sardique
[21: Digression: la défense d'Eusèbe de Césarée]
23-24: Le retour d'Athanase et de Paul, la repentance d'Ursacius et Valens
25-28: La victoire des ariens
25: Les troubles publics
26-28: La fuite d'Athanase et la mort de Paul
29-46: L'éclatement de l'Église[6]
29-32: Photin
32-34: Les troubles publics
35: Aèce
36: L'arianisme en Occident
37: Le concile de Rimini
38: Les crimes des macédoniens
39-43: Le concile de Séleucie: la séparation entre homéousiens et homéens
44: Mélèce et le schisme antiochien
45: Les anoméens
46: L'apollinarisme

[4] Cf. Socr. 2.16.15.
[5] Cf. Socr. 2.25.1.
[6] Cf. Socr. 2.41.17-23.

47: La mort de Constance II

Livre 3:

[1: Digression: l'éducation de Julien[7]]
2-10: Les affaires ecclésiastiques
       [7.16-24: Digression sur *ousia* et *hypostasis*]
11-16.9: La persécution de Julien
[16.10-27: Digression: sur l'éducation païenne[8]]
17-22.9: La défaite de Julien
       17-19: Julien à Antioche
       20: Julien et le temple juif à Jérusalem
       21-22.9: La mort de Julien
[22.10-23: Digression: l'image de Julien (la mauvaise éducation)]
24-26: Jovien

Livre 4:

1.1-13: Le contraste des règnes de Valentinien et Valens
1.14-5.4: La division au sein de l'Église et dans l'Empire
6-26:   La persécution de Valens
       8: *Omen*
       9.8-11.7: Les troubles publics
       19: *Omen*
       [23: Digression: les moines d'Égypte]
       24.1-12: La persécution à Alexandrie
       24.13-26: Les défenseurs de l'orthodoxie
[27: Digression: les trois Grégoire]
28-29: La division parmi les novatiens[9] et à Rome
30: La défense de l'orthodoxie (Ambroise de Milan)
31: La mort de Valentinien

---

[7] Socrate délimite le premier chapitre du troisième livre en tant que digression. En 3.1.3, il annonce ὀλίγα διεξελθεῖν sur la personne de Julien et son éducation. Des indications pareilles introduisent d'autres digressions (voir ci-dessus p. 268-269). À la fin du paragraphe, il dit clairement que le thème en était la descendance et l'éducation du roi, qu'il a traité uniquement ὡς ἐν ἐπιδρομῇ (3.1.60). Cf. G.C. Hansen, rec. *M.Wallraff*, p. 174.

[8] Il n'est pas justifié de considérer tout le chapitre 16 comme une digression, contrairement à ce que dit M. Wallraff, *Der Kirchenhistoriker*, p. 180. Les neuf premières phrases décrivent la réaction des deux Apollinaire à la loi scolaire de Julien. Ce n'est qu'ensuite que débute la digression défendant la culture païenne.

[9] M. Wallraff, *Der Kirchenhistoriker*, p. 180 voit en Socr. 4.28.2-13 une digression, mais il manque toute indication de la part de Socrate lui-même pour soutenir cette idée.

32: La persécution
33-38: La mort de Valens

Livre 5:

Prooimion
1: La défense de Constantinople
2-5: Le manque d'unité au sein de l'Église
6-10.28: La politique de réconciliation de Théodose I[10]
      6: Le baptême de Théodose I
      7-10: Les deux conciles de Constantinople et les mesures pro-nicéennes
10.28-13: L'échec de la politique de réconciliation
      10.28-33: Le schisme d'Antioche
      11-13: Les troubles au sein de l'Église et de l'Empire
14-15: Le succès de Théodose I
      14: La victoire de Théodose I
      15: L'unité à Antioche
16-17: L'échec de la politique de réconciliation: les troubles à Alexandrie
18: Les bienfaits de Théodose I à Rome
19: Le prêtre pénitencier
20-25: Le succès de Théodose I
      20-24: L'éclatement des hérésies[11]
      [22.1-80: Digression: les différences liturgiques]
      25: La victoire sur Eugène
26: La mort de Théodose I

Livre 6:

Prooimion
1: L'avènement d'Arcadius
2-3: L'ordination et la vie de Jean Chrysostome[12]
4-5: Les causes du conflit
      4-5: Les conflits à Constantinople

---

[10] Cf. Socr. 5.10.1-5.

[11] Cf. Socr. 5.20.1-3.

[12] On pourrait considérer Socr. 6.3 comme une parenthèse (cf. G.C. HANSEN, rec. *M.Wallraff*, p. 174). Pourtant, la phrase de Socr. 6.2.12 qui introduit ce chapitre, propose de traiter de l'ensemble de la vie de Jean Chrysostome, de ses origines jusqu'à son décès, et annonce ainsi le sujet de l'ensemble du livre: ἄξιον ἡγοῦμαι μὴ σιγῆσαι τὰ κατ' αὐτόν, ἀλλ' ὡς οἷόν τε τὰ διὰ μακροτέρων λεχθησόμενα συστεῖλαι, εἰπεῖν τε ὅθεν ἦν καὶ ἐκ τίνων καὶ ὅπως ἐπὶ τὴν ἱερωσύνην ἐκλήθη, ὅπως τε ἀφηρέθη αὐτῆς καὶ ὡς μετὰ θάνατον ἐτιμήθη μᾶλλον ἢ περιών. Par conséquent, Socr. 6.3 n'est pas une digression.

---

[13] Uniquement sur la base de la traduction arménienne, G.C. Hansen (*Sokrates*, p. 356) ajoute à la fin de ce chapitre <ἐπαναδράμωμεν δὲ νῦν εἰς τὸ πρόκειμενον>, le délimitant ainsi en tant que digression. Rien dans le chapitre ne suggère pourtant qu'il est une digression; au début, Socrate dit simplement Ὑπὸ δὲ τὸν αὐτὸν τοῦτον χρόνον. Il vaut mieux ne pas retenir cette addition.

23-24: L'unité au sein de l'empire
    25: Le soin d'Atticus pour l'unité et la paix de l'Église
26-28: Sisinnios de Constantinople
29-34: Nestorius de Constantinople
    29: La persécution
    30: La conversion des Burgondes
    31: La persécution
    32-34: L'hérésie et la déposition de Nestorius
35-39: Maximien de Constantinople
    35: L'ordination
    [36: Digression: *de translationibus*]
    [37: Digression: Silvanus]
    38: La conversion des juifs
    39: Un miracle novatien
40-48.5: Proclos de Constantinople
    40-41: Le zèle de l'évêque
    42-44: La piété et le succès de Théodose II et d'Eudocie
    45: La fin du schisme chrysostomien
    46: Paul le novatien favorise l'unité de l'Église
    47: Le pèlerinage d'Eudocie à Jérusalem
    48.1-5: L'action louable de Proclos
48.6-8: Le retour à la paix

2. Sozomène

Livre 1:

1: *Prooimion*
2-14: L'accroissement du christianisme
    2-9: Les mesures de Constantin en vue de l'expansion du christianisme
    [5: Digression: réfutation des historiens païens]
    10-14: La piété des saints hommes
15-25: La querelle arienne: le concile de Nicée
    15-16: La cause du concile
    17-20: Les délibérations
    21-25: Les décisions

Livre 2:

1-15: L'accroissement du christianisme
    1-5: L'accroissement de l'Église dans l'Empire (les mesures de Constantin)
    6-15: L'accroissement de l'Église en dehors de l'Empire

16-33: Les ariens contre Athanase d'Alexandrie
    16-23: La défaite d'Athanase, première partie
    24: La conversion de l'Inde
    25-28: La défaite d'Athanase, seconde partie
    29-30: La mort d'Arius
    31-32.6: Les mesures de Constantin en faveur de l'unité et de l'accroissement
    32.7-33: La continuation de la querelle arienne
34: La mort de Constantin

Livre 3:

1-13.5: L'attaque contre l'orthodoxie
    1: Le début
    2: Le retour d'Athanase d'Alexandrie
    3-4: L'ordination et la déposition de Paul de Constantinople
    5-6: La déposition d'Athanase
    7: Le retour et la déposition de Paul
    8: Le retour de Paul et d'Athanase
    9: La fuite de Paul et d'Athanase
    10-13.5: La séparation des Églises à cause d'Athanase et de Paul (le concile de Sardique)
13.6-24: La victoire de l'orthodoxie
    13.6-16: La défense de l'orthodoxie par les moines
    17: L'accroissement du christianisme
    18-24: La victoire de l'orthodoxie
        18-19: La victoire apparente des ariens
        20-22: Le retour d'Athanase
        23-24: Le repentir des ennemis d'Athanase

Livre 4:

1-15: Les querelles ecclésiastiques et leur conséquences
    1: Les troubles au sein de l'Empire
    2-3: L'attaque contre Athanase et Paul
    4: Les troubles au sein de l'Empire
    5: L'apparition de la croix en 351
    6: L'hérésiarque Photin
    7: Les troubles au sein de l'Empire[14]

[14] Cf. Soz. 4.7.4.

8-11: Les attaques contre Athanase et Libère de Rome

12-14: Sur les anoméens

15: Le retour de Libère de Rome de son exil

16.3-13: Le tremblement de terre de 358

16-30: La victoire des ariens[15]

    16-24: Les conciles de Rimini et de Séleucie

        16-19: Le concile de Rimini (Occident)

        20-21: Les troubles de l'Orient précédant le concile de Séleucie

        22-25: Le concile de Séleucie (Orient)

    26-27: La défaite des macédoniens

    28-30: L'avance des partisans d'Acace

Livre 5:

1-2: La victoire annoncée du christianisme, la défaite du paganisme

    1-2.4: *Omina*

    2.4-17: La vanité de la magie païenne

3-11: La persécution de Julien

    3-8: Sa persécution «non-sanglante»[16]

    8-11: Les martyrs[17]

12-14: Les églises sous Julien

15-18: Les mesures pro-païennes de Julien: la contre-révolution de Julien[18]

18-22: Les victoires divines du christianisme

    [14.14-17: Digression: la famille de Sozomène]

    [19.5-11: Digression: Daphné]

    [21.5-11: Digression: la présence de Jésus sur terre]

Livre 6:

1-2: La mort providentielle de Julien

3-6.1: Le règne de Jovien

6.2-8: L'avènement de Valens, éclatement des guerres

9-14: La persécution des nicéens

15-17: La résistance orthodoxe (piété)

    15-16: Basile de Césarée

    17: Grégoire de Nazianze

18-22: La persécution des nicéens

[15] Cf. Soz. 4.16.1.
[16] Cf. Soz. 5.4.6-7.
[17] Cf. Soz. 5.11.12.
[18] Cf. Soz. 5.16.1-2.

23-24: La résistance orthodoxe (piété)
      23: Damase de Rome
      24: Ambroise de Milan
25-27.6: Le développement des hérésies: Apollinaire et Eunome
27.7-34: La résistance des moines (piété)
35-38: La défaite du paganisme
      35: L'élimination du paganisme
      36-38: La conversion des Goths et des Sarrasins
      [38.10-16: Digression: les coutumes arabes et la conversion de Zocomos]
39-40: La mort providentielle de Valens

Livre 7:

1-14: La défaite de l'arianisme
      1-2: Le succès provisoire de l'arianisme
      3-12: Le succès de l'orthodoxie
      13-14: Le succès de l'empereur Théodose I
15-29: La victoire de la piété
      15-21: L'expansion du christianisme
          [18.7-19.12: Digression: la fête de Pâques]
      22-24: Le succès de l'empereur
      25-28: Les saints hommes
      29: La sanction divine de la piété: les reliques d'Habaquq et Michée

Livre 8:

1: La piété des empereurs sanctionnée par Dieu
2-3: Le caractère de Jean Chrysostome, première partie
4: Gaïnas
5-8: Le caractère de Jean Chrysostome, seconde partie
9-22: Les attaques contre Jean Chrysostome
      9-10: Les ennemis à Constantinople
      11-14: Théophile
      15-17: L'impératrice Eudoxie
      18-19: La fuite de Théophile d'Alexandrie
      20-22: La déposition de Jean Chrysostome
23-28: Les conséquences pour l'Empire et l'Église
      23-24: La persécution des chrysostomiens
      25: Les troubles dans l'Empire
      26: La tentative d'Innocent en faveur de Jean Chrysostome
      27: La punition des malfaiteurs et la piété de Jean Chrysostome
      28: L'intervention du pape Innocent

Livre 9[19]:

De ce livre, il nous en est parvenu environ la moitié, soit seize chapitres sur les trente que comprennent en moyenne les livres de Sozomène. Le dernier événement raconté se situe en 422 (l'exécution de l'usurpateur Maximus[20]), ce qui est en effet à peu près le milieu de la période que couvre ce livre (408-439).

1-3: La piété de Pulchérie
4-17: La double sanction divine de la piété
        4-16: L'Empire sauvé de ses ennemis
           4-5: L'Empire oriental
           6-16: L'Empire occidental
               6-10: Alaric
               11-16: Les autres tyrans
        17-: La découverte des reliques de Zacharie et de S.Étienne

---

[19] Cf. B. GRILLET dans G. SABBAH — B. GRILLET, *Sozomène*, p. 28.
[20] Soz. 9.15.3.

DEUX SOURCES DE SOCRATE

1. EUTROPE

La popularité du bréviaire d'Eutrope dans l'Antiquité tardive était immense. L'usage de son ouvrage par l'*Epitome de Caesaribus*, Ammien, Jérôme, Orose, Cassiodore et Jordanes est bien connu depuis longtemps[1], et plus récemment sa reprise dans l'*Historia Augusta*[2] et la *Passio Typasii* a été démontrée[3]. Les historiens de l'Église se servaient aussi de ce manuel indispensable: Sozomène le connaissait[4], et on en trouve également une trace dans le résumé de Philostorge[5].

Socrate s'est servi d'Eutrope à de nombreuses occasions. Dans le tableau suivant, nous complétons la liste des citations établies par d'autres savants[6]. Les compléments sont marqués avec *.

SOCRATE	EUTROPE	SOCRATE	EUTROPE
1.2.1	9.27.1-2, 10.2.1-4, 10.3.1, 10.4.1, 10.4.4	2.34.1-5*	cf. 10.13
1.2.2	10.4.3	2.47	10.14.1-10.15.2
1.2.7*	10.4.3	3.1.7*	10.9.1
1.2.8*	10.5	3.1.25-26*	10.14
1.2.10*	9.28	3.12.5-7*	10.16.3
1.4.2-5*	10.6[7]	3.21.3-4	10.16.1
1.40.3*	10.8.2	3.21.12*	10.16.2
2.5	10.9.2	3.21.17-18*	10.16.2
2.25.1-5, 7-11	10.9-11[8]	3.22.1-2*	10.17.1
2.28.21-23	10.12.2	3.22.6-7	10.17.1
2.32.8-9*	cf. 10.12.2	3.26.5-6*	10.18.2

[1] Cf. J. HELLEGOUARC'H, *Eutrope*, p. lv-lviii; S. RATTI, *Les Romana;* ID., *La lecture chrétienne*.

[2] W. SCHMID, *Eutropspuren*.

[3] D. WOODS, *A Historical Source*.

[4] Soz. 1.6.6 = Eutrope 10.5; Soz. 1.7.1 = Eutrope 10.6; Soz. 3.2.10 = Eutrope 10.9.2; Soz. 4.1.1-2 = Eutrope 10.11.2; Soz. 6.6.1 = Eutrope 10.18.1. Cf. G. SCHOO, *Die Quellen*, p. 86.

[5] Philostorge, *HE* 3.1 p. 30.1-2: μάχῃ τοῖς στρατηγοῖς αὐτοῦ συρραγέντα διαφθαρῆναι: Eutrope 10.9.2: *Constantis* duces interemerunt.

[6] L. JEEP, *Quellenuntersuchungen*, p. 124-127; F. GEPPERT, *Die Quellen*, p. 67-69; P. PÉRICHON, *Eutrope ou Paeanius?*, p. 379; G.C. HANSEN, *Sokrates*, p. 406.

[7] Socrate a mal combiné les récits d'Eutrope et d'Eusèbe (*Vita Constantini* 2.15, 2.18-21) sur les batailles entre Constantin et Licinius. Cf. P. VAN NUFFELEN, *Gélase*, p. 629.

[8] Cf. P. PÉRICHON, *Eutrope ou Paeanius?*, p. 384; G.C. HANSEN, *Sokrates*, p. 133-134.

Ajoutons deux remarques. En premier lieu, Socrate a souvent combiné Eutrope avec d'autres sources, en particulier des chroniques, ce qui rend sa version souvent hybride et peu exacte[9].

En second lieu, selon P. Périchon, Socrate dépendait à la fois de la traduction grecque d'Eutrope par Paeanius, exécutée en 380, et de l'original latin[10]. À notre avis, ses arguments et parallèles sont trop généraux pour prouver que Socrate ait utilisé la traduction grecque.

Son argumentation repose finalement sur deux détails. Socrate ajoute en 1.2.1 τῆς Κιλικίας au *Tarsum* d'Eutrope, tout comme le fait Paeanius. Pourtant, une telle précision géographique est habituelle chez Socrate, qui le fait à propos de Tarse encore à quatre reprises[11]. Par ailleurs, en 2.25.5, Socrate aurait repris la conjonction γάρ (νυκτομαχίας γὰρ ... γενομένης) de Paeanius (ἀρχομένης γὰρ ἑσπέρας). Le mot ne trouve aucune correspondance dans le latin d'Eutrope (*nullumque ei contra Saporem prosperum proelium fuit, nisi quod apud Singara haud dubiam victoriam ferocia militum amisit, qui pugnam seditiose et stolide contra rationem belli die iam praecipiti poposcerunt*) et serait par conséquent une invention de Paeanius copiée par Socrate. Pourtant, une telle adaptation du texte d'Eutrope par Socrate n'est pas sans précédent: voir les γάρ en 3.1.26 (Eutrope 10.14.2) et en 3.22.7 (Eutrope 10.17.1).

La dépendance envers Paeanius n'est donc pas démontrée. Au contraire, quelques petites divergences indiquent que Socrate et Paeanius ont souvent pris des options différentes pour traduire une même expression latine:

Eutrope 10.2.1 *Severum cui Italiam dedit*, Socr. 1.2.1 Σεβῆρον δὲ ἐν τοῖς κατὰ τὴν Ἰταλίαν [κατέστησε Καῖσαρα], Paeanius p. 171.9 Σευῆρον δὲ τοῖς ἐν Ἰταλίᾳ [ἐπέστησε];

Eutrope 10.5 *quamquam necessitudo et adfinitas cum eo esset; nam soror Constantia nupta Licinio erat*, Socr. 1.2.8 Λικινίου τοῦ συμβασιλεύοντος αὐτῷ τοῦ καὶ γαμβροῦ αὐτοῦ τυγχάνοντος ἐπὶ τῇ ἀδελφῇ αὐτοῦ Κωνσταντίᾳ, Paeanius p. 173.22 κηδεστὴς γὰρ ἦν αὐτῷ Λικίννιος ἐπ' ἀδελφῇ Κωνσταντίᾳ.

L'hypothèse que Socrate aurait utilisé Paeanius parallèllement à Eutrope n'est donc pas suffisamment argumentée et est même contredite par ces traductions nettement divergentes. Il faut donc l'abandonner.

---

[9] Par exemple Socr. 2.5, 2.32.8-9. Voir P. VAN NUFFELEN, *Socrate de Constantinople*, p. 66.

[10] P. PÉRICHON, *Eutrope ou Paeanius?*, suivi par G.C. HANSEN, *Sokrates*, p. li; M. WALLRAFF, *Der Kirchenhistoriker*, p. 187.

[11] Socr. 2.39.4, 3.17.6, 3.26.1, 4.12.39.

2. ATHANASE, *DE DECRETIS*

Jusqu'à présent, on croyait souvent impossible ou indémontrable le fait que Socrate ait utilisé le *De decretis Nicaenae synodi* d'Athanase[12]. On a même fait valoir que le nombre de différences textuelles était trop élevé pour rendre acceptable cette dépendance. Le texte établi par G.C. Hansen a pourtant fortement diminué le nombre de celles-ci et aucune différence majeure entre Athanase et Socrate, nécessitant l'usage d'une autre source, n'est plus observable. Puisque nous savons que Socrate a utilisé les écrits d'Athanase, rien ne permet plus de combattre l'idée qu'il avait aussi le *De decretis* devant lui.

À deux endroits, Socrate dépend de la première partie de l'écrit (*De decretis* 8.1: Socr. 1.36.2; *De decretis* 27.1: Socr. 6.13.9-12). Mais c'est surtout l'ensemble de documents rajouté à la fin de l'ouvrage (33-42) qui a attiré son attention. Ainsi, il cite six des neuf documents, exactement dans l'ordre où ils se retrouvent chez Athanase (*De decretis* 33: Socr. 1.8.35-55; *De decretis* 36: Socr. 1.9.1-14; *De decretis* 38: Socr. 1.9.17-25; *De decretis* 39: Socr. 1.9.30-31; *De decretis* 40-41: Socr. 1.9.64-65).

Par conséquent, il est permis de corriger le texte établi par G.C. Hansen à certains endroits. Celui-ci a souvent préféré la leçon de Théodore le Lecteur, qui dépendait immédiatement de Socrate, à celle des manuscrits grecs de Socrate, qui contiennent de nombreuses leçons déviantes. Pourtant, quand les manuscrits de Socrate ont le même texte qu'Athanase, face à une autre leçon de Théodore le Lecteur, il ne nous semble pas justifié de préférer ce dernier. En effet, les manuscrits gardent dans ce cas probablement le texte correct, tel que Socrate l'avait trouvé chez Athanase. Si on adopte ce principe, les corrections suivantes sont possibles[13]:

1.8.35-55: p. 25.9: lire τοιάδε (b A Ath.) au lieu de τοιαῦτα (T); p. 25.22 omettre ἁγία τοῦ θεοῦ (manque chez Ath. Gel.; c'est sans doute un supplément de T; Thdrt. n'a que ἁγία).

1.9.1-15: p. 29.11: omettre μόνον (ainsi b A Syr. Ath.; seuls T Cass. Arm. donnent le mot); p. 29.15: lire προκεχειρισμένων (b T Ath. Gel.) au lieu de προκεχειροτονημένων (A Arm. Thdrt.).

1.9.17-25: p. 31.14: omettre μέγιστος (ainsi b A Ath. Gel.; seul T a ce titre de Constantin); écrire <θεὸν> au lieu de θεὸν (le mot manque chez b A Ath. Gel. [ab]; c'était sans doute une erreur dans le texte original; T l'a ajouté).

---

[12] F. GEPPERT, *Die Quellen*, p. 29; G.C. HANSEN, *Sokrates*, p. 1 (mais à la page 40 il semble pourtant supposer que Socrate ait utilisé le *De decretis*); M. WALLRAFF, *Der Kirchenhistoriker*, p. 43 n. 89. H.-G. OPITZ, ad *De decretis* 36; Annick MARTIN, *L'origine*, p. 352 n.3; P. MARAVAL, *Socrate de Constantinople*, p. 30 n. 2 font exception.

[13] Les sigles sont ceux de G.C. HANSEN, *Sokrates*.

APPENDICE III

DEUX SOURCES DE SOZOMÈNE

1. Pseudo-Martyrius, *Epitaphios sur Jean Chrysostome*

L'*épitaphios* de Pseudo-Martyrius sur Jean Chrysostome a été édité par F. Van Ommeslaeghe dans sa thèse de doctorat. Le discours doit avoir été écrit peu après que la nouvelle de la mort de Jean, survenue le 14 septembre 407, était arrivée à Constantinople, comme cela ressort des premières phrases (453b: Εἰ γὰρ μάλιστα αὐτὴ τοῖς πατράσι παρὰ τῶν παίδων ὀφείλεται ἡ τελευταία τιμή, ...) et de la fin (533b: Ἐμοὶ μὲν οὖν δοκοῦσιν οἱ διὰ τὴν κοίμησιν τοῦ μακαρίου τῇ κοινωνίᾳ προσιόντες τῇ τούτων ...). Pseudo-Martyrius a tenu ce discours funèbre sans doute avant la mort d'Olympias, qui mourut aussi pendant le règne d'Arcadius, c'est-à-dire avant le premier mai 408[1]. Selon F. Van Ommeslaeghe, le discours peut avoir été prononcé le 13 novembre 407, le jour de la fête de Jean Chrysostome, selon le synaxaire de Constantinople[2]. La dernière phrase, que nous avons citée ci-dessus, fait allusion au fait que certains johannites avaient perdu espoir — une restauration de Jean n'étant plus possible — et pensaient à rejoindre l'Église officielle (les τούτων sont les partisans d'Atticus). Le discours s'adressait alors à la communauté des johannites constantinopolitains qui avaient refusé la communion avec Atticus, imposée par la loi du 18 novembre 404[3], et qui se rassemblaient en dehors de la cité de Constantinople. L'auteur lui-même était d'ailleurs consacré presbytre par Jean[4].

La dépendance de Sozomène envers ce discours a déjà été démontrée par F. Van Ommeslaeghe, et l'exemple suivant permet de dissiper tout doute à cet égard:

Pseudo-Martyrius 515b: καί τινος εὑρόντες <u>δαίμονος</u> οἰκητήριον <u>ἄνθρωπον</u>, <u>ὠνοῦνται</u> αὐτοῦ τὴν ἀθλίαν δεξιάν, (...) ἀλλ᾽ ἐλθὼν ἐπὶ τοῦτο ἐκεῖνος, ταχέως ἠλέγχετο τῷ θορυβώδει τοῦ βλέμματός τε καὶ τοῦ σχήματος πρὸ τοῦ πράγματος ἐκπομπεύων τὸ δρᾶμα καὶ τὸ <u>ἐγχειρίδιον</u> ἔτι μετὰ χεῖρας

---

[1] *Vita Olympiadis* BHG 1374.10 p. 430.39; cf. Pseudo-Martyrius, *Vita Johannis Chrysostomi* BHG 871.529a-530a.

[2] *Synaxaire de Constantinople* p. 717-720. Cf. F. Van Ommeslaeghe, *De lijkrede*, p. 271.

[3] *Codex Theodosianus* 16.4.6.

[4] Pseudo-Martyrius, *Vita Johannis Chrysostomi* BHG 871.453b: l'auteur dit avoir reçu «le pouvoir de tenir des sermons», une tache d'habitude réservée aux presbytres. Ce passage rend peu probable le fait que nous devions identifier Pseudo-Martyrius avec le diacre Cosmas, un contemporain de Jean qui a écrit un panégyrique sur lui selon une liste médiévale (c'est l'idée de T.D. Barnes, *The Funerary Speech*, p. 333-334).

ἔχων, ἕλκεται ὑπὸ τοῦ λαοῦ <u>πρὸς τὸν ὕπαρχον</u> ὅς ἅπασαν ἄν εὗρε <u>τὴν ἐπι-</u><u>βουλὴν</u> τότε ταῖς δεούσαις <u>αἰκίαις</u>, εἰ μὴ τὸν μεμηνότα ἐκεῖνον καὶ νοσή-ματι καὶ γνώμῃ, <u>ἐπισκόπους</u> ἐκπέμψας ὁ πατήρ, τῶν χείρων ἥρπασε τῶν δημίων, ὧν αἰδοῖ καὶ ἡσυχάζειν ἠνέσχετο.

Soz. 8.21.5: περὶ δὲ τοῦτον τὸν χρόνον <u>ἄνθρωπός</u> τις <u>δαιμονῶν</u> ἢ νομιζόμενος, <u>ἐγχειρίδιον</u> <u>ἔχων</u> ὡς ἐπὶ σφαγὴν Ἰωάννου παρεσκευασμέ-νος, οὔπω δὲ ἐπιχειρήσας τῷ πράγματι, φωρᾶται· καὶ ὑπὸ τοῦ πλήθους ὡς <u>ὠνητὸς</u> εἰς <u>τὴν ἐπιβουλὴν</u> συλληφθεὶς ἄγεται <u>πρὸς τὸν ὕπαρχον</u>. <u>ἐπισκό-</u><u>πους</u> δέ τινας τῶν ἀμφ᾽ αὐτὸν ἀποστείλας Ἰωάννης ἐξείλετο πρὶν <u>αἰκισθῆναι</u>.

Voilà la liste des autres dépendances[5]:

Soz. 8.17.4 (τοὺς δὲ ἀπὸ Σκήτεως … κακῶς ποιεῖν ὑποσχόμενος: la phrase suivante et les paragraphes 8.17.5-6 proviennent d'une autre source) = Pseudo-Martyrius 487a;

Soz. 8.17.7-10 = Pseudo-Martyrius 488b-489b. Sozomène utilise aussi Socr. 6.15.14-20;

Soz. 8.18.5, cf. Pseudo-Martyrius 496a-b. Socrate (6.16.5-6), la source de Sozomène 8.18.5, impute le rappel à l'empereur, alors que Pseudo-Martyrius ne nomme qu'Eudoxie. Sozomène suit Pseudo-Martyrius;

Soz. 8.18.7 = Pseudo-Martyrius 502a;

Soz. 8.21.1-2, cf. Pseudo-Martyrius. 508a-510b;

Soz. 8.21.4 = Pseudo-Martyrius 511b-512b;

Soz. 8.21.5-8 = Pseudo-Martyrius 515b-517a[6];

Soz. 8.22.2 = Pseudo-Martyrius 518b;

Soz. 8.22.4-6 = Pseudo-Martyrius 518b-519b[7];

Soz. 8.22.7 = Pseudo-Martyrius. 521b-522a;

Soz. 8.23.1-2, cf. Pseudo-Martyrius 521a;

Soz. 8.24.1 = Pseudo-Martyrius 526a-b. F. Van Ommeslaeghe remarque à tort que Pseudo-Martyrius ne mentionne pas la mort d'Eutrope, alors que Sozomène le fait bien[8]. Pseudo-Martyrius désigne Eutrope comme στεφανούμενος, un terme qui indique son statut de martyr. Ce que Pseudo-Martyrius ignore et que Sozomène sait par contre, c'est qu'Eutrope était lecteur;

Soz. 8.24.4,7 = Pseudo-Martyrius 529a, 530a. Sozomène utilisait une source supplémentaire pour la confession d'Olympias, puisqu'un grand nombre de détails manquent chez Pseudo-Martyrius. L'historien reprend pourtant le début (son courage: ἀνδρεία) et la fin de ce dernier (Soz.: οὐ καθυφῆκε — Pseudo-Martyrius: οὕτω τῆς μανίας τι καθυφίει);

---

[5] Nous complétons et corrigeons la liste de F. VAN OMMESLAEGHE, *De lijkrede*, p. 301-313.

[6] Cf. F. VAN OMMESLAEGHE, *Que vaut le témoignage*, p. 343.

[7] Cf. F. VAN OMMESLAEGHE, *Que vaut le témoignage*, p. 344.

[8] F. VAN OMMESLAEGHE, *De lijkrede*, p. 310.

Soz. 8.27.2, cf. Pseudo-Martyrius 523b-524b;
Soz. 8.28.1-2 = Pseudo-Martyrius 531a-532b.

2. LA COLLECTION ALEXANDRINE

Nous avons déjà discuté ailleurs le contenu de la *Collection alexandrine* et son usage par Sozomène et Théodoret, une dépendance qui avait déjà été suggérée par G.C. Hansen[9]. Il n'est pas besoin de revenir sur les arguments qui furent exposés à cet égard[10]. Puisque le tableau de cet article contenait quelques imprécisions et que nous avons détecté entre-temps quelques parallèles supplémentaires, nous présentons néanmoins un nouvel inventaire des dépendances entre les trois textes[11].

Les légères modifications, que nous présentons ici, n'influent en rien sur notre précédente conclusion à propos de la *Collection alexandrine*. Celle-ci était un ensemble de documents portant sur la vie d'Athanase, émaillé de notices chronologiques tirées des archives du patriarcat, avec une attention particulière pour ses deux ennemis acharnés, les mélitiens et les ariens[12]. Probablement composée sous Théophile (385-412), elle circulait dans les grands sièges, Constantinople et Antioche, où Sozomène et Théodoret pouvaient la consulter.

ÉVÉNEMENT OU DOCUMENT DANS LA COLLECTION ALEXANDRINE	CODEX VERONENSIS	THEOD. *HE*	SOZ. *HE*
Le martyre de Pierre	[*Passio Petri* BHL 6692-6693: texte chez W. TELFER, *St. Peter*, p. 126-130]		
Mélitios et Arius	[*Passio Petri* BHL 6692-6693 PG 18.455ad; W. TELFER, *St. Peter*, p. 129-130]		1.15.2

---

[9] G.C. HANSEN, dans J. BIDEZ — G.C. HANSEN, *Sozomenos*, p. lx-lxiii.

[10] P. VAN NUFFELEN, *La tête*. Profitons de l'occasion pour corriger quelques erreurs de fait qui se sont faufilées dans l'article, suite à notre inadvertance. La question de savoir si Athanase fut condamné par le concile de Sardique n'occupait pas le concile de Carthage de 419, contrairement à ce que nous écrivions (p. 126). À la page 135, avant-dernier paragraphe, lire 7 au lieu de 6 novembre.

[11] En dehors des passages de Sozomène que nous avons attribués ci-dessus (p. 319-324, p. 361-363) à la collection alexandrine, nous intégrons les résultats des recherches de W. TELFER, *St.-Peter* et de T. ORLANDI, *Ricerche*. Nous ne suivons pourtant pas ce dernier (p. 305-308), quand il propose d'identifier des fragments de la *Collection alexandrine* dans la *Vie de Métrophane et d'Alexandre* (BHG 1279). L'évidence qu'il apporte est trop mince.

[12] Voir P. VAN NUFFELEN, *La tête*, p. 135. Voir aussi *Passio Petri* BHL 6693, qui dit avoir pris son information sur Pierre *ex libello (…) qui vitam et gesta sanctissimi refert Athanasii* (W. TELFER, *St. Peter*, p. 122-123).

ÉVÉNEMENT OU DOCUMENT DANS LA *COLLECTION ALEXANDRINE*	CODEX VERONENSIS	THEOD. *HE*	SOZ. *HE*
Le schisme mélitien	*Codex Veronensis* no. 26		cf. 1.15.2-3
Début de la controverse arienne			1.15.3-7
Synodale d'Alexandre			1.15.7[13]
Conciles de Bithynie et Palestine (avec encycliques)			1.15.1-12
Synodale de Nicée aux Égyptiens (325) (= *Urk.* 23)	*Codex Veronensis* no. 9	1.9.2-13	cf. 1.24
Deux lettres de Constantin (325) (= *Urk.* 25 et 33)	*Codex Veronensis* no. 24-25		
Mélitios ordonne Jean Arcaph			2.21.1-5
Opposition d'Eusèbe de Nicomédie et Théognis; lettre de Constantin aux Nicomédiens (= *Urk.* 27)		1.20.1-10	2.21.6-8
Accusations portées contre Athanase, et sa réponse			2.22.1-3
Synode de Césarée (334)		1.28.2	2.25.1
Actes de Tyr (335)			2.25.2-8, 12-19
Lettre de Constantin au concile de Tyr?			2.28.2-12?
Départ pour le premier exil (336)		1.31.5	
Correspondance entre Antoine et Constantin à propos d'Athanase			2.31.1-3
Exil de Jean Arcaph			2.31.4-5
Période entre le départ d'Athanase et la mort de Constantin		1.32	
Durée du premier exil	cf. *Histoire acéphale* 5.8-9	2.1.1	
Présence d'Antoine à Alexandrie (338)		4.27.4	
Grégoire à Alexandrie pendant six ans	*Histoire acéphale* 1.1	2.4.1-3	
Le concile des orientaux à Sardique (343)	*Codex Veronensis* no. 10		

[13] Cf. ci-dessus p. 320.

ÉVÉNEMENT OU DOCUMENT DANS LA *COLLECTION ALEXANDRINE*	CODEX VERONENSIS	THEOD. *HE*	SOZ. *HE*
Lettre de Hosius et Protogène (343)	*Codex Veronensis* no. 15		3.12.6
Symbole de Sardique occidental (343)	*Codex Veronensis* no. 16	2.8.37-52	3.12.5
Synodale de Sardique à l'église de Maréote (343)	*Codex Veronensis* no. 20	2.8.1-36[14]; 2.33.2	3.12.2-4
Deux lettres d'Athanase sur le concile de Sardique (343)	*Codex Veronensis* no. 19, 21		
Retour après la mort de Grégoire (346)	cf. *Histoire acéphale* 1.1[15]	2.12.4	
Paul de Constantinople (337-350)	*Histoire acéphale* 1.4-6	2.5.1-3	
Troubles à Alexandrie (355)	*Histoire acéphale* 1.7-11		4.9.6-9
Début du troisième exil (356)	*Histoire acéphale* 2.1-7		4.10.8-12
Émeute contre Georges (357)	*Histoire acéphale* 2.8-9		5.7.2-3
Édit de Julien (362)	*Histoire acéphale* 3.1		5.3.2[16]
Quatrième exil (362)	*Histoire acéphale* 3.5		5.15.1
Rétablissement du culte chrétien sous Jovien (363)	*Histoire acéphale* 4.1		6.3.3
L'épître à Jovien (363)	*Histoire acéphale* 4.7	4.3, 4.7	6.5.1-4
Cinquième exil (365)	*Histoire acéphale* 5.1-11		6.12.6-11, 13
Pierre II (373)	*Histoire acéphale* 14	4.20	

[14] Théodoret (*HE* 2.8.6) ajoute Ménophante d'Éphèse et Étienne d'Antioche parmi les auteurs de la lettre à Jules, comme le fait également le *Codex Veronensis* no. 20 (voir Hilaire de Poitiers, *Liber ad Constantium imperatorem* p. 106).

[15] Il est possible que les trois lettres de Constance II à Athanase (Athanase, *Apologia secunda* 51) se trouvaient également dans la *Collection alexandrine*: cf. H. FROMEN, *Athanasii historia acephala*, p. 7-9.

[16] Remarquons que le grec de Sozomène dit autre chose que le texte latin de l'*Histoire acéphale*:

Soz: καὶ τὰ <u>πάλαι</u> <u>ἀφαιρεθέντα</u> τῶν <u>νεωκόρων</u> σιτηρέσια <u>ἀπέδωκε</u>.

Histoire acéphale: preceptum propositum est \<per\> quod iubebatur <u>reddi</u> idolis et <u>neochoris</u> et *publice rationi* que <u>preteritis temporibus</u> illis <u>ablata</u> sunt.

Si Sozomène conserve le texte original, ce qui nous semble probable, la personne, qui a traduit la *Collection alexandrine* en latin, a transformé les σιτηρέσια (les allocations) en trésor public.

APPENDICE IV

LA SYNAGOGÉ DE SABINOS D'HÉRACLÉE

1. Sabinos d'Héraclée

Sabinos était, selon les dires de Socrate, «évêque des macédoniens d'Héraclée en Thrace»[1]. Le siège de la métropole de Thrace se rangeait traditionnellement au côté des macédoniens. L'évêque Théodore, le successeur de Paidéros[2], ordonnait Macédonius sur le siège de Constantinople en 341-342[3]. L'année suivante, il fut condamné et déposé à Sardique[4]. L'évêque Hypatianus, attesté à Sirmium en 351[5] et à Lampsacos au printemps de 364[6], défendait aussi la cause homéousienne. Il semble avoir été remplacé par Théodore, un homéen, à une date qui doit se situer avant avril 370, quand ce dernier consacra Démophile évêque de Constantinople[7]. Ce Théodore eut pour successeur Dorothée, homéen lui aussi, avant 376, car à cette date ce dernier avait déjà abandonné le siège d'Héraclée au profit de celui d'Antioche[8]. Le premier évêque orthodoxe connu était Sarapion, consacré par Jean Chrysostome en 402/3[9]. On peut néanmoins supposer que, peu après le concile de Constantinople (381), l'évêque homéen fut déposé et remplacé par un orthodoxe, comme le demandait la législation impériale.

Sabinos était ὁ τῶν ἐν Ἡρακλείᾳ τῆς Θράκης Μακεδονιανῶν ἐπίσκοπος[10]. Deux possibilités se présentent pour le ranger dans la liste précédente. Il est possible qu'il fut consacré comme successeur d'Hypatianus, entre 364 et 370[11]. Dans ce cas, il fut déposé par l'homéen Théodore. Puisque Sabinos était encore en vie en 373 (la dernière mention de son ouvrage chez Socrate a trait à l'entrée de Lucius à Alexandrie en 373[12]), il aurait alors été victime de la

---

[1] Socr. 1.8.25, 1.9.28, cf. 2.15.8.
[2] Théodoret, *HE* 1.28.2, 2.3.8.
[3] Socr. 2.12.3.
[4] Théodoret, *HE* 2.8.28, 33.
[5] Socr. 2.29.2.
[6] Soz. 6.7.1. Il est à tort rangé parmi les «ariens» au lieu des macédoniens par G. Fedalto, *Hierarchia*, Vol. 1, p. 277.
[7] Philostorge, *HE* 8.17, 9.10.
[8] Philostorge, *HE* 9.14. Cf. H.C. Brennecke, *Studien*, p. 187-188.
[9] Socr. 6.17.12.
[10] Socr. 1.8.25, 1.9.28.
[11] Cf. M. Le Quien, *Oriens Christianus*, Vol. 1, p. 1106. W.D. Hauschild, *Die antinicänische Synodalaktensammlung*, p. 112 n. 24 et W.A. Löhr, *Beobachtungen*, p. 386 n. 1, situent Sabinos entre 365 et 367.
[12] Socr. 4.22.1.

«persécution» de Valens et serait resté évêque des macédoniens qui refusaient
d'accepter l'homéisme «officiel». Néanmoins, il est également possible que Sabinos ne fut jamais l'évêque officiel du lieu et fut uniquement consacré par ses
pairs macédoniens[13]. Dans ce cas, nous pouvons seulement affirmer qu'il fut
évêque des macédoniens après la mort d'Hypatianus, avec comme *terminus post
quem* 364.

2. LA *SYNAGOGÉ*

Sabinos rassemblait des actes de synodes. Socrate appelle l'ouvrage de Sabinus une συναγωγὴν ὧν διάφοροι σύνοδοι ἐγγράφως ἐξέδωκαν[14], συναγωγὴ
τῶν συνοδικῶν[15], ou bref συναγωγή[16]. Le deuxième titre, le plus fréquent,
semble l'original. Puisque sa collection allait jusqu'en 373, il est probable que
Sabinos la composa peu après. Une datation plus précise ne peut être obtenue[17].

Dans le tableau suivant, nous proposons une reconstruction hypothétique du
contenu de la *Synagogé* de Sabinos. Nous avons indiqué avec un point d'inter-
rogation les événements et documents dont nous ne sommes pas sûrs qu'ils soient
receuillis dans son ouvrage.

Ajoutons quelques remarques. D'abord, une collection telle que Sabinos la
composait n'incluait pas uniquement des documents, mais l'auteur pouvait y ajouter quelques brèves introductions et des commentaires[18]. Sabinos faisait de même,
comme il ressort de Socr. 1.8.25 (critique de Nicée), 3.10.12 (critique d'Aèce) et
4.22.1 (critique d'Athanase). D'autre part, il ne se trouve aucun document chez
Sabinos qui ne soit pas lu ou présenté pendant un concile. Les lettres à Libérius
de Rome, par exemple, étaient lues pendant le synode de Tyana (367).

Le contenu de la collection de Sabinos semble avoir été déterminé par deux
éléments.

D'une part, il rassemble les conciles les plus importants pour les macédoniens,
ceux considérés comme fondateurs et doués d'autorité. Le premier de ceux-ci
était le concile d'Antioche de 341, peut-être précédé par celui de Constantinople
de 336 qui condamnait Marcel d'Ancyre[19]. Nous ne savons pas avec assurance

---

[13] C'était déjà la suggestion de M. LE QUIEN, *Oriens christianus* Vol. 1, p. 1105-1106.
[14] Socr. 1.8.25.
[15] Socr. 2.17.10, 3.10.11, 3.25.19, 4.12.41.
[16] Socr. 2.38.8.
[17] La datation entre 373-378 proposée par P. BATTIFOL, *Sozomène*, p. 284, suivie par
G.C. HANSEN, *Sozomenos*, p. lvii et G. DAGRON, *La naissance*, p. 439, n'est donc qu'approximative. Avancer jusqu'à l'époque de Théodose I (ainsi F. GEPPERT, *Die Quellen*,
p. 100) n'est pas impossible, mais sans preuve.
[18] Voir P. VAN NUFFELEN, *La tête*, p. 127-128.
[19] Dans la liste des conciles, considérés importants par les macédoniens, qu'on trouve
dans une lettre de George de Laodicée, conservée chez Épiphane, *Panarion* 73.2, Constantinople est nommé avant Antioche. Soz. 6.12.4, un passage qui repose sur Sabinos, cite

que Sabinos incluait Constantinople, mais il est sûr qu'Antioche le fut. Il inclut également les principales péripéties des macédoniens: la lutte avec les homéens (par exemple le concile de Constantinople en 360) et la discussion sur le rétablissement de la communion avec Rome. Nous ne connaissons pas le jugement final de Sabinos sur la communion avec Rome. W.D. Hauschild voit en lui un défenseur des traditions homéousiennes. C'est assurément exact, mais W.A. Löhr a suggéré qu'il jugeait favorablement les essais de rapprochement avec les homoousiens, sur la base de la formule *homoios kat'ousian*[20]. C'est possible, mais il est peut-être significatif que la *Synagogé* se termine avec le concile d'Antioche en Carie, qui refuse la communion avec Rome, et avec une critique d'Athanase d'Alexandrie.

D'autre part, il critique Nicée et les nicéens, et en particulier Athanase d'Alexandrie. Comme a fait remarquer W.A. Löhr, les homéousiens s'appropriaient la tradition eusébienne (qui prend son nom d'Eusèbe de Nicomédie, l'ennemi principal d'Athanase dans les années 335-340) et, à partir de 358, ils devenaient de plus en plus antinicéens[21]. De cette tradition eusébienne, ils héritaient la critique du homoousios et les attaques sur la personne d'Athanase d'Alexandrie.

Cette double orientation permet d'expliquer un trait de sa collection. Il n'y a aucun indice sûr que Sabinos aurait inclus des documents concernant un concile avant celui d'Antioche en 341, avec l'exception possible de Constantinople (336). Quand il parle de Nicée, c'est pour le critiquer sans en citer les actes[22]. De même, il s'en prend à Athanase, mais ne donne pas des documents à propos de ses actions. Cette absence de documents sur Nicée s'explique par la visée positive de Sabinos (rassembler les documents des conciles à partir de 341 ou 336) et par la visée négative (critiquer le nicéisme).

Sabinos disposait en général de bonnes sources. Pour les synodes de Sirmium (351) et de Séleucie (359)[23], il disposait par exemple des notes prises par les *oxygraphoi* pendant la discussion. Il est probable que Sabinos trouvait la plupart des documents dans les archives de son église, car, comme nous avons indiqué ci-dessus, les évêques macédoniens d'Héraclée avaient participé à plusieurs des synodes inclus dans la *Synagogé*. Des sources littéraires ne semblent guère avoir été utilisées. Selon Socrate, Sabinos fit appel à Eusèbe en tant que

---

Antioche et Séleucie. La synodale des orientaux de Sardique (343) renvoie aussi au concile de Constantinople (Hilaire de Poitiers, *Liber ad Constantium imperatorem* p. 50.20).

[20] W.D. HAUSCHILD, *Die antinicänische Synodalaktensammlung*, p. 124; W.A. LÖHR, *Beobachtungen*, 390-391.

[21] W.A. LÖHR, *A Sense of Tradition*, p. 88.

[22] On a pensé que Sabinos donnait un exposé complet de la naissance de l'arianisme et de son développement après le concile (E. SCHWARTZ, *Zur Geschichte des Athanasius*, p. 164; G.C. HANSEN, *Sozomenos*, p. lvii; R. WILLIAMS, *Arius and the Meletian Church*). Cette position est intenable, voir W.D. HAUSCHILD, *Die antinicänische Synodalaktensammlung*, p. 118; Annik MARTIN, *Athanase*, p. 244-245.

[23] Socr. 2.30.44, 2.39.8.

témoin sur le concile de Nicée[24], se référant probablement à la *Vie de Constantin*[25].

Enfin, quelle était la valeur historique de la collection de Sabinos? Comme la plupart des collections de documents, c'était un écrit partial. Sabinos voulait montrer comment son propre groupe était resté fidèle à la doctrine véritable et comment les autres en déviaient. Par Socrate, nous savons que le macédonien sélectionnait les événements qu'il allait raconter dans ce but[26]. À part cette déformation par sélection, nous détectons très peu d'erreurs[27]. La plupart des difficultés sont sans doute dues à l'interprétation de Socrate et de Sozomène[28].

CONCILES		SOCRATE	SOZOMÈNE
Nicée (325)	Critique du synode de Nicée.	1.8.25, 1.9.28	
	Critique du homoousios.	1.8.32	3.18.2-4
	Sabinos se sert d'Eusèbe pour la reconstruction du concile.	1.8.25-26, cf. 1.9.28	
	Eusèbe de Nicomédie, Théognis de Nicée, Maris de Chalcédoine, Théonas de Marmarique, Sécundus de Ptolémais refusent de souscrire aux décisions de Nicée?	1.8.31-32?[29]	
	Constantin voulait rétablir l'unité de l'Église en exilant Athanase?	1.35.4?[30]	

[24] Socr. 1.8.36.

[25] Il est possible que Sabinos faisait référence à la lettre d'Eusèbe à ses ouailles, car Socrate la cite (*Urk.* 22 = Athanase, *De decretis* 33 = Socr. 1.8.35-54): cf. W.D. HAUSCHILD, *Die antinicänische Synodalaktensammlung*, p. 108 n. 12; P. MARAVAL, *Socrate de Constantinople*, p. 27, 104 n. 1. Mais nous croyons plutôt que Socrate a copié ce document du *De decretis* d'Athanase: voir ci-dessus Appendice II p. 439.

[26] Socr. 4.22.1.

[27] Signalons que Socr. 2.29 et Soz. 4.6.4, 4.6.13, 4.12.5-6 attribuent des décisions de Sirmium de 351 au concile de Sirmium de 357. Puisque nous ignorons si Sabinos discutait Sirmium (357), il est impossible de dire si c'est lui ou Socrate et Sozomène qui soient responsable de cette erreur.

[28] Voir les notes ci-dessous à propos de Nicée (325), Sardique/Philippoupolis (343), et Antioche en Carie (367).

[29] Socrate est, avec Philostorge, le seul à nommer ces cinq personnes comme dissidents. Il y a pourtant une différence importante: Philostorge souligne que Théonas et Sécundus refusèrent d'accepter à la fois le symbole et la déposition, alors que les autres trois ne rejetaient que la deuxième décision (*HE* 1.9). Selon Socrate, tous les cinq refusèrent de souscrire au symbole. La correspondance partielle entre les deux versions suggère qu'elles ont une origine non-orthodoxe commune. Sabinos est donc une source probable pour ce récit. Le fait que Socrate dise que les deux décisions furent rejetées par tous les cinq peut être dû à son insouciance, ou à Sabinos lui-même.

[30] Socrate a fait une remarque semblable en 1.27.5, qui est sans doute une reminiscence du portrait que peint Eusèbe de Constantin dans la *Vita Constantini*; Socr. 1.35.4 peut être un cas semblable (cf. P. MARAVAL, *Socrate de Constantinople*, p. 224 n. 3, 248 n. 2).

CONCILES		SOCRATE	SOZOMÈNE
Constantinople (336)?[31]	Synodale aux églises de Galatie?	1.36.1, 5-7?	2.33.1-2?
	Lettre à l'empereur?		2.33.3?
	Ordination de Basile au lieu de Marcel d'Ancyre?	1.36.8?	2.33.1?
Antioche (341)	Participants.	2.8.3, 2.10.19	3.5.2, 10
	Acte d'accusation contre Athanase: retour illégal et cause de la violence.	2.3.5-7, 2.8.5-7, 2.15.4-11	cf. 3.5.3
	La synodale.	cf. 2.10.2-8[32], 2.17.10-11	
	Le symbole.	cf. 2.10.10-18[33]	3.5.7-9
	La lettre à Jules de Rome.	2.17.5, 10-11	3.8.5-8
Louanges de Macédonius et critique de Paul de Constantinople?			3.3.1, 3?
Sardique/ Philippoupolis (343)	Participants.	2.20.5, cf. 2.20.1-4?	cf. 3.12.7
	Les orientaux tiennent un concile à part (à Philippoupolis ou Sardique)[34].	2.20.8-9	3.11.4
	Échange de lettres entre les deux partis.	2.20.9-10[35]	3.11.4-5
	Décisions (synodale et symbole).		3.11.6-9
Antioche (peu après 352?)?	Un concile antiochien accusant Athanase.		4.8.4
	Accusation d'Athanase.	2.24.7-8, cf. 2.26.3-4	3.21.3-4

[31] Basile d'Ancyre et Georges de Laodicée, figures de proue du parti homéousien, comptaient parmi ceux qui critiquaient Marcel, ce qui rend possible le fait que Sabinos parlait de la déposition de ce dernier. En plus, il est clair que Socrate et Sozomène ont utilisé la même source et que Sozomène avait les différentes lettres du concile sous les yeux. Enfin, nous avons déjà fait remarquer que le synode de Constantinople était considéré par les homéousiens eux-mêmes comme important pour leurs convictions. Nous considérons donc probable que Constantinople (336) était inclus dans la *Synagogé*.

[32] Il est probable que Sabinos ait inclus ce document, mais Socrate cite la version d'Athanase, *De synodis* 22.

[33] Socrate cite la version d'Athanase, *De synodis* 23.

[34] Socrate dit que les orientaux se rassemblaient à part à Philippoupolis, après être venus à Sardique. Chez Sozomène, les orientaux écrivent d'abord de Philippoupolis aux occidentaux à Sardique, puis ils se rendent dans cette dernière ville, où ils refusent de siéger avec les occidentaux.

[35] Socrate dit que les orientaux défendaient l'*anhomoios*, ce qui n'est pas correct; il l'a sans doute inventé.

CONCILES		SOCRATE	SOZOMÈNE
	Critique de Maximus de Jérusalem?	2.24.3?	
Sirmium (351)	Convocation.	2.29.1-5	4.6.1-6, cf. 4.12.6
	Condamnation de Photin.	2.30.42-49, cf. 2.18.7	4.6.11, 4.6.14-16, cf. 4.16.20
Ancyre (358)	Convocation et déroulement (actes: la lettre de Georges de Laodicée à Eugène de Nicée, Cécropius de Nicomédie, Macédonius de Constantinople et Basile d'Ancyre, et la lettre impériale à l'église d'Antioche).		4.13-14
	La carrière d'Eudoxios?	2.37.7-11?	
	Critique d'Eudoxios (provenant de ces lettres).		4.12.3-5, 7, 4.14
Sirmium (358)	Définition des textes d'autorité pour les homéousiens (condamnation de Paul de Samosate [268], celle de Photin [351], et la foi émise au synode d'Antioche en 341); condamnation de l'anhoméisme par Libérius de Rome.		4.15, cf. 4.11.1-3 et 4.11.12[36]
«Credo daté» (359)?			4.6.12?[37]
Offensive des macédoniens?		2.38.3-4?	
Séleucie (359)	Convocation d'un double concile, Rimini en Occident et Séleucie en Orient.	2.37.1-5, 2.39.1-2	4.16.1-5, 14-22
	Participants (actes).	2.39.5-8, cf. 2.39.21-22	cf. 4.22.1-3, 4.22.28
	Déroulement.	2.39.9-2.40.48	4.22.4-28
	Ambassades à la cour de Constantinople.	cf. 2.41.1-4	4.16.17, 4.23.1-8
Rimini (359)?	Déroulement?		4.19.9-11?[38]
Constantinople (360)	Convocation et déroulement.	2.41.5-6, 2.42, cf. 2.43?	4.24-25, cf. 4.26.1-3
	Symbole de Constantinople?	cf. 2.41.7-16?	

[36] H.-C. BRENNECKE, *Hilarius*, p. 289. Son idée de situer ces passages dans le contexte de Soz. 4.12.3-7, ne nous semble pas nécessaire.

[37] C'est la suggestion de T.D. BARNES, *Athanasius*, p. 208. Sabinos renvoyait au «credo daté» (cf. Soz. 4.23.5). Mais il faut observer que Sozomène a utilisé dans le passage en question sans doute Socr. 2.37.18-24 (= Athanase, *De synodis* 8.3-7) et une source commune avec Théodoret, *HE* 2.21.7. Une dépendance envers Sabinos ne s'impose pas.

[38] C'est la suggestion de W.A. LÖHR, *Beobachtungen*, p. 389.

CONCILES		SOCRATE	SOZOMÈNE
Formation du parti macédonien?		2.45.1-7?	4.27.1-5?
Conciles des acaciens à Antioche?		2.45.8-15?	4.29?
Les athanasiens tuent Georges d'Alexandrie?		3.3.1?	
Plusieurs synodes homéousiens (362/363)	Actes.	3.10.4-13	5.14.1-3
Antioche (363)	Lettre des macédoniens à Jovien.	3.25.2-3	6.4.3-5
	Réponse de Jovien.	3.25.4-5	
	Lettre du synode à Jovien[39].	3.25.6-19	6.4.6-10
Lampsacos (364)	Actes.	4.2.2-3, 4.4.2-5	6.7.1-9
Persécution des homéousiens?	Éleusios de Cyzique est déposé par un concile?	4.6.1-4.7.3?	6.8.4-8?
Conciles à Smyrne, en Pisidie, Isaurie, Pamphylie et Lycie (366)		4.12.8, cf. 4.12.22	
Tyana (367)	Le synode accepte de participer à la communion avec Rome.		6.12.1-5
	Documents d'une ambassade d'une partie des homéousiens à Rome, cherchant à établir la communion.	4.12	6.10-6.12.5
	Communion avec les Africains et les Gaulois.		6.12.3
	Communion avec les Siciliens.	4.12.38	6.12.1
Projet d'un synode à Tarse, qui ne se réalise pas	Le but était de confirmer la communion avec Rome.	4.12.39-40	6.12.5
Antioche en Carie (367)	Refus de la communion avec Rome.	cf. 5.4.1-4[40]	6.12.4, cf. 7.7.2-4

[39] Cf. J. ZACHHUBER, *The Antiochene Synod*, p. 84.

[40] Socr. 5.4.1-4 fait état d'un synode homéousien qui se serait tenu à Antioche en Carie quand Gratien décrétait la tolérance (378-379). Sozomène le suit (Soz. 7.7.2-4). Il nous semble que Socrate a déplacé le synode antiochien de 367 en 379. Les arguments sont les suivants. (1) Il est probable que ce passage concernant un synode homéousien provient d'une source homéousienne: après que l'ouvrage de Sabinos a été terminé (c'est-à-dire après Socr. 4.22.1), Socrate ne mentionne plus de conciles homéousiens. Toutes ses informations sur les synodes homéousiens proviennent donc de Sabinos. Ce passage sur un synode à Antioche en 379 est la seule exception; (2) au début de ce passage, Socrate fait état de l'ambassade homéousienne à Rome (367), ce qui suggère qu'il ne fait que reprendre le fil du récit de Sabinos (cf. Soz. 6.12.4: le synode d'Antioche de 367 se situe également après l'ambassade); (3) le synode de 379 prit la même décision que celui de 367: le refus de la communion

CONCILES		SOCRATE	SOZOMÈNE
Critique d'Athanase[41]	Sabinos omet les méfaits de Lucius, mais parle de ceux d'Athanase.	4.22.1	
	Euzoios vient d'Antioche pour ordonner Lucius?		6.19.2, 5?

avec Rome. Socrate prétend que les macédoniens étaient durant un certain temps en communion avec les nicéens; selon lui, ce n'était qu'en 379 que la communion fut rompue par les homéousiens à Antioche. L'historien prétend même que la plupart des homéousiens n'acceptaient pas cette décision et restaient en communion. C'est manifestement faux: le refus de la communion avec les nicéens datait déjà de 367, comme nous le savons par Sozomène, qui ne dit rien sur une majorité éventuelle en faveur de la communion.

Socrate a donc déplacé en 379 le synode antiochien de 367. La raison de ce déplacement n'est pas claire. Peut-être Socrate a-t-il voulu souligner que la plupart des homéousiens avaient rejoint l'orthodoxie. Sozomène, pour sa part, a copié le second synode antiochien de Socrate et a ainsi introduit un doublet dans son ouvrage.

[41] W.D. HAUSCHILD, *Die antinizänische Synodalaktensammlung*, p. 111 a nié que l'ouvrage de Sabinos allait jusqu'en 373, en alléguant que Socrate critique Sabinus pour n'avoir rien dit des méfaits de Lucius, ce qui impliquerait, strictement parlant, que l'homéousien ne traitait pas des événements de 373. Pourtant, cette interprétation ne nous semble pas justifiée. Socrate accuse Sabinos d'escamoter les méfaits de ses amis ariens, étant lui-même un «demi-arien», et il montre que Pierre II d'Alexandrie a révélé les faits dans des lettres. Cela implique plutôt que Sabinos a traité des événements mais a omis des éléments. Cf. la même critique de Socrate concernant le traitement de Macédonius par Sabinos (Socr. 2.15.10-11).

APPENDICE V

UN APERÇU DES SOURCES DE SOCRATE ET DE SOZOMÈNE

Dans les deux tableaux suivants, nous offrons une mise-à-jour des listes éla-borées il y a un siècle par F. Geppert et G. Schoo[1]. Nous y incorporons les résultats de nos propres recherches et ceux des travaux effectués entretemps, parmi lesquels il faut signaler en particulier les éditions de G.C. Hansen.

Il est impossible de déterminer avec certitude la source de chaque chapitre. Nous utilisons les signes suivants pour indiquer la mesure de certitude:

- "Eutrope 10.4.3": l'auteur a utilisé ce passage d'Eutrope.
- "Sabinos?": il est possible que l'auteur a utilisé cette source, mais ce n'est pas sûr.
- "cf. Eusèbe, *Vita Constantini* 3.13.2": l'auteur s'est librement inspiré de ce passage.
- "cf. Ammien Marcellin 29.1?": l'auteur peut s'être inspiré de ce passage.
- "?": la source est inconnue.

Ajoutons encore ces remarques:

- "Socrate" ou "Sozomène": Socrate ou Sozomène ont composé ce chapitre eux-mêmes sans utiliser une source quelconque (par exemple quand ils donnent leur propre opinion).
- Pour les catégories "autopsie", témoins oculaires, indigènes, tradition, rumeur, et présent, nous renvoyons au quatrième chapitre.
- Nous renvoyons à la Bible uniquement s'il n'est pas certain que Socrate ou Sozomène ont copié la citation biblique de leur source.

1. SOCRATE

Livre 1:

1.1	Socrate; cf. Eusèbe, *HE*, *Vita Constantini*
1.2.1	Eusèbe, *HE* 8.13.11, *Chronique* a. 304-305; *Consularia Constantinopolitana* a. 306; Eutrope 9.27.1-2, 10.2.1-4, 10.3.1, 10.4.1, 10.4.4
1.2.2	Eusèbe, *Vita Constantini* 1.33.1; Eutrope 10.4.3

---

[1] F. GEPPERT, *Die Quellen*; G. SCHOO, *Die Quellen*.

1.2.3	Eusèbe, *Vita Constantini* 1.27.1-2, 1.33.2, 1.37.1
1.2.4	Eusèbe, *Vita Constantini* 1.30.2
1.2.5-6	Eusèbe, *Vita Constantini* 1.29
1.2.7	Eusèbe, *Vita Constantini* 1.38, *Chronique* a. 312; Eutrope 10.4.3; *Consularia Constantinopolitana* a. 312
1.2.8	Eusèbe, *HE* 10.8.2-4; Eutrope 10.5
1.2.9	Eusèbe, *Vita Constantini* 1.41.3, 1.42.2
1.2.10	Eutrope 9.28; *Consularia Constantinopolitana* a. 316
1.3.1	Eusèbe, *Vita Constantini* 1.42.2
1.3.2	Eusèbe, *Vita Constantini* 2.1.1, 2.2.3
1.3.3-4	Eusèbe, *Vita Constantini* 1.50.1, 1.51.1-2; cf. Eusèbe, *HE* 10.8.3, *Vita Constantini* 2.1.1, 2.2.3 (ὡς ἂν μὴ … τὰ Χριστιανῶν est un supplément de Socrate lui-même)
1.4.1	Eusèbe, *Vita Constantini* 2.3.1
1.4.2	Eutrope 10.6; cf. Eusèbe, *Vita Constantini* 2.6.2, 2.12.1
1.4.3-5	Eusèbe, *Vita Constantini* 2.15, 2.18-21; Eutrope 10.6
1.4.6	Socrate; cf. Eusèbe, *Vita Constantini* 2.61.2-4
1.5.1a	Rufin, *HE* 10.1
1.5.1b-2	*Collection d'Alexandre?* [2]
1.6.1-2a	Eusèbe, *Vita Constantini* 2.61.4
1.6.2b-34	*Collection d'Alexandre?*
1.6.35-36	Eusèbe, *Vita Constantini* 2.61.5-2.62
1.6.37-39	Athanase, *Apologia secunda* 59.1-3
1.6.40-41	cf. *Collection d'Alexandre?*
1.7.1	Eusèbe, *Vita Constantini* 2.63
1.7.2-20	Eusèbe, *Vita Constantini* 2.69-72
1.8.1-11	Eusèbe, *Vita Constantini* 3.5-9
1.8.1-2	Cf. Démosthène, *Discours* 18.18
1.8.12-16	cf. Rufin, *HE* 10.3
1.8.15	Col 2.8
1.8.17	Eusèbe, *Vita Constantini* 3.10.5
1.8.18-19	Eusèbe, *Vita Constantini* 3.13.1; Rufin, *HE* 10.2
1.8.19	cf. Lc 17.3-4, 18.21-22
1.8.20-24	Eusèbe, *Vita Constantini* 3.13
1.8.25-26	Sabinos
1.8.27	Eusèbe, *Vita Constantini* 3.13.2
1.8.28	Sabinos
1.8.29-30	*Actes de Nicée*
1.8.31-32	Sabinos?; cf. Eusèbe, *Vita Constantini* 3.13.2
1.8.33-34a	*Collection concernant Arius?* [3]

---

[2] Cf. ci-dessus p. 315-316.
[3] Cf. ci-dessus p. 331 note 88.

1.8.34b-55	Athanase, *De decretis* 33
1.9.1-15	Athanase, *De decretis* 36
1.9.15	présent
1.9.16	Athanase, *De synodis* 15.2
1.9.17-27	Athanase, *De decretis* 38
1.9.28	Sabinos
1.9.29-31	Athanase, *De decretis* 39
1.9.32-46	Eusèbe, *Vita Constantini* 3.17-20
1.9.47-50	Eusèbe, *Vita Constantini* 2.46
1.9.51-55	Eusèbe, *Vita Constantini* 4.36
1.9.56-63	Eusèbe, *Vita Constantini* 3.30-32
1.9.64-65	Athanase, *De decretis* 40-41
1.9.66	Socrate
1.10	témoin oculaire: Auxanon
1.11.1-2	Rufin, *HE* 10.4
1.11.3-7	?
1.11.4	cf. He 13.4
1.12	Rufin, *HE* 10.5; tradition chypriote?
1.12.1	cf. Mt 15.24, Jn 10.11-16
1.13.1-10	témoin oculaire: Auxanon
1.13.11-13	*Actes de Nicée*
1.14	*Collection concernant Arius?*
1.15	Rufin, *HE* 10.15
1.16.1	Eusèbe, *Vita Constantini* 3.22, *Chronique* a. 325; *Continuatio Antiochiensis* a. 325, 330
1.16.2-3	Eusèbe, *Vita Constantini* 3.54.2; présent
1.16.4	Eusèbe, *Vita Constantini*
1.17	Rufin, *HE* 10.7-8; Eusèbe, *Vita Constantini* 3.29, 43-47
1.17.1	*Continuatio Antiochiensis* a. 327
1.17.2	Is 1.8, 1.29
1.17.3	*Oracula Sibyllina* 6.26
1.17.8-9	tradition constantinopolitaine
1.18.1-3	Eusèbe, *Vita Constantini* 4.25, Rufin, *HE* 11.31 p. 1035.23-24
1.18.4	Eusèbe, *Vita Constantini* 4.5; cf. *Continuatio Antiochiensis* a. 327
1.18.5-6	Eusèbe, *Vita Constantini* 3.51-53
1.18.7-9	Eusèbe, *Vita Constantini* 3.58
1.18.10-11	Eusèbe, *Vita Constantini* 3.55-56
1.18.12	Eusèbe, *Vita Constantini* 4.57
1.18.13	Eusèbe, *Vita Constantini* 4.38
1.18.14-16	Socrate; cf. Hérodote 1.pr
1.18.15	cf. Col 2.8
1.19	Rufin, *HE* 10.9-10
1.20	Rufin, *HE* 10.11
1.21	Rufin, *HE* 10.8 p. 971.12-18; cf. Athanase, *Vita Antonii*

1.22	*Acta Archelai* 1.1, 5.1, 10.5, 25.3, 62.4-69.6
1.22.1	Mt 13.25, 2 Co 13, 2 P 2.1
1.22.2	cf. Eusèbe, *HE* 7.31
1.23.1-5	Athanase, *Apologia secunda* 6.1-5, 59.4
1.23.6	Eusèbe, *Vita Constantini* 3.23
1.23.7-8	Collection de lettres: lettres d'Eusèbe de Césarée et d'Eustathe d'Antioche
1.24.1-8	Eusèbe, *Vita Constantini* 3.59.2, 3.61.1; Georges de Laodicée, *Encomion sur Eusèbe d'Émésa*
1.24.9	Athanase, *Apologia secunda* 6.6
1.25.1-5	Rufin, *HE* 10.12
1.25.6-11	Rufin, *HE* 10.12; *Collection concernant Arius*
1.26	*Collection concernant Arius*
1.27.1	*Collection concernant Arius*
1.27.2-4	Athanase, *Apologia secunda* 59.4-6
1.27.5-8	Athanase, *Apologia secunda* 60.2-4, 72.4, 87.1; cf. Eusèbe, *Vita Constantini*
1.27.9-12	Athanase, *Apologia secunda* 60.4-61
1.27.13-17	Athanase, *Apologia secunda* 63, 83.2, 85.3-4
1.27.18-19	Athanase, *Apologia secunda* 63.4
1.27.20-21	Athanase, *Apologia secunda* 65.1-4
1.28.1-2	Eusèbe, *Vita Constantini* 4.40.1, 4.41.2
1.28.3-4	Eusèbe, *Vita Constantini* 4.42.3; Athanase, *Apologia secunda* 71.2, 72.1
1.29.1-3	?; cf. Rufin, *HE* 10.17
1.29.4	Athanase, *Apologia secunda* 65.4
1.29.5-9	Rufin, *HE* 10.18
1.30	Athanase, *Apologia secunda* 71-72
1.31	Athanase, *Apologia secunda* 71-72
1.32.1	Athanase, *Apologia secunda* 9.2, 82.1
1.32.2-3	?; cf. Athanase, *Apologia secunda* 69.2
1.33.1	Eusèbe, *Vita Constantini* 4.43.1, 4.45
1.33.2	Athanase, *Apologia secunda* 84, *De synodis* 21-22.2
1.33.3	Athanase, *Apologia secunda* 86
1.34	Athanase, *Apologia secunda* 86
1.35.1-3	Athanase, *Apologia secunda* 87.1-3
1.35.4	Eusèbe, *Vita Constantini*
1.36.1	Sabinos?; cf. Athanase, *Apologia secunda* 86-87.7
1.36.2-4	Athanase, *De decretis* 8.1, *De synodis* 18
1.36.5-8	Sabinos?
1.36.9	Eusèbe, *De ecclesiastica theologia*
1.37	?; cf. Rufin, *HE* 10.13
1.38.1-4	Athanase, *De morte Arii* 2; rumeur
1.38.5-9	Athanase, *De morte Arii* 2-3; Rufin, *HE* 10.14; présent

1.38.10-13	Rufin, *HE* 10.14 p. 979.21-24; Eusèbe, *Vita Constantini* 4.40.1, 4.51.1, cf. *De laudibus Constantini* 3.
1.39	Eusèbe, *Vita Constantini* 4.61-63; Rufin, *HE* 10.12; cf. *Continuatio Antiochiensis* a. 337; une source inconnue[4]
1.40.1-2	Eusèbe, *Vita Constantini* 4.60.1-2, 4.66-71
1.40.3	Eutrope 10.8.2; *Consularia Constantinopolitana* a. 337

Livre 2:

2.1	Socrate; cf. Rufin, *HE* 10.17
2.2.1-2	Socrate; cf. Socr. 1.23.3
2.2.3-9	Rufin, *HE* 10.12; source inconnue?
2.2.10-11	Socrate; cf. Socr. 2.17, 2.20-22 (l'occident qui reste nicéen)
2.2.12	Athanase, *Apologia secunda* 87.3, 7
2.3.1-4	Athanase, *Apologia secunda* 87.4-7
2.3.5-7	Athanase, *Apologia secunda* 7.4; Sabinos
2.4	Acace de Césarée, *Encomion sur Eusèbe de Césarée*
2.5	Eutrope 10.9.2; *Consularia Constantinopolitana* a. 340; Rufin, *HE* 10.16 p. 982.10-11
2.6	*Vie de Paul?*; cf. Socr. 5.9.1-2
2.7	*Vie de Paul?*
2.8.1	*Vie de Paul?*
2.8.2	*Continuatio Antiochiensis* a. 341; cf. Thucydide 6.33.2
2.8.3	Sabinos
2.8.4	cf. Athanase, *De synodis* 25.1, *Apologia secunda* 21-35
2.8.5	*Continuatio Antiochiensis* a. 327, 329, 330, 341; Sabinos
2.8.6-7	Sabinos
2.9	Georges de Laodicée, *Encomion sur Eusèbe d'Émèse*
2.10.1	cf. *Continuatio Antiochiensis* a. 339
2.10.2	Sabinos
2.10.3-8	Athanase, *De synodis* 22
2.10.9-18	Athanase, *De synodis* 23
2.10.19-20	Sabinos?; *corpus canonum*?[5]
2.10.21-22	*Consularia Constantinopolitana* a. 341
2.11.1-6	Athanase, *Apologia de fuga sua* 24
2.11.3	cf. Démosthène, *Discours* 18.169
2.11.7	Athanase, *Apologia secunda* 20.1

[4] Cf. R.W. Burgess, *Studies*, p. 222-227.

[5] Socrate peut avoir utilisé le *Corpus canonum* oriental (sur celui-ci, voir E. Schwartz, *Zur Geschichte der alten Kirche*, p. 158-275), mais uniquement pour des informations concernant le synode de Gangra (Socr. 2.43.2-6) et les canons d'Antioche (341; cf. Socr. 7.36.6-7).

2.12.1-3	*Vie de Paul?*
2.12.4-5	Athanase, *Apologia secunda* 58
2.12.6	Socrate
2.13.1-3	*Vie de Paul?*; cf. *Consularia Constantinopolitana* a. 342
2.13.4	cf. *Consularia Constantinopolitana* a. 342
2.13.5-7	*Vie de Paul?*
2.14	?; cf. Athanase, *Apologia de fuga sua* 6
2.15.1-3	?; cf. Athanase, *Apologia secunda* 33.1
2.15.4-11	Sabinos
2.16.1-15	*Vie de Paul?*
2.16.16	?; présent
2.17.1-6	Athanase, *Apologia secunda* 3-35
2.17.5	Sabinos
2.17.7-9	Athanase, *Apologia secunda* 21-35
2.17.10-11	Sabinos
2.17.12	*Vie de Paul?*
2.18.1-6	Athanase, *De synodis* 25
2.18.7	Sabinos
2.19	Athanase, *De synodis* 26
2.20.1-2	Socrate?; Sabinos?
2.20.3-4	Athanase, *Apologia secunda* 36.1; Sabinos?
2.20.5	Sabinos
2.20.6-7	Athanase, *Apologia secunda* 25.3, 29.3
2.20.8-9	Sabinos
2.20.10	Athanase, *Apologia secunda* 42-47; Sabinos
2.20.11-13	Athanase, *Apologia secunda* 42-47
2.20.14	Eusèbe, *De ecclesiastica theologia*
2.21.1	Socrate; cf. Athanase, *Apologia secunda* 77.10, 87.1, *De synodis* 17.2, *De decretis* 33.1
2.21.2-3	Eusèbe, *Vita Constantini* 3.13.2
2.21.4-5	Socrate; cf. Rm 2.16, Ep 3.9
2.21.6-8	Eusèbe, *De ecclesiastica theologia* 1.8.4-1.9.2
2.21.9-12	Eusèbe, *De ecclesiastica theologia* 1.9.6-1.10.2
2.21.13-21	Eusèbe, *De ecclesiastica theologia* 3.2.8-12
2.21.22-24	Socrate
2.22.1-2	Socrate
2.22.3-4	Socrate; cf. Rufin, *HE* 10.20
2.23.1-4	Socrate; cf. Rufin, *HE* 10.20 p. 986.15-17
2.23.5-12	Athanase, *Apologia secunda* 51
2.23.13-32	Athanase, *Apologia secunda* 52-53
2.23.33-38	Rufin, *HE* 10.20 p. 986.17-987.8
2.23.39	Socrate
2.23.40	Athanase, *Apologia secunda* 45.2, *Apologia de fuga sua* 3
2.23.41	Socrate

2.23.42	cf. Athanase, *Apologia secunda* 42.5, 43.3, 47.1
2.23.43	*Vie de Paul*?
2.23.44-58	Athanase, *Apologia secunda* 54-56
2.24.1-2	Athanase, *Apologia secunda* 57
2.24.3	Athanase, *Apologia secunda* 57; Sabinos?
2.24.4-6	Athanase, *Apologia secunda* 58
2.24.7-8	Sabinos
2.25.1-11	Eutrope 10.9-11; *Consularia Constantinopolitana* a. 348, 350-353; Rufin, *HE* 10.20 p. 987.9-21; cf. Julien, *Discours* 1.23c-26d, 1.31d-32a
2.25.6	Socrate
2.26.1-2	Socrate; *Consularia Constantinopolitana* a. 351
2.26.3-4	Sabinos (accusations); Socrate (concile); cf. Athanase, *Apologia contra Constantium* 2?
2.26.5-6	Athanase, *Apologia de fuga sua* 3
2.26.7-10	Athanase, *Apologia de fuga sua* 1.1, 3.4, 26.3; *Continuatio Antiochiensis* a. 330, 341, 344
2.27	?; Socrate
2.28.1-15	Athanase, *Apologia de fuga sua* 6-7
2.28.16-23	chronique de 350 à 378?[6]
2.28.16-20	Thémistius, *Discours* 2.37b-38b; Julien, *Discours* 1.23c-26d, 1.31d-32a
2.28.21-23	Eutrope 10.12.2; *Consularia Constantinopolitana* a. 351
2.29.1-5	Sabinos; *Consularia Constantinopolitana* a. 351
2.30.1-41	Athanase, *De synodis* 27-28.1
2.30.42-49	Sabinos
2.31.1-4	Athanase, *Apologia de fuga sua* 5
2.31.5	chronique de 350 à 378?
2.32	chronique de 350 à 378?; *Consularia Constantinopolitana* a. 353[7]
2.32.8-9	cf. Eutrope 10.12.2
2.33	chronique de 350 à 378?[8]
2.34.1-5	chronique de 350 à 378?; *Consularia Constantinopolitana* a. 354-355; cf. Eutrope 10.13
2.34.6	Rufin, *HE* 10.20 p. 987.16-21
2.34.7-8	liste épiscopale de Rome[9]; cf. Rufin, *HE* 10.26 p. 989.16-25

[6] Cf. P. Van Nuffelen, *Socrate de Constantinople*, p. 65-70.

[7] Cf. P. Van Nuffelen, *Socrate de Constantinople*, p. 66 n. 44.

[8] On pourrait aussi attribuer ce passage à la *Kaisergeschichte*, tout comme peut-être 2.34.1-5, mais cela nous semble peu probable (cf. P. Van Nuffelen, *Socrate de Constantinople*, p. 67 n. 47).

[9] L'usage d'une liste épiscopale de Rome semble certain (cf. Socr. 5.3, 7.9.2, 7.11.1-2). Il est possible que Socrate connaissait des listes pareilles pour les sièges de Jérusalem (Socr. 2.41.17-18, 5.3, 5.15.9), d'Antioche (Socr. 4.35.5, 5.3, 7.9.1) et d'Alexandrie (Socr. 5.3, 5.12.6-8). Contrairement à ce qu'affirmait F. Geppert (*Die Quellen*, p. 46), il nous

2.35.1-4	cf. Rufin, *HE* 10.26 p. 989.16-25
2.35.5-14	?; cf. Rufin, *HE* 10.26 p. 989.25-29
2.36.1-2	?
2.36.3-5	Rufin, *HE* 10.21; cf. Athanase, *Apologia de fuga sua* 4, *Apologia ad Constantium* 27
2.37.1-6	Sabinos; Athanase, *De synodis* 1.2
2.37.7-11	Sabinos?
2.37.12-24	Athanase, *De synodis* 8
2.37.25-30	Athanase, *De synodis* 9
2.37.31-50	Athanase, *De synodis* 3-4
2.37.51-74	Athanase, *De synodis* 9.3-10
2.37.75-77	Socrate; Athanase, *De synodis* 55
2.37.78-87	Athanase, *De synodis* 55
2.37.88-90	Socrate
2.37.91-92	Rufin, *HE* 10.23; Socrate
2.37.93	Socrate
2.37.94	Rufin, *HE* 10.28 p. 990.26-991.3
2.37.95-97	?
2.38.1-2	cf. Rufin, *HE* 10.24 p. 989.3
2.38.3-4	Sabinos?
2.38.5-28	témoin oculaire: Auxanon
2.38.11-15	présent
2.38.29-32	témoin oculaire: paysan paphlagonien
2.38.33-44	?
2.39.1-2a	Sabinos?
2.39.2b-3	*Consularia Constantinopolitana* a. 358
2.39.4-22	Sabinos
2.40	Sabinos
2.41.1	Sabinos; *Consularia Constantinopolitana* a. 359
2.41.2-6	Sabinos
2.41.7-16	Athanase, *De synodis* 30
2.41.17-23	Socrate
2.42	Sabinos
2.43.1-2a	Sabinos?
2.43.2b-6	La synodale des évêques de Gangra aux Arméniens[10] (à travers Sabinos? ou *corpus canonum*?)
2.43.3	cf. 1 Tm 4.3
2.43.7-16	Sabinos?; cf. *Consularia Constantinopolitana* a. 360
2.43.14	présent

semble difficile de croire que l'abondance de données pour Constantinople proviendrait d'une «liste», sauf pour ce qui concerne les évêques ariens (Socr. 5.3, 5.12.6-8, 7.6.1): cf. P. Van Nuffelen, *Socrate de Constantinople*, p. 71.

[10] Mansi 2.1097-1100.

2.44   *Vie de Mélèce d'Antioche*?
2.45.1-16   Sabinos?
 2.45.4   tradition constantinopolitaine
 2.45.11   cf. Athanase, *De synodis* 31.3
 2.45.13   1 Co 11.12
2.45.17-18   liste épiscopale de Jérusalem (évêques ariens)?
2.46   ?[11]
2.47   Eutrope 10.14.1-10.15.2; *Consularia Constantinopolitana* a. 361; Athanase, *De synodis* 31.3 (baptême par Euzoios); chronique de 350 à 378?

Livre 3:

3.1.1-2   *Consularia Constantinopolitana* a. 361
3.1.3-5   Socrate
3.1.6-8   Libanius, *Discours* 18.10; Eutrope 10.9.1
3.1.9   ?; Libanius, *Discours* 18.11
3.1.10-11   Libanius, *Discours* 18.11-12
3.1.12-15   Libanius, *Discours* 18.13-15
3.1.16-21   Libanius, *Discours* 18.18-23; lexique[12]; Grégoire de Nazianze, *Discours* 4.23, 4.97
3.1.22-24   Libanius, *Discours* 18.17, 18.24-27
3.1.25-26   Libanius, *Discours* 18.31-33; Eutrope 10.14
3.1.27-29   Libanius, *Discours* 18.41-45, 73
3.1.30-31   Libanius, *Discours* 18.37
3.1.32   Libanius, *Discours* 18.48
3.1.33-34   Libanius, *Discours* 18.52-66, 107, 169
3.1.35   Libanius, *Discours* 18.97-99
3.1.36-37   Socrate; cf. Libanius, *Discours* 18.106-107
3.1.38-39   Libanius, *Discours* 18.113-114
3.1.40   Libanius, *Discours* 18.104-117; cf. Grégoire de Nazianze, *Discours* 4.52, 86
3.1.41   Socrate
3.1.42   Libanius, *Discours* 18.116-117
3.1.43-47   Socrate; cf. Libanius, *Discours* 18.152
3.1.48   Libanius, *Discours* 18.121, 126-127
3.1.49   Libanius, *Discours* 18.152
3.1.50-53   Libanius, *Discours* 18.120-121, 18.130-134, 18.143-145

---

[11] Selon P. SPECK, *Sokrates*, p. 363-364, Socr. 2.46 proviendrait de la même source que 3.16.1-6.

[12] Cf. ci-dessus p. 5 note 26.

3.1.54	Libanius, *Discours* 18.154, 157
3.1.55-56	Libanius, *Discours* 18.149, 18.155-162
3.1.57-60	Julien, *Caesares*, *Contra christianos*
3.2.1-7	cf. Rufin, *HE* 11.22 p. 1025.7-24
3.2.8-9	Socrate; Mt 10.21, Mc 13.21
3.2.10	chronique de 350 à 378?
3.3.1	Sabinos?
3.3.2	Socrate
3.3.3-25	?
3.4	Socrate?; cf. Rufin, *HE* 11.3 p. 1003.14
3.5	cf. Rufin, *HE* 10.28
3.6	cf. Rufin, *HE* 10.28
3.7.1-3	cf. Rufin, *HE* 10.29-30 p. 991.14-992.15
3.7.4-10	une version interpolée de Pamphile et Eusèbe, *Apologie pour Origène*[13]
3.7.11-15	cf. Rufin, *HE* 10.30
3.7.14	He 1.3
3.7.16-19	lexique d'Irénée
3.7.20-21	Socrate
3.7.22-24	Évagre le Pontique, *Le gnostique* 27, 41
3.8	Athanase, *Apologia de fuga sua* 7.5-13.6
3.9	Rufin, *HE* 10.31
3.10.1-2	Rufin, *HE* 10.32 p. 994.11-16
3.10.3-11	Sabinos
3.11	Socrate; source orale novatienne?
3.12.1-4	?
3.12.5-7	Socrate; Eutrope 10.16.3; cf. Rufin, *HE* 10.33
3.13.1-2	cf. Rufin, *HE* 10.33
3.13.3-4	Socrate; chronique de 350 à 378?
3.13.5-12	?
3.13.6	Mt 5.13
3.13.13	Rufin, *HE* 10.35
3.14.1-6	Rufin, *HE* 10.35
3.14.7-8	?
3.15	?
3.16.1-6	?[14]
3.16.7-27	Socrate; cf. Ac 17.28, Col 1.26, 2.8, Rm 1.18-21, 1 Th 5.21, Tt 1.12, 1 Co 15.33
3.16.20	Platon, *Apologie pour Socrate* 24c

---

[13] Cf. P. VAN NUFFELEN, *Two Fragments*.

[14] Selon P. SPECK, *Sokrates*, p. 363-364, Socr. 3.16.1-6 proviendrait de la même source que 2.16.1-7 et 2.46.

3.16.26	auteur tragique
3.17.1-3	Libanius, *Discours* 15.21-24, 77; cf. Ammien Marcellin 22.14.2[15]
3.17.4	Julien, *Misopogon* 338c-339b, 355d, 371a[16]
3.17.5	Socrate peut avoir vu des monnaies avec un taureau; cf. Julien, *Misopogon* 355d
3.17.6-9	Libanius, *Discours* 15.21-24, 15.77, 16.31-37
3.18	Rufin, *HE* 10.36
3.19.1-9	Rufin, *HE* 10.36-37
3.19.10-11	Libanius, *Discours* 18.164
3.20	cf. Rufin, *HE* 10.38-40
3.20.15	cf. Rm 11.7, 2 Co 3.14
3.21.1-2	?
3.21.3-4	Libanius, *Discours* 18.241-243, 18.255-259; Eutrope 10.16.1
3.21.5-8	Libanius, *Discours* 18.260-261
3.21.9-12	Libanius, *Discours* 18.264-268; Eutrope 10.16.2
3.21.13	Grégoire de Nazianze, *Discours* 5.13; Rufin, *HE* 10.37 p. 997.8
3.21.14	Calliste, *Poème sur la campagne perse de Julien*
3.21.15-16	Socrate
3.21.17-18	Eutrope 10.16.2; *Consularia Constantinopolitana* a. 363
3.22.1-2	Eutrope 10.17.1; *Consularia Constantinopolitana* a. 363
3.22.3-5	Rufin, *HE* 11.1 p. 1001.5-10
3.22.6-7	Eutrope 10.17.1
3.22.8-9	Libanius, *Discours* 18.262
3.22.10-13	cf. Libanius, *Discours* 18.178
3.23.1-2	Libanius, *Discours* 18.178
3.23.3-13	Socrate, cf. Libanius, *Discours* 18.12
3.23.13	Porphyre, *Philosophos historia FGrHist* 260 F7 = Porphyre fr. 210. Cf. Platon, *Apologie pour Socrate* 24c; Xénophon, *Symposion*
3.23.14	Julien, *Caesares*
3.23.15-16	Socrate
3.23.17-26	Grégoire de Nazianze, *Disours* 5.23[17]
3.23.27-32	Julien, *Contra Christianos*
3.23.33	Julien, *Contra Christianos* 94a
3.23.34-37	Julien, *Discours* 7.216c
3.23.38	Eusèbe de Césarée, *Contre Pophyre* (cf. Jérôme, *Commentarius in Matthaeum* 24.16 PL 26.177-178).
3.23.39	Socrate

[15] On notera certains parallèles avec Ammien, qui pourraient indiquer l'usage d'une source commune (Socr. 3.17.1-3, 4.8, 4.19, 4.31.1-5, 4.34.5, 4.38.8-9). Des différences manifestes excluent que Socrate ait copié Ammien Marcellin: cf. P. Van Nuffelen, *Dürre Wahrheiten*, p. 353.

[16] Cf. P. Van Nuffelen, *Dürre Wahrheiten*.

[17] Sur la place de cette citation dans la tradition indirecte de Grégoire de Nazianze, voir Caroline Macé, *La tradition indirecte*, p. 379-383.

3.23.40-41   Libanius, *Discours* 18.304
3.23.42-43   Libanius, *Discours* 18.308
3.23.44-49   ?; cf. Théodoret, *Curatio* 8.12, 8.19, 8.24; cf. Aristote, *Peplos*;
              Denys, *Stephanos*; Réginus, *Polymnemon*
  3.23.46   Is 7.9
3.23.50-56   ?
3.23.57-59   Théodoret, *Curatio* 8.26?[18]
3.23.60   Libanius, *Discours* 64.41
3.24   ?
3.25.1-19   Sabinos
3.25.20-21   Thémistius, *Discours* 5.67b-68a
3.26.1-2   cf. Grégoire de Nazianze, *Discours* 5.17-18
3.26.3   Thémistius, *Discours* 5
3.26.4   cf. Rufin, *HE* 11.1 p. 1002.6-13
3.26.5-6   Eutrope 10.18.2; *Consularia Constantinopolitana* a. 364

Livre 4 :

4.1.1   *Consularia Constantinopolitana* a. 364
4.1.2   chronique de 350 à 378?
4.1.3-4   Rufin, *HE* 11.2 p. 1003.2-4
4.1.5-10   ?
4.1.11-13   Socrate
4.1.14-17   Socrate; cf. Rufin, *HE* 11.3 p. 1003.14 (Lucius)
4.2.1   Socrate
4.2.2-3   Sabinos
4.2.4-7   *Vie de Mélèce d'Antioche*?
4.3   *Consularia Constantinopolitana* a. 365
4.4.1-5   Sabinos
4.4.6   Socrate
4.5.1-3   *Consularia Constantinopolitana* a. 366; ?
4.5.4   cf. Plutarque, *Vie d'Alexandre* 43.6?
4.6   Sabinos?
4.7.1-3   Sabinos?
4.7.4-5   ?
4.7.6-8   Eunome, *Commentaire sur l'Épître aux Romains*
4.7.9   Autres ouvrages d'Eunome
4.7.10-11   ?
4.7.12-15   Eunome, fr. 2 (CPG 3458 [3]), provenant sans doute du *Commen-
              taire sur l'Épître aux Romains*

---

[18] Cf. J. HAMMERSTAEDT, *Die Vergöttlichung*, p. 88-89.

4.8	?; cf. Ammien Marcellin 26.8.2, 31.1.4-5?
4.8.8	présent; chronique de 350 à 378?
4.8.14	présent
4.9.1-7	source novatienne?
4.9.3	cf. Mt 10.10
4.9.5	chronique de 350 à 378?
4.9.8	*Consularia Constantinopolitana* a. 366
4.10	chronique de 350 à 378?; *Consularia Constantinopolitana* a. 366
4.11.1	chronique de 350 à 378?; *Consularia Constantinopolitana* a. 367
4.11.2	tradition
4.11.3	*Consularia Constantinopolitana* a. 367
4.11.4	*Consularia Constantinopolitana* a. 368
4.11.5	?
4.11.6-9	Socrate
4.12	Sabinos
4.13	cf. Pierre d'Alexandrie, *Epistula encyclica*?
4.14	?; liste épiscopale de Constantinople?
4.15	?
4.16	?
4.17	?
4.18	Rufin, *HE* 11.5
4.19	?; cf. Ammien Marcellin 29.1?
4.20	Rufin, *HE* 11.2-3 p. 1003.9-12; *Consularia Constantinopolitana* a. 371
4.21	Pierre d'Alexandrie, *Epistula encyclica*
4.22	Pierre d'Alexandrie, *Epistula encyclica*; Sabinos; Rufin, *HE* 11.3 p. 1003.15-1004.14
4.23.1-14	Palladios, *Historia Lausiaca* (édition inconnue)?
4.23.15-29	Collection d'apophtegmes
4.23.30-33	Palladios, *Historia Lausiaca* (édition inconnue)?
4.23.34-39	?; Évagre, *Le gnostique*, *Antirrhéticos*, *Kephalaia gnostika*, *Sententiae ad monachos*, *Ad virginem*
4.23.40-42	Évagre, *Traité pratique* 91
4.23.43-44	Évagre, *Traité pratique* 92
4.23.45-46	Évagre, *Traité pratique* 93
4.23.47-50	Évagre, *Traité pratique* 94
4.23.51	Évagre, *Traité pratique* 95
4.23.52-53	Évagre, *Traité pratique* 97
4.23.54-56	Évagre, *Traité pratique* 98
4.23.57-59	Évagre, *Traité pratique* 99
4.23.60-65	Évagre, *Le gnostique* 44
4.23.66-67	Évagre, *Le gnostique* 45
4.23.68	Évagre, *Le gnostique* 46
4.23.69	Évagre, *Le gnostique* 47

4.23.70-71	Évagre, *Le gnostique* 48
4.23.72-76	Palladios, *Historia Lausiaca* (édition inconnue)?
4.23.77-80	Palladios, *Historia Lausiaca* (édition inconnue)?
4.24	Rufin, *HE* 11.3-4
4.24.9-11	He 11.36-40
4.25	cf. Rufin, *HE* 11.7
4.25.7	cf. Didyme l'Aveugle, *Sur la trinité*, *Commentaire sur le Peri Archon d'Origène*
4.26	cf. Rufin, *HE* 11.9
4.26.27	cf. Basile de Césarée, *Hexaemeron*; Grégoire de Nysse, *Oratio funebris in Meletium episcopum*
4.27.1-2	Socrate
4.27.3-6	une version interpolée de Pamphile et Eusèbe, *Apologie pour Origène*[19]
4.27.7-8	Socrate
4.28.1-16	source novatienne?; Socrate?
4.28.17-19	témoin oculaire: fils d'un presbytre novatien
4.29	Rufin, *HE* 11.10
4.30	Rufin, *HE* 11.11
4.31.1-5	?; cf. Ammien Marcellin 30.6.1-3?
4.31.6-7	chronique de 350 à 378?; *Consularia Constantinopolitana* a. 375
4.31.8-19	?[20]
4.32	Thémistius, discours perdu
4.33.1-5	Thémistius, discours perdu?[21]
4.33.6-7	?
4.34.1-4	?
4.34.5	?; cf. Ammien Marcellin 31.4.4?
4.34.6	Socrate
4.35.1-3	Rufin, *HE* 11.13 p. 1019.13-1020.1; chronique de 350 à 378?
4.35.4	*Consularia Constantinopolitana* a. 376; liste épiscopale d'Antioche?
4.36	Rufin, *HE* 11.6
4.36.10	2 Tm 2.24
4.37	Damase de Rome, *Lettre à l'église d'Alexandrie* (cf. Socr. 4.21-22)?; cf. Rufin, *HE* 11.21 p. 1024.24
4.38.1	*Consularia Constantinopolitana* a. 378
4.38.2-7	?
4.38.8-9	?; cf. Ammien Marcellin 31.13.12-14?
4.38.10-11	chronique de 378 à 422/439?[22]

---

[19] P. Van Nuffelen, *Two Fragments*.
[20] Il s'agit peut-être de la même source qu'en 4.31.1-5.
[21] Cf. N. Lenski, *The Date*, p. 61. Sur ce chapitre, voir aussi P. Heather, *The Crossing of the Danube*.
[22] Cf. P. Van Nuffelen, *Socrate de Constantinople*, p. 70-73.

Livre 5:

5.pr.	Socrate
5.pr.5	1 Tm 5.24
5.pr.7-8	Thucydide 1.1.2
5.1.1-2	*Consularia Constantinopolitana* a. 378
5.1.3-5	?
5.2.1	?
5.2.2	cf. Rufin, *HE* 11.14 p. 1020.11-14
5.2.3	*Consularia Constantinopolitana* a. 379
5.3	liste épiscopale de Rome, Jérusalem, Antioche, Alexandrie et Constantinople?
5.3.3	cf. Rufin, *HE* 11.21
5.4	Sabinos
5.5	*Vie de Mélèce d'Antioche*?
5.6.1	*Vie de Mélèce d'Antioche*?
5.6.2-5	chronique de 378 à 422/439?
5.6.6	*Consularia Constantinopolitana* a. 380
5.7	chronique de 378 à 422/439?; cf. *Consularia Constantinopolitana* a. 380
5.7.7	Mt 10.23
5.8	récit sur les conciles de 381 et 383?
5.8.18	*Vie de Mélèce d'Antioche*?
5.9.1-2	*Vie de Paul*?; présent
5.9.3-5	récit sur les conciles de 381 et 383?; *Vie de Mélèce d'Antioche*?; cf. Grégoire de Nysse, *Oratio funebris in Meletium episcopum* p. 456.18-457.1
5.10.1-2	récit impérial sur les conciles de 381 et 383?
5.10.3-4	chronique de 378 à 422/439?; cf. *Consularia Constantinopolitana* a. 381
5.10.5	*Consularia Constantinopolitana* a. 383
5.10.6-7	récit sur les conciles de 381 et 383?
5.10.8-23	source novatienne?
5.10.20-21	Gn 11.7
5.10.24-33	récit sur les conciles de 381 et 383?
5.10.28	cf. *Codex Theodosianus* 16.5.12
5.10.30	cf. Mt 22.14
5.11.1	récit sur les conciles de 381 et 383?
5.11.2-12	Rufin, *HE* 11.14-15
5.11.9	chronique de 378 à 422/439?
5.12.1-4	*Consularia Constantinopolitana* a. 384
5.12.5	liste épiscopale d'Alexandrie?; *Consularia Constantinopolitana* a. 385
5.12.6-8	liste épiscopale de Constantinople?

5.12.9-11	?[23]
5.13	?
5.14.1-2	chronique de 378 à 422/439?
5.14.3-10	chronique de 378 à 422/439?; discours perdus de Symmaque
5.15.1-8	?
5.15.9	liste épiscopale de Jérusalem?
5.16.1-8	chronique de 378 à 422/439?
5.16.9-14	témoins oculaires: Ammonios et Helladios
5.17.1-6	témoins oculaires: Ammonios et Helladios?
5.17.7-11	Socrate
5.17.8	Col 1.26
5.17.10	Ac 17.23
5.17.11	Nb 23.7-9
5.18.1-11	?
5.18.12-14	chronique de 378 à 422/439?; *consularia* à partir de 388?
5.19.1-4	Socrate
5.19.5-10	témoin oculaire: Eudaimon
5.19.10	Ep 5.11
5.20	Socrate
5.21	Socrate?; témoin oculaire novatien?
5.22	Socrate
5.22.4	Ga 4.10, 4.21, 5.13
5.22.5	Col 2.16
5.22.6	He 7.12
5.22.10	Lc 22.1, Mc 14.12
5.22.13-19	Eusèbe, *HE* 5.23-24
5.22.20	Flavius Josèphe, *Antiquitates judaicae* 3.10.5
5.22.21-27	Eusèbe, *Vita Constantini* 3.17-20, *HE* 3.19.1
5.22.37	cf. Lv 11.9
5.22.46-47	Origène, écrit inconnu
5.22.47	cf. Rm 8.3
5.22.51	cf. Héliodore, *Aethiopika*
5.22.65-71	Ac 15.23-29
5.22.72-82	cf. Mt 13.2, 21.2, Mc 14.13-15, Lc 22.10-12, Ga 4.4
5.23	«autopsie»
5.23.12	*consularia* à partir de 388?
5.24	«autopsie»
5.24.2	cf. Theophronius, *Peri gymnasias nou*
5.24.10	cf. Épiphane, *Ancoratus*

---

[23] Remarquons que Socrate semble avoir utilisé une source unique pour ses informations concernant Théodose I; celles-ci ont en commun qu'elles dressent une image très positive de l'empereur (Socr. 5.12.9-11, 5.18.1-11, peut-être aussi 5.14, 5.25 et 5.26).

5.25	chronique de 378 à 422/439?; cf. Rufin, *HE* 11.33 p. 1038.6-1039.15
5.25.16	*consularia* à partir de 388?
5.26.1-5	chronique de 378 à 422/439?
5.26.6	chronique de 378 à 422/439?; *consularia* à partir de 388?

Livre 6:

6.pr.	Socrate
6.pr.9-10	Thucydide 1.22.2-3
6.1.1	*consularia* à partir de 388?[24]
6.1.2	Rufin, *HE* 11.21 p. 1024.25-27; Socrate
6.1.3-7	chronique de 378 à 422/439?; *consularia* à partir de 388?
6.1.8	source novatienne?
6.2.1-11	*Vie de Jean Chrysostome*?[25]
6.2.1	*consularia* à partir de 388?
6.2.11	*consularia* à partir de 388?
6.2.12	Socrate
6.3	*Vie de Jean Chrysostome*?
6.3.9-11	cf. Jean Chrysostome, *Adversus Judaeos, De sacerdotio, Ad Stagirium, De incomprehensibili dei natura, Contra eos qui subintroductas habent virgines*
6.3.13-14	témoin oculaire
6.4	témoin oculaire?; *Vie de Jean Chrysostome*?
6.5	*Vie de Jean Chrysostome*?
6.5.5	Jean Chrysostome, *In Eutropium*
6.5.7	*consularia* à partir de 388?
6.6.1-36	Eusèbe le Scholastique, *Poème héroïque sur Gaïnas*
6.6.37	Ammonios, *Poème sur Gaïnas*; *consularia* à partir de 388?
6.6.38-40	chronique de 378 à 422/439?
6.6.38	*consularia* à partir de 388?
6.6.41-42	Socrate
6.7	*Vie de Jean Chrysostome*?
6.8.1-9	*Vie de Jean Chrysostome*?
6.8.10-12	?
6.9	*Vie de Jean Chrysostome*?
6.10	*Vie de Jean Chrysostome*?
6.11	*Vie de Jean Chrysostome*? (cf. la version longue de ce chapitre)
6.12	*Vie de Jean Chrysostome*?
6.13.1-8	Socrate

---

[24] Cf. P. Van Nuffelen, *Socrate de Constantinople*, p. 56-57.
[25] Cf. M. Wallraff, *Der Kirchenhistoriker*, p. 58.

6.13.6	cf. Méthode d'Olympos, *Xenon*
6.13.9-12	Athanase, *De decretis* 27.1
6.14	*Vie de Jean Chrysostome*?
6.14.9-12	témoin oculaire?; rumeur?
6.15	*Vie de Jean Chrysostome*?
6.16	*Vie de Jean Chrysostome*?
6.16.4	discours perdu de Sévérien de Gabala?; 1 P 5.5, cf. Mt 12.31
6.17	*Vie de Jean Chrysostome*?
6.18	*Vie de Jean Chrysostome*?
6.18.1	chronique de 378 à 422/439?
6.18.4	Jean Chrysostome, *In decollationem Johannis*
6.18.11	cf. *Corpus canonum*?
6.18.18	chronique de 378 à 422/439?; *consularia* à partir de 388?
6.19.1-3	?
6.19.4-8	rumeurs; témoin oculaire novatien?
6.19.5	*consularia* à partir de 388?
6.20.1-3	?; *consularia* à partir de 388?
6.21	témoin oculaire novatien?
6.21.1-2	chronique de 378 à 422/439?
6.21.3-6	Socrate?; source novatienne?
6.22	Socrate?; source novatienne?
6.22.7	Si 9.8, cf. Mt 17.2
6.23.1-6	?
6.23.7	chronique de 378 à 422/439?; *consularia* à partir de 388?

Livre 7:

7.1.1	chronique de 378 à 422/439?; *consularia* à partir de 388?
7.1.2-3	«autopsie»?
7.2	«autopsie»?
7.2.2	cf. Ga 6.10
7.2.4	cf. 1 Co 9.22
7.3	?
7.4	témoins?; «autopsie»?
7.4.5	cf. 1 Co 1.22
7.5	témoin oculaire novatien; «autopsie»?
7.5.4	Lc 22.1
7.6.1-6	«autopsie»?
7.6.1	*consularia* à partir de 388?; liste épiscopale de Constantinople?
7.6.7-9	Socrate
7.6.8	Platon, *Epistulae* 2.312e
7.6.10	*consularia* à partir de 388?; «autopsie»
7.7	?

7.7.1	*consularia* à partir de 388?
7.7.5	source novatienne?
7.8	*Vie de Maroutha*?
7.9.1	liste épiscopale d'Antioche?
7.9.2	liste épiscopale de Rome
7.10	?
7.11.1-2	liste épiscopale de Rome
7.11.3-6	source novatienne?
7.12	témoin oculaire novatien?; «autopsie»?
7.13	?; témoin oculaire: Adamantius (cf. 7.13.17)
7.14	?
7.15	?
7.15.7	*consularia* à partir de 388?
7.16	?
7.17	?; source novatienne?
7.17.1	*consularia* à partir de 388?
7.18	panégyriques sur la guerre et/ou sur Théodose II?
7.18.24-25	chronique de 378 à 422/439?
7.19	panégyriques sur la guerre et/ou sur Théodose II?
7.20	panégyriques sur la guerre et/ou sur Théodose II?
7.20.1-13	chronique de 378 à 422/439?
7.21	panégyriques sur la guerre et/ou sur Théodose II?
7.21.6	témoin oculaire?
7.21.8	poème d'Eudocie
7.22	Socrate; panégyriques sur la guerre et/ou sur Théodose II?
7.22.20	chronique de 378 à 422/439?
7.23	chronique de 378 à 422/439?; Ex 14
7.24	?
7.25	«autopsie»?
7.25.5-8	archives du patriarcat?
7.25.13	lexique (cf. Xénophon, *Anabasis* 6.3.16, 6.6.38, *Hellenica* 1.1.22, Nicolas de Damas, *FGrHist* 90 F 89, Strabon 12.4.2); *consularia* à partir de 388?
7.25.15-19	1 Tm 3.1, 1 Jn 5.17
7.25.23	chronique de 378 à 422/439?
7.26	«autopsie»?
7.26.3	2 Co 8.3
7.26.4	*consularia* à partir de 388?
7.27	Socrate; cf. Philippe de Sidé, *Histoire chrétienne*
7.28	«autopsie»?
7.28.4	*consularia* à partir de 388?
7.29	«autopsie»?
7.30.1-6	?
7.30.7	?; *consularia* à partir de 388?

7.31	«autopsie»?; chronique de 378 à 422/439?
7.32.1-8	«autopsie»?
7.32.3	2 Co 5.16, He 6.1
7.32.5-8	Nestorius, *Discours*; *Actes d'Éphèse*: ACO 1.1.1 (Coll. Vat. 18), p. 101-102.
7.32.9-13	*Actes d'Ephèse*: ACO 1.1.1 (Coll. Vat. 18) p. 101-102
7.32.11	1 Jn 4.3
7.32.14-16	Eusèbe, *Vita Constantini* 3.43
7.32.17	Origène, *Commentaire sur l'épître aux Romains*
7.32.18-22	Nestorius, *Discours*
7.33	«autopsie»?; chronique de 378 à 422/439?
7.34.1-4	*Actes d'Éphèse*?[26]
7.34.5	*Actes d'Ephèse*: cf. ACO 1.1.3 (Coll. Vat. 81) p. 4.32, (Coll. Vat. 82) p. 7.10
7.34.6	*Actes d'Ephèse*: cf. ACO 1.1.2 (Coll. Vat. 67) p. 67.33-34
7.34.7	*Actes d'Éphèse*: cf. ACO 1.1.2 (Coll. Vat. 60) p. 45-52
7.34.8-9	*Actes d'Ephèse*: cf. ACO 1.1.3 (Coll. Vat. 82) p. 7.17
7.34.10	*Actes d'Ephèse*?
7.34.11	*Actes d'Ephèse*: cf. ACO 1.1.3 (Coll. Vat. 110) p. 67.10-28
7.34.12	*Actes d'Ephèse*: cf. ACO 1.1.2 (Coll. Vat. 63) p. 64.10, (Coll. Vat. 65) p. 65-66; *consularia* à partir de 388?
7.34.13	*Actes d'Éphèse*?
7.34.14-15	*Actes d'Ephèse*: cf. ACO 1.1.2 (Coll. Vat. 65) p. 76.39-40
7.35	?
7.35.4	cf. 2 Co 11.6
7.36.1-2	Socrate
7.36.3	Eusèbe, *HE* 6.11.1
7.36.4-5	Socrate
7.36.6-7	*corpus canonum*?
7.36.8-23	?
7.37	«autopsie»?
7.37.19	*consularia* à partir de 388?
7.38	«autopsie»?
7.39	témoin oculaire novatien?; «autopsie»?; chronique de 378 à 422/439?
7.40	«autopsie»?
7.40.1	*consularia* à partir de 388?
7.41	«autopsie»?
7.42	Socrate
7.42.2	Nb 12.3
7.43.1-5	?

[26] Cf. N.P. CONSTAS, *Four Christological Homilies*, p. 47 n. 32.

7.43.6-7	Proclos, discours perdu; cf. Ez 38.2, 38.22-23
7.44	chronique de 378 à 422/439?; *consularia* à partir de 388?
7.45.1-4	chronique de 378 à 422/439?; *consularia* à partir de 388?
7.45.5-7	Socrate
7.46	«autopsie»?
7.46.1	*consularia* à partir de 388?
7.47	«autopsie»?
7.48.1-5	«autopsie»?
7.48.1	*consularia* à partir de 388?
7.48.6-8	Socrate

2. SOZOMÈNE

Dédicace:

Déd.	Sozomène; collection d'*exempla*?[27]
Déd. 1	Homère, *Ilias* 11.191-192
Déd. 5	cf. Oppien, *Cynegetica*
Déd. 9	cf. Socr. 7.22; Mt 5.45
Déd. 10	Sg 7.20
Déd. 12	Homère, *Odyssée* 8.116-117; cf. Socr. 7.22.3
Ded. 14	cf. Arrien, *Anabasis* 6.26.1-3
Déd. 15	Homère, *Ilias* 10.160, 10.392
Déd. 16	cf. Socr. 7.22.9-11
Déd. 18	Ps 110.10

Livre 1:

1.1	Sozomène
1.1.1	Xénophon, *Cyropédie* 1.1
1.1.2	Gn 18, 22
1.1.3	Gn 49.10; Eusèbe, *HE* 1.6.1, 1.6.6-7
1.1.5	Eusèbe, *HE* 1.11.7, 3.9
1.1.7	*Oracula Sibyllina*; Virgile, *Ecloga* 4?
1.1.10	Eusèbe, *HE* 1.1.2
1.1.12	Eusèbe, *HE* 2.pr.; cf. Hégésippe, *Hypomnemata*; Pseudo-Clémentines; Julius Africanus, *Chronique*
1.1.15	cf. Socr. 1.6.41, 2.1.4

---

[27] On peut soupçonner que Sozomène a utilisé une sorte de collection d'*exempla* dans la dédicace, tout comme en 2.24.2-4.

1.1.16	Socr. 5.pr.2
1.1.17	Socr. 6.pr.9
1.2	cf. Rufin, *HE* 10.8 p. 970.2, 10.23 p. 988.23; Eusèbe, *De martyribus Palestinae* 2, *Vita Constantini* 1.49
1.3.1-3	Eusèbe, *Vita Constantini* 1.27-29; cf. Rufin, *HE* 9.9; Socr. 1.2.3-6
1.3.4	Eusèbe, *Vita Constantini* 1.30, 32
1.3.5-6	Sozomène
1.4.1	Eusèbe, *Vita Constantini* 1.30-31 (intitulé); cf. Rufin, *HE* 9.9
1.4.2	Sozomène
1.4.3-4	Eusèbe, *Vita Constantini* 2.6-9
1.5.1	Eunape, *Historiae* (fr. 9)?
1.5.2-5	Sozomène; cf. *Codex Theodosianus* 16.2.2, 16.2.4-5
1.6.1-3	Eusèbe, *Vita Constantini* 1.13, 16
1.6.4	Socr. 1.2.1-3
1.6.5	Olympiodore (fr. 4)?
1.6.6	Eutrope 10.5
1.7.1	Eutrope 10.6; Eusèbe, *Vita Constantini* 1.56
1.7.2	Eusèbe, *Vita Constantini* 2.4
1.7.3	Eunape, *Historiae* (fr. 8)?; cf. Homère, *Ilias* 8.102-103
1.7.4-5	Socr. 1.4.1-4
1.8.1-4	Eusèbe, *Vita Constantini* 2.24-42
1.8.5	Eusèbe, *Vita Constantini* 2.44, 4.25; Socr. 1.18.1-2
1.8.6	Socr. 1.18.1, 1.18.7-8; Eusèbe, *Vita Constantini* 3.58, 4.25
1.8.7	Eusèbe, *Vita Constantini* 2.45
1.8.8-9	Socr. 1.18.4
1.8.10	Eusèbe, *Vita Constantini* 4.17, 4.21, 4.28; Socr. 1.18.12
1.8.11-12	Eusèbe, *Vita Constantini* 4.18, 4.56
1.8.13	?; présent
1.8.14	cf. *Codex Theodosianus* 9.8.1, 9.9.1, 9.24.1; *Codex Justinianus* 5.26.1
1.9.1-3a	Eusèbe, *Vita Constantini* 4.26; *Codex Theodosianus* 8.16.1
1.9.3b-4	?[28]
1.9.5	*Codex Theodosianus* 1.27.1, 16.2.1-2; *Constitutiones Sirmondianae* 1; Eusèbe, *HE*; cf. Eusèbe, *VC* 1.9.5
1.9.6-7	*Codex Theodosianus* 2.8.1, 4.7.1; *Codex Justinianus* 1.13.1; présent
1.10.1-2	?; Rufin, *HE* 10.4; Socr. 1.11; cf. Athanase, *Epistulae ad episcopos Aegypti et Libyae* 8; Philostorge, *HE* 1.12 p. 43.23-25[29]?

[28] On pourrait penser que ces informations proviennent d'une partie perdue de *Codex Theodosianus* 16.8.1. Mais cela reste une hypothèse qu'on ne peut ni prouver ni invalider.

[29] Il y a bon nombre de parallèles entre Sozomène et Philostorge (1.10.1-2, 2.6, 3.15.7-8, 3.19.2b-5, 5.18.2-6, 5.21.1-3, 6.6.1-3, 6.6.8, 6.26.2, 6.26.5-6, 6.37.2-5, 7.6.2, 7.17.1, 7.24.3-4). Une dépendance immédiate envers Philostorge ne peut être démontrée. Il est en plus probable qu'ils ont parfois utilisé la même source, en l'occurrence Eunape, *Historiae* (cf. Soz. 6.37.6a, 6.37.11, 6.40.2b-5a, 8.4.19).

1.11.1-7	Rufin, *HE* 10.5; Socr. 1.12.2-7; *Vita Spyridonis*?; indigènes ou tradition locale?
1.11.1	présent
1.11.8-11	*Vita Spyridonis*?
1.11.8	rumeur
1.11.9	cf. Jn 5.8, Mc 2.9
1.11.11	cf. Tt 1.15
1.12.1-8	Sozomène
1.12.9-10	cf. Jean Cassien, *De institutis* 1.1.2-4; Eusèbe, *HE* 2.4.3, 2.17
1.12.11	?
1.13.1-12	Athanase, *Vita Antonii* 1-3, 7, 33, 45, 47, 55, 67, 72-74, 81, 84-85, 87, 93; cf. Socr. 1.21.21
1.13.13-14	Palladios, *Historia Lausiaca* 22; *Historia monachorum* 24[30]
1.14.1-3	Palladios, *Historia Lausiaca* 8; Socr. 4.23.3-11; cf. *Historia monachorum* 22
1.14.4	Sozomène; cf. Socr. 4.23.13
1.14.5	Athanase, *Vita Antonii* 60; cf. Socr. 4.23.15-16
1.14.6	*Historia monachorum* 22.5
1.14.7-8	Athanase, *Vita Antonii* 60
1.14.9-11	Socr. 1.13.1-10, 1.15.3
1.15	*Collection alexandrine*; cf. Socr. 1.5.1-2
1.15.9-10	Socr. 1.6.31-34
1.15.12	tradition locale?; présent
1.16	Socr. 1.7-8 = Eusèbe, *Vita Constantini* 2.63-73, 3.5
1.17.1-3	Socr. 1.8; Eusèbe, *Vita Constantini* 3.6-9
1.17.4-6	Rufin, *HE* 10.2; cf. Socr. 1.8.18-19
1.17.7	Socr. 1.8.13
1.18.1-4	Rufin, *HE* 10.3
1.18.5-7	?
1.19	Eusèbe, *Vita Constantini* 3.10-13
1.20.1	Eusèbe, *Vita Constantini* 3.13
1.20.2	Rufin, *HE* 10.5
1.20.3	Sozomène
1.21.1-2	Socr. 1.8.30-34;?
1.21.3	Socr. 1.8.32-34, 1.9.15-16, 1.14.7
1.21.4	Socr. 1.8.33, 1.9.29-31, 1.9.64
1.21.5	Socr. 1.9.65, 1.14.1
1.21.6	Socr. 1.9.12
1.22	Socr. 1.10

---

[30] Sozomène semble avoir utilisé une version de l'*Historia monachorum* qui circulait sous le nom de Timothée (cf. Soz. 6.29.2). Les doutes de G. SCHOO, *Die Quellen*, p. 51; J. BIDEZ — G.C. HANSEN, *Sozomenos*, p. 1 ne nous semblent pas justifiés.

1.22.2	1 Jn 5.16-17
1.23	Socr. 1.11.3-7, 1.13.11
1.24	*Collection alexandrine*?; Socr. 1.9.1-14
1.25	Eusèbe, *Vita Constantini* 3.15-22; Socr. 1.16.1

Livre 2:

2.1	Eusèbe, *Vita Constantini* 3.21-28; Rufin, *HE* 10.7; Socr. 1.17
2.1.3	présent
2.1.4	*Légende de Judas Cyriacus*[31]
2.1.5	Jn 19.19; cf. Mt 27.37, Mc 15.26, Lc 23.38
2.1.6	cf. Jn 19.32
2.1.8	*Légende de Judas Cyriacus*
2.1.9	*Légende de Judas Cyriacus*; cf. Za 14.20
2.1.10	cf. *Oracula Sibyllina* 6.26
2.2.1	Eusèbe, *Vita Constantini* 3.29-31, 3.41-43; Socr. 1.17.10-11
2.2.2	Rufin, *HE* 10.8 p. 970.26-970.4
2.2.3-4	Eusèbe, *Vita Constantini* 3.44-47
2.2.5	Socr. 1.17.1; «autopsie»?
2.3.1	Eusèbe, *Vita Constantini* 3.47, 3.50; cf. Socr. 1.16.1
2.3.2-7	?
2.3.2	«autopsie»; présent
2.3.8-13	«autopsie»; tradition locale
2.4.1-5	«autopsie»
2.4.2	Gn 18; cf. Eusèbe, *Vita Constantini* 3.53
2.4.6-8	Eusèbe, *Vita Constantini* 3.51-53
2.5.1-6	Eusèbe, *Vita Constantini* 3.54-57
2.5.4	présent
2.5.7-9	Eusèbe, *Vita Constantini* 4.37-39
2.6	?; cf. Philostorge, *HE* 2.5?
2.7	Rufin, *HE* 10.11; Socr. 1.20
2.7.12	présent
2.8	?
2.9	*Actes de S. Syméon bar Sabba'e* (BHO 1117)[32]
2.10	*Actes de S. Syméon bar Sabba'e* (BHO 1117)
2.11.1-2	*Actes de S. Syméon bar Sabba'e* (BHO 1117)
2.11.3-5	*Actes d'Azad* (BHO 124)
2.12	*Actes de Tarbo* (BHO 1149)

---

[31] Cf. P. VAN NUFFELEN, *Some Remarks*.
[32] Cf. P. DEVOS, *Sozomène*.

2.13	cf. *Actes d'Acepsimas* (BHO 22)[33]
2.14	*Actes de Milès* (BHO 772)
2.15	Eusèbe, *Vita Constantini* 4.8-13
2.16	Socr. 1.14
2.17.1	Socr. 1.15.1
2.17.2-3	Apollinaire fr. 168
2.17.4	?
2.17.5-10	Rufin, *HE* 10.15; Socr. 1.15
2.17.6	présent; tradition locale?
2.17.11	cf. Athanase, *Vita Antonii* 68-71
2.18.1-2	Athanase, *Apologia secunda* 59.4-6
2.18.3-4	Socr. 1.23.5-8
2.19.1	Socr. 1.24.1
2.19.2-7	Eusèbe, *Vita Constantini* 3.59-62; Socr. 1.24.5-7
2.19.7	cf. Eustathe d'Antioche, *Discours*
2.20.1	liste épiscopale de Rome?
2.20.2-3	?
2.21	*Collection alexandrine*
2.22.1-3	*Collection alexandrine*
2.22.4-9	Athanase, *Apologia secunda* 59-61; cf. Socr. 1.27.4-10
2.23	Athanase, *Apologia secunda* 63-71; cf. Rufin, *HE* 10.16; Socr. 1.27.15-18
2.24.1	Socr. 1.19.1-2
2.24.2-4	collection d'exempla?; cf. Gn 19
2.24.4	Clément d'Alexandrie, *Stromata* 1.69.5 = Eusèbe, *Praeparatio evangelica* 10.4.23 = *Démocrite* fr. 299
2.24.5-11	Rufin, *HE* 10.9-10; Socr. 1.19
2.25.1-8	*Collection alexandrine*
2.25.9-11	Rufin, *HE* 10.18 p. 984.5-18
2.25.12-19	*Collection alexandrine*
2.25.20	Rufin, *HE* 10.18 p. 983.18-984.2
2.26.1-2	Eusèbe, *Vita Constantini* 4.40, 4.43-46
2.26.3-4	présent; «autopsie»
2.27.1-5	Rufin, *HE* 10.12; cf. Socr. 1.25
2.27.6-10	Socr. 1.26
2.27.11-14	Rufin, *HE* 10.12; Socr. 1.33
2.28.1	cf. Socr. 1.35.2
2.28.2-12	*Collection alexandrine*?; Athanase, *Apologia secunda* 86; Socr. 1.34
2.28.13-14	Socr. 1.35
2.29.1-3	Rufin, *HE* 10.13; Socr. 1.37
2.29.4	Athanase, *Epistula ad episcopos Aegypti et Libyae* 18-19

[33] Cf. O. BRAUN, *Ausgewählt Akten*, p. xix.

2.29.5   ? (source arienne); cf. Athanase, *Epistula ad Episcopos Aegypti et Libyae* 18
2.30.1-5   Athanase, *Epistula ad episcopos Aegypti et Libyae* 18-19; cf. Socr. 1.38.7-8
2.30.6-7   tradition locale
2.31   *Collection alexandrine*
2.32.1-2   Eusèbe, *Vita Constantini* 3.64-66
2.32.3-6   Sozomène
2.32.6   présent
2.33.1-3   Sabinos?
2.33.4   Socr. 1.36.2-4
2.34.1-2   Rufin, *HE* 10.12 p. 978.5-12; Eusèbe, *Vita Constantini* 4.61-63; Socr. 1.39
2.34.3   Socr. 1.40.3
2.34.4   Sozomène
2.34.5   Socr. 1.40.1-2
2.34.6   présent; Sozomène

Livre 3:

3.1.1-4   Socr. 2.2.1-9
3.1.5   cf. Socr. 2.2.10-11
3.2.1-8   Socr. 2.3; cf. Athanase, *Apologia secunda* 87.4-7
3.2.9   Socr. 2.4; cf. Acace de Césarée, *Discours*?
3.2.10   Eutrope 10.9.2
3.3.1   *Vie de Paul*?; Sabinos?
3.3.2   Socr. 2.6
3.3.3   Sabinos?
3.3.4-5   *Vie de Paul*?; Sozomène
3.4   *Vie de Paul*?; cf. Socr. 2.6-7
3.5.1-4   Socr. 2.8.2-7
 3.5.2-3   Sabinos
3.5.5-6   Socr. 2.10.1-18
3.5.7-10   Sabinos
3.6.1-7   Georges de Laodicée, *Encomion sur Eusèbe d'Émèse*; cf. Socr. 2.9
3.6.8   Socr. 2.8.3-4
3.6.9a   Socr. 2.10.21-22
3.6.9b-11   Socr. 2.11.1-6
3.7.1-2   cf. Athanase, *Apologia secunda* 21-35
3.7.3a   Socr. 2.11.7
3.7.3b-5   *Vie de Paul*?; cf. Socr. 2.12
3.7.6   Socr. 2.13.1-3
3.7.7-8   Socr. 2.13.5-7

3.7.9	Socr. 2.14
3.8.1-3	Socr. 2.15.1-4
3.8.4-8	Sabinos
3.9.1-4	*Vie de Paul*?; cf. Socr. 2.16
3.9.5	Socr. 2.17.1-11
3.10	Socr. 2.17-2.18.6
3.11.1-2	Socr. 2.19.1-2, 2.20.1
3.11.3-9	Sabinos
3.12.1	Socr. 2.23.40
3.12.2-6	*Collection alexandrine*
3.12.7	Sabinos
3.13.1	Socr. 2.22
3.13.2-6	Sozomène
3.14.1-3	Rufin, *Historia monachorum* 28-29; Palladios, *Historia Lausiaca* 17-18, 20; *Historia monachorum* 23; cf. Socr. 4.23.30-33
3.14.4	Palladios, *Historia Lausiaca* 7.3, 10, 34, 37, 47; *Historia monachorum* 14, 18
3.14.5-8	Jean Cassien, *De institutis* 1.1, 1.3, 1.5
3.14.9-17	Palladios, *Historia Lausiaca* 32
3.14.9	présent
3.14.16	présent
3.14.18-19	Rufin, *Historia monachorum* 7
3.14.20	*Historia monachorum* 11.5-8; Rufin, *Historia monachorum* 10
3.14.21-27	*Vita Hilarionis* BHG 752.2-5, 9-11, 42-47
3.14.26	présent
3.14.28	«autopsie»?; tradition locale?
3.14.29	Palladios, *Historia Lausiaca* 42; Éphrem Graecus, *De Iuliano asceta*
3.14.30	tradition locale?
3.14.31-37	?; *Corpus canonum*?; cf. Socr. 2.43.2-6
3.14.31	Basile de Césarée, *Asceticon magnum*
3.14.36	cf. Soz. 2.19.7
3.14.38-41	Sulpice Sévère, *Vita Martini* 2-9
3.14.42	Sozomène, cf. Soz. 3.6.1-7 (Eusèbe d'Émèse), 5.15.11 (Titos de Bostra), 4.9.6 (Sérapion de Thmuis), 4.24.2-8 (Basile d'Ancyre), 4.11-12 (Eudoxius de Germanicie), 3.2.9 (Acace de Césarée), 4.5 (Cyrille de Jérusalem).
3.15.1-5	Rufin, *HE* 11.7; Socr. 4.25; ?
3.15.6	cf. Rufin, *HE* 10.31; Socr. 3.9-10
3.15.7-8	cf. Socr. 2.35.5-6, 2.35.11; Philostorge, *HE* 3.15, 3.27?
3.15.9-10	Sozomène
3.16	*Vie d'Éphrem*?[34]

---

[34] Il y a bon nombre de parallèles avec l'*Historia Sancti Ephremi*, écrite en syriaque (voir en particulier p. 3-5, 35, 25, 63-65).

3.16.3	cf. Grégoire de Nysse, *Vie d'Ephrem* PG 46.824, 833
3.16.9	cf. Grégoire de Nysse, *Vie d'Ephrem* PG 46.824, 833
3.16.12	indigènes?
3.16.13-15	Palladios, *Historia Lausiaca* 40
3.16.16-17	Sozomène
3.17.1a	Sozomène
3.17.1b-3	*Codex Theodosianus* 16.10.2, 16.10.4-6,
3.17.3	«autopsie»
3.17.4	*Codex Theodosianus* 16.9.2
3.17.5	Sozomène
3.18.1	Sozomène
3.18.2-4	Sabinos
3.19.1	Sozomène
3.19.2-5	?; cf. Philostorge, *HE* 2.1b?
3.19.6-7	Sozomène, cf. Soz. 4.17.10
3.20.1	Socr. 2.22
3.20.2	Socr. 2.23.1-4, cf. Athanase, *Apologia secunda* 51-53
3.20.3-7	Socr. 2.23.13-38, 2.26.10
3.20.4	?[35]
3.20.8-9	?
3.21.1-2	Socr. 2.23.44-58
3.21.3-4	Sabinos
3.21.5	Athanase, *Apologia secunda* 57.1; cf. Socr. 2.24.1-3
3.22	Athanase, *Apologia secunda* 57.2-6
3.23	Athanase, *Apologia secunda* 58
3.24.1-2	Athanase, *Apologia secunda* 58
3.24.3-4	Socr. 2.23.39-43

Livre 4:

4.1.1-2	Socr. 2.25-2.26.2; Eutrope 10.11.2
4.1.3	Socr. 2.26.3-4
4.2	*Vie de Paul?*; Socr. 2.26.5-7, 2.27.1-8, cf. 2.38.3-5
4.2.2	rumeur
4.3	*Passio Notarium* BHG 1028y
4.4	Socr. 2.26.8-9, 2.28.1, 2.28.15-23

---

[35] Sozomène semble disposer d'une source particulière pour les événements concernant l'église d'Antioche (Soz. 3.20.4, 3.20.8-9). Sozomène a utilisé la même source en 4.28, car il renvoie explicitement à 3.20.8. Il est possible que Soz. 6.21.1-2, 6.25.1-5 proviennent de cette même source.

4.5	Cyrille de Jérusalem, *Epistula ad Constantium*
4.6.1-4	Sabinos
4.6.5	Socr. 2.31.2-4; Sabinos?
4.6.6	Sabinos
4.6.7-10	Socr. 2.30.5-41
4.6.11	Sabinos
4.6.12	Socr. 2.37.18-24 = Athanase, *De synodis* 8.3-7; source commune avec Théodoret, *HE* 2.21.7[36]; Sabinos?
4.6.13	Socr. 2.31.2-4
4.6.14-16	Sabinos
4.7	Socr. 2.31.5-2.34.5
4.8.1-2	Socr. 2.34.6-2.35.4
4.8.3	Sozomène, cf. 3.20.1
4.8.4	Sabinos
4.8.5-6	Sozomène
4.9.1-5	Socr. 2.36.1-5
4.9.6-9	*Collection alexandrine*
4.10.1-3	Rufin, *HE* 10.19
4.10.4	Rufin, *HE* 10.35; Socr. 3.14.1-6
4.10.5-7	?
4.10.8-12	*Collection alexandrine*
4.11.1-3	Sabinos
4.11.4-10	compte-rendu de l'entretien entre Libérius et Constance II (source commune avec Théodoret, *HE* 2.16?)
4.11.11	cf. Rufin, *HE* 10.23; Socr. 2.37.91-92
4.11.12	Sabinos
4.12.1-2	Socr. 2.35, 4.13.2; ?
4.12.3-7	Sabinos
4.13	Sabinos
4.14	Sabinos
4.15	Sabinos
4.15.5-6	source commune avec Théodoret, *HE* 2.17?
4.16.1-5	Sabinos
4.16.6-13	tradition locale; témoins de Nicomédie
4.16.14-22	Sabinos
4.17	cf. Socr. 2.37.2-53
4.17.7-8	Athanase, *De synodis* 9

---

[36] Remarquons que Sozomène a plusieurs sources en commun avec Théodoret, à côté de la *Collection alexandrine* (voir Appendice III): cf. Soz. 4.6.12 et Théodoret, *HE* 2.21.7; Soz. 4.11.3-11 et Théodoret, *HE* 2.16; Soz. 6.23.7-15 et Théodoret, *HE* 2.22.2-12. Voir aussi Soz. 4.15.5-6 et Théodoret, *HE* 2.17; Soz. 4.28 et Théodoret, *HE* 2.31; Soz. 6.25.6 et Théodoret, *HE* 5.10; Soz. 7.11.4 et Théodoret, *HE* 5.8.10-5.9.

4.18	Athanase, *De synodis* 10; cf. Socr. 2.37.51-74
4.19.1-8	Socr. 2.37.75-97
4.19.9-11	Sabinos?
4.19.12	Sozomène
4.20	Socr. 2.38.1-26
4.20.2	?
4.20.8	Sozomène
4.21	Socr. 2.38.27-44
4.22	Sabinos
4.22.15	Col 1.15
4.23	Sabinos
4.24	Sabinos
4.24.9	*Corpus canonum*?
4.25	Sabinos
4.25.2-4	Théodore de Mopsueste, *Contre Eunome*[37]?
4.26.1-3	Sabinos?; cf. Socr. 2.43.11-14
4.26.4-5	Sozomène
4.27.1-5	Sabinos?; cf. Socr. 2.45.6
4.27.4-5	présent; tradition locale?
4.27.6-7	Sozomène
4.28	?; cf. source commune avec Théodoret, *HE* 2.31?
4.28.6	Socr. 2.44.4
4.28.10-11	Socr. 2.44.5-7
4.29	Sabinos?; cf. Socr. 2.45.9-15
4.30	Socr. 2.45.16-18, 3.3.10-13

Livre 5:

5.1.1	Socr. 2.47.1-2
5.1.2	Socr. 3.1.37-39

---

[37] C'est l'hypothèse d'E. BIHAIN, *Le contre Eunome de Théodore de Mopsueste*. Il se base sur le fait que l'*Epitome* (105), après le résumé de Théodoret, *HE* 2.26.6-27.2, qui présente des parallèles avec Soz. 4.25.2-4, remarque que τὸ δὲ κατὰ Κύριλλον καὶ Ἀκάκιον κεφάλαιον γράφει λεπτομερῶς ὁ Μοψυεστίας Θεώδορος ἐν πέμπτῳ λόγῳ τῶν κατὰ Εὐνομίου. Il fait aussi valoir que Sozomène termine ce récit avec la remarque καὶ τὰ μὲν, ὡς ἐπυθόμην, ὧδε ἔχει, ce qui indiquerait un changement de source (p. 335). Nous avons pourtant montré (ci-dessus p. 245-246) que ces indications de Sozomène n'ont aucune relation réelle avec les sources. En plus, il n'y aucun élément qui distingue le récit de Sozomène sur la déposition de Cyrille de celui des autres évêques déposés à Constantinople (360). Nous voyons donc peu de raisons pour ne pas attribuer ce passage à Sabinos. Le renvoi qu'on trouve dans l'*Epitome* peut renvoyer à une connaissance particulière de son auteur, ou indiquer une source de Théodoret, qui sait par exemple que Cyrille passait son exil à Tarse (Théodoret, *HE* 2.26.7).

5.1.3	Grégoire de Nazianze, *Discours* 4.46
5.1.4-5	?
5.1.6	Socr. 2.47.3-6
5.1.7	Socr. 3.1.3, 3.1.42
5.1.8-9	Eunape, *Historiae* (fr. 22)?
5.2.1	Sozomène
5.2.2-6	Grégoire de Nazianze, *Discours* 4.52-56
5.2.4	cf. Julien, *Epistulae* 114[38]
5.2.7	cf. Socr. 3.1.19-21
5.2.8-9	Socr. 3.1.6-8
5.2.10-14	Grégoire de Nazianze, *Discours* 4.22-30
5.2.15-17	Socr. 3.1.9-21
5.2.18	cf. Grégoire de Nazianze, *Discours* 4.30-31
5.2.19-23	Socr. 3.1.22-34
5.3.1	cf. Libanius, *Discours* 18.126-129
5.3.2	*Collection alexandrine*; cf. Julien, *Epistulae* 114
5.3.3	cf. Julien, *Epistulae* 108
5.3.4-5	Julien, *Epistulae*?
5.3.6-9	tradition locale; Julien, *Epistulae*?
5.3.8	présent
5.4.1-5	Julien, *Epistulae*?
5.4.6	Sozomène
5.4.7	Libanius, *Discours* 18.121-122
5.4.8-9	Socr. 3.11.1-3.12.5
5.5.1-3	Socr. 3.1.43-44; Julien, *Epistulae* 114, cf. 46, 54
5.5.3	Sozomène; présent
5.5.4	archive fiscale
5.5.5	Grégoire de Nazianze, *Discours* 4.90
5.5.6	Sozomène
5.5.7-8	?; Socr. 3.1.43-49, 3.11.1-3.12.7
5.5.9	Julien, *Epistulae* 46
5.5.10	Socr. 3.11.3
5.6	Palladios, *Historia Lausiaca* 63
5.7.1	Socr. 3.4
5.7.2-3	*Collection alexandrine*; Socr. 4.3.4-25 (= Julien, *Epistulae* 60)
5.7.4	Sabinos; Socr. 3.3.1
5.7.5-7	Socr. 3.2
5.7.8-9	Socr. 3.3.4-25
5.8	Jean Chrysostome, *De S. Babyla contra Julianum et gentiles* 17

---

[38] Sozomène a utilisé un recueil de lettres de Julien, qui contenait un bon nombre de faux: cf. Julien, *Epistulae* 202 et Soz. 6.1.2; Julien, *Epistulae* 204 et Soz. 5.22.2; Julien, *Epistulae* 205 et Soz. 5.18.7-8.

5.9	tradition locale
5.9.12	cf. Julien, *Epistulae*
5.10.1-4	*Vita Hilarionis* BHG 752.35-37
5.10.5-6	Grégoire de Nazianze, *Discours* 4.86-87
5.10.7	Eusèbe, *Vita Constantini* 3.58
5.10.8-14	Grégoire de Nazianze, *Discours* 4.88-91
5.10.8	cf. Thucydide 2.65.13
5.11.1-3	Socr. 3.15
5.11.4-12	?
5.12.1-2	Socr. 3.5-6
5.12.3-5	Socr. 3.7.1-3, 3.7.11-15, 3.8
5.13.1-5	Socr. 3.9; cf. Rufin, *HE* 10.31
5.13.6-7	Socr. 3.10.1-2; cf. Rufin, *HE* 10.31
5.14	Sabinos; Socr. 3.10
5.15.1	*Collection alexandrine*; Julien, *Epistulae* 112
5.15.2	Julien, *Epistulae* 110
5.15.3	Socr. 3.14.1-6; cf. Rufin, *HE* 10.35
5.15.4	cf. Julien, *Epistulae* 114
5.15.5-10	?
5.15.11-12	Julien, *Epistulae* 114
5.15.13	Grégoire de Nazianze, *Discours* 4.61
5.15.14-17	«autopsie»
5.16.1-4	Grégoire de Nazianze, *Discours* 4.110-111; Julien, *Epistulae* 84
5.16.5-15	= Julien, *Epistulae* 84
5.17	Grégoire de Nazianze, *Discours* 4.64-66, 4.81-84
5.18.1	Grégoire de Nazianze, *Discours* 4.96-97; Rufin, *HE* 10.33; Socr. 3.12.7, 3.13.1
5.18.2-6	?[39]; cf. Philostorge, *HE* 8.11-15?
5.18.6	cf. Apollinaire, *Hyper aletheias*
5.18.7-8	Julien, *Epistulae* 205 = Basile de Césarée, *Epistulae* 41
5.19.1-3	Socr. 3.17; cf. Julien, *Misopogon* 368c
5.19.4-5	?
5.19.6-8	Jean Chrysostome, *De S. Babyla contra Julianum et gentiles* 12
5.19.9-12	?
5.19.13-17	Jean Chrysostome, *De S. Babyla contra Julianum et gentiles* 12-15
5.19.16	Socr. 3.18.1-2
5.19.17	présent
5.19.18-19	Rufin, *HE* 10.36
5.19.18	cf. Thucydide 6.33.2
5.20.1-4	Socr. 3.19.4-9; cf. Rufin, *HE* 10.36

---

[39] Il pourrait s'agir d'une même source que Sozomène a utilisée en 6.25.1-5 et 6.25.7-13.

5.20.5-6	Jean Chrysostome, *De S. Babyla contra Julianum et gentiles* 17
5.20.7	Julien, *Epistulae*?
5.21.1-3	cf. Philostorge, *HE* 7.3?
5.21.2-3	présent
5.21.3	Eusèbe, *HE* 7.18.2
5.21.4-7	tradition locale?
5.21.4	indigènes?
5.21.5-6	Lc 24.13, 24.28
5.21.8-11	tradition locale?
5.21.10	Is 19.1
5.22.1-2	Julien, *Epistulae* 204
5.22.3	Sozomène
5.22.4-6	Grégoire de Nazianze, *Discours* 5.4; Socr. 3.20.3-6; cf. Dn 9.27, Mt 24, Mc 13.2, Lc 19.44
5.22.7	Rufin, *HE* 10.39
5.22.8	Socr. 3.20.8; Grégoire de Nazianze, *Discours* 5.4
5.22.9-10	Sozomène
5.22.11	Grégoire de Nazianze, *Discours* 5.4; Jean Chrysostome, *De S. Babyla contra Julianum et gentiles* 119
5.22.12-13	Grégoire de Nazianze, *Discours* 5.7
5.22.14	Sozomène

Livre 6:

6.1.1	Libanius, *Discours* 18.214-215; Eunape, *Historiae* (cf. Zosime 3.12)?; cf. Socr. 3.21; Julien, *Epistulae* 115
6.1.2-3	Julien, *Epistulae* 202; Libanius, *Discours* 18.214-215
6.1.4-5	Grégoire de Nazianze, *Discours* 5.9
6.1.6-9	Libanius, *Discours* 18.244-264
6.1.10-12	Grégoire de Nazianze, *Discours* 5.11-12
6.1.13	Libanius, *Discours* 18.268
6.1.14	Grégoire de Nazianze, *Discours* 5.13
6.1.15-16	Libanius, *Discours* 18.274-275
6.2.1-2	Sozomène
6.2.3-5	? (source arienne[40]?)
6.2.6-7	Palladios, *Historia Lausiaca* 4
6.2.8	Sozomène
6.2.9	Jean Chrysostome, *De S. Babyla contra Julianum et gentiles* 22
6.2.10	?; cf. Homère, *Ilias* 5.870

---

[40] N.H. Baynes, *The Death of Julian*, p. 28-29.

6.2.11	Eunape, *Historiae* (fr. 28)?[41]
6.2.12	Sozomène
6.2.13	cf. Libanius, *Discours* 18.292-293; *Vita Hilarionis* BHG 752.29; Grégoire de Nazianze, *Discours* 5.24
6.2.14	Socr. 4.3.3-5
6.2.15-16	tradition locale?; présent
6.3.1-2	Socr. 3.22
6.3.3	*Collection alexandrine*
6.3.4	Sozomène?, cf. Soz. 5.5.1-3; cf. *Codex Theodosianus* 5.13.3, 10.1.8
6.3.5-6	*Codex Theodosianus* 9.25.2
6.4.1-2	Socr. 3.24.1-3
6.4.3-11	Sabinos
6.5.1-4	*Collection alexandrine*
6.5.5-6	Athanase, *Vita Antonii* 82.7
6.6.1	Eutrope 10.18.1
6.6.2-3	Socr. 4.1.1-2; cf. Philostorge, *HE* 8.8?
6.6.4-9	?
6.6.4	Eunape, *Historiae* (fr. 29)?
6.6.8	cf. Philostorge, *HE* 8.8?
6.6.9	cf. Socr. 4.2.1
6.6.10	Socr. 4.1.5-7, 4.1.11-13
6.7.1-9	Sabinos
6.7.10	Socr. 4.2.4-7
6.8.1-3	Socr. 4.3.1-2, 4.5.1-4
6.8.4-8	Sabinos?; Socr. 4.6.1-4.7.3?
6.9	Socr. 4.9.1-6
6.9.3	présent
6.10	Sabinos
6.11	Sabinos
6.12.1-5	Sabinos
6.12.6-11	*Collection alexandrine*
6.12.12	Sozomène; Socr. 4.13.3-6
6.12.13	*Collection alexandrine*
6.12.14	Sozomène
6.12.15-16	Socr. 4.13.6
6.13	Socr. 4.14-4.15.3
6.14	Socr. 4.15.4-4.16
6.15	Grégoire de Nazianze, *Discours* 43.28-33
6.16.1-5	Rufin, *HE* 11.9 p. 1016.5-13; Socr. 4.26.17-22
6.16.6-10	Grégoire de Nazianze, *Discours* 43.48-55
6.17	Rufin, *HE* 11.9; Socr. 4.26

---

[41] P. VAN NUFFELEN, *Zur Rezeption*, p. 271 n. 47.

6.18	Rufin, *HE* 11.5; Socr. 4.17-18
6.19	Socr. 4.20-22, 4.24
6.19.2	Sabinos?
6.19.5	Sabinos?
6.20.1-6	Rufin, *HE* 11.3-4; Socr. 4.22, 4.24;
6.20.7-11	Rufin, *HE* 11.4; cf. Socr. 4.24.12-17
6.20.12	cf. Socr. 4.23, 4.25
6.21.1-2	?
6.21.3-6	tradition locale?
6.21.3	présent
6.21.7	cf. Socr. 4.1.8-11
6.22	?
6.23.1-3	Rufin, *HE* 11.10; Socr. 4.29
6.23.4-6	même source que Soz. 6.23.7-15?
6.23.7-15	source commune avec Théodoret (cf. *HE* 2.22.2-12), voir aussi *Codex Veronensis* no. 3?
6.24.1-5	Rufin, *HE* 11.11; Socr. 4.30
6.24.6-9	Socr. 4.28
6.25.1-5	?
6.25.2	présent
6.25.6	Rufin, *HE* 11.20 p. 1024.15-17; cf. source commune avec Théodoret, *HE* 5.10?
6.25.7-13	?
6.25.9-13	cf. Socr. 2.46.4-7
6.25.14	Sozomène
6.26.1-7	?
6.26.2	présent; cf. Philostorge, *HE* 10.4?
6.26.4	cf. Socr. 5.24.2-6
6.26.5-6	cf. Philostorge, *HE* 6.1-3?
6.26.7	cf. Socr. 5.24.1
6.26.8-11	Sozomène, cf. Soz. 7.12.11
6.26.12-14	Sozomène?
6.27.1	Sozomène; cf. écrits d'Eunome
6.27.2-6	Grégoire de Nazianze, *Epistulae* 202[42]
6.27.7-10	Sozomène
6.27.7	cf. écrits d'Apollinaire et Eunome
6.28.1	Rufin, *Historia monachorum* 1; *Historia monachorum* 1 (sous le nom de Timothée d'Alexandrie, cf. 6.29.2)
6.28.2	Rufin, *Historia monachorum* 2; *Historia monachorum* 2
6.28.3	Rufin, *Historia monachorum* 3-4; *Historia monachorum* 3-4
6.28.4	Rufin, *Historia monachorum* 9; *Historia monachorum* 10

---

[42] Sur la place de cette citation dans la tradition indirecte de Grégoire de Nazianze, voir Caroline MACÉ, *La tradition indirecte*, p. 383-387.

6.28.5	Rufin, *Historia monachorum* 11; *Historia monachorum* 12
6.28.6	Rufin, *Historia monachorum* 12; *Historia monachorum* 7
6.28.7	Rufin, *Historia monachorum* 15; *Historia monachorum* 13
6.28.8	Rufin, *Historia monachorum* 17; *Historia monachorum* 17
6.28.9	Rufin, *Historia monachorum* 18; *Historia monachorum* 18
6.28.10	Rufin, *Historia monachorum* 20; *Historia monachorum* 20
6.28.11	Rufin, *Historia monachorum* 14; *Historia monachorum* 16
6.29.1	*Historia monachorum* 8
6.29.2	cf. Timothée d'Alexandrie, *Historia monachorum*
6.29.3-6	Palladios, *Historia Lausiaca* 2, 7
6.29.7-8	*Historia monachorum* 25-26; Rufin, *Historia monachorum* 32
6.29.8-10	Palladios, *Historia Lausiaca* 12
6.29.11	Palladios, *Historia Lausiaca* 18
6.29.12-13	Palladios, *Historia Lausiaca* 15
6.29.14	Palladios, *Historia Lausiaca* 13
6.29.15-19	Palladios, *Historia Lausiaca* 19
6.29.20-21	Palladios, *Historia Lausiaca* 20
6.29.22	Palladios, *Historia Lausiaca* 23
6.29.23-24	Palladios, *Historia Lausiaca* 24
6.29.25-30	Palladios, *Historia Lausiaca* 25
6.30.1	*Historia monachorum* 20.12-13; Rufin, *Historia monachorum* 25; Palladios, *Historia Lausiaca* 7
6.30.2	Palladios, *Historia Lausiaca* 10
6.30.3-5	Palladios, *Historia Lausiaca* 11, 46; cf. Socr. 4.23.74
6.30.6-7	Socr. 4.23.34-39; *Historia monachorum* 20.15
6.30.8-11	Palladios, *Historia Lausiaca* 38
6.31.1	Palladios, *Historia Lausiaca* 38
6.31.2-4	*Historia monachorum* 20.5-7; Rufin, *Historia monachorum* 21-22
6.31.5	Sozomène
6.31.6-11	tradition locale?
6.31.11	présent
6.32.1-4	tradition locale?
6.32.5-7	«autopsie»
6.32.8	tradition locale?
6.33	tradition locale?
6.33.4	cf. Gn 29
6.34.1-3	tradition locale?
6.34.4-7	«autopsie» et tradition locale
6.34.8-9	tradition locale?
6.34.9	présent
6.35.1-7	Eunape, *Historiae* (fr. 39)?; cf. Socr. 4.19
6.35.8-11	Sozomène
6.36.1-5	Socr. 4.31.1-9
6.36.6-7	Socr. 4.32

6.37.1	Socr. 4.32[43]
6.37.2-5	Eunape, *Historiae* (fr. 41) (cf. Zosime 4.20; Procope, *Bella* 7.5.7)?; cf. Socr. 4.33.1, 4.34.1; Philostorge, *HE* 9.17[44]?
6.37.3	?
6.37.6a	Eunape, *Historiae* (cf. Philostorge, *HE* 2.5 p. 18.9-10)?
6.37.6b-9	Socr. 4.33.1-5
6.37.8	présent
6.37.10	?; Eunape, *Historiae*?
6.37.11	Eunape, *Historiae* (cf. Philostorge, *HE* 2.5 p. 18.3-4)?
6.37.12	Socr. 4.33
6.37.13-14	?
6.37.15-17	Socr. 4.34-35
6.38.1-4	? (chants arabes?); cf. Socr. 4.36.1-2
6.38.4	présent
6.38.5-9	Rufin, *HE* 11.6; Socr. 4.36.3-12
6.38.10-16	?
6.38.13	présent
6.39	Socr. 4.37-4.38.1-5
6.40.1	tradition locale?; une *Vie d'Isaac*?
6.40.2a	Socr. 4.38.6
6.40.2b-5a	Eunape, *Historiae* (fr. 44-45) (cf. Philostorge, *HE* 9.17 p. 124.5-10; Zosime 4.24.1-2)?
6.40.5b	Socr. 4.38.11

Livre 7:

7.1	Socr. 5.1-5.2.1
7.2.1a	cf. Eunape, *Historiae* (cf. Zosime 4.24.4)?
7.2.1b-4	Socr. 5.2.2-5.4.4
7.2.5	Sozomène
7.2.6	?
7.3	Socr. 5.5-5.6.1, 5.15.2
7.4.1-3	Socr. 5.6.2-6
7.4.4-6	*Codex Theodosianus* 16.1.2[45]
7.5.1	cf. Grégoire de Nazianze, *Discours* 26.17; cf. Socr. 5.7.1
7.5.2	tradition locale

---

[43] Les sources de ce chapitre sont très difficiles à déterminer. Une dépendance d'Eunape, *Historiae* semble probable, et peut-être un recours direct à Philostorge. Il est aussi possible que Sozomène ait utilisé une troisième source inconnue (cf. P. HEATHER, *The Crossing of the Danube*, p. 298-310).

[44] Cf. N. LENSKI, *The Date*, p. 67.

[45] Cf. K.-L. NOETHLICHS, *Die gesetzgeberischen Maßnahmen*, p. 203-207.

7.5.3	cf. Grégoire de Nazianze, *Discours* 42.26
7.5.4	tradition locale
7.5.5-7	Socr. 5.7.4-11
7.6.1-6	?
7.6.2	cf. Philostorge, *HE* 9.4?
7.6.7	cf. *Codex Theodosianus* 16.4.2
7.7.1-5	récit sur les conciles de 381 et 383?
7.7.6-9	?; récit sur les conciles de 381 et 383?
7.7.7	Sozomène
7.8	source sur Nectaire?
7.8.1	cf. Socr. 5.8.12
7.9	récit impérial sur les conciles de 381 et 383?
7.9.5-6	*Codex Theodosianus* 16.1.3
7.10.1-3	source sur Nectaire?
7.10.4	*Vie de Paul*?; Socr. 5.9.1?; présent
7.10.5	récit sur les conciles de 381 et 383?
7.11.1-3	récit sur les conciles de 381 et 383?
7.11.4	source commune avec Théodoret, *HE* 5.8.10-5.9?
7.12.1-2	récit sur les conciles de 381 et 383?
7.12.3-7	Socr. 5.10.8-24
7.12.8-12	récit sur les conciles de 381 et 383?
7.12.11	*Codex Theodosianus* 16.5.12
7.13.1	Socr. 5.11.1-5
7.13.2-6	Rufin, *HE* 11.15-16; cf. Socr. 5.11.6
7.13.7	*Codex Theodosianus* 16.1.4
7.13.8-9	Socr. 5.11.6-10
7.13.10	Rufin, *HE* 11.16 p. 1022.5-8; cf. Thucydide 6.33.2
7.13.11	cf. Socr. 5.11.10-12; Eunape, *Historiae* (cf. Zosime 4.43.1)?
7.14.1	Socr. 5.12.1-3, 5.12.9-11
7.14.2-3	Socr. 5.12.4, 5.21.1-5; tradition constantinopolitaine? source novatienne?
7.14.4	Socr. 5.12.5-8, 5.15.9
7.14.5-7	Socr. 5.13.3-5.14.4; Rufin, *HE* 11.17
7.15.1	Socr. 5.15.1-3
7.15.2-3	Socr. 5.16.1-6
7.15.4-8	Rufin, *HE* 11.22; cf. Socr. 5.16.10; *Codex Theodosianus* 16.10.11; Eunape, *Historiae* (fr. 56)?
7.15.9	?
7.15.10	Socr. 5.17.1-6
7.15.11-15	tradition locale?
7.16.1	Socr. 5.19.1, 5.19.4
7.16.2-3	Sozomène
7.16.4	Socr. 5.19.3; présent
7.16.5-7	Sozomène

7.16.7	présent
7.16.8-9	Socr. 5.19.4-9
7.16.10	Sozomène
7.16.11	*Codex Theodosianus* 16.2.27; 1 Tm 5.9-10
7.17.1	Socr. 5.20.4-5; cf. Philostorge, *HE* 10.6 p. 128.9-10?
7.17.2	Socr. 5.24.2
7.17.3-4	?; Socr. 5.24.3-5
7.17.4	cf. Mt 24.36, Mc 13.32
7.17.5-8	?
7.17.9-14	Socr. 5.23
7.17.14	présent
7.18.1-6	Socr. 5.21.5-19
7.18.7	Eusèbe, *HE* 7.32.16-18
7.18.8	Socr. 4.28.14, 5.21.14-16; présent
7.18.9-14	?
7.18.9	cf. Socr. 5.22.72-73; Ex 13.4, 23.15
7.18.14	cf. Ex 12.18
7.19.1-2a	Socr. 4.28, 5.22.15-17, 5.22.28-31
7.19.2b	?; cf. Soz. 6.21.3
7.19.3-6	?
7.19.3	présent
7.19.5	Socr. 5.22.58
7.19.7	Socr. 5.22.32-34
7.19.8	Socr 5.22.41-44
7.19.9	présent; «autopsie»
7.19.10-11	témoin oculaire: presbytre cilicien
7.19.12	Sozomène; cf. Socr. 5.22.62-64
7.20.1-2	*Codex Theodosianus* 16.10.10-12
7.20.3-5	?
7.21	?
7.21.6-9	source orale (moines macédoniens)?
7.21.9	présent
7.22.1-2	Rufin, *HE* 11.31; Socr. 5.25.4
7.22.3	?
7.22.4-6	Rufin, *HE* 11.33
7.22.7-8	Rufin, *HE* 11.32; cf. Palladios, *Historia Lausiaca* 35; *Historia monachorum* 1.1, 1.64
7.23	cf. Jean Chrysostome, *Homiliae de statuis* 3 PG 49.49, 5 PG 49.73, 21 PG 49.212-213, 219
7.24.1	Socr. 5.25.8-9
7.24.2	tradition locale?
7.24.3-4	cf. Rufin, *HE* 11.33; Philostorge, *HE* 11.2?
7.24.5	?
7.24.6-7	Socr. 5.25.14-16

7.24.8-9	tradition locale?
7.25	*Vie d'Ambroise*?; cf. Rufin, *HE* 11.18
7.25.7	Rufin, *HE* 11.18 p. 1023.9-10[46]
7.25.9	présent
7.26.1-5	indigènes?
7.26.6-9	?; tradition locale?
7.27	témoins oculaires: Phouscon et Salamanès?; *Vie d'Épiphane*?
7.27.1	présent
7.27.4	Grégoire de Nysse, *Vita Gregorii Thaumaturgi* p. 41.15-42.21; Ac 9.36.42
7.28.1-3	?
7.28.4-8	«autopsie»; tradition locale
7.29.1-2	tradition locale
7.29.3-4	Socr. 5.26[47]

Livre 8:

8.1.1-3	Socr. 5.26.6, 6.1.1-7
8.1.4-8	Sozomène, cf. Soz. 4.14.3, 7.17
8.1.9-15	Socr. 5.10.10, 6.1.8, 6.22
8.2.1-2	Socr. 6.2.1-2, 6.3.1; ?[48]
8.2.3-4	Sozomène (cf. Socr. 6.3.13-14)
8.2.5-7	Socr. 6.3
8.2.8-11	?
8.2.12-13	cf. Socr. 6.2.2-4
8.2.14-15	?
8.2.16a	Socr. 6.2.4-5
8.2.16b	témoin oculaire (cf. Soz. 8.12.6-11a)?
8.2.17-19	Socr. 6.2.5-10
8.3.1	Socr. 6.3.13-6.4.4
8.3.2	cf. Socr. 6.3.13-14
8.3.3-5	Socr. 5.15.2-7
8.4	Socr. 6.6
8.4.7-9	Sozomène (cf. Soz. 7.5.6)?; cf. Socr. 6.5.8
8.4.19	Eunape, *Historiae* (fr. 69) (cf. Philostorge, *HE* 9.8, Zosime 5.20.1)?

---

[46] R.M. ERRINGTON, *Christian Accounts*, p. 432.

[47] Le détail que les consuls Olybrius et Probinus étaient des frères ne peut pas provenir de Socrate. Voir aussi Soz. 8.4.21, où Sozomène semble avoir utilisé une liste consulaire. Celle-là pourrait être aussi la source de ce détail.

[48] Sozomène disposait d'une source supplémentaire concernant Jean Chrysostome et les johannites, que nous ne pouvons pas identifier: cf. Soz. 8.2.1-2, 8.2.8-11, 8.9.1-4, 8.19.3b-7, 8.22.1, 8.22.2b-3, 8.24.2-9, 8.27.8, 8.28.3.

8.4.21	?[49]
8.5	tradition locale?
8.5.6	présent
8.6.1-2	Socr. 6.11.8-10, 6.15.8
8.6.3-9	témoins de Nicomédie?
8.7	Socr. 6.5; Jean Chrysostome, *In Eutropium*
8.7.2	Eunape, *Historiae* (fr. 65) (cf. Zosime 5.9.5)?
8.7.3	cf. *Codex Theodosianus* 9.45.3
8.8.1-5	Socr. 6.8.1-9
8.8.5	*Codex Theodosianus* 16.5.30; présent
8.8.6	Socr. 6.4.1-2, 6.11.12-15
8.9.1-4	?
8.9.5-6	Socr. 6.4.2, 6.4.4-8, 6.9.5-6
8.10	Socr. 6.11
8.11	Socr. 6.7.1-10
8.11.3	Gn 33.10
8.12.1-2	Socr. 6.7.11-13, 6.7.23
8.12.3-5	Socr. 6.9.2-9
8.12.6-11a	témoin oculaire?[50]
8.12.11b-12	Socr. 6.7.19-28
8.13.1-2	témoin oculaire?
8.13.3	Socr. 6.9.9-10
8.13.4-5	témoin oculaire?
8.13.6	Socr. 6.9.11-12
8.14.1-5	Socr. 6.9.12-6.10, 6.15.5-6
8.14.6-8	Socr. 6.12
8.14.9-11	Socr. 6.14.1-8
8.15.1-6	témoin oculaire?
8.15.1	cf. Jb 1.21
8.15.7	Socr. 6.14.9-11; rumeur?
8.16	Socr. 6.15.1-10, 6.19.2-3
8.17.1-4a	Socr. 6.15.9-14
8.17.3	«autopsie»
8.17.4b	Pseudo-Martyrius, *Vita Johannis Chrysostomi* BHG 871.487a
8.17.5-6	témoin oculaire?

[49] Sozomène sait que Vicentius était consul en 401 et que Théodose II devenait Augustus en 402. Ces données ne peuvent provenir de Socrate. Sozomène a-t-il consulté une liste consulaire ou une chronique (cf. *Chronique pascale* a. 402, Marcellinus Comes a. 402)?

[50] On remarquera que Sozomène dipose plus tard d'autres informations supplémentaires en ce qui concerne Ammonios et ses pairs (Soz. 8.13.1-2, 8.13.4-5, 8.17.5-6). Il s'agit sans doute d'une même source; peut-être ce même témoin oculaire. Soz. 8.2.16b pourrait aussi provenir de cette source.

8.17.7-10	Pseudo-Martyrius, *Vita Johannis Chrysostomi* BHG 871.488b-489b; Socr. 6.15.14-17
8.18.1-4	Socr. 6.15.18-6.16.5
8.18.5	Pseudo-Martyrius, *Vita Johannis Chrysostomi* BHG 871.496a-b; Socr. 6.16.6
8.18.6	Socr. 6.16.7-11
8.18.7	Pseudo-Martyrius, *Vita Johannis Chrysostomi* BHG 871.502a
8.18.8	Jean Chrysostome, *Homilia II post reditum ab exilio*
8.19.1-3a	Socr. 6.16.12-6.17.6
8.19.3b-7	tradition locale?; source johannite?
8.19.6	présent
8.19.8	Socr. 6.17.12, 6.18.9
8.20	Socr. 6.18.1-13
8.20.1	présent
8.21.1-2	Pseudo-Martyrius, *Vita Johannis Chrysostomi* BHG 871.508a-510b
8.21.3	Socr. 6.18.14
8.21.4	Pseudo-Martyrius, *Vita Johannis Chrysostomi* BHG 871.511b-512b; Socr. 6.18.15
8.21.5-8	Pseudo-Martyrius, *Vita Johannis Chrysostomi* BHG 871.515b-517a
8.22.1	source johannite?
8.22.2a	Pseudo-Martyrius, *Vita Johannis Chrysostomi* BHG 871.518b
8.22.2b-3	source johannite?
8.22.4-6	Pseudo-Martyrius, *Vita Johannis Chrysostomi* BHG 871.518b-519b
8.22.7	Pseudo-Martyrius, *Vita Johannis Chrysostomi* BHG 871.521b-522a
8.23	source johannite?
8.23.1-2	cf. Pseudo-Martyrius, *Vita Johannis Chrysostomi* BHG 871.521a; Socr. 6.19.1
8.23.4-7	«autopsie»
8.23.8	cf. Socr. 6.18.19
8.24.1	Pseudo-Martyrius, *Vita Johannis Chrysostomi* BHG 871.526a-b
8.24.2-3	source johannite?; source novatienne?
8.24.4-9	source johannite?
8.24.4	cf. Pseudo-Martyrius, *Vita Johannis Chrysostomi* BHG 871.529a
8.24.7	cf. Pseudo-Martyrius, *Vita Johannis Chrysostomi* BHG 871.530a
8.24.10-11a	Socr. 7.9
8.24.11b-12	*Codex Theodosianus* 16.4.6
8.25	Olympiodore (fr. 1.2, 5.2)?[51]
8.26	Archives des johannites (sans doute pas consultées immediatement)
8.27.1-3	Socr. 6.19.1-6, 6.20.1-3
8.27.2	cf. Pseudo-Martyrius, *Vita Johannis Chrysostomi* BHG 871.523b-524b; Socr. 6.19.2-3

---

[51] Cf. P. VAN NUFFELEN, *Sozomenus*.

8.27.4-7	témoins oculaires johannites?; cf. Socr. 6.20.3
8.27.5b-7	Socr. 7.2
8.27.8	source johannite?
8.28.1-2	Pseudo-Martyrius, *Vita Johannis Chrysostomi* BHG 871.531a-532b
8.28.3	source johannite?

Livre 9:

9.1.1-2	Socr. 6.23.1, 6.23.7, 7.1.1, 7.2.1
9.1.3-13	Sozomène; «autopsie»?
9.1.11	cf. archives de Pulchérie?
9.2	tradition locale
9.2.17	«autopsie»
9.2.18	témoins oculaires
9.3	Sozomène; «autopsie»?
9.4.1a	cf. Socr. 7.8, 7.18-21
9.4.1b-8	Olympiodore (fr. 1, 4, 5, 6)
9.5.1-6	Olympiodore?[52]
9.5.7	«autopsie»
9.6	Olympiodore (fr. 7-8)
9.6.6	Socr. 7.10.8-9
9.7	Olympiodore (fr. 7)
9.8	Olympiodore (fr. 10)
9.8.10	cf. *Codex Theodosianus* 9.38.11
9.9	Olympiodore (fr. 10, 11, 25-26)
9.10	Olympiodore?[53]
9.11	Olympiodore (fr. 13)
9.12	Olympiodore (fr. 13, 15)
9.13	Olympiodore (fr. 17)
9.14	Olympiodore (fr. 17)
9.15	Olympiodore (fr. 17, 20)
9.16.1-2	Olympiodore (fr. 33)
9.16.3-4	Sozomène (cf. Soz. 9.6.1)
9.17	tradition locale

[52] Cf. P. VAN NUFFELEN, *Sozomenus*.
[53] Cf. P. VAN NUFFELEN, *Sozomenus*.

INDEX NOMINUM

INDEX LOCORUM

(Les auteurs mentionnés parmi les sources de Socrate sont marquées avec *, ceux de Sozomène avec +.)

1. Sources littéraires

BASILE DE CÉSARÉE*+
*Hexaemeron** 468
2.2 122 n. 173
5.1 297 n. 392
8.716bd 372 n. 298

De Spiritu Sancto
8.101a 239 n. 94
30.212d 301 n. 413

Asceticon magnum+ 481
PG 31.977-980 119 n. 160

Epistulae+
5-6 298 n. 394
9.2 317 n. 18
41+ 486
78.1 119 n. 158
84.2 119 n. 158
86.1 119 n. 158
104 118 n. 155
154 326 n. 57
199 118 n. 152 n. 155
214 118 n. 152
399 185 n. 129

BÈDE LE VÉNÉRABLE, *Historia ecclesiastica gentis Anglorum*
Pr. 56 n. 317, 175 n. 62

BONIFACE, *Epistulae*
15.6 349 n. 171

CALLINICOS, *Vita Hypatii*
Déd. 2-3 176 n. 66
Déd. 22, 33 176 n. 66
1.1 9 n. 54
1.5 133 n. 230
2.6 270 n. 241
11.4-7 76 n. 426, 411 n. 12
29.3 9 n. 54
32.17-18 416 n. 28
34.2 9 n. 55
35.2 9 n. 55
38.1 9 n. 55
39.1 85 n. 462, 412 n. 20

CASSIODORE
Historia tripartita 211
Pr.2 9 n. 59
1.1.19 47 n. 255

Institutiones
1.17 164 n. 6, 309 n. 469
1.17.1-2 194 n. 170

CATENAE IN EPISTULAM AD HEBRAEOS
p. 361.31 41 n. 226

CÉDRÉNOS
Vol. 1 p. 538 374 n. 311
Vol. 1 p. 601 11 n. 64

CHORICIUS DE GAZA, *Oratio funebris in Procopium*
12 6 n. 32

CHRISTODORE DE COPTOS
T2 212 n. 263

CHROMACE, *Sermones*
32.2-4 270 n. 241

CHRONICON EDESSENUM
p. 27.37-28.6 400 n. 435
p. 32 399 n. 429

CHRONICON AD 754
74 400 n. 435

CHRONICON AD 1234
24 398 n. 422
39 398 n. 423
89 398 n. 422

CHRONIQUE PASCALE
p. 535.14-536.14 395 n. 408
p. 535.14 399 n. 429
p. 561.6-9 379 n. 327, 387 n. 368
p. 568.5-8 495 n. 49
p. 568.13-19 29 n. 164
p. 571.5-10 352 n. 188
p. 584.13 11 n. 64

CICÉRON
De divinatione
2.33-34 122 n. 172

7.12.5	44 n. 245	7.22.9-11	12 n. 72
7.12.10	7 n. 45, 15 n. 963, 16 n. 99 n. 100	7.22.14	227 n. 27, 238 n. 86
		7.22.19-21	167 n. 16, 275 n. 274
7.12.11	16 n. 99 n. 100, 42 n. 236	7.22.21	167
		7.23	7 n. 45, 11 n. 67, 110 n. 96, 275 n. 270
7.13	14 n. 86, 273 n. 260, 389 n. 377, 394 n. 400	7.23.3	300 n. 407
7.13.6	395 n. 407	7.23.9-10	223 n. 11, 265 n. 211, 299 n. 399 n. 401
7.13.7	393 n. 398		
7.13.16	395 n. 409	7.24	110 n. 96, 113 n. 123
7.13.17	227 n. 24	7.25	113 n. 122, 226 n. 20, 265 n. 214, 267 n. 225
7.15.1	4 n. 21, 5 n. 23		
7.15.4	302 n. 425		
7.15.7	396 n. 410	7.25.1-8	32 n. 179, 208 n. 242
7.16	396 n. 411	7.25.1-2	30 n. 172, 36 n. 199
7.16.1	396 n. 410	7.25.4	231 n. 44
7.16.2	397 n. 417	7.25.9-10	17 n. 104, 20 n. 115, 34 n. 188, 44 n. 243 n. 245
7.17	42 n. 235, 399 n. 425		
7.17.2	8 n. 49		
7.17.4	276 n. 284	7.25.11-14	17 n. 102
7.17.3	38 n. 207	7.25.13	4 n. 19, 5 n. 24 n. 26
7.17.6	178 n. 82	7.25.15-19	17 n. 105, 20 n. 115, 25 n. 146, 34 n. 188, 45 n. 247 n. 251, 275 n. 274, 277 n. 288
7.18+	7 n. 45, 110 n. 96, 497		
7.18.17	299 n. 401		
7.18.23	299 n. 399	7.26	32 n. 182, 226 n. 20, 267 n. 225
7.18.25	168 n. 22, 176 n. 70, 276 n. 284	7.26.1	307 n. 462
7.19+	7 n. 45, 110 n. 96, 497	7.26.3	276 n. 279
		7.26.5	33 n. 183
7.19.9	187 n. 140	7.27	33 n. 184
7.20+	7 n. 45, 15 n. 94, 497	7.27.1	14 n. 86, 15 n. 93, 209 n. 246
7.20.8	296 n. 378 n. 382		
7.20.11	295 n. 373	7.27.3	209 n. 247
7.20.13	168 n. 22	7.27.4	210 n. 250
7.21	7 n. 45, 226 n. 20	7.27.5	180 n. 96, 290 n. 357
7.21.6	227 n. 27, 238 n. 86	7.27.7	233 n. 60
7.21.7-9	7 n. 44, 11 n. 66	7.28	33 n. 186, 226 n. 20
7.22+	7 n. 45, 11 n. 67, 113 n. 121, 265 n. 210, 299 n. 403, 409 n. 3, 475	7.29	226 n. 20
		7.29.1	33 n. 187
		7.29.4	19 n. 114
		7.29.5	45 n. 250
7.22.1	178 n. 82, 179 n. 92, 181 n. 107	7.29.6	294 n. 369, 411 n. 14
		7.29.9	299 n. 399, 423 n. 44
7.22.3	187 n. 140	7.29.11	24 n. 142
7.22.4	xvi n. 3, 11 n. 65	7.30	11 n. 98, 116 n. 145
7.22.6-9	373 n. 305	7.30.6	108 n. 86
7.22.8-12	xvi n. 5, 277 n. 285	7.31	226 n. 20

58	118 n. 155
62	302 n. 423
73	364 n. 254
96	296 n. 385
101	176 n.

VITA HILARIONIS+ 197, 288

2-5+	481
9-11+	65 n. 368, 481
29+	488
35-37+	65 n. 368, 486
42-47+	65 n. 368, 481
46	62 n. 351

VITA HYPATII

11-14	42 n. 235

VITA ISAACI

1	76 n. 426, 143 n. 286
3	76 n. 426
9-10	76 n. 426
11	379 n. 327

VITA MARCELLI ACOEMETI

1	174 n. 57, 179 n. 89, 180 n. 100
19	393 n. 398, 400 n. 432
34	410 n. 9

VITA MARCIANI

PG 114.439	71 n. 396
PG 114.442	250 n. 148

VITA MELANIAE IUNIORIS

48	66 n. 374 n. 375
54	85 n. 462, 412 n. 20

VITA METROPHANI ET ALEXANDRI

19	329 n. 70

VITA OLYMPIADIS

9	308 n. 466
10	74 n. 410, 441 n. 1
11	75 n. 417
12	74 n. 411

VITA PETRI IBERI

30	63 n. 352

47	66 n. 373
58	395 n. 404
136	327 n. 63
145	327 n. 63
150	63 n. 352

VITA SYMEONIS IUNIORIS

23	126 n. 186
157	309 n. 469
208-209	393 n. 396

VITA THEODORI MONACHI CHORENSIS

p. 177.25-30	212 n. 259

VITA XENOPHONTIS

PG 114.1014	71 n. 396

XÉNOPHON*
*Anabasis**

6.3.16*, 6.6.38*	4 n. 19, 473

*Hellenica**

1.1.22*	4 n. 19, 473

Symposion 4 n. 19, 465

Cyropédie

1.1	53 n. 293

Poroi

1.6	301 n. 418

ZACHARIE LE RHÉTEUR, *Vita Severi*

p. 13	6 n. 32
p. 95-97	63 n. 352
p. 102-103	63 n. 352

PSEUDO-ZACHARIE LE RHÉTEUR, *HE*

1.1	179 n. 89
2.pr	189 n. 155
3.6	393 n. 398
7.10	206 n. 234
8.5	272 n. 252
12.5	304 n. 443

ZOSIME+

2.55.1	300 n. 407
3.2.1	367 n. 270

2. Index biblique

3. Sources documentaires

DOCUMENTS ECCLÉSIASTIQUES

INSCRIPTIONS

ORIENTALIA LOVANIENSIA
ANALECTA

43. C. TRAUNECKER, Coptos. Hommes et dieux sur le parvis de Geb.
44. E. LIPIŃSKI (ed.), Phoenicia and the Bible.
45. L. ISEBAERT (ed.), Studia Etymologica Indoeuropaea Memoriae A.J. Van Windekens dicata.
46. F. BRIQUEL-CHATONNET, Les relations entre les cités de la côte phénicienne et les royaumes d'Israël et de Juda.
47. W.J. VAN BEKKUM, A Hebrew Alexander Romance according to MS London, Jews' College no. 145.
48. W. SKALMOWSKI - A. VAN TONGERLOO (eds.), Medioiranica.
49. L. LAUWERS, Igor'-Severjanin, His Life and Work — The Formal Aspects of His Poetry.
50. R.L. VOS, The Apis Embalming Ritual. P. Vindob. 3873.
51. Fr. LABRIQUE, Stylistique et Théologie à Edfou. Le rituel de l'offrande de la campagne: étude de la composition.
52. F. DE JONG (ed.), Miscellanea Arabica et Islamica.
53. G. BREYER, Etruskisches Sprachgut im Lateinischen unter Ausschluß des spezifisch onomastischen Bereiches.
54. P.H.L. EGGERMONT, Alexander's Campaign in Southern Punjab.
55. J. QUAEGEBEUR (ed.), Ritual and Sacrifice in the Ancient Near East.
56. A. VAN ROEY - P. ALLEN, Monophysite Texts of the Sixth Century.
57. E. LIPIŃSKI, Studies in Aramaic Inscriptions and Onomastics II.
58. F.R. HERBIN, Le livre de parcourir l'éternité.
59. K. GEUS, Prosopographie der literarisch bezeugten Karthager.
60. A. SCHOORS - P. VAN DEUN (eds.), Philohistor. Miscellanea in honorem Caroli Laga septuagenarii.
61. M. KRAUSE - S. GIVERSEN - P. NAGEL (eds.), Coptology. Past, Present and Future. Studies in Honour of R. Kasser.
62. C. LEITZ, Altägyptische Sternuhren.
63. J.J. CLÈRE, Les Chauves d'Hathor.
64. E. LIPIŃSKI, Dieux et déesses de l'univers phénicien et punique.
65. K. VAN LERBERGHE - A. SCHOORS (eds.), Immigration and Emigration within the Ancient Near East. Festschrift E. Lipiński.
66. G. POLLET (ed.), Indian Epic Values. *Rāmāyaṇa* and its impact.
67. D. DE SMET, La quiétude de l'Intellect. Néoplatonisme et gnose ismaélienne dans l'œuvre de Ḥamîd ad-Dîn al-Kirmânî (X^e-XIe s.).
68. M.L. FOLMER, The Aramaic Language in the Achaemenid Period. A Study in Linguistic Variation.
69. S. IKRAM, Choice Cuts: Meat Production in Ancient Egypt.
70. H. WILLEMS, The Coffin of Heqata (Cairo JdE 36418). A Case Study of Egyptian Funerary Culture of the Early Middle Kingdom.
71. C. EDER, Die Ägyptischen Motive in der Glyptik des Östlichen Mittelmeerraumes zu Anfang des 2. Jts. v. Chr.
72. J. THIRY, Le Sahara libyen dans l'Afrique du Nord médiévale.
73. U. VERMEULEN - D. DE SMET (eds.), Egypt and Syria in the Fatimid, Ayyubid and Mamluk Eras. Proceedings of the 1st, 2nd and 3rd International Colloquium organized at the Katholieke Universiteit Leuven in May 1992, 1993 and 1994.
74. P. ARÈNES, La déesse Sgrol-Ma (Tara). Recherches sur la nature et le statut d'une divinité du bouddhisme tibétain.
75. K. CIGGAAR - A. DAVIDS - H. TEULE (eds.), East and West in the Crusader States. Context - Contacts - Confrontations. Acta of the Congress Held at Hernen Castle in May 1993.
76. M. BROZE, Mythe et Roman en Egypte ancienne. Les Aventures d'Horus et Seth dans le papyrus Chester Beatty I.
77. L. DEPUYDT, Civil Calendar and Lunar Calendar in Ancient Egypt.
78. P. WILSON, A Ptolemaic Lexicon. A Lexicographical Study of the Texts in the Temple of Edfu.
79. A. HASNAWI - A. ELAMRANI - M. JAMAL - M. AOUAD (eds.), Perspectives arabes et médiévales sur le tradition scientifique et philosophique grecque.

80. E. LIPIŃSKI, Semitic Languages: Outline of a Comparative Grammar.
81. S. CAUVILLE, Dendara I. Traduction.
82. C. EYRE (ed.), Proceedings of the Seventh International Congress of Egyptologists.
83. U. VERMEULEN - D. DE SMET (eds.), Egypt and Syria in the Fatimid, Ayyubid and Mamluk Eras II.
84-85. W. CLARYSSE - A. SCHOORS - H. WILLEMS (eds.), Egyptian Religion. The Last Thousand Years.
86. U. VERMEULEN - J.M. VAN REETH (eds.), Law, Christianity and Modernism in Islamic Society.
87. D. DE SMET - U. VERMEULEN (eds.), Philosophy and Acts in the Islamic World Proceedings of the Eighteenth Congress of the Union européenne des Arabisants et Islamisants held at the Katholieke Universiteit Leuven.
88. S. CAUVILLE, Dendara II. Traduction.
89. G.J. REININK - A.C. KLUGKIST (eds.), After Bardaisan. Studies on Continuity and Change in Syriac Christianity in Honour of Professor Han J.W. Drijvers.
90. C.R. KRAHMALKOV, Phoenician-Punic Dictionary.
91. M. TAHTAH, Entre pragmatisme, réformisme et modernisme. Le rôle politico-religieux des Khattabi dans le Rif (Maroc) jusqu'à 1926.
92. K. CIGGAAR - H. TEULE (eds.), East and West in the Crusader States. Context — Contact — Confrontations II. Acta of the Congress held at Hernen Castle, the Netherlands, in May 1997.
93. A.C.J. VERHEIJ, Bits, Bytes, and Binyanim. A Quantitative Study of Verbal Lexeme Formations in the Hebrew Bible.
94. W.M. CALLEWAERT - D. TAILLIEU - F. LALEMAN, A Descriptive Bibliography of Allama Muhammad Iqbal (1877-1938).
95. S. CAUVILLE, Dendara III. Traduction.
96. K. VAN LERBERGHE - G. VOET (eds.), Languages and Cultures in Contact: At the Crossroads of Civilizations in the Syro-Mesopotamian Realm.
97. A. CABROL, Les voies processionnelles de Thèbes.
98. J. PATRICH, The Sabaite Heritage in the Orthodox Church from the Fifth Century to the Present. Monastic Life, Liturgy, Theology, Literature, Art, Archaeology.
99. U. VERHOEVEN, Untersuchungen zur Späthieratischen Buchschrift.
100. E. LIPIŃSKI, The Aramaeans: Their Ancient History, Culture, Religion.
101. S. CAUVILLE, Dendara IV. Traduction.
102. U. VERMEULEN - J. VAN STEENBERGEN (eds.), Egypt and Syria in the Fatimid, Ayyubid and Mamluk Eras.
103. H. WILLEMS (ed.), Social Aspects of Funerary Culture in the Egyptian Old and Middle Kingdoms.
104. K. GEUS - K. ZIMMERMANN (eds.), Punica — Libyca — Ptolemaica. Festschrift für Werner Huß, zum 65. Geburtstag dargebracht von Schülern, Freunden und Kollegen.
105. S. CAUVILLE, Dendara. Les fêtes d'Hathor.
106. R. PREYS, Les complexes de la demeure du sistre et du trône de Rê. Théologie et décoration dans le temple d'Hathor à Dendera.
107. A. BLASIUS - B.U. SCHIPPER (eds.), Apokalyptik und Ägypten. Eine kritische Analyse der relevanten Texte aus dem griechisch-römischen Ägypten.
108. S. LEDER (ed.), Studies in Arabic and Islam.
109. A. GODDEERIS, Economy and Society in Northern Babylonia in the Early Old Babylonian Period (ca. 2000-1800 BC).
110. C. LEITZ (Ed.), Lexikon der ägyptischen Götter und Götterbezeichnungen, Band I.
111. C. LEITZ (Ed.), Lexikon der ägyptischen Götter und Götterbezeichnungen, Band II.
112. C. LEITZ (Ed.), Lexikon der ägyptischen Götter und Götterbezeichnungen, Band III.

113. C. LEITZ (Ed.), Lexikon der ägyptischen Götter und Götterbezeichnungen, Band IV.
114. C. LEITZ (Ed.), Lexikon der ägyptischen Götter und Götterbezeichnungen, Band V.
115. C. LEITZ (Ed.), Lexikon der ägyptischen Götter und Götterbezeichnungen, Band VI.
116. C. LEITZ (Ed.), Lexikon der ägyptischen Götter und Götterbezeichnungen, Band VII.
117. M. VAN MOL, Variation in Modern Standard Arabic in Radio News Broadcasts.
118. M.F.J. BAASTEN - W.Th VAN PEURSEN (Eds.), Hamlet on a Hill. Semitic and Greek Studies Presented to Professor T. Muraoka on the Occasion of his Sixty-Fifth Birthday.
119. O.E. KAPER, The Egyptian God Tutu. A Study of the Sphinx-God and Master of Demons with a Corpus of Monuments.
120. E. WARDINI, Lebanese Place-Names (Mount Lebanon and North Lebanon).
121. J. VAN DER VLIET, Catalogue of the Coptic Inscriptions in the Sudan National Museum at Khartoum (I. Khartoum Copt).
122. A. ŁAJTAR, Catalogue of the Greek Inscriptions in the Sudan National Museum at Khartoum (I. Khartoum Greek).
123. H. NIEHR, Ba'alšamem. Studien zu Herkunft, Geschichte und Rezeptionsgeschichte eines phönizischen Gottes.
124. H. WILLEMS - F. COPPENS - M. DE MEYER - P. DILS (Eds.), The Temple of Shanûr. Volume I : The Sanctuary, The Wabet, and the Gates of the Central Hall and the Great Vestibule (1-98).
125. K. CIGGAAR - H.G.B. TEULE (Eds.), East and West in the Crusader States. Context – Contacts – Confrontations III.
126. T. SOLDATJENKOVA - E. WAEGEMANS (Eds.), For East is East. Liber Amicorum Wojciech Skalmowski.
127. E. LIPIŃSKI, Itineraria Phoenicia. Studia Phoenicia 18.
128. D. BUDDE, S. SANDRI, U. VERHOEVEN (eds.), Kindgötter im Ägypten der griechisch-römischen Zeit. Zeugnisse aus Stadt und Tempel als Spiegel des Interkulturellen Kontakts.
129. C. LEITZ (ed.), Lexikon der ägyptischen Götter und Götterbezeichnungen Band VIII.
130. E.J. VAN DER STEEN, Tribes and Territories in Transition.
131. S. CAUVILLE, Dendara V-VI. Traduction. Les cryptes du temple d'Hathor.
132. S. CAUVILLE, Dendara V-VI. Index phraséologique. Les cryptes du temple d'Hathor.
133. M. IMMERZEEL, J. VAN DER VLIET, M. KERSTEN, C. VAN ZOEST (eds.), Coptic Studies on the Threshold of a New Millennium. Proceedings of the Seventh International Congress of Coptic Studies. Leiden, August 27 - September 2, 2000.
134. J.J. VAN GINKEL, H. MURRE-VAN DEN BERG (H.L.), T.M. VAN LINT (eds.), Redefining Christian Identity. Cultural Interaction in the Middle East since the Rise of Islam.
135. J. MONTGOMERY (ed.), 'Abbasid Studies. Occasional Papers of the School of 'Abbasid Studies, Cambridge, 6-10 July 2002.
136. T. BOIY, Late Achaemenid and Hellenistic Babylon.
137. B. JANSSENS, B. ROOSEN, P. VAN DEUN (eds.), Philomathestatos. Studies in Greek Patristic and Byzantine Texts Presented to Jacques Noret for his Sixty-Fifth Birthday.
138. S. HENDRICKX, R.F. FRIEDMAN, K.M. CIAŁOWICZ, M. CHŁODNICKI (eds.), Egypt at its Origins. Studies in Memory of Barbara Adams.
139. R. ARNZEN, J. THIELMANN (eds.), Words, Texts and Concepts Cruising the Mediterranean Sea. Studies on the Sources, Contents and Influences of Islamic Civilization and Arabic Philosophy and Science.

140. U. Vermeulen, J. Van Steenbergen (eds.), Egypt and Syria in the Fatimid, Ayyubid and Mamluk Eras IV.
141. H.T. Davies, Yūsuf al-Shirbīnī's Kitāb Hazz al-Qūḥuf bi-Sharḥ Qaṣīd Abī Shādūf.
142. P. Van Nuffelen, Un héritage de paix et de piété. Étude sur les histoires ecclésiastiques de Socrate et de Sozomène.